Management von Familienunternehmen

Birgit Felden · Andreas Hack · Christina Hoon

Management von Familienunternehmen

Besonderheiten – Handlungsfelder – Instrumente

2., vollständig überarbeitete Auflage

Birgit Felden
Institut für Entrepreneurship
Hochschule für Wirtschaft und Recht Berlin
Berlin, Deutschland

Andreas Hack
Institut für Organisation und Personal
Universität Bern
Bern, Schweiz

Christina Hoon
Stiftungslehrstuhl Führung von
Familienunternehmen; Institut für
Familienunternehmen (iFUn)
Universität Bielefeld
Bielefeld, Deutschland

ISBN 978-3-658-24057-8   ISBN 978-3-658-24058-5   (eBook)
https://doi.org/10.1007/978-3-658-24058-5

Die Deutsche Nationalbibliothek verzeichnet diese Publikation in der Deutschen Nationalbibliografie; detaillierte bibliografische Daten sind im Internet über http://dnb.d-nb.de abrufbar.

Springer Gabler
© Springer Fachmedien Wiesbaden GmbH, ein Teil von Springer Nature 2014, 2019

Springer Gabler ist ein Imprint der eingetragenen Gesellschaft Springer Fachmedien Wiesbaden GmbH und ist ein Teil von Springer Nature
Die Anschrift der Gesellschaft ist: Abraham-Lincoln-Str. 46, 65189 Wiesbaden, Germany

Vorwort zur 2. Auflage

In diesem Buch geht es um eine Unternehmensart, die viele europäische Länder wie Deutschland, Österreich und die Schweiz wie keine andere geprägt hat: Familienunternehmen. Diese Art von Unternehmen dominiert nicht nur das Wirtschaftsbild vieler Regionen, sondern ist auch gerade für Studierende eine höchst interessante Zielgruppe. Familienunternehmen sind zum einen der Hauptarbeitgeber in unseren Volkswirtschaften. Sie stellen zum anderen ein höchst spannendes und aktuelles Forschungsfeld dar.

Die Vielzahl von Büchern und Beiträgen zu dem Thema Familienunternehmen ist Ihnen sicherlich bereits aufgefallen. Für die kompakte Vermittlung der komplexen Materie auf akademischem Niveau existiert allerdings noch wenig Material. In diesem Lehrbuch wollen wir Sie auf systematische Art und Weise mit dem Wesen von Familienunternehmen vertraut machen.

Sowohl theoretische Erkenntnisse als Hochschulprofessoren und Forscher sowie die umfangreichen Erfahrungen der drei Autoren als praxiserfahrene Berater und als Familienunternehmer konnten wir in dieses Buch einbringen. Bei dieser 2. Auflage handelt es sich um eine aktualisierte und komplett überarbeitete Auflage. Es wurden nicht nur die bestehende Kapitelstruktur gründlich angepasst und erweitert, sondern auch neue Themengebiete hinzugefügt und bestehende Textteile aktualisiert. So ist durch diese 2. Auflage ein Lehrbuch entstanden, das die aktuelle theoretische und empirische Forschungslandschaft zu Familienunternehmen nachzeichnet und relevantes Praxiswissen vermittelt.

Birgit Felden, Dipl.-Kauffrau und promovierte Juristin, gründete bereits 1995 ihr eigenes Familienunternehmen und lehrt seit 2006 als Professorin an der Hochschule für Wirtschaft und Recht (HWR) in Berlin zu den Themen Familienunternehmen, Mittelstand und Unternehmensnachfolge. Sie berät Familienunternehmen in strategischen Fragestellungen und ist in mehreren Aufsichts- und Beiräten engagiert. Zudem ist sie Direktorin des Forschungsinstitutes für Entrepreneurship, Mittelstand und Familienunternehmen der HWR und Studiengangsleiterin des ersten Bachelor-Studiengangs „Unternehmensgründung und Unternehmensnachfolge".

Andreas Hack, Dipl.-Kaufmann und promovierter Ökonom, ist Professor und Direktor am Institut für Organisation und Personal der Universität Bern und Gastprofessor am

Wittener Institut für Familienunternehmen der privaten Universität Witten-Herdecke. Zuvor war er Leiter des Instituts für Familienunternehmen der WHU – Otto Beisheim School of Management. Andreas Hack war Mitglied der Kommission „Governance Kodex für Familienunternehmen" und Autor zahlreicher wissenschaftlicher Veröffentlichungen zu den Besonderheiten von Familienunternehmen.

Christina Hoon, Dipl.-Kauffrau und promovierte Ökonomin, ist Professorin und Inhaberin der Stiftungsprofessur Führung von Familienunternehmen an der wirtschaftswissenschaftlichen Fakultät der Universität Bielefeld. Zudem ist sie Mitglied im Vorstand des Instituts für Familienunternehmen (iFUn) Ostwestfalen-Lippe. Christina Hoon leitet zahlreiche Forschungsprojekte zum Thema Familienunternehmensführung und ist Autorin von Veröffentlichungen zu den Herausforderungen, Charakteristika und Erfolgsfaktoren von Familienunternehmen.

Was bietet Ihnen dieses Lehrbuch?

Das vorliegende Lehrbuch bietet Ihnen einen umfassenden Überblick über die wirtschaftlichen Besonderheiten von Familienunternehmen – seien sie familiengeführte kleine und mittlere Unternehmen (KMU) oder Großkonzerne im (teilweisen) Familieneigentum. Dieses Buch ist keine vollumfängliche Darstellung aller Details von Familienunternehmen. Auch auf eine einseitige Schwerpunktsetzung oder Spezialisierung haben wir bewusst verzichtet. Außerdem wollten wir nicht der Vielzahl von betriebswirtschaftlichen Lehrbüchern ein weiteres hinzufügen. Daher stehen für uns die Spezifika von Familienunternehmen und nicht die allgemeinen betriebswirtschaftlichen oder psychologischen Grundlagen im Vordergrund.

Das Lehrbuch ist als Einstieg in das Verständnis der vielfältigen Besonderheiten dieser Unternehmensform gedacht und soll Sie für die Andersartigkeit und vor allem für die Vielfältigkeit dieser Unternehmensform sensibilisieren. Denn kein Familienunternehmen gleicht dem anderen, auch wenn man gerne von der Gruppe der Familienunternehmen als Ganzes spricht. Sie werden lernen, welche vielfältigen Facetten diese Unternehmensgruppe annehmen kann. Und motivieren soll dieses Buch für das Verstehen der einmaligen Verknüpfung betriebswirtschaftlicher und psychologischer Fragestellungen und der Lösung der großen Herausforderungen dieses Unternehmenstypus.

Wer sollte dieses Lehrbuch lesen?

Wir haben dieses Buch geschrieben, um Studierenden, aber auch an Familienunternehmen Interessierten, einen schnellen, praxisnahen und strukturierten Einstieg in ein komplexes Themengebiet zu verschaffen. Studierende erhalten einen Überblick über die wichtigsten Aspekte und erlangen am Ende ein fundiertes und anwendbares Grundwissen. Dieses Buch zeichnet sich durch eine solide wissenschaftliche Fundierung sowie eine didaktisch ansprechende Gestaltung aus. Anhand vieler Beispiele und übersichtlicher Grafiken lernen Sie die besonderen Chancen und Perspektiven, das spezielle Engagement und die Motivation, aber auch die familiären Dramen und Tragödien aus einer unvoreingenommenen Beobachterperspektive kennen. Und vielleicht kommt Ihnen das ein oder andere aus eigener Erfahrung bekannt vor. Testen Sie Ihr erlerntes Wissen, indem Sie die abschließenden Lernfragen am Ende jedes Kapitels beantworten. Diese praktische Übung wird Ihnen helfen, die nächste Klausur erfolgreich zu meistern und Ihren Wissensstand dauerhaft zu erweitern.

Wenn Sie Mitglied eines Familienunternehmens, z. B. angestellter Geschäftsführer, werden oder sind und sich einen strukturierten Einstieg in die Thematik verschaffen bzw. Ihre Kenntnisse erweitern wollen, bietet Ihnen dieses Buch eine professionelle Unterstützung für Ihre täglichen Aufgaben. Das Buch wird Ihnen dabei helfen, das Miteinander und die Zusammenarbeit mit allen beteiligten Personen aus dem Unternehmen und der Familie zu reflektieren und zu verbessern. Sie wissen aus der täglichen Praxis sehr genau, dass nüchterne Zahlen und rationale Entscheidungsparameter der Betriebswirtschaftslehre nicht die einzigen Erfolgsfaktoren für Ihr Unternehmen darstellen. Das Wachstum und die Entwicklung von Familienunternehmen beruhen auch oftmals auf dessen Besonderheiten, welche sowohl Stärken, gleichwohl auch Schwächen sein können. Der große praktische Nutzen, den Sie aus diesem Buch ziehen können, speist sich aus den Erfahrungswerten anderer Familienunternehmen, die in diesem Buch dargestellt werden. Verstehen Sie dies nicht als Leitfaden, sondern als praktische Ergänzung Ihres eigenen Wissens.

Sind Sie Angehöriger einer Unternehmerfamilie? Dann möchten wir Ihnen dabei helfen, ein tiefer gehendes Verständnis für die auftretenden Vorkommnisse und Phänomene eines Familienbetriebes zu entwickeln. So können Sie Ihre Familie und Ihr Familienunternehmen möglichst wirksam unterstützen. In der Praxis ist es nicht selten, dass Familienangehörige, wie Ehepartner oder Geschwister, eine tragende oder auch treibende Rolle in Familienunternehmen spielen, auch wenn sie keine unternehmerischen Aufgaben wahrnehmen wollen. Für sie kann dieses Buch ein wertvoller theoretischer Ratgeber sein.

Als Dozent und Berater sind Sie Experte für oder Sparringspartner von Familienunternehmen. Zwar bieten mehr und mehr wissenschaftliche Einrichtungen Weiterbildungsmöglichkeiten an, jedoch stehen anders als in den traditionellen betriebswirtschaftlichen Ausbildungsschwerpunkten im Bereich der Familienunternehmen noch wenige didaktisch sauber aufbereitete Materialien zur Verfügung. Daher ist dieses Buch auch für Sie als Steuerberater oder Wirtschaftsprüfer, Rechtsanwalt oder Unternehmensberater sowie Finanzmittelgeber eine gute Unterstützung, um einen umfassenden Einblick in die Besonderheiten von Familienunternehmen zu gewinnen.

Eigentlich eine Selbstverständlichkeit: Auch wenn an der einen oder anderen Stelle in diesem Buch von der Nachfolgerin oder dem Familienunternehmer gesprochen wird, sind immer implizit Personen jeden Geschlechts gemeint. Aus Gründen der besseren Lesbarkeit haben wir darauf verzichtet, die Formen parallel oder abwechselnd zu verwenden.

Wie setzen Sie dieses Lehrbuch am besten ein?

Die theoretischen bzw. praktischen Zusammenhänge dieser Thematik sind Ihnen noch ganz neu? Dann empfehlen wir Ihnen, die Bearbeitung in der Reihenfolge der Kapitel vorzunehmen. Dies wird Ihnen in Verständnisfragen sehr helfen, da die Inhalte aufeinander aufbauen. Damit Sie sich, je nach persönlichem Erkenntnisinteresse, weiter informieren und Schwerpunkte ergänzen können, finden Sie in jedem Kapitel gezielte Hinweise zu vertiefender Literatur.

Sind Sie Student oder Studentin? Dann ist es sehr wichtig, dass Sie sich einen strukturierten Überblick über die Kernelemente von Familienunternehmen verschaffen. Der Aufbau dieses Buches wird Ihnen dabei helfen, sich in kurzer Zeit ein grundlegendes Verständnis der Thematik anzueignen. Für Ihre Schwerpunktsetzung können Sie die angegebenen weiterführenden Quellen zur Vertiefung heranziehen. Dieses Buch samt Literaturangaben sollte genügen, wenn Sie im Rahmen einer Lehrveranstaltung bzw. zur Bearbeitung einer Hausarbeit das Thema Familienunternehmen behandeln.

Als Dozent können Sie dieses Buch vollständig oder auch teilweise als Grundlage zur Gestaltung des Unterrichts verwenden.

Wie ist dieses Lehrbuch aufgebaut?

Dieses Lehrbuch geht von der Annahme aus, dass Familienunternehmen nur dann erfolgreich am Markt agieren können, wenn die Unternehmerfamilie handlungsfähig ist UND das Unternehmen professionell geführt wird. Dementsprechend werden nach einer Einleitung zu den Charakteristika von Familienunternehmen (I) die Leistungsfähigkeit von Familienunternehmen (II) und die Handlungsfelder des Familienunternehmens (III) dargestellt und erläutert. Die Instrumente und Gremien zur Sicherung dieser Handlungsfähigkeit (IV) schließen das Themengebiet Familienunternehmen ab.

Wir vermitteln Ihnen zunächst im Teil I („Die Familie und das Unternehmen") ein grundlegendes Verständnis der Strukturen, Eigenheiten und Dynamiken, die im System eines Familienunternehmens bestehen. Hier erfahren Sie alles über Definitionen, Charakteristika und die daraus resultierenden Chancen und Risiken von und für Familienunternehmen.

Im Teil II („Die Leistungsfähigkeit von Familienunternehmen") lernen Sie zunächst die theoretischen Grundlagen kennen, die dazu beitragen, Familienunternehmen zu erklären und zu verstehen. Neben den Ressourcen von Familienunternehmen wird ein Einblick in die Agenten- und Stewardship-Theorie in Familienunternehmen gegeben. Im Anschluss vermitteln wir Ihnen einen empirischen Überblick über die Leistungsfähigkeit von Familienunternehmen und die daraus resultierenden Implikationen.

Der Teil III („Die Handlungsfelder in Familienunternehmen") thematisiert die strategischen und operativen Gestaltungsmöglichkeiten von Familienunternehmen. Der Fokus liegt bei dieser Thematik auf den betriebswirtschaftlichen Besonderheiten von

Familienunternehmen. Zum einen werden hier die Möglichkeiten zur Mitarbeit im Familienunternehmen sowie die Übertragung unternehmerischer Aufgaben im Zuge einer Nachfolgeregelung erörtert. Zum anderen bekommen Sie einen Einblick in die strategische Orientierung von Familienunternehmen.

Im Teil IV („Family Business Governance") bilden die Gremien und die Instrumente in Familienunternehmen den Schwerpunkt. Nur wenn es gelingt, über entsprechende Gremien und Strukturen sowie eine klare Aufgabenverteilung familiäre und unternehmerische Kompetenz zu bündeln, wird das Familienunternehmen erfolgreich sein. Der besseren Übersichtlichkeit wegen ist eine Unterteilung einerseits in die eher unternehmensorientierten Institutionen und Instrumente (Business Governance) und andererseits in die familiär orientierten Gremien und Instrumente (Family Governance) vorgenommen worden. Diese Unterteilung ist nicht ganz überschneidungsfrei, zeigt jedoch den Charakter und die Stoßrichtung der jeweiligen Maßnahmen auf. Eine Übersicht über die thematische Ausrichtung des gesamten Buches zeigt die folgende Abbildung:

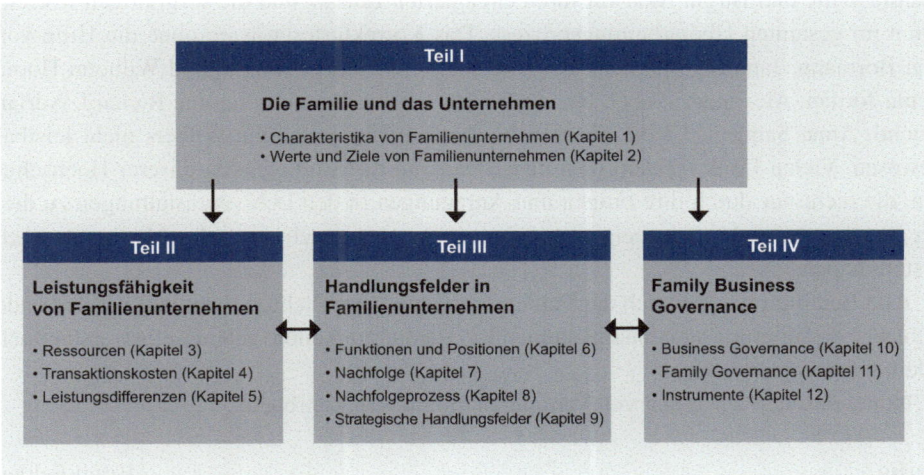

Quelle: eigene Darstellung

Praxisfälle und das Fallbeispiel „Moritz GmbH"

Dieses Lehrbuch soll die komplexen Abläufe und wechselseitigen Abhängigkeiten in Familienunternehmen in knapper Form vermitteln. Der Praxistransfer soll Ihnen durch konkret nachvollziehbare Beispiele erleichtert werden. In jedem Kapitel werden wir Ihnen daher zu Beginn einen Praxisfall vorstellen. In diesen Fällen werden beispielhaft zu der jeweiligen Thematik des Kapitels bekannte Familienunternehmen vorgestellt. Die

Praxisfälle sollen nicht nur spezifische (theoretische) Fragestellungen und Besonderheiten von Familienunternehmen beleuchten, sondern Ihnen auch die Praxisrelevanz der einzelnen Themengebiete verdeutlichen.

Durch die einzelnen Kapitel werden Sie außerdem die „Moritz GmbH" und die dahinterstehende Unternehmerfamilie Moritz begleiten. Wir werden Ihnen berichten, wie die Familie Moritz sich in bestimmten Situationen verhält und welche typischen Situationen in ihrem Familienunternehmen auftreten. Jede Übereinstimmung mit tatsächlichen Unternehmen, Personen oder Vorkommnissen ist rein zufällig und nicht beabsichtigt. Natürlich ist jedes Familienunternehmen einzigartig und höchst individuell – das Fallbeispiel kann daher lediglich Verständnisfragen klären und „typische" Verhaltensweisen illustrieren und damit die Materie anschaulich darstellen. Wir stellen Ihnen die Familie Moritz und ihr Unternehmen nach diesem Vorwort vor.[1]

Die Überarbeitung eines derartigen Lehrbuchs kann nicht ohne die Hilfe eines tatkräftigen und verständnisvollen Umfeldes entstehen. Wir danken (in alphabetischer Reihenfolge): Kristin Buciek für die tollen Grafiken, die sie für dieses Buch erstellt hat, sowie Sandra Witte und Birgül Akar für ihren engagierten Einsatz und die sorgfältigen Korrekturen im gesamten Überarbeitungsprozess. Das Korrekturlesen wäre ohne die Hilfe von Kai Bormann, Jana Bövers, Julia Brinkmann, Gerd Felden, Helena und Wilhelm Hoon, Paula Jordan, Alexander Nübel, Nicole Oehrli, Steffen Petruch, Salome Richard, Adrian Ruchti, Anne Sanders, Ulrike Siewert, Michelle Spiegl und Julia Wilbers nicht leistbar gewesen. Vielen Dank. Zudem geht unser Dank an die Studierenden unserer Hochschulen, die nicht nur durch ihre Fragen und Anregungen in den Lehrveranstaltungen zu dieser überarbeiteten Version beigetragen haben, sondern auch zwei der Moritz-Grafiken erstellt haben.

Alle Beteiligten haben sich der Fehlervermeidung verpflichtet. Eventuell verbleibende Fehler, Formulierungsungenauigkeiten oder Unstimmigkeiten gehen selbstverständlich allein zulasten der Autoren.

Nun wünschen wir Ihnen viel Vergnügen mit diesem Lehrbuch.

Berlin   Birgit Felden
Bern   Andreas Hack
Bielefeld   Christina Hoon
im November 2018

---

[1]Das Fallbeispiel führt die Geschichte der Familie Moritz aus dem Buch *Unternehmensnachfolge* von Felden und Pfannenschwarz (2008) fort.

Das Familienunternehmen Moritz GmbH

Beispiel

Im Jahr 1974 nimmt Hugo Moritz aus Brückstadt seinen ältesten Sohn Hartmut in die von ihm 1947 gegründete Schlosserei Moritz auf und wandelt das Unternehmen in eine GmbH um. Daneben bündelt er die Immobilien des Unternehmens und der Unternehmerfamilie Moritz in einer Besitz-GbR. Auch Hartmuts jüngerer Bruder Horst wird 1978 an der GmbH und der GbR beteiligt.

Die Moritz GmbH ist zu diesen Zeiten vor allem im Bereich der Verteidigungstechnik tätig und produziert neben Transportboxen mit militärischer Signal- und Nachrichtentechnik insbesondere Komponenten für Bunker, LKW-Aufbauten und mobile Nachschubeinrichtungen. Die Geschäfte laufen gut – bis zum Jahr 1980 kann die GmbH ihre Produktpalette immer mehr ausweiten.

1983 stirbt der ältere Sohn Hartmut Moritz bei einem Autounfall und vererbt seine Anteile seiner Frau Anna-Maria Moritz. Kinder haben die beiden leider nicht. Nachdem 1993 auch der Vater Hugo Moritz verstirbt (seine Ehefrau Hildegard war bereits einige Jahre zuvor verstorben), ist Horst Moritz als alleiniger Geschäftsführer für das Unternehmen verantwortlich.

Das Unternehmen entwickelt sich weiterhin gut, neue Produktions- und Verwaltungsräumlichkeiten werden gebaut und Horst verdient mittlerweile viel Geld mit der Entwicklung und Produktion von individuellen Kundenlösungen insbesondere in der Entsorgungstechnik und im Katastrophenschutz.

Mit seiner Frau Else bekommt Horst Moritz drei Kinder, um die sich insbesondere die Ehefrau kümmert. Horst sieht seine Familie fast nur am Wochenende, auch wenn der Betrieb neben dem Wohnhaus der Familie steht. Doch der Erfolg fordert auch seinen Tribut. Horst Moritz arbeitet und isst zu viel und schläft zu wenig, außerdem raucht er und ist auch dem einen oder anderen Gläschen nicht abgeneigt – „zur Beruhigung", wie er seiner Frau Else immer versichert.

Alle Ermahnungen in den Wind schlagend, erleidet er 2008 seinen ersten Schlaganfall, von dem er sich nie wieder richtig erholt. In dieser Zeit verschenkt er die Mehrheit seiner Anteile (54 %) als vorgezogenes Erbe an seine Tochter Veronica, die zusammen mit seinen beiden leitenden Mitarbeitern Manfred Groß und Ludwig Wonschack das Unternehmen weiterführt. Beide Mitarbeiter hat Horst 2003 mit jeweils 10 % am Unternehmen beteiligt. Sie stehen für Kontinuität in der Produktion und in den Finanzen.

Einen weiteren Schlaganfall im Jahr 2012 überlebt Horst nicht. Er hinterlässt seine Frau Else und drei Kinder. Else und Heiko erben jeweils die Hälfte der Unternehmensanteile von Horst (jeweils 13 %); Kevin erhält in Form eines Vermächtnisses privates Vermögen von Horst Moritz. Zu diesem Zeitpunkt kommt auch der älteste Sohn Heiko als Geschäftsführer in das Unternehmen zurück, das er Jahre zuvor einmal im Streit mit seinem Vater verlassen hatte.

Das Unternehmen floriert auch unter der neuen Geschäftsführung. Der Markt ist zwar hart umkämpft, dennoch stehen der gute Ruf, die Innovationskraft vor allem von Heiko und die langjährigen Kundenbeziehungen für eine solide Zukunft des Unternehmens. Im Jahr 2013 setzte die Moritz GmbH mit über 160 Mitarbeitern ca. 40 Mio. EUR um, die Bilanzsumme betrug fast 27 Mio. EUR. Der Betrieb läuft äußerst profitabel. Der Gewinn beträgt rund 3,2 Mio. EUR. In Brückstadt erweitern Viktoria und Heiko nach der Übernahme die Kapazitäten auf rund 4500 qm Hallenfläche. Inzwischen ist der Exportanteil auf über 65 % angewachsen. Neben dem Stammhaus in Brückstadt existieren Niederlassungen bzw. Tochterunternehmen in China, Australien und in mehreren europäischen Staaten.

Die betriebsnotwendigen Immobilien (an fast allen Standorten ist das Unternehmen in eigenen Immobilien ansässig) befinden sich – soweit rechtlich möglich – im Besitz der GbR, an der die drei Kinder von Horst und Else mit je 1/6 sowie die inzwischen hoch betagte Else Moritz sowie ihre Schwägerin Anna-Maria Moritz (die Ehefrau des verstorbenen Hartmut Moritz) mit je 25 % beteiligt sind.

Heute steht die Familie vor der Aufgabe, einerseits den Übergang in die nächste Generation vorzubereiten, denn Marie, die Adoptivtochter von Veronica, fragt bereits nach einer Perspektive im Betrieb. Andererseits muss das Familienunternehmen so strukturiert werden, dass die sich weiter verzweigende Familie professionelle Strukturen bekommt, mit der die richtigen Impulse in das Unternehmen gegeben werden. Hier besteht großer Nachholbedarf: Die ganze Familie trifft sich gelegentlich zu privaten Anlässen – das Geschäft ist dabei aber nur selten Thema. Heiko und Veronica verstehen sich nahezu blind, es wird ohne feste Strukturen kommuniziert, Geschäftsleitungssitzungen, Steuerungskreise oder ähnliches gibt es nur vereinzelt. Eine Notfallplanung für den Ausfall von Veronica oder Heiko ist nicht vorhanden. Kontrollgremien gibt es ebenfalls nicht (Abb. 1 und 2).

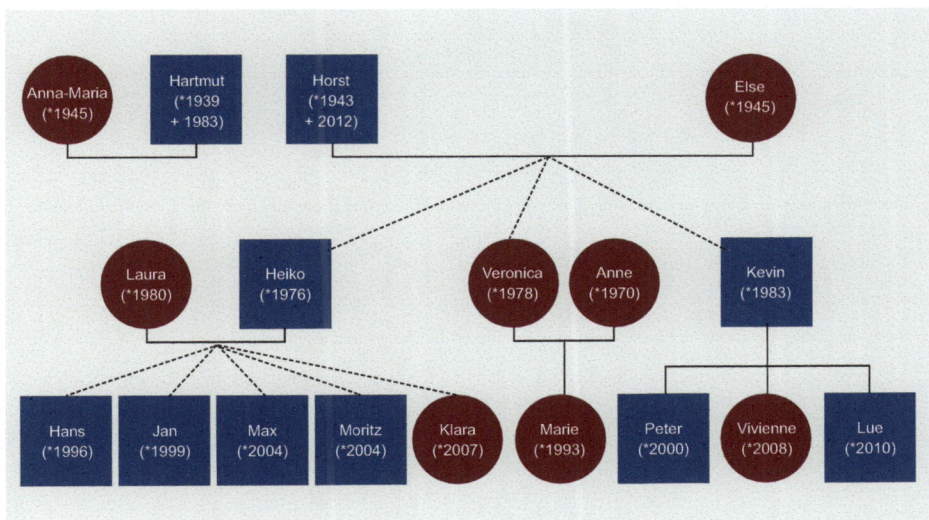

Abb. 1 Genogramm der Familie Moritz. (Quelle: eigene Darstellung)

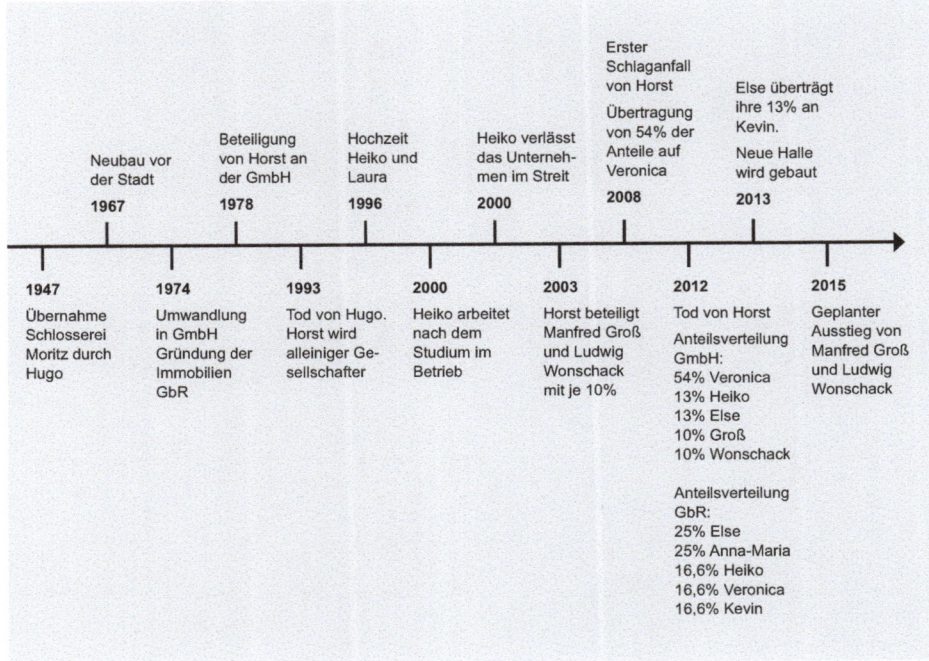

Abb. 2 Zeitstrahl der Moritz GmbH. (Quelle: eigene Darstellung)

Inhaltsverzeichnis

Abkürzungsverzeichnis

Abb.	Abbildung
Abs.	Absatz
AEP	Anforderungs-Eignungs-Profil
AG	Aktiengesellschaft
AktG	Aktiengesetz
Art.	Artikel
BAM	Behavioral Agency Model
BGB	Bürgerliches Gesetzbuch
BilReG	Bilanzrechtsreformgesetz
BIMBO	Buy in Management Buy Out
bspw.	beispielsweise
BSC	Balanced Scorecard
BWL	Betriebswirtschaft
bzw.	beziehungsweise
ca.	circa
CDAX	Composite Deutscher Aktienindex
CEO	Chief Executive Officer
CobIT	Control Objectives for Information and Related Technology
CoCo	Criteria of Control
COSO	Committee of Sponsoring Organizations of the Treadway Commission
CSR	Corporate Social Responsibility
D&O	Directors and Officers
DAX	Deutscher Aktienindex
DCF	Discounted Cash-Flow
DCGK	Deutscher Corporate Governance Kodex
d. h.	das heißt
DIIR	Deutsches Institut für Interne Revision
Dipl.	Diplomiert
DIS	Deutsche Institution für Schiedsgerichtbarkeit

EBIT	Earnings Before Interest and Taxes
et al.	et alii, et aliae, et alia
etc.	etcetera
EU	Europäische Union
e. V.	eingetragener Verein
EVA	Economic Value Added
evtl.	eventuell
F&E	Forschung & Entwicklung
FB	Family Business
ff.	fortfolgende
FFAV	Family Firm Acquisition Values
F-PEC	Family – Power, Experience, Culture
FoaR	Family Options at Risk
FU	Familienunternehmen
GbR	Gesellschaft bürgerlichen Rechts
ggf.	gegebenenfalls
GmbH	Gesellschaft mit beschränkter Haftung
GmbH & Co. KG	Gesellschaft mit beschränkter Haftung & Compagnie Kommanditgesellschaft
GmbHG	Gesetz betreffend die Gesellschaften mit beschränkter Haftung
GoB	Grundsätze ordnungsgemäßer Buchführung
HAFixD	Hauck & Aufhäuser Familienindex Deutschland
HGB	Handelsgesetzbuch
HNWI	high-net-worth individuals
HPWS	High Performance Work Systems
Hrsg.	Herausgeber
HWR	Hochschule für Wirtschaft und Recht
i. d. F.	in dieser Fassung
i. d. R.	in der Regel
IfM	Institut für Mittelstandsforschung
IHK	Industrie- und Handelskammer
IKS	Internes Kontrollsystem
ILO	International Labour Organization
Ing.	Ingenieur
IPPF	International Professional Practices Framework
IT	Informationstechnologie
KG	Kommanditgesellschaft
KGaA	Kommanditgesellschaft auf Aktien
KMU	kleine und mittlere Unternehmen
KonTraG	Gesetz zur Kontrolle und Transparenz im Unternehmensbereich

LFF	Lone Founder Family Firms
LOI	Letter of Intent
MBA	Master of Business Administration
MBI	Management-Buy-In
MBO	Management-Buy-Out
MFO	Multiple Family Office
Mio.	Million
NFFV	Non-Family Firm Value
NFIB	National Federation of Independent Business
NFO	Non-Family Options
NFU	Nicht-Familienunternehmen
Nr.	Nummer
n. v.	nicht vorhanden
o. ä.	oder ähnliches
OECD	Organisation for Economic Cooperation and Development
OHG	Offene Handelsgesellschaft
PEST	Political, Economic, Social and Technological
PR	Public Relations
RMM	Risk Mitigation Measures
ROCE	Return on Capital employed
S.	Seite
SE	Societas Europaea
SEW	Socioemotional Wealth
SFO	Single Family Office
SME	small and medium sized enterprises
s. o.	siehe oben
sog.	so genannt
SOX	Sarbanes-Oxley Act
S&P	Standard & Poor's
SWOT	Strengths, Weaknesses, Opportunities and Treats
Tab.	Tabelle
TFF	True Family Firms
TMT	Top Management Teams
TransPuG	Gesetz zur weiteren Reform des Aktien- und Bilanzrechts, zur Transparenz und Publizität
u. a.	unter anderem
UK	United Kingdom
u. s. w.	und so weiter
v. a.	vor allem
vgl.	vergleiche

VorstOG	Vorstandsvergütungs-Offenlegungsgesetz
vs.	versus
WCM	Working Capital Management
WHU	Wissenschaftliche Hochschule für Unternehmensführung
WTA	Willingness to Accept
WTP	Willingness to Pay
z. B.	zum Beispiel
z. T.	zum Teil

Abbildungsverzeichnis

Tabellenverzeichnis

Teil I
Die Familie und das Unternehmen

Im ersten Moment scheint es klar auf der Hand zu liegen: Ein Familienunternehmen ist ein von einer Familie geführter Betrieb. Das Wort Familienunternehmen ist ja auch im alltäglichen deutschen Sprachgebrauch fest verwurzelt. Dazu tragen viele bekannte Unternehmen bei, wie zum Beispiel OETKER, HILTI, VORWERK, MIELE oder SIXT. Oft begegnet man Familienbetrieben aber auch ohne es zu wissen – oder wussten Sie, dass auch die Elektronik-Fachmarktkette Media Markt als Unternehmen der Metro-Gruppe ein Familienunternehmen ist? Viele Familienunternehmen sind zwar in der Öffentlichkeit wenig bekannt, allerdings Weltmarktführer in ihren jeweiligen Nischenmärkten – sie gehören zur Gruppe der sogenannten „Hidden Champions" (Venohr 2006).

Ein Familienunternehmen ist ein weitaus komplexeres Gefüge, als es zunächst scheint. So ist beispielsweise der Maschinenbaubetrieb mit seinen 50 Mitarbeitern im nahen Industriegebiet, geführt vom Inhaber, sicherlich ein Familienunternehmen. Die Lieblings-Trattoria, betrieben von einer sympathischen italienischen Großfamilie, ist auch ganz klar ein Familienbetrieb. Wie verhält es sich jedoch mit dem von einer Familie geführten Franchise-Sportstudio, bei dem die Familie weder die strategische Ausrichtung noch den Marktauftritt bestimmen kann? Oder die Aktiengesellschaft, deren Aktien zu 60 % im Streubesitz sind und bei der die Familie mit 40 % der Anteile einen ganz entscheidenden Einfluss besitzt? Handelt es sich hierbei um Familienunternehmen? Diese Frage wird im Folgenden genauer betrachtet.

Ein Familienunternehmen kann erst seit kurzer Zeit oder auch bereits seit vielen Generationen bestehen. Immer besteht es jedoch aus zwei Bereichen: der Familie und dem Unternehmen. Während die Familie die kleinste soziale Einheit und somit die Basis der Gesellschaft ist, stellt das Unternehmen eine tragende Säule der Wirtschaft dar und demzufolge ein rational-ökonomisches Gebilde unserer Gesellschaft. In einem familiengeführten Betrieb wirken demnach zwei verschiedene Bereiche der Gesellschaft aufeinander ein, die in ihren Normen und Regelungen sehr unterschiedlich, zum Teil auch kontrovers sind. Die familiäre Sichtweise ist eher emotional, im Grundsatz sozial und durch geburtsbedingte Zugehörigkeit geprägt. Die unternehmerische Sichtweise ist naturgemäß rational, objektiv und ökonomisch. In dieser Konstellation können viele Chancen, aber auch große Risiken entstehen.

Gut funktionierende Familienunternehmen sind von Vertrauen, Verantwortung und Loyalität geprägt. Das kann dem Unternehmen in schwierigen Zeiten das Überleben erleichtern. Die Regelung der rechtlichen und persönlichen Rechte und Pflichten kann helfen, Konflikte zu minimieren und eine dem Wandel der Generationen angemessene Position zu finden. In schlecht funktionierenden Familienunternehmen können familieninterne Konflikte sehr schnell zu einem Misserfolg des Unternehmens per se werden. Eine starke emotionale Färbung bei Auseinandersetzungen und fehlende Konfliktlösungsstrategien haben schon so manchem Familienunternehmen die Existenz gekostet.

Familienunternehmen gehören daher zu den spannendsten Unternehmen überhaupt - ob aus der Sicht der Familienmitglieder selbst, als Beobachter und Berater oder aus einer Forschungsperspektive. Entdecken Sie nun die interessante Welt einer Unternehmensform, die durch Traditionen, Werte und den Erfindergeist einer Familiengeschichte geprägt ist.

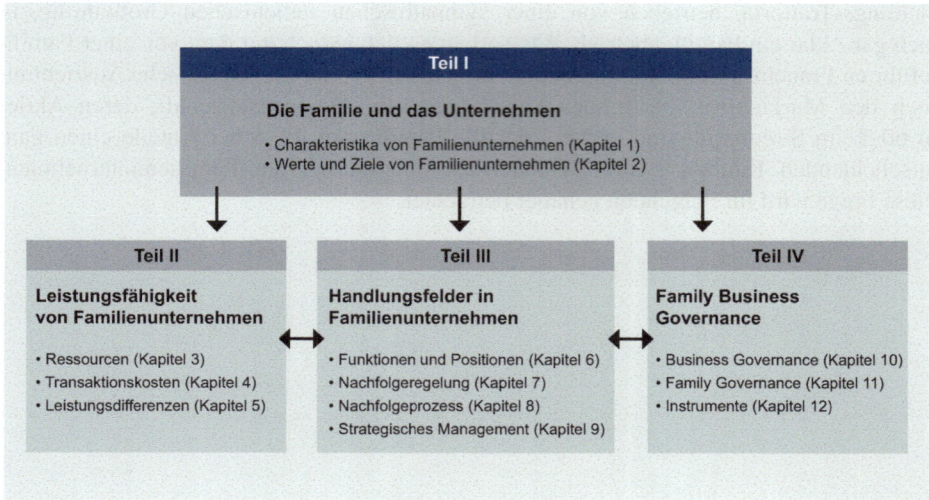

Abb. I.1 Inhalte von Teil I. (Quelle: eigene Darstellung)

Im nachfolgenden Kapitel erläutern wir zunächst die Wirtschaftskraft dieses Unternehmenstypus, anschließend erfahren Sie etwas über die Wurzeln dieser Unternehmensform und über verschiedene Definitionsansätze und Ausprägungen. Daran anschließend stellen wir Ihnen in Kapitel zwei die typischen Wert- und Zielvorstellungen von Familienunternehmen vor. So bekommen Sie in diesem ersten Teil einen Einblick in die Grundlagen von „Familie" und „Unternehmen", und somit in die Spezifika und Herausforderungen von Familienunternehmen. Einen Überblick über die Themengebiete des gesamten Lehrbuchs und die in Teil I behandelten Themen gibt Abb. 1.

Einführung in Familienunternehmen

Dieses Kapitel soll Ihnen helfen, den Kontext des komplexen Themas „Familienunternehmen" klar zu definieren und die wesentlichen Begriffe zu verstehen. Sie erfahren außerdem, wie Familienunternehmen entstehen und wie deren Entwicklung verläuft. Nur so ist gewährleistet, dass alle Leser sich im gleichen Thema bewegen und auch dasselbe meinen, wenn sie von dem Gleichen sprechen.

Dies gilt im Besonderen bei Themen, die sich nicht ausschließlich in einer wissenschaftlichen Disziplin bewegen. Wie unterschiedlich Begrifflichkeiten aufgefasst werden können, zeigen die folgenden Beispiele: Unter dem Ausdruck „Machbarkeit" versteht ein Techniker die Realisierbarkeit einer Aufgabe. Der Betriebswirt fragt sich jedoch, ob eine Aufgabe mit den gegebenen finanziellen oder personellen Ressourcen zu lösen ist. Spricht der Jurist von „grundsätzlich", so hat er, anders als ein Psychologe, immer sofort die Ausnahme im Sinn. Was wir Ihnen damit vermitteln möchten: Das Thema Familienunternehmen ist ein die Disziplinen übergreifendes Thema, bei dem neben betriebswirtschaftlichen, rechtlichen und steuerlichen Aspekten auch und vor allem soziologische und psychologische Faktoren eine Rolle spielen. Das führt dazu, dass es sehr unterschiedliche Definititionsansätze gibt. Diese wollen wir Ihnen nachfolgend vorstellen.

In der Literatur werden die Begriffe Mittelstand, kleine und mittlere Unternehmen (KMU) und Familienunternehmen mitunter synonym verwendet, in anderen Fällen jedoch scharf voneinander abgegrenzt. Um den bestmöglichen Einstieg in die Thematik zu geben, erhalten Sie darüber hinaus einen Überblick über die in diesem Zusammenhang verwendeten Begriffe und ihre Bedeutungen, aber auch über die Unzulänglichkeiten ihrer Definitionen.

© Springer Fachmedien Wiesbaden GmbH, ein Teil von Springer Nature 2019
B. Felden et al., *Management von Familienunternehmen,*
https://doi.org/10.1007/978-3-658-24058-5_1

Lernziele

1. Sie sind in der Lage, die wirtschaftliche und gesellschaftliche Bedeutung und den Stellenwert von Familienunternehmen in entwickelten Volkswirtschaften einzuordnen.
2. Sie unterscheiden Familienunternehmen von Nicht-Familienunternehmen anhand typischer Merkmale.
3. Sie wissen, wie sich Familienunternehmen historisch entwickelt haben.
4. Sie kennen die aktuellen Definitionsansätze von Familienunternehmen sowie die Konsequenzen, die sich daraus für Wissenschaft und Praxis ergeben.
5. Sie können Entwicklungsmuster von Unternehmerfamilien und familiären Gesellschafterstrukturen im Verlauf mehrerer Unternehmergenerationen unterscheiden.
6. Sie kennen die Unterschiede zwischen den verwandten Begriffen Familienunternehmen, Mittelstand und KMU.

Praxisbeispiel Familienunternehmen

Das **Fürstlich Castell'sche Domänenamt** hat eine lange Tradition, die seit dem Jahre 1057 dokumentiert ist. Die Besonderheit: Seit Urzeiten vermachen die Castells das gesamte Vermögen nur einem männlichen Erben. Nach alten Mustern erbt der älteste bzw. einzige Sohn einer Familie. Diese Ungerechtigkeit gegenüber Geschwistern und Ehefrauen soll den Fortbestand des Familienbesitzes sichern. Auch wenn sonst nicht immer Einigkeit herrscht im Hause Castell, so ist diese Tradition bis heute ohne große Auseinandersetzungen durchgesetzt worden. Erbgraf Ferdinand zu Castell-Castell vertritt das Haus Castell heute in der 26. Generation. Eine entsprechende Erziehung und der langfristige Blick auf den Erhalt von Betrieb und Vermögen sind für ihn der entscheidende Antrieb.

Die Faber-Castell Aktiengesellschaft, eine der bekanntesten und weltgrößten Herstellerinnen von Schreibwaren, wurde 1761 von Anton Faber in Stein bei Nürnberg gegründet. Vor der Unternehmensgründung widmete er sich beruflich der Bleistiftproduktion und stellte in der Freizeit auf eigene Kosten Farbstifte her. Als dann der Erfolg seiner Farbstifte immer größer wurde, konnte er das Unternehmen gründen. In achter Generation und seit 1978 leitete Anton-Wolfgang von Faber-Castell den Stifte-Hersteller aus Stein bei Nürnberg. Doch obwohl bis dato immer ein Mitglied der Familie Faber-Castell an der Spitze des Unternehmens stand, trat 2016 ein Familienexterner die Nachfolge an. Aktuell verfügt das Unternehmen über eine weltweite Produktionskapazität von 2 Mrd. holzgefassten Stiften pro Jahr und erwirtschaftet einen Umsatz von 650 Mio. EUR.

Ein weiteres Praxisbeispiel

Nicht nur in Österreich, sondern weltweit ist die Sacher-Torte bekannt, und mit ihr das **Familienunternehmen Sacher,** das Hotels, Cafés und Restaurants betreibt. Im Jahr 1832 beauftragte der Fürst von Metternich den 16-jährigen Kochschüler Franz Sacher mit der Herstellung einer Torte, die mit Schokolade, Marillenmarmelade und Schlagobers gestaltet sein sollte. Diese Original Sacher-Torte zählt heute zu den wichtigsten Wahrzeichen Wiens. Der Sohn des Franz Sacher, Eduard Sacher, eröffnete 1876 in Wien ein exklusives Luxus-Hotel mit dem Namen „Sacher" und machte die gleichnamige Torte zum Markenzeichen des Hauses. Als Eduard Sacher im Jahr 1892 verstarb, übernahm seine Frau Anna den Betrieb. Anna Sacher – die „gnädige Frau" – führte nicht nur ein strenges Regiment, sondern war auch für ihre Zigarren sowie die Zucht von französischen Bulldoggen bekannt. Anna Sacher verstarb ohne Nachkommen, und die Familien Gürtler und Siller übernahmen gemeinsam die traditionsreiche Wiener Institution. Die Wirren des zweiten Weltkrieges setzen dem Unternehmen zu. 1960 ging das Haus vollständig auf die Familie Gürtler über und das Haus wurde mehrmals modernisiert und es wurden weitere Häuser dazugekauft. 2015 fand wieder ein Generationswechsel in der Familie Gürtler/Winkler statt und Alexandra Winkler übernahm gemeinsam mit ihrem Bruder Georg in dritter Generation die Hotel Sacher-Dynastie. Das Hotel wurde grundlegend erweitert und umgebaut, rund 360.000 handgefertigte Original-Sacher-Torten werden pro Jahr in die ganze Welt versendet. Das Hotel Sacher Wien der Familie Gürtler/Winkler ist heute eines der wenigen 5-Sterne-Luxushotels in Privatbesitz.

Und noch ein Praxisbeispiel

Karl Elsener eröffnete 1884 in der Schweiz eine Messerschmiede. Im Jahr 1897 entwickelte Elsener das Schweizer Offiziers- und Sportmesser – das heute bekannte Schweizer Taschenmesser – und legte damit den Grundstein für das Unternehmen **Victorinox.** Heute ist die Victorinox AG ein globales Unternehmen mit den Produktkategorien Schweizer Taschenmesser, Haushalts- und Berufsmesser, Uhren und Reisegepäck. Das Schweizer Taschenmesser gilt als Kernprodukt und ist wegweisend in der Entwicklung aller Produktkategorien. Im Jahr 2000 wurde die Victorinox-Unternehmensstiftung gegründet, die 90 % der Aktien der Victorinox AG hält. Dadurch wird der Fortbestand des Unternehmens gewährleistet, zumal dem Unternehmen 90 % der erwirtschafteten Gewinne für Inventionen und als Reserve zur Verfügung stehen. Die restlichen 10 % der Aktien befinden sich im Eigentum der gemeinnützigen Carl und Elise Elsener-Gut Stiftung, die karitative Projekte in der Schweiz und im Ausland unterstützt. Im Jahr 2007 fand der Übergang in die vierte Generation statt und Carl Elsener IV löste seinen Vater in der Unternehmensleitung ab. Das Unternehmen Victorinox, das bis heute seinem Standort im Kanton Schwyz treu geblieben ist, produzierte 2017 das 500-millionste Original Schweizer Taschenmesser und erwirtschaftete mit 2100 Beschäftigten einen Umsatz von über 450 Mio. Schweizer Franken.

1.1   Bedeutung und Wirtschaftskraft von Familienunternehmen

Die Volkswirtschaften der deutschsprachigen Länder werden in hohem Maße von Familienunternehmen dominiert (Stiftung Familienunternehmen 2017). Wenn wir heute die Dominanz und die positive Wirtschaftskraft anerkennen, die von Familienunternehmen ausgehen, dann war das nicht immer so. Familienunternehmen galten sehr lange als nicht wirklich konkurrenzfähig. 1959 argumentierte Edith Penrose, dass Familienunternehmen in kapital- und forschungsintensiven Industrien kaum Überlebenschancen hätten und sich dauerhaft große und komplexe Konzerne durchsetzen würden. Familienunternehmen werden sogar als unvollkommene Vorstufe auf dem Weg zur managergeführten Publikumsgesellschaft bezeichnet (Chandler 1977). Zu dieser Zeit wurde die Börse verstärkt als Kapitalgeber genutzt, und Unternehmen wollten als Konzern denken und handeln, nicht wie ein kleines Königreich, das durch einen eigenwilligen Patriarchen geführt wird. Penrose bringt die Kritik an Familienunternehmen auf den Punkt, indem sie argumentiert, dass sich Familienunternehmen den Gesetzmäßigkeiten des Marktes widersetzen (Penrose 1959).

Dennoch behaupteten sich Familienunternehmen am Markt und determinierten damit das volkswirtschaftliche Idealbild einer polypolistischen Marktstruktur mit vielen Anbietern (und Abnehmern). Im Vergleich dazu führt eine zu starke Konzentration auf wenige große Unternehmen nicht selten zu einem monopsonistischen Arbeitsmarkt. Mitte der 1990er Jahre titelte das „Time Magazin" mit dem Schlagwort „New Economy". Auf dem Cover des Time Magazins war ein Roboter abgebildet, der als Sinnbild der New Economy das mittelständische Industrieunternehmen mit der Schubkarre abtransportiert. Wieder galten Familienunternehmen als antiquiert und verstaubt, denn zur New Economy zählten nur global ausgerichtete, hoch-dynamische Unternehmen, die zu der Zeit für zukunftsträchtige Ideen viel Geld auf den Kapitalmärkten einsammeln konnten. Familienunternehmen mit ihren langfristigen Zielorientierungen, regional verbundenen Strukturen und hohen Eigenkapitalquoten galten eher als Sinnbild einer „Old Economy", die den neueren wirtschaftlichen Herausforderungen nicht gerecht werden würden.

Mit dem Platzen der Dot.com Blase im Jahr 2000 konnten viele der New Economy Unternehmen nicht mehr überleben. „Von außen Zukunft, von innen hohl" war der kritische Tenor zu dieser Zeit. Konservative Unternehmenswerte wie hohe Eigenkapitalquote, langfristige Beschäftigung, organisches Wachstum und regionale Verbundenheit gewannen erneut an Bedeutung. In diesem Zusammenhang wurden Familienunternehmen, die genau diese Werte leben und kultivieren, immer häufiger als leistungsstarke Unternehmensform wahrgenommen. Die Finanzkrise 2008/2009 hat diese positive Reputation weiter verstärkt, denn auch in dieser turbulenten Zeit hat sich gezeigt, dass Unternehmen, die sich von innen finanzieren, in eine langfristige Beschäftigung ihrer Mitarbeiter investieren und organisch wachsen, weniger krisenanfällig sind (Stiftung Familienunternehmen 2017). Eine hohe Eigenkapitalquote und das damit eng verbundene Festhalten an der bestehenden Belegschaft ermöglichten es diesen Unternehmen, aus der Krise gestärkt heraus zu gehen und auch in Krisenzeiten einen Beitrag zur Wertschöpfung und zur Beschäftigungssicherung zu leisten (IfM Bonn 2016).

Nicht nur die breite Öffentlichkeit, sondern auch die Forschung zeigten immer stärkeres Interesse daran zu verstehen, wie Familienunternehmen funktionieren und was sie von Nicht-Familienunternehmen unterscheidet. Seit Anfang der 2000er Jahre ist die Forschung zu Familienunternehmen daher auch stark gewachsen (Holt et al. 2018). Wir wissen heute, dass Familienunternehmen anders ticken als Konzerne und durch ihre Andersartigkeit eine starke Wirtschaftskraft determinieren. Gleichzeitig stellt die für diese Unternehmensform typische ‚Familiness' auch die zentrale Herausforderung von Familienunternehmen dar (Abschn. 3.4).

Studien zum Verbreitungsgrad von Familienunternehmen zeigen, dass diese Unternehmensform nicht nur in Deutschland, sondern weltweit die Mehrzahl der Betriebe darstellt. Die in diesem Kapitel noch zu diskutierende Definitionsproblematik stellt empirische Ergebnisse zu Familienunternehmen allerdings unter einen gewissen Vorbehalt. Die empirischen Untersuchungen verwenden unterschiedliche Grundlagen und verschiedene Abgrenzungen, daher sind die daraus resultierenden Erkenntnisse stets in ihrem definitorischen Kontext zu interpretieren.[1]

Dessen ungeachtet erzielen alle Untersuchungen vergleichbare Ergebnisse. In annähernd allen Volkswirtschaften, wie Tab. 1.1 zeigt, stellen die eignergeführten Unternehmen den überwältigenden Anteil aller Betriebe mit entsprechenden Beiträgen zur Wertschöpfung und zur Schaffung und Sicherung von Arbeitsplätzen.

Für die deutschsprachigen Länder gelten ähnliche Werte. So geht man davon aus, dass in Österreich über 80 % aller Unternehmen als Familienunternehmen bezeichnet werden können. Also als Unternehmen, in denen die Entscheidungsgewalt mehrheitlich in der Hand der natürlichen Person liegt, die das Unternehmen gegründet oder die das Stammkapital des Unternehmens erworben hat, oder in der Hand der Ehegatten, Eltern, Kinder oder der direkten Erben der Kinder (Mandl und Obenaus 2008). Auch für die Schweiz gelten ähnlich hohe Prozentwerte. Hier geht man davon aus, dass der Anteil von Familienunternehmen an allen privaten Unternehmen bei 88 % liegt. Dabei liegen die hohen Anteile eher in den Bereichen der kleinen und mittleren Unternehmen. Bei den Unternehmen mit einem bis neun Angestellten liegt der Anteil der Familienunternehmen bei knapp 90 %, während er bei Unternehmen mit einer Mitarbeiterzahl größer 1000 auf 56 % absinkt (Fuglistaller und Zellweger 2007).

Für Deutschland gelten laut Stiftung Familienunternehmen folgende Zahlen: Der Anteil von nominellen Familienunternehmen in Deutschland, von Unternehmen, die einen Familiennamen in der Firma tragen, beträgt 87 %. Familienkontrollierte Unternehmen,

---

[1]Beispielsweise ist es in Italien üblich, erst ab der zweiten Generation von einem „Familienunternehmen" zu sprechen, naheliegender Weise mit drastischen Auswirkungen auf die Statistik im Vergleich zu anderen Ländern, in denen nicht zwischen gründer- und nachfolgergeführten Unternehmen unterschieden wird.

Tab. 1.1 Verbreitung von Familienunternehmen 1995–2000. (Quelle: Colli und Rose 2008)

Land der registrierten Unternehmen	Familienunternehmen in %	Familienunternehmen in % des BIP
Italien	75–95	n. v.
Spanien	70–80	65
UK	75	n. v.
Schweden	90–95	n. v.
Holland	74	54
Belgien	70	55
Polen	50–80	35
Portugal	70	60
USA	95	40
Brasilien	90	65
Indien	n. v.	65

bei denen maximal drei natürliche Personen mindestens 50 % der Unternehmensanteile besitzen, haben sogar einen Anteil von 91 % an allen deutschen Unternehmen (Stiftung Familienunternehmen 2017). Der Anteil von Familienunternehmen, die familienkontrolliert sind und zusätzlich vom Eigentümer geleitet werden, beträgt 90 %. Zudem arbeiten in den Familienunternehmen über die Hälfte der in der Privatwirtschaft beschäftigten Personen (Stiftung Familienunternehmen 2017). Unabhängig von der Abgrenzung sind Familienunternehmen überproportional in der kleinsten Unternehmensgrößenklasse mit weniger als zehn Beschäftigten vertreten (vgl. Abb. 1.1).

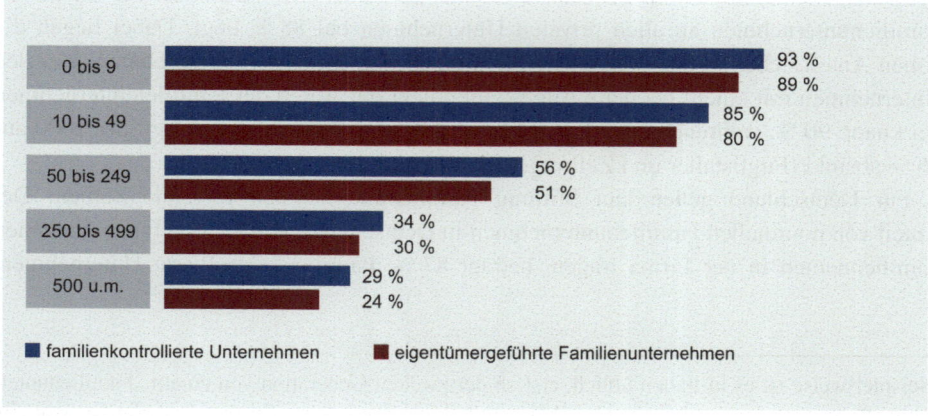

Abb. 1.1 Anteil der Familienunternehmen nach Beschäftigungsklassen. (Quelle: Stiftung Familienunternehmen 2017)

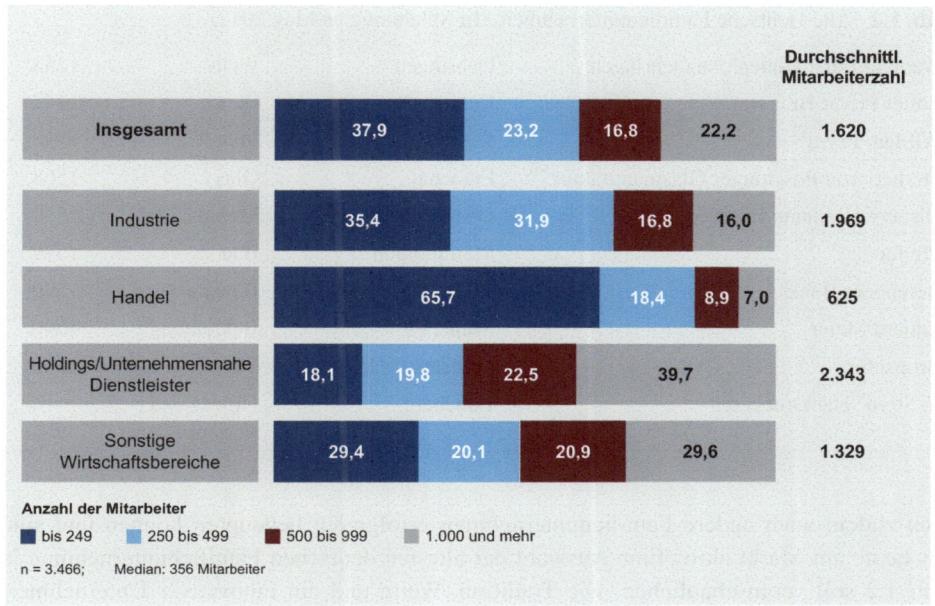

Abb. 1.2 Beschäftigungsgrößenklassen nach Wirtschaftszweigen. (Quelle: IfM Bonn 2016)

Auch in einer Analyse der großen Familienunternehmen (mehr als 50 Mio. EUR Jahresumsatz) zeigt sich, dass etwa vier von zehn Familienunternehmen 249 oder weniger Mitarbeiter beschäftigen. Im Durchschnitt sind bei den größten deutschen Familienunternehmen im Jahr 2014 im Durchschnitt 1620 Mitarbeiter beschäftigt (vgl. Abb. 1.2). Interessant ist auch die Verteilung von Familienunternehmen auf die verschiedenen Branchen der deutschen Volkswirtschaft. In den Wirtschaftszweigen Gastgewerbe, Baugewerbe und im Handel sind die Anteile der Familienunternehmen besonders hoch, während Energie- und Wasserversorger am häufigsten nicht in Familienhand sind.

1.2 Historie von Familienunternehmen

Ein kleiner Exkurs nach Japan zeigt auf, welche unglaublich lange Tradition ein Familienunternehmen haben kann. Als ältestes Familienunternehmen der Welt gilt die japanische Herberge Hoshi, die 717 erstmals dokumentarisch erwähnt ist. Das Familienunternehmen Hoshi bietet seit mehr als 1300 Jahren traditionelle japanische Betten und heiße Bäder an und wird aktuell in der 46. Generation geführt.

In Deutschland ist das Weingut Fürst Hohenlohe Oehringen mit dem Gründungsjahr 1253 eines der ältesten Familienunternehmen. Über Generationen hinweg haben

Tab. 1.2 Alte Deutsche Familienunternehmen. (In Anlehnung an May 2012)

Weingut Fürst Hohenlohe Oehringen	Oehringen	Wein	1253
Zötler Privat-Brauerei	Rettenberg	Bier	1447
William Prym	Stolberg	Metall	1530
Freiherr von Poschinger Glasmanufaktur	Frauenau	Glas	1568
Olsberg Hermann Everken	Olsberg	Metall	1577
Pfeifer	Memmingen	Bau	1579
Berenberg Bank	Bremen	Banken	1590
Eduard Meier	München	Bekleidung	1596
Brogsitter	Grafschaft Gelsdorf	Wein	1600
V. Stern'sche Druckerei	Lüneberg	Druck- und Verlagswesen	1614

sich zudem auch andere Familienunternehmen erfolgreich behaupten können und sind bis heute am Markt aktiv. Eine Auswahl der ältesten deutschen Familienunternehmen in Tab. 1.2 soll veranschaulichen, wie Tradition, Werte und ein innovativer Unternehmergeist über Jahrhunderte hinweg ein Unternehmen aufrechterhalten können.

Das Entstehen von Familienunternehmen in Europa lässt sich auf verschiedene gesellschaftliche Strömungen zurückführen, die sich vor allem mit dem Begriff der Stände verbinden lassen. Stände sind gesellschaftliche Gruppen, die durch rechtliche und gesellschaftliche Bestimmungen klar voneinander abgetrennt sind.

1.2.1 Der Adel

Bedeutsam für die Entwicklung von Familienunternehmen war vor allem der Adel. Familien mit fürstlichen Privilegien übernahmen zum Ende des 15. Jahrhunderts wichtige Aufgaben im Dienstleistungsbereich wie zum Beispiel im internationalen Handel (Fugger), im Postwesen (Thurn und Taxis) oder im Bankbereich (Rothschild) (Herre 2005; Stürmer et al. 1994; Rügemer 2006) und hatten dabei einen hohen ökonomischen Stellenwert. So besaß die Familie Fugger ganze Bergwerke, mehrere Ländereien und andere Betriebe in vielen Ländern und gestaltete durch die Finanzierung von Fürsten bis hinauf zum Kaiser die internationale Politik mit. Vom Auftreten und Benehmen in der Gesellschaft sowie von der dynastischen Planung her fühlten sich diese Familien dem Vorbild des Adels verpflichtet. So wurden die Angehörigen bzw. Nachkommen der Familie Rothschild strategisch auf verschiedene Bankniederlassungen in ganz Europa entsandt – einerseits, um das Geschäft möglichst in seiner ganzen Komplexität kennenzulernen, andererseits, um möglichst alle Schlüsselpositionen mit Vertrauenspersonen zu besetzen. Diese Strukturen finden sich später auch bei bürgerlich-industriellen Unternehmerfamilien.

Der mittlere und niedere Adel hingegen betrieb oftmals ein Wirtschaftsunternehmen, bei dem Eigentum, Führung und die Vererbung standardisierten Verhaltensweisen folgten. So hatte ein zweitgeborener Sohn nur eine sehr geringe Aussicht auf das Erbe, da die Erbfolge zunächst den erstgeborenen Sohn als Begünstigten vorsah. Der Zweitgeborene trat in der Regel in den Militärdienst ein, der Dritte ging ins Ausland und ein Vierter oftmals ins Kloster. Diese und andere Regelungen wurden nicht diskutiert und führten daher nur selten zu den heute in Nachfolgefällen durchaus bekannten Vater-Kind-Konflikten. Auch Frauen spielten zu der Zeit (und noch lange danach) im Wirtschaftsleben keine wesentliche Rolle, daher war das Konfliktpotenzial auch an dieser Stelle eher gering.

1.2.2   Bürgertum

Mit dem Bürgertum entwickelte sich ab dem 18. Jahrhundert zeitgleich der heute bekannte Urtyp des patriarchalen Unternehmers. Das Bürgertum definierte sich selbst in Abgrenzung zum herrschenden Adel über Größen wie Leistung, Fleiß, Ausbildung und Qualifikation. Von großer Bedeutung waren demnach auch die selbst erwirtschafteten Besitztümer und Gewinne. Neben einer möglichen akademischen Laufbahn und dem Beamtentum stellte eine erfolgreiche unternehmerische Betätigung den Hauptpfad für gesellschaftlichen Aufstieg dar (Köhler 2000; Schäfer und Steffen 2000; Rosenbaum 1978).

Dabei spielten insbesondere die traditionellen Handwerksbetriebe eine große Rolle. Ein Handwerksbetrieb kann als eine der ersten und ursprünglichsten Formen von Familienunternehmen gesehen werden. Der Handwerksmeister als der Inhaber von Haus und Arbeitsstätte, als Ursprung aller fachlichen Kompetenzen sowie als „Institution" der gesellschaftlichen Verantwortung, die eng verbundene Organisation von Lebens- und Arbeitswelt, der Einbezug anderer Familienmitglieder, wie beispielsweise der Meistersfrau als Mitunternehmerin und Führungskraft im Innenverhältnis, sowie die Aufnahme bzw. Anstellung von Gesellen und Lehrlingen in die Familie, erinnern in vielen Punkten an heutige Familienunternehmen.

Zu dieser Zeit bildet sich auch der sogenannte „Mittelstand" heraus, begründet durch eine wachsende Zahl von Unternehmerfamilien, die sich ihrem Stand nach in der Mitte zwischen Adel und Arbeitern befanden. Durch ihr Vermögen konnten diese Unternehmerfamilien einen wachsenden politischen Einfluss geltend machen und genossen ein hohes gesellschaftliches Ansehen. Nicht selten inszenierten sich Unternehmer in dieser Zeit standesgemäß, indem sie auf ihrem Geschäftspapier Wappen und Siegel abbildeten, schlossähnliche Besitztümer bauten und sich auch in ihrem gesellschaftspolitischen Engagement von der Arbeiterklasse abgrenzten.

Der Begriff „Mittelstand" kommt aus den Sozialwissenschaften und charakterisiert die tragenden bürgerlichen Schichten nach dem Ende des feudalen Zeitalters. Die mittelalterliche Ständeordnung umfasste die Bauern (hierzu zählten auch Arbeiter ohne Landbesitz), den Adel und den Klerus sowie die Bürger, also die „freien" Einwohner selbstständiger Städte. Im Zuge der Industrialisierung entwickelten sich neue, heterogene Gruppen wie Akademiker, Unternehmer, Händler oder Beamte im mittleren Segment. „Mittelstand" verweist noch auf diese Einordnung zwischen Bauern und Adel. Heute wird der Begriff Mittelstand vorwiegend zur Bezeichnung von KMU verwendet, allerdings mit einer stärkeren gesellschaftlichen Konnotation. Hierunter fallen unter anderem auch Handwerksunternehmen, Arztpraxen oder Architektenbüros und nicht nur frühere Vertreter des „mittleren Standes" wie Professoren oder leitende Beamte. Prägend für den Mittelstand sind die typischen bürgerlichen Tugenden: Leistung, Fleiß und Sparsamkeit. Das zeichnet auch insbesondere die Parallele zu den Familienunternehmen. Ökonomisch gesehen umfasst der Mittelstand somit kleine und mittlere (Familien-)Unternehmen sowie die freien Berufe.

1.2.3   Industrie

Ein Wandel dieser Strukturen setzte ab dem 18. Jahrhundert ein: Betriebe benötigten mehr Kapital. Eigentum und Vermögen wurden wichtiger als die reine Arbeitsqualifikation. Dies hat sich bis heute fortgesetzt: Fachliches und technisches Wissen und Können sind zwar wesentliche Grundlage der Gründergeneration, mit zunehmender Größe des Unternehmens liegen die Schlüsselqualifikationen jedoch immer mehr im Bereich Unternehmensführung und Vermögenssicherung. Die Industrialisierung stellt daher die Geburtsstunde der Familienunternehmen moderner Prägung mit einem arbeitsteilig organisierten industriellen Wertschöpfungsprozess dar (Mitgau 1952). So sind fast die Hälfte der heute bestehenden 500 größten Familienunternehmen vor 1923 gegründet worden (vgl. Abb. 1.3) (Stiftung Familienunternehmen 2017).

Die Folge dieser verschiedenen Strömungen war im 19. Jahrhundert eine weitgehende Dominanz aller ökonomischen Aktivitäten durch Familienunternehmen (Harris 2000). Dies ist vor allem begründet mit der Phase der Industrialisierung, die durch großes Bevölkerungswachstum, schlechte und harte Arbeitsbedingungen in der Fabrik und große Unterschiede im Besitztum geprägt war. Familienunternehmen boten eine Antwort auf Instabilität, Unsicherheit und fehlenden Schutz der Eigentumsrechte. Die Unternehmerfamilie wurde zum Ressourcenpool für Führungskräfte, finanzielle Mittel und vertrauenswürdige Informationen. Sie wurde so zum zentralen Akteur der wirtschaftlichen Entwicklung, da sie als vertrauenswürdig wahrgenommen wurde (Casson 1999).

1.2.4   Das 20. Jahrhundert

Im Laufe des 20. Jahrhunderts wurden Familienunternehmen immer häufiger als Hindernis, denn als positive Kraft für moderne Ökonomien angesehen. Dass die Ökonomen des 20. Jahrhunderts die positiven Aspekte und vor allem die Resilienz von Familienunternehmen deutlich unterschätzten, wird mit einem Blick auf die weite Verbreitung von Familienunternehmen in den meisten Volkswirtschaften deutlich Abschn. 1.1.

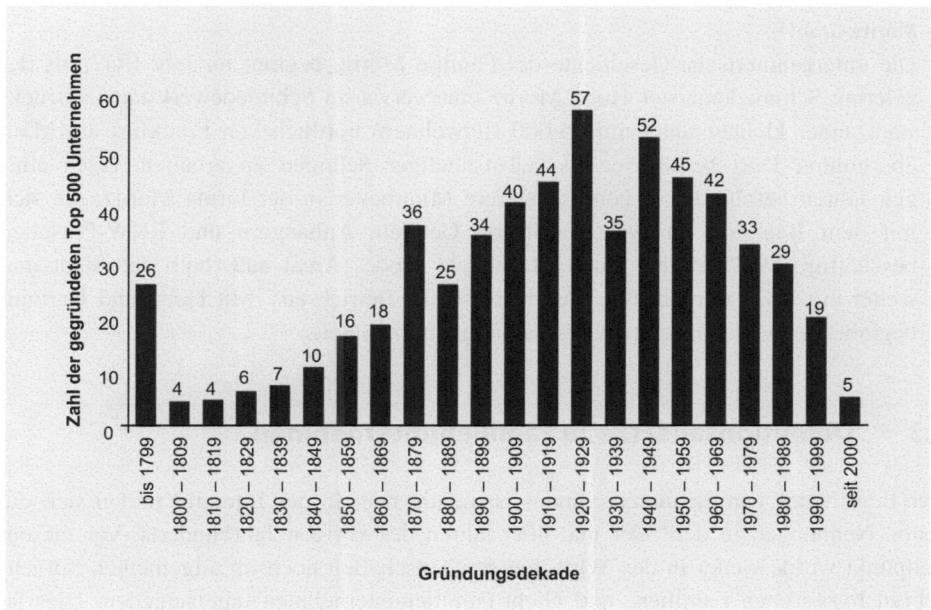

Abb. 1.3 TOP 500 Familienunternehmen nach Gründungsdekade. (Quelle: Stiftung Familienunternehmen 2017)

Heute gilt das Familienunternehmen als anerkannte Unternehmensform, die gleichberechtigt neben Konzernen oder anderen Publikumsgesellschaften steht.

Dieser kurze historische Abriss zeigt, dass ein bedeutender Teil der typischen Phänomene heutiger Familienunternehmen aus der Vergangenheit hergeleitet werden kann: Entscheidet sich heute eine Unternehmerfamilie dazu, den Familienbetrieb nur einem Kind zu übergeben und dieses Kind demzufolge auch materiell besser als die anderen Kinder zu stellen, dann widerspricht das einerseits der aktuellen Auffassung von Gerechtigkeit in der Familie. Auf der anderen Seite ist diese Lösung historisch geprägt, weil zu früheren Zeiten so die Funktionsfähigkeit eines Betriebes erhalten wurde.

An dieser Stelle wird auch deutlich, wie flexibel die Form dieses Unternehmenstypus ist. Familienunternehmen mussten sich im Laufe der Zeit den jeweils herrschenden Rahmenbedingungen im wirtschaftlichen UND familiären Umfeld anpassen. Familienunternehmen stehen daher in besonderem Maße in einem Spannungsfeld zwischen wirtschaftlichem Erfolgsstreben, familiären Erwartungen und gesellschaftlichen Umweltfaktoren (Klein 2010). Die mit Familienunternehmen verbundenen Eigenarten sowie die damit verbundenen Leistungsdifferenzen in Abgrenzung zu Nicht-Familienunternehmen werden in den nachfolgenden Kapiteln näher beleuchtet.

Moritz GmbH

Die unternehmerische Geschichte der Familie Moritz beginnt im Jahr 1947, als der gelernte Schmiedemeister Hugo Moritz eine verwaiste Schmiedewerkstatt in Brückstadt, einer kleinen Stadt mit 25.000 Einwohnern nördlich von Frankfurt am Main übernimmt. Dort beginnt er als selbstständiger Schmied zu arbeiten. Nach einigen Jahren beschäftigt er bereits mehrere Mitarbeiter in der Firma Moritz, die sich mit dem Bau von landwirtschaftlichen Geräten, Anhängern und LKW-Pritschen beschäftigt. 1967 erwirbt Hugo Moritz ein großes Areal außerhalb der Stadt und weitet mit einer zeitgemäßen Werkhalle seinen Betrieb aus. Mit Horst und Hartmut beginnt die zweite Generation des Familienunternehmens.

1.3   Definitionsansätze zu Familienunternehmen

Der Begriff des Familienunternehmens ist relativ neu. In der Literatur finden sich die ersten Nennungen in den 30er und 40er Jahren des vorigen Jahrhunderts. Vor diesem Zeitpunkt wurde weder in den Wirtschaftswissenschaften noch im allgemeinen Sprachgebrauch zwischen Familien- und Nicht-Familienunternehmen unterschieden. Dies ist insofern nachvollziehbar, als vor diesem Zeitraum nahezu alle Unternehmen in Familienbesitz waren, sodass es nicht notwendig erschien, eine begriffliche Unterscheidung vorzunehmen. Auch in der klassischen Betriebswirtschaftslehre ist der Begriff des Familienunternehmens noch relativ jung. Dies hängt zum großen Teil mit der akademischen Entwicklung der Betriebswirtschaftslehre zusammen, die sich damals und bis heute vor allem der Erforschung der großen, multinationalen Konzerne verpflichtet fühlt, deren Eigentümer als Aktionäre anonym bleiben und sich institutionell vertreten lassen. Familienunternehmen unterliegen in Bezug auf die klassischen betriebswirtschaftlichen Bereiche wie etwa Finanzierung, Controlling, Personalführung oder Organisation jedoch anderen Gesetzmäßigkeiten. Da der wirtschaftliche Erfolg des Familienunternehmens gleichzeitig den Wohlstand der Familie bestimmt, wird die Familie zum zentral agierenden und gestaltenden Faktor.

Es stellt sich nun die Frage, warum wir heute Familienunternehmen von „normalen" Publikumsgesellschaften unterscheiden. „Normal" bedeutet in diesem Sinne Unternehmen, die nicht im Besitz eines einzelnen Eigentümers oder einer Unternehmerfamilie stehen, sondern die im Streubesitz mehrerer nicht dominierender Parteien sind.

1.3.1   Vielfalt von Familienunternehmen

Familienunternehmen kommen nicht nur historisch gesehen in unterschiedlichen Formen vor, auch heute wird ein breites Spektrum von sehr verschiedenen Betrieben und Strukturen unter diesem Begriff zusammengefasst. Die Wissenschaft versucht daher, Gruppen von Familienunternehmen zu klassifizieren, um eindeutige Verhältnisse zu schaffen und Forschungsarbeiten vergleichbar zu machen. Daher sind in der Literatur zahlreiche

Definitionsansätze zu finden, die versuchen, den Begriff Familienunternehmen zu definieren und damit auch klar von anderen, häufig synonym verwendeten Begriffen wie KMU (kleine und mittlere Unternehmen) oder „mittelständisches Unternehmen" abzugrenzen[2]. Allerdings ist der Begriff KMU für ein tieferes Verständnis von Familienunternehmen nicht hilfreich, da der Begriff KMU eine reine Größenklassifizierung darstellt. Diese Kategorisierung hat zwar ökonomische Folgen, charakterisiert Familienunternehmen aber nur unzureichend. Die nachfolgenden Eigenheiten sollen dies exemplarisch verdeutlichen:

- Familienunternehmen sind oft von geringer Größe, zählen also in weiten Teilen zu den KMU. Die damit verbundene Konzentration der Aufgaben auf wenige Personen und der geringere Spezialisierungsgrad bewirken, dass das (familiäre) Management einen weitaus höheren operativen Aufgabenanteil als in Großunternehmen hat. Je kleiner das Unternehmen ist, desto mehr ist der Familienunternehmer auch Träger aller unternehmerischen Kernkompetenzen. Die Konsequenz: Eine Aufteilung von Managementaufgaben, wie sie die Betriebswirtschaftslehre vorsieht, findet man nur in den größeren Familienunternehmen.
- Eine Besonderheit von Familienunternehmen ist ihre regionale Verwurzelung. Dies gilt auch, wenn das Unternehmen global am Markt agiert. Selbst bei einer Ausdehnung des Geschäfts auf internationale Märkte bleibt diese regionale Verwurzelung bestehen und drückt sich sehr häufig in lokalem Engagement der Unternehmerfamilie aus, was vielfach positiven Einfluss auf die regionale Entwicklung und Rückkoppelungen auf das Unternehmen hat.
- In Familienunternehmen ist typischerweise der private und betriebliche Bereich sehr eng miteinander verbunden. So entscheiden mitunter familiäre Bedürfnisse über die Beschäftigung von Familienmitgliedern und auch über deren Ausscheiden aus dem Unternehmen. In vielen Fällen werden daher strukturelle Änderungen wie zum Beispiel Holdinglösungen geschaffen, um familiär gewünschte Personalentscheidungen ohne Schaden für das Unternehmen realisieren zu können. Betrachtet man alleine das Unternehmen (aus dem Blickwinkel der traditionellen Betriebswirtschaftslehre), würde man oftmals andere Organisationsstrukturen implementieren.
- Anders als bei der fragmentierten Inhaberschaft in den großen Publikumsgesellschaften haben die Eigentümer von Familienunternehmen eine starke Stellung.[3] Grundsätzliche strategische Entscheidungen werden von den Familienmitgliedern ebenso bestimmt wie strukturelle Weichenstellungen und wesentliche Führungspositionen, sodass Wachstum und Reife des Unternehmens auch Familienaufgabe ist. Häufig haftet die Familie auch mit ihrem privaten Vermögen für unternehmerische Verbindlichkeiten. Daraus entstehen andere Entscheidungsstrukturen als sie die klassische Betriebswirtschaftslehre formuliert.

---

[2]Zum Begriff KMU vgl. Kontinen und Ojala (2011).

[3]Damit reduziert sich die sog. Principal-Agent-Problematik, was ein Argument für eine größere Leistungsfähigkeit von Familienunternehmen ist (vgl. Abschn. 4.3).

- Die Kontinuität der Eigentümerstruktur in Familienunternehmen wirkt sich im Vergleich zu Unternehmen, die dem regelmäßigen Aktienhandel unterliegen, stärkend aus. Die langfristige Ausrichtung von Familienunternehmen führt zu einer konstanten Entwicklung: Kurzfristige, an der Maximierung des Aktienkurses oder der Optimierung des Cash-Flows orientierte Managemententscheidungen sind den meisten Familienunternehmen fremd. Vielmehr steht das stabile und langfristige Wachstum des Unternehmens im Vordergrund. Die tief greifenden Änderungen beim Generationswechsel jedoch können diese Kontinuität durchbrechen – nicht immer mit positiven Konsequenzen. Wenn die Anzahl der Eigentümer mit fortschreitendem Alter des Familienunternehmens wächst, ist eine hohe Professionalität nicht nur im Unternehmen, sondern auch in der Familie erforderlich. Diesen Blickwinkel betrachtet die klassische Betriebswirtschaftslehre kaum.
- Eine funktionierende Corporate Governance kann in Familienunternehmen nicht alleine mit Blick auf das Unternehmen und den dazu von der BWL entwickelten Instrumenten aufgebaut werden. Emotionale Familien-Konflikte können zerstörerische Konsequenzen haben – auch im Unternehmen. Der Umgang mit sensiblen familiären Themen wie Neid, Macht und Liebe erfordert daher auch psychologische und soziologische Methoden und Instrumente.
- Die bei familiengeführten Betrieben typische Unabhängigkeit steht im Fokus des familiären und betrieblichen Handelns – oftmals ungeachtet der finanziellen Leistungsfähigkeit. Die betriebswirtschaftliche Entscheidungstheorie hingegen betrachtet in ihrer klassischen Form ausschließlich monetäre Zielsetzungen und Unternehmensentscheidungen, die auf ein möglichst hohes Wertsteigerungspotenzial zielen. In einem Familienunternehmen geht es neben Wachstum und Profit vor allem um den Erhalt der Unternehmung als solches.
- Familienunternehmen haben aufgrund personeller und finanzieller Begrenzungen oftmals enge Ressourcen. Mangels Kapitalmarktfähigkeit finanzieren sich diese Unternehmen entweder selbst oder haben eine hohe Bankenabhängigkeit. Investitionen werden nicht selten ausschließlich aus den erwirtschafteten Gewinnen vorgenommen. Eine langfristige Strategie und sorgfältige Entscheidungen über Investitionsvorhaben sind dabei unabdingbar, werden jedoch nur in wenigen Familienunternehmen aufgrund der Enge des Tagesgeschäftes systematisch getroffen.

Anhand dieser Aufzählung ist sicher deutlich geworden, welche Unterschiede in Familienunternehmen gegenüber reinen Publikumsgesellschaften bestehen, die in der Betriebswirtschaftslehre nicht hinreichend berücksichtigt werden und auf die sich dieses Buch konzentriert. Der folgende Abschnitt definiert den begrifflichen Rahmen für „Familienunternehmen".

1.3.2   Vielfalt von Definitionsversuchen

Die meisten konzeptionellen wie auch operativen Definitionsversuche basieren implizit auf einer Abgrenzung zu Nicht-Familienunternehmen. Grundsätzlich lassen sich hier zwei wesentliche Definitionsansätze voneinander unterscheiden: Der „Components-of-involvement"-Ansatz und der „Essence"-Ansatz (vgl. Abb. 1.4).

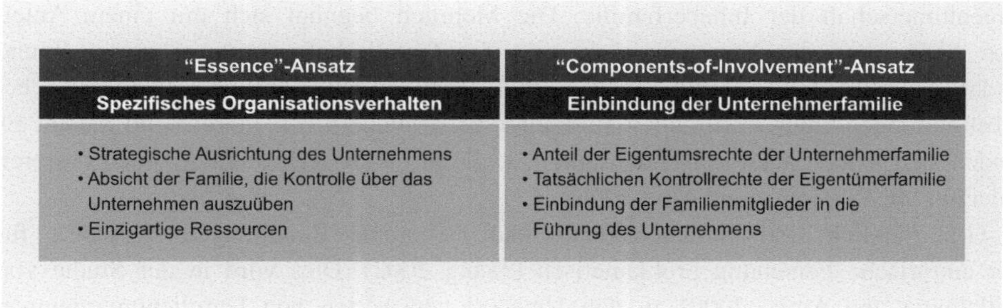

"Essence"-Ansatz	"Components-of-Involvement"-Ansatz
Spezifisches Organisationsverhalten	Einbindung der Unternehmerfamilie
• Strategische Ausrichtung des Unternehmens • Absicht der Familie, die Kontrolle über das Unternehmen auszuüben • Einzigartige Ressourcen	• Anteil der Eigentumsrechte der Unternehmerfamilie • Tatsächlichen Kontrollrechte der Eigentümerfamilie • Einbindung der Familienmitglieder in die Führung des Unternehmens

Abb. 1.4 Definitionsansätze des Familienunternehmens. (Quelle: In Anlehnung an Chrisman et al. 2005)

Der „Essence"-Ansatz geht davon aus, dass die Einbindung der Unternehmerfamilie in das Unternehmen zu einem spezifischen Organisationsverhalten führt, woraus sich Leistungsunterschiede ableiten lassen (Chrisman et al. 2005). Aus Perspektive des „Essence"-Ansatzes definieren sich Familienunternehmen über den Einfluss der Familie auf die strategische Ausrichtung des Unternehmens, die Absicht der Familie, die Kontrolle über das Unternehmen auszuüben sowie über einzigartige Ressourcen, die durch die spezifische Einbindung der Familie und deren Interaktion untereinander entstehen (Davis und Tagiuri 1989; Litz 1995; Habbershon et al. 2003). Dabei baut der „Essence"-Ansatz auf den in der Principal-Agent-Theorie und dem ressourcenbasierten Strategieansatz spezifizierten Unternehmensunterschieden hinsichtlich Governance-Strukturen und dynamischen Kernkompetenzen auf. Diese können Leistungsdifferenzen zwischen Familien- und Nicht-Familienunternehmen theoretisch erklären. (Vgl. Kap. 5).

In der aktuellen Literatur, und vor allem in der empirischen Forschung, dominieren aber Definitionen, die auf den „Components-of Involvement" Ansatz, also auf den Grad der Einbindung der Familie in das Unternehmen abstellen. Der „Components-of-involvement"-Ansatz beinhaltet, dass allein der Grad und die Art der Einbindung einer Familie eine hinreichende Bedingung dafür ist, Familienunternehmen zu definieren. Dort stehen der Anteil der Eigentumsrechte der Unternehmerfamilie, die tatsächlichen Kontrollrechte der Eigentümerfamilie und die Einbindung der Familienmitglieder in die Führung des Unternehmens im Fokus (Chua et al. 1999; Martos und Carlos 2007). Die Anzahl der zu erfüllenden Kriterien bleibt bei diesem Ansatz jedoch offen: Müssen Eigentum und Management in denselben Händen liegen, so würden große und reife Familienunternehmen, die durch familienfremde Manager geleitet werden, außen vor bleiben. Ungeachtet dessen hält die Inhaberfamilie auch in diesen Fällen alle Macht und Verantwortung in ihren Händen, entscheidet über Strategie und Ausrichtung, setzt die Fremdgeschäftsführer ein und überwacht sie.

Ab wann, das heißt bei welchen genauen Ausprägungsformen der genannten Merkmale eine Einordnung als Familienunternehmen oder als Nicht-Familienunternehmen erfolgt, bleibt dabei jedoch offen. So fordern manche Autoren eine hundertprozentige

Eigentümerschaft der Inhaberfamilie. Die Mehrheit begnügt sich mit einem Anteil von 51 %, also der Stimmenmehrheit in der Gesellschafterversammlung, während andere lediglich die Sperrminorität von 25 %, also das Vetorecht einer Minderheit, bei Abstimmungen einen bestimmten Beschluss zu verhindern, für hinreichend halten. Es finden sich jedoch auch Forschungsarbeiten, die auf weit geringeren Anteilen basieren (hierzu z. B. Villalonga und Amit 2006).

Grundsätzlich sind eindimensionale und dichotome Einteilungen besonders für die empirische Forschung problematisch (Tsang 2002). Dies wird in der Studie von Villalonga und Amit (2006) zu den Unternehmenswerten von Familienunternehmen im Vergleich zu Nicht-Familienunternehmen deutlich. Sie replizieren eine Studie von Anderson und Reeb (2003), in der Familienunternehmen eine höhere Leistungsfähigkeit im Vergleich zu Nicht-Familienunternehmen bescheinigt wird. Wird das Familienunternehmen allein über Eigentumsrechte definiert, findet sich tatsächlich ein signifikant positiver Zusammenhang zwischen dem Eigenkapitalanteil in Familienbesitz und dem Unternehmenswert. Werden Familienunternehmen dagegen anders gemessen, und zwar über ein Konstrukt aus Kontrollrechten, Mitwirkung in der Unternehmensleitung und Familiennachfolge, so wird der Zusammenhang signifikant negativ. Je nach Familienunternehmensdefinition können also mit dem gleichen Datensatz positive wie negative signifikante Zusammenhänge gefunden werden.

Die Antwort auf die Frage „Was ist ein Familienunternehmen?" kann mit den existierenden Definitionsansätzen nicht eindeutig beantwortet werden. Für dieses Buch haben sich die Autoren entschieden, die in Tab. 1.3 dargestellte Definition zu wählen.

Dieser Definition liegt ein sehr breites Verständnis zugrunde, aus dem heraus Unternehmen auch dann der Kategorie der Familienunternehmen zugeordnet werden, wenn die Mitglieder der Unternehmerfamilie nicht oder nicht mehr aktiv in die Unternehmensleitung eingebunden sind. Denn auch wenn die Unternehmensfamilie nicht (mehr) aktiv in das Tagesgeschäft des Unternehmens eingebunden ist, determiniert sich der Familieneinfluss aus dem Eigentum an dem Unternehmen. Damit gelten Konzerne wie beispielsweise die Volkswagen AG als Familienunternehmen, obwohl die Eigentümerfamilien Porsche und Piech nicht Alleineigentümer sind und auch nicht in die Unternehmensführung eingebunden sind. Aber der große Einfluss dieser Familien auf die strategische Orientierung und das Organisationshandeln aufgrund von Unternehmensanteilen und Positionen im Aufsichtsrat macht diese Konzerne nach dieser Definition zu Familienunternehmen. Gleichzeitig ist diese Definition aber auch eng genug, um Familienunternehmen von sogenannten inhabergeführten Unternehmen abzugrenzen. Inhabergeführte Unternehmen

Tab. 1.3 Definition von Familienunternehmen. (Quelle: Eigene Darstellung)

Familienunternehmen sind alle Unternehmen,
• an denen eine Person oder eine überschaubare Gruppe verwandter Personen Kapitalanteile hält und
• in denen die Intention zur dynastischen Fortführung besteht.

liegen zwar im Eigentum einer Person oder einer Personengruppe, allerdings gelten diese Unternehmen erst dann als Familienunternehmen, wenn das Unternehmen zumindest einmal an die nächste Generation weitergegeben worden ist oder zumindest eine Intention für eine intrafamiliäre Weitergabe besteht. Aus dieser Perspektive gelten Start-Ups nicht als Familienunternehmen, können sich aber zu einem entwickeln, wenn die Eigentümer sich dazu entschließen, das Unternehmen weiterzuführen und an eine nächste Generation zu übergeben.

Bevor im Weiteren auf die empirischen Versuche einer Operationalisierung von Familienunternehmen eingegangen wird, muss noch eine wichtige Begriffseingrenzung zum Verständnis von Familienunternehmen diskutiert werden, und zwar die Definition des Begriffs der „Unternehmerfamilie". In der Literatur zu Familienunternehmen fehlt bis heute eine übereinstimmende Definition der Unternehmerfamilie. Viele Autorinnen und Autoren gehen bei „Familie" von der vereinfachten Annahme einer Kernfamilie, bestehend aus Vater, Mutter und Kindern, aus. Als „Unternehmerfamilie" gelten dann Kernfamilien, deren Mitglieder die Anteile am Familienunternehmen halten oder in der Zukunft halten werden.

Hier zeigen sich bereits zwei grundlegende Probleme. Zum ersten stellt in der heutigen Zeit die Kernfamilie nicht mehr die Norm dar, vielmehr finden sich vielfältige Formen von Familien, wie binukleare Familien, Patchworkfamilien oder andere nicht eheliche Lebensgemeinschaften. Zum zweiten können nicht nur Familienmitglieder, die einen Anteil am Unternehmen halten, Einfluss auf unternehmerische Entscheidungen ausüben. Die Unternehmerfamilie muss daher breit definiert werden, um der Vielfalt an Unternehmerfamilienformen gerecht zu werden. Für eine Mitgliedschaft in der Unternehmerfamilie müssen die Voraussetzungen in den beiden Systemen Familie und Eigentum erfüllt sein (Schell et al. 2018). Wichtigste Aussage ist hier, dass auch nicht-eheliche Lebenspartner oder nicht-blutsverwandte Familienmitglieder (z. B. Adoptiv- oder Pflegekinder) berücksichtigt werden müssen, sobald sie einen – wenn auch nur informellen – Einfluss auf das Unternehmen ausüben, unter der Voraussetzung, dass sie von den anderen Mitgliedern als Unternehmerfamilienangehörige angesehen werden und sich auch selbst als solche wahrnehmen. Die Auseinandersetzung mit diesem erweiterten Verständnis von „Familie" ist in Familienunternehmen nicht nur dann wichtig, wenn Entscheidungen bezüglich der Nachfolge getroffen werden, sondern auch mit Blick auf den Einsatz von Governance Instrumenten.

1.3.3   Die F-PEC Skala

Zur besseren empirischen Operationalisierung von Familienunternehmen wurde versucht, die bekannten Determinanten der Familieneinbindung in das Unternehmen in multidimensionalen Definitionen zu kombinieren. Astrachan et al. (2002) haben in diesem Zusammenhang die sogenannte F-PEC Skala (Family-Power, Experience, Cultur) entwickelt, die die Familieneinbindung in ein Unternehmen nicht als dichotome Ausprägung, sondern vielmehr als metrische Variable misst (Astrachan et al. 2002; Klein et al. 2005; Klein 2010). Dabei integrieren sie drei Merkmalsgruppen und deren Ausprägungen: Die eigentliche Einbindung der Familie in das Unternehmen (Machtskala), das Ausmaß der Erfahrung der Familie im Unternehmen (Erfahrungsskala) sowie das Ausmaß einer speziellen Unternehmenskultur (Kulturskala). Aus diesen drei Untergruppen wird dann eine Variable gebildet, die das Ausmaß des Merkmals Familienunternehmen darstellt (vgl. Abb. 1.5).

Die Machtskala ergibt sich aus der Bewertung von drei Faktoren: Dem Anteil der Eigentumsrechte der Familie sowie den prozentualen Anteilen der Familienmitglieder in Leitungspositionen sowie in der eigentlichen Geschäftsführung des Unternehmens. Die Erfahrung der Familie (Erfahrungsskala) im Unternehmen wird anhand von vier Faktoren festgemacht. Neben der Anzahl der im Unternehmen aktiven Familienmitglieder steigt die Erfahrung mit der Anzahl der Generationen, die am Unternehmen beteiligt waren, der Generation, die das Unternehmen aktuell leitet sowie der Generation, die aktiv in den Kontrollgremien des Unternehmens tätig ist. Mit zwölf Faktoren stellt die Kulturskala die umfangreichste Merkmalsgruppe dar. Das Ausmaß einer Familienkultur wird unter anderem daran gemessen, inwieweit sich Familienwerte und Unternehmenswerte

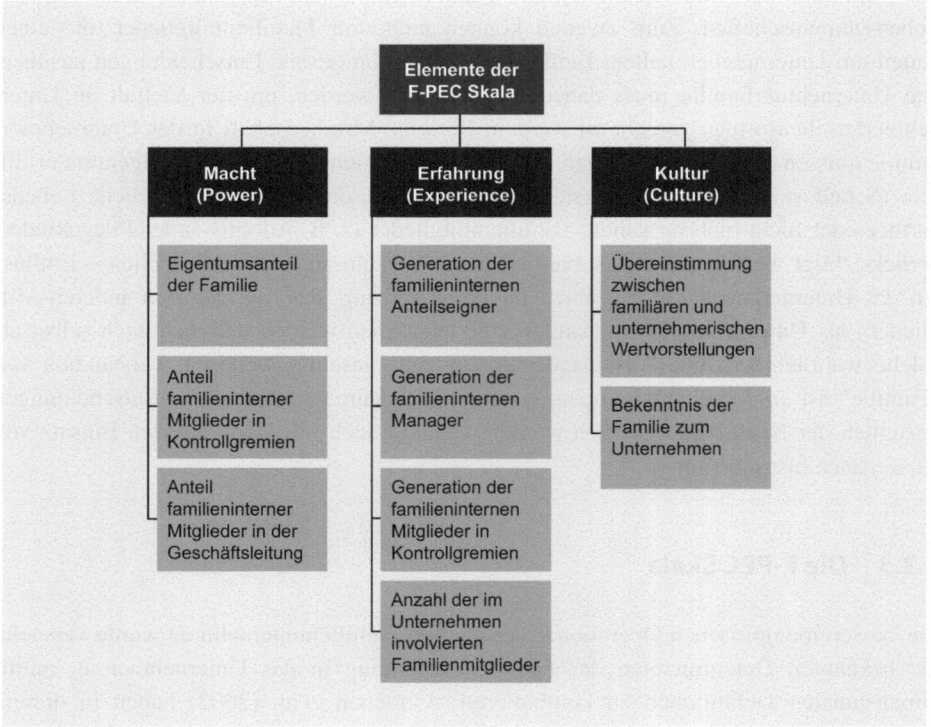

Abb. 1.5 Die F-PEC Skala. (Quelle: Astrachan et al. 2002)

gleichen und inwieweit sich die Familie zum Unternehmen bekennt. Damit kann die F-PEC Skala der Gruppe der „Essence"-Ansätze zugerechnet werden, da sie erstmals über die kulturelle Verwurzelung zwischen Unternehmen und Familie auch das spezifische Organisationsverhalten durch die Einbindung der Familie berücksichtigt.

Klein et al. (2005) haben die F-PEC Skala empirisch mithilfe einer explorativen und konfirmatorischen Faktoranalyse auf Basis einer Stichprobe von 1000 Unternehmen überprüft. Sie zeigen, dass das Konstrukt sowohl eine hohe Validität als auch eine hohe Reliabilität aufweist.

Die mit der F-PEC Skala entstandene Möglichkeit, Unternehmen auf einer kontinuierlichen Skala zu bewerten, wurde bereits in ersten empirischen Studien mit Erfolg genutzt (Holt et al. 2009; Jaskiewicz et al. 2005). Der Nutzen und Wert der F-PEC Skala liegt aber nicht allein in der Tatsache, dass eine kontinuierliche Variable vorliegt, sondern auch darin, dass die Skala neben der eigentlichen Stärke der Familieneinbindung (Machtskala) und der Nachfolge (Erfahrungsskala) auch das Wesen eines Familienunternehmen mitberücksichtigt (Chrisman et al. 2005).

1.3.4 Die systemische Betrachtungsweise von Familienunternehmen

Einen anderen Zugang zur Definition von Familienunternehmen stellen sogenannte Systemische Modelle dar. Diese zeichnen sich dadurch aus, dass mehrere Systemperspektiven miteinander agieren (vgl. Abb. 1.6).

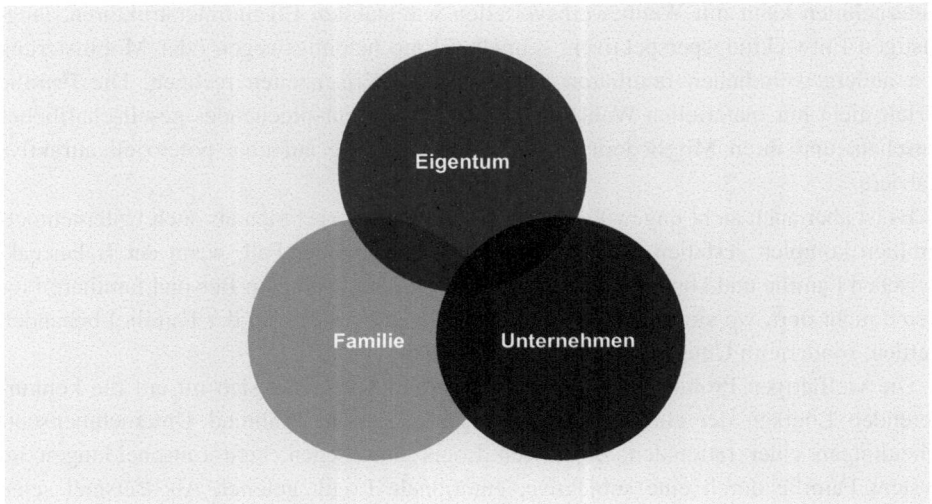

Abb. 1.6 Das Drei-Kreis-Modell des Familienunternehmens. (Quelle: Gersick et al. 1997)

Auf der einen Seite steht das „Unternehmen", also die Aktivseite der Bilanz, mit seinen Organisationsstrukturen und Prozessen, den beschäftigten Mitarbeitern und dem Marktauftritt. Das Unternehmen hat die Funktion, einen wirtschaftlichen Erfolg zu erzielen.

Auf der anderen Seite steht das „Eigentum", also gewissermaßen die Passivseite der Bilanz. Diese Systemperspektive beinhaltet insbesondere die Eigentümer des Stammkapitals, in einer weiteren Betrachtung jedoch auch alle übrigen Finanziers, wie auch Kreditinstitute und andere Fremdkapitalgeber. Aus dieser Perspektive ist das Unternehmen lediglich eine alternative Anlageform mit einem hoffentlich interessanten Risiko/Ertrags-Profil. Diese Trennung lässt sich sehr anschaulich bei den großen Aktiengesellschaften nachvollziehen.

Eine dritte Systemperspektive kennzeichnet Familienunternehmen: die Familie. Diese Perspektive spielt insbesondere dann eine Rolle, wenn es um die Verbindung des Individuums zum Unternehmen und zum Eigentum (beispielsweise durch Ausscheiden aus dem Management- oder aus dem Gesellschafterkreis) geht. Während die Verbindung zum Unternehmen kündbar ist, ist die Verbindung zur Familie nicht auflösbar.

Durch die stetige Verbindung von Unternehmen und Familie beeinflusst die Familie das Unternehmen, so zum Beispiel in Form von familiären Werten, die dort gelebt werden. Eine in Familienunternehmen sehr häufig genannte Aussage wie „jeder Mitarbeiter gehört bei uns zur Familie, wir sind eine Firmenfamilie" zeigt, dass die Familie um das Unternehmen herum einen zentralen Bezugspunkt für Selbstdefinition, Identität, Werte und Lebensentwürfe darstellt.

Die elementaren Stärken und die typischen Schwächen von Familienunternehmen nähren sich aus genau dieser Verbindung: Funktioniert die Kombination von Familie und ökonomischer Einheit gut, dann ziehen beide Seiten ihren Nutzen daraus. Das Unternehmen kann mit Wettbewerbsvorteilen wie stabilen Eigentümerstrukturen, langfristigen Entwicklungsperspektiven, schnellen Entscheidungswegen oder Mobilisierung von außergewöhnlichen familiären Ressourcen in Krisenzeiten rechnen. Die Familie erzielt nicht nur materiellen Wohlstand, sondern auch entsprechendes gesellschaftliches Ansehen, und ihren Mitgliedern bietet sich die Chance auf eine potenziell attraktive Karriere.

Es ist aber auch nicht ungewöhnlich, dass sowohl Unternehmen als auch Unternehmerfamilien komplett zerfallen und untergehen. Dies ist oft der Fall, wenn der Balanceakt zwischen Familie und Unternehmen nicht (mehr) glückt, weil zum Beispiel familiäre Probleme nicht dort, wo sie entstanden sind und hingehören (also in der Familie) behandelt werden, sondern im Unternehmen ausgelebt werden.

Die vielfältigen Probleme von Familienunternehmen lassen sich oft auf die konkurrierenden Logiken der einzelnen Systeme zurückführen. Während Unternehmensentscheidungen einer rationalen, objektiven Logik unterliegen, sind Entscheidungen im System Familie durch eine subjektive, emotionale Logik geleitet. Als Beispiel seien die divergierenden Logiken im Bereich der Gerechtigkeit genannt. Während Familien in der Regel eher einer Logik der Gleichheit aller Familienmitglieder folgen, herrscht im Unternehmen in der Regel die Logik der Leistungsgerechtigkeit. Daraus können sich Konflikte ergeben, die das gesamte Familienunternehmen gefährden. Aus Perspektive der Familienlogik erwarten die Kinder des geschäftsführenden Gesellschafters beispielsweise eine gleiche Aufteilung der Geschäftsanteile im Rahmen der Erbregelung. Aus Sicht der Unternehmenslogik kann dagegen eine Übertragung aller Anteile auf das Kind sinnvoll sein, welches die besten Voraussetzungen zur Leitung des Unternehmens zeigt. Die sich hieraus ergebende Konfliktsituation zwischen den Geschwistern kann den zukünftigen Erhalt des Unternehmens gefährden. Ein offener Umgang mit Konflikten stellt somit nicht nur eine Sinnhaftigkeit, sondern eine Notwendigkeit in Familienunternehmen dar. Ausführlicher auf diese Thematik geht Abschn. 10.1 ein.

Moritz GmbH

Die Eheleute Else und Horst Moritz haben drei Kinder. Der ältere Sohn Heiko ist heute Mitte fünfzig und verheiratet – er hat mit seiner Frau Laura 5 Kinder, die 19, 17, 15, 15 und 7 Jahre alt sind. Seine Ausbildung zum Werkzeugmacher machte er in einem befreundeten Betrieb vor Ort, anschließend arbeitete er einige Jahre im elterlichen Familienunternehmen. Ein gespanntes Verhältnis zu seinem Vater, das sich rasch weiter verschlechtert, führt dazu, dass Heiko die Firma im Streit verlässt und nach seinem Abschluss als Dipl.-Ing. in einem großen Maschinenbaukonzern arbeitet. Nach dem Tod des Vaters übernimmt Heiko die Hälfte der restlichen Anteile seines Vaters (13 %) und steigt wieder im elterlichen Unternehmen ein. Außerdem hat er mit den beiden Mitarbeitern Groß und Wonschack ein Vorkaufrecht für deren je 10 % vereinbart: „…wenn Veronica schon die Mehrheit hat, dann will ich wenigstens eine qualifizierte Minderheit haben." Seine Frau Laura hätte es lieber gesehen, wenn Heiko den sicheren Job im Konzern behalten hätte, weil sie sich wünscht, dass er mehr Zeit mit ihr und den damals noch kleineren Kindern verbringt.

Veronica, seine Schwester, will nach dem Gymnasium in München Mathematik studieren, was ihre Eltern jedoch nicht unterstützen. Das führt ebenfalls zu einem Bruch mit der Familie. Nach einem Au-Pair-Jahr in Kanada und einem (selbst finanzierten) Industrie-Design-Studium sowie einem berufsbegleitenden MBA-Programm übernimmt sie die Leitung der Marketing-Abteilung in einem größeren mittelständischen Unternehmen. Erst nach dem Schlaganfall des Vaters söhnt sie sich mit den Eltern aus, tritt in das elterliche Unternehmen ein und übernimmt einen Teil der Anteile. Veronica ist nicht verheiratet, hat aber nach dem Tode des Vaters ihrer Mutter gestanden, dass sie seit einigen Jahren mit einer Lebenspartnerin zusammenlebt und deren Kind adoptiert hat. Veronica ist dieses Jahr 53 geworden, ihre Adoptivtochter Marie wird dieses Jahr 21.

Kevin, mit 48 Jahren der Jüngste, hat seit jeher eine sehr enge Verbindung zu seiner Mutter, auch der geschwisterliche Kontakt ist gut und regelmäßig. Anders als seine Geschwister hat Kevin beruflich ganz andere Wege eingeschlagen. So studierte er nach der Schule – und nach einem kurzen Ausflug ins elterliche Unternehmen – an einer Kunstakademie in Berlin und lebte als Maler und Musiker zunächst in der

Provence, wo er mitunter zu viel des guten Weines genießt. Er hat aktuell keinen festen Wohnsitz, als Künstler ist er die meiste Zeit des Jahres in Frankreich unterwegs, lebt bei Freunden oder gerne mal in seinem Baumhaus in den Vogesen. Mit zwei verschiedenen Müttern hat er drei Kinder (26, 17 und 4 Jahre), zu denen er einen freundschaftlichen Kontakt pflegt. Seine Bilder und auch sein musikalisches Können finden in Fachkreisen hohe Anerkennung, allerdings spiegelt sich das nicht in den finanziellen Rückflüssen wider. Aus diesem Grund überträgt ihm seine Mutter einige Jahre nach dem Tod des Vaters die 13 % der GmbH-Anteile, die sie von ihrem Mann geerbt hat, was die anderen beiden Kinder so erzürnt, dass sie monatelang nicht mit ihrer Mutter sprechen. Veronica hat mit ihren 54 % zwar die absolute Mehrheit und Heiko, wenn er sein Vorkaufrecht gegenüber Groß und Wonschack geltend macht, mit insgesamt 33 % eine qualifizierte Minderheit, aber Kevin sind der Status als Gesellschafter und die damit verbundenen Ausschüttungen sowie weitere Vorteile, wie z. B. sein altes Porsche-Cabrio als Firmenwagen, sehr wichtig. Außerdem ist er in Gesellschafterversammlungen ein Querulant und sozialkritischer Nörgler.

1.4   Differenzierung von Familienunternehmen

Aus den bisherigen Ausführungen ist deutlich geworden, dass es „das Familienunternehmen" nicht gibt. Daher ist nicht nur die definitorische Abgrenzung des Familienunternehmens zum Nicht-Familienunternehmen schwierig, sondern auch die Differenzierung von Familienunternehmen zueinander stellt eine zentrale Herausforderung dar.

1.4.1   Unternehmenstypologien

Um die Heterogenität dieser Unternehmensform abzubilden und gleichzeitig ein Klassifikationsschema zur Verfügung zu stellen, ist die sogenannte 3-Achsen-Typologie hilfreich (May 2012; Koeberle-Schmid und Grottel 2013). Auf Basis der Dimensionen Inhaber, Management und Unternehmen ist es möglich, ein Familienunternehmen innerhalb dieser Achsen zu klassifizieren (vgl. Abb. 1.7). So wird deutlich, dass Familienunternehmen generell unter der dominanten Inhaberschaft einer oder mehrerer Familien stehen und einen dynastischen Ansatz verfolgen. Allerdings hat jedes Familienunternehmen vor dem Hintergrund seiner spezifischen Inhaber-, Management- und Unternehmensstruktur andere Herausforderungen zu bewältigen (Koeberle-Schmidt und Grottel 2013).

Um die Heterogenität von Familienunternehmen zu berücksichtigen, ist zudem die Einteilung in verschiedene, sauber abgegrenzte Untergruppen von Familienunternehmen üblich. Eine der einfachsten Unternehmenstypologien basiert auf einem dichotomen Ansatz, der die Familiennachfolge in den Mittelpunkt der Abgrenzungsbemühungen stellt. Denn viele Autoren weisen darauf hin, dass ein Unternehmen erst dann zum Familienunternehmen wird, wenn bereits eine Familiennachfolge durchgeführt wurde

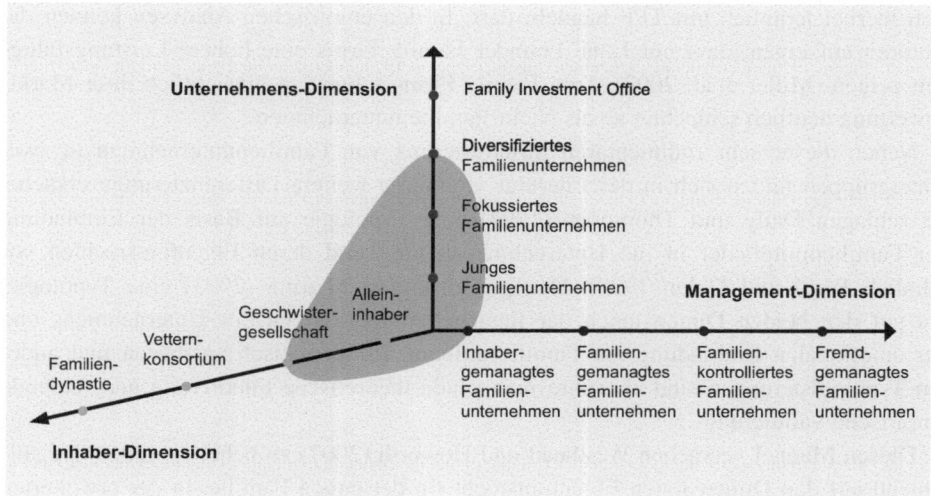

Abb. 1.7 Das Drei-Dimensionen-Modell von Familienunternehmen. (Quelle: May 2012)

(Sharma et al. 1997). Erst die Nachfolge beweist die langfristige Absicht, das Unternehmen in der Familie zu halten. Ansonsten könnte es sich um ein junges Start-up handeln, welches sich später durch einen geplanten Börsengang oder Verkauf zu einem Nicht-Familienunternehmen entwickelt. Einige Autoren unterscheiden daher sogenannte „Lone Founder Family Firms" von „True Family Firms".

Bei Lone Founder Family Firms (LFF) ist der Gründer das einzige Familienmitglied im Unternehmen. Weder in der Geschäftsleitung noch in den Reihen der Eigentümer befinden sich weitere Mitglieder der Unternehmerfamilie. Auch Teamgründungen können als LFF klassifiziert werden, wenn zwischen den einzelnen Gründungsmitgliedern keine verwandtschaftlichen Beziehungen bestehen. Dagegen handelt es sich bei True Family Firms (TFF) um Unternehmen, in denen mehr als ein Familienmitglied eine aktive Rolle im Management oder als Eigentümer wahrnimmt. Dabei ist es unerheblich, ob die Mitglieder der Unternehmerfamilie gleichzeitig im Unternehmen aktiv oder beteiligt sind, oder ob es sich um eine nachfolgende Generation handelt. Das bedeutet, dass auch solche Familienunternehmen als TFF bezeichnet werden können, die von dem Nachfolger des Gründers geleitet werden oder sich in seinem Eigentum befinden, auch wenn kein weiteres Familienmitglied im Unternehmen involviert ist.

In einer Studie von Miller et al. (2007) konnte gezeigt werden, dass eine Differenzierung in LFF und TFF durchaus gerechtfertigt ist. Sie replizieren eine Studie zur Performance von Anderson und Reeb (2003), die zeigt, dass Familienunternehmen eine höhere Leistungsfähigkeit zeigen als Nicht-Familienunternehmen. Diesmal unterteilen sie die Stichprobe in Nicht-Familienunternehmen und Familienunternehmen, wobei es sich hierbei lediglich um TFF handeln darf. In den empirischen Analysen können die Autoren aufzeigen, dass nur Lone Founder Family Firms eine höhere Leistungsfähigkeit zeigen (Miller et al. 2007). True Family Firms schneiden hinsichtlich ihrer Marktbewertung deutlich schlechter ab als Nicht-Familienunternehmen.

Neben dieser sehr rudimentären Strukturierung von Familienunternehmen in zwei Untergruppen finden sich in der Literatur vielfältige weitere Differenzierungsversuche. So schlagen Daily und Thompson (1994) eine Typologie auf Basis der Einbindung der Familienmitglieder in die Unternehmensleitung und deren Eigentumsrechten vor (ähnlich Ward und Dolan 1998). Dagegen diskutiert Sharma (2003) eine Typologie, die auf den beiden Dimensionen der finanziellen Ressourcen des Unternehmens und der emotionalen Einbindung der Familie aufbaut. Problematisch an diesen und anderen Typologisierungen sind aber ihre mangelnde theoretische Fundierung und fehlende empirische Validierung.

Diesen Mangel versuchen Westhead und Howorth (2007) zu beheben, indem sie aufbauend auf den Dimensionen Eigentumsrecht (in der engen Familie, in der erweiterten Familie, außerhalb der Familie), Leitungseinbindung (familiendominiert versus fremddominiert) und Zielsetzung (familienorientierte Ziele versus finanzielle Ziele) sechs Gruppen von Familienunternehmen unterscheiden und diese Unterteilung empirisch überprüfen. Im Ergebnis zeigt die Studie auf, dass sich, abweichend von der theoretischen Konzeptionalisierung, nur folgende vier Typen von Familienunternehmen unterscheiden lassen (Westhead und Howorth 2007):

- Offene Familienunternehmen, mit Anteilseigentum außerhalb der Familie, einer stärkeren finanziellen Zielorientierung und fremddominierter Leitungsstruktur,
- Vetternkonsortien, mit Anteilseigentum in der weiteren Familie, einer ausgeglichenen Zielorientierung zwischen familiären und finanziellen Zielen und einer eher familiendominierten Leitungsstruktur,
- professionelle Familienunternehmen, mit Anteilseigentum in der engen Familie, einer familiären Zielorientierung und fremddominierter Leitungsstruktur sowie
- durchschnittliche Familienunternehmen, mit Anteilseigentum in der engen Familie, einer familiären Zielorientierung und familiendominierter Leitungsstruktur.

Insgesamt lassen sich mit dieser Typologisierung abgegrenzte Gruppen mit spezifischen Merkmalskombinationen bilden, die nicht auf eine metrische Skala reduziert werden können. Diese empirische Überprüfung stellt daher die Nutzbarkeit und Validität der F-PEC Skala infrage, die ja gerade von einer kontinuierlichen Skala ausgehen.

Zusammenfassend wird deutlich, dass trotz dieser theoretischen wie operationalen Weiterentwicklungen eine genaue definitorische Abgrenzung zu Nicht-Familienunternehmen stets unbefriedigend bleibt. Statt harte Definitionen zu verwenden, die nur die beiden Ergebnisvarianten „ist ein Familienunternehmen" und „ist kein Familienunternehmen" oder feste Typologisierungen zulassen, ist es sinnvoller, weiche Definitionen zu verwenden, wie „Familienunternehmen im engeren Sinne" und „Familienunternehmen im weiteren Sinne".

Mittlerweile haben diverse Institutionen für sich eine Definition für Familienunternehmen generiert und auch die Europäische Kommission hat eine Definition von Familienunternehmen in Europa erarbeitet (Europäische Kommission 2009), um so zukünftige Richtlinien und Gesetze zur Verbesserung der Gegebenheiten von Familienunternehmen umsetzen zu können. Da sich eine Definition immer auch an den konkreten Forschungsfragen ausrichten muss, darf aber nicht davon ausgegangen werden, dass sich eine einzige allgemeingültige Definition herausbilden wird. Vielmehr müssen im Einzelfall die wesentlichen definitorischen Elemente immer spezifisch ausgewählt, bewertet und gewichtet werden. Zudem ist zu berücksichtigen, dass die jeweilig ausgewählte Definition Auswirkungen auf die offiziellen statistischen Datenerhebungen und die daraus folgende empirische Forschung hat. Daraus folgt schließlich auch, dass unterschiedliche Statistiken der Familienunternehmensforschung nicht ungeprüft miteinander verglichen werden dürfen.

1.4.2 Der Entwicklungsprozess von Familienunternehmen

Viele Familienunternehmen folgen idealtypischen Entwicklungsschritten, die vorrangig an der Entwicklung der Verwandtschaftsgrade der Gesellschafter festgemacht werden (vgl. Abb. 1.8). Obwohl diese Einordnung nicht alle empirisch beobachtbaren Formen umfasst, sind doch viele typische Verhaltensweisen und Probleme der einzelnen Phasen in der Praxis gut erkennbar. Diese beruhen vor allem auf der steigenden Komplexität, mit der Familienunternehmen umgehen müssen. Komplexitätsindikatoren sind dabei die Anzahl der Familienmitglieder und deren unterschiedliche Lebensphasen sowie deren Lebenserfahrungen und Interessen.

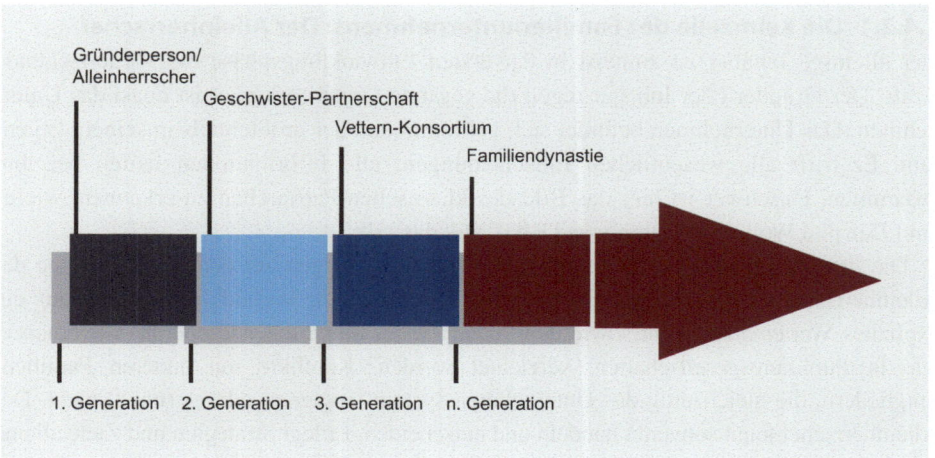

Abb. 1.8 Entwicklungsstufen des Familienunternehmens. (Quelle: Eigene Darstellung)

Das dynamische Generationenmodell (Ward 1987) bietet eine generische Grundlage zur Unterscheidung der vielfältigen Ausprägungen von Familienunternehmen und nimmt bis heute in der theoretischen Literatur eine bedeutende Stellung ein. In diesem Modell wird die typische Entwicklung der Beteiligungsverhältnisse über die Generationen des Familienunternehmens dargestellt und insbesondere auf die Zersplitterungsproblematik eingegangen (Redlefsen 2004). Der jeweils vorherrschende Verwandtschaftsgrad wird durch die Bezeichnung der einzelnen Typen als „Alleinherrscher", „Geschwistergesellschaft" und „Vetternkonsortium" beschrieben. Für die Betrachtung von Governance in Familienunternehmen muss dieses Generationsmodell jedoch erweitert werden. Die familiäre Dimension kann um die der Kernfamilie übergeordneten Familientypen der dynastischen Familie erweitert werden und somit dem mehrheitlichen Verwandtschaftsgrad der Beteiligten entsprechen (Redlefsen 2004).

Mit zunehmender Zersplitterung der Familienanteile eines Familienunternehmens in nachfolgenden Generationen sinkt die Identifikation mit dem Gründer, mit der Familie, ihren Werten und somit automatisch mit dem Unternehmen, das einst durch diese entstanden ist. Mit der sinkenden Identifikation steigt wiederum das Konfliktpotenzial, das sich durch die Zersplitterung der Anteile ergibt. Manche Unternehmenskrisen sind also nicht ökonomisch bedingt, sondern werden durch vergleichsweise „schwache" Unternehmerfamilien verursacht, die es nicht schaffen, ihre Identität und ihr Selbstverständnis langfristig zu sichern und Konflikte innerhalb der Familie unter Kontrolle zu bringen. Die mit der Familiengröße zunehmende Entfremdung muss als großer Destabilisierungsfaktor gewertet werden. Ob eine Unternehmerfamilie stark oder schwach ist, zeigt sich daran, ob sie aus einer Vielzahl von Familienmitgliedern eine Einheit machen kann. Die Risiken der größeren Familie, wie beispielsweise eine langsamere Entscheidungsfindung, nehmen mit dem Wachstum der Familie zu. Starke Familien können die Verbindung von Familie und Unternehmen als Chance nutzen und scheitern nicht an ihren Risiken (Baus 2003).

1.4.2.1 Die Keimzelle des Familienunternehmens: Der Alleinherrscher

Der alleinige Inhaber ist zumeist in der ersten Entwicklungsphase die vorherrschende Kraft. Der Gründer oder Inhaber regelt die gesamte Organisation, er ist quasi das Unternehmen. Das Unternehmen befindet sich vollkommen oder größtenteils in seinem Eigentum. Er trifft alle wesentlichen Entscheidungen, alle Informationen laufen bei ihm zusammen. Unschwer ist hier das Bild des klassischen Patriarchen zu erkennen, wie es zum Beispiel Wolfgang Grupp von TRIGEMA darstellt.

Die wesentlichen Vor- und Nachteile dieser Lösung liegen auf der Hand. Solange der Alleinherrscher des Unternehmens lebt und es durch sein Vorbild formt, kann auf ein explizites Wertemanagement sowie eine Kontrolle im Sinne einer Corporate Governance, wie in Publikumsgesellschaften, verzichtet werden. Konflikte mit anderen Familienmitgliedern, die gleichzeitig das Unternehmenssystem tangieren, gibt es (noch) nicht. Der Alleinherrscher kann souverän handeln und entscheiden. Er legt Strategien und Ziele alleine fest, ohne dass er sich dabei mit anderen Familienmitgliedern abstimmen muss. Zudem benötigt der Gründer, da er gleichzeitig (Allein-) Gesellschafter und Geschäftsführer ist, keinen Schutz vor der Willkür der Eigentümer, der sonst durch klassische Corporate-Governance-Mechanismen, wie einen Beirat, gewährleistet wird. Solange der Alleininhaber seine Rolle ausfüllt und seine Aufgaben gut bewältigt, gibt es kaum eine effizientere Führungsstruktur.[4]

Schon ein Gründer sollte jedoch versuchen, sein Werteverständnis zu präzisieren und schriftlich zu fixieren. Denn schon im Übergang auf die nächste Generation erfährt das System der Gründerwerte eines Familienunternehmens eine Korrektur. Dies zeigt sich primär im Rollenkonflikt, dem sich ein Alleinherrscher nach Eintritt seines Nachfolgers in das Unternehmen konfrontiert sieht. Das intuitive und souveräne Handeln des Gründers kann im besten Fall dazu führen, dass seine Kinder das Thema Werte verstärkt angehen und sich – in Anlehnung an die Familienziele – über ihre gemeinsamen oder divergierenden Ziele verständigen.

Probleme ergeben sich oftmals dann, wenn der Unternehmer aufgrund unvorhersehbarer Ereignisse (z. B. Krankheit oder Tod; immerhin Ursache für mehr als ein Zehntel aller Nachfolgen), aber auch aus Altersgründen ausscheidet. Insbesondere bei der sog. „Kronprinzenregelung", d. h. bei einer Nachfolge durch eine Einzelperson aus der nächsten Generation, hängt die volle Verantwortung für den Unternehmenserfolg erneut an einer einzigen Person. Wenn es auch Beispiele für bis zu sechs aufeinanderfolgende Generationsfolgen dieser Art gibt, so zeigt die Praxis, dass diese Struktur typischerweise nur in kleinen Unternehmen gelingt. In einer engen Definition handelt es sich in dieser Entwicklungsphase um ein inhabergeführtes Unternehmen. Hat der Inhaber allerdings die Intention, das Unternehmen innerhalb der Familie weiterzugeben, werden diese Unternehmen den Familienunternehmen zugeordnet. Mit Blick auf den Erhalt der Population von Familienunternehmen sind die Intentionen der Gründer von zentraler Bedeutung. Bilden Gründer eine Übergabeintention heraus, stellen diese Alleinherrscher-Unternehmen die Keimzelle dar, aus denen neue Familienunternehmen heranwachsen (Hoon und Bövers 2018). Wählen Gründer allerdings eine Exit-Strategie, d. h., haben sie die Absicht, das Unternehmen groß zu machen, um es dann möglichst erfolgreich an Externe zu verkaufen, können sich keine Familienunternehmen herausbilden. Diese Exit-Intentionen sind besonders stark in dynamischen, technologieorientierten Start-ups zu beobachten. Aktuelle Forschungsstudien versuchen daher verstärkt zu erforschen, unter welchen Bedingungen Gründer die Entscheidung herausbilden, das Unternehmen langfristig zu halten und in der Familie weiterzugeben (Hoon und Bövers 2018). Hier können die Erkenntnisse der „socio-emotional wealth" – Theorie einen entscheidenden Erklärungsbeitrag leisten (Abschn. 2.3).

---

[4]Die inhärenten Kosten fallen üblicherweise auf der Familienseite an und werden durch die übrigen Familienmitglieder getragen, die den Unternehmer unterstützen und ihm „den Rücken frei halten". Die Erfahrung lehrt, dass dies nicht in allen Fällen ein langfristiges Erfolgsmodell ist.

1.4.2.2 Geschwister-Partnerschaft

In der Geschwister-Partnerschaft ist die Familie bereits um eine Generation gewachsen und eine Nachfolgesituation ist eingetreten. Es kommt aber auch vor, dass Geschwister gemeinsam ein Unternehmen gründen und das Familienunternehmen somit bereits in der ersten Generation eine Geschwister-Partnerschaft ist. Die Familie setzt sich aus den Geschwistern und deren Kernfamilien zusammen. Am Eigentum sind mindestens zwei Geschwister beteiligt, es kann aber bereits zu diesem Zeitpunkt auf viele Gesellschafter verteilt sein. Wenn sich der Gesellschafterkreis bereits in diesem Maße ausgeweitet hat, teilen sich ihre Mitglieder meist in aktive und passive Gesellschafter auf. Die Geschäftsführung wird nicht mehr durch den alleinherrschenden Gründer bestritten, sondern ist an seine Folgegeneration, d. h. seine Kinder abgegeben worden. Die bisher souveränen Entscheidungen des Alleinherrschers werden durch Entscheidungen der Mehrheit, im besten Falle Konsenslösungen zwischen den Geschwistern, ersetzt. Es kann gut sein, dass bereits hier auf Fremdmanager in der Geschäftsführung zurückgegriffen wird, wobei die Leitung des Unternehmens auf dieser (geringen) Zersplitterungsebene meist noch familiendominiert stattfinden wird.

Der Einbezug mehrerer Geschwister, wie zum Beispiel bei der FIEGE Logistik Holding Stiftung & Co. KG, die das Unternehmen gemeinsam besitzen und auch führen, ist keine Seltenheit und eine typische Variante in der zweiten Generation, wenn die Eltern das Unternehmen auf ihre Kinder übertragen. Im Unterschied zum Ein-Personen-Unternehmen kann so die Verantwortung geteilt und unterschiedliche Qualifikationen und Persönlichkeitsprofile kombiniert werden (Bird und Zellweger 2018; Bövers und Hoon 2018). In diesem Falle steht dem Unternehmen ein „Mehr" an familiären Ressourcen zur Verfügung.

Eine solche Zusammenarbeit wird stabilisiert durch die gemeinsame Sozialisation im selben Elternhaus. Daraus folgt die Teilung ähnlicher Werte und Vorstellungen, ein tiefes Verständnis, zumeist ohne viele Worte. Das kann eine sehr nützliche Basis für ein enges Miteinander sein, ist jedoch nicht selbstverständlich. Sogenannte Brüderkriege sind nicht nur in der Historie ebenso berühmt wie berüchtigt, sondern finden sich auch in modernen Familienunternehmen, wie zum Beispiel die Unternehmen Bahlsen oder Aldi belegen.

Elementar für ein erfolgreiches Miteinander ist die klare Kompetenzverteilung wie unter Dritten. Diese müssen nicht nur gleichmäßig verteilt sein, sondern es muss auch klar sein, wer was entscheidet und diese Entscheidungen müssen regelmäßig kommuniziert werden. Diese Teamkultur ergibt sich nicht automatisch, schon gar nicht aus der Historie eines einzelnen Unternehmers in der Vorgängergeneration. Mitarbeiter und auch die erbenden Geschwister müssen dies erst entwickeln, sonst besteht die Gefahr, dass jedes Geschwisterkind unbewusst das alte Bild des Alleinunternehmers lebt.

Besonders brisant ist in dieser Entwicklungsstufe, dass die Abkömmlinge eines Gründers aufgrund der Anteilsverteilung faktisch in der Lage sind, Entscheidungen zu blockieren oder zumindest deutlich zu verzögern. Auch aus diesem Grund gewinnt das Kommunikationsverhalten eine ganz besondere Bedeutung. Wenngleich es auch dauerhaft funktionierende Geschwister-Partnerschaften gibt, löst sich diese Zusammenarbeit nicht selten auf zugunsten eines einzigen Gesellschafters, der seine Geschwister ausbezahlt oder aus dem Unternehmen drängt. Damit ist die Situation vordergründig bereinigt, das Unternehmen wieder handlungsfähig. Die Kosten liegen in einem hohen Finanzbedarf für die Übernahme der Anteile oder auch in nachhaltig zerrütteten Familienverhältnissen.

Moritz GmbH

Die Moritz GmbH ist inzwischen ein Familienunternehmen in der dritten Generation. Hugo Moritz als Gründer war typischer Alleinherrscher. Nachdem Horst in das Unternehmen einstieg und auch Hartmut beteiligt wurde, kann man von einer Geschwister-Partnerschaft sprechen, auch wenn der Vater die Geschäfte weiterhin mitführte. Nach dem Tod des Vaters und des Bruders hat wieder eine Alleinherrschaft – dieses Mal durch Horst Moritz – vorgelegen. Mit der Übernahme des Unternehmens durch Viktoria und Heiko besteht heute erneut eine Geschwister-Partnerschaft. Zwar arbeiten die beiden leitenden Mitarbeiter Wonschack und Groß noch verantwortlich mit und halten auch jeweils 10 % der Anteile, die familiengebundene Vorherrschaft der Geschwister haben sie nach anfänglicher Skepsis jedoch nie infrage gestellt.

1.4.2.3 Das Vettern-Konsortium

Die nächste Stufe im Entwicklungskonzept der Familienunternehmen ist typischerweise in der dritten Generation erreicht, sobald Cousins oder noch weiter miteinander verwandte Familienmitglieder gemeinsam Unternehmer werden. Ein Beispiel dafür ist das Unternehmen DACHSER. Es zeigen sich erste dynastische Strukturen innerhalb der Familie, da sich die Familie erstmals aus Vettern mit unterschiedlichem Verwandtschaftsgrad und aus unterschiedlichen Familienstämmen zusammensetzt. Das Eigentum verteilt sich auf bis zu 50 Eigentümer, sodass sich bereits starke Zersplitterungstendenzen zeigen.

Da bei dieser hohen Zahl an Gesellschaftern nicht alle aktiv am Unternehmensgeschehen teilhaben können, überwiegt die Gruppe der passiven Gesellschafter. Die Geschäftsführung ist im Falle einer Mischgeschäftsführung oft von Fremdmanagern dominiert. In vielen Fällen wird die Geschäftsführung bereits durch reines Fremdmanagement übernommen, um das Konfliktpotenzial durch die Familie zu senken. Hier ist es noch wichtiger als in der Geschwistergesellschaft, dass das Familienunternehmen auf einen Beirat zur Kontrolle der Geschäftstätigkeiten zurückgreifen kann. Neben der Ausprägungsform des familiendominierten Beirats gibt es hier oft einen fremddominierten Beirat (Abschn. 10.3).

Auch das Vettern-Konsortium hat Vor- und Nachteile. Auf der einen Seite fördert die erweiterte Einsatzmöglichkeit für Führungskräfte aus der Familie die Professionalität der Entscheidungen. Zusätzlich führen die nun reduzierten Anteile der einzelnen Gesellschafter zu weniger Durchsetzungsmöglichkeiten für Partikularinteressen. Empirische Untersuchungen kamen zu dem Schluss, dass eine hohe Stabilität des Unternehmens bei ca. 30 Gesellschaftern erreicht ist (Redlefsen 2004).

Die Familienmitglieder verstehen sich nunmehr als Glieder in einer generationenübergreifenden Kette. Differenzen werden so eher als Sach- oder Rollenprobleme wahrnehmbar und fallen nicht zwangsläufig unter eine Struktur der Vorgänger-Nachfolger oder Geschwisterkonflikte. Die Möglichkeit des gemeinsamen Rückbezugs auf einen Gründer, der für die Familie eine quasispirituelle Funktion übernehmen kann, kommt ergänzend hinzu.

Auf der anderen Seite resultieren aus dem Übergang zu dieser Entwicklungsstufe Herausforderungen, die sich mit einer geeigneten Unternehmenskultur meistern lassen. Im Vettern-Konsortium blicken die beteiligten Individuen nicht mehr auf eine gemeinsame Kindheit mit ihren vielen gleichartigen Erfahrungen und Prägungen zurück, sondern stammen aus teils sehr unterschiedlich strukturierten Kernfamilien. So muss ein konstruktives Miteinander in Form einer professionellen Family Business Governance erarbeitet werden. Sehr gut ist dies an den großen, alten Unternehmerfamilien zu beobachten, zum Beispiel an der Familie Brenninkmeijer (C&A).

Das für erfolgreiche Familienunternehmen typische Phänomen, dass ein einzelner Vertreter der Familie ein besonderes Maß an Macht, Einfluss und Prestige gewinnt und zu „dem" Unternehmer seiner Generation wird, ist im Vettern-Konsortium nicht gegeben. Im Unterschied zum Alleininhaber, der als Souverän nur sich selbst gegenüber verantwortlich ist, hat der dominierende Cousin seine Position in einer komplexen Familienorganisation selbst erarbeitet und muss seine Position auch ihr gegenüber verteidigen.

1.4.2.4 Familiendynastien

Alte Familienunternehmen mit vielen Inhabern mehrerer Generationen und verzweigten Strukturen werden als Familiendynastien bezeichnet. Die Familiendynastie beschreibt die höchste Form der Zersplitterung der Familie in einem Familienunternehmen. Durch die fortgeschrittene Generationenfolge ist die Distanz zwischen Familie und Unternehmen gewachsen. Dies wird deutlich, wenn man bedenkt, dass der Alleinherrscher und selbst die Geschwister in der Nachfolge noch sehr gut von den auf ihre Gesellschafteranteile entfallenden Ausschüttungen leben konnten. Bei der Zersplitterung in Klein- und Kleinstanteile wird dies meist nicht mehr der Fall sein. Das Unternehmen stellt so nur noch eine Kapitalanlage dar – wie bei Aktionären einer Publikumsgesellschaft – nicht aber die Hauptbeschäftigung der Gesellschafter. Die geringere wirtschaftliche Abhängigkeit und die zunehmende Entfremdung der Gesellschafter von ihrem Familienunternehmen führen zu einer Fokussierung auf die Individualinteressen der Gesellschafter. Die Zersplitterung führt daher auch zu einer gravierenden Erhöhung der Komplexität und Dauer von Entscheidungsprozessen.

Mit abnehmendem Verwandtschaftsgrad der Gesellschafter untereinander sinkt somit das persönliche Konfliktpotenzial, jedoch steigt die Komplexität der Gesellschafterstruktur und somit der Formalisierungsbedarf (von Andreae 2007). Die steigende Zahl passiver Gesellschafter wird dabei vor allem bei Geldfragen zum Problem. Die Gehälter von tätigen Gesellschaftern stehen dabei den Ausschüttungen an passive Gesellschafter gegenüber.

Diese Familien umfassen mitunter mehrere hundert Mitglieder und Gesellschafter. In diesen werden die Prozesse nach schriftlich fixierten Regeln[5] organisiert. Das betrifft vor allem:

- die Vererbung bzw. Weitergabe von Gesellschaftsanteilen innerhalb der Familienstämme oder auch nach außen,
- die Rekrutierung von Familienmitgliedern für die obersten Führungspositionen und
- die Treffen der gesamten Familie, zum Beispiel jährlich an einem Ort (oft dem Stammsitz oder einem anderen Traditionsort), um die gemeinsame Geschichte zu aktualisieren, sich näher kennenzulernen, junge Leute „einzuführen" und den gemeinsamen Wertekanon abzustimmen und zu erleben.

Bekannte Beispiele hierfür sind die Franz HANIEL & Cie. GmbH oder die HERAEUS GmbH. Gerade in diesen Unternehmen ist es wichtig, möglicherweise vage gewordene Werte zu konkretisieren und der aktuellen Situation anzupassen oder eine zersplitterte Familie wieder an eine gemeinsame Position heranzuführen (Baus und Kögel 2006). Nur eine gemeinsame stabile Wertebasis kann einen Ersatz für die Autorität des Gründers und Alleinherrschers liefern. Bei dieser Vielzahl von Gesellschaftern ist es unabdingbar, ein gemeinsames Selbstverständnis zu leben. Wo der Status als Gründer oder Alleinherrscher nicht mehr die Quelle der Legitimation darstellt, müssen Strukturen geschaffen werden, die dazu beitragen, dass Entscheidungen im Unternehmen besser akzeptiert werden und nicht willkürlich wirken (Baus 2003).

Daher haben Familiendynastien oftmals ein professionelles Family Business Governance-Instrumentarium aufgebaut, was sie überaus stabil macht. Familiendynastien müssen jedoch auch systematische Anreize schaffen, dass alle (beteiligten) Familienmitglieder ein Grundinteresse am Unternehmen haben, um den Erhalt des Familienunternehmens in der Unternehmerfamilie als gemeinsames Ziel zu stärken.

1.4.2.5 Mehrfamilien-Strukturen

Im Konzept der Familienunternehmensentwicklung ist die Mehrfamilien-Organisation ein interessanter Sonderfall. Die Entstehung einer solchen Struktur setzt eine gemeinsame Gründung eines Unternehmens durch zwei nicht verwandte Gründer voraus, auf die dann eine gemeinsame Entwicklung beider Unternehmerfamilien miteinander und mit dem Unternehmen folgt. Anders als bei anderen Konstellationen gibt es für diese Art der Unternehmung nur eine begrenzte Anzahl von Beispielen. Eines der bekanntesten Unternehmen für diese Mehrfamilien-Struktur ist wohl die Firma MIELE. Die beiden dahinterstehenden

---

[5]Diese Fixierung kann juristisch bindend in Gesellschaftsverträgen oder Erbregelungen erfolgen, oder auch nur normativ-verpflichtend in Familienchartas, Familienstrategien oder schlicht durch Besprechungsprotokolle. Entscheidend ist nicht die Form, sondern die tatsächlich entfaltete Wirkung.

Stämme sind die Familie Miele und die Familie Zinkann, die das Unternehmen nicht nur gemeinsam gegründet haben, sondern auch aktuell gleichberechtigt in die Leitung des Unternehmens eingebunden sind.

Zu beobachten ist, dass die Notwendigkeit eines Umgangs mit „Fremden" (der jeweils anderen Familie) dazu führt, dass eine gut entwickelte Kommunikations- und Konsenskultur gelebt wird. Hoch emotionale, familiär dominierte Faktoren werden im Allgemeinen professioneller gehandhabt, was einen disziplinierenden Einfluss auf die Beteiligten hat.

Auch in dieser Konstellation ist der Generationswechsel ein einschneidendes Ereignis, weil bei der jeweils nachfolgenden Generation weder die familiäre Bindung noch das Vertrauen der gemeinsamen Gründung besteht. Daher geschieht es nicht selten, dass Gründungsprojekte zweier nicht verwandter Gründer in der zweiten oder dritten Generation nur noch von einer Familie weitergeführt werden.

Lernfragen

Was haben Sie aus diesem Kapitel behalten?

- Wie haben sich Familienunternehmen entwickelt?
- Welche typischen Unterschiede zu Publikumsgesellschaften kennen Sie?
- Welche Definitionsansätze für Familienunternehmen gibt es?
- Wie grenzt sich das Verständnis von Familienunternehmen von verwandten Begriffen wie KMU und Mittelstand ab?
- Beschreiben Sie das Konzept der Entwicklungsschritte von Familienunternehmen.
- Wie unterscheidet sich das Vettern-Konsortium von einer Mehrfamilien-Struktur?

Literatur

Anderson, R. C., & Reeb, D. M. (2003). Founding-family ownership and firm performance: Evidence from S&P 500. *Journal of Finance, 58*(3), 1301–1328.

Astrachan, J. H., Klein, S. B., & Smyrnios, K. X. (2002). The F-PEC scale of family influence: A proposal for solving the family business definition problem. *Family Business Review, 15*(1), 45–58.

Baus, K. (2003). *Die Familienstrategie – Wie Familien ihr Unternehmen über Generationen sichern*. Wiesbaden: Gabler.

Baus, K., & Kögel, R. (2006). *Vertrauen statt Misstrauen, Schriftenreihe des Kirsten Baus Instituts für Familienstrategie*. Stuttgart: Schäffer Verlag.

Bird, M., & Zellweger, T. (2018). Relational embeddedness and firm growth: Comparing spousal and sibling entrepreneurs. *Organization Science, 29*(2), 264–283.

Bövers, J., & Hoon, C. (2018). *Having two at the corporate apex: Sharing leadership at the top of family Firms*. Working Paper. Bielefeld University.

Casson, M. (1999). The economics of the family firm. *Scandinavian Economic History Review, 47*(1), 10–23.

Chandler, A. D. (1977). *The visible hand. The managerial revolution in American business*. Harvard: Harvard University Press.

Chrisman, J. J., Chua, J. H., & Sharma, P. (2005). Trends and directions in the development of a strategic management theory of the family firm. *Entrepreneurship Theory & Practice, 29*(5), 555–575.

Chua, J. H., Chrisman, J. J., & Sharma, P. (1999). Defining family business by behavior. *Entrepreneurship Theory & Practice, 23*, 19–39.

Colli, A., & Rose, M. (2008). Family business. In J. Geoffrey & J. Zeitlin (Hrsg.), *The Oxford handbook of business history* (S. 195–218). Oxford: Oxford University Press.

Daily, C. M., & Thompson, S. S. (1994). Ownership structure, strategic posture, and firm growth: An empirical examination. *Family Business Review, 7*(3), 237–249.

Davis, J. A., & Tagiuri, R. (1989). The influence of life stage on father-son work relationships in family companies. *Family Business Review, 2*(1), 47–74.

Europäische Kommission. (2009). Final report of the expert group overview of family-business-relevant issues: Research, networks, policy measures and existing studies. https://ec.europa.eu/growth/smes/promoting-entrepreneurship/we-work-for/family-business_en. Zugegriffen: 22. Aug. 2018.

Felden, B., & Pfannenschwarz, A. (2008). *Unternehmensnachfolge. Perspektiven und Instrumente für Lehre und Praxis*. München: Oldenburg.

Fuglistaller, U., & Zellweger, T. (2007). Die volkswirtschaftliche Bedeutung der Familienunternehmen in der Schweiz. *Schweizer Arbeitgeber, 15*, 30–34.

Gersick, K. E., Davis, J. A., McCollom, M., & Lansberg, I. (1997). *Generation to generation: Life cycles of the family business*. Harvard: Harvard Business School Press.

Habbershon, T. G., Williams, M., & MacMillan, I. C. (2003). A unified systems perspective of family firm performance. *Journal of Business Venturing, 18*(4), 451–465.

Harris, R. (2000). *Industrializing Englisch Law. Entrepreneurship and Business Organization*. Cambridge: Cambridge University Press.

Herre, F. (2005). *Die Fugger in ihrer Zeit*. Augsburg: Wißner-Verlag.

Holt, D. T., Rutherford, M. W., & Kuratko, D. F. (2009). Advancing the field of family business research: Further testing the measurement properties of the F-PEC. *Family Business Review, 23*(1), 76–88.

Holt, D. T., Pearson, A. W., Payne, G. T., & Sharma, P. (2018). Family business research as a boundary-spanning platform. *Family Business Review, 31*(1), 14–31.

Hoon, C., & Bövers, J. (2018). Unpacking socioemotional wealth: Exploring the origins of affective endowment in founder firms. *International Journal of Entrepreneurship and Small Business*. Forthcoming.

Jaskiewicz, P., González, V. M., Menéndez, S., & Schiereck, D. (2005). Long-Run IPO performance analysis of German and Spanish family-owned businesses. *Family Business Review, 18*(3), 179–202.

Klein, S. B. (2010). *Familienunternehmen- Theoretische und empirische Grundlagen*. Köln: Josef Eul Verlag.

Klein, S. B., Astrachan, J. H., & Smyrnios, K. X. (2005). The F-PEC scale of family influence: Construction, validation, and further implication for theory. *Entrepreneurship Theory & Practice, 29*(3), 321–339.

Koeberle-Schmid, A., & Grottel, B. (2013). Führungsstrukturen von Familien und Unternehmen – Die Family Business Governance als Erfolgsfaktor. In A. Koeberle-Schmid & B. Grottel (Hrsg.), *Führung von Familienunternehmen. Ein Praxis-Leitfaden für Unternehmen und Familie* (S. 17–28). Berlin: Schmidt.

Köhler, I. (2000). Wirtschaftsbürger und Unternehmer. Zum Heiratsverhalten deutscher Privatbankiers im Übergang zum 20. Jahrhundert. In D. Ziegler (Hrsg.), *Großbürger und Unternehmer* (S. 116–143). Göttingen: Vandenhook und Ruprecht.

Kontinen, T., & Ojala, A. (2011). International opportunity recognition among small and medium-sized family firms. *Journal of Small Business Management, 49*(3), 490–514.

Litz, R. A. (1995). The family business: Toward definitional clarity. *Family Business Review, 8*(2), 71–81.

IfM Bonn (2016). *Die größten Familienunternehmen in Deutschland, Kennzahlen-Update 2016. Studienreihe "Die größten Familienunternehmen in Deutschland".* Berlin: IfM Bonn.

Mandl, I., & Obenaus, S. (2008). *Overview of family business relevant issues. Country Fiche Austria.* Wien: KMU Forschung Austria und Europäische Kommission.

Martos, V., & Carlos, M. (2007). What is a family business? A discussion of an integrative and operational definition. *International Journal of Entrepreneurship and Small Business, 4*(4), 473–488.

May, P. (2012). *Erfolgsmodell Familienunternehmen. Das Strategie-Buch.* Hamburg: Murmann.

Miller, D., Le Breton-Miller, I., Lester R. H., & Cannella, A. A. (2007). Are family firms really superior performers? *Journal of Corporate Finance, 13*(5), 829–858.

Mitgau, H. (1952). *Berufsvererbung im Handwerk, Untersuchungen über das Generations-schicksal im Gesellschaftsaufbau.* Berlin-Spandau: Wichern-Verlag.

Penrose, E. (1959). *The theory of the growth of the firm.* Oxford: Oxford Press.

Redlefsen, M. (2004). *Der Ausstieg von Gesellschaftern aus großen Familienunternehmen: Eine praxisnahe Untersuchung der Corporate Governance-Faktoren.* Wiesbaden: Gabler.

Rosenbaum, H. (1978). *Seminar: Familie und Gesellschaftsstruktur.* Frankfurt a. M.: Suhrkamp Taschenbuch Wissenschaft.

Rügemer, W. (2006). *Privatisierung in Deutschland.* Münster: Westfälisches Dampfboot.

Schäfer, F., & Steffen, U. (2000). *Private Finanzplanung in Deutschland.* Siegen: Universität Siegen Fachbereich Wirtschaftswissenschaften.

Schell, S., Groote, J. de, Hack, A., & Kammerlander, N. (2018). *We are family!? Disentangling the owner family in family businesses.* Academy of Management Best Paper Proceedings.

Sharma, P. (2003). *Stakeholder mapping technique: Toward the development of a family firm typology.* Working Paper. Laurier University.

Sharma, P., Chrisman, J. J., & Chua, J. H. (1997). Strategic management of the family business: Past research and Family Business challenges. *Family Business Review, 10*(1), 1–35.

Stiftung Familienunternehmen (2017). *Die volkswirtschaftliche Bedeutung der Familienunter-nehmen.* München: Stiftung Familienunternehmen.

Stürmer, M., Teichmann, G., & Treue, W. (1994). *Wägen und Wagen. Sal. Oppenheim jr. & Cie. Geschichte einer Bank und einer Familie.* München: Pieper.

Tsang, E. W. K. (2002). Learning from overseas venturing experience: The case of Chinese family businesses. *Journal of Business Venturing, 17*(1), 21–40.

Venohr, B. (2006). *Wachsen wie Würth: Das Geheimnis des Welterfolgs.* Frankfurt a.M.: Campus Verlag.

Villalonga, B., & Amit, R. (2006). How family ownership, control and management affect firm value? *Journal of Financial Economics, 80*(2), 385–417.

Von Andreae, C. (2007). *Familienunternehmen und Publikumsgesellschaft: Führungsstrukturen, Strategien und betriebliche Funktionen im Vergleich.* Wiesbaden: Deutscher Universitäts-Verlag.

Ward, J. (1987). *Keeping the family business healthy: How to plan for containing growth, profitability, and family leadership.* San Francisco: Jossey-Bass.

Ward, J., & Dolan, C. (1998). Definition and describing family business ownership configurations. *Family Business Review, 11*(4), 305–310.

Westhead, P., & Howorth, C. (2007). Types of private family firms: An exploratory conceptual and empirical analysis. *Entrepreneurship & Regional Development, 19*(5), 405–431.

Werte und Ziele von Familienunternehmen

2

Nachdem Sie im ersten Kapitel Familienunternehmen als besondere Unternehmensform kennengelernt haben, wenden wir uns in diesem zweiten Kapitel der Frage zu, ob und vor allem warum Familienunternehmen typische Verhaltensweisen zeigen, die sie von anderen unterscheiden.

Dazu schauen wir uns, nach einer kurzen Einführung in die grundlegenden Begrifflichkeiten, die Unterschiede in den Werten und Zielen von Familienunternehmen und Nicht-Familienunternehmen an und diskutieren, wie sich diese Unterschiede im wirtschaftlichen Handeln der Akteure niederschlagen. In diesem Kapitel werden Sie lernen, wie die Werte und Ziele der Eigentümer und Stakeholder eines Unternehmens dessen Handlungen (mit-)bestimmen.

Typisch ist, dass die Werte, Philosophie und Überzeugungen des Unternehmensgründers das Unternehmen oft für Generationen prägen. Für die nachfolgenden Generationen ist dies von großer Bedeutung, da diese gemeinsame Identität dem Unternehmen seinen ganz eigenen Charakter verleiht. Ein unbedingtes Festhalten an „alten" Werten hingegen schadet Familienunternehmen bei der Anpassung an sich verändernde Umweltbedingungen.

Das Konzept des Socioemotional Wealth besagt, dass Mitglieder in Familienunternehmen neben den finanziellen Zielen auch spezielle familienimmanente Werte wie Kontrolle über das Unternehmen oder die Erneuerung der Familiendynastie einbringen. Dadurch ergeben sich spezifische Werte- und Zielsysteme, die eine Erklärungsbasis für die für Familienunternehmen typischen Handlungsweisen bieten.

Nur wenige Familienunternehmen haben ihre Unternehmenswerte festgeschrieben. Dabei gibt es in jedem Unternehmen eine Vorstellung des Managements und der Gesellschafter darüber, welche Wertvorstellungen und Ziele grundsätzlich mit dem Unternehmen verbunden sind. Teilweise sind diese Leitbilder jedoch unbewusst oder sie werden nicht kommuniziert. Von einem normativen Management – in Abgrenzung zum strategischen und operativen Management – spricht man jedoch erst, wenn diese Vorstellungen

© Springer Fachmedien Wiesbaden GmbH, ein Teil von Springer Nature 2019
B. Felden et al., *Management von Familienunternehmen*,
https://doi.org/10.1007/978-3-658-24058-5_2

gezielt formuliert, schriftlich fixiert und an die verschiedenen Bezugsgruppen des Unternehmens kommuniziert werden.

Lernziele
1. Sie können Werte und Ziele definieren und wissen, wie diese Begriffe zusammenhängen.
2. Sie verstehen, wie die Familie als Stakeholder die Werte und Ziele des Familienunternehmens beeinflusst.
3. Sie wissen, welche typischen Werte das Zielsystem von Unternehmerfamilien prägen.
4. Sie sind in der Lage, den Begriff des Socioemotional Wealth zu definieren.
5. Sie verfügen über einen ersten Überblick über die verschiedenen Möglichkeiten der Messung nicht-finanzieller Ziele von Familienunternehmen.
6. Sie entwickeln ein Gefühl für die Unterschiede in der Kultur von Familienunternehmen und Nicht-Familienunternehmen.

Praxisbeispiel Familienunternehmen

Der schwäbische **Familienbetrieb Trumpf** zählt mit seinen rund 13.500 Mitarbeitern und einem Umsatz von 3,5 Mrd. EUR zu den weltweit führenden Unternehmen der Fertigungs- und Medizintechnik. Im Herbst 2008 blieben der Trumpf-Gruppe infolge der Wirtschaftskrise praktisch über Nacht die Aufträge aus. Die Unternehmerin in dritter Generation stand vor der schwierigen Aufgabe, ob und wie viele Kündigungen ausgesprochen werden müssen. Man entschied sich schließlich, die gesamte Belegschaft zu halten und stattdessen die nicht für die Produktion benötigte Zeit der Mitarbeiter für intensive Fortbildung zu nutzen. Diesen Entschluss fasste das Unternehmen nicht nur aus betriebswirtschaftlichen Gründen, sondern auch, weil sich das Unternehmen für die Mitarbeiter und deren Familien verantwortlich fühlte. Trumpf wollte zudem die Belegschaft auch in schwierigen Zeiten halten, da diese in guten Zeiten wieder gebraucht werden. Der Verzicht auf Kündigungen belastete das Unternehmen zwar mit hohen zusätzlichen Kosten. Die Motivation der Mitarbeiter blieb aber trotz Lohnverzicht und Kurzarbeit erhalten und der Maschinenbauer konnte bei erster Erholung mit voller Mannschaft an Bord ganzen Einsatz leisten. Im Geschäftsjahr 2017/2018 hat Trumpf in vielen Märkten seine Planungen übertroffen. Wachstum konnte insbesondere durch die Zukunftsfelder des Additive Manufacturing, also des industriellen 3D-Drucks, sowie im Lasergeschäft für die Hersteller von Mikrochips verbuchen werden, so Trumpf Chefin Nicola Leibinger-Kammüller.

Anders die Personalpolitik der Drogeriemarktkette Schlecker: Auf dem Höhepunkt des Erfolgs herrschte das Familienunternehmen über 50.000 Mitarbeiter und erzielte einen Gewinn von 300 Mio. EUR. Die von Eigennutz geprägte Unternehmenskultur wirkte sich insbesondere auf das Vertrauen und den Respekt gegenüber den Mitarbeitern aus. Schlecker schloss kleine Filialen, entließ Mitarbeiter und beschäftigte in Großraummärkten Leiharbeiter zu Niedriglöhnen. Vermittelt wurden die Zeitarbeiter durch die Firma Meniar, einem Subunternehmen der Unternehmerfamilie, das von dem Schlecker-Personalmanager gegründet und geleitet wurde und dessen Inhaber die Kinder des Unternehmensgründers waren. Über die Leihagentur wurden die von Schlecker entlassenen 4300 Arbeitskräfte zu deutlich schlechteren Konditionen in Leiharbeitsverträgen an den Betrieb zurückvermittelt. Mit der umstrittenen Personalpolitik missbrauchte Schlecker die Leiharbeit, um den Kündigungsschutz seiner Beschäftigten zu umgehen und Lohnkosten zu sparen. Bis ins Jahre 2004 wuchs der Drogerie-Riese immer weiter. Strukturelle Schwächen zeichneten sich aber schon damals in der Bilanz ab. Dann rutschte das Unternehmen ab. Im Januar 2012 stellte Schlecker den Insolvenzantrag und in der Folge verloren 25.000 Mitarbeiter ihre Arbeitsplätze. Dem Unternehmen entstand ein Schaden von ca. 16 Mio. EUR, vor allem weil das Mutterunternehmen überhöhte Stundensätze an die Logistik-Tochterfirma LDG gezahlt haben soll – die Firma gehört ebenfalls den beiden Schlecker-Kindern (Handelsblatt 2018).

2.1   Werte, Ziele, Kultur: Einführung in die Grundbegriffe

Grundsätzlich können Werte als treibende Kraft hinter der Bildung von Zielen und damit als Grundlage für das wirtschaftliche Handeln zur Erreichung dieser Ziele gesehen werden (Hofstede et al. 1990).

Über den genauen Prozess des Einflusses von Werten auf Ziele und Handeln besteht in der Literatur trotz vielfältiger Untersuchungen noch eine gewisse Unklarheit. Wahrscheinlich ist, dass Werte langfristige Ziele beeinflussen und dadurch auf Handlungen einwirken. Werte können aber auch unabhängig von der Zielrichtung einen direkten Einfluss auf unsere täglichen Handlungen ausüben. Zudem geht man davon aus, dass sich durch Erfahrungen und Erlebnisse und die mit Handlungen einhergehenden Emotionen Werte langfristig verändern können. Der dargestellte Prozess stellt also keine Einbahnstraße dar, sondern lässt gewisse Rückkopplungen zu (vgl. Abb. 2.1).

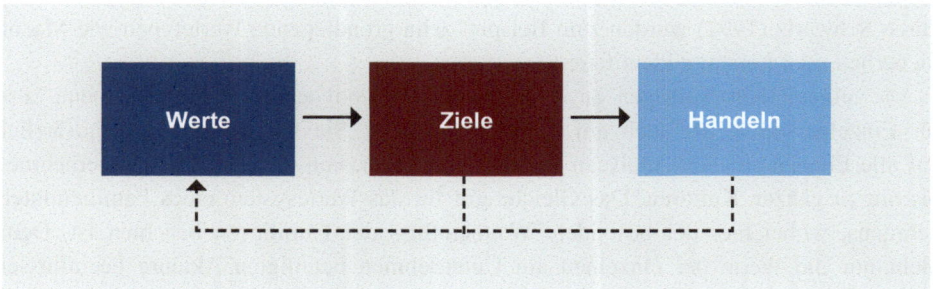

Abb. 2.1 Einfluss von Werten auf das Handeln. (Quelle: Eigene Darstellung)

Gerade für die Untersuchung von Familienunternehmen ist ein grundlegendes Verständnis dieses Prozesses von besonderer Bedeutung, denn durch ihn lassen sich die vielfältigen Verhaltensunterschiede innerhalb der Gruppe der Familienunternehmen erklären. Die Handlungen des Familienunternehmens werden stark durch das Wertesystem der Eigentümerfamilie beeinflusst. Während in früheren Zeiten Familien noch durch recht homogene Wertestrukturen beschrieben werden konnten, verändert sich in jüngerer Zeit das Verständnis von „Familie" deutlich. Neben der traditionellen, patriarchisch aufgebauten Familie finden sich immer mehr neue Familienformen (wie zum Beispiel alleinerziehende Mütter und Väter, Patchwork-Familien, gleichgeschlechtliche Lebensbeziehungen). Damit verändern sich auch die traditionellen Familienwerte, und es lässt sich eine zunehmende Vielfalt unterschiedlicher Wertesysteme beobachten. Diese beeinflussen wiederum die Familienziele und über den Einfluss der Eigentümerfamilie im Familienunternehmen auch dessen wirtschaftliches Handeln.

Einige Ausprägungen des wirtschaftlichen Handelns, wie die Langfristorientierung oder risikoaverses Verhalten, haben wir schon in Kap. 1 kennengelernt. Hierauf werden wir im Folgenden nicht weiter eingehen. Wir konzentrieren uns vielmehr auf deren Ursachen, also auf Werte und Ziele.

2.1.1   Werte und Wertesysteme

Eine allgemein gültige Definition des Begriffs „Werte" findet sich trotz der jahrzehntelangen Beschäftigung mit dem Thema in der Literatur nicht. Viel beachtet ist die Definition von Rokeach (1973, S. 5), der Werte als „enduring beliefs that a specific mode of conduct is personally or socially preferable to an opposite or converse mode of conduct or end-state of existence" umschreibt. Dabei geht man davon aus, dass jedes Individuum nur über eine relativ geringe Anzahl von Werten verfügt, die sich sowohl aus der familiären und kulturellen Sozialisation des Individuums als auch aus seiner individuellen Persönlichkeit ergeben (Guth und Tagiuri 1965).

Werte werden von jeder Person individuell nach deren Bedeutung organisiert. Jedes Individuum verfügt somit über ein einzigartiges Wertesystem, wobei sich aber in der Praxis immer wieder ähnliche Wertekategorien finden lassen. In einer Untersuchung durch Schwartz (1992) wurden zum Beispiel zehn grundlegende Wertetypen wie Macht, Sicherheit oder Leistung identifiziert.

Die allgemeinen Aussagen zu Werten gelten sowohl auf individueller Ebene, also für Einzelpersonen, als auch auf kollektiver Ebene. Sie können somit grundsätzlich auf alle Ebenen sozialer Analysen übertragen werden, von Gruppen über Unternehmen bis hin zu ganzen Kulturen. Das Gleiche gilt für das Wertesystem eines Familienunternehmens, wobei hier der besondere Werteeinfluss der Familie zu beachten ist. Denn nicht nur die Werte der einzelnen am Unternehmen beteiligten Akteure beeinflussen das unternehmensweite Wertesystem, sondern vor allem die der Unternehmerfamilie innewohnenden Familienwerte.

Doch wie sind Familienwerte einer Unternehmerfamilie definiert? Auch hier finden sich in der Literatur vielfältige Definitionsversuche. Zusammengefasst lässt sich sagen, dass Werte:

- sozial versendet und innerhalb einer Familie geteilt werden (Roth et al. 2009),
- als Orientierungshilfe der Familienmitglieder dienen, da sie die Entwicklung der sozialen Identität der Familie mitbestimmen (Verplanken und Holland 2002),
- die Wahrnehmungen und Verhaltensweisen der Familienmitglieder beeinflussen (Meglino und Ravlin 1998),
- objekt- und situationsunabhängig gelten (Hitlin und Piliavin 2004; Schwartz 1992) und
- zeitlich stabil sind (Klein 1991).

Schon dieser knappe Einblick in die Definition von Familienwerten lässt die Vielfalt der möglichen resultierenden Wertesysteme von Familienunternehmen erahnen und gibt uns bereits an dieser Stelle einen Hinweis darauf, warum Familienunternehmen nicht als homogene Unternehmensform anzusehen sind, sondern eine breite Vielfalt darstellen.

2.1.2   Ziele und Zielhierarchien

Wie beschrieben, leiten sich Unternehmensziele aus den Werten der Unternehmerfamilie ab. Ziele spezifizieren dabei Ergebnisse, die von der Organisation erreicht werden sollen. Man kann zwischen dem übergeordneten Ziel einer Organisation, dem Primärziel, und den nachgeordneten Zielen, den Sekundärzielen, unterscheiden. Aus der Kombination der einzelnen Ziele ergibt sich für jedes Unternehmen eine individuelle Zielhierarchie (vgl. Abb. 2.2).

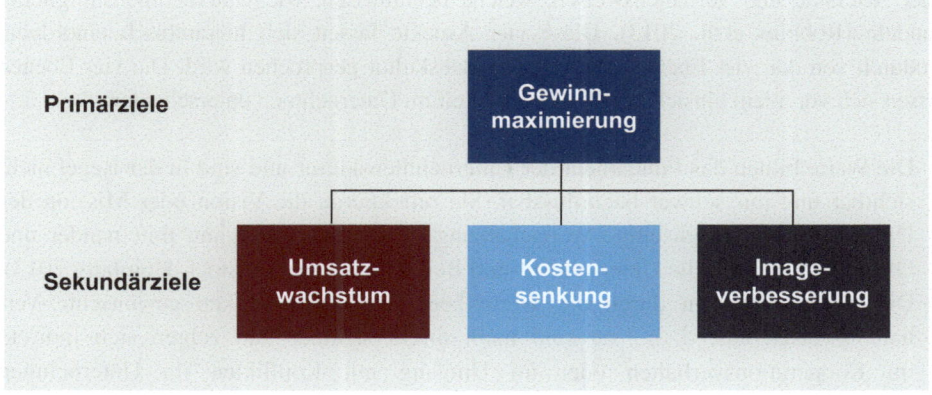

Abb. 2.2 Beispielhafte Zielhierarchie. (Quelle: Eigene Darstellung)

Es wird deutlich, dass die einzelnen Ziele nicht immer unabhängig nebeneinanderstehen, sondern sich oft gegenseitig bedingen. Neben einem indifferenten Zusammenhang finden sich in der Praxis auch komplementäre und konkurrierende Ziele. Befördert eine Maßnahme zur Erreichung eines Ziels auch die Erreichung eines anderen Ziels, spricht man von komplementären Zielen. Es könnte z. B. eine Imageverbesserung mit einer Umsatzsteigerung einhergehen. Bei konkurrierenden Zielen behindern Maßnahmen zur Erreichung des einen Ziels dagegen die Erreichung eines anderen Ziels. So ist denkbar, dass Kostensenkungen (bspw. im Bereich der Werbung) zu einem Umsatzeinbruch führen.

2.1.3   Unternehmenskultur

Jeder von uns hat eine Persönlichkeit, die unser Handeln und den Umgang mit anderen Menschen beeinflusst. Ebenso hat auch ein Unternehmen eine Persönlichkeit – die Unternehmenskultur. Eine Unternehmenskultur entsteht nicht von einem Tag auf den anderen, sondern wächst über Jahre heran und spiegelt häufig die Werte der Eigentümer wieder. Bei gründergeführten Unternehmen stellen sie die Interaktionen zwischen den Werten und Wünschen des Gründers und den daraus resultierenden Erfahrungen der ersten Angestellten dar. Oft finden wir in deutschen Familienunternehmen auch ein ausgeprägtes christliches Ethos, das sich auf das Verhalten zu den Stakeholdern auswirkt. Auch soziales Engagement ist in diesem Zusammenhang ein wichtiger Aspekt in Familienunternehmen.

Durch die Unternehmenskultur grenzt sich das Unternehmen von anderen Unternehmen ab, es wird eine Identität für die Mitglieder des Unternehmens gestiftet und sie stabilisiert die Prozesse als „Schmierstoff" zur effizienten Kooperation innerhalb der Organisation (Homma und Bauschke 2010).

Die Unternehmenskultur beschreibt somit die gemeinsamen Werte, Normen, Traditionen oder Artefakte und Verhaltensweisen, welche beeinflussen, wie Unternehmensmitglieder handeln (Robbins et al. 2013). Diese vier Aspekte lassen sich hierarchisch einordnen, wodurch von den vier Ebenen der Unternehmenskultur gesprochen wird. Die vier Ebenen lassen sich vor allem hinsichtlich der Sichtbarkeit im Unternehmen unterscheiden.

- Die Werte bilden das Fundament der Unternehmenskultur und sind in der Regel nicht sichtbar und nur schwer beeinflussbar. Sie reflektieren die Vision oder Mission des Unternehmens. Gegenseitige Wertschätzung, Fairness im Umgang miteinander und Offenheit für kulturelle Unterschiede sind Beispiele für Werte (Stock-Homburg 2013).
- Die Normen werden durch die Werte beeinflusst und drücken gewünschte Verhaltensweisen aus, d. h., sie sind nicht direkt sichtbar und zeigen sich indirekt im Kooperationsverhalten oder im Umgang mit Konflikten im Unternehmen (Stock-Homburg 2013).

Abb. 2.3 Die vier Ebenen der Unternehmenskultur. (Quelle: Eigene Darstellung)

- Artefakte drücken sich durch Symbole, Prozesse, Strukturen, die Sprache und Rituale aus. Sie sind gut sichtbar und basieren auf den Normen des Unternehmens. Artefakte können relativ gut verändert werden.
- Die Verhaltensweisen sind nicht nur innerhalb des Unternehmens beobachtbar, sondern können auch von außenstehenden Personen wahrgenommen werden. Sie zeigen beispielsweise die Handlungen der Mitarbeiter im Kontakt mit Kunden und Lieferanten.

Die vier Ebenen der Unternehmenskultur werden in Abb. 2.3 genauer dargestellt.

Die wachsende Komplexität und vor allem die Dynamik der Wirtschaft und die damit einhergehenden zahlreichen und schnellen Veränderungen der Unternehmensstrukturen zur Beibehaltung der Wettbewerbsfähigkeit stellen die Mitarbeiter vor hohe Herausforderungen. Nicht nur müssen sich diese dauerhaft veränderungsbereit erklären, sondern mit zunehmenden Unsicherheiten umzugehen lernen. Dabei kristallisiert sich die Unternehmenskultur als essenzieller Erfolgsfaktor heraus, denn sie verspricht einen stabilen Orientierungsrahmen auch in unsicheren Zeiten. Damit ist die Unternehmenskultur eine Ressource für den Unternehmenserfolg und muss dementsprechend gepflegt werden (Homma und Bauschke 2010).

Moritz GmbH

Als Kevin, der jüngere Sohn der Familie Moritz, mit gut 20 Jahren endlich das Abitur bestanden hat und noch nicht genau weiß, was er studieren will, drängt ihn sein Vater dazu, im Unternehmen zu arbeiten – in der Hoffnung, dass Kevin vielleicht doch noch unternehmerisches Interesse entwickelt. Kevin stimmt schließlich zu, vor allem, weil er dringend Geld für seinen Oldtimer braucht.

Binnen kurzer Zeit wird deutlich, dass dieser Versuch misslingen wird. Kevin ist zwar sehr intelligent und erledigt seine Aufgaben durchaus schnell und zuverlässig, eckt persönlich jedoch überall an. Eigentlich seinem Vater gar nicht so unähnlich im Wesen, fühlt sich Kevin im Unternehmen wie in einem Gefängnis: „Wir haben nur kahle weiße Wände und sogar Familienfotos auf dem Schreibtisch hat Papa verboten, damit sich alle auf die Arbeit konzentrieren. Das liegt wohl daran, dass er mal bei einem Betrieb gearbeitet hat, in dem die Frau des Chefs alle Wände mit Landschaftsbildern zugepflastert hat. Aber das heißt ja nicht, dass wir deshalb auch gleich zum Museum werden! Mitarbeiter sind mehr als nur ein Zahnrad in einer großen Maschine. Kreativität wird in Zukunft immer wichtiger und dafür muss man eine Kultur schaffen, die das auch fördert."

Zum Eklat kommt es schließlich beim Thema Pünktlichkeit: Kevin kommt jeden Morgen erst gegen halb zehn ins Büro, weil er „lieber in den Abend hinein arbeitet". Sein Vater, der sein ganzes Arbeitsleben immer jeden Morgen vor seinen Mitarbeitern im Betrieb war und auch von anderen zumindest Pünktlichkeit fordert, hat hierfür wenig Verständnis.

Als Kevin schließlich beschließt, zum Musikstudium an eine Kunstakademie in Berlin zu gehen, hat Horst seinen geheimen Wunsch, dass alle drei Kinder einmal im Unternehmen arbeiten können, bereits beerdigt und erhebt keine Einwände.

2.2   Werte in Familienunternehmen

Welche besonderen Werte und Ziele ergeben sich nun aus dieser einzigartigen Verbindung zwischen Familie und Familienunternehmen? So heterogen die Interessen der einzelnen Stakeholdergruppen sein können, so heterogen sind auch die Interessen der einzelnen Familienmitglieder. Je nach Struktur (Alleinherrscher, Geschwister-Partnerschaft, Vetternkonsortium, Familiendynastie oder den beteiligten Generationen) ergeben sich singuläre Werte- und Zielsysteme. Führt man sich das Drei-Kreis-Modell von Gersick et al. (1997) vor Augen, müssen zudem die Werte der drei Systeme Familie, Unternehmen und Eigentümer in Einklang gebracht werden. Das Ausbalancieren dieser Wertesysteme, welches den meisten Familienunternehmen nach eigenen Angaben sehr erfolgreich gelingt (Galvin et al. 2007), führt ebenfalls zu einzigartigen Wertekombinationen. Nichtsdestotrotz finden sich bei Familienunternehmen immer wieder typische Werte- und Zielvorstellungen, die im Folgenden beschrieben werden.

Betrachtet man die Werte und Ziele der Gründungsgeneration, so geben diese oft Selbstbestimmtheit als Ausschlag für eine Unternehmensgründung an (Douglas und Shepherd 2002). Das Unabhängigkeitsbewusstsein von Gründern ist generell sehr stark ausgeprägt, sodass auch im Berufsumfeld möglichst weite Entscheidungsfreiheiten gewünscht werden. Hinzu kommt ein hohes Macht- und Anerkennungsbedürfnis (Baumol 1990). Mit der Gründung eines Unternehmens, den damit einhergehenden Machtbefugnissen und dem potenziellen Erfolg bei einem unternehmerisch herausfordernden Projekt können diese Bedürfnisse optimal befriedigt werden.

Untersuchungen von Familienunternehmensgründern zeigen eine weitere Aus-differenzierung der Werte nach den beiden Dimensionen Unternehmensorientierung und psychosoziale Orientierung (García-Álvarez und López-Sintas 2001) (siehe Abb. 2.4). Bei der Unternehmensorientierung wird danach unterschieden, ob das Unternehmen als Mittel zur Finanzierung des eigenen Lebens oder als Zweck an sich angesehen wird. Die psychosoziale Orientierung gibt an, ob sich die Gründerpersönlichkeit selber verwirklichen will oder sich an den Werten der Familie orientiert, also eine Familientradition weiterführt.

Nach dieser Einteilung ergeben sich vier grundlegende Unternehmertypen. Der erste Typus, der sogenannte Gründer-Stratege, sieht das Unternehmen als den Zweck seines Handelns an und verfolgt das Ziel der Selbstverwirklichung. Er ist durch eine starke Leistungsorientierung gekennzeichnet und verfolgt seine Ziele langfristig. Der sogenannte Gründer-einer-Familientradition sieht sein Unternehmen ebenfalls als den Zweck seines Handelns an, er orientiert sich jedoch weniger an den eigenen Werten, sondern vielmehr an den Werten seiner sozialen Gruppe und damit seiner Familie. Dieser Gründertypus zeigt eine starke Werteorientierung der Konformität, des Wohlwollens, der ethischen Orientierung und der Familientradition.

Die beiden Gründertypen, die ihre unternehmerische Tätigkeit eher als Mittel zum Zweck ansehen, lassen sich wiederum in die beiden Dimensionen Selbstverwirklichung

Abb. 2.4 Typologie der Unternehmensgründer. (Quelle: In Anlehnung an Garcia-Alvarez und Lopez-Sintas 2001)

und Verwirklichung der Ziele der Familie unterscheiden. Ersterer, der sogenannte Gründer-Erfolgstyp, sieht sein Unternehmen als eine Möglichkeit an das Leben seiner Familie zu finanzieren. Er ist innovationsorientiert, zeigt eine eher kurzfristige, sehr stark familienzentrierte Orientierung und löst Aufgaben und Probleme eigenständig und autonom. Dagegen ist der Gründer-Innovator stärker an seiner eigenen Selbstverwirklichung interessiert. Er nutzt das Unternehmen zwar ebenfalls zur finanziellen Sicherung seiner Familie, verfügt aber über ein ausgeprägtes Maß an Leistungsorientierung und Hedonismus. Damit einhergehend ist die Orientierung an den Bedürfnissen anderer und an den Werten des Universalismus deutlich schwächer ausgeprägt.

Die Werte der Gründergeneration sind nicht nur für die ersten Jahre der Unternehmensentwicklung und für das wirtschaftliche Handeln des Unternehmens ausschlaggebend. Sie prägen auch die nachfolgenden Familiengenerationen und sind über das Leben der ersten Generation hinaus maßgebend für die Entwicklung eines unternehmerfamilienspezifischen Wertekanons wegweisend (Gatrell et al. 2001). Unzählige empirische Studien haben die Wertevorstellungen von Familienunternehmen analysiert. Aronoff und Ward (2011) fassen die in Familienunternehmen typischerweise anzufindenden zwanzig Werte in einer alphabetischen Liste zusammen (vgl. Tab. 2.1).

Doch welche dieser Werte sind für Familienunternehmen von besonderer Bedeutung? Natürlich kann diese Frage nur individuell für jedes Familienunternehmen beantwortet werden, doch weisen empirische Studien auf bestimmte Schwerpunkte hin. So berichten traditionelle und mehrere Generationen alte Familienunternehmen, dass sie sich am besten durch folgende fünf Adjektive beschreiben lassen: engagiert, verantwortungsbewusst, gerecht, fleißig und erfolgreich (Koiranen 2002). Es lassen sich vier Wertekategorien mit einer besonderen Bedeutung für Unternehmerfamilien und deren Unternehmen identifizieren (Gatrell et al. 2001):

Tab. 2.1 Eine Auswahl der Werte in erfolgreichen Familienunternehmen. (Quelle: Aronoff und Ward 2011)

1. Accountability	11. Openess
2. Adding value	12. Practical realism
3. Collective good	13. Risk-taking
4. Valuing input and interaction (give and take)	14. Self-reliance
5. Education and development	15. Servant leadership
6. Ethical conduct	16. Social purpose
7. Focus on values and values education	17. Entrepreneurial spirits
8. Fun	18. Stewardship
9. Justice	19. Trust
10. Meritocracy	20. Valuing stakeholders

- Respekt gegenüber der Gründergeneration; Traditionen,
- Aufrichtigkeit und Integrität
- Loyalität und Bindung
- Risikovermeidung und Verlässlichkeit

Die Wertesysteme von Familienunternehmen werden meist als menschlich, emotional und fundamental beschrieben. In den Werteformulierungen von Nicht-Familienunternehmen finden sich dagegen eher transaktionale, unpersönliche und stärker erfolgsorientierte Aussagen (Payne et al. 2011).

2.3 Ziele in Familienunternehmen

Der Wertekanon einer Unternehmerfamilie stellt gewissermaßen das gemeinsame Fundament dar, welches die Familie und das Unternehmen miteinander verbindet. Eine ausgeprägte Wertehaltung hat die Kraft, mitunter divergierende kurzfristige Interessenslagen auszugleichen und ein gemeinsames zielgerichtetes Handeln sicherzustellen. Dabei lässt sich das zielgerichtete Handeln in zwei grundlegende Zielkategorien unterteilen, in die Verfolgung nicht-finanzieller und in die Verfolgung finanzieller Ziele. Besonders bei den nicht-finanziellen Zielen lassen sich deutliche Unterschiede zwischen Familien- und Nicht-Familienunternehmen erkennen.

Für die Gründergeneration spielt ein wesentliches nicht-finanzielles Ziel eine Rolle, das oft den Ausschlag zur unternehmerischen Tätigkeit gibt: Gründer wollen eine vorgefundene Marktlücke schließen, d. h. sie wollen durch ihr Handeln ein Problem lösen oder ein Marktbedürfnis befriedigen, das bisher von keiner anderen Unternehmung adressiert wurde (Douglas und Shepherd 2002).

Im Verlaufe des Entwicklungszyklus eines Unternehmens und insbesondere dann, wenn das Unternehmen an die nächste Generation übertragen wurde und Familientraditionen zunehmend als Werte für das Unternehmen an Bedeutung gewinnen, treten neben das Schließen einer vorgefundenen Marktlücke weitere nicht-finanzielle Zielsetzungen. So ziehen Mitglieder der Eigentümerfamilie einen hohen Nutzen und eine hohe Befriedigung nicht nur aus der eigentlichen Geschäftstätigkeit des Unternehmens, sondern auch daraus, dass sie sich der Familientradition verpflichtet fühlen, emotionale Beziehungen zu den anderen Familienmitgliedern als besonders wertvoll erachten und nostalgische Gefühle entwickeln (Sharma und Manikutti 2005; Ward 1997).

2.3.1 Nicht-finanzielle Ziele: Das Konzept des Socioemotional Wealth

Die nicht-finanziellen Ziele von Unternehmerfamilien werden in der Literatur unter dem Begriff des Socioemotional Wealth (SEW) subsumiert, dessen Sicherung bzw. Vermehrung

allen Aktivitäten der Familienmitglieder und damit oft des gesamten Familienunter-
nehmens zugrunde liegt (Gomez-Mejia et al. 2007). So kann es sich zum Beispiel um das
Aufrechthalten und die Verbesserung eines positiven Familienimages in der Gesellschaft
handeln (Westhead et al. 2001; Sharma und Manikutty 2005), oder darum, mithilfe des
Familienunternehmens über mehrere Generationen eine Familiendynastie aufzubauen.
Aber auch individuelle Bedürfnisse, wie die Ausübung von Autorität oder altruistisches
Handeln gegenüber den Familienmitgliedern, werden unter SEW subsumiert.

Wenn der SEW gefährdet ist oder wenn sich eine Möglichkeit zu dessen Förderung ergibt, ist die Familie – so die Annahme des SEW-Konzepts – bereit, ihre unternehmerischen Entscheidungen und Handlungen darauf auszurichten und nicht mehr nur
der betriebswirtschaftlichen Logik zu folgen. Dies geht soweit, dass die Familie das Fortbestehen des Familienunternehmens riskieren würde, nur um dieses spezielle Vermögen
zu wahren (Gomez-Mejia et al. 2007).

Das Behavioral Agency Model (BAM) bietet das theoretische Fundament des SEW
Konzepts.[1] Anders als in der reinen Agency Theorie beschrieben, geht dieses Modell
davon aus, dass wirtschaftliche Akteure nicht nur rein rational handeln, sondern sich
insbesondere durch ihre Risikoaversion als auch durch die Art und Weise, wie sie ein
Problem wahrnehmen (problem framing), beeinflussen lassen. Damit basiert das BAM
im Kern auf den Überlegungen der Prospect Theory (Kahneman und Tversky 1979).
Unter Risikoaversion wird verstanden, dass Individuen stärker damit beschäftigt sind
Verluste zu vermeiden als Gewinne zu erzielen, während „problem framing" davon ausgeht, dass Gewinne und Verluste nicht absolut wahrgenommen werden, sondern immer
in Beziehung zu einem Referenzpunkt. Dies kann in einem Unternehmen zum Beispiel
der finanzielle Überschuss des letzten Geschäftsjahres sein. Das Management wird in
diesem Fall also alle Überschüsse, die unter dem Vorjahreswert liegen, als Verlust wahrnehmen und alle Überschüsse über Vorjahreslevel als Gewinn. Aufgrund der Annahme
der Risikoaversion wird der relative Verlust für die Managemententscheidungen einen
deutlich stärkeren Einfluss haben als der relative Gewinn.

Nun ist das BAM nicht nur für Situationen anwendbar, in denen der Referenzpunkt
einen monetären Wert darstellt, sondern auch für alle anderen Referenzpunkte, so auch
solche nicht-finanzieller Art. Diese spielen nach dem SEW Konzept gerade für Unternehmerfamilien eine entscheidende Rolle. Die Entscheidung der Verlagerung der
Produktionsstätten eines mittelständischen Familienunternehmens könnte ein Beispiel
sein. Hier entscheidet die Unternehmerfamilie vielleicht nicht nur auf Basis betriebswirtschaftlicher Kennzahlen (wie der reduzierten Produktionskosten), sondern möglicherweise auch auf Basis der persönlichen Auswirkungen auf die Mitarbeitenden.
Müssen die Mitarbeitenden durch die Verlagerung lange Reisezeiten zur neuen
Produktionsstätte auf sich nehmen? Müssen sie und ihre Familien gar umziehen? Oder

---

[1]Zum Behavioral Agency Model vgl. Wiseman und Gómez-Mejía (1998).

verlieren die Mitarbeitenden, wenn die Produktion ins Ausland verlagert wird, gar ihre Arbeitsstelle? Das Wohlbefinden der Belegschaft und ihrer Familien könnte hier einen wesentlichen Referenzpunkt darstellen.

Der zweite theoretische Rahmen, der sich mit der Bedeutung der nicht-finanziellen Ziele für Unternehmerfamilien befasst, ist die Affect-Infusion-Theory. Diese zeigt, dass das reine Eigentum an einer Sache (z. B. ein Anteil am Familienunternehmen) dazu führen kann, dass dieser Sache eine über den ökonomischen Wert hinausgehende Bedeutung beigemessen wird. Dies wird damit begründet, dass die Sache eine symbolische Erweiterung des eigenen Selbst wird.

Als Affekt kann ein emotionaler Zustand mit großer Intensität bezeichnet werden, der eine Person plötzlich ergreift und auch zeitweise beherrscht. Affekte haben einen unmittelbaren und vor allem unkontrollierbaren Einfluss auf menschliches Erleben und Verhalten (Lyubomirsky et al. 2005). Dabei wird zwischen Stimmungsaffekten und dispositionellen Affekten unterschieden. Während Stimmungsaffekte durch eine spezifische Situation ausgelöst werden, sind dispositionelle Affekte stabil über verschiedene Situationen und beruhen möglicherweise auf biologischen Prädispositionen (Isen 1999). Zudem zeigt die Forschung, dass sich Affekte vor allem auf kognitive Prozesse wie Informationswahrnehmung, Informationsverarbeitung und Urteilsbildung auswirken.

Weiter wissen wir aus der Psychologie, dass positive oder negative emotionale Erfahrungen die Entscheidungen von Individuen stark beeinflussen können. Der Einfluss von Emotionen konnte bereits in einer Reihe von ökonomischen Studien nachgewiesen werden, wie zum Beispiel in Studien zur Arbeitszufriedenheit (Weiss 2002), zum Kooperationsverhalten von Stakeholdern (Beersma et al. 2003) oder zur Wahrnehmung von Verhalten am Arbeitsplatz (Griffin und O'Leary-Kelly 2004).

Einen integrativen Ansatz zur Beschreibung der Einflüsse von positiven und negativen Affekten stellt das Affect-Infusion-Modell dar (Forgas 1995). Demnach wirken Emotionen fortwährend auf unsere Entscheidungen ein, ihr Einfluss hängt neben der Valenz der Emotion maßgeblich davon ab, welche Art von Entscheidung getroffen wird:

- ein starker (stimmungskongruenter) Einfluss besteht bei konstruktiven Entscheidungen, d. h. bei Entscheidungen, die nicht auf ein konkretes Ziel ausgerichtet sind und
- ein nachrangiger Einfluss besteht bei motivierter Informationsverarbeitung, d. h. bei Entscheidungen, die auf ein spezifisches Ziel hin ausgerichtet sind.

Dieser Zusammenhang führt zu der Kernaussage, dass die emotionalen Erfahrungen mit der Eigentümerrolle die emotionale Bindung an das Unternehmen und damit die Bedeutung des SEW für die Zielhierarchie beeinflussen. So ist davon auszugehen, dass die Bedeutung des SEW mit zunehmenden Gesellschaftsanteilen steigt. Insbesondere aber gewinnt SEW dann an Bedeutung, wenn sich die Eigentümer sehr stark mit dem Unternehmen identifizieren. Dies ist sicher für die Gründergeneration der Fall, aber auch für Nachfolgegenerationen, wenn diese stark durch Familientraditionen sozialisiert wurden.

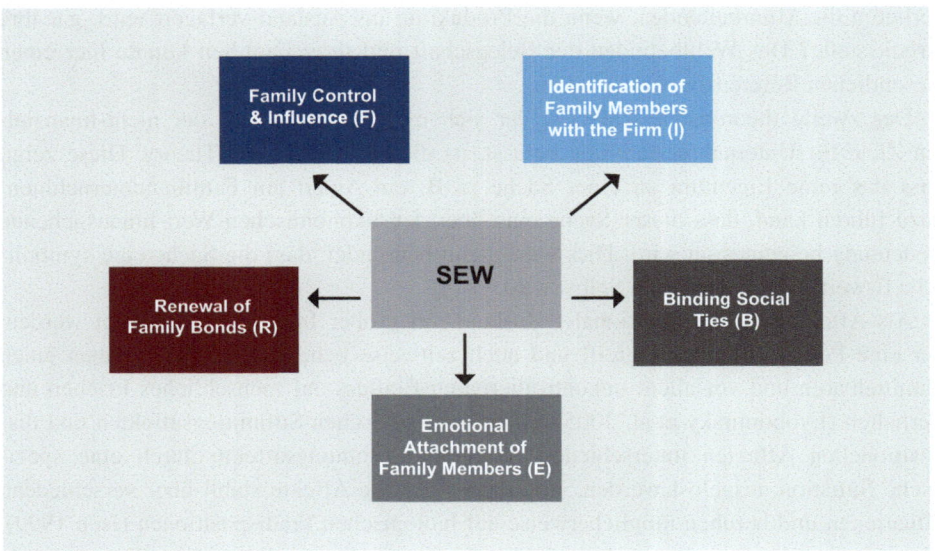

Abb. 2.5 Die FIBER Konzeptionalisierung. (Quelle: Berrone et al. 2012)

Von besonderem Einfluss sind die Gefühle, die die Eigentümer mit der Eigentümerrolle verbinden. Leiden die Kinder der Unternehmenseigner unter dem Familienunternehmen, weil die Eltern beispielsweise sehr wenig Zeit mit ihnen verbringen, finanzielle
Probleme durchlebt werden müssen oder Familienstreitigkeiten aus der Eigentümerrolle
erwachsen, so werden sich starke negative Emotionen aufbauen, die zu einer Abnahme
der Bedeutung des SEW führen können. Andererseits können positive Erfahrungen, wie
beispielsweise die Begeisterung bei der Unternehmertätigkeit, der Reputationsgewinn im
sozialen Umfeld oder die finanzielle Unabhängigkeit zu einer Verstärkung der SEW –
Orientierung führen.[2]

2.3.2 Dimensionen des Socioemotional Wealth

Schon sehr früh wurde klar, dass es sich beim SEW nicht um ein monolithisches Konstrukt handeln kann, sondern dass man mehrere Dimensionen unterscheiden muss, die das
Familienverhalten und die Unternehmensentscheidungen unterschiedlich beeinflussen können. Um die Vielfalt der SEW-Bestandteile zu strukturieren, schlagen Cennamo et al. (2012)
das sogenannte FIBER Modell mit fünf grundlegenden Dimensionen vor (vgl. Abb. 2.5).

---

[2]Vgl. hierzu auch Zellweger und Dehlen (2012); Björnberg und Nicholson (2012).

- Family control and influence: In Familienunternehmen üben Familienmitglieder die Kontrolle über strategische Entscheidungen aus. Diese Kontrolle kann direkt (durch die Übernahme von Managementaufgaben) oder eher indirekt (über die Ernennung von Managementmitgliedern) ausgeübt werden. In der Praxis nehmen Familienmitglieder oft mehrere Rollen im Unternehmen ein, um ihren Einfluss geltend zu machen. Diese Kontrolle und dieser Einfluss sind integraler Bestandteil des SEW-Konzeptes und werden von den meisten Familienmitgliedern als sehr wichtiges Ziel eingestuft.

- Identification of family members with the firm: In vielen Familienunternehmen ist die Identität der Familienmitglieder unlösbar mit der des Unternehmens verbunden. Insbesondere dann, wenn der Familienname in der Firma enthalten ist, verbinden interne wie externe Stakeholder die Aktionen des Unternehmens mit der Eigentümerfamilie. Eine negative Außenwirkung ist folglich für die Mitglieder der Eigentümerfamilie mit einer Minderung ihrer eigenen sozialen Identität verbunden. Aus diesem Grund sind Familienmitglieder oft auf ihr Firmenimage bedacht. Dies spiegelt sich in höherer Corporate Social Responsibility oder Community Citizenship von Familienunternehmen wider.

- Binding social ties: Soziale Beziehungen spielen in jeder Familie eine besondere Rolle. Gegenseitiges Vertrauen, Vertrautheit, Solidarität und ein hohes Zusammengehörigkeitsgefühl sind in funktionierenden familiären Systemen wichtige Werte, die den grundlegenden Bedürfnissen vieler Menschen entsprechen. Diese sozialen Beziehungen übertragen sich auch auf das Familienunternehmen. Und zwar nicht nur innerhalb der Mitglieder der Eigentümerfamilie, sondern auch auf einen erweiterten Stakeholderkreis. So finden sich in Familienunternehmen oft langjährige, auf Vertrauen aufgebaute Geschäftsbeziehungen mit Lieferanten oder zum Teil lebenslange und generationenübergreifende Beschäftigungsverhältnisse mit den Mitarbeitern.

- Emotional attachment of family members: Zwar spielen Emotionen in allen organisationalen Kontexten eine bedeutende Rolle, gerade in Familienunternehmen aber verstärkt sich deren Einfluss aufgrund der langen Historie von Familienbeziehungen, der vielfältigen gemeinsamen Erfahrungen und durch den Aufbau kollektiven Wissens. Dies gilt besonders für Entscheidungsprozesse in Familienunternehmen, da die Grenzen zwischen der Familie und dem Familienunternehmen fließend sind. Die Emotionen sind dabei nicht statisch, sondern können durch verschiedene Situationen innerhalb der Familie (z. B. Scheidung, Vererbung) oder innerhalb des Unternehmens (z. B. Führungsnachfolge) verändert oder ausgelöst werden. Dabei reduzieren sich Emotionen in Familienunternehmen nicht nur auf positive Gefühle wie Liebe, Freude oder Nähe, auch negative Gefühle wie Angst, Ärger oder Enttäuschung spielen eine Rolle.

- Renewal of family bonds to firm through dynastic succession: Die letzte Dimension, die von vielen Autoren als der zentrale Aspekt des SEW für Familienunternehmen angesehen wird, ist der Wunsch nach Weitergabe des Unternehmens an die nachfolgenden Generationen. Dieser dynastische Wille hat einen wesentlichen Einfluss auf den Zeithorizont der Entscheidungen. Aus Sicht der Familie ist das Unternehmen nicht nur ein Vermögensgegenstand, der jederzeit verkauft werden kann, sondern vielmehr ein Teil des familiären Erbes und der Familientradition. Konsequenterweise sieht die Eigentümerfamilie ihr Unternehmen als langfristiges, generationenübergreifendes Familieninvestment an.

Bereits in ihrem konzeptionellen Artikel zur Differenzierung des SEW entlang der FIBER Dimensionen unterbreiten Berrone et al. (2012) einen ersten Vorschlag zur Messung der einzelnen Dimensionen. Über insgesamt 27 Fragen sollten die fünf Dimensionen operationalisiert werden. In einer Validierung dieses Messvorschlags, also einer Prüfung, ob das empirische Messmodell inhaltlich mit den Dimensionen des theoretischen Modells übereinstimmt und das Messmodell auch zuverlässig misst, wird auf Basis eines deutschen und österreichischen Datensatzes deutlich, dass sich die fünfteilige Struktur nicht validieren lässt. Vielmehr ergibt sich eine dreidimensionale Struktur bestehend aus den folgenden Dimensionen (Hauck et al. 2016):

- Identification of family members with the firm
- Emotional attachment of family members
- Renewal of family bonds to firm through dynastic succession:

Neben der empirischen Reliabilität und Validität hat die adaptierte Skala einen weiteren Vorteil, nämlich deren Messbarkeit über nur drei Fragen pro Konstrukt, d. h. über eine Neun-Item-Skala. In der empirischen Literatur wurde diese Skala jedoch noch nicht angewendet, sodass die praktische Robustheit im Feld nicht abschließend bewertet werden kann.

Als Kritikpunkt an der FIBER Konzeptionalisierung von SEW kann angeführt werden, dass das aktuelle Ausmaß des SEW eines Familienunternehmens im Vordergrund steht und gemessen wird, und nicht die Bedeutung zur Erlangung oder Sicherung des SEW in der Zukunft. Doch gerade die Bedeutung für die Zukunft und nicht das derzeitige Ausmaß wird das zukünftige Verhalten der Familienunternehmensmitglieder leiten (Debicki et al. 2016). In Abgrenzung zur FIBER Messung schlagen die Autoren daher die sogenannte SEW-Importance-Skala (SEWi) zur Operationalisierung der SEW Orientierung vor. Auf Basis einer Stichprobe US-amerikanischer Familienunternehmen konnten die Autoren eine ebenfalls dreigliedrige Skala validieren, die in Abweichung zur Kurzform der FIBER Skala aus den folgenden Dimensionen besteht (Martin et al. 2016):

- Family Prominence (Bedeutung der Familie): Hier stehen die Reputation der Eigentümerfamilie durch das Eigentum am Familienunternehmen, die Sicherung der sozialen Beziehungen der Familie aber auch die Anerkennung der Familie als wichtiges Mitglied der Gesellschaft im Vordergrund.
- Family Continuity (Fortbestand der Familie): In Abgrenzung zur R Dimension der FIBER Skala wird hier der Fortbestand der Familie als solche ins Zentrum der Überlegungen gerückt. Als wichtig wird die Einheit der Familie, der Fortbestand der Familiendynastie, aber auch die Sicherung der Familienwerte durch das Familienunternehmen erachtet.
- Family Enrichment (Bereicherung der Familie): Dieser Aspekt der SEW Skala betrachtet die allgemeine Lebenszufriedenheit der einzelnen Familienmitglieder außerhalb des Unternehmenskontextes, die Aufrechterhaltung der Familienharmonie durch das Unternehmen und die Berücksichtigung der individuellen Interessen der Familienmitglieder bei Unternehmensentscheidungen.

Auch für diesen Messansatz können noch keine Aussagen über Praktikabilität oder Nutzbarmachung in verschiedenen geografischen oder inhaltlichen Kontexten getroffen werden, da bis dato die Skala noch keine Anwendung in empirischen Studien gefunden hat.

2.3.3 Stärke des Socioemotional Wealth

Seit der Einführung des SEW Denkrahmens in die wissenschaftliche Debatte werden Hypothesen über Differenzen zwischen Familien- und Nichtfamilienunternehmen, aber auch Hypothesen zur Heterogenität innerhalb der Gruppe der Familienunternehmen, oft über die unterschiedliche Ausprägung des SEW beziehungsweise seiner Einzeldimensionen hergeleitet. In den letzten zehn Jahren erschienen weit über 1000 Arbeiten, die einen SEW Argumentationsstrang bemühen.[3]

Das grundsätzliche Ziel der Sicherung des SEW der Familie manifestiert sich zum Beispiel in der Außendarstellung von Familienunternehmen. Eine Untersuchung der Pressemitteilungen und der Websites von 93 Familienunternehmen durch McKenny et al. (2012) zeigt, dass die Befriedigung der Interessen der allgemeinen Gesellschaft (Corporate Citizenship) als besonders wichtiges Ziel dargestellt wird. So verweisen Familienunternehmen besonders häufig auf Ziele wie ökologische Nachhaltigkeit, finanzielle Unterstützung von Sozialprojekten oder ethisches Geschäftsgebaren (McKenny et al. 2012). Daneben nimmt die Darstellung der Erfüllung der Bedürfnisse der Mitarbeiter einen breiten Raum ein. Hier stehen die Ziele der „Work-Life-Balance" und der Arbeitsplatzsicherheit im Vordergrund. Eine Zielsetzung, die in direktem Zusammenhang mit dem SEW der Eigentümerfamilie steht, findet sich am häufigsten: der Verweis auf das Alter des Unternehmens und damit auf die langfristige Überlebensfähigkeit und Stabilität der Geschäftstätigkeit.

Eine empirische Studie von Dou et al. (2014) argumentiert, dass eine hohe SEW Orientierung die Unternehmensausgaben für soziale Zwecke tatsächlich positiv beeinflusst. Denn eine hohe Spendenbereitschaft erhöht die Reputation und das öffentliche Image der Unternehmerfamilie, kann das Vertrauen der externen Stakeholder stärken und verbessert das moralische und soziale Kapital der Firma. Dieses alles sind Elemente des SEW der Unternehmerfamilie und des Familienunternehmens. Auf Basis einer Stichprobe von über 2800 privatwirtschaftlichen Unternehmen in der Volksrepublik China konnte die Hypothese unterstützt werden (Dou et al. 2014).

Im Kontext von Akquisitionsentscheidungen finden Gomez-Mejia et al. (2015) auf Basis einer Stichprobe von knapp 700 US-amerikanischen Firmen heraus, dass Familienunternehmen bei der Übernahme anderer Firmen nicht nur die finanziellen Auswirkungen der Akquisition bedenken, sondern insbesondere auch mögliche Änderungen im SEW in die Überlegungen einbeziehen. Dies führt dazu, dass Familienunternehmen

---

[3]Vgl. hierzu den strukturierten Literaturüberblick von Jiang et al. (2017).

eine generell höhere Zurückhaltung bei Übernahmen zeigen als Nichtfamilienunternehmen. Interessant ist weiterhin, dass im Falle einer Übernahme Unternehmen ähnlicher Branchen präferiert werden. Dieses kann darauf zurückzuführen sein, dass man die Werte- und Zielvorstellungen dieser Unternehmen, und damit die Auswirkungen einer Akquisition auf den eigenen SEW, besser einzuschätzen vermag.

Dass eine hohe SEW Orientierung nicht nur das Denken und Handeln des Familienunternehmens als solches lenken kann, sondern auch die Entscheidungen familienexterner Stakeholder beeinflusst, zeigt eine Analyse des Investitionsverhaltens institutioneller Investoren wie Investmentfonds, Pensionsfonds oder Versicherungsgesellschaften, die nicht Familienunternehmen sind. In einer Studie zum Eigentumsanteil institutioneller Investoren an fast 300 S&P Unternehmen über einen Zeitraum von fast zehn Jahren durch Fernando et al. (2014) zeigen die Autoren, dass die Wahrnehmung einer hohen SEW Ausprägung dazu führt, dass Investitionen in solche Unternehmen durch institutionelle Investoren vermieden werden. Dies gilt insbesondere in solchen Märkten, die weniger stark durch finanzielle Vorschriften reguliert sind (Fernando et al. 2014).

Die meisten Familienunternehmen verfolgen das Ziel der Sicherung und Verbesserung des SEW, jedoch kann man nicht davon ausgehen, dass die Bedeutung des SEW für alle Familienunternehmen gleich stark ist. Denn Familienunternehmen sind – wie in Kap. 1 gezeigt wurde – sehr unterschiedlich. Auch wenn die genannten Studien eine hohe SEW Orientierung als ursächlich für unterschiedliche Verhaltensmuster ansehen, muss nochmals betont werden, dass aufgrund des Fehlens einer einheitlichen Messvorgabe des SEW die meisten empirischen Arbeiten SEW nur als argumentative Grundlage zur Hypothesenherleitung von Unterschieden nutzen, dieses dann aber empirisch über Stellvertretervariablen messen. Zwar kann zum Beispiel davon ausgegangen werden, dass mit steigendem Eigentumsanteil der Familie am Unternehmen die SEW-Orientierung steigt, doch kann es sich hierbei nur um einen ersten sehr groben Indikator handeln. So ist nicht davon auszugehen, dass eine Familiendynastie, in der die Familie eher eine passive Investorenrolle ausübt, ein ähnlich ausgeprägtes Bewusstsein für die Wahrung des SEW hat, wie eine Geschwister-Partnerschaft, in der die Eigentümerfamilie die Geschäftsleitung stellt und eng mit dem operativen Geschäft verbunden ist.

Im Fall der Studie von Dou et al. (2014) wird SEW beispielsweise über den Eigentumsanteil der Familie am Familienunternehmen, der Anzahl der durch Familienmitglieder gehaltenen Managementpositionen, und das Alter des Familienunternehmens approximiert. Die Autoren gehen dabei davon aus, dass mit wachsendem Eigentumsanteil und mehr Management- und Kontrolleinfluss auch die SEW Orientierung steigt.

Noch gröber gehen Gomez-Mejia et al. (2015) und Fernando et al. (2014) vor. Beide Autorenteams treffen eine dichotome Unterscheidung in Familien- und Nichtfamilienunternehmen. Im ersten Fall werden Familienunternehmen als solche deklariert, wenn die Eigentümerfamilie mindestens fünf Prozent der Firmenanteile hält und mindestens einen Sitz im Management oder in einem Kontrollgremium innehat. Im zweiten Fall wird die Unterteilung auf Basis der Frage getroffen, ob der Gründer oder seine Nachkommen eine Management- oder Kontrollfunktion im Unternehmen innehaben oder der größte Anteilseigner sind. Hier wird die sehr vereinfachte Annahme zugrunde gelegt, dass Familienunternehmen grundsätzlich durch SEW Ziele geprägt sind.

Da es in der wissenschaftlichen Literatur bislang noch keine robusten Erkenntnisse zu den Einflüssen auf die SEW Orientierung einer Unternehmerfamilie gibt, wird unmittelbar klar, dass die empirisch belegten Differenzen mit Vorsicht zu genießen sind und auch anderen Ursachen zugeschrieben werden können als einer unterschiedlichen Ausprägung des SEW.

2.3.4   Finanzielle Ziele in Familienunternehmen

Die bisherige Darstellung konzentrierte sich vor allem auf die nicht-finanziellen Ziele von Familienunternehmen, da hier durch die Einbindung der Familie Unterschiede zu Nicht-Familienunternehmen deutlich zutage treten. Beflügelt wurde diese Sichtweise auch durch psychologische Studien der Ziele und deren Priorisierung von Familienunternehmenseignern (Kets de Vries 1993). Diese legen offen, dass affektive Bedürfnisse der Familie höher bewertet werden als finanzielle Ziele. Doch dürfen die finanziellen Ziele von Familienunternehmen nicht außer Acht gelassen werden, denn ohne eine ausreichende finanzielle Leistungsfähigkeit würde jede Unternehmung mittel- bis langfristig nicht überlebensfähig sein.

Allerdings sind positive Gewinne als natürliches Selektionskriterium anzusehen (Penrose 1952). Unternehmen, die keine Gewinne erwirtschaften, werden durch die Umwelt aussortiert und verschwinden. Gerade für Unternehmerfamilien mit ihrem dynastischen Interesse ist die langfristige Sicherung des Unternehmens von großer Bedeutung. Gewinnerwirtschaftung muss damit für sie ein wichtiges quantifizierbares Ziel darstellen.

Neben dem dynastischen Willen kann ein weiteres Argument für die Verfolgung finanzieller Ziele angeführt werden. Dieses gilt insbesondere für Unternehmerfamilien der zweiten oder späteren Generation, die die finanziellen Bedürfnisse von Familienmitgliedern befriedigen müssen. Nicht nur der langfristige Vermögensaufbau der Familienmitglieder muss gewährleistet werden, auch die laufenden Auszahlungen für das tägliche Leben sind aufzubringen. Hierzu muss das Familienunternehmen eine angemessene und laufende Ausschüttung von Gewinnen bereitstellen, die nur bei positiver Ertragslage sicherzustellen ist.

In kleineren Familienunternehmen wirkt sich auch die Verzahnung von privatem Vermögen und Betriebsfinanzierung auf die finanziellen Ziele aus: Rechtlich gesehen haften Eigentümer von Personengesellschaften ja mit ihrem privaten Vermögen für das Unternehmen. Doch selbst bei Kapitalgesellschaften, bei denen die Haftung auf die Einlage beschränkt ist, ist dieser Effekt in gleicher Weise zu beobachten, wenn – bedingt durch die oftmals hohe Fremdfinanzierung – Sicherheiten aus dem persönlichen Umfeld bereitgestellt werden. Eine langfristige Existenz des Unternehmens sichert daher auch die wirtschaftliche Basis der Familie.

Hinzu kommt, dass bei wachsenden Familien der ausschüttbare Betrag dem Wachstum entsprechend gesteigert werden muss. Aus diesem Grund gewinnt auch quantitatives Unternehmenswachstum mit den damit verbundenen Investitionen in Anlage- und Umlaufvermögen an Bedeutung. Um dies zu finanzieren, können Unternehmen auf verschiedene Möglichkeiten der Außen- und Innenfinanzierung zurückgreifen (Drukarczyk 2008). Nicht zuletzt aufgrund einer hohen SEW Orientierung werden Familienunternehmen Maßnahmen der Innenfinanzierung – also die Einbehaltung und Reinvestition von Gewinnen – bevorzugen (vgl. Abschn. 9.3).

Neben diesen eher finanzwirtschaftlich orientierten Begründungen kann die finanzielle Performance aber auch einen Einfluss auf die Reputation des Familienunternehmens haben. Eine starke Erfolgsgeschichte kann positive Publicity hervorbringen und somit das Ansehen der Familieneigentümer erhöhen (Sageder et al. 2018). Zudem können freie finanzielle Ressourcen genutzt werden, um in öffentlichkeitswirksame Sozialprojekte zu investieren, was die Reputation des Familienunternehmens weiter erhöht. Diese positive Publicity wird aber nur unter der Bedingung entstehen, dass der finanzielle Erfolg des Unternehmens nicht auf Kosten der familienexternen Stakeholder erwirtschaftet wurde. Verdichtet sich die Wahrnehmung einer Ausbeutung familienexterner Stakeholder, kann mit einer hohen finanziellen Leistungskraft sogar ein Reputationsverlust einhergehen.

Eine ähnliche Argumentation gilt auch für den umgekehrten Fall der fehlenden finanziellen Performance. Eine wirtschaftliche Schieflage, sofern diese dem Unternehmen und nicht der allgemeinen Marktlage oder anderen besonderen externen Ereignissen (z. B. Naturkatastrophen, Brände) zugerechnet wird, kann ein negatives Medienecho auslösen und die Reputation minimieren. Entlassungen von Mitarbeitern, der finanzielle Verlust familienexterner Anteilseigner oder das Auslösen wirtschaftlicher Schwierigkeiten bei Geschäftspartnern, die auf das Familienunternehmen als Kunde oder Lieferant angewiesen sind, stellen einige Beispiele für einen Reputationsschaden dar (Martin et al. 2016).

Die Erwirtschaftung von Gewinnen ist also auch eine wichtige Nebenbedingung zur Erreichung der nicht-finanziellen Ziele.

Finanzielle Ziele spielen natürlich nicht nur in der Theorie, sondern auch in der Praxis eine wichtige Rolle. Ziele wie Nettogewinn oder Umsatzwachstum stehen hier an erster Stelle (Murphy 2005; Stockmans et al. 2010; Lee 2006; McConaughy und Phillips 1999; Morris et al. 1997). Einer Studie von Winkeljohann und Kellersmann (2008) zufolge richten vier von fünf Familienunternehmen ihre Geschäftsstrategie im kurz- und mittelfristigen Zeitraum auf Wachstum aus.

Viele empirische Studien zeigen zudem, dass Familienunternehmen zumindest keine geringere finanzielle Performance aufweisen als Nicht-Familienunternehmen. Dies kann als weiterer Hinweis darauf gewertet werden, dass Familienunternehmen finanzielle Ziele höher bewerten als in der Literatur allgemein angenommen.[4]

---

[4]Vgl. Amit und Villalonga (2014) und vor allem die Ausführungen in Kap. 5.

Aber wenn Familienunternehmen finanzielle Ziele verfolgen, so scheinen diese für die Unternehmen weniger einen Wert an sich darzustellen. Finanzielle Ziele dienen eher als Mittel zum Zweck der Wahrung der unternehmerischen Unabhängigkeit und zur Sicherung der Überlebensfähigkeit. Diese Bedeutung finanzieller Ziele wird auch durch McKenny et al. (2012) belegt. Die Analyse der Aussagen in Pressemitteilungen und auf den unternehmenseigenen Websites von Familienunternehmen zeigt, dass sich Familienunternehmen auch zu ihren finanziellen Zielen bekennen. Interessant ist aber, dass weniger die Gewinnmaximierung hervorgehoben wird, sondern vor allem Wachstumsmaße wie Umsatz oder Mitarbeiterzahl erwähnt werden. Besonders häufig verweisen Familienunternehmen auch auf ihre Innovationsfähigkeit und die besondere Qualität ihrer Produkte und Dienstleistungen, die durch quantitative Kennzahlen belegt werden.

2.3.5 Beziehungstypologie von Zielen

Wir haben bereits in Abschn. 2.1.2. gesehen, dass die einzelnen Unternehmensziele nicht unabhängig voneinander erreicht werden, sondern dass sich auch Zielkonflikte oder Zielsynergien ergeben können. Gerade für Familienunternehmen mit ihrer auf eine Vielzahl von Stakeholdern ausgerichteten Zielsystematik ergeben sich hier vielfältige Interdependenzen. Im Folgenden lernen Sie dazu die speziell für Familienunternehmen entwickelte Beziehungstypologie kennen, die von einem System überlappender, kausaler, synergetischer und substitutionaler Beziehungen zwischen den einzelnen Zielen ausgehen (Zellweger und Nason 2008):

- Eine überlappende (komplementäre) Beziehung ist dann zu beobachten, wenn die Befriedigung der Ziele einer Stakeholdergruppe auch zu einer Befriedigung der Ziele einer anderen Stakeholdergruppe führt. So kann beispielsweise ein hoher Gewinn sowohl die Ziele der Eigentümerfamilie als auch die der anderen Eigenkapitalgeber befriedigen.
- Eine kausale Beziehung liegt vor, wenn die Erreichung eines Ziels die Erreichung eines anderen Ziels hervorruft. Als Beispiel sei das Ziel der Harmonie innerhalb der Eigentümerfamilie genannt. Dieses Ziel kann wiederum zu einer vertrauensvollen Beziehung zum Management beitragen und das Ziel der Innovationsfähigkeit der Unternehmung positiv beeinflussen (Corbetta und Salvato 2004).
- Synergien treten dann auf, wenn sich zwei Ziele gegenseitig positiv (oder negativ) verstärken. So kann eine positive Entwicklung der Umsatzzahlen zu einer verbesserten Reputation des Unternehmens führen. Dieser Reputationsgewinn kann zu einer besseren Kundengewinnung beitragen und damit wiederum zu einer Steigerung der Umsätze.

- Unter substituierend werden abschließend solche Zielbeziehungen verstanden, in denen die Ziele in einem positiven oder negativen Substitutionsverhältnis zueinanderstehen. So können beispielsweise hohe Ausgaben in Form von Forschungs- und Entwicklungsaufwendungen zu einer langfristigen Stabilisierung des Unternehmenswachstums führen und insbesondere die dynastischen Interessen der Eigentümerfamilie befriedigen. Auf der anderen Seite kann es aber auch zu kurzfristigen Rentabilitätseinbußen kommen, welche den Interessen der Fremdkapitalgeber widersprechen. Hier muss entschieden werden, ob die positiven Auswirkungen die negativen übersteigen (negativ konkurrierend). Die Auszahlungen für Forschung und Entwicklung könnten aber auch für einen anderen Zweck, zum Beispiel für Bonuszahlungen an Mitarbeitende genutzt werden. Dann stünden sie aber nicht mehr für den Zweck der Stabilisierung des Unternehmenswachstums zur Verfügung, sondern würden eher die Mitarbeiterzufriedenheit positiv beeinflussen. Man wägt also zwei positive Einflüsse gegeneinander ab (positiv konkurrierend).

Die Beziehungstypologie zeigt, dass die Leistungsfähigkeit eines Familienunternehmens im Sinne einer Befriedigung möglichst vieler Stakeholderinteressen ein ausbalanciertes wirtschaftliches Handeln erfordert (Zellweger und Nason 2008). Grundsätzlich gilt, dass möglichst viele überlappende, kausale und synergetische Ziele zu einer hohen Unternehmensperformance führen. Substituierende Ziele sind dagegen für die übergeordnete Leistungsfähigkeit eher abträglich.

Wichtig ist für Familienunternehmen in diesem Zusammenhang die Frage, ob die Interessen der Eigentümerfamilie oder die Interessen des Unternehmens im Vordergrund des Handelns stehen sollen:

- Gilt die „Business-First" Maxime, sollten im Fall von substitionierenden Zielen immer die Ziele der primären Stakeholder im Vordergrund stehen. Ansonsten können deren Ziele zuungunsten der Familienziele in den Hintergrund treten.
- Steht die „family first" Maxime im Vordergrund, hat im Fall substitionierender Ziele die Befriedigung der Bedürfnisse der Eigentümerfamilie Vorrang.

2.3.6   Family first oder business first?

Eine weitergehende Ausdifferenzierung der Zielorientierung von Familienunternehmen und damit eine noch feinere Untergliederung der Zielhierarchien schlägt Ward (1997) vor. Neben der Fokussierung entweder auf die Ziele der Eigentümerfamilie oder die Unternehmensziele gibt es Familienunternehmen, die eine Balance zwischen den beiden Extrempositionen verfolgen. Er nennt diesen Ausgleich zwischen den beiden Extrempositionen „family enterprise first".

Eine empirische Analyse der strategischen Ausrichtung, der Governance-Strukturen, der Personalmanagement-Maßnahmen und des Nachfolgemanagements von spanischen

Unternehmen durch Basco und Rodriguez (2009, 2011) zeigt, dass sich Familienunternehmen in der Praxis nicht eindeutig diesen drei Gruppen, also „family first", „business first" oder „family enterprise first", zuordnen lassen: Es gibt zwar Familienunternehmen, die eindeutig eine „business first" Orientierung aufweisen. Eine reine „family first" Orientierung konnte dagegen nicht nachgewiesen werden, wenngleich aus der Praxis derartige Fälle bekannt sind. Es handelt sich dabei oft um Familien mit einem hohen und diversifizierten Vermögen, bei dem die Steuerung eines Unternehmens zugunsten einer Vermögensverwaltung in den Hintergrund tritt.

Häufiger zeigt ein zweites Cluster von Familienunternehmen jedoch eine „family enterprise first" Orientierung, bei der die Familienziele deutlich überwiegen. Es kann argumentiert werden, dass es sich um „family first" Unternehmen handelt, die den wirtschaftlichen Erfolg des Unternehmens als Nebenbedingung zum Überleben und zur Sicherung des Bestands des Familienunternehmens verfolgen.

Die Analyse zeigt noch eine vierte Gruppe von Familienunternehmen, die auf dem theoretischen Kontinuum zwischen „family first" und „business first" nicht zu finden ist: die Gruppe der sogenannten „premature family businesses". Hier wird weder eine familienorientierte noch eine unternehmensorientierte Sichtweise deutlich. Diese Unternehmen haben noch keine Orientierung oder haben ihre Orientierung verloren. Jedes Familienmitglied verfolgt seine eigenen Interessen, ein höheres Werte- und Zielesystem wird nicht deutlich (Basco und Rodriguez 2011).

Zu einer leicht abweichenden aber ähnlichen Einschätzung kommt die Analyse der Außendarstellung der Ziele von Familienunternehmen durch McKenny et al. (2012), die in Abb. 2.6 vereinfacht dargestellt ist.

Demnach lassen sich Familienunternehmen in drei Cluster unterteilen. So findet sich in dieser Studie tatsächlich die Kategorie der „family-first" Unternehmen, die vornehmlich normative Ziele verfolgen. Eine zweite Gruppe von Familienunternehmen hat sich auf eine „business-first" Strategie festgelegt und verfolgt vornehmlich finanzielle Ziele. Das dritte Cluster kann der Gruppe der „premature-family businesses" zugeordnet werden, die sich noch auf keine klare Ausrichtung ihrer Zielhierarchie festgelegt hat.

Es finden sich jedoch keine Unternehmen, die sowohl normative als auch finanzielle Ziele in gleich hohem Maße verfolgen. „Family enterprise first" scheint in der Praxis kein gangbarer Weg der Zielabwägung zu sein. Vielmehr müssen sich Familienunternehmen entscheiden, ob sie den Interessen der Eigentümerfamilie oder denen des Unternehmens Priorität einräumen.

2.3.7   Ausbalancieren von Zielen: Stakeholder first?

Sowohl die Sichtweise der Familien-, als auch die der Unternehmensorientierung sind fundamental eigennützige Sichtweisen. Dies gilt insbesondere für die Erreichung finanzieller Ziele für die Eigentümerfamilie oder für das Unternehmen. Auch der Ansatz des SEW ist vor allem ein Eigennutzansatz, der auf die Befriedigung der nicht-finanziellen

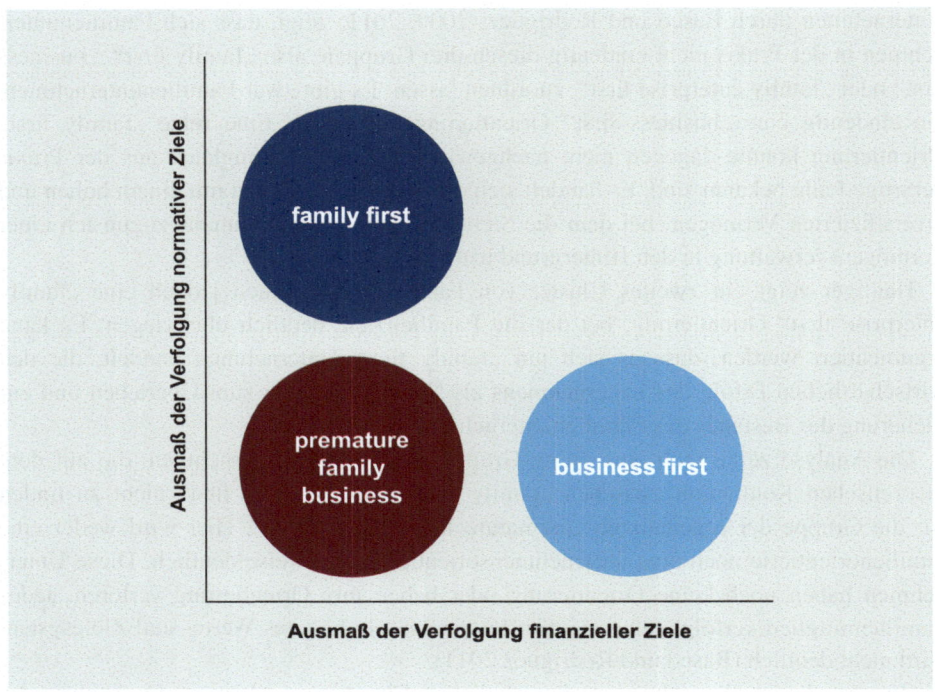

Abb. 2.6 Kategorisierung von Familienunternehmen. (Quelle: In Anlehnung an McKenny et al. 2012)

Bedürfnisse der Eigentümerfamilie ausgerichtet ist (Newbert und Craig 2017). Allerdings dient die Unterstützung familienexterner Stakeholder aus SEW Perspektive der Sicherung der eigenen sozialen Beziehungen und generiert, wenn überhaupt, nur zufällig einen Nutzen für externe Stakeholder oder gar für die Gesellschaft als Ganzes (Berrone et al. 2012).

In der Unternehmenspraxis sind Entscheidungen aber meist irrational und, zumindest teilweise, durch moralische Verpflichtungen anderen gegenüber gekennzeichnet (Freeman 1994). Diese Motive stehen in enger Wechselwirkung mit den Eigennutzmotiven. Nach Etzioni (1988), der zur Abgrenzung beider Motive illustrativ von „Ich & Wir-Motiven" spricht, kodeterminieren beide das Entscheidungsverhalten und müssen daher ausbalanciert werden. Gerade für die Erforschung der Entscheidungen von Familienunternehmen, denen oft ein grundlegend uneigennütziges Verhalten zugesprochen wird, ist die Erweiterung des engen SEW Ansatzes wichtig.[5]

---

[5]Vgl. hierzu auch Moores und Mula (2000).

Verbunden mit dieser Überlegung ist die Frage, ob Familienunternehmen eine eher instrumentelle oder eine eher normative Perspektive bei der Befriedigung der Stakeholder-Bedürfnisse verfolgen. Der instrumentellen Perspektive liegt der Ansatz zugrunde, dass die Stakeholder-Bedürfnisse nur dann befriedigt werden, wenn dieses Verhalten zu einer Maximierung der eigenen Interessen führt (Donaldson und Dunfee 1994; Evan und Freeman 1983). Anders gesprochen: Stakeholder-Ziele werden nur dann verfolgt, wenn diese entweder in einer kausalen oder synergetischen Beziehung zu den Zielen der Eigentümerfamilie stehen. Dagegen beinhaltet die normative Perspektive die Verfolgung der Stakeholder-Interessen um ihrer selbst willen (Harrison et al. 2010; Tajfel und Turner 1986).

Interessanterweise finden sich in der empirischen Literatur bislang keine eindeutigen Hinweise, ob die instrumentelle oder die normative Perspektive bei Familienunternehmen vorherrschend ist (vgl. Abb. 2.7). Verbindet man diese Frage nun mit den Ausführungen zur Wahrung und Vermehrung des SEW als primäres Ziel vieler Familienunternehmen, lassen sich einige interessante Schlussfolgerungen ziehen (Cennamo et al. 2012).

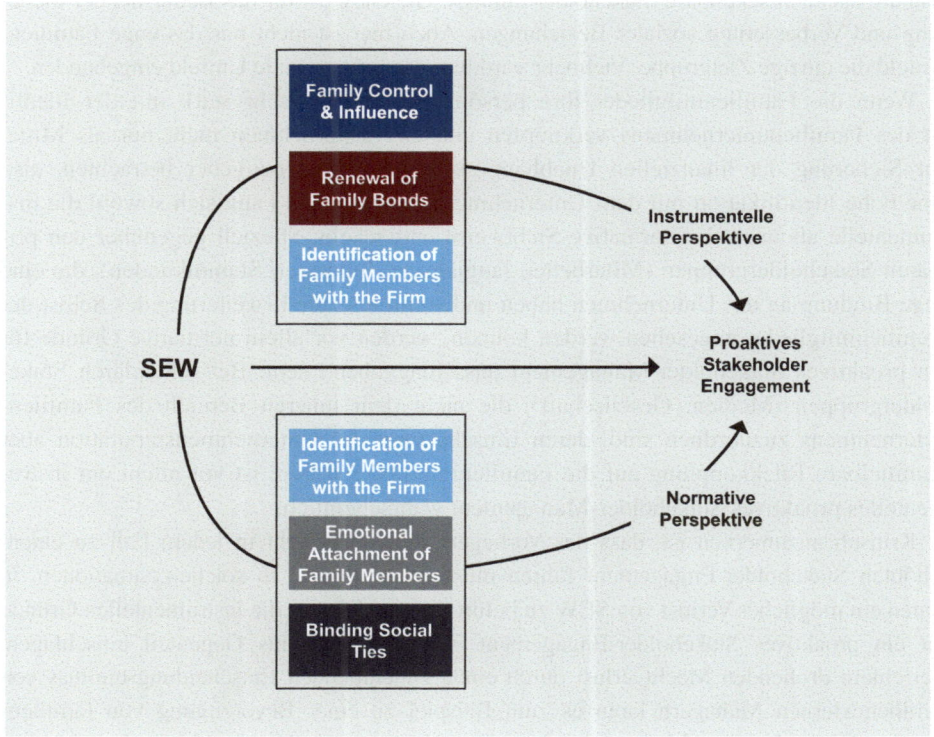

Abb. 2.7 Die instrumentelle und normative Perspektive der SEW Orientierung. (Quelle: In Anlehnung an Cennamo et al. 2012)

Steht zum Beispiel die Sicherung der Familienkontrolle über das Unternehmen im Vordergrund, so kann davon ausgegangen werden, dass dem Stakeholder-Management eher eine instrumentelle Sichtweise zugrunde liegt. Ein spezieller Fokus wird dann auf der Befriedigung der Interessen der primären Stakeholder liegen, die ansonsten die Machtbasis der Familie im Unternehmen gefährden könnten. Die Interessen der sekundären Stakeholder werden eher zweitrangig und reaktiv betrachtet. Gleiches gilt, wenn die dynastische Intention, also die Weitergabe an die nächsten Generationen, im Vordergrund steht. Langfristige vertrauensvolle Stakeholder-Beziehungen, die auch in Übergabezeiten Stabilität verleihen, sind hier von besonderem Interesse für die Familie. Proaktives Stakeholder-Management richtet sich auch hier wieder instrumentell an die primären Stakeholder-Gruppen.

Anders sieht es aus, wenn die emotionale Anbindung der Familienmitglieder im Vordergrund steht. Zwar kommt es darauf an, ob nur die emotionale Bindung innerhalb der Familie eine Rolle spielt oder ob sich diese auch auf eine weitere Personengruppe erstreckt. Gehen wir aber von der sozialen Identität der Familie mit dem Unternehmen aus, so sind der engen Personengruppe der Familie auch alle Stakeholder zuzuordnen. Somit verschiebt sich das proaktive Stakeholder-Management hin zu einer normativen Handlungsweise, die sowohl primäre als auch sekundäre Stakeholder umfasst. Gleiches gilt für das Bedürfnis der Sicherung und Verbesserung sozialer Beziehungen. Auch hier ist nicht nur das enge Familienumfeld die einzige Zielgruppe. Vielmehr wird hier das weite soziale Umfeld eingebunden.

Wenn die Familienmitglieder ihre persönliche Identität sehr stark mit der Identität des Familienunternehmens verknüpfen und das Unternehmen nicht nur als Mittel zur Sicherung der finanziellen Unabhängigkeit oder als Arbeitgeber betrachten, also eine hohe Identifikation mit dem Unternehmen vorliegt, dann kann sich sowohl die instrumentelle als auch die normative Sichtweise entwickeln. Speziell gegenüber den primären Stakeholdergruppen (Mitarbeiter, langjährige Zulieferer, Stammkunden), die eine enge Bindung an das Unternehmen haben und somit als eine Erweiterung des Selbst der Familienmitglieder angesehen werden können, werden vor allem normative Gründe für ein proaktives Stakeholder-Management ausschlaggebend sein. Bei sekundären Stakeholdergruppen (Medien, Gesellschaft), die nicht dem inneren Bereich des Familienunternehmens zuzuordnen sind, deren Einschätzung der Unternehmensreputation aber unmittelbare Rückkopplung auf die Familienmitglieder haben, ist vor allem ein instrumentelles proaktives Stakeholder-Management wahrscheinlich.

Kritisch anzumerken ist, dass das Vorliegen von SEW nicht in jedem Fall zu einem erhöhten Stakeholder-Engagement führen muss. Insbesondere in solchen Situationen, in denen ein möglicher Verlust von SEW zu befürchten ist, können die instrumentellen Gründe für ein proaktives Stakeholder-Engagement wegfallen bzw. ins Gegenteil umschlagen. Bei einem drohenden Machtverlust durch einen zunehmenden Entscheidungseinfluss von familienexternen Managern kann es zum Beispiel zu einer Bevorzugung von familieninternen Nachfolgern im Management kommen (Nepotismus) (Hauswald und Hack 2013).

Zusammengefasst bedeutet dies, dass die normativen Aspekte immer für ein proaktives Stakeholderengagement sprechen und die instrumentellen Aspekte, je nach Situation, zu einem hohen oder einem niedrigen proaktiven Stakeholderengagement führen können.

2.4   Kultur in Familienunternehmen

Die Unternehmenskultur wird in der wissenschaftlichen Literatur oft als kritischer Erfolgsfaktor oder sogar als „Goldmine" für Familienunternehmen genannt (Habbershon und Williams 1999; Zahra et al. 2004). Erste Arbeiten belegen einen positiven Einfluss auf das Unternehmertum, auf die strategische Flexibilität, sowie zur finanziellen Performance. Aber auch nicht-finanzielle positive Einflüsse werden diskutiert, beispielsweise im Kontext der intergenerationalen Nachfolge (Miller et al. 2003).

In diesem Sinne ist es nicht nur wichtig, die Besonderheiten der Kultur von Familienunternehmen zu erkennen, sondern auch Überlegungen anzustellen, wie diese durch betriebswirtschaftliche Instrumente gesteuert werden kann. Das kann zum Beispiel durch sichtbare Manifestationen der Werteskalen des Unternehmens geschehen, also etwa Kleiderordnung, Architektur und Einrichtung der Geschäftsräume, Vergabe von Dienstwagen. Auch das „Warum", also die zugrunde liegenden Werte und Anschauungen sind von Bedeutung (Müller-Stewens und Lechner 2003; Gomez und Müller-Stewens 1994). Für Familienunternehmen gilt dies ganz besonders, da gerade die Ko-Evolution mit einer bestimmten Familie dem Unternehmen eine unverwechselbare Prägung und Geschichte verleiht und es als solches einzigartig macht. Augenfällig wird dies in der extremen Ausrichtung aller Aspekte des Unternehmens auf den Unternehmer, insbesondere wenn es sich um den Gründer handelt. In Familienunternehmen prägen daher die Inhaber durch ihre zentrale Rolle und Machtposition Traditionen, Werte und Grundsätze. Diese übertragen sich auf das Unternehmen und werden von allen Mitarbeitern gleichermaßen gelebte Unternehmenskultur.

Wenige empirische Arbeiten beschäftigten sich mit Unterschieden in der Unternehmenskultur von Familien- im Vergleich zu Nicht-Familienunternehmen (Dyer 1986; Gallo 1993). Durchgängig konnten dabei jedoch wichtige Differenzen statistisch signifikant nachgewiesen werden. In einer Erhebung durch Vallejo (2008) unter 126 Unternehmen, davon 90 Familienunternehmen, konnten folgende Unterschiede im Vergleich zu Nicht-Familienunternehmen herausgearbeitet werden, die auf eine unterschiedliche Unternehmenskultur hinweisen:

- Mitglieder in Familienunternehmen identifizieren sich stärker mit dem Unternehmen.
- Die Mitarbeiter von Familienunternehmen wirken stärker im Unternehmen mit.
- Die Mitarbeiter haben eine höhere Loyalität.
- Die Mitglieder in Familienunternehmen zeigen ein höheres gegenseitiges Vertrauen.
- Die Arbeitsatmosphäre wird als weniger feindlich empfunden.
- Zu einer aktiven Partizipation in Unternehmensentscheidungen wird ermutigt.
- Es findet sich ein stärker ausgeprägter transformationaler Führungsstil.
- Der Zusammenhalt zwischen den Mitgliedern des Familienunternehmens wird als stärker wahrgenommen.

Diese positiven Ergebnisse werden in einer aktuellen Studie von Duh et al. (2010) unter-mauert. Sie zeigen darüber hinaus, dass Familienunternehmen deutliche Charakteristika von Clankulturen zeigen, die sich durch persönliche und familienorientierte Arbeits-gegebenheiten mit einem hohen Grad gegenseitigen Vertrauens auszeichnen (Duh et al. 2010).

Eine statische Unterscheidung zwischen Familien- und Nichtfamilienunternehmen scheint aber gerade im Hinblick auf die Unternehmenskultur problematisch, denn Kultur wird durch die Interaktionen der am Unternehmen Beteiligten ständig und fort-laufend produziert, vererbt und reproduziert (Adiguna 2015). Jede Kultur befindet sich also in einem ständigen Veränderungsprozess. Alle Ereignisse, Entscheidungen und Ent-wicklungen der Umgebung und der Kulturträger werden zwar einerseits von der herr-schenden Kultur deutlich beeinflusst, umgekehrt spüren die Menschen dabei auch, wenn gewisse Aspekte einer Kultur keine „Passung" mehr besitzen. Dann wird die Diskrepanz zwischen herrschenden Normen und Gewohnheiten und individuellem Empfinden auf psychischer Ebene als Belastung oder als Einschränkung spürbar. Wenn nun die ersten Betroffenen nicht nur private Lösungen finden, sondern ihre veränderte Einstellung offen kommunizieren, bewirkt dies eine Rückkopplung, die einen Auseinandersetzungsprozess anstößt. Als Ergebnis kann sich die Kultur in diesen Punkten ändern, und neue Normen werden herausgebildet.

Für Familienunternehmen stellt sich die Frage, wie die Unternehmenskultur durch die intergenerationale Weitergabe und die sozialen Interaktionen zwischen Übergebern und Übernehmern weiterentwickelt wird. Im Rahmen der Nachfolge treffen wahrscheinlich aufgrund der unterschiedlichen Generationalität abweichende Wertevorstellungen auf-einander. Die Aushandlungsprozesse über die zukünftige Werteorientierung und deren Abbildung in Normen, Artefakten oder Verhaltensweisen können mittelfristig eine Ände-rung in der Unternehmenskultur nach sich ziehen. Aber nicht nur familieninterne Situ-ationen können einen Einfluss haben, auch unternehmerische Entscheidungen können sich langfristig auf die Unternehmenskultur auswirken. Entscheidet sich die Eigentümer-familie beispielsweise für eine Diversifizierung des Geschäftsmodells – oder gar für einen Verkauf der ursprünglichen Geschäftsidee, so kann die Identifizierung der Familie mit dem Unternehmen verloren gehen. Der Einfluss der familiären Werte und Normen-vorstellungen auf die Unternehmenskultur nimmt ab, und eine neue Unternehmenskultur kann entstehen.

Durch welche Prozesse aber werden Unternehmenskulturen adaptiert? Eine Kultur mit direkter, verbaler Kommunikation zu beeinflussen, dürfte rasch an Grenzen stoßen. Der Unternehmer kann zwar zu seinen Mitarbeitern sagen: „Ich habe festgestellt, dass unser Betrieb unmodern ist und möchte dies ändern. Ab sofort sind wir allem Neuen gegenüber aufgeschlossen und veränderungsbereit." Eine Wirkung wird zwar eintreten – hochgezogene Augenbrauen und eine erste Verunsicherung, was durchaus konstruktiv für einen anstehenden Wechsel sein kann – aber damit ist die Unternehmenskultur noch nicht nachhaltig verändert.

Sinnvoller ist dagegen, die Kommunikation mit gezielten einzelnen Aktionen oder Entscheidungen zu verändern. Erfolgreich sind auch Rituale, also nach vorgegebenen Regeln ablaufende, meist formelle Aktionen mit hohem Symbolgehalt. Das sind z. B. die jährliche Betriebs- oder Weihnachtsfeier mit der Ansprache des Chefs oder die Ehrung der langjährigen Mitarbeiter.

Moritz GmbH

In der Moritz GmbH ist unter Horst Moritz nur eine förmliche Weihnachtsfeier am Nachmittag des letzten Arbeitstages im Dezember üblich. Eingeladen und anwesend sind dabei zwar immer alle Mitarbeiter, nicht jedoch Partner oder Angehörige. Dies führt möglicherweise auch dazu, dass die Feier meist schon am frühen Abend zu Ende ist und alle nach Hause gehen. Dabei bekommen sie immer eine Tüte mit Plätzchen geschenkt, die die Kinder von Horst mit Else Moritz in der Weihnachtszeit gebacken haben.

Veronica hat die Weihnachtsfeier deutlich verändert: Die gute Tradition der selbst gebackenen Weihnachtsplätzchen hat sie beibehalten – die backen aber nun die Kinder der Mitarbeiter gemeinsam während der Weihnachtsfeier. Sie werden von einigen Müttern beaufsichtigt und unterstützt, während die Mitarbeiter mit ihren Partnern bei Glühwein und Kuchen plaudern. Ein Weihnachtsmann verkündet die Missetaten des letzten Jahres (auch die der Chefs) und es entsteht immer eine wunderbare Adventsstimmung.

Aber das geht Veronica noch nicht weit genug. Zusammen mit einem Team von Mitarbeitern entwickelt sie ein Leitbild für die Firma, das dann in mehreren Work-shops mit allen Mitarbeitern abgestimmt wird. Dieser Prozess dauert fast ein Jahr und führt dazu, dass die Website komplett umgeändert und eine neue Image-Broschüre entwickelt wird sowie eine flexible Arbeitszeit eingeführt wird. Sogar das Firmenlogo wird modernisiert. Während vor allem Manfred Groß das als „jugendlichen Aktionismus" abtut, ist Heiko, der 2012 in den Betrieb kommt, völlig begeistert. „Veronica, das hätte ich dir früher nie zugetraut – was du aus dem Laden rausgeholt hast in den letzten vier Jahren – super!"

Empirische Arbeiten zeigen, dass Führungsverhalten tatsächlich einen Einfluss auf die Unternehmenskultur gerade in Familienunternehmen hat, in denen die Führung ja oft auch gleichzeitig das Eigentum am Unternehmen hält und damit über eine hohe Glaubwürdigkeit in den Führungsentscheidungen verfügt (Stavrou et al. 2005). Jedoch herrscht gerade in Nachfolgesituationen ein partizipativer Führungsstil vor, der sich in einer ausgeprägten partizipativen Unternehmenskultur ausdrückt. Auch der besondere Einfluss eines transformationalen, also visionengesteuerten, durch hohe individuelle Aufmerksamkeit geprägten und vorbildhaften Führungsverhaltens auf die strategische Flexibilität im Unternehmen, wurde eingehend diskutiert (Eddleston 2008).

Normatives Veränderungsmanagement, also zum Beispiel die Erarbeitung eines neuen Unternehmensleitbildes, kann zur Motivation und Identifikation mit einem Unternehmen beitragen, erfüllt jedoch nur dann seinen Zweck, wenn es von den Mitarbeitern getragen wird. Ein aufgezwungenes Leitbild wird seinen Zweck nicht erfüllen, es wird nicht gelebt und wirkt eher kontraproduktiv. Daher müssen die Mitarbeiter in die Erarbeitung eines Leitbildes eingebunden sein. Gleichzeitig bietet diese Ausarbeitung jedoch die Chance, unterschiedliche Vorstellungen im Unternehmen zu erkennen, aufzudecken und das Team (neu) für die Zukunft des Unternehmens zu aktivieren.

Lernfragen

- Wie kann der Begriff „Wert" definiert werden und wie lassen sich Familienwerte einer Unternehmerfamilie beschreiben?
- Welches sind typische Werte und Ziele der Gründergeneration eines Familienunternehmens?
- Erklären Sie den Begriff socioemotional wealth.
- Welche Wertekategorien sind für Unternehmerfamilien von besonderer Bedeutung und wie unterscheiden sich diese von Nicht-Familienunternehmen?
- Beschreiben Sie die Nicht-finanziellen Ziele von Familienunternehmen in den fünf verschiedenen Dimensionen des FIBER-Konzeptes.
- Verbinden Sie die instrumentelle und/oder normative Perspektive der Befriedigung von Stakeholderbedürfnissen mit den sozial-emotionalen Werten. Welche Erkenntnisse lassen sich daraus ziehen?
- Diskutieren Sie mögliche Besonderheiten in der Unternehmenskultur von Familienunternehmen.

Literatur

Adiguna, R. (2015). Organisational culture and the family business. In M. Nordquist, L. Melin, M. Waldkirch, & G. Kumeto (Hrsg.), *Theoretical perspectives on family businesses* (S. 58–77). Cheltenham: Edward Elgar Publishing.

Amit, R., & Villalonga, B. (2014). Financial performance of family firms. In L. Melin, M. Nordqvist, & P. Sharma (Hrsg.), *The Sage handbook of family business* (S. 157–178). Thousand Oaks: Sage.

Aronoff, C. E., & Ward, J. L. (2011). *Family business values: How to assure a legacy of continuity and success* (2. Aufl.). New York: Palgrave Macmillian.

Basco, R., & Pérez Rodriguez, M. J. (2009). Studying the family enterprise holistically evidence for integrated family and business systems. *Family Business Review, 22*(1), 82–95.

Basco, R., & Pérez Rodriguez, M. J. (2011). Ideal types of family business management: Horizontal fit between family and business decisions and the relationship with family business performance. *Journal of Family Business Strategy, 2*(3), 151–165.

Baumol, W. J. (1990). Entrepreneurship: Productive, unproductive and destructive. *Journal of Political Economy, 98*(5), 893–921.

Beersma, B., Harnick, S. F., & Gerts, M. J. J. (2003). Bound in honor: How honor values and insults affect the experience and management of conflicts. *International Journal of Conflict Management, 14*(2), 75–94.

Berrone, P., Cruz, C., & Gomez-Mejia, L. R. (2012). Socioemotional wealth in family firms: Theoretical dimensions, assessment approaches, and agenda for future research. *Family Business Review, 25*(3), 258–279.

Björnberg, Å., & Nicholson, N. (2012). Emotional ownership: The next generation's relationship with the family firm. *Family Business Review, 25*(4), 374–390.

Cennamo, C., Berrone, P., Cruz, C., & Gomez-Mejia, L. R. (2012). Socioemotional wealth and proactive stakeholder engagement: Why family-controlled firms care more about their stakeholders. *Entrepreneurship Theory & Practice, 36*(6), 1153–1173.

Corbetta, G., & Salvato, C. (2004). Self-serving of self-actualizing? Models of man and agency costs in different types of family firms: Commentary on "Comparing the agency costs of family and non-family firms: conceptual issues and exploratory evidence". *Entrepreneurship Theory & Practice, 28*(4), 355–362.

Debicki, B. J., Kellermanns, F. W., Chrisman, J. J., Pearson, A. W., & Spencer, B. A. (2016). Development of a socioemotional wealth importance (SEWi) scale for family firm research. *Journal of Family Business Strategy, 7*(1), 47–57.

Donaldson, T., & Dunfee, T. (1994). Towards a unified conception of business ethics: Integrative social contracts theory. *Academy of Management Review, 19*(2), 252–284.

Dou, J., Zhang, Z., & Su, E. (2014). Does family involvement make firms donate more? Empirical evidence from Chinese private firms. *Family Business Review, 27*(3), 259–274.

Douglas, E. J., & Shepherd, D. A. (2002). Self-employment as a career choice: Attitudes, entrepreneurial intentions, and utility maximization. *Entrepreneurship Theory & Practice, 26*(3), 81–90.

Drukarczyk, J. (2008). *Finanzierung: Eine Einführung.* Stuttgart: UTB.

Duh, M., Belak, J., & Milfelner, B. (2010). Core values, culture and ethical climate as constitutional elements of ethical behaviour: Exploring differences between family and non-family enterprises. *Journal of Business Ethics, 97*(3), 473–489.

Dyer, W. (1986). *Cultural change in family firms: Anticipating and managing business and family traditions.* San Francisco: Jossey-Bass.

Eddleston, K. A. (2008). Commentary: The prequel to family firm culture and stewardship: The leadership perspective of the founder. *Entrepreneurship Theory & Practice, 32*(6), 1055–1061.

Etzioni, A. (1988). Normative-affective factors toward a new decision-making model. *Journal of Economic Psychology, 9,* 125–150.

Evan, W., & Freeman, R. (1983). A stakeholder theory of the modern corporation: Kantian capitalism. In T. Beauchamp & N. Bowie (Hrsg.), *Ethical theory in business* (S. 75–93). Englewood Cliffs, NJ: Prentice-Hall.

Fernando, G. D., Schneible, R. A., & Suh, S. (2014). Family firms and institutional investors. *Family Business Review, 27,* 328–345.

Freeman, R. E. (1994). The politics of stakeholder theory: Some future directions. *Business Ethics Quarterly, 4,* 409–421.

Forgas, J. P. (1995). Mood and judgment. The Affect Infusion Model (AIM). *Psychological Bulletin, 117*(1), 39–66.

Gallo, M. (1993). Cultura en Empresa Familiar. In M. Gallo (Hrsg.), La Empresa Familiar. *Publicaciones de la Càtedra de Empresa Familiar, 4,* 225–249.

Galvin, B., Astrachan, J., & Green, J. (2007). *American family business survey.* Boston: MassMutual Financial Group.

García-Álvarez, E., & López-Sintas, J. (2001). A taxonomy of founders based on values: The root of family business heterogeneity. *Family Business Review, 14*(3), 209–230.

Gatrell, J., Jenkins, H., & Tucker, J. (2001). Family values in family business. In G. Corbetta & D. Montemerlo (Hrsg.), *The role of family in family business. 12th Annual FBN World Conference, Rome* (S. 164–174). Milano: Egea S.p.A. FBN.

Gersick, K. E., Davis, J. A., Hampton, M. M., & Lansberg, I. (1997). *Generation to generation: Life cycles of the family business.* Boston: Harvard Business School Press.

Gomez-Mejia, L. R., Haynes, K., Núñez-Nickel, M., Jacobson, K., & Moyano-Fuentes, J. (2007). Socioemotional wealth and business risks in family-controlled firms: Evidence from Spanish olive oil mills. *Administrative Science Quarterly, 52*(1), 106–137.

Gomez-Mejia, L. R., Patel, P. C., & Zellweger, T. M. (2015). In the horns of the dilemma: Socioemotional wealth, financial wealth, and acquisitions in family firms. *Journal of Management, 44*(4), 1369–1397.

Gomez, P., & Müller-Stewens, G. (1994). *Unternehmerischer Wandel*. Wiesbaden: Gabler.

Griffin, R. W., & O'Leary-Kelly, A. M. (2004). An introduction to the dark side. In R. W. Griffin & A. M. O'Leary-Kelly (Hrsg.), *The dark side of organizational behavior* (S. 1–22). San Francisco: Jossey-Bass.

Guth, W. D., & Tagiuri, R. (1965). Personal values and corporate strategy. *Harvard Business Review, 43*(5), 123–132.

Habbershon, T. G., & Williams, M. L. (1999). A Resource-Based Framework for Assessing the Strategic Advantages of Family Firms. *Family Business Review, 12*(1), 1–26.

Handelsblatt (2018). Schlecker Insolvenzverwalter scheitert mit Millionenklage. https://www.handelsblatt.com/unternehmen/handel-konsumgueter/drogerie-insolvenz-schlecker-insolvenzverwalter-scheitert-mit-millionenklage/22902908.html?ticket=ST-3505042-6C5nRP7Q6pfTlmf5kDd2-ap4. Zugegriffen: 28. Aug. 2018.

Harrison, J. S., Bosse, D. A., & Phillips, R. A. (2010). Managing for stakeholders, stakeholder utility functions, and competitive advantage. *Strategic Management Journal, 31*(1), 58–74.

Hauck, J., Süss-Reyes, J., Beck, S., Prügl, R., & Frank, H. (2016). Measuring socioemotional wealth in family-owned and – managed firms: A validation and short form of the FIBER Scale. *Journal of Family Business Strategy, 7*, 133–148.

Hauswald, H., & Hack, A. (2013). Impact of family control/influence on stakeholders' perceptions of benevolence. *Family Business Review, 26*(4), 356–373.

Hitlin, S., & Piliavin, J. A. (2004). Values: Reviving a dormant concept. *Annual Review of Sociology, 30*, 359–393.

Hofstede, G., Neuijen, B., & Sanders, G. (1990). Measuring organizational cultures: A qualitative and quantitative study across twenty cases. *Administrative Science Quarterly, 35*(2), 286–316.

Homma, N., & Bauschke R. (2010). *Unternehmenskultur und Führung. Den Wandel gestalten. Methoden, Prozesse Tools*. Wiesbaden: Gabler.

Isen, A. M. (1999). Positive affect. In T. Dagleish & M. J. Power (Hrsg.), *Handbook of cognition and emotions* (S. 521–539). Chichester: Wiley.

Jiang, D. S., Kellermanns, F. W., Munyon, T. P., & Morris, M. L. (2017). More than meets the eye: A review and future directions for the social psychology of socioemotional wealth. *Family Business Review, 31*(1), 125–157.

Kahneman, D., & Tversky, A. (1979). Prospect theory: An analysis of decision under risk. *Econometrica, 47*, 263–292.

Kets de Vries, M. F. R. (1993). The dynamics of family controlled firms: The good and the bad news. *Organizational Dynamics, 21*(3), 59–71.

Klein, S. (1991). *Der Einfluß von Werten auf die Gestaltung von Organisationen*. Berlin: Duncker & Humblot.

Koiranen, M. (2002). Over 100 years of age but still entrepreneurially active in business: Exploring the values and family characteristics of old Finnish family firms. *Family Business Review, 15*(3), 175–187.

Lee, J. (2006). Family firm performance: Further evidence. *Family Business Review, 19*(2), 103–114.

Lyubomirsky, S., King, L., & Diener, E. (2005). The benefits of frequent positive affect: Does happiness lead to success? *Psychological Bulletin, 131*(6), 803–855.

Martin, G., Tochman Campbell, J., & Gomez-Mejia, L. (2016). Family control, socioemotional wealth and earnings management in publicly traded firms. *Journal of Business Ethics, 133*, 453–469.

McConaughy, D. L., & Phillips, G. M. (1999). Founders versus descendants: The profitability, efficiency, growth characteristics and financing in large, public, founding-family-controlled firms. *Family Business Review, 12*(2), 123–131.

McKenny, A. F., Short, J. C., Zachary, M. A., & Payne, G. T. (2012). Assessing espoused goals in private family firms using content analysis. *Family Business Review, 25*(3), 298–317.

Meglino, B. M., & Ravlin, E. C. (1998). Individual values in organizations: Concepts, controversies, and research. *Journal of Management, 24*(3), 351–389.

Miller, D., Steier, L., & Le Breton-Miller, I. (2003). Lost in time: Intergenerational succession, change and failure in family business. *Journal of Business Venturing, 18*(4), 513–531.

Moores, K. J., & Mula, J. (2000). The salience of market, bureaucratic, and clan controls in the management of family firm transitions: Some tentative Australian evidence. *Family Business Review, 13*(2), 91–103.

Morris, M. H., Williams, R. O., Allen, J. A., & Avila, R. A. (1997). Correlates of success in family business transitions. *Journal of Business Venturing, 12*(5), 385–401.

Müller-Stewens, G., & Lechner, C. (2003). *Strategisches Management*. Stuttgart: Schäffer-Poeschel.

Murphy, D. L. (2005). Understanding the complexities of private family firms: An empirical examination. *Family Business Review, 18*(2), 123–133.

Newbert, S., & Craig, J. B. (2017). Moving beyond socioemotional wealth: Toward a normative theory of decision making in family business. *Family Business Review, 30*(4), 339–346.

Payne, G. T., Brigham, K. H., Broberg, J. C., Moss, T. W., & Short, J. C. (2011). Organizational virtue orientation and family firms. *Business Ethics Quarterly, 21*(2), 257–285.

Penrose, E. T. (1952). Biological analogies in the theory of the firm. *American Economic Review, 42*(5), 804–819.

Robbins, S. P., DeCenzo, D. A., & Coulter, M. (2013). *Fundamentals of management essential concept and applications*. Boston: Pearson.

Rokeach, M. (1973). *The nature of human values*. New York: Free Press.

Roth, G., Assor, A., Niemiec, P., Ryan R. M., & Deci, E. L. (2009). The emotional and academic consequences of parental conditional regard. Comparing conditional positive regard, conditional negative regard, and autonomy support as parenting practices. *Developmental Psychology, 45*(4), 1119–1142.

Sageder, M., Mitter, C., & Feldbauer-Durstmüller, B. (2018). Image and reputation of family firms: A systematic literature review of the state of research. *Review of Managerial Science, 12,* 335–377.

Schwartz, S. H. (1992). Universals in the content and structure of values. Theoretical advances and empirical tests in 20 countries. In M. P. Zanna (Hrsg.), *Advances in Experimental Social Psychology, 25,* 1–65.

Sharma, P., & Manikutty, S. (2005). Strategic divestments in family firms: Role of family structure and community culture. *Entrepreneurship Theory & Practice, 29*(3), 293–311.

Stavrou, E. T., Kleanthous, T., & Anastasiou, T. (2005). Leadership personality and firm culture during hereditary transitions in family firms: Model development and empirical investigation. *Journal of Small Business Management, 37*(3), 43–62.

Stock-Homburg, R. (2013). *Personalmanagement. Theorien – Konzepte – Instrumente*. Wiesbaden: Gabler.

Stockmans, A., Lybaert, N., & Voordeckers, W. (2010). Socioeconomic wealth and earnings management in private family firms. *Family Business Review, 23*(3), 280–294.

Tajfel, H., & Turner, J. C. (1986). The social identity theory of intergroup behavior. In S. Worchel & W. G. Austin (Hrsg.), *Psychology of intergroup relations* (S. 7–24). Chicago: Nelson-Hall.

Vallejo, M. C. (2008). Is the culture of family firms really different? A value-based model for its survival through generations. *Journal of Business Ethics, 81*(2), 261–279.

Verplanken, B., & Holland, R. W. (2002). Motivated decision making: Effects of activation and self-centrality of values on choices and behavior. *Journal of Personality and Social Psychology, 82*(3), 434–447.

Ward, J. L. (1997). Growing the family business: Special challenges and best practices. *Family Business Review, 10*(4), 323–337.

Weiss, H. M. (2002). Deconstructing job satisfaction: Separating evaluations, beliefs and affective experiences. *Human Resource Management Review, 12*(2), 173–194.

Westhead, P., Cowling, M., & Howarth, C. (2001). The development of family companies: Management and ownership imperatives. *Family Business Review, 14*(4), 369–382.

Winkeljohann, N., & Kellersmann, D. (2008). Fremdmanagement in Familienunternehmen Vor- und Nachteile: Ergebnisse einer empirischen Studie. *Zeitschrift für Corporate Governance, 6,* 253–260.

Wiseman, R. M., & Gómez-Mejía, L. R. (1998). A behavioral agency model of managerial risk taking. *Academy of Management Review, 23,* 133–153.

Zahra, S. A., Hayton, J. C., & Salvato, C. (2004). Entrepreneurship in family vs. non-family firms: A resource-based analysis of the effect of organizational culture. *Entrepreneurship Theory & Practice, 28*(4), 363–381.

Zellweger, T. M., & Dehlen, T. (2012). Value is in the eye of the owner: Affect infusion and socioemotional wealth among family firm owners. *Family Business Review, 25*(3), 280–297.

Zellweger, T. M., & Nason, R. S. (2008). A stakeholder perspective on family firm performance. *Family Business Review, 21*(3), 203–216.

Teil II
Die Leistungsfähigkeit von Familienunternehmen

In den vorangegangenen Kapiteln (vgl. Kap. 2) wurde erläutert, dass Familienunternehmen sich in ihrer Werteorientierung und ihren Zielsystemen meist deutlich von Nicht-Familienunternehmen unterscheiden. Ob das die Leistungsfähigkeit auch tatsächlich beeinflusst, soll im nachfolgenden Teil II „Leistungsfähigkeit von Familienunternehmen" erläutert werden. Er umfasst die theoretischen Grundlagen, mit denen sich diejenigen Eigenarten und Spezifika von Familienunternehmen erklären lassen, die mögliche Unterschiede in der Leistungsfähigkeit von Familienunternehmen und Nicht-Familienunternehmen begründen.

Die Spezifika von Familienunternehmen und damit verbundene familienunternehmerische Leistungsunterschiede können sich aus unterschiedlichen Ressourcen- oder Kostenstrukturen ergeben, die die Wertschöpfung des Unternehmens beeinflussen (Hack 2009). Betrachtet man den Fall eines gewinnmaximierenden Unternehmens, so besteht sein Ziel in der Maximierung der geschaffenen ökonomischen Werte für die einzelnen Stakeholder. Ein Unternehmen ist also dann effizient, wenn es seine realisierte Wertschöpfung maximiert. Dieses Effizienzkriterium umfasst zwei wesentliche Bereiche: das strategische Erfolgspotenzial zur Maximierung der Leistung und die Potenziale zur Minimierung der Kosten zur Durchführung der gewählten Strategie. Die Kosteneffekte können dabei sowohl aufseiten der Produktionskosten als auch auf Seiten der Transaktionskosten auftreten. Aufbauend auf diesen Überlegungen müssen sich alle Aktionen eines derartig ausgerichteten Unternehmens an den erwarteten Änderungen der realisierten Wertschöpfung ausrichten (vgl. Abb. 1).

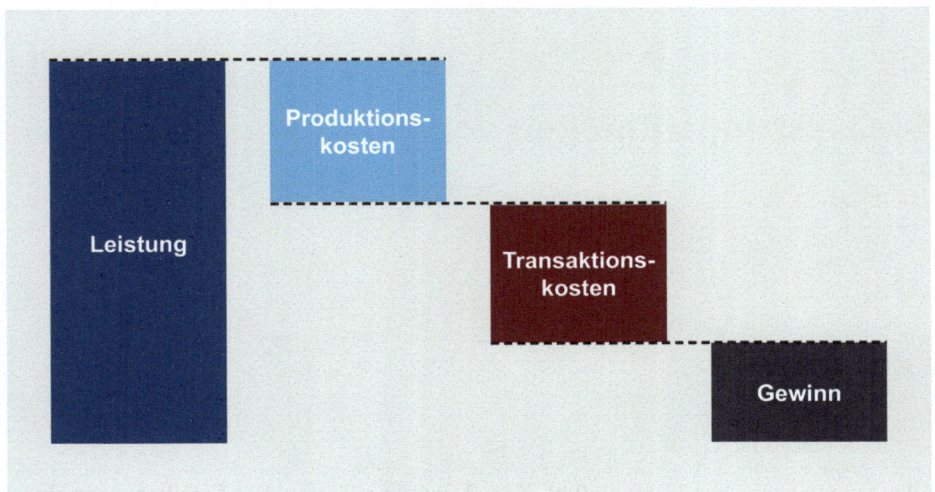

Abb. II.1   Die Wertschöpfung eines Unternehmens. (Quelle: Eigene Darstellung)

Diesem grundlegenden Ziel der Maximierung der Wertschöpfung unterliegen Familienunternehmen ebenso wie jede andere Unternehmensform. In den letzten Jahren ist von den beiden Effizienzkriterien zunehmend die Generierung von strategischen Erfolgspotenzialen in den Mittelpunkt der Betrachtung gerückt. Unternehmen sind dann langfristig erfolgreich, wenn es ihnen gelingt, sich „strategisch" im Wettbewerberumfeld zu platzieren und Wettbewerbsvorteile zu generieren. Aus dieser Perspektive heraus können Unternehmen dann dauerhafte Renditen erzielen, wenn es dem Unternehmen gelingt, wertvolle, knappe und einzigartige Ressourcen aufzubauen, und aus diesen Ressourcen nachhaltige Wettbewerbsvorteile zu generieren.

In Kap. 3 werden daher zunächst die Ressourcen von Familienunternehmen genauer betrachtet: Fragen der Knappheit, Werthaltigkeit und Nicht-Imitierbarkeit von Ressourcen stehen dabei im Vordergrund. Die Besonderheit von Familienunternehmen liegt im Einfluss der Familie auf das Unternehmen, selbst wenn diese nicht direkt am Unternehmen beteiligt oder dort beschäftigt ist. Daher verfügen Familienunternehmen über spezifische Ressourcen, die sie von Nicht-Familienunternehmen abgrenzen. Anschließend werden in diesem Kapitel Möglichkeiten zum aktiven Management dieser Ressourcen beschrieben: Familienunternehmer (und Externe) können über die Bündelung spezifischer Ressourcen einen Wettbewerbsvorteil generieren.

Im nachfolgenden Kap. 4 werden die Agency-Kosten thematisiert - üblicherweise als die Kosten verstanden, die aus der Interaktion zwischen Prinzipal und Agent resultieren. Hier werden neben den Transaktionskosten auch Multiple Agentenbeziehungen erörtert, um auf dieser Basis zu diskutieren, ob und auf welche Weise Familienunternehmen gegenüber Nicht-Familienunternehmen geringere Agency-Kosten generieren. Abschließend wird die Stewardship-Theorie genauer betrachtet und es wird die Bedeutung von Stewards in Familienunternehmen aufgezeigt.

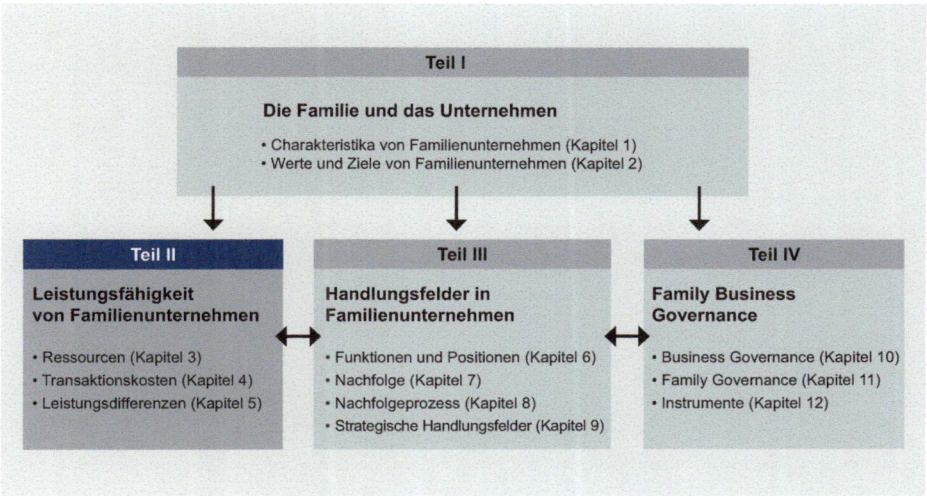

Abb. II.2   Inhalte des Teil II. (Quelle: Eigene Darstellung)

Das Kap. 5 thematisiert die Leistungsdifferenzen zwischen Familienunternehmen und Nicht-Familienunternehmen. Sie werden empirische Studien kennen lernen, in denen analysiert wird, wie und in welchen Bereichen Familienunternehmen Vorteile generieren können und wann Nicht-Familienunternehmen eine höhere Leistungsfähigkeit zeigen.

Abb. 2 zeigt einen Überblick über die Inhalte des Teil II.

Ressourcen von Familienunternehmen 3

Um die zu Beginn des zweiten Teils aufgeworfene Frage zu beantworten, ob Familien-unternehmen einen komparativen Vorteil gegenüber Nicht-Familienunternehmen besitzen und somit erfolgreicher am Markt agieren können, müssen wir uns im Folgenden anschauen, über welche Ressourcen Familienunternehmen verfügen und wie der Einsatz und die Bündelung dieser Ressourcen zu einem nachhaltigen Wettbewerbsvorteil führen kann (Miller und Le Breton-Miller 2005). Auf dieser Basis lässt sich diskutieren, ob Familienunternehmen aufgrund ihrer spezifischen Ressourcenbündel im Vergleich mit Nicht-Familienunternehmen erfolgreicher agieren können und wie sich diese Leistungs-vorteile ergeben (Anderson und Reeb 2003; Dyer 2018).

In der Theorie spielt hier der ressourcenorientierte Ansatz eine zentrale Rolle, der die Potenziale zur Steigerung der Leistungsfähigkeit von Organisationen beschreibt. Durch die Interaktion der Familie mit dem Unternehmen werden Ressourcen eingebracht, die das Verhalten und vor allem die Wettbewerbsfähigkeit von Familienunternehmen beeinflussen können (Habbershon et al. 2003). Daher wird diskutiert, welche speziellen Ressourcen Familienunternehmen einbringen können und welche Auswirkungen das auf einer theore-tischen Ebene auf die Erfolgsaussichten hat.

Aufbauend auf dem ressourcenorientierten Ansatz wird im Verlauf des Kapitels auch das „Familiness" – Konzept beschrieben und damit die Frage, ob der Familieneinfluss auf das Unternehmen nicht per se als sogenannte „Familiness" eine einzigartige Ressource von Familienunternehmen darstellt. Dafür werden Familienunternehmen aus einer Kapital-perspektive betrachtet und in diesem Zusammenhang werden fünf Ressourcen in den Mittelpunkt der Diskussion um die Besonderheiten von Familienunternehmen gestellt: das Humankapital (human capital), das „geduldige" finanzielle Kapital (patient financial capital), die Governance-Struktur und Governance-Kosten (governance structure and cost), das soziale Kapital (social capital) und das Überlebensfähigkeitskapital (survivability capital) (Sirmon und Hitt 2003). Mit einem Fokus auf die Sozialkapitaltheorie lässt sich diskutieren, wie Familienunternehmen Sozialkapital aufbauen und wie und auf welche Weise das vorhandene Sozialkapital einen Beitrag zur Generierung von nachhaltigen Wettbewerbsvorteilen leisten kann.

Wie Sie im Verlauf des Kapitels erfahren werden, ergeben sich aus einer ressourcenorientierten Sichtweise heraus keine eindeutigen Leistungsunterschiede zwischen Familienunternehmen und Nicht-Familienunternehmen. Aber obwohl sich das Bild einer sehr heterogenen Unternehmenslandschaft zeigt, trägt der ressourcenorientierte Ansatz dazu bei, typenbedingte Unterschiede von Familienunternehmen aufzuzeigen. So ist beispielsweise die „Familiness" eine Ressourcenart, die in Familienunternehmen entwickelt und aufgebaut werden kann, aber eben nicht in Publikumsgesellschaften. Ob allerdings ein Familienunternehmen aus diesen typenbedingten Unterschieden tatsächlich größere Erfolge realisieren kann als die Publikumsgesellschaft, ist nur im Einzelfall zu entscheiden.

> **Lernziele**
> 1. Sie kennen den Begriff der Leistungsfähigkeit von Familienunternehmen.
> 2. Sie können die grundlegenden Annahmen des ressourcenorientierten Ansatzes beschreiben.
> 3. Sie wissen, wie sich die spezifischen Ressourcenbündel von Familienunternehmen auf deren Erfolg auswirken.
> 4. Sie können die Vor- und Nachteile im kompetitiven Ressourcenumfeld für Familienunternehmen beschreiben.
> 5. Sie können den Begriff „Familiness" definieren.
> 6. Sie sind in der Lage, die grundlegenden Annahmen der Sozialkapitaltheorie zu erläutern.
> 7. Sie können die unterschiedlichen Dimensionen des Sozialkapitals und ihre Konsequenzen für Familienunternehmen erläutern.

Praxisbeispiel Familienunternehmen

Die **Miele & Cie. KG** war ursprünglich ein traditionsreicher Handwerksbetrieb. Das Unternehmen wurde am 1. Juli 1899 durch Carl Miele und einen befreundeten Handlungsreisenden für Eisenwaren Reinhard Zinkann gegründet. Heute, als großer Haushaltsgeräte-Hersteller mit Hauptsitz in Gütersloh und ein deutsches Traditionsunternehmen, erzielte es im Geschäftsjahr 2017/2018 einen Umsatz von 4,1 Mrd. EUR und beschäftigt weltweit über 20.000 Mitarbeiter. Dass der Umsatz trotz Schuldenkrise in den Euro-Ländern und der sorgenreichen US-Konjunktur weiter gewachsen ist, führen die beiden geschäftsführenden Gesellschafter auf das hohe Vertrauen in und die Beständigkeit der Marke Miele zurück.

Die Inhaberführung hat bei Miele Tradition und so liegt die Geschäftsführung mittlerweile in der Hand der dritten Generation. Dabei reicht die Abstammung aus

einer erfolgreichen Unternehmerfamilie alleine nicht zur Befähigung der Geschäftsführung aus. Ohne zusätzliches verwendungsnahes Studium mit Prädikatsabschluss, der
Führungserfahrung in einem anderen Unternehmen und der positiven Beurteilung durch
einen unabhängigen Personalberater wird ein Familienmitglied nicht in die Geschäftsführung aufgenommen. Neben den beiden geschäftsführenden Gesellschaftern wird die
Miele & Cie. KG von noch drei weiteren, familienfremden Geschäftsführern gleichberechtigt geleitet. Dadurch garantiert Miele ein professionelles Management und
erhöht die Integrität der Geschäftsführung. Gleichzeitig wird dadurch ein fundierter
Entscheidungsprozess gesichert.

Miele möchte die Mitarbeiter binden und fördern. Daher bildet die Unternehmung
ihre Angestellten kontinuierlich aus und weiter und bietet vor allem auch alters-
gerechte Programme mit hoher Flexibilität an. Die Mitarbeiter von Miele haben
dadurch Karriereaussichten auf fast allen Hierarchieebenen. Miele finanziert sich ausschließlich von Innen und wächst somit organisch. Dadurch bleibt das Unternehmen
unabhängig von fremden Kapitalgebern und deren Renditewünschen.

Das Unternehmen Miele hat seit Generationen immer Vorrang. Die individuellen
Interessen der Gesellschafter kommen erst an zweiter Stelle. Die Gesellschafter-
familien und somit auch das Unternehmen Miele treten nach Außen immer ein-
heitlich auf. Entscheidungen werden intern ausdiskutiert und nur bei Zustimmung
beider Familien beschlossen. Diese stetige Suche nach dem Konsens hat seit den
Gründungsjahren zu einem sehr hohen impliziten Wissen geführt, welches durch
die gemeinsame Tradition und die Geschichte innerhalb der Familien weitergegeben
wird. Die Familien Zinkann und Miele arbeiten seit über 110 Jahren Hand in Hand.
Trotz dieser engen Zusammenarbeit und dem gegenseitigen hohen Vertrauen hat jede
Familie ihre Eigenständigkeit behalten.

3.1 Der ressourcenorientierte Ansatz

Mit Blick auf die Generierung von Wettbewerbsvorteilen galt lange die Kernaussage,
dass der Markt den Erfolg eines Unternehmens determiniert. In dieser marktorientierten
Perspektive werden alle Unternehmen einer Branche als weitestgehend homogen
betrachtet, sodass alle Unternehmen innerhalb dieser Branche gleich erfolgreich sein
sollten. In dieser als „Outside-in" bezeichneten Perspektive gibt die Branchenstruktur
vor, wie sich ein Unternehmen auf dem Markt erfolgreich positionieren kann. Im Gegensatz hierzu wird in einer ressourcenorientierten Perspektive davon ausgegangen, dass
der Wettbewerbserfolg bzw. die Erzielung dauerhafter Renditen einzig auf der Grundlage unternehmungsinterner Ressourcen basiert. In dieser „Inside-out"-Perspektive stellt
nicht die Marktstruktur, sondern die Einzigartigkeit der Ressourcen eines Unternehmens
die Basis der Wettbewerbsvorteile dar.

Mitte des 20. Jahrhunderts rückten erstmals diese heterogenen Ressourcenausstattungen, und hier insbesondere die unterschiedlichen Fähigkeiten der Mitarbeiter

und des Managements, in den Mittelpunkt der Analyse komparativer Wettbewerbsvorteile (Penrose 1959). Seitdem werden als Werttreiber des Unternehmenserfolgs neben den eigentlichen Produkten oder Dienstleistungen des Unternehmens auch die Ressourcen eingehender betrachtet, die für die Leistungserstellung notwendig sind (Wernerfelt 1984).

Barney (1991, 2002) geht sogar noch weiter und definiert Unternehmen als Bündel individueller Ressourcen, Fähigkeiten und Kompetenzen. Wettbewerbsvorteile ergeben sich demnach dadurch, dass sich aus der Kombination der zur Verfügung stehenden Vermögenswerte und der jeweiligen Fähigkeiten Kernkompetenzen ergeben, die es Unternehmen ermöglichen, eine einzigartige Stellung im Markt zu generieren (Barney 1991, 2002). Hierzu wird der Begriff der nachhaltigen, komparativen Wettbewerbsvorteile genutzt. Die grundlegende Prämisse des ressourcenorientierten Ansatzes lautet, dass Unternehmen dann langfristig erfolgreich sein können, wenn sie im Vergleich zu Konkurrenten, die in der gleichen Branche und unter gleichen Wettbewerbsbedingungen agieren, einen Wettbewerbsvorteil generieren können und wenn dieser Wettbewerbsvorteil langfristig gehalten werden kann.

Bei dem Versuch, die komparativen Wettbewerbsvorteile von Unternehmen zu analysieren, richtet sich der Blick unweigerlich auf die Ausstattung des Unternehmens mit Ressourcen (Barney 1991; Barney et al. 2011). Nur eine unterschiedliche Ressourcenausstattung unter sonst gleichen Marktbedingungen kann einen Wettbewerbsvorteil erklären. Unter diesem Blickwinkel ist es besonders interessant, Familienunternehmen hinsichtlich ihrer Ressourcenausstattung genauer zu betrachten. Der Blick auf die Ressourcenausstattung von Familienunternehmen ermöglicht es nicht nur genauer zu erklären, wie diese Unternehmen einen nachhaltigen komparativen Wettbewerbsvorteil generieren können. Zudem ist es durch den Rückgriff auf den Ressourcenbegriff auch möglich danach zu fragen, wie und auf welche Weise Familienunternehmen im Vergleich zu Nicht-Familienunternehmen einen Wettbewerbsvorteil generieren können. Im Folgenden werden nicht nur die Grundlagen des ressourcenorientierten Ansatzes (Ressource-based View oder auch abgekürzt RBV) dargestellt, sondern immer auch mit Blick auf die Wertschöpfung in Familienunternehmen beschrieben.

3.2   Ressourcen des Familienunternehmens

Unternehmen verfügen über unterschiedliche Ressourcen, die zum Beispiel personeller oder finanzieller Art sein können (Penrose 1959). Ein hilfreiches Raster zur systematischen Einschätzung der bestehenden Ressourcen ist die Einteilung in die drei verschiedenen Ressourcengruppen physische Ressourcen, personelle Ressourcen und organisationelle Ressourcen (vgl. Abb. 3.1).

In jeder dieser drei Ressourcengruppen können Familienunternehmen nun spezifische Vorteile aufbauen, aber auch komparativen Nachteilen ausgesetzt sein. Im Folgenden werden einige ausgewählte Vor- und Nachteile in jeder Ressourcengruppe und deren theoretische Begründungen dargestellt.

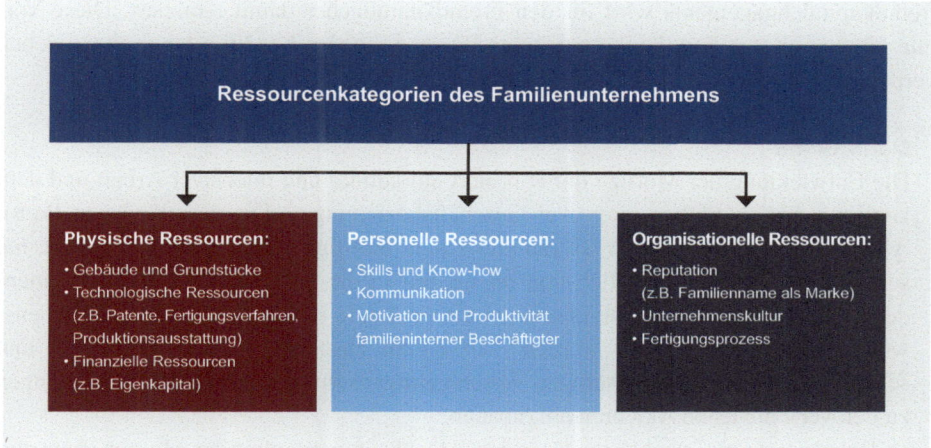

Abb. 3.1 Ressourcenkategorien des Familienunternehmens. (Quelle: Eigene Darstellung)

3.2.1 Physische Ressourcen

Aufseiten der physischen Ressourcen wird in der theoretischen Literatur immer wieder auf die Besonderheiten bei der Versorgung von Familienunternehmen mit finanziellen Mitteln hingewiesen. Ein wesentlicher Ressourcenvorteil wird darin gesehen, dass
Familienunternehmen aufgrund ihrer langfristigen Orientierung sogenanntes „geduldiges"
Kapital zur Verfügung stellen können. Da Familienunternehmen weniger durch kurzfristige finanzielle Erfolge getrieben werden, kann Kapital in Projekte investiert werden,
die erst langfristig zu einem wirtschaftlichen Erfolg führen. Kurzfristige finanzielle Rück-
schläge oder das Nichteintreten eines schnellen finanziellen Gewinns werden nicht sofort
mit einem Abzug des investierten Kapitals bestraft. Dies ist insbesondere zur Durchführung und Implementierung von langfristig orientierten Geschäftsstrategien von großem
Vorteil (Brigham et al. 2014).

Neben den eigenen „geduldigen" Kapitalressourcen werden Familienunternehmen auch Vorteile bei der Fremdkapitalbereitstellung zugesprochen. Und zwar
geht man davon aus, dass Fremdkapitalgeber Familienunternehmen im Vergleich
zu Nicht-Familienunternehmen einfacher und zudem kostengünstiger Fremdkapital
anbieten (Aronoff und Ward 1995). Dies ist vor allem auf die hohe SEW-Orientierung
(vgl. Abschn. 2.3) und das proaktive Stakeholderengagement zurückzuführen, sodass
die Fremdkapitalgeber einem geringeren Risiko als bei Nicht-Familienunternehmen ausgesetzt sind (Pijanowski et al. 2013). Zudem gehen die dynastische Intention und die
daraus folgende Langfristorientierung von Familienunternehmen meist mit einer geringeren Intention der Unternehmensleitung einher, Geschäftsrisiken einzugehen, die das
Fortbestehen des Familienunternehmens gefährden könnten. Das Ausfallrisiko eines

Fremdkapitalengagements wird für den Fremdkapitalgeber damit reduziert. Diese Vorteile können an das Familienunternehmen durch geringere Kreditkosten weitergegeben werden (Arregle et al. 2007; Chua et al. 1999).

Moritz GmbH

Die Entwicklung der Moritz GmbH basiert auf solider und intensiver Arbeit und dem kontinuierlichen Aufbau intensiver Geschäftsbeziehungen. Die verschiedenen Prototypen, die das Unternehmen als Zulieferer den jeweiligen Unternehmen vorstellt, hat schon Hugo Moritz persönlich und oft bis tief in die Nacht getestet. Sein brennender Perfektionismus und Ehrgeiz lassen ihn im Laufe der Jahre zu einem vertrauenswürdigen Geschäftspartner werden. Mit einem ausgeklügelten Rabattsystem und seinem enthusiastischen, geselligen Wesen gelingt es ihm, immer engere Beziehungen zu den verschiedenen Akteuren aufzubauen.

Dabei ist er nie waghalsig geworden. „Denkt immer schon an Morgen, baut nur auf solide Investitionen und macht nur, was ihr überschauen könnt" – so der Spruch des Vaters. Heiko und Veronica führen diese Tradition des Familienunternehmens fort. Als kurz nach dem Tod von Horst Moritz erkennbar wird, dass eine weitere Halle erforderlich ist, um die Produktion zu modernisieren, haben beide lange diskutiert, ob sie das Wagnis eingehen wollen. Hilfreich waren vor allem die Gespräche mit der Hausbank der Moritz GmbH.

Schon der Großvater hatte ein hervorragendes Verhältnis zur örtlichen Sparkasse, die auch beim Bau der neuen Halle Heiko und Veronica nicht nur mit Immobilienkenntnissen, sondern vor allem bei der Auswahl der richtigen Finanzmittel unterstützen. „Klar rechnet sich das für uns", erklärt der Sparkassenvorstand, der die Moritz GmbH seit langen Jahren betreut. „Wir haben einen Mix aus Fördermitteln und einem Hausbankdarlehen kombinieren können und der Markt gibt es derzeit auch her. Und das Risiko bei euch – na, ihr seid halt ein richtiges Familienunternehmen, man merkt, aus welchem Stall ihr kommt".

Zwei Eigenschaften von Familienunternehmen wirken sich eher negativ auf die Versorgung mit finanziellen Mitteln aus: die Angst vor Kontrollverlusten sowie die Risikoaversion. Geht man davon aus, dass die Unternehmerfamilie nur über begrenzte eigene Möglichkeiten der Bereitstellung finanzieller Mittel verfügt, müssen zur Durchführung innovativer Projekte externe finanzielle Mittel akquiriert werden. Dies kann zum einen über externes Eigenkapital oder andererseits durch externes Fremdkapital geschehen.

Eigenkapitaleinlagen familienexterner Gesellschafter bedeuten allerdings einen Kontrollverlust der Unternehmerfamilie. Neue familienexterne Gesellschafter werden mit höheren Eigenkapitalanteilen mehr Mitspracherechte erwarten und sich auch aktiver in die strategischen und operativen Entscheidungen der Unternehmensführung einbringen. Ein Ausweg wäre die Beschaffung von Fremdkapital. Hiergegen spricht aber die grundsätzliche Risikoaversion von Familienunternehmen. Denn mit sinkender Eigenkapitalquote steigt das unternehmerische Risiko, da der Kapitaldienst (Zinsen und Tilgungen)

auch in wirtschaftlich schwierigen Zeiten zu erbringen ist. Im Ergebnis haben Familienunternehmen dadurch schlechteren Zugang zu den traditionellen Eigen- und Fremd-
kapitalmärkten als Nicht-Familienunternehmen (Sirmon und Hitt 2003). Es ist sogar
möglich, dass wirtschaftlich sinnvolle Projekte nicht durchgeführt werden, nur um die
bestehende Kontrollsituation zu sichern.

3.2.2   Personelle Ressourcen

Auch bei den personellen Ressourcen geht man von einigen wesentlichen Vorteilen aber
auch Nachteilen von Familienunternehmen im Vergleich zu Nicht-Familienunternehmen
aus. Als positiv wird das Potenzial der familieninternen Mitarbeiter gesehen. Hier stehen
drei Punkte im Vordergrund:

- Die hohe Produktivität familieninterner Mitarbeiter, die zumeist auf deren hohe
  Identifikation mit den Zielen des Unternehmens und dem daraus folgenden hohen
  Engagement im Sinne eines „emotional ownership" zurückzuführen ist (Björnberg
  und Nicholson 2012).
- Das hohe implizite Wissen familieninterner Mitarbeiter, welches nicht erlernt wer-
  den kann, sondern durch Erfahrung angeeignet werden muss (Jaskiewicz et al. 2013).
  Gerade bei familieninternen Mitarbeitern ist die Wahrscheinlichkeit hoch, dass sie
  aufgrund ihrer Interaktionen mit dem Unternehmen und den Unternehmensent-
  scheidern (sozusagen von Geburt an) über eine hohe implizite Wissensbasis verfügen.
- Das hohe Vertrauen der Stakeholder in die Integrität familieninterner Mitarbeiter
  (Hauswald und Hack 2013; Tagiuri und Davis 1996; Steier 2001). Ausdruck dieses Vertrauens sind z. B. sogenannte „Geschäfte per Handschlag", die bei externen Managern
  eher nicht zu finden sind.

Die hohe Vertrauenswürdigkeit von Familienunternehmen wirkt sich aber auch positiv
auf die Ausstattung mit familienexternen Mitarbeitern aus. Gerade durch diese Vertrauenswürdigkeit haben Familienunternehmen einen Vorteil bei der Akquisition von
Humankapitalressourcen (Hauswald und Hack 2013). Zudem resultiert aus der hohen
Orientierung am SEW des Familienunternehmens, wie wir in Abschn. 2.3 gesehen haben,
ein grundsätzlich proaktives Stakeholderengagement. Dieses umfasst auch die Gruppe
der familienexternen Mitarbeiter. Empirische Studien zeigen, dass Familienexterne enge,
freundschaftliche Beziehungen mit der Unternehmerfamilie aufbauen und in das Netzwerk
der Familienmitglieder eingebunden sind.[1] Dies führt in Folge zu einer hohen Identifikation
der Mitarbeiter mit ihrem Familienunternehmen und damit zu einem im Vergleich zu Mitarbeitern in Publikumsgesellschaften hohen Engagement (Vardaman et al. 2018).

---

[1]Für einen Überblick vgl. Tabor et al. (2018).

Auf der anderen Seite können einige Spezifika von Familienunternehmen auch zu Problemen bei der Beschaffung von qualifizierten Mitarbeitern führen. So ist davon auszugehen, dass Vetternwirtschaft (auch Nepotismus genannt) oder die Sicherung der Kontrolle über das Familienunternehmen zu einer Bevorzugung familieninterner Mitarbeiter führt, selbst dann wenn diese weniger qualifiziert sind als entsprechende familienexterne Mitarbeiter (Jaskiewicz et al. 2013). Aus diesem Grund können Familienunternehmen für familienexterne Mitarbeiter als unattraktive Arbeitgeber erscheinen, was die Akquisition und das Halten geeigneter Mitarbeiter erschwert:

- Limitierte Aufstiegschancen, da Managementpositionen oft durch familieninterne Manager besetzt werden.
- Eingeschränkte Partizipation an Unternehmenswerten, da variable Entlohnungsbestandteile in Form der Kapitalbeteiligungen aufgrund der Sicherung der Kontrolle meist abgelehnt werden (Hack et al. 2011).
- Wahrgenommene mangelnde Professionalisierung der Management- und Führungsprozesse.

3.2.3 Organisationelle Ressourcen

Eine wichtige organisationelle Ressource ist die Kompetenzverteilung bzw. die Entscheidungszentralisierung. In der theoretischen und empirischen Literatur zeigt sich immer wieder deutlich, dass die Fähigkeiten und Fertigkeiten der obersten Manager am stärksten zum Erfolg eines Unternehmens beitragen können. Diese Fähigkeiten können die Führungskräfte aber nur positiv für das Unternehmen einsetzen, wenn sie entsprechende Entscheidungsspielräume zur Verfügung haben.

Gerade in Familienunternehmen sind die Entscheidungsfreiheiten der Manager besonders weitgehend. Dies gilt vor allem, wenn es sich um einen geschäftsführenden Gesellschafter handelt, der die Mehrheit der Unternehmensanteile repräsentiert und keinem mitbestimmenden Kontrollgremium Rechenschaft schuldig ist. Diese Entscheidungszentralisierung kann zu höherer Effizienz und Effektivität im Unternehmen führen (Tagiuri und Davis 1996). Dies ist vor allem in frühen Phasen des Familienunternehmens der Fall, wenn der Unternehmensführer strategische Entscheidungen auf Basis vereinfachter Entscheidungsheuristiken (oft auch aus dem Bauch heraus) schnell treffen kann (Gedajlovic et al. 2004). Weil es in unsicheren und komplexen Situationen oft nicht möglich ist, alle Informationen und zukünftigen Umweltzustände kognitiv zu berücksichtigen, können in solchen Situationen unternehmerische Entscheidungen auf Basis von Erfahrungswissen zu überdurchschnittlichen Erfolgen führen (Wright et al. 2001).

Grundsätzlich sind Entscheidungsfreiheiten aber nur dann förderlich, wenn es sich um besondere Unternehmenssituationen handelt (z. B. Gründung, Wachstum, Reorganisation) und wenn die Manager über die benötigten Fähigkeiten verfügen.

Ansonsten schlägt der Wettbewerbsvorteil durch eine hohe Entscheidungszentralisierung ins Gegenteil um. Kritisch ist auch, dass Menschen nur ungern eigene Entscheidungen, die offensichtliche Fehlentscheidungen waren, revidieren (sogenanntes Escalation of Commitment). Trifft das Management von Familienunternehmen offensichtliche Fehlentscheidungen, gibt es meist kein externes Korrektiv, welches das Management zum Umlenken bewegen könnte. Zudem besteht die Gefahr, dass Familienunternehmer, die lange Zeit mit Entscheidungsheuristiken gute Erfolge im Markt hatten und zudem starke Angst vor Macht- und Kontrollverlust haben, die Professionalisierung des Unternehmens nicht vorantreiben. Doch gerade eine Professionalisierung der Prozesse ist in stabilen Wirtschaftssituationen ein wichtiger Erfolgsfaktor.

Eine weitere wichtige organisationelle Ressource, die immer wieder als besonders erfolgskritisch diskutiert wird, ist die Unternehmenskultur (Barney 1991). Wie wir bereits in Abschn. 2.1.3 gesehen haben, findet sich in Familienunternehmen eine besonders ausgeprägte Organisationskultur. Diese gemeinsamen Werte zwischen den einzelnen Stakeholdergruppen ermöglichen eine konzertierte und vertrauensvolle gemeinsame Erreichung der organisationellen Ziele.

3.3 Wettbewerbsrelevante Ressourcen

Die zentrale Annahme des Ressourcenansatzes bezieht sich zum einen darauf, dass Unternehmen nur dann leistungsfähiger als ihre Konkurrenten sein können, wenn sie nachhaltige Wettbewerbsvorteile generieren. Zum anderen geht der Ressourcenansatz davon aus, dass Unternehmen über eine bestimmte Zeit heterogene und idiosynkratische Ressourcen halten können (Barney 1991). Diese einzigartige Ressourcenausstattung kann dazu beitragen, dass Unternehmen nachhaltige, komparative Wettbewerbsvorteile generieren können.

3.3.1 Eigenschaften wettbewerbsrelevanter Ressourcen

Aus Perspektive einer einzigartigen Ressourcenausstattung soll im Folgenden erörtert werden, welche Eigenschaften Ressourcen und Fähigkeiten haben müssen, damit sie eine wettbewerbsrelevante Ressource bilden können. Gemäß des VRIO-Konzeptes müssen Ressourcen gleichzeitig folgende vier Kriterien erfüllen (Barney 1991, 2002):

- Valuable (V): Die Ressource muss wertvoll sein, in dem Sinne als dass durch die Ressource das Unternehmen tatsächlich befähigt werden muss, Geschäftsgelegenheiten schneller und effizienter wahrzunehmen oder auf Marktrisiken besser zu reagieren.
- Rare (R): Die Ressource muss einmalig sein, das heißt, kein Konkurrenzunternehmen darf Zugang zu der gleichen Ressource besitzen.

- Inimitable (I): Die Ressource darf von anderen Unternehmen nicht kopiert werden können. Eine leichte Imitation ist gegeben, wenn Wettbewerber die Ursachen eines Erfolgs erkennen und in ihre Organisation übernehmen können. Resultieren Wettbewerbsvorteile allerdings beispielsweise aus einer kausalen Ambiguität, ist von außen nicht erkennbar, welche Ressourcen auf welche Arten und Weisen eingesetzt und genutzt werden. Dies ist insbesondere dann der Fall, wenn die Ressource unter einmaligen Bedingungen entstanden ist, der Einfluss der Ressource auf den Unternehmenserfolg von der Konkurrenz nicht erkannt wird, die Erstellung nur in einem sehr komplexen (sozialen) Prozess möglich ist oder durch Patente geschützt ist.
- Exploited by organisation (O): Die Ressource muss genutzt werden können, das heißt, das Unternehmen muss über die Strukturen und Prozesse verfügen, um die Vorteile auch ausschöpfen zu können. Hierunter fallen so unterschiedliche Bereiche wie das Berichtswesen, die Anreizsysteme oder die Managementprozesse.

Neben diesen vier Eigenschaften nennt Barney (1991) auch noch die Nicht-Substituierbarkeit als wichtiges Merkmal. Demnach dürfen Konkurrenten keinen Zugriff auf äquivalente Substitute haben und keine Ressourcen nutzen können, die als Ersatz oder ebenbürtiges Pendant anzusehen sind. Letztendlich werden Ressourcen aber nur dann zu einer wettbewerbsrelevanten Ressource, wenn sie nicht mobil sind, also entweder nicht gehandelt werden können oder nur für das eigene Unternehmen einen hohen Wertgehalt besitzen (Peteraf 1993).

Allerdings geht es nicht allein um den Aufbau und den Einsatz singulärer Ressourcen. Vielmehr steht die Generierung eines Ressourcenbündels im Vordergrund (vgl. Abb. 3.2). Wenn das Unternehmen Ressourcen in ein Ressourcenbündel integriert und aktiv im Unternehmen einsetzt, können langfristige Wettbewerbsvorteile entstehen. In der neueren Forschung zum ressourcenorientierten Ansatz steht daher insbesondere die Annahme im Mittelpunkt, dass nicht die einzelne Ressource, sondern ein Ressourcenbündel den VRIO-Kriterien entspricht und somit Wettbewerbserfolge generieren kann. In diesem Zusammenhang ergibt sich die Frage, wie Ressourcenbündel entstehen und

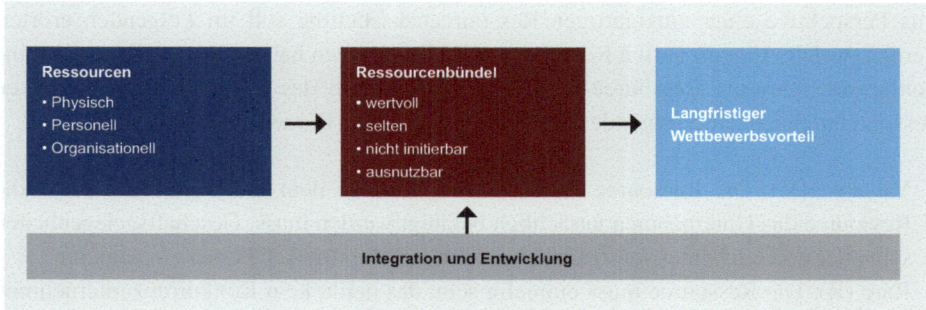

Abb. 3.2 Einsatz und Bündelung von Ressourcen. (Quelle: In Anlehnung an Barney et al. 2011)

welche Rollen Manager bei der Akquisition, dem Einsatz und der Kombination von Ressourcen übernehmen (Barney 2011).

Der Einsatz von Ressourcenbündeln ist für Familienunternehmen von zentraler Bedeutung. Unternehmen stehen zunächst vor der Herausforderung, in die Akquisition und den Einsatz ihrer Ressourcen zu investieren. In einem weiteren Schritt sind dann die unterschiedlichen Ressourcen allerdings so miteinander zu kombinieren, dass das Ressourcenbündel den VRIO-Kriterien entspricht.

In Familienunternehmen können beispielsweise Top-Management-Teams (TMT) ein solches Ressourcenbündel darstellen. Wenn Familienmitglieder, die den Namen des Unternehmens tragen, gemeinsam mit Fremdmanagern an der Spitze des Unternehmens agieren, ist ein solches TMT wertvoll, knapp und von Nicht-Familienunternehmen nur schwer zu imitieren. Aus dieser Perspektive ist es für Familienunternehmen sinnvoll, in den Aufbau eines solchen Teams zu investieren. Denn das TMT stellt ein Ressourcen-bündel dar, das als Treiber für die Generierung von Wettbewerbsvorteil gegenüber Nicht-Familienunternehmen verstanden werden kann.

Zudem wird gezielt ein Bündel von Innovationsressourcen aufgebaut, wenn Unternehmen in Wissenstransfer investieren, integrierte Forschungslabore nutzen oder Hochtechnologien entwickeln. Schließlich lassen sich auch Reputationsressourcen nennen. Sind der Name der Unternehmerfamilie und des Unternehmens identisch, kann sich ein starker (Familien)Markenname entwickeln. In Kombination mit einem identifizierbaren Slogan und einem starken (Familien)Markenimage entwickelt sich ein Ressourcenbündel, über das Familienunternehmen verfügen und in das sie gezielt investieren (Astrachan und Botero 2018).

Eine Erweiterung des ressourcenbasierten Ansatzes stellt der wissensbasierte Ansatz dar (Grant 1996). Nach dieser Sichtweise können Unternehmen nur deshalb existieren, weil sie spezifisches Wissen effizienter integrieren und anwenden können als der Markt. Wissen ist somit eine der zentralen Ressourcen des Unternehmens. Dieser Ressource sollte besondere Aufmerksamkeit durch das Management zuteilwerden. Dabei kann zwischen explizitem Wissen (kommunizierbar, erlernbar) und implizitem Wissen (intuitiv, nicht verbalisierbar, erfahrungsgebunden) unterschieden werden, wobei der Transfer und die Anwendung von letzterem zur Erlangung von Wettbewerbsvorteilen deutlich schwieriger, aber auch langfristig wertvoller ist.

Als letzter Schritt der Weiterentwicklung des ressourcenbasierten Ansatzes kann der Ansatz der dynamischen Kernkompetenzen angesehen werden (Teece et al. 1997). Dynamische Kernkompetenzen sind Bündel zusammenhängender Fähigkeiten, die sich dynamisch an neue Umweltsituationen anpassen können. Gerade in Zeiten sich ständig ändernder Umweltbedingungen reicht der Aufbau von Ressourcenbündeln nicht mehr aus. Vielmehr muss eine gewisse Innovationsfähigkeit gegeben sein, um die Kernkompetenzen auf immer neue Anwendungsfelder auszuweiten.

Zusammenfassend besagen alle ressourcenbasierten Ansätze, dass Unternehmen über heterogene Ressourcenausstattungen verfügen, und nur diejenigen Unternehmen langfristig im Markt erfolgreich sein werden, die Bündel wettbewerbsrelevanter Ressourcen besitzen.

3.3.2 Ressourcen des Familienunternehmens als Wettbewerbsvorteil

Der ressourcenorientierte Ansatz zeigt, dass die „richtige" Ausstattung mit Ressourcenbündeln einen Wettbewerbsvorteil gegenüber den Konkurrenten im Markt bedingen
kann. Für Familienunternehmen ist es daher von Relevanz, ihre einzigartigen Ressourcen
zu erkennen und gezielt in den Einsatz, den Ausbau und das Management dieser
Ressourcen zu investieren (Barney et al. 2011).

Familienunternehmen können sich auf zwei verschiedene Arten in ihrer Ressourcenausstattung von Nicht-Familienunternehmen unterscheiden:

- Über die Art und Menge der zur Verfügung stehenden Ressourcen.
- Über die Art und Weise des Ressourcenmanagements.

Zum ersten ist anzunehmen, dass Familienunternehmen andere und zusätzliche Ressourcen besitzen als Nicht-Familienunternehmen (Sirmon und Hitt 2003). Dies ist darauf
zurückzuführen, dass mit den Familienmitgliedern eine weitere Stakeholdergruppe im
Unternehmen aktiv ist, die zum einen über eigene Ressourcen verfügt und zum anderen über ihre Netzwerke den Zugang zu weiteren Ressourcen sicherstellen kann (vgl.
Abb. 3.3).

Unter die eigenen Ressourcen fallen beispielsweise die Arbeitskraft der Familienmitglieder, ihre persönliche Finanzkraft oder ihre besondere Bindung an das Unternehmen. Netzwerkkontakte bestehen beispielsweise zu anderen Familienmitgliedern, zu

Ressourcen	Familienunternehmen		Nicht-Familienunternehmen
	Positiv	Negativ	
Humankapital	Wissen, Fertigkeiten und Fähigkeiten einer Person	Schwierigkeiten, hoch-qualifizierte Manager zu rekrutieren und zu halten	Nicht durch die positiven Effekte charakterisiert, aber weisen weniger negative Effekte auf
Sozialkapital	In Netzwerken und Beziehungen eingebettete Ressourcen	Begrenzter Zugang zu Netzwerken (z.B. DAX 30 CEOs)	Netzwerke können diverser sein
Geduldiges finanzielles Kapital	Investiertes Kapital	Familienexterne Investoren sind ausgeschlossen, geringere Verfügbarkeit von durch die Familie zur Verfügung gestelltem Kapital	Nicht vorhanden
Überlebenskapital	Personelle Ressourcen, die die Familie dem Unternehmen zur Verfügung stellt	Nicht alle Familienunternehmen verfügen über Überlebenskapital	Nicht vorhanden aufgrund eines geringeren Commitments durch Mitarbeiter und Stakeholder
Governance Strukturen und Kosten	Geringere Kosten aus der Kontrolle und Überwachung des Unternehmens	Einige Familienunternehmen weisen keine effektiven Strukturen auf, kein Vertrauen oder starke familiäre Verbindungen und produzieren daher höhere Governancekosten	Professionelles Management sowie die Kapitaldiversität vermindert häufig Kosten der Governance

Abb. 3.3 Ressourcen in Familienunternehmen. (Quelle: In Anlehnung an Sirmon und Hitt 2003)

Geschäftspartnern oder zum weiteren sozialen Umfeld der Familienmitglieder. Gerade die Mitglieder der Unternehmerfamilie und ihre familiären Beziehungen innerhalb und zwischen der Familie, dem Unternehmen und weiteren Eigentümern können ein Ressourcenbündel bilden, von dem sich Wettbewerbsvorteile gegenüber Nicht-Familien-unternehmen ableiten lassen (Simron und Hitt 2003).

Die Menge der durch das Familiensystem potenziell bereitgestellten Ressourcen ist natürlich vom Typus des Familienunternehmens abhängig. In der Regel können Geschwister-Partnerschaften weniger Ressourcen einbringen als dies in Vetternkonsortien oder gar Familiendynastien der Fall ist. Auf der anderen Seite sind die familiären Bin-dungen vielleicht in Geschwister-Partnerschaften stärker ausgeprägt als in der Familien-dynastie, sodass die Bereitschaft zur Ressourcenbereitstellung höher ist. Die Art und Menge der bereitgestellten Ressourcen können daher sehr unterschiedlich sein.

Neben der Art und Menge der zur Verfügung stehenden Ressourcen wird auch die Art und Weise des Ressourcenmanagements unterschieden. Wie wir in Kap. 3 gesehen haben, unterscheiden sich Familienunternehmen in ihren Werte- und Zielsystemen deut-lich von Nicht-Familienunternehmen. Spielen beispielsweise nicht-finanzielle Ziele eine große Rolle, werden Familienmitglieder ihre Ressourcen zielgerichtet zur Sicherung die-ses SEW einsetzen. Dabei kann es sein, dass finanzielle Überlegungen in den Hinter-grund rücken und solche Ressourcen wie Arbeitskraft auch einmal nicht ökonomisch eingesetzt werden. Ein Beispiel ist der Verzicht auf Entlohnung in Krisenzeiten. Oder die freiwillige und kostenlose Mitarbeit bei Sozialprojekten des Unternehmens. Natür-lich ist auch die Art und Weise des Ressourcenmanagements von der Ausprägung der familienorientierten Werte abhängig. So werden sich Familienunternehmen mit einer „family first" Perspektive deutlich von solchen mit einer „business first" Ausrichtung unterscheiden.

3.4   Das „Familiness"-Konzept

Die Überlegungen, dass Familienunternehmen über eine besondere Ressourcenausstattung verfügen, führen Habbershon und Williams (1999) in ihrem „Familiness"-Konzept weiter aus. „Familiness" wird definiert als „… the idiosyncratic firm level bundle of resources and capabilities resulting from the systems interactions between the family, its individual members, and the business" (Habbershon et al. 2003, S. 451). Das Konzept der Familiness ist eng mit dem ressourcenorientierten Ansatz verbunden und wird daher als Quelle nachhaltiger Wettbewerbsvorteile verstanden (Arregle et al. 2007). Famili-ness umfasst daher die Ressourcen und Fähigkeiten, die aus der langfristigen Einbindung und der Interaktion der Familie mit dem Unternehmen entstehen und zu der Generierung von Wettbewerbsvorteilen beitragen (Hack 2009). Entsprechend wird versucht, kon-zeptionell die Dynamiken der drei Bereiche aus Familie, Unternehmen und einzelner Familienmitglieder zu fassen, die die einzigartigen Ressourcen von Familienunternehmen determinieren. Entsprechend wird mit dieser Definition die statische Blickweise der in

Kap. 1 dargestellten Bereiche eines Familienunternehmens um eine dynamische Komponente erweitert.

Das Familienunternehmenssystem besteht nach diesem Ansatz aus der Familie, dem Unternehmen und den individuellen Familienmitgliedern (vgl. Abb. 3.4) (Habbershon et al. 2003). Die Familie bringt ihre Geschichte, Traditionen und den Lebenszyklus der Familie in das System ein (Von Schlippe und Groth 2007), während die Unternehmenssphäre die Strategien und Strukturen zur Wertgenerierung repräsentiert. Schließlich prägen die individuellen Familienmitglieder mit ihren Interessen, Fähigkeiten und Lebensbedingungen das Gesamtsystem. Erst durch die Interaktionen zwischen diesen Bereichen entsteht ein soziales Familienunternehmenssystem, welches nicht in einzelnen Subsystemen gedacht werden kann und sich durch eine hohe Komplexität und Dynamik auszeichnet. Doch gerade diese Komplexität und Dynamik sowie die Beziehungen zwischen den Ressourcen und Fähigkeiten innerhalb der einzelnen Bereiche bescheren den Familienunternehmen einzigartige Ressourcenkombinationen. Als Beispiele für Familiness als einzigartige Ressourcenkombinationen nennen Habbershon und Williams (1999) eine von außen nicht imitierende Familiengeschichte, informelle Entscheidungsprozesse der Familie oder Routinen der Unternehmerfamilie, die eine kausale Ambiguität bedingen.

Aktuelle Studien zeigen allerdings, dass es für die Herausbildung von Familiness nicht ausreicht, sich generell als Familienunternehmen zu verstehen (Irava and Moores 2010). Familiness stellt sich vielmehr als eine Ressource dar, die sich über die Zeit formt, entwickelt und kontinuierlich verändert – immer in Abhängigkeit von den Interaktionen zwischen Familie und Unternehmen. Daher lässt sich Familiness durch den Grad der Einbindung der Familie in das Unternehmen erklären (Chrisman et al. 2005, 2012). Je stärker die Familie strukturell eingebunden ist in die Kontrolle und das

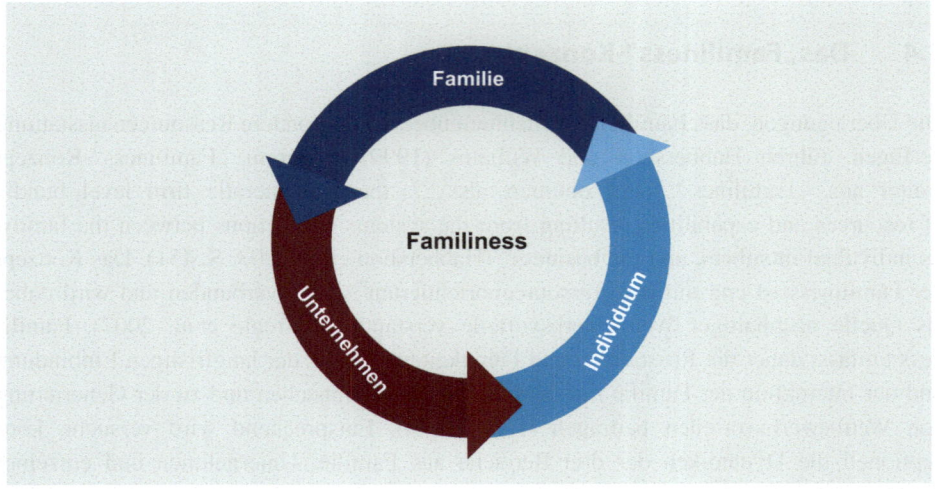

Abb. 3.4 Das „Familiness"-Konzept. (Quelle: In Anlehnung an Habbershon und Williams 1999)

Management des Unternehmens, desto stärker bildet sich eine Familiness heraus. In eine ähnliche Richtung geht auch Studien, in denen Familiness durch den Rückgriff auf die Dimension der Identität erklärt werden (Vgl. Zellweger et al. 2010, 2012). Zellweger et al. (2012) verstehen Identität als Art und Weise, wie die Familie das Unternehmen definiert und versteht. Elemente wie Stolz auf das Familienunternehmen, eine langfristige Orientierung und soziale Verbindungen nach außen verstärken die Entwicklung einer Familienidentität, und damit auch die Herausbildung von Familiness (Zellweger et al. 2012). Insgesamt zeigen die Studien auf, dass der Rückgriff auf die Ressource Familiness einen Wettbewerbsvorteil gegenüber Nicht-Familienunternehmen generieren kann. Allerdings wird deutlich, dass die Generierung von Vorteilen gegenüber den Wettbewerbern auch damit verbunden ist, die Ressource Familiness effektiv und effizient zu managen.

Durch die Orchestrierung kann es Unternehmen gelingen, Nachteile in der bestehenden Wettbewerbsausstattung zu kompensieren und bestehende Stärken herauszuarbeiten. Die Investition in die Identität der Familie, in die Familienbeziehungen oder in die durch die Familie wahrgenommene Reputation des Unternehmens ist daher aus Perspektive des ressourcenorientierten Ansatzes ein wichtiger Faktor, um durch eine starke Familiness nachhaltige, komparative Wettbewerbsvorteile zu generieren. Habbershon et al. (2003) bezeichnen diese wettbewerbsrelevanten positiven Ressourcen als unvergleichbar. Sie räumen aber auch ein, dass „Familiness" zu einem Wettbewerbsnachteil führen kann und bezeichnen wettbewerbsrelevante negative Ressourcen als einschränkend. Gerade diese Unterscheidung ist von fundamentalem Interesse für die Erklärung der Leistungsfähigkeit von Familien- und Nicht-Familienunternehmen, beispielsweise auch mit Blick auf Innovationen (Carnes und Ireland 2013). Entscheidend ist also nicht nur die Frage, ob Familienunternehmen über andere Ressourcen verfügen als Nicht-Familienunternehmen, sondern ob sich diese Ressourcenbündel in wettbewerbsrelevante Vor- oder Nachteile übersetzen lassen. Darauf werden wir im folgenden Kapitel näher eingehen.

3.5   Ressourcenvorteile durch Sozialkapital

Aufbauend auf dem „Familiness" – Konzept stellen Sirmon und Hitt (2003) fünf Ressourcen in den Mittelpunkt ihrer Diskussion der Besonderheiten von Familienunternehmen: das Humankapital (human capital), das „geduldige" finanzielle Kapital (patient financial capital), die Governance-Struktur und Governance-Kosten (governance structure and cost), das soziale Kapital (social capital) und das Überlebensfähigkeitskapital (survivability capital) (Sirmon und Hitt 2003). Diese Kapitalstrukturen sollen im Folgenden genauer bearbeitet werden, um dann auf die Sozialkapitaltheorie zu fokussieren und ihren Erklärungsgehalt für Familienunternehmen zu diskutieren.

3.5.1   Das Kapital von Familienunternehmen

Unter Humankapital verstehen die Autoren das Wissen, die Fertigkeiten und die Fähigkeiten der an der Unternehmung beteiligten Individuen. Damit ergibt sich hier ein
ähnliches Bild wie im bereits geschilderten „Familiness"-Konzept (Habbershon und
Williams 1999). Auch das „geduldige" finanzielle Kapital findet sich als Ressource
bereits im „Familiness"-Konzept wieder. Dort wird es unter dem Begriff des physischen
Kapitals subsumiert. Die Governance Struktur und deren Kostenauswirkungen werden
in der Literatur meist den Transaktionskosten und damit dem Prinzipal-Agenten Thema
zugerechnet. Hierzu erfahren Sie mehr in Kap. 10. Neu im Konzept von Sirmon und
Hitt (2003) sind dagegen die beiden Ressourcengruppen des sozialen Kapitals und der
besonderen Überlebensfähigkeit von Familienunternehmen. Sozialkapital wird als die
Summe der aktuellen und potenziellen Ressourcen verstanden, die ein Individuum oder
eine soziale Gruppe aufgrund ihrer Einbettung in ein Netzwerk aus Beziehungen besitzt
(Nahapiet und Ghoshal 1998).

Das Sozialkapital beschreibt die engen sozialen Beziehungen in Familienunternehmen, die durch eine gemeinsame Zielorientierung, ein gemeinsames Wertefundament
und ein hohes gegenseitiges Vertrauensverhältnis gekennzeichnet sind. Sozialkapital
kann auf Unternehmensebene eine Reihe wichtiger Aktivitäten beeinflussen, wie zum
Beispiel den Ressourcenaustausch zwischen Unternehmen, die Ausbildung von intellek-
tuellem Kapital oder das Innovationsmanagement (Adler und Kwon 2002). Es erleichtert
den Informationsfluss und verbessert die kollektiven Handlungen einer Gruppe. Damit
erleichtert soziales Kapital die Beschaffung wettbewerbsrelevanter Ressourcen. Es
ermöglicht die Versorgung mit Informationen, technologischem Wissen, Marktzugängen
und komplementären Ressourcen und ist damit für jedes Unternehmen eine wettbewerbsrelevante Ressource. Eine der wesentlichen Voraussetzungen für die Bildung
von Sozialkapital in einer Gemeinschaft ist Vertrauen, da es die Grundlage des sozialen Zusammenhalts bildet. Je höher der Vertrautheitsgrad in einer Gemeinschaft ist, desto
höher ist der positive Beitrag des Sozialkapitals (Coleman 1995).

Neben dem sozialen Kapital wird das Überlebensfähigkeitskapital besonders hervorgehoben (Sirmon und Hitt 2003). Familienunternehmen verfügen im Gegensatz zu
Nicht-Familienunternehmen über ein besonderes Sicherheitsnetz durch die persönlichen
Ressourcen, die Mitglieder der Unternehmerfamilie dem Unternehmen zur Verfügung
stellen. Dabei kann es sich beispielsweise um kostenlose Mitarbeit handeln, um zins-
günstige Darlehen oder um zusätzliches Eigenkapital. Gerade in schwierigen wirtschaftlichen Zeiten können diese Ressourcen das Überleben des Unternehmens sichern. Dieses
Überlebensfähigkeitskapital ist besonders in solchen Familienunternehmen zu finden,
in denen die Sicherung des Sozio-emotionalen Vermögens eine bedeutende Rolle spielt.
Also in solchen Unternehmen, in denen die Unternehmerfamilie den Verlust des Unternehmens oder potenzielle Reputationsverluste mit einem sozialen Vermögensverlust
verbindet. Die Bindung der Familienmitglieder an das Unternehmen und ihre Loyalität
gegenüber dem Familiensystem befördern die Bereitschaft, dieses besondere Kapital zur
Verfügung zu stellen, also in das SEW zu investieren.

Das Konzept des Überlebensfähigkeitskapitals zielt vor allem auf die Bereitschaft der Familienmitglieder ab, in Krisenzeiten dem Unternehmen zusätzliche persönliche Ressourcen zur Verfügung zu stellen. Das Konzept betrachtet jedoch nicht die Verfügbarkeit dieser Ressourcen, wenngleich in der Praxis die Ausstattung mit physischen Ressourcen wie finanziellen Mitteln oder Arbeitskraft individuell sehr verschieden ist. Zudem sprechen einige Gründe dafür, dass gerade Familienunternehmen mit einer hohen Sozio-emotionalen Vermögensorientierung in Krisenzeiten nicht bereit sind, wichtige Turnaround-Maßnahmen zu treffen.

Viele Argumente sprechen dafür, dass gerade Familienunternehmen über ein hohes Maß an sozialem Kapital verfügen und damit einen besonderen Wettbewerbsvorteil haben. Denn gerade Familien gelten sowohl als Quelle, Entwickler und Nutzer von sozialem Kapital (Bubolz 2001). Daher lassen sich eine hohe Anzahl an konzeptionellen und empirischen Arbeiten finden, die sich gezielter mit dem Sozialkapital von Familienunternehmen beschäftigen.

3.5.2   Sozialkapitaltheorie in Familienunternehmen

Der Begriff Sozialkapital wurde in seiner heutigen Bedeutung erstmals im Zusammenhang mit der Rolle des Sozialkapitals für die Bildung und Beschreibung lokaler Gemeinschaften beschrieben (Hanifan 1916). Das Sozialkapital wird neben dem ökonomischen Kapital (z. B. Geld, Landbesitz etc.) und dem kulturellen Kapital (z. B. Diplome, Zeugnisse, kognitive Kompetenzen) als wesentliches Fundament einer prosperierenden Gemeinschaft verstanden. Während Humankapital auf die individuellen Merkmale eines Individuums abzielen, beinhaltet das Sozialkapital die Beziehungen zwischen verschiedenen Individuen oder Unternehmen (Burt 1997). Seitdem wurde der Begriff des Sozialkapitals von vielen Autoren aufgegriffen und auf unterschiedliche Art und Weise definiert und angewendet. Von Bedeutung für die ökonomische Forschung ist vor allem, dass Sozialkapital als Ressource der Sozialstruktur angesehen wird und somit nicht austauschbar ist und ein unveräußerliches Gut bleibt. Aus diesen Ansätzen entwickelte sich die Sozialkapitaltheorie, in der Sozialkapital als eine wettbewerbsrelevante Ressource verstanden wird.

Grundsätzlich umfasst soziales Kapital drei Dimensionen: eine strukturelle, eine kognitive und eine relationale Dimension. Die strukturelle Komponente beschreibt das Beziehungsgeflecht einer sozialen Gruppe, also die Anzahl und Ausgestaltung der einzelnen Netzwerkverbindungen. Die kognitive Dimension umfasst die gemeinsame Sprache und die gemeinsame Geschichte der sozialen Gruppe. Unter der relationalen Dimension werden letztendlich die gemeinsamen Normen, Werte, wechselseitigen Verpflichtungen und vor allem die Stärke des gegenseitigen Vertrauens verstanden.

Alle drei Dimensionen finden sich in jeder sozialen Gruppe und damit auch in der Gruppe der Eigentümerfamilie und zwischen der Eigentümerfamilie und den externen Stakeholdern. Die Stärke des sozialen Kapitals hängt von der internen Bindekraft der sozialen Gruppe ab. Man kann davon ausgehen, dass alle drei Dimensionen in der Gruppe der Eigentümerfamilie deutlich intensiver ausgeprägt sind als in anderen sozialen Gruppen (vgl. Abb. 3.5).

Hinsichtlich der strukturellen Dimension kann argumentiert werden, dass Familienmitglieder eher starke Beziehungen pflegen. In der Theorie wird zwischen schwachen und starken Netzwerkverbindungen unterschieden (Granovetter 1973). Starke Beziehungen zeichnen sich durch eine hohe Interaktionsfrequenz, eine hohe Affektivität und eine lange Beziehungshistorie aus (Krackhardt 1992). Alle drei Merkmale sind in Familien deutlich ausgeprägter als in freundschaftlichen, kollegialen oder rein geschäftlichen Beziehungen. Da Familienmitglieder in das Familiennetzwerk hineingeboren werden, ist die Beziehungshistorie von lebenslanger Dauer. Zudem herrscht zumeist eine hohe Emotionalität innerhalb der Kernfamilie (Eltern, Geschwister, Kinder) aber auch zur erweiterten Familie. Gleiches gilt für die Anzahl der Berührungspunkte. Vor allem in der Kernfamilie sind diese täglich und sehr vielfältig.

Auch die kognitive Dimension ist deutlich stärker innerhalb einer Familie als zwischen reinen Geschäftspartnern ausgeprägt. Pearson et al. (2008, S. 957) definieren die kognitive Dimension als „the group's shared vision and purpose, as well as unique language, stories, and culture of a collective that are commonly known and understood". Innerhalb einer Familie wird durch Sozialisation automatisch eine gemeinsame Sprache entwickelt, die auf nachfolgende Generationen vererbt wird. Zudem entsteht durch geteilte Erlebnisse und durch Erzählungen ein gemeinsames Bündel an Geschichten, die in der Familie gemeinsam geteilt werden und die kognitive Dimension deutlich stärken (Pearson et al. 2008). Die von Familie und Unternehmen gemeinsam geteilten Vorstellungen und Visionen führen zu der Entwicklung eines kollektiven Verständnisses, aus dem heraus die Familie Kooperationen eingehen und langfristige Unternehmensziele realisieren kann.

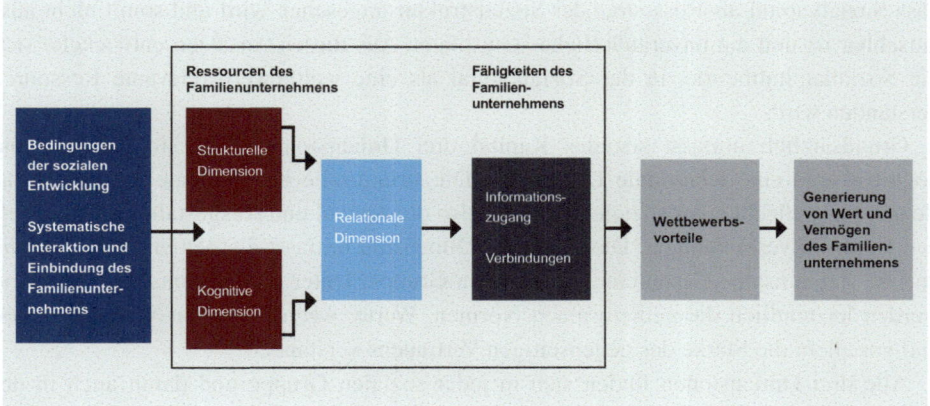

Abb. 3.5 Sozialkapital in Familienunternehmen. (Quelle: In Anlehnung an Pearson et al. 2008)

Die relationale Dimension ist durch die strukturelle und die kognitive Dimension beeinflusst und ist in Familienunternehmen stark durch Vertrauen und Identität geprägt. Aus den häufigen und intensiven Kontakten und Beziehungen der Unternehmerfamilien kann resilientes Vertrauen entwickelt werden. Wenn die familiären Beziehungen über die Zeit wachen und reifen, dann bildet sich aus den wiederkehrenden Interaktionen der Familienmitglieder ein hohes Maß an Vertrauen, das weiterführende Prozesse und Verhaltensmuster beeinflusst (Arregle et al. 2007). In Familienunternehmen entwickeln sich zudem gemeinsame Normen und Werte, die in der Regel aus einer tiefen emotionalen Verwurzelung und jahrelanger Sozialisation resultieren. Diese Verhaltensnormen können sich beispielsweise auf den Erfolg der Unternehmerfamilie, die Art der Zusammenarbeit im Team oder auf Gerechtigkeitsvorstellungen beziehen. Diese Normen wiederum beeinflussen die unternehmerischen Entscheidungsprozesse und spiegeln den einzigartigen Einfluss der Familie auf das Unternehmen wider (McGrath und O'Toole 2017).

Natürlich hängt die Stärke des sozialen Kapitals auch von den Gegebenheiten innerhalb der Familie und der dynamischen Entwicklung ab. Einflussfaktoren auf die Herausbildung von sozialem Kapital sind (Pearson et al. 2008):

1. Dauer und Stabilität der bestehenden Beziehungen;
2. Geschlossenheit der sozialen Gruppe;
3. Interdependenz und
4. Interaktion.

Stärke der strukturellen, kognitiven und relationalen Dimensionen des Sozialkapitals kann organisationelle Prozesse und Fähigkeiten auslösen, die zu einer höheren Leistungsfähigkeit von Familienunternehmen führen. Verfügen Familienunternehmen über ein starkes Sozialkapital, stellen diese sozialen Beziehungen die Strukturen für effiziente Austauschprozesse und einen hohen Informationsfluss dar. Diese Bindungskräfte unterscheiden sich deutlich zwischen der Kernfamilie, verschiedenen Familienstämmen und zwischen den Generationen. Allerdings besteht aufgrund der in Familienbeziehungen inhärenten hohen Emotionalität die Gefahr, dass Konflikte entstehen und soziales Kapital vernichtet wird. Gerade wenn Vertrauen missbraucht wird oder Kränkungen geschehen, kann das soziale Kapital sehr schnell erodieren.

Die besonderen Gegebenheiten zur Entwicklung von Sozialkapital in Familien lassen nichtsdestotrotz die Vermutung zu, dass durch die enge Verzahnung der Eigentümerfamilie mit dem Unternehmen dieses soziale Kapital auch durch das Familienunternehmen genutzt werden kann. Damit wird es dem Unternehmen leichter fallen, langfristige Beziehungen zu Zulieferern, Kunden oder anderen Stakeholdern aufzubauen. Zudem können sie leichter und vor allem überzeugender ihre Werte und Normen kommunizieren und somit auf die angebotenen Produkte übertragen. Wichtig ist auch, dass vorhandenes soziales Kapital den Aufbau und die Entwicklung des Humankapitals der kommenden Generationen erleichtert (Coleman 1988).

Insgesamt entwickelt sich die Sozialkapitaltheorie auf Basis der Ressourcentheorie (Pearson et al. 2008). Daher lässt sich vor dem Hintergrund der Sozialkapitaltheorie argumentieren, dass es sich für Familienunternehmen lohnt, sowohl in den Aufbau und den Einsatz in das Sozialkapital der Unternehmerfamilie, als auch in das Sozialkapital des Unternehmens selber zu investieren. So stellt das Sozialkapital des Familienunternehmens ein Ressourcenbündel dar, aus dem sich Wettbewerbsvorteile gegenüber Nicht-Familienunternehmen generieren lassen. Allerdings verweisen die Ergebnisse aktueller empirischer Studien auch auf eine „dark side" des Sozialkapitals. Das ist immer dann der Fall, wenn die Unternehmensfamilie ein so starkes gemeinsames Sozialkapital aufgebaut hat, dass die geteilten Werte und Normen der Familie sowie ihre engen Interaktionen den Austausch mit Externen erschweren. Studien zu CEOs in Familienunternehmen zeigen beispielsweise, dass es Fremdmanagern dann schwerer fällt, sich in das Unternehmen einzubringen, wenn eine hohe Anzahl an Familienmitgliedern im Unternehmen aktiv sind, die über lange Zeit in engen Interaktionen ihre familiäre Beziehungen aufgebaut haben (Waldkirch et al. 2018). Diese Unternehmerfamilien weisen zwar ein hohes Sozialkapital auf, allerdings ist der Informations- und Wissensaustausch stark auf die Gruppe der Familienmitglieder konzentriert und es ist für Fremd-CEOs schwer, an diesen Austauschprozessen teil zu haben.

3.6   Ressourcenvorteile durch Vertrauen

Im vorangegangenen Kapitel wurde deutlich, dass soziales Kapital als ein wesentlicher Ressourcenvorteil von Familienunternehmen angesehen werden kann. Dass Familienmitglieder untereinander durch ihre gemeinsamen Wurzeln, gemeinsame Traditionen, ähnliche Sozialisation und vielfältige tägliche Interaktionen stark miteinander verbunden sind und damit gute Voraussetzungen bestehen, eine solide Vertrauensbasis zu entwickeln, steht außer Frage. Doch soziales Kapital besteht nicht nur zwischen den einzelnen Individuen der Eigentümerfamilie, sondern kann auch zu anderen Stakeholdern des Familienunternehmens bestehen, seien es Zulieferer, Kunden, Mitarbeiter oder Fremdkapitalgeber. So kann auch zu den externen Stakeholdern ein Vertrauensverhältnis herrschen, das eine wichtige Voraussetzung für Kooperationen und gegenseitige Unterstützungsleistungen darstellt.

Vielfältige Gründe sprechen für ein hohes Vertrauensverhältnis zwischen Stakeholdern und ihrem Familienunternehmen. Vertrauen wird definiert als die Erwartungen der Stakeholder, dass das Familienunternehmen benevolent agieren wird, d. h. fürsorglich und im besten Interesse der Stakeholder handelt (Whitener et al. 1998). Vertrauen ist also immer ein subjektives Empfinden und wird meist durch Erfahrungen mit den Mitgliedern der Eigentümerfamilie, den unterschiedlichen Akteuren des Familienunternehmens (z. B. Mitarbeiter, Manager), ausgewählten Gruppen im Unternehmen oder dem Familienunternehmen an sich aufgebaut. Die kumulierten Erfahrungen zusammen ergeben das dem Unternehmen entgegengebrachte Vertrauen. Beispiele für benevolentes Verhalten sind

Unterstützung, auch wenn diese nicht gefordert wird, ethisches Handeln, soziale Verantwortung oder faire Prozesse. Hohes vertrauenswürdiges Verhalten kann damit als das Gegenteil von opportunistischem Verhalten gewertet werden (Schoorman et al. 2007). Somit sind komparative Wettbewerbsvorteile nicht nur durch den Einsatz finanzieller Ressourcen gekennzeichnet, sondern werden auch von der Art und Weise der partnerschaftlichen Beziehungen zu den einzelnen Stakeholdern im Wertschöpfungsprozess beeinflusst, denn die Zuverlässigkeit eines Geschäftspartners hängt zum großen Teil auch von dem Ausmaß des gegenseitigen Vertrauens ab.

Vertrauen führt vor allem dazu, dass die Geschäftspartner bereit sind, ein höheres Risiko einzugehen, zum Beispiel auf formelle Kontrollmechanismen oder die vertragliche Absicherung jeder Geschäftstransaktion zu verzichten (Mayer et al. 1995). Als Beispiel sei die Beziehung zu den Mitarbeitern aufgeführt. Werden diese auch in Krisenzeiten nicht vorschnell entlassen, wächst das Vertrauen der Mitarbeiter in die Arbeitsplatzsicherheit. Als Gegenleistung für diese gefühlte Sicherheit sind Mitarbeiter eher bereit, auf sich wandelnde Umweltbedingungen flexibler zu reagieren, zum Beispiel durch Kurzarbeit oder temporären Lohnverzicht. Somit profitiert auch das Unternehmen von einer vertrauensvollen partnerschaftlichen Verbindung.

Moritz GmbH

Die Moritz GmbH ist ein lebendiges Beispiel für das hohe Vertrauen zwischen Mitarbeitern und Management. Das hat sogar die verschiedenen Führungsstile überdauert. Während der wohlmeinende Patriarch Horst alleine die Entscheidungen trifft, agieren seine beiden Kinder völlig anders. Veronica, die Netzwerkerin, hat sofort nach dem Eintritt von Heiko begonnen, dessen mitunter geniale Ideen zunächst mit wichtigen Kunden zu besprechen bevor sie in die Marktentwicklung gehen. Auch moderne Management-Methoden wie Design-Thinking hat sie eingeführt – damit ist in Zusammenarbeit mit Kunden und Lieferanten z. B. eine Art Container-Waschsalon entwickelt worden. Das Besondere daran: Er ist „staubdicht", sodass er auch in Wüstenregionen permanent einsetzbar ist.

Doch nicht nur auf der Marktseite ist diese vertrauensvolle Zusammenarbeit zu spüren. Wie auch schon ihren Eltern liegen Veronica und Heiko die Familien ihrer Mitarbeiter und das regionale Umfeld sehr am Herzen. Ein Betriebskindergarten, regelmäßige Feste für alle Familienangehörigen, eine großzügige Weihnachtsspende an diverse Sportvereine und eine eigene Köchin, die jeden Mittag ein gesundes Essen für die Belegschaft kocht, tragen dazu bei, dass sich die Mitarbeiter immer noch als eine große Moritz-Familie betrachten. Hier spielt selbst Laura, die Frau von Heiko, eine wichtige Rolle, denn sie besucht jeden langfristig erkrankten Mitarbeiter des Unternehmens und bietet ihre Unterstützung an. Auch Anne, die Lebensgefährtin von Veronica, die zwar Psychologie studiert hat, aber als Eventmanagerin arbeitet, organisiert die mitunter spektakulären Sommerfeste. Von Trommelevents in einer Höhle bis zu einem ausgiebigen Besuch eines Freizeitparks mit abschließendem Feuerwerk war schon alles dabei.

Gerade Familienunternehmen mit einer SEW-Orientierung – und insbesondere mit einem Fokus auf den normativen Elementen des SEW – werden eine ausgeprägte proaktive Stakeholderorientierung zeigen. Damit steigt auch die Wahrscheinlichkeit, dass die Stakeholder im Verlauf der Interaktionsbeziehung ein hohes Maß an Vertrauen ausbilden (Hauswald und Hack 2013).

Doch auch zu Beginn einer Interaktionsbeziehung können Stakeholder bereits über ein hohes Maß an Vertrauen in das Familienunternehmen verfügen. Dies kann mit den psychologischen Prozessen der sogenannten Kategorisierung begründet werden. Man geht davon aus, dass Individuen ihre Umwelt und damit auch die darin handelnden Akteure stets einer Kategorie zuordnen (Sujan 1985; Hauswald und Hack 2013). Durch diesen Kategorisierungsprozess werden dem betrachteten Subjekt die Charakteristika der generellen Kategorie zugeordnet (Williams 2001; McKnight et al. 1998; Hauswald und Hack 2013). Für ein spezifisches Familienunternehmen bedeutet dies, dass es automatisch der Gruppe der Familienunternehmen zugeordnet wird und ihm damit auch automatisch die positiven – wie negativen – Merkmale dieser Gruppe übertragen werden.

Damit das Familienunternehmen aber der Kategorie der Familienunternehmen zugeordnet werden kann, muss der Familieneinfluss für den Stakeholder im Sinne von Signalling-Aktivitäten deutlich werden. So werden Unternehmen, die aktiv mit dem Merkmal werben (z. B. Liqui Moly, SC Johnson) oder die den Namen der Eigentümerfamilie im Unternehmensnamen tragen (z. B. Miele, Hipp), eher dieser Kategorie zugerechnet als andere Familienunternehmen (z. B. SMS Group). Zudem steigt die wahrgenommene Vertrauenswürdigkeit mit einer hohen Ähnlichkeit zwischen Stakeholder und Familienunternehmen an, zum Beispiel wenn der Stakeholder ebenfalls Mitglied einer Eigentümerfamilie ist, oder wenn er bereits über positive Erfahrungen mit einem Familienunternehmen (z. B. als Mitarbeiter) verfügt.

Erste experimentelle und empirische Arbeiten belegen einen positiven Effekt dieser Familienunternehmens-Kategorisierung vor dem Hintergrund eines höheren Vertrauens in Familienunternehmen. So führen Hauswald und Hack (2013) ein Conjoint Experiment mit 175 Arbeitsplatzsuchenden durch. Allen Teilnehmern werden identische Beschreibungen von hypothetischen Arbeitgebern vorgelegt, die sich nur im Ausmaß des Familieneinflusses auf das Unternehmen unterscheiden. Für jedes potenzielle Unternehmen bewerten die Teilnehmer dann, wie wahrscheinlich es ist, dass sie eine langfristige Arbeitsbeziehung mit diesem Unternehmen eingehen. Die Ergebnisse sind eindeutig: Je stärker der Familieneinfluss, gemessen über Eigentum, Kultur oder Management, desto eher würden die Arbeitsplatzsuchenden dieses Unternehmen als Arbeitgeber auswählen.

Weitere empirische Hinweise auf eine positive Kategorisierung in Zusammenhang mit erhöhtem Vertrauen finden sich auch in der empirischen Arbeit von Orth und Green (2009). Hier wurden 126 Konsumenten zu ihren Kauferfahrungen in familiengeführten und nichtfamiliengeführten Unternehmen befragt. Es zeigte sich, dass Kunden ein höheres generelles Vertrauen in Familienunternehmen zeigen, sogar vermuten, dass Familienunternehmen im Verkaufsprozess ihr Eigeninteresse hinter dem Kundeninteresse zurückstellen (Orth und Green 2009). Dieses erhöhte Vertrauen wirkt sich dann auch positiv auf die Kundenzufriedenheit aus. Sie liegt bei einem Einkauf in einem Familienunternehmen deutlich höher als in einem Nicht-Familienunternehmen.

Einen weiteren empirischen Hinweis liefert eine Schweizer Studie von Binz et al. (2013). Eine Befragung von über 250 Schweizer Verbrauchern führte zu dem Ergebnis, dass der Familienstatus eines Unternehmens die Präferenz zum Kauf der Produkte oder Dienstleistungen verstärkt. Dieser positive Einfluss wird von den Autoren vor allem auf die bessere Beziehungsqualität zurückgeführt, die Konsumenten mit Familienunternehmen verbinden. Vergleichbare Erkenntnisse sind auch in der aktuellen Studie von Lude und Prügl (2018) zu finden. Die Autoren zeigen auf, dass Kunden beim Kauf von Produkten bereit sind, einen höheren Preis zu zahlen, wenn sie das Produkt auf den Familienstatus eines Unternehmens und die damit verbundenen positiven Familienunternehmens-Kategorisierungen zurückführten (Lude und Prügl 2018).

Zusammengenommen liefern die aufgezeigten empirischen Ergebnisse einen Hinweis darauf, dass Familienunternehmen über die Ressource Vertrauen einen komparativen Wettbewerbsvorteil gegenüber Nicht-Familienunternehmen generieren können. Ein hohes Vertrauensverhältnis zwischen Stakeholdern und dem Familienunternehmen stellt eine einzigartige Ressource oder ein Ressourcenbündel dar, das als Treiber von Wettbewerbsvorteilen verstanden werden kann. Somit ist der Aufbau und der Einsatz eines proaktiven Stakeholdermanagements eine lohnende Investition, weil sich die Erwartungen der Stakeholder an ein benevolentes Verhalten der Unternehmerfamilie als wettbewerbsrelevante Ressourcen verstehen lassen.

3.7 Einflussfaktoren auf die Ressourcenbereitstellung

Familienunternehmen wird eine besondere Fähigkeit zum Aufbau wichtiger wettbewerbsrelevanter Ressourcen zugesprochen. Wir haben in den letzten Abschnitten eine Reihe von Gründen kennengelernt, warum sich „Familiness", soziales Kapital und Vertrauen in besonderem Maße in Familienunternehmen bilden. Doch nicht jedes Familienunternehmen wird diese Fähigkeit gleichermaßen aufbauen und entwickeln. Die Frage bleibt, unter welchen Umständen Familienunternehmen einen ressourcenbasierten Wettbewerbsvorteil generieren bzw. welche Faktoren auf diese besondere Fähigkeit hinweisen.

Unterschiede in der Ressourcenbereitstellung von Familienunternehmen werden insbesondere auf Unterschiede in deren Zielorientierung zurückgeführt (Distelberg und Sorenson 2009). Wie in Abschn. 2.3.6 aufgezeigt, können Familienunternehmen auf einem Kontinuum zwischen den beiden Extremen der family first und der business first Orientierung eingeordnet werden. In family first Unternehmen stehen die Ziele der Familie an oberster Stelle der Zielehierarchie. Sowohl die Ressourcen des Unternehmens als auch die Ressourcen der Familie werden daher zur Erreichung der Familienziele eingesetzt. So werden beispielsweise zeitliche oder finanzielle Investitionen (unbezahlte Arbeitszeit, „geduldiges" Kapital) der Familienmitglieder für das Unternehmen als nicht wünschenswert angesehen und nur dann akzeptiert, wenn diese als Investition einen entsprechenden

Nutzen für die Familie zu einem späteren Zeitpunkt erwirtschaften. Entsprechend unterschiedlich wird dieser Ressourceneinsatz in Familienunternehmen mit einer business first Orientierung gesehen. Hier wird beispielsweise der kostengünstige Arbeitseinsatz von Familienmitgliedern einer Beschäftigung von externen Mitarbeitern vorgezogen (vgl. Abb. 3.6).

Ein weiterer Einflussfaktor auf die Ressourcenbereitstellung und insbesondere die Richtung der Ressourcenbereitstellung ist die wirtschaftliche Lage des Familienunternehmens. Denn in wirtschaftlich schwierigen Zeiten tendieren Eigentümerfamilien dazu, dem Unternehmen zusätzliche Ressourcen zur Bewältigung der Krise zur Verfügung zu stellen (Olson et al. 2003; Stafford et al. 1999; Faghfouri et al. 2015). Wir haben dies bereits unter dem Stichwort Überlebensfähigkeitskapital diskutiert. Dagegen zeigen Familienunternehmen in wirtschaftlich positiven Zeiten die Tendenz, Ressourcen des Unternehmens zur Erreichung von Familienzielen einzusetzen (Haynes et al. 2007). Die Richtung des Ressourcentransfers wechselt also in Abhängigkeit von der wirtschaftlichen Lage.

Mit Blick auf die Heterogenität der „Familiness" von Familienunternehmen ist die Einbindung von Familienmitgliedern als Eigentümer, Manager oder in den Kontrollgremien (also das Ausmaß der Familieneinbindung nach dem Component-of-Involvement-Ansatz) eine Grundvoraussetzung zur Bildung von „Familiness" (Zellweger et al. 2010). Je stärker die Einbindung, desto höher ist das Potenzial zur Bildung von Ressourcenvorteilen. Denn

	Abschöpfung des Unternehmens	Familien- schwerpunkt	Ausgewogener Schwerpunkt	Unternehmens- schwerpunkt	Abschöpfung der Familie
Ziel	Gesundheit der Familie	Gesundheit der Familie	Gesundheit der Familie und des Unternehmens	Gesundheit des Unternehmens	Gesundheit des Unternehmens
	Ein-Generationen Fokus	Familienentwicklung	Gleichmäßige Entwicklung von Familie und Unternehmen	Unternehmens- wachstum	Unternehmens- wachstum
		Mehr-Generationen- Fokus und potenzielle Nachfolge	Mehr-Generationen- Fokus und Nachfolge	Konstanter Grad an Ressourcen für die Familie	
		Konstante, Ressourcen basierende Geschäftsführung		Mehr-Generationen- Fokus und Nachfolge	
Ressourcen- transfer	Ressourcen des Unternehmens und der Familie unterstützen die Familienziele	Der Transfer von der Familie zum Unternehmen wird als Investition in die Familie für spätere Zeiten betrachtet	Gleichmäßiger Transfer zwischen Familie und Unternehmen	Der Transfer vom Unternehmen zur Familie ist eingeschränkt oder wird als Kredit betrachtet, welcher dem Unternehmen später helfen kann	Ressourcen der Familie und des Unternehmens unterstützen das Unternehmen
	Investition der familiären und **der finanziellen** Ressourcen in die Familie		Abgestimmte und reglementierte Ressourcentransfers		Investition (Reinvestition) der familiären **und finanziellen** Ressourcen in das Unternehmen

Abb. 3.6 Kontinuum der Gewichtung von Werten in Familienunternehmen-Systemen. (Quelle: In Anlehnung an Distelberg und Sorenson 2009)

das reine Engagement von Familienmitgliedern im Familienunternehmen sagt noch nichts darüber aus, ob spezielle Ressourcenbündel auch entstehen. Hier gewinnt die Zielrichtung des Engagements an Bedeutung (Essence-Ansatz). Hat die Familie eine generationsübergreifende Vision? Ist sie bereit, die strategische Richtung des Unternehmens zu beeinflussen? Hat sie die Kraft, die entsprechende Kontrolle auszuüben? Nur unter diesen Umständen wächst die Wahrscheinlichkeit einer sozialen und persönlichen Bindung und der Ausbildung von „Familiness".

Neben dem Component-of-Involvement- und dem Essence-Ansatz muss daher auch das Ausmaß der organisationellen Identität der Familienmitglieder mit dem Familienunternehmen einbezogen werden. Grundsätzlich befördert eine hohe soziale Identität das Zusammengehörigkeitsgefühl bzw. das Gefühl, Teil einer Schicksalsgemeinschaft zu sein. Damit wird die gemeinsame Erfüllung der Familienunternehmensziele eine Quelle der Befriedigung und des Stolzes (Sundaramurthy und Kreiner 2008). Unter diesen Umständen empfinden die Familienmitglieder zudem ein gemeinsames Verantwortungsbewusstsein und sind deutlich motivierter, ihre Ressourcen in den Dienst des Unternehmens zu stellen.

Zusammengenommen ergibt sich das in Abb. 3.7 dargestellte Bild der Einflussnahme der Familie und damit der Wahrscheinlichkeit und Ausprägung von „Familiness".

Das alleinige Vorliegen von Eigentum, Kontrolle und Management (Feld 1) weist beispielsweise darauf hin, dass die Familienmitglieder ihr Unternehmen eher als eine Art Investitionsvehikel betrachten und damit als Quelle des finanziellen Reichtums der Familienmitglieder. Das Entstehen von „Familiness" ist in diesen Unternehmen eher begrenzt, da der Einfluss der Familie über das reine Bereitstellen von Kapital hinaus minimal ist. Dagegen ist die zusätzliche Bereitstellung von Familienressourcen bei Vorliegen

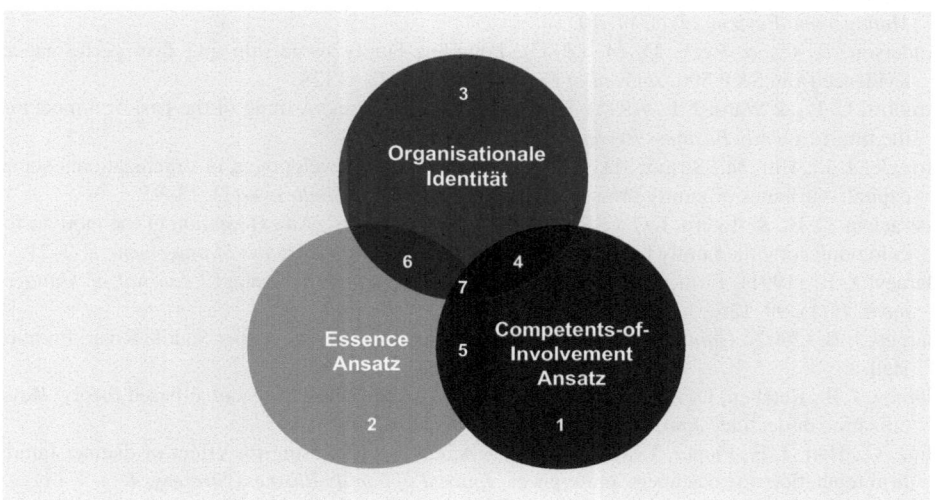

Abb. 3.7 Die Einflussnahme der Familie auf die „Familiness". (Quelle: In Anlehnung an Eddleston 2011)

von transgenerationaler Orientierung und hoher strategischer Kontrolle (Feld 2) durchaus wahrscheinlicher. Ein Beispiel wäre das Startup in erster Generation, in dem die engsten Familienangehörigen kostenlos mitarbeiten, aber ohne sich als Teil des Unternehmens zu fühlen beziehungsweise ohne eine starke Ausprägung sozialer Identität mit dem Unternehmen. Ist neben diesen beiden Komponenten zudem eine hohe organisationale Identität festzustellen (Feld 3), indem beispielsweise die nachfolgende Generation das Unternehmen weiterführen will oder die Qualität der Produkte eng mit dem Familiennamen verbunden ist, ist mit der höchsten Ausprägung von Familiness und damit der besten Ausstattung mit wettbewerbsrelevanten Ressourcen zu rechnen.

Lernfragen

- Welche Arten von Ressourcen lassen sich in Unternehmen unterscheiden?
- Beschreiben Sie die VRIO-Kriterien geben Sie jeweils ein Beispiel.
- Welche Problematik geht mit der Bündelung von Ressourcen in Unternehmen einher?
- Veranschaulichen Sie die Bündelung von Ressourcen anhand des Familienunternehmens Miele.
- Beschreiben Sie das „Familiness"-Konzept.
- Nennen und erklären Sie die drei Dimensionen des Sozialkapitals, die für Familienunternehmen kennzeichnend sind.

Literatur

Adler, P. S., & Kwon, S.-W. (2002). Social capital: Prospects for a new concept. *Academy of Management Review, 27*(1), 17–40.

Anderson, R. C., & Reeb, D. M. (2003). Founding-family ownership and firm performance: Evidence from S&P 500. *Journal of Finance, 58*(3), 1301–1328.

Aronoff, C. E., & Ward, J. L. (1995). Family-owned businesses: A thing of the past or a model of the future? *Family Business Review, 8*(2), 121–130.

Arregle, J.-L., Hitt, M., Sirmon, D., & Very, P. (2007). The development of organizational social capital: Attributes of family firms. *Journal of Management Studies, 44*(1), 73–95.

Astrachan, C. B., & Botero, I. C. (2018). "We are a family firm": An exploration of the motives for communicating the family business brand. *Journal of Family Business Management, 8,* 2–21.

Barney, J. B. (1991). Firm resources and sustained competitive advantage? *Journal of Management, 17*(1), 99–120.

Barney, J. B. (2002). *Gaining and sustaining competitive advantage.* Upper Saddle River: Prentice Hall.

Barney, J. B., Ketchen, D. J., Jr., & Wright, M. (2011). The Future of resource-based theory: Revitalization or decline? *Journal of Management, 37*(5), 1299–1315.

Binz, C., Hair, J. F., Pieper, T. M., & Baldauf, A. (2013). Exploring the effect of distinct family firm reputation on consumers' preferences. *Journal of Family Business Strategy, 4*(1), 3–11.

Björnberg, A., & Nicholson, N. (2012). Emotional ownership. The next generation's relationship with the family firm. *Family Business Review, 25*(4), 374–390.

Brigham, K. H., Lumpkin, G. T., Payne, G. T., & Zachary, M. A. (2014). Researching long-term orientation: A validation study and recommendations for future research. *Family Business Review, 27,* 72–88.

Bubolz, M. M. (2001). Family as source, user, and builder of social capital. *Journal of Socio-Economics, 30*(2), 129–131.

Burt, R. S. (1997). The contingent value of social capital. *Administrative Science Quarterly, 42*(2), 339–365.

Carnes, C. M., & Ireland, R. D. (2013). Familiness and innovation: Resource bundling as the missing link. *Entrepreneurship Theory & Practice, 37*(6), 1399–1419.

Chrisman, J. J., Chua, J. H., & Sharma, P. (2005). Trends and directions in the development of a strategic management theory of the family firm. *Entrepreneurship Theory & Practice, 29*(5), 555–575.

Chrisman, J. J., Chua, J. H., Pearson, A. W., & Barnett, T. (2012). Family involvement, family influence, and family-centered non-economic goals in small firms. *Entrepreneurship Theory & Practice, 36*(2), 267–293.

Chua, J. H., Chrisman, J. J., & Sharma, P. (1999). Defining the family business by behavior. *Entrepreneurship Theory & Practice, 23*(4), 19–39.

Coleman, J. S. (1988). Social capital in the creation of human capital. *American Journal of Sociology, 94,* 95–120.

Coleman, J. S. (1995). *Grundlagen der Sozialtheorie.* Band 1: Handlungen und Handlungssysteme. München: Oldenbourg.

Distelberg, B., & Sorenson, R. L. (2009). Updating systems concepts in family businesses – A focus on values, resource flows, and adaptability. *Family Business Review, 22*(1), 65–81.

Dyer, W. G. (2018). Are family firms really better? Reexamining "Examining the ‚family effect‘ on firm performance". *Family Business Review, 31,* 240–248.

Eddleston, K. A. (2011). The family as an internal and external resource to the firm: The importance of building a family firm identity. In R. L. Sorenson (Hrsg.), *Family Business and Social Capital* (S. 186–197). Northampton: Edward Elgar Publishing.

Faghfouri, P., Kraiczy, N. D., Hack, A., & Kellermanns, F. W. (2015). Ready for a crisis? How supervisory boards affect crisis readiness of German small and medium-sized family firms. *Review of Managerial Science, 9,* 317–338.

Gedajlovic, E., Lubatkin, M., & Schulze, W. S. (2004). Crossing the threshold from founder management to professional management: A governance perspective. *Journal of Management Studies, 41*(5), 899–912.

Granovetter, M. S. (1973). The strength of weak ties. *American Journal of Sociology, 78*(6), 1360–1380.

Grant, R. M. (1996). Prospering in dynamically-competitive environments: Organizational capability as knowledge integration. *Organization Science, 7*(4), 375–387.

Habbershon, T. G., & Williams, M. L. (1999). A resource-based framework for assessing the strategic advantages of family firms. *Family Business Review, 12*(1), 1–22.

Habbershon, T. G., Williams, M. L., & MacMillan, I. C. (2003). A unified systems perspective of family firm performance. *Journal of Business Venturing, 18*(4), 451–465.

Hack, A. (2009). Sind Familienunternehmen anders? Eine kritische Bestandsaufnahme des aktuellen Forschungsstands. *Journal of Business Economics, ZfB-Special Issue, 2,* 1–29.

Hack, A., Faghfouri, P., & von Preen, A. (2011). Sinn und Unsinn von Kapitalbeteiligungen für Fremdmanager in Familienunternehmen. *Zeitschrift für Controlling & Management Sonderheft, 3,* 46–50.

Hanifan, L. J. (1916). The rural school community center. *Annals of the American Academy of Political and Social Science, 67,* 130–138.

Hauswald, H., & Hack, A. (2013). The impact of family control/influence on stakeholders' perceptions of benevolence. *Family Business Review, 26*(4), 356–373.

Haynes, G. W., Onochie, J. I., & Muske, G. (2007). Is what's good for the business, good for the family: A financial assessment. *Journal of Family and Economic Issues, 28*(3), 395–410.

Irava, W. J., & Moores, K. (2010). Clarifying the strategic advantage of familiness: Unbundling its dimensions and highlighting its paradoxes. *Journal of Family Business Strategy, 1*(3), 131–144.

Jaskiewicz, P., Uhlenbruck, K., Balkin, D. B., & Reay, T. (2013). Is Nepotism Good or Bad? Types of Nepotism and Implications for Knowledge Management. *Family Business Review, 26*(2), 121–139.

Krackhardt, D. (1992). The strength of strong ties. The importance of philos in organizations. In N. Nohria & R. Eccles (Hrsg.), *Networks and Organizations. Structure, Form, and Action* (S. 216–239). Boston: Harvard Business School Press.

Lude, M., & Prügl, R. (2018). Why the family business brand matters: Brand authenticity and the family firm trust inference. *Journal of Business Research, 89,* 121–134.

Mayer, R. C., Davis, J. H., & Schoorman, F. D. (1995). An integrative model of organizational trust. *Academy of Management Review, 20*(3), 709–734.

McGrath, H., & O'Toole, T. (2017). Extending the concept of familiness to relational capability: A Belgian micro-brewery study. *International Small Business Journal, 36*(2), 194–219.

McKnight, D. H., Cummings, L. L., & Chervany, N. L. (1998). Initial trust formation in new organizational relationships. *Academy of Management Review, 23*(3), 473–490.

Miller, D., & Le Breton-Miller, I. (2005). *Managing for the long run: Lessons in competitive advantage from great family businesses.* Boston, MA.: Harvard Business School Press.

Nahapiet, J., & Ghoshal, S. (1998). Social capital, intellectual capital, and the organizational advantage. *Academy of Management Review, 23*(2), 242–266.

Olson, P. D., Zuiker, V. S., Danes, S. M., Stafford, K., Heck, R. K. Z., & Duncan, K. A. (2003). The impact of the family and business on family business sustainability. *Journal of Business Venturing, 18*(5), 639–666.

Orth, R., & Green, M. T. (2009). Consumer loyalty of family versus non-family business: The roles of store image, trust and satisfaction. *Journal of Retailing and Consumer Services, 16*(4), 248–259.

Pearson, A. W., Carr, J. S., & Shaw, J. C. (2008). Towards a theory of familiness. A social capital perspective. *Entreprenuership Theory & Practice, 32*(6), 949–969.

Penrose, E. T. (1959). *The theory of the growth of the firm.* New York: Oxford University Press Inc.

Peteraf, M. A. (1993). The cornerstones of competitive advantage: A resource-based view. *Strategic Management Journal, 14*(3), 179–191.

Pijanowski, T., Hack, A., Kraiczy, N. D., & von Schlippe, A. (2013). *Bank loan officers' perceptions of family firms. How similarity attraction influences loan availability decisions.* Working Paper. University of Bern.

Schoorman, F. D., Mayer, R. C., & Davis, J. H. (2007). An integrative model of organizational trust: Past, present, and future. *Academy of Management Review, 32*(2), 344–354.

Sirmon, D. G., & Hitt, M. A. (2003). Managing resources: Linking unique resources, management, and wealth creation in family firms. *Entrepreneurship Theory & Practice, 27*(4), 339–358.

Stafford, K., Duncan, K. A., Danes, S. M., & Winter, M. (1999). A research model of sustainable family business. *Family Business Review, 12*(3), 197–208.

Steier, L. (2001). Family firms, plural forms of governance, and the evolving role of trust. *Family Business Review, 14*(4), 353–367.

Sujan, M. (1985). Consumer knowledge: Effects on evaluation strategies mediating consumer judgments. *Journal of Consumer Research, 12,* 31–46.

Sundaramurthy, C., & Kreiner, G. E. (2008). Governing by managing identity boundaries: The case of family businesses. *Entrepreneurship Theory & Practice, 32*(3), 415–436.

Tabor, W., Chrisman, J. J., Madison, K., & Vardaman, J. M. (2018). Nonfamily members in family firms: A review and future research agenda. *Family Business Review, 31*(1), 54–79.

Tagiuri, R., & Davis, J. A. (1996). Bivalent attributes of the family firm. *Family Business Review, 9*(2), 199–208.

Teece, D. J., Pisano, G., & Shuen, A. (1997). Dynamic capabilities and strategic management. *Strategic Management Journal, 18*(7), 509–533.

Vardaman, J. M., Allen, D. G., & Bryan, L. R. (2018). We are friends but are we family? Organizational identification and nonfamily employee turnover. *Entrepreneurship Theory & Practice, 42*(2), 290–309.

Von Schlippe, A., & Groth, T. (2007). *The Power of Stories- Zur Funktion von Geschichten in Familienunternehmen*. Göttingen: Vandenhoeck & Ruprecht.

Waldkirch, M., Nordqvist, M., & Melin, L. (2018). CEO turnover in family firms: How social exchange relationships influence whether a non-family CEO stays or leaves. *Human Resource Management Review, 28*(1), 56–67.

Wernerfelt, B. (1984). A resource-based view of the firm. *Strategic Management Journal, 5*(2), 171–180.

Whitener, E. M., Brodt, S. E., & Korsgaard, A. M. (1998). Managers as initiators of trust: An exchange relationship framework for understanding managerial trustworthy behavior. *Academy of Management Review, 23*(3), 513–530.

Williams, M. (2001). In whom we trust: Group membership as an affective context for trust development. *Academy of Management Review, 26*(3), 377–396.

Wright, M., Hoskisson, R. E., & Busenitz, L. W. (2001). Firm rebirth: Buyouts as facilitators of strategic growth and entrepreneurship. *Academy of Management Executive, 15*(1), 111–125.

Zellweger, T. M., Eddleston, K. A., & Kellermanns, F. W. (2010). Exploring the concept of familiness: Introducing family firm identity. *Journal of Family Business Strategy, 1*(1), 54–63.

Zellweger, T. M., Kellermanns, F. W., Chrisman, J. J., & Chua, J. H. (2012). Family control and family firm valuation by family CEOs: The importance of intentions for transgenerational control. *Organization Science, 23*(3), 851–868.

Transaktionskosten

4

Im vorausgegangenen Kapitel haben wir uns mit dem ressourcenorientierten Ansatz beschäftigt, der Unternehmen als ein Bündel von Ressourcen versteht, aus dem sich nachhaltige Vorteile gegenüber den Wettbewerbern generieren lassen. Die Theorie der Verfügungsrechte geht allerdings von der Annahme aus, dass sich Unternehmen in Austauschprozesse begeben müssen, um in Markttransaktionen Nachfragende zu identifizieren, Bedarfe und Angebote zu bestimmen und Verhandlungen über Preise und Marktbedingungen zu führen. Zudem müssen Verträge geschlossen, überwacht und kontrolliert werden.

Familienunternehmen werden in diesem Sinne als Konstruktion von Vertragsbeziehungen verstanden, in denen immer wieder neue Verträge abgeschlossen und bestehende Verträge überwacht und kontrolliert werden müssen. Neben den in Unternehmen üblichen Verträgen mit Beschäftigten, Lieferanden, Kunden oder Aktionären sind in Familienunternehmen auch Vertragsbeziehungen zu berücksichtigen, die mit dem System Familie in Verbindung stehen. Innerhalb der Familie bestehen Verträge über Eigentumsverhältnisse. Diese Vertragsbeziehungen müssen durch die Familienmitglieder kontinuierlich überwacht, anpasst und neu verhandelt werden. Durch diese Vertragsbeziehungen entstehen Kosten, die sich nachteilig auf die Wertschöpfung der Unternehmen auswirken. Wie diese Transaktionskosten entstehen und welche Effekte sie auf die Leistungsfähigkeit von Familienunternehmen haben, wird in diesem Kapitel diskutiert.

Während sich die Transaktionskostentheorie mit den Kosten beschäftigt, die bei der Übertragung von Verfügungsrechten im Sinne der Anbahnung, Vereinbarung, Abwicklung und Kontrolle von Verträgen entstehen, fokussiert die Prinzipal-Agenten-Theorie auf die Organisation des Vertragsverhältnisses zwischen dem Prinzipal und dem Agenten. In einem Wirtschaftsprozess können durch den Prinzipal (Auftraggeber) die Verfügungsrechte an einem Gut auf einen Agenten (Auftragnehmer) übertragen werden.

© Springer Fachmedien Wiesbaden GmbH, ein Teil von Springer Nature 2019
B. Felden et al., *Management von Familienunternehmen*,
https://doi.org/10.1007/978-3-658-24058-5_4

Auch wenn dem Agenten die Eigentumsrechte nicht zustehen, so kann er von einem Prinzipal damit beauftragt werden, die mit einem Gut verbundenen Handlungs- und Verfügungsrechte zu übernehmen. Dem Prinzipal entsteht durch diese Übertragung ein Nutzen, allerdings fallen durch die Kontrolle des Agenten auch sogenannte Agency-Kosten an. Weiterhin sind der Erwerb und die Übertragung von Verfügungsrechten mit Kosten verbunden die in der Theorie als Transaktionskosten verstanden werden (Coase 1937; Williamson 1979).

Die Prinzipal-Agenten-Theorie hat für Familienunternehmen einen hohen Erklärungsgehalt, da beispielsweise der Einsatz eines Fremdmanagers dieser Übertragung von Verfügungsrechten entspricht. Der Familienunternehmer beauftragt einen Dritten, in seinem Sinne die Geschäfte zu führen. Während der Agent einen Nutzen aus dieser Übertragung ziehen kann, ist die Beauftragung eines Fremd-CEO mit Kosten verbunden, die dem Unternehmer aus der Kontrolle und Überwachung dieses Fremd-CEOs entstehen. In der neueren Familienunternehmensforschung sind allerdings die grundlegenden Annahmen der Prinzipal-Agenten-Beziehung kritisiert worden. Im Gegensatz zu der Annahme der nutzenmaximierenden Agenten, geht die Familienunternehmensforschung davon aus, dass sich Fremdmanager in Familienunternehmen eher als Stewards verhalten, die im Sinne des Familienunternehmers die Geschäfte führen. Neben der Transaktionskostentheorie und Prinzipal-Agenten-Theorie werden daher auch die Annahmen der Stewardship-Theorie in diesem Kapitel bearbeitet.

Lernziele
1. Sie kennen die Grundlagen der Transaktionskostentheorie.
2. Sie können Beispiele für Agentenprobleme aus der Praxis geben.
3. Sie können begründen, weshalb Agency-Kosten in Familienunternehmen geringer ausfallen als in Nicht-Familienunternehmen.
4. Sie kennen die Abgrenzungen zwischen der Prinzipal-Agenten-Theorie und der Stewardship-Theorie.
5. Sie sind in der Lage, zwischen Agency-Problemen I und Agency-Problemen II zu unterscheiden.
6. Sie können die Beziehungen zwischen Eigentümern und Fremdmanagern auf Basis der Stewardship-Theorie erklären.

Praxisbeispiel Familienunternehmen

Die heutige **Schaeffler AG** wurde 1946 durch die Brüder Wilhelm Schaeffler (1908–1981) und Georg Schaeffler (1917–1996) gegründet. 1949 entwickelte Georg Schaeffler den Nadelkäfig für Nadellager, mit dem er das Unternehmen Industrie Nadellager (INA) zum Erfolg führte. Die Witwe des Unternehmensgründers, Maria-Elisabeth Schaeffler, hält aktuell 20 % und ihr Sohn Georg Friedrich Wilhelm Schaeffler 80 % an der Schaeffler-Gruppe. Die Gruppe kam Mitte 2018 auf einen

Börsenwert von ca. 10,7 Mrd. US$ und beschäftigte an 180 Standorten weltweit über 86.000 Mitarbeiter, davon etwa 32.000 in Deutschland.

Schaeffler agierte weitestgehend unbekannt, bis das Familienunternehmen, durch das aktuelle Fremdmanagement dazu motiviert, im Jahr 2008 heimlich Aktien der Continental AG aufkaufte. Als Schaeffler sich 36 % der Conti-Aktien gesichert hatte, machte das Unternehmen seinen Übernahmeplan öffentlich. Der feindliche Übernahmeversuch war jedoch hochspekulativ, denn der Autozulieferer Conti war nicht nur dreimal so groß wie Schaeffler, sondern Schaeffler musste sich das Geld für den Kauf der Conti-Aktien auch von den Banken leihen. Zudem galten beide Unternehmen als zu unterschiedlich, als dass eine Fusion hätte erfolgreich sein können. Das Unternehmen bot den Conti-Aktionären 75 EUR pro Conti-Aktie, einen Preis, der den Aktionären allerdings zu niedrig war.

Doch dann passierte das Unerwartete und im Verlauf der weiteren Angebotsfrist wurden die Unsicherheiten und Informationsineffizienzen deutlich, die den meisten ökonomischen Transaktionen zugrunde liegen. Während der Angebotsfrist ging die US-Investmentbank Lehman Brothers am 15. September 2008 pleite und weltweit brachen die Aktienkurse ein. Viele Aktionäre verkauften, weil das Schaeffler-Angebot plötzlich weit über dem Börsenkurs der Conti-Aktie lag. Schaeffler musste alle Aktien aufkaufen und durch die unerwartet großen Aktienkäufe stiegen Schaefflers Schulden auf 11,5 Mrd. EUR. Schaeffler hatte nun zwar 90 % der Conti-Anteile in seinem Besitz, allerdings hatte Conti nur noch ein Viertel des ursprünglichen Wertes – und wurde aus dem Dax ausgeschlossen. Die Finanzkrise weitete sich aus; die Lage war existenzbedrohend, da Continental und Schaeffler zusammen nun rund 23 Mrd. EUR Schulden hatten.

In den folgenden Jahren befreite sich Schaeffler schrittweise aus der finanziellen Notlage. Im März 2011 wurde ein Teil der bei den Banken geparkten Conti-Aktien für 1,8 Mrd. EUR verkauft und mit dem Erlös Schulden getilgt. Gleichzeitig entwickelte sich Conti glänzend, und der Aktienkurs erreichte im Jahr 2015 bei 234 EUR einen Höchstkurs. Gekauft hatte Schaeffler zu weniger als einem Drittel davon. Heute sind beide Unternehmen nicht fusioniert, aber kooperieren erfolgreich. Die Unternehmerfamilie hat alles riskiert, aber durch die Übernahme von Conti letztendlich ca. 16 Mrd. EUR erwirtschaftet (Handelsblatt 2015).

4.1   Vertragsbeziehungen in Unternehmen

Der Transaktionskostenansatz beruht auf der Annahme, Unternehmen als Summe wirtschaftlicher Leistungsbeziehungen zu verstehen. Diese Leistungsbeziehungen müssen koordiniert, beherrscht und überwacht werden. Während der ressourcenorientierte Ansatz Unternehmen aus Perspektive der Ressourcenausstattung betrachtet, werden in der Transaktionskostentheorie die vielfältigen Vertragsbeziehungen fokussiert, die ein Unternehmen determinieren. Williamson war einer der ersten Ökonomen, der in den 1970er Jahren die Transaktion zur Basiseinheit der transaktionskostentheoretischen Analyse gemacht hat (Williamson 1979).

Als Vertragsbeziehungen werden die sozialen Beziehungen zwischen Individuen verstanden, die in einen zweckbezogenen Tauschhandlung eingebunden sind (Williamson 1985). Diese Tauschhandlung erfolgt als Prozess, bei dem sowohl der Tauschwert als auch die Rechte und Pflichten der beteiligten Tauschpartner festgelegt werden. Dieser Prozess – die Vertragsvereinbarung – findet in logischer und zeitlicher Hinsicht vor dem Tausch der Güter statt. Damit stellt eine Transaktion den Austausch bzw. die Übertragung von Verfügungsrechten in den Mittelpunkt der Betrachtung. Grundlage dieser Theorie ist die Annahme, dass sich jede sozio-ökonomische Leistungsbeziehung im Unternehmen als Vertragsbeziehung verstehen lässt. Als Partner in einer Vertragsbeziehung können dabei nicht nur einzelne Individuen, sondern beispielsweise auch Gruppen oder Unternehmen verstanden werden, die an der Übertragung von Verfügungsrechten beteiligt sind. Obwohl der Begriff der „Vertragsbeziehung" genutzt wird, ist damit nicht der Vertrag im engeren, juristischen Sinne gemeint. Vielmehr steht hier ein Tauschhandel im Fokus, über dessen Rechte und Pflichte die Partner einen Vertrag abschließen, der schriftlich fixiert, allerdings auch implizit oder mündlich vereinbart sein kann. Der Gesellschaftervertrag zwischen den Eigentümern eines Familienunternehmens oder eine Vereinbarung über variable Entgeltbestandteile gelten daher genauso als Transaktion wie die Einstellung eines Fremdmanagers, die Preisverhandlung mit Lieferanten oder die Absprache von Qualitätsanforderungen mit einem Kunden.

Die Theorie der Verfügungsrechte basiert auf der Grundannahme, dass die beteiligten Akteure rational ökonomisch handeln und im Wirtschaftsprozess versuchen, ihre Eigeninteressen zu maximieren. Daher gilt die Annahme, dass jede Transaktion mit Transaktionskosten verbunden ist. Allerdings sind damit nicht nur finanzielle Kosten gemeint, sondern es werden auch ‚costs as disadvantages', im Sinne von Zeit, Mühe oder verpasste Gelegenheiten als sogenannte Opportunitätskosten berücksichtigt (Picot et al. 2002). Zur Maximierung der realisierten Wertschöpfung eines Unternehmens sind daher in Vertragsbeziehungen die anfallenden Transaktionskosten zu minimieren. Um dieses Ziel zu erreichen, bedarf es eines grundlegenden Verständnisses darüber, wie Transaktionskosten entstehen und welche Auswirkungen diese haben.

4.2   Transaktionskostenansatz

Der Transaktionskostenansatz geht insbesondere auf die Arbeiten von Coase (1937) und Williamson (1979) zurück. Transaktionskosten entstehen bei der Anbahnung, Vereinbarung, Abwicklung, Kontrolle und Anpassung von Transaktionen (Williamson 1979). Sie fallen also als „ex-ante-Kosten" vor der eigentlichen Transaktion an und als „ex-post-Kosten" bei der eigentlichen Durchführung der Transaktion. Es kommt zu diesen Transaktionskosten, weil die Akteure von Transaktionen nur begrenzte Fähigkeiten haben, Informationen aufzunehmen und zu verarbeiten (begrenzte Rationalität).

Damit können sie zum einen die Aufnahme und Abwicklung der für die Transaktion wichtigen Kontextparameter nicht vorhersagen und zum anderen nicht einschätzen, wie sich der Transaktionspartner während der Transaktion verhalten wird. Somit müssen zum Beispiel Investitionen in die Suche und Auswahl der Partner getätigt werden, die bei vollkommener Markttransparenz so nicht angefallen wären. Auch muss die Transaktion durch Verträge abgesichert werden. Für einen Überblick über die während eines Transaktionsprozesses anfallenden Kosten siehe Abb. 4.1.

Diese Absicherung wäre nicht nötig, würden die Transaktionspartner selbstlos und unter allen Kontextbedingungen und –entwicklungen immer altruistisch handeln. Die Transaktionskostentheorie geht aber davon aus, dass die Akteure grundsätzlich opportunistisch handeln und somit immer daran interessiert sind, ihren eigenen Nutzen auch auf Kosten der Transaktionspartner zu maximieren. Somit sind die genannten Absicherungsmaßnahmen erforderlich. Transaktionen sind also immer so zu organisieren, dass die aus der eigenen begrenzten Rationalität entstehenden Kosten möglichst gering ausfallen und gleichzeitig eine optimale Absicherung vor opportunistischem Verhalten des Vertragspartners aufgebaut wird (Williamson 1985).

Jedoch ziehen nicht alle Transaktionen gleich hohe Transaktionskosten nach sich. Daher werden in der Transaktionskostentheorie verschiedene Transaktionsmerkmale betrachtet, die einen Einfluss auf die Höhe der Kosten haben. Hier werden Merkmale diskutiert wie beispielsweise (Williamson 1985):

- das Ausmaß transaktionsspezifischer Investitionen,
- die mit der Transaktion verbundene Unsicherheit und
- die Häufigkeit der Transaktion.

Mit steigender Häufigkeit, also mit steigender Anzahl identischer Transaktionen zwischen den Transaktionspartnern, werden aufgrund von Skalen- und Lerneffekten die Kosten pro

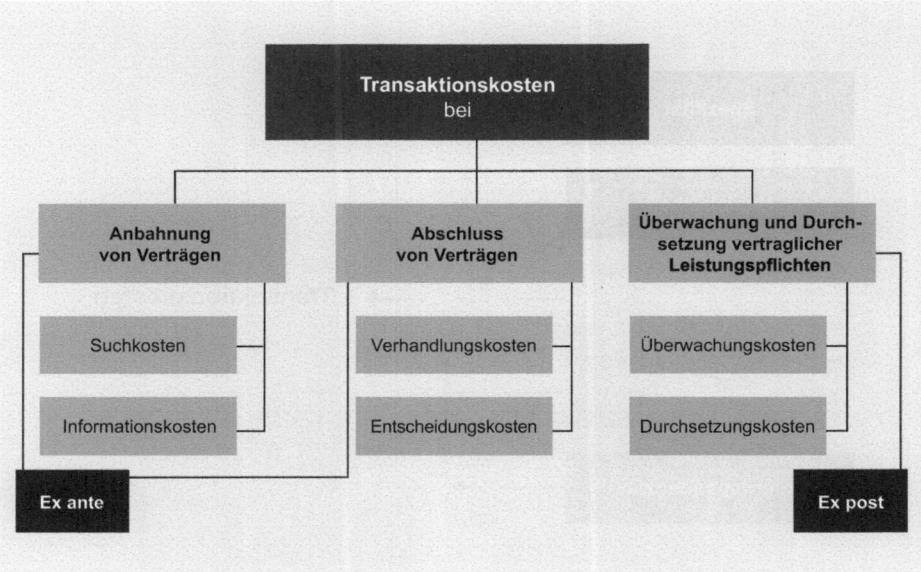

Abb. 4.1 Transaktionskosten. (Quelle: In Anlehnung an Coase 1937)

Transaktion minimiert. Zudem können effektivere und besser abgestimmte institutionelle Regelungen zur Absicherung der Transaktion (z. B. individuelle Verträge) eingeführt werden.

Unter Unsicherheit einer Transaktion werden sowohl die parametrischen Unsicherheiten, also die Ungewissheit über zukünftige Kontextbedingungen, aber auch die Verhaltensunsicherheit, also die Ungewissheit darüber, wie sich der Transaktionspartner zukünftig verhält, subsumiert. Beide Ungewissheiten bedingen eine gewissenhaftere Auswahl der Partner und eine differenziertere Absicherung der Transaktionsbeziehung. Zudem werden Anpassungen im Verlauf der Transaktion wahrscheinlicher.

Neben der Messbarkeit und den Interdependenzen bezieht sich ein weiteres Merkmal auf Investitionen, die nur für die ausgewählte Transaktion einen Wert haben, also eine hohe Transaktionsspezifität aufweisen. Fällt die Transaktion weg, verlieren die Investitionen an Wert, da sie nicht auf andere Transaktionen übertragen werden können (z. B. Investitionen im Rahmen einer Just-In-Time Lieferbeziehung). Mit steigenden transaktionsspezifischen Investitionen steigt damit auch die Abhängigkeit vom jeweiligen Transaktionspartner. Dieser könnte nun die Abhängigkeit einseitig zu seinem Vorteil ausnutzen. Die Konsequenz sind höhere Investitionen in die Auswahl der Partner und in die effektivere Absicherung der Transaktion.

Transaktionskosten fallen also in den unterschiedlichsten Ausprägungen und in unterschiedlicher Intensität bei fast jeder Transaktion an, wenn man unterstellt, dass sich die Vertragsparteien opportunistisch verhalten. Führt man eine Transaktion alleine durch, können die durch Opportunismus anfallenden Kosten vermieden werden. In einer arbeitsteiligen Wirtschaft erscheint dies aber eher unrealistisch. Abb. 4.2 fasst die vorgenannten Überlegungen zusammen.

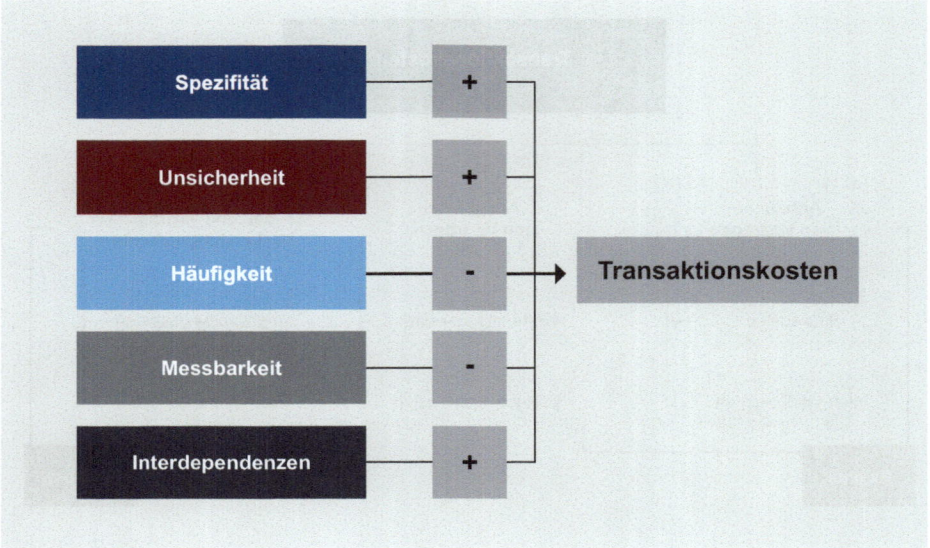

Abb. 4.2 Einfluss der Transaktionsmerkmale auf die Transaktionskosten. (Quelle: In Anlehnung an Jost 2000)

4.3   Die Prinzipal-Agenten-Theorie

Mit der Analyse von Besonderheiten bei Transaktionen beschäftigt sich die Prinzipal-Agenten-Theorie. Bei einer Prinzipal-Agenten-Beziehung handelt es sich um einen Vertrag, in dem der Auftraggeber (Prinzipal) einen Auftragnehmer (Agent) mit der Durchführung einer Aufgabe beauftragt und ihm einen Teil seiner Entscheidungsautorität überträgt (Jensen und Meckling 1976).

In Familienunternehmen ist diese Art der Prinzipal-Agenten-Beziehung insbesondere dann gegeben, wenn der bisherige geschäftsführende Gesellschafter einen Fremd-manager einstellt, falls aus der nachfolgenden Generation (noch) kein Familienmitglied bereit ist, in das Management des Unternehmens einzusteigen oder das bestehende Top Management durch Expertise von außen ergänzt werden soll. Der Eigentümer steht dann vor der Herausforderung, einen Fremdmanager auszuwählen. Auf Basis der Annahme der begrenzten Rationalität und des Opportunismus kann der Eigentümer (Prinzipal) nur begrenzte Informationen über die Qualität, Loyalität und Leistungsbereitschaft des potenziellen Fremdmanager sammeln und der Fremdmanager (Agent) nur begrenzt vorausschauen, wie sich das zukünftige Arbeitsverhältnis gestalten wird.

Problematisch wird diese Beziehung, wenn neben den üblichen Verhaltensannahmen der begrenzten Rationalität und des Opportunismus zwei weitere Annahmen hinzu-kommen: die der Zieldivergenzen und die der Informationsasymmetrien zwischen Prinzipal und Agent (Eisenhardt 1989). Da der Agent immer über mehr Informationen verfügt als der Prinzipal, kann der Agent die Transaktionsbeziehung einseitig für sich ausnutzen und den Prinzipal schädigen (vgl. Abb. 4.3).

Probleme aufgrund von asymmetrisch verteilten Informationen können dahingehend unterschieden werden, ob diese vor oder nach dem Vertragsabschluss entstehen.

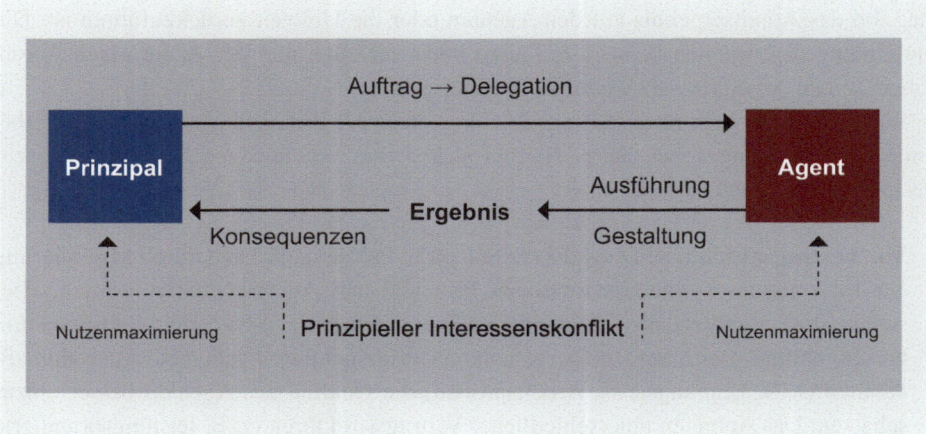

Abb. 4.3   Prinzipal-Agenten-Beziehung. (Quelle: In Anlehnung an Eisenhardt 1989)

	Vor Vertragsabschluss	Nach Vertragsabschluss
Problem	**Adverse selection:** Hidden characteristics Hidden information	**Moral hazard:** Hidden action Hidden intention
Informationsproblem des Prinzipal	Qualifikation und Eigenschaften des Agenten unbekannt	Verhalten, Anstrengung, Arbeitseinsatz des Agenten unbekannt
Agency-Kosten	• Signaling • Screening • Self selection	• Monitoring • Anreiz- und Sanktionssysteme

Abb. 4.4 Agency-Probleme und deren Lösung. (Quelle: Eigene Darstellung)

Vor dem Vertragsabschluss kann es zu dem Problem der sogenannten Adverse Selection kommen. Aufgrund von Informationsasymmetrien kann der Prinzipal vor Aufnahme der Transaktion die Qualität und die resultierende Arbeitsproduktivität des Agenten nur unvollkommen einschätzen. Dies hat zur Folge, dass der Prinzipal allen potenziellen Agenten einen identischen Vertrag auf Basis einer erwarteten durchschnittlichen Arbeitsproduktivität anbietet. Ein Agent mit überdurchschnittlicher Arbeitsproduktivität hat dann keinen Anreiz mehr, diesen Vertrag anzunehmen. Damit verbleiben als Transaktionspartner nur noch solche Agenten mit einer niedrigen Arbeitsproduktivität.

Unter dem Begriff Moral Hazard werden die nachvertraglichen Probleme der Informationsasymmetrie zusammengefasst. Diese treten auf, wenn der Arbeitseinsatz des Agenten nicht beobachtet werden kann und der Prinzipal daher nicht einzuschätzen vermag, ob das Arbeitsergebnis auf den Agenten oder die Umwelt zurückzuführen ist. Die Entlohnung des Agenten kann in Folge zu hoch ausfallen und der Agent einen Anreiz haben, seinen Arbeitseinsatz weiter zu reduzieren.

Sowohl vor als auch nach Vertragsabschluss steht der Prinzipal also vor der Aufgabe, seine Zielerreichung abzusichern. Hierbei stehen ihm verschiedene Möglichkeiten zur Verfügung (vgl. auch Abb. 4.4):

- **Vor Vertragsabschluss:** Die Adverse Selection Problematik kann durch Minimierung der Informationsasymmetrie zwischen Prinzipal und Agent reduziert werden. Hier stehen drei grundlegende Möglichkeiten zur Verfügung: Screening, Self-Selection und Signalling. Beim Screening versucht der Prinzipal durch geeignete Auswahlmaßnahmen (z. B. Eignungstests, Arbeitsproben) die Qualität des Agenten besser einzuschätzen. Das Anbieten unterschiedlicher Vertragsstrukturen (z. B. leistungsorientierte Entlohnung) kann zu einer Self-Selection führen, wenn die Vertragsausgestaltung nur

die Agenten mit einer hohen Qualität zu einer Annahme des Vertrags motiviert. Letztlich kann auch der Agent durch Signalling, also die Bereitstellung von Informationen
(z. B. Referenzen) oder die glaubhafte Darstellung der Qualität (z. B. durch kostenlose Arbeitsproben) die Informationsasymmetrien reduzieren.

• **Nach Vertragsabschluss:** Das Moral Hazard Problem kann durch zwei grundlegende
  Maßnahmen eingedämmt werden: durch ein verbessertes Monitoring, also die Reduktion der Verhaltensunsicherheiten beispielsweise durch eine engere Überwachung
  des Arbeitseinsatzes (z. B. Arbeitszeiterfassungssysteme, soziale Normen) und durch
  geeignete Anreiz- und Sanktionssysteme (z. B. variable Entlohnung, Abmahnungen).

Alle beschriebenen Maßnahmen des Prinzipals sind mit Transaktionskosten verbunden,
den sogenannten Agency-Kosten (Jensen und Meckling 1976). Aber auch bei optimaler
Absicherung wird es dem Prinzipal niemals gelingen, nachteilige Handlungen des Agenten vollständig zu vermeiden. Diese aus nicht vermeidbaren, opportunistischen Aktionen
des Agenten resultierenden Kosten werden Residualkosten genannt und zählen ebenfalls
zu den Agency-Kosten.

Moritz GmbH

Veronika führt das Unternehmen zusammen mit ihrem Bruder Heiko von der Zentrale in Brückstadt aus. Während sich dieser mehr um die Technik kümmert, ist Veronika für Vertrieb und Marketing zuständig. Für die Finanzen ist der kaufmännische
Leiter Ludwig Wonschack zuständig, der als ehemaliger Banker beste Kontakte zu
den beiden Hausbanken hat. Für ein technisches Controlling fehlt ihm jedoch das
Verständnis, sodass es kein produktgruppenbezogenes Controlling (wie z. B. eine
Spartenerfolgsrechung o. ä.) gibt.

Die ausländischen Niederlassungen werden eng aus Deutschland geführt. Sogar
für das chinesische Unternehmen, an dem die Moritz GmbH aus rechtlichen Gründen
nur zu einem geringen Anteil beteiligt ist, wird die finanzielle Steuerung aus Brückstadt heraus vorgenommen. Heiko war in den ersten Monaten nahezu permanent vor
Ort, um die Fertigung zu überwachen, was ihm persönlich aber nicht so gut gefallen
hat. Die chinesische Kultur ist ihm fremd und er vertraut der dortigen Werkstatt-
leitung nicht. Da dieses Misstrauen von Veronika zwar nicht in dem Umfang, generell jedoch geteilt wird, wurde ein umfangreiches Verrechnungsmodell entwickelt, bei
dem ein Großteil der Margen in Deutschland erwirtschaftet wird – sehr zum Ärger
von Ludwig Wonschack, der viel lieber die Steuervorteile aus den internationalen
Erträgen ausnutzen würde.

Das frühere Organigramm des Unternehmens zeigt deutlich die Dominanz von
Horst Moritz im Unternehmen – trotz der Existenz von drei Geschäftsführern stand
er an der Spitze. Darunter war alles „organisch gewachsen". Doch auch heute ist die
Moritz GmbH zwar in Funktionsbereiche unterteilt. Wenn jedoch ein Problem auf-
tritt oder etwas schnell erledigt werden muss, so verständigen sich Heiko und Veronika untereinander und auch die Teams arbeiten Hand in Hand unabhängig von den
Abteilungen. Diese Art der Unternehmensorganisation hat bisher gut funktioniert.

Auch sonst ist in dem Unternehmen wenig formalisiert. Eine langfristige Planung gibt es nicht – vielmehr wird auf die Entwicklungen des Marktes und die technologischen Ideen von Heiko reagiert. So war es auch beim Ausbau der australischen Niederlassung, die aufgrund der verstärkten Nachfrage des australischen Katastrophenschutzes nach einer großen Waldbrandserie gegründet wurde. Anders als in China wird hier jedoch nicht produziert, das Unternehmen ist mit einer reinen Vertriebsniederlassung vor Ort vertreten. Doch auch hier sind strenge Kontrollmechanismen des Managements vor Ort eingeführt worden. „Man weiß ja nie, was die da downunder so machen", pflegt Heiko zu sagen.

4.4   Agency-Kosten in Familienunternehmen

Grundsätzlich geht die Prinzipal-Agenten-Theorie davon aus, dass bei Einheit von Eigentum und Management keine Agency-Kosten anfallen, da die üblichen Interessenskonflikte auf natürliche Weise gelöst werden (Jensen und Meckling 1976; Fama und Jensen 1983). Denn wenn der Eigentümer (als Prinzipal) auch gleichzeitig das Unternehmen leitet (und damit keinen Agenten braucht), können Interessensdivergenzen und Informationsasymmetrien zwischen Anteilseignern und Management nicht anfallen. Die Einheit von Eigentum und Management findet sich besonders in solchen Familienunternehmen, in denen ein Gesellschafter als Alleinherrscher alle Unternehmensanteile hält und gleichzeitig die Geschäfte führt. Aber auch in Familienunternehmen, in denen alle Gesellschafter gleich große Anteile halten und gleichberechtigt die Geschäftsführung wahrnehmen, dürften theoretisch keine Agency-Konflikte und damit Agency-Kosten anfallen (Fama und Jensen 1983; Witt 2008), da Investitionen in den Aufbau von Mechanismen zur Angleichung der Interessen zwischen Prinzipal und Agent oder zur Überwachung der Agenten nicht notwendig werden.

Weiterhin kann argumentiert werden, dass die Agency-Kosten in Familienunternehmen im Vergleich zu Nicht-Familienunternehmen auch dann niedriger ausfallen, wenn Nichtfamilienmitglieder, also Fremdmanager, das Unternehmen führen. Das ist beispielsweise dann der Fall, wenn sich trotz der Beauftragung von Agenten keine Informationsasymmetrien zwischen dem Prinzipal und dem Agenten ergeben. Der hohe Informationsstand der Eigentümerfamilie in Relation zum Fremdmanager kann in Familienunternehmen durch zwei Faktoren gegeben sein:

- Das Wollen der Eigentümerfamilie: Insbesondere dann, wenn die Eigentümerfamilie einen signifikanten Anteil am Unternehmen hält, hat sie einen hohen Anreiz, das externe Management selber und vor allem intensiver zu überwachen, als im Vergleich zum Anteilseigner in Publikumsgesellschaften. Zudem besteht eine hohe Motivation der Familienmitglieder, sich einen hohen Informationsstand beispielsweise über das operative Tagesgeschäft und das Wettbewerbsumfeld zu bewahren. Denn zum einen soll gesichert werden, dass die Wertschöpfung des Unternehmens den Mitgliedern der Eigentümerfamilie zugute kommt und sich das Management nicht durch (moralisches) Fehlverhalten bereichert (Anderson und Reeb 2003; Barontini und Caprio 2006; McVey et al. 2005). Und zum anderen, und dies ist für viele Familienunternehmer wie in Abschn. 2.3.1 gesehen noch wichtiger, soll das SEW geschützt werden. Entscheidungen des externen Managements, die das SEW gefährden, müssen vermieden und ein zu großer Machteinfluss der externen Manager verhindert werden.

- Das Können der Eigentümerfamilie: Die Mitglieder der Unternehmerfamilie verfügen dank ihrer Eigentümerstellung im Unternehmen zumeist über die Machtbasis, das externe Management zu überwachen. Über ein geeignetes Überwachungsorgan (z. B. Beirat, Aufsichtsrat) oder im Rahmen ihrer Stimmrechte auf der Gesellschafterversammlung können sie Entscheidungen des Managements beeinflussen oder im Extremfall das Management sogar auswechseln. Im Vergleich zu den Aufsichtsgremien in Nicht-Familienunternehmen gehen mit der Familienkontrolle geringere Transaktionskosten einher. Hinzu kommen oft weniger starke Informationsasymmetrien. Die Eigentümer des Familienunternehmens können festlegen, welche operativen Informationen ihnen zur Verfügung stehen sollen. Gleichzeitig verfügen die Familienmitglieder oft über intime Kenntnisse des operativen Tagesgeschäfts und des Wettbewerbsumfelds. Das gilt insbesondere dann, wenn es sich bei den Eignern um die Gründer des Unternehmens, um ehemalige geschäftsführende Gesellschafter oder um Mitarbeiter in Schlüsselpositionen handelt (Miller und Le Breton-Miller 2005).

Aus dieser Argumentation kann geschlossen werden, dass Familienunternehmen die günstigste und damit effizienteste Form der Corporate Governance darstellen (Daily und Dollinger 1993) (vgl. Kap. 10) und leistungsfähiger als Nicht-Familienunternehmen sind. Es finden sich in der Literatur aber auch einige Gründe dafür, dass Familienunternehmen über höhere Agency-Kosten verfügen als Nicht-Familienunternehmen.

Moritz GmbH

Kevin kritisiert den Führungsstil seiner beiden Geschwister. Immer wieder drängt er auf mehr Freiraum, zum Beispiel was die Arbeitszeiten anbelangt. Er verkennt dabei, dass in einem Mehrschichtbetrieb nicht einfach jeder kommen und gehen kann, wann er will. In diversen Sitzungen erklärt Veronika ihm, dass sie bereits eine spezielle Form von agilem Projekt Management eingeführt hätten, bei dem einzelne Teams sich selbst organisieren und dabei auch die Arbeitszeiten der Teammitglieder selbstverantwortlich festlegen. Aber das geht Kevin nicht weit genug. Er ist davon überzeugt, dass das Unternehmen, wenn es „richtig" geführt würde, mehr Geld für ihn als Gesellschafter abwerfen würde. Heiko ist von diesen Diskussionen schon lange so genervt, dass er sich weigert, daran teilzunehmen. Natürlich berichtet ihm Veronika regelmäßig davon und auch das kostet – so Heiko – schon mehr Zeit, die er besser im Betrieb verwenden könnte.

Bisher haben wir nur die Probleme zwischen Prinzipalen und ihren Agenten kennengelernt. Diese werden in der Literatur auch als Agency-Probleme I bezeichnet. Neben den Agency-Kosten I, die durch die Separierung von Eigentum und Management entstehen können, wird allerdings in der Literatur immer wieder auf sogenannte Agency-Kosten II

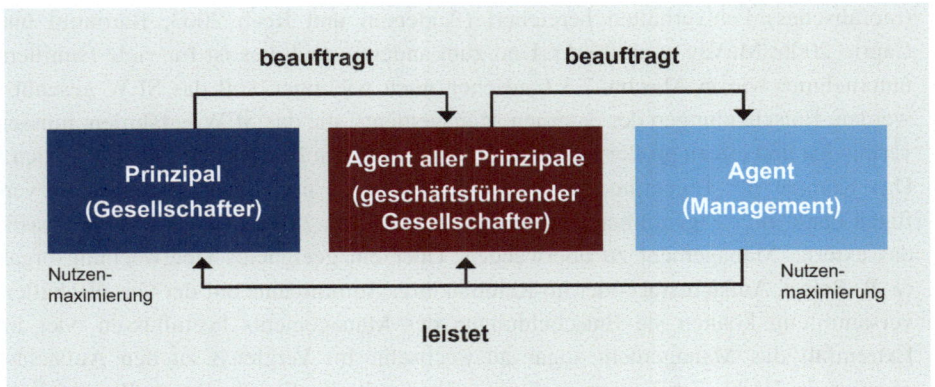

Abb. 4.5 Multi Agenten-Perspektive. (Quelle: Eigene Darstellung)

hingewiesen (Villalonga und Amit 2006). Hierbei handelt es sich um mögliche Konflikte zwischen zwei Prinzipalen, insbesondere zwischen einem mächtigen Prinzipal (z. B. ein Mehrheitseigentümer eines Unternehmens) und den weniger einflussreichen Prinzipalen (z. B. Minderheitseigentümer eines Unternehmens). In diesem Fall besteht die Gefahr, dass der Mehrheitseigentümer seine kontrollierende Position zur Generierung privater Vorteile auf Kosten des Minderheitseigentümers ausnutzt.

Dazu gehören auch Kosten, die auf einer Multi-Agenten-Perspektive basieren und dem gleichen Akteur verschiedene Rollen im Rahmen der Corporate Governance zusprechen (Arthurs et al. 2008) (vgl. Abb. 4.5). So kann der geschäftsführende Gesellschafter einer Geschwistergesellschaft gleichzeitig Prinzipal (in seiner Rolle als Eigentümer), Agent aller Prinzipale (in seiner Rolle als Geschäftsführer) und Agent des eigenen Familienstammes (in seiner Rolle als Mitglied des Familienstammes und Vertreter im Unternehmen) sein. Hierdurch können sich sowohl Konflikte innerhalb der Unternehmerfamilie als auch Probleme zwischen den familieninternen und den familienexternen Anteilseignern ergeben.

Moritz GmbH

Nach seinem Schlaganfall und der Rückkehr von Veronika in das elterliche Unternehmen drängt Horst Moritz seine Tochter zur Übernahme seiner Anteile und bietet ihr eine Geschäftsführerposition an. Veronika überlegt lange, ob sie das machen soll. Zum einen hat sie inzwischen erkannt, dass sie glänzende Perspektiven für eine internationale Marketingkarriere hat. Im Vordergrund stehen jedoch Befürchtungen vor familiären Schwierigkeiten: Sie hat Angst, dass Heiko als Erstgeborener ihr diese herausragende Stellung streitig machen könnte, insbesondere, da er ihr auf der technischen Seite haushoch überlegen ist. Hinzu kommt: Für die beiden leitenden Mitarbeiter Groß und Wonschak soll sie einerseits Kollege und andererseits Hauptgesellschafterin sein. Und dann ist da noch ihre Lebensgefährtin mit Tochter, die

ebenfalls eine wichtige Rolle spielt. Schließlich gibt genau diese Perspektive den Ausschlag: Veronika zieht eine aus ihrer Sicht sichere und regional ausgerichtete Position in der Moritz GmbH einem unsteten Leben im internationalen Marketing vor, sie
adoptiert Marie, die Tochter ihrer Lebensgefährtin und bittet ihren Bruder Heiko, mit
ihr gemeinsam das Unternehmen in Zukunft zu führen. Ihren Bruder Kevin hingegen
möchte sie sich möglichst vom Hals halten, was betriebliche Themen anbelangt –
zu wirklichkeitsfremd sind die regelmäßigen Diskussionen über seine Ansichten
zur Unternehmensführung. Daher erschüttert es sie maßlos, als sie erfährt, dass ihre
Mutter Kevin aus Gerechtigkeitsgründen ihre 13 % am Unternehmen geschenkt hat.
„Mutter hat sich noch nie wirklich ums Geschäft gekümmert, aber das hätte sie mit
uns absprechen müssen. Du wirst sehen, was diese Diskussionen uns noch an Zeit
kosten werden", sagt sie zu Heiko, der das ähnlich sieht wie seine Schwester.

Den bisher aufgezeigten Überlegungen zu den Agency-Kosten in Familienunternehmen
liegen insbesondere theoretische Argumentationen zugrunde. Die empirische Überprüfung
dieser Argumentationen ist allerdings schwierig, da die Erhebung von Agency-Kosten in
der Praxis fast unmöglich ist. Die verschiedenen Transaktionskostenarten, die im Verlauf des Kapitels beschrieben wurden, setzen sich aus verschiedenen Kostenblöcken
zusammen, die nicht ohne weiteres objektiv, zum Beispiel im Controlling, gemessen werden können. Als Beispiel sei an dieser Stelle auf die residualen Kosten aus nicht vermeidbaren opportunistischen Aktionen verwiesen, die nicht sauber und eindeutig abgegrenzt
werden können. Daher ist es nicht verwunderlich, dass in der empirischen Literatur keine
komparativen Studien zu finden sind, die eine klare Aussage zu dieser Problematik geben.

Die wenigen empirischen Studien zu Agency-Kosten in Familienunternehmen
beschränken sich auf das Aufdecken von grundsätzlichen Agency-Problemen, deren Stärke
lediglich einen Hinweis auf die wirklichen Kosten liefern kann (Schulze et al. 2001).
Nichtsdestotrotz beruhen auch diese Studien zumeist auf Indikatoren, die auf Probleme
hinweisen und nicht auf die Messung der Kosten selbst. Zudem sind die Agentenprobleme
stark abhängig von der konkreten Ausgestaltung des Familien- und Unternehmenssystems.
So können Agency-Probleme II natürlich nicht auftreten, wenn keine Minderheitsaktionäre
am Unternehmen beteiligt sind. Und natürlich werden Agency-Probleme nicht auftreten,
wenn nur der geschäftsführende Gesellschafter am Unternehmen beteiligt ist.

Damit Agency-Probleme in Familienunternehmen überhaupt auftreten können, müssen
die zwei folgenden Bedingungen erfüllt sein:

- Familienunternehmen überwachen familieninterne Manager und/oder nutzen Anreiz-
  systeme.
- Familienunternehmen mit Kontroll- oder Anreizsystemen zeigen eine höhere
  Leistungsfähigkeit als solche ohne Kontroll- oder Anreizsysteme.

Die zweite Bedingung ist deshalb wichtig, da das reine Bestehen von Anreiz- und Überwachungsmechanismen nur darauf hinweist, dass die Anteilseigner (also die Agenten)

ihren Prinzipalen nicht vertrauen. Vielleicht ist dies aber eine Fehleinschätzung. Dann würden Agency-Kosten initiiert, ohne dass auf der anderen Seite Agency-Probleme bestehen. Daher kann man nur dann von realen Agentenproblemen ausgehen, wenn die Governance Maßnahmen auch wirklich zu einem höheren Erfolg des Unternehmens führen.

4.5   Stewardship-Theorie

Aus der Kritik an den teils rigiden Annahmen der Prinzipal-Agenten-Theorie sowie aus Erkenntnissen der empirischen Familienunternehmensforschung hat sich eine weitere Theorie entwickelt, die auch Beziehungen in Unternehmen erklärt, allerdings unter der Prämisse des altruistischen Handelns. In der Prinzipal-Agenten-Theorie fallen die zusätzlichen Agency-Kosten durch Konflikte innerhalb der Unternehmerfamilie oder zwischen der Unternehmerfamilie und den familienexternen Gesellschaftergruppen grundsätzlich nur unter der engen Voraussetzung des opportunistischen Verhaltens der betrachteten Akteure an. Geht man allerdings davon aus, dass sich der Agent durchaus im Sinne des Prinzipals verhalten kann, so lässt sich die Reduktion der Agency-Probleme sowie der Agency-Kosten in Familienunternehmen durch eine Beziehung erklären, in der weniger eine Nutzenmaximierung, sondern vielmehr das Konzept des Altruismus im Mittelpunkt der Betrachtung steht. Das Konzept des Altruismus und die Stewardship-Theorie lockern daher die engen Voraussetzungen der Prinzipal-Agenten-Beziehung auf und beleuchten die Entstehung von Transaktionskosten unter der Annahme, dass sich Individuen altruistisch verhalten (Davis et al. 1997). Beides soll im Folgenden näher dargestellt werden.

4.5.1   Das Konzept des Altruismus

Unter Altruismus versteht man die auf moralischen Werten basierende Motivation, Entscheidungen und Handlungen so zu gestalten, dass sie anderen Individuen nutzen. Und zwar ohne die Erwartung der eigenen (späteren) externen Entlohnung (Batson 1990). Der eigene Nutzen wird also ausschließlich durch den Nutzen des Gegenübers bestimmt. Altruistisches Verhalten tritt oft in Familien und insbesondere zwischen Eltern und ihren Kindern auf. Damit ist die Wahrscheinlichkeit, altruistische Verhaltensweisen in ökonomischen Kontexten zu finden, in Familienunternehmen besonders hoch.

Die Vorteile altruistischen Verhaltens in Familienunternehmen liegen auf der Hand. Die Wahrscheinlichkeit von Gesellschafterkonflikten wird deutlich minimiert, denn altruistisches Verhalten stärkt den Familienzusammenhalt und reduziert Informationsasymmetrien (Berghe und Carchon 2003). Zudem wirkt elterliches altruistisches Verhalten als förderlich für die psychologische und soziale Entwicklung der Kinder und verstärkt sich demnach über die Familiengenerationen (Lubatkin et al. 2007). In Folge sinken dysfunktionale Konflikte und eine partizipative Entscheidungskultur wird gefördert (Kellermanns und Eddleston 2004, 2007).

Eine wichtige Annahme der Reduktion der Agency-Probleme und Agency-Kosten durch altruistisches Verhalten ist die der Reziprozität des Altruismus im Sinne eines gegenseitigen altruistischen Verhaltens. Denn nur wenn Altruismus von allen Mitgliedern der Unternehmerfamilie gelebt wird, können Konflikte reduziert werden. Zeigen jedoch nur einige Mitglieder der Unternehmerfamilie altruistisches Verhalten, können neue Agency-Probleme entstehen. In der Literatur spricht man auch von der „Dunklen Seite" des Altruismus (Schulze et al. 2003). Das gilt zum Beispiel für das angestellte Familienmitglied, welches nicht aus Gründen der Qualifikation, sondern aus Gründen der Familienzugehörigkeit eine Führungsposition erhalten hat. Es wurde bereits argumentiert, dass die persönliche Beziehung zum familieninternen Managementmitglied eine realistische Einschätzung der Qualität der Führungsarbeit verhindern kann oder dass nicht-ökonomische Ziele wie die Bewahrung der Kontrolle zu einem Festhalten an einem weniger qualifizierten Geschäftsführer führen kann. Doch auch wenn eine realistische Einschätzung der Leistungsfähigkeit vorliegt und zudem Gründe der SEW-Orientierung eine untergeordnete Rolle spielen, kann aus Gründen altruistischen Verhaltens an dem Geschäftsführer festgehalten werden. Liegt nun kein reziproker Altruismus vor, kann der Geschäftsführer das altruistische Verhalten des Gegenübers opportunistisch ausnutzen und einseitiger Altruismus somit die Gefahr von Trittbrettfahrerverhalten mit sich bringen (Kets de Vries 1993; Schulze et al. 2003).

4.5.2 Grundannahmen der Stewardship-Theorie

Aufbauend auf dem Konzept des Altruismus wurde die Stewardship-Theorie entwickelt.[1] Sie gilt als Gegenreaktion auf das opportunistisch geprägte Agentenbild der Prinzipal-Agenten-Theorie und fußt auf einem soziologisch und psychologisch geprägten Erklärungsansatz der Beziehung zwischen den Agenten (hier Stewards genannt) und den Stakeholdern eines Unternehmens.

Demnach ist das Handeln der Agenten weniger durch die Verfolgung von Individual- und Finanzzielen geprägt, sondern primär durch nicht-finanzielle (intrinsische) Motivationsmomente. Als Begründung werden die Erkenntnisse der Motivationstheorien herangezogen, die besagen, dass finanzielle Motive mit steigender Bedürfnisbefriedigung an Bedeutung verlieren. In den Vordergrund treten Motivationsfaktoren wie die Übernahme von Verantwortung, die Ausführung herausfordernder Tätigkeiten oder die Schaffung von Handlungsflexibilität zur Steigerung des eigenen Engagements. Abb. 4.6 zeigt eine Abgrenzung der Annahmen der Stewardship-Theorie von denen der Prinzipal-Agenten-Theorie.

---

[1]Das Atruismus-Konzept wurde durch die Arbeiten von Donaldson (1990), Donaldson und Davis (1991) und Davis et al. (1997) in die Stewardship-Theorie eingeführt.

	Agenturtheorie	Stewardshiptheorie
Menschenbild	Economic Man	Self-actualizing Man
Verhalten	Eigenwohlorientiert	Gemeinwohlorientiert
Psychologische Mechanismen		
Motivation	Niedrigere Mot.bedürfnisse/ Extrinsisch	Höhere Motivationsbedürfnisse/ Intrinsisch
Sozialer Vergleich	Andere Manager	Prinzipal
Identifikationskraft	Geringes Werte-Commitment	Hohes Werte-Commitment
Macht	Institutionell (legitim, legal, formal)	Personell (Expertentum)
Situationsmechanismen		
Managementorientierung	Kontrolle	Einbindung
Risikoorientierung	Kontrollmechanismen	Vertrauen
Zeithorizont	Kurzfristig	Langfristig
Ziele	Kostenkontrolle	Erhöhung der Leistungsfähigkeit
Kulturelle Unterschiede	Individualismus/Hohe Machtdistanz	Gemeinschaft/Niedrige Machtdistanz

Abb. 4.6 Grundannahmen der Prinzipal-Agenten- und Stewardship-Theorie. (Quelle: In Anlehnung an Davis et al. 1997)

Mit Blick auf Familienunternehmen und die hier tätigen Fremd-CEOs lässt sich aus dieser Perspektive ableiten, dass die Mitglieder der Geschäftsführung keine opportunistisch handelnden Akteure, sondern „gute Verwalter" (Davis et al. 1997) darstellen. Im Gegensatz zum Agenten verfügt der Steward über den gleichen Interessenskanon wie der Prinzipal und richtet sein Handeln entsprechend an den Zielen des Prinzipals aus. Durch die Angleichung der Interessen des Stewards und des Prinzipals minimieren sich gleichzeitig mögliche Zielkonflikte. Durch die höhere Bedeutung kollektiver Interessen in Abgrenzung zur individualistischen Nutzenmaximierung besteht in Folge auch keine Notwendigkeit zur Implementierung spezifischer Überwachungsmaßnahmen oder extrinsischer Anreiz- oder Sanktionssysteme. Während der Agent klar kontrolliert werden muss, ist die Zusammenarbeit mit dem Steward durch gegenseitiges Vertrauen gekennzeichnet.

Moritz GmbH

Kevin kritisiert den Führungsstil seiner beiden Geschwister. Immer wieder drängt er auf mehr Freiraum, zum Beispiel was die Arbeitszeiten anbelangt. Er verkennt dabei, dass in einem Mehrschichtbetrieb nicht einfach jeder kommen und gehen kann, wann er will. In diversen Sitzungen erklärt Veronika ihm, dass sie bereits eine spezielle Form von agilem Projekt Management eingeführt hätten, bei dem einzelne Teams sich selbst organisieren und dabei auch die Arbeitszeiten der Teammitglieder selbstverantwortlich festlegen.

Aber das geht Kevin nicht weit genug. Er ist davon überzeugt, dass das Unternehmen, wenn es „richtig" geführt würde, mehr Geld für ihn als Gesellschafter abwerfen würde. Heiko ist von diesen Diskussionen schon lange so genervt, dass er sich weigert, daran teilzunehmen. Natürlich berichtet ihm Veronika regelmäßig davon und auch das kostet – so Heiko – schon mehr Zeit, die er besser im Betrieb verwenden könnte.

Weitere prägende Merkmale der Stewardship-Theorie sind (Velte 2010):

- der Aufbau von Reputation, Vertrauen und Verantwortung als Hauptziele des Managements,
- eine beratungsorientierte und integrierende Führungsphilosophie,
- der langfristige Zeithorizont der Handlungen des Managements und
- eine klare Werteorientierung und hohe Berufsethik.

Demnach handeln Stewards als Verwalter der Interessen ihrer Prinzipale und müssen – im Gegensatz zum Agenten – nicht überwacht werden. Agency-Kosten fallen somit gemäß der Stewardship-Theorie nicht an.

Angewendet auf die spezielle Situation von Familienunternehmen wird in der Literatur vielfach behauptet, dass Familienmitglieder in der Position eines Agenten (also eines Geschäftsführers oder Mitglieds im Management) aufgrund der im letzten Kapitel besprochenen Annahmen der sozialen Identität und des psychologischen Eigentums mit hoher Wahrscheinlichkeit als „gute Verwalter" des Familienunternehmens und damit auch ihrer Prinzipale auftreten (Stewart 2003; Schulze et al. 2001). Hinzu kommt, dass eine rein finanzielle Zielorientierung eher opportunistisches Verhalten anregt, während nicht-finanzielle Ziele, wie beispielsweise die in Familienunternehmen anzutreffende SEW-Orientierung, ein Stewardship-Verhalten auslösen (Corbetta und Salvato 2004). Folgt man der Stewardship-Theorie, treten die oben genannten Konflikte innerhalb der Unternehmerfamilie nicht oder nur in geringerem Ausmaß auf. Aktivitäten zur Überwachung der Zielerreichung und zur Reduktion der Informationsasymmetrie sind folglich nicht notwendig und in Konsequenz fallen keine Agency-Kosten an.

Das Ausmaß der Zielkonformität aufgrund der sozialen Identität und des psychologischen Eigentums hängt natürlich stark von der Einbettung der Agenten in die Unternehmerfamilie ab. Grundsätzlich ist davon auszugehen, dass diese Einbindung gerade in jungen und vor allem kleineren Familienunternehmen zu finden ist (Wright und Kellermanns 2011). Je komplexer die Struktur der Anteilseigner, also je mehr Anteilseigner, Familienstämme oder Generationen am Unternehmen beteiligt sind, desto schwieriger wird die Wahrung eines konzertierten Familieneinflusses und die Aufrechterhaltung einer gemeinsamen Werte- und Zieleorientierung.

Neben der Reduktion von Familienkonflikten lässt sich durch die Stewardship-Theorie auch eine Reduktion der Konflikte mit den familienexternen Gesellschaftern erklären. Wenn der Agent die Rolle des „guten Verwalters" gegenüber der eigenen Unternehmerfamilie ausfüllt, wird sich sein Rollenverständnis auch auf andere Stakeholdergruppen ausstrecken. Dieser Zusammenhang lässt sich auch im FIBER Modell und den Aussagen zum proaktiven Stakeholderengagement finden. Alle fünf Dimensionen des SEW weisen auf eine hohe proaktive Stakeholderorientierung hin. Neben instrumentellen Gründen wie die Aufrechterhaltung der Familienkontrolle oder die Erneuerung der Familienbindung an die Firma durch dynastische Nachfolge gilt das auch für normative Gründe wie beispielsweise die emotionale Anbindung oder die sozialen Beziehungen. Insbesondere die normative Perspektive deutet auf eine generelle hohe Stewardship-Kultur in Familienunternehmen hin.

4.5.3   Stewardship-Theorie in Familienunternehmen: Empirische Befunde

In der aktuellen Forschung lassen sich empirische Studien zum Stewardship-Verhalten in Familienunternehmen finden. In einer Fallstudie belegen Karra et al. (2006) zum Beispiel, dass wechselseitiger Altruismus zu einer Annäherung der Interessen von Familienmitgliedern und somit zur Senkung von Transaktionskosten führt. Empirische Ergebnisse aus der Studie von Carney (2005) und Chrisman et al. (2004) weisen in die gleiche Richtung. Es wird deutlich, dass Familienunternehmen die für Nicht-Familienunternehmen als effizient geltenden Corporate Governance Mechanismen nur in eingeschränktem Maße benötigen (Carney 2005; Chrisman et al. 2004), da es in Familienunternehmen zu einer starken Interessensannäherung zwischen den Mitgliedern der Unternehmerfamilie und dem Management kommt.

Einen weiteren Hinweis auf Stewardship-Verhalten von Familienmanagern gegenüber den Familiengesellschaftern bietet die Studie von Davis et al. (2010). Die Autoren gehen der Hypothese nach, dass im Familienunternehmen angestellte Familienmitglieder ein deutlich höheres Vertrauen in die familieninterne Firmenleitung haben als andere Angestellte. Die Hypothese wird anhand einer Stichprobe von 1100 Mitarbeitern von Familienunternehmen geprüft und eindeutig gestützt (Davis et al. 2010). Dieses stärkere Vertrauen wird auf ein höheres Stewardship-Verhalten von familieninternen Managern gegenüber der Familie und damit gegenüber den individuellen Familienmitgliedern zurückgeführt. Im Ergebnis wird deutlich, dass Familienmitglieder das Stewardship-Verhalten von Familienmanagern deutlich höher einschätzen als Nicht-Familienmitglieder.

Folgt man diesen ersten empirischen Ergebnissen, so dürften in der Praxis von Familienunternehmen nur geringe Anreiz- oder Überwachungsaktivitäten von familieninternen Managern zu beobachten sein. Allerdings ist dies nicht der Fall. Auch in Familienunternehmen finden wir Beiräte, Aufsichtsorgane, Kontrollgremien und variable monetäre Anreizsysteme. In einer empirischen Untersuchung von über 200 US-amerikanischen Unternehmen belegen Chrisman et al. (2007), dass wirklich beide Bedingungen vorliegen und dass auch in Familienunternehmen, in denen familieninterne Manager tätig sind, Agentenprobleme und damit signifikante Agency-Kosten vorliegen.

Allerdings ist davon auszugehen dass mit zunehmendem Alter und zunehmender Größe von Familienunternehmen die Gefahr von Agentenproblemen deutlich zunimmt. Aufgrund der steigenden Diversität der Anteilseignerstruktur sowie der abnehmenden emotionalen Bindung treten verstärkt nutzenmaximierende Verhaltensweisen auf und die Stewardship-Kultur reduziert sich. Zu ähnlichen Aussagen kamen bereits Schulze et al. (2001), die eine Stichprobe von knapp 1400 US-amerikanischen Familienunternehmen mit einer durchschnittlichen Größe von 200 Mitarbeitern untersuchten. Zwar konnten sie nicht belegen, dass variable Lohnanreize für Familienmanager für sich betrachtet zu einer höheren Leistung führen. Ein umfassendes Governance-System bestehend aus variablen Lohnanreizen, familienexternen Mitgliedern in Kontrollorganen und konkreter strategischer Planung führt jedoch statistisch signifikant zu einer höheren Performance in Familienunternehmen.

Davis et al. (1997) weisen allerdings auf das Risiko hin, das entsteht, wenn die unterschiedlichen Erwartungen und Perspektiven von Agenten und Stewards kollidieren (vgl. Abb. 4.7).

Die Autoren entwickeln ein Modell, das die unterschiedlichen Erwartungen von beiden am Prozess beteiligten Akteuren auf die eigenen Verhaltensweisen und die des anderen erklärt. Dieses Modell ist gut dazu geeignet, um in Familienunternehmen beispielsweise die – oft kritische – Zusammenarbeit zwischen Unternehmerfamilie und Fremd-CEO zu erklären:

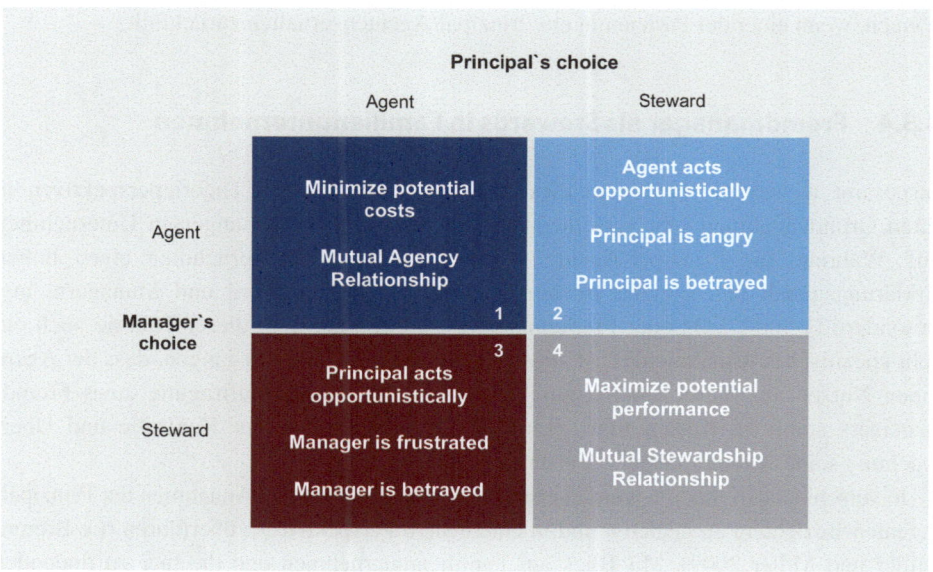

Abb. 4.7 Erwartungen von Agenten und Stewards. (Quelle: Davis et al. 1997)

Quadrant 1: Erwarten beide am Wirtschaftsprozess beteiligten Akteure ein Agentenverhalten, dann entsteht eine Beziehung, in der der Agent für seine Dienste eine angemessene Kompensation erwartet und der Prinzipal verschiedenen Mechanismen der Kontrolle und Überwachung des Agenten einsetzt. Der Prinzipal ist sich bewusst, dass diese Kontrollmechanismen mit Kosten verbunden sind und der Agent ist von den Überwachung- und Kontrollaktivitäten durch den Prinzipal nicht überrascht.

Quadrant 2: Hier verhält sich der Fremdmanager als Agent während der Familienunternehmer als Prinzipal ein Stewardship-Verhalten erwartet. Der Prinzipal wird entsprechend wenig in die Kontrolle und Überwachung des Agenten investieren. Wenn der Agent seine Freiräume für eigennutzorientierte Aktionen ausnutzt, fühlt sich der Prinzipal entsprechend betrogen.

Quadrant 3: Hier fühlt sich der Fremd-CEO als Verwalter des Familieneigentums, wird allerdings von dem Prinzipal einer extensiven Kontrolle und Überwachung ausgesetzt. Der Agent fühlt sich ungerechtfertigt behandelt und empfindet die Kontrollmechanismen als Misstrauen ihm gegenüber. Nicht selten entscheiden sich Fremd-CEOs in dieser Konstellation, das Unternehmen zu verlassen.

Quadrant 4: In dieser Konstellation überträgt die Unternehmerfamilie dem Fremd-CEO das Unternehmen in dem vollen Vertrauen, dass dieser im Sinne der Unternehmerfamilie verwaltet. Die Kontroll- und Überwachungsmechanismen sind gering, da zwischen beiden Akteuren eine Vertrauensbeziehung besteht. Gerade wenn der Fremd-CEO schon sehr lange im Unternehmen aktiv ist, lassen sich in Familienunternehmen sehr stabile Prinzipal-Steward-Beziehungen finden, die über die Zeit wachsen konnten (Davis et al. 1997). Allerdings zeigen Studien, dass diese Stewardship-Beziehungen schnell kippen können, wenn einer der Parteien in ein Prinzipal/Agentenverhalten zurückfällt.

4.5.4 Fremdmanager als Stewards in Familienunternehmen

Insgesamt weisen die beiden in diesem Kapitel aufgezeigten Theorieperspektiven in ihren Grundannahmen sehr verschiedenartige Bilder von Beziehungen in Unternehmen auf. Während die Prinzipal-Agenten-Theorie für Familienunternehmen einen hohen Erklärungsgehalt hat, um die Beziehung zwischen Eigentümern und Managern, insbesondere Fremd-CEOs oder Fremdmanager, zu erklären, liegt dieser Theorie auch ein sehr spezifisches Annahmengerüst zugrunde. Es wird davon ausgegangen, dass der Agent einen Nutzen aus dieser Übertragung ziehen will und die Beauftragung eines Fremdmanagers somit zu Kosten führt die dem Unternehmer aus der Kontrolle und Überwachung seines Fremdmanagers entstehen.

In verschiedenen Studien wurde versucht, diese grundlegenden Annahmen der Prinzipal-Agenten-Beziehung zu negieren und in eine neuere Perspektive zu überführen (Le Breton-Miller und Miller 2009). Mit Blick auf Familienunternehmen und die hier zu findenden

Ziele und Werte lassen eine Kritik am ‚homo oeconomicus' berechtigt erscheinen. Insbesondere die Unternehmerfamilie und die von ihr gelebten SEW-Orientierungen bestärken die Annahme von am Wirtschaftsprozess beteiligten Individuen, die ihre eigene Nutzenmaximierung zugunsten eines kollektiven Ziels zurückstellen (Stewart 2003). Auch der Bezug auf das Konzept des Altruismus hat daher in der Folge zu der Entwicklung und Verbreitung der Stewardship-Theorie in der Forschung zu Familienunternehmen geführt.

In der Stewardship-Theorie wird postuliert, dass sich Fremdmanager in Familienunternehmen eher als Stewards verhalten. Diese Stewards sind dazu in der Lage, ihren Eigennutz zum Wohle des Unternehmens zurückzustellen und das Unternehmen im Sinne des Prinzipals zu führen. Diese beiden – teilweise stark konkurrierenden – Theorieperspektiven haben weitreichende Implikationen für die Unternehmensführung sowie für das Führungsverhalten in Familienunternehmen. So finden sich in der Praxis zum einen Beispiele dafür, dass Fremd-CEOs die Erwartungen der Unternehmerfamilie an ein Stewardship-Verhalten ausnutzen und ein unzureichendes Maß an Kontroll- und Überwachungsmechanismen für die Maximierung ihrer eigenen Interessen einsetzen. Dies ist insbesondere dann der Fall, wenn die Fremdmanager vorher in nicht-familiengeführten Konzernen tätig waren und die hier erlernten Verhaltensmuster in ihre Tätigkeit im Familienunternehmen internalisieren.

Auf der anderen Seite finden sich Beispiele dafür, dass Fremd-CEOs ihre Aktivitäten zum Wohle des Unternehmens einsetzen, sie aber auf ein Führungsverhalten treffen, das durch übermäßige Kontroll- und Überwachungsaktivitäten der Unternehmerfamilie geprägt ist. Dieses ist insbesondere dann der Fall, wenn Inhaber oder Gründer des Unternehmens ihre Aufgabenfelder auf Fremd-CEOs übertragen, aber die Angst vor dem Kontrollverlust oder dem Verlust an SEW überwiegt. So bleibt der Fremd-CEO unter der Überwachung des Patriarchs, obwohl der Fremdmanager willens ist, das Unternehmen im Sinne des Prinzipals zu führen. Diese widersprüchlichen Führungsverhaltensweisen bedingen Kosten, die sich vermeiden lassen, wenn die Führungsbeziehungen zwischen Eigentümern und Fremdmanager systematisch aufgebaut und professionalisiert gemanagt sind.

Allerdings lassen sich in der aktuellen Familienunternehmensforschung vermehrt Studien identifizieren, in der eine Kombination aus der Prinzipal-Agenten-Theorie und der Stewardship-Theorie Anwendung findet. Denn obwohl beide Theorien konträren Annahmen folgen, erklären sie ähnliche Phänomene in Familienunternehmen. In einer Reviewstudie von 107 Artikeln zeigen Madison et al. (2015) beispielsweise auf, wie beide Theorien einen wertvollen Erklärungsbeitrag zu Phänomenen der Familienunternehmensforschung leisten können.

Lernfragen

- Nennen Sie aus Perspektive der Prinzipal-Agenten-Theorie mögliche Gründe, wieso es zu Leistungsunterschieden innerhalb der Gruppe der Familienunternehmen kommt.
- In Familienunternehmen gibt es keine Agency-Probleme. Erläutern Sie Studien, die diese Aussage unterstützen oder widerlegen.

- Diskutieren Sie, unter welchen Bedingungen die Agency-Kosten in Familienunternehmen geringer sind als in Nicht-Familienunternehmen
- Nennen Sie Beispiele für Agentenprobleme aus der Praxis.
- Erläutern Sie was passiert, wenn zwischen den Eigentümern und dem Fremdmanager Stewardship-Erwartungen auf Agenten-Erwartungen treffen und umgekehrt.

Literatur

Anderson, R. C., & Reeb, D. M. (2003). Founding-family ownership and firm performance: Evidence from S&P 500. *Journal of Finance, 58*(3), 1301–1328.

Arthurs, J., Hoskisson, R., Busenitz, L., & Johnson, R. (2008). Managerial agents watching other agents: Multiple agency conflicts regarding underpricing in IPO firms. *Academy of Management Journal, 51*(2), 277–294.

Barontini, R., & Caprio, L. (2006). The effect of family control on firm value and performance: Evidence from Continental Europe. *European Financial Management, 12*(5), 689–723.

Batson, C. D. (1990). How social is an animal? The human capacity for caring. *American Psychologist, 45*(3), 336–346.

Berghe, L., & Carchon, S. (2003). Agency relations within the family business system. *An exploratory approach. Corporate Governance, 11*(3), 171–179.

Carney, M. (2005). Corporate governance and competitive advantage in family-controlled firms. *Entrepreneurship Theory & Practice, 29*(3), 249–266.

Chrisman, J. J., Chua, J. H., & Litz, R. A. (2004). Comparing the agency cost of family and non-family firms. *Entrepreneurship: Theory & Practice, 28*(4), 335–354.

Chrisman, J. J., Chua, J. H., Kellermanns, F. W., & Chang, E. P. C. (2007). Are family managers agents or stewards? An exploratory study in privately held family firms. *Journal of Business Research, 60*(10), 1030–1038.

Coase, R. H. (1937). The nature of the firm. *Econometrica, 4*(16), 386–405.

Corbetta, G., & Salvato, C. (2004). Self-serving or selfactualizing? Models of man and agency costs in different types of family firms: a commentary on ‚comparing the agency costs of family and non-family firms: conceptual issues and exploratory evidence‘. *Entrepreneurship Theory & Practice, 28*(4), 355–362.

Daily, C. M., & Dollinger, M. J. (1993). Alternative methodologies for identifying family- versus nonfamily-managed businesses. *Journal of Small Business Management, 31*(2), 79–90.

Davis, J., Schoorman, F., & Donaldson, L. (1997). Toward a stewardship theory of management. *Academy of Management Review, 22*(1), 20–47.

Davis, J. H., Allen, M. R., & Hayes, H. D. (2010). Is blood thicker than water? A study of stewardship perceptions in family business. *Entrepreneurship Theory & Practice, 34*(6), 1093–1116.

Donaldson, L. (1990). The ethereal hand: Organizational economics and management theory. *Academy of Management Review, 15*(3), 369–381.

Donaldson, L., & Davis, J. H. (1991). Stewardship theory or agency theory: CEO governance and shareholder returns. *Australian Journal of Management, 16*(1), 49–64.

Eisenhardt, K. M. (1989). Agency theory: An assessment and review. *Academy of Management Review, 14*(1), 57–74.

Fama, E. F., & Jensen, M. C. (1983). Separation of ownership and control. *Journal of Law and Economics, 26*(2), 301–325.

Handelsblatt. (2015). Familienkonzern Schaeffler: Continental-Großaktionär geht an die Börse. https://www.handelsblatt.com/finanzen/maerkte/aktien/familienkonzern-schaeffler-continental-grossaktionaer-geht-an-die-boerse/12346636.html. Zugegriffen: 28. Aug. 2018.

Jensen, M. C., & Meckling, W. H. (1976). Theory of the firm: managerial behavior, agency costs and ownership structure. *Journal of Financial Ecomomics, 3*(4), 305–360.

Jost, P.-J. (2000). *Organisation und Koordination: Eine ökonomische Einführung.* Wiesbaden: Gabler.

Karra, N., Tracey, P., & Phillips, N. (2006). Altruism and agency in the family firm: Exploring the role of family, kinship, and ethnicity. *Entrepreneurship Theory & Practice, 30*(6), 861–877.

Kellermanns, F. W., & Eddleston, K. A. (2004). Feuding families: When conflict does a family firm good. *Entrepreneurship Theory & Practice, 28*(3), 209–228.

Kellermanns, F. W., & Eddleston, K. A. (2007). A family perspective on when conflict benefits family firm performance. *Journal of Business Research, 60*(10), 1048–1057.

Kets de Vries, M. F. R. (1993). The dynamics of family controlled firms: The good and the bad news. *Organizational Dynamics, 21*(3), 59–71.

Le Breton-Miller, I., & Miller, D. (2009). Agency vs. stewardship in public family firms: A social embeddedness reconciliation. *Entrepreneurship Theory & Practice, 33*(6), 1169–1191.

Lubatkin, M. H., Durand, R., & Ling, Y. (2007). The missing lens in family firm governance theory: A selfother typology of parental altruism. *Journal of Business Research, 60*(10), 1022–1029.

Madison, K., Holt, D. T., Kellermanns, F. W., & Ranft, A. L. (2015). Viewing family firm behavior and governance through the lens of agency and stewardship theories. *Family Business Review, 29*(1), 65–93.

McVey, H., Draho, J., & Stanley, M. (2005). U.S. family-run companies – They may be better than you think. *Journal of Applied Corporate Finance, 17*(4), 134–143.

Miller, D., & Le Breton-Miller, I. (2005). *Managing for the long run: Lessons in competitive advantage from great family businesses.* Boston: Harvard Business School Press.

Picot, A., Dietl, H., & Franck, E. (2002). *Organisation. Eine ökonomische Perspektive.* Stuttgart: Schäffer-Poeschel.

Schulze, W. S., Lubatkin, M. H., Dino, R. N., & Buchholtz, A. K. (2001). Agency relationships in family firms: Theory and evidence. *Organization Science, 12*(2), 99–116.

Schulze, W. S., Lubatkin, M. H., & Dino, R. N. (2003). Toward a theory of agency and altruism in family firms. *Journal of Business Venturing, 18*(4), 473–490.

Stewart, A. (2003). Help one another, use one another: Toward an anthropology of family business. *Entrepreneurship Theory & Practice, 27*(4), 383–396.

Velte, P. (2010). The link between supervisory board reporting and firm performance in Germany and Austria. *European Journal of Law and Economics, 29*(3), 295–331.

Villalonga, B., & Amit, R. (2006). How do family ownership, control and management affect firm value? *Journal of Financial Economics, 80*(2), 385–417.

Williamson, O. E. (1979). Transaction-cost economics: The governance of contractual relations. *Journal of Law and Economics, 22*(2), 233–261.

Williamson, O. E. (1985). *The economic institutions of capitalism.* New York: Free Press.

Witt, P. (2008). Corporate Governance in Familienunternehmen. *Zeitschrift für Betriebswirtschaft, 78*(2), 1–19.

Wright, M., & Kellermanns, F. W. (2011). Family firms: A research agenda and publication guide. *Journal of Family Business Strategy, 2*(4), 187–198.

Leistungsdifferenzen zwischen Familien- und Nicht-Familienunternehmen

Sind Familienunternehmen erfolgreicher als Nicht-Familienunternehmen oder stellen sie einen gegenüber „professionellen" Gesellschaften per se unterlegenen Typus von Wirtschaftsorganisationen dar? Können Familienunternehmen mit Publikumsgesellschaften mithalten oder sie sogar überflügeln? Diese grundlegende Fragestellung wird in der Familienunternehmensforschung seit rund zehn Jahren intensiv diskutiert. Galten Familienunternehmen zuvor als unmodern und veraltet, so zeigen jüngste Analysen, dass ihre Performance dauerhaft über der von Nicht-Familienunternehmen liegen kann.

Trotz der zunehmenden Zahl an Untersuchungen sind der Einfluss der Familie auf die Leistungsfähigkeit des Unternehmens und die Gründe für Leistungsunterschiede nicht eindeutig geklärt. Die Überlegenheit von Familienunternehmen kann theoretisch nicht eindeutig nachgewiesen werden. Legt man finanzielle Erfolgsmaße zugrunde, so lässt sich – wie Sie in Kap. 3 gesehen haben – für Familienunternehmen durch ihre besondere Ressourcenausstattung eine unterschiedliche Leistungsfähigkeit gegenüber Nicht-Familienunternehmen ableiten. Gleiches gilt für die komparative Analyse der Transaktionskosten.

Erschwert wird der Nachweis, dass aus diesen Leistungsunterschieden auch komparative Vorteile resultieren dadurch, dass viele Familienunternehmen auch nicht-finanzielle Ziele verfolgen. Damit verbietet sich faktisch ein Leistungsvergleich auf Basis finanzieller Maßzahlen. In Anbetracht der vielfältigen ökonomischen Differenzen zwischen Familienunternehmen und Nicht-Familienunternehmen und der hohen Bedeutung von Familienunternehmen für die Volkswirtschaften ist eine separate Beschäftigung mit Familienunternehmen aber gerechtfertigt und äußerst wichtig.

Daher haben wir in diesem Kapitel aktuelle Studien zu diesem Thema zusammengestellt. Das folgende Kapitel gibt Ihnen einen ersten Einblick in die breite empirische Forschung zu den Unterschieden im finanziellen und nicht-finanziellen Erfolg von Familienunternehmen und Nicht-Familienunternehmen. Darüber hinaus vermittelt Ihnen das Kapitel einen kritischen Blick auf die Probleme der Bewertung von Familienunternehmen.

© Springer Fachmedien Wiesbaden GmbH, ein Teil von Springer Nature 2019
B. Felden et al., *Management von Familienunternehmen*,
https://doi.org/10.1007/978-3-658-24058-5_5

Lernziele

1. Sie bekommen einen Einblick in die finanziellen Leistungsunterschiede zwischen Familienunternehmen und Nicht-Familienunternehmen.
2. Sie kennen die Auswirkungen der Familieneinbindung auf die nicht-finanzielle Leistungsfähigkeit von Unternehmen.
3. Sie sind in der Lage, zwischen objektivierten und emotionalen Determinanten bei der Unternehmensbewertung zu unterscheiden.
4. Sie können die verschiedenen Einflüsse der Unternehmerfamilie auf die Unternehmensbewertung strukturiert erläutern.

Praxisbeispiel Familienunternehmen

Im Jahr 2007 entwickelten sowohl die **Privatbank Hauck & Aufhäuser** als auch die Schweizer Credit Suisse jeweils einen eigenen Index für Familienunternehmen. Er basiert auf Erkenntnissen der finanzwissenschaftlichen Literatur, in der immer wieder die besondere Ertragskraft und vor allem Wertentwicklung und Wertbeständigkeit von Familienunternehmen hervorgehoben wird. Zudem scheinen sich Familienunternehmen durch ein geringeres Geschäfts- und Ausfallrisiko auszuzeichnen. Eine Beteiligung an einem Portfolio börsennotierter Familienunternehmen müsste demnach ceteris paribus für Aktionäre eine risikoärmere und langfristig vielversprechende Vermögensanlage sein.

Der an der Börse München gelistete Hauck & Aufhäuser Familienindex Deutschland (HAFixD) besteht aus 20 deutschen, inhaberkontrollierten Aktiengesellschaften, wobei ein Familienaktionär über die Sperrminorität verfügen oder als Mitglied des Aufsichtsrats/Vorstands einen Stimmrechtsanteil von 20 % haben muss. Der Credit Suisse Family Index besteht aus familiengeführten Unternehmen, welche an einer regulierten Börse in Europa oder den USA gelistet sind. Bedingung zur Aufnahme in den Index ist, dass die Gründerfamilie mindestens einen Anteil von 10 % am Unternehmen hält.

Durch die hohe Nachfrage der Anleger nach Anlageformen, die auf diesen Indizes basieren, entwickelte die Deutsche Börse 2010 einen eigenen Index, den sogenannten DAXplus Family Index. Aufgenommen werden können Familienunternehmen des Prime Standards der Deutschen Börse. Diese müssen eines der beiden Kriterien erfüllen:

- Die Gründerfamilie hält mindestens einen 25-prozentigen Stimmrechtsanteil am Unternehmen und verfügt somit über die Sperrminorität.
  ODER:
- Die Gründerfamilie ist in Vorstand oder Aufsichtsrat vertreten und besitzt einen Stimmrechtsanteil am Unternehmen von mindestens 5 %.

Gegenüber dem DAX hat sich der DAXplus Family Index seit Ende 2002 um über 100 Prozentpunkte besser entwickelt. Die Schwankung des DAXplus Family Index ist dabei um 2 Prozentpunkte geringer als jene vom DAX. Auch gegenüber dem TecDAX hat sich der DAXplus Family Index besser entwickelt, seit Ende 2002 um 97 Prozent-punkte. Die Schwankung des DAXplus Family Index ist um knapp 6 Prozentpunkte geringer als jene vom TecDAX.

5.1   Empirische Ergebnisse zur finanziellen Leistungsfähigkeit

Aus Kap. 1 wissen Sie, dass Familienunternehmen sehr unterschiedlich sind. Daher hängt der Vergleich der ökonomischen Leistungsfähigkeit von Familienunternehmen und Nicht-Familienunternehmen auch davon ab, wie die Gruppe der Familienunterneh-men abgegrenzt wird. In der empirischen Forschung finden sich sowohl unidimensionale (Eigentum, Kontrolle, Management) als auch multidimensionale Abgrenzungen (Kom-bination aus Eigentum-Kontrolle-Management, F-PEC), wobei letztere zunehmend an Bedeutung gewinnen.[1] Zudem wird häufig der Einfluss der Gründerpersönlichkeit oder der seiner Nachfolger untersucht. Abhängig von der gewählten Abgrenzung sind die Studienergebnisse oft nicht eindeutig, bisweilen sogar kontrovers. Signifikante Effekte, die aufgrund von Eigentumsrechten, Kontrollrechten und Leitungsstruktur empirisch nachgewiesen worden sind, werden in den nachfolgenden Abschnitten beschrieben. Zusammenfassend bieten diese einen umfassenden Überblick über den empirischen For-schungsstand, offenbaren aber auch zentrale Forschungslücken und damit zukünftige Forschungsfragen.

5.1.1   Eigentum in der Familie

Unternehmerfamilien beeinflussen (wie jeder Anteilseigner) die Aktivitäten und Ent-scheidungen und damit auch Ergebnisse ihres Unternehmens. Amerikanische Studien, die den Zusammenhang zwischen familiärem Eigentum und ökonomischer Unterneh-mensleistung analysieren, kommen überwiegend zum Ergebnis, dass Familienunter-nehmen sowohl eine höhere Gesamtkapitalrendite erwirtschaften als auch ein höheres Marktwert-Substanzwert-Verhältnis (Tobin's Q[2]) aufweisen (Anderson und Reeb 2003). Ähnliche Ergebnisse auf Basis von Tobin's Q finden sich in norwegischen, franzö-sischen, chilenischen, polnischen, amerikanischen, taiwanesischen und kanadischen Untersuchungen (hierzu Hack 2009; Hack et al. 2011).

---

[1]Vgl. Basco (2013) sowie Kap. 1.

[2]Tobin's Q ist eine Kennzahl zur Unternehmensbewertung. Er wird ermittelt, indem man den Marktwert eines Unternehmens durch die Wiederbeschaffungskosten aller Vermögensgegenstände teilt. Wenn diese Kennzahl größer als 1 ist, wird das Unternehmen an der Börse zu einem höheren Wert gehandelt als die Summe seines Vermögens beträgt. Bei einem Wert kleiner als 1 wird das Unternehmen „unter Wert" gehandelt.

Andere Studien kommen zu divergierenden Ergebnissen, so zum Beispiel eine Untersuchung für den spanischen Markt durch Górriz und Fumás (2005). Hier konnten keine signifikanten Leistungsunterschiede zu Nicht-Familienunternehmen festgestellt werden, weder hinsichtlich Tobin's Q noch hinsichtlich Gesamtkapitalrendite. Ähnliche Resultate ergeben Studien für den US-amerikanischen Markt (hierzu Hack 2009). Auch wenn es keine grundsätzlichen Leistungsunterschiede gibt, so ist bei Familienunternehmen die Leistungsauswirkung von der das Unternehmen führenden Generation abhängig (Arosa et al. 2010). Allerdings finden sich keine Studien, die Familienunternehmen im Schnitt eine signifikant schlechtere Unternehmensperformance bescheinigen.

Nun kann man argumentieren, dass es innerhalb der Gruppe der Familienunternehmen zu Leistungsunterschieden kommen muss, je nachdem, wie viele Anteile die Unternehmerfamilie am Unternehmen hält. Je mehr Eigentumsrechte diese besitzt, desto eher wird sie von ihren Kontrollmöglichkeiten Gebrauch machen. Damit wird die Geschäftsführung des Unternehmens stärker überwacht und die Managemententscheidungen werden besser auf die Erreichung der Ziele der Unternehmerfamilie ausgerichtet. Bei kleinem Anteilsbesitz sind die Anreize einer umfangreichen Kontrolle hingegen begrenzt, da die Kontrollkosten den potenziellen Nutzen eher übersteigen. Mit zunehmendem Anteil am Unternehmen steigen hingegen die Gefahr des moralischen Risikos sowie die Bedeutung nicht-finanzieller Ziele. So können große Anteilseigner Managemententscheidungen mit negativem Einfluss auf die Unternehmensleistung herbeiführen. Die Familie könnte beispielsweise aufgrund eines familiären Liquiditätsproblems eine für die Unternehmensentwicklung zu hohe Ausschüttungshöhe festsetzen.

Eine erste empirische Unterstützung dieser gegenläufigen Effekte bietet die bereits erwähnte Untersuchung von Anderson und Reeb (2003). Sie belegen einen umgekehrt u-förmigen Zusammenhang zwischen dem Anteilsbesitz der Unternehmerfamilie und der Unternehmensperformance. Familieneigentum wirkt sich demnach nur bis zu etwa einem Drittel der Anteile positiv aus, danach nimmt die Unternehmensleistung wieder ab. So ist bei bis zu 40 % Eigentumsanteil der Familie eine ansteigende Unternehmensperformance zu erkennen (Kowalewski et al. 2010).

Moritz GmbH

Ausschüttungen sind das zentrale Thema in den Gesellschafterversammlungen der Moritz GmbH. Insbesondere Kevin sieht die Entwicklung des Unternehmens sehr kritisch. Er meint, dass seine Geschwister mit einem „besseren" Führungsstil und nicht mit Reinvestitionen der Gewinne zu besseren Ergebnissen kommen würden. Daher fordert er jedes Jahr vehement Änderungen im Führungsverhalten. „Kauft nicht immer mehr Maschinen, sondern lasst die Leute eigenständiger denken", wirft er ihnen vor. „Ihr habt doch kluge Köpfe, die nutzt ihr gar nicht wirklich." Veronica und insbesondere Heiko lassen diese Sprüche inzwischen unkommentiert vorbeigehen. Sie wissen, dass dahinter eigentlich die privaten finanziellen Bedürfnisse von Kevin stehen, der – ohne regelmäßiges Einkommen, aber mit einem nicht ganz bescheidenen Lebensstil – auf diese Ausschüttungen dringend angewiesen ist. Außerdem muss er für seine drei Kinder regelmäßige Unterhaltszahlungen leisten.

5.1.2   Kontrollrechte

Leistungsunterschiede können auch durch die Trennung von Eigentums- und Kontrollrechten entstehen. Kontrolle kann eine Familie dabei einerseits direkt ausüben, wenn
Angehörige in einem Kontrollgremium (z. B. Beirat) aktiv sind, andererseits indirekt,
wenn die Unternehmerfamilie die Inhaber solcher Positionen bestimmt. Mit steigender
Diskrepanz zwischen Eigentums- und Kontrollrechten sinkt die Marktbewertung eines
Unternehmens, da Großaktionäre, die sowohl Eigentums- als auch Kontrollrechte halten,
in eigenem Interesse und zum Nachteil kleinerer Aktionäre handeln können (Grossman
und Hart 1988; Harris und Raviv 1988). Hierdurch entstehen Agency-Kosten, die sich
negativ auf die Unternehmensperformance auswirken können. So kann Kontrolle auch
Stewardship-Verhalten verdrängen („Crowding Out"). Einzelne Studien (Anderson und
Reeb 2003; McConaughy et al. 2001) zeigen jedoch, dass die Trennung von Eigentums-
und Kontrollrechten auch zu Wachstum führen kann, da die Familie oft den größten Teil
ihres Vermögens im Unternehmen investiert und eine langfristige Sicherung des Unternehmens anstrebt.

Ergebnisse zeigen, dass der Unternehmenswert auf Basis von Tobin's Q positiv
mit dem Umfang des Anteilsbesitzes einer Familie korreliert (Claessens et al. 2002;
Cronqvist und Nilsson 2003). Hinsichtlich der Kontrollrechte bestätigen die Studien
allerdings den theoretisch vorhergesagten Effekt der Wertminderung bei zunehmender
Diskrepanz zwischen Eigentums- und Kontrollrechten. Cronqvist und Nilsson (2003)
zeigen außerdem für börsennotierte schwedische Unternehmen, dass Kontrollrechte,
welche die reinen Eigentumsrechte der Familie übersteigen, eine Unternehmenswertmin-
derung nach sich ziehen. Beispiel hierfür wäre ein Unternehmen, welches stimmrechts-
lose Vorzugsaktien ausgibt. Damit übersteigen die Stimmrechte (also Kontrollrechte) der
normalen Aktionäre ihre Eigentumsrechte während die Besitzer von stimmrechtslosen
Aktien weniger Kontrollrechte als Eigentumsrechte halten. Auch Maury (2006) bestätigt
für eine Stichprobe westeuropäischer Länder den negativen Effekt exzessiver Kontrollrechte. Übersteigen die Kontrollrechte die Eigentumsrechte, wird also die Leistungsfähigkeit von Familienunternehmen untergraben. Je größer der Unterschied ist, desto
größer die negative Wirkung. Diverse Studien weisen in diesem Zusammenhang aber
darauf hin, dass der Einsatz kontrollerhöhender Mechanismen primär einen signifikant
negativen Einfluss auf die Marktleistung (also z. B. den Umsatz) hat, nicht aber auf die
wirtschaftlichen Ergebnisse (also bspw. auf den Gewinn) (Barontini und Caprio 2006;
Cronqvist und Nilsson 2003; Maury 2006).

Die Verteilung der Kontrollrechte innerhalb der Eigentümerfamilie spielt eine wichtige Rolle, jedenfalls für börsennotierte Familienunternehmen (Goel et al. 2011). Liegen
die Kontrollrechte in den Händen weniger Familienmitglieder, ist die Leistungsfähigkeit
geringer. Sind sie hingegen über viele Familienmitglieder verteilt, ist die Leistungsfähigkeit höher. Sie schließen daraus, dass die Verteilung der Kontrollrechte in hierarchi-
schen Kulturen ein geeigneter Mechanismus zur Konfliktverminderung ist. Weiter stellen

sie fest, dass bei hoher Konzentration der Kontrollrechte lange Amtszeiten den negativen Einfluss reduzieren können. Hamadi (2010) widerspricht diesen Ergebnissen, in dem er für belgische Familienunternehmen einen positiven Zusammenhang zwischen dem Vorhandensein großer, kontrollierender Shareholder und der Unternehmensperformance nachweist.

Zu weniger eindeutigen Erkenntnissen kommt die Studie börsennotierter, kanadischer Unternehmen von Ben-Amar und Andre (2006). Sie zeigt, dass unter Verwendung der kurzfristigen Veränderung im Marktwert im Rahmen der Ankündigung einer Fusion oder Übernahme als Leistungsmaßstab die Kontrollrechte einer Familie grundsätzlich zu höheren Marktwerten führen (Ben-Amar et al. 2011). Aber selbst bei hohen Abweichungen zwischen Eigentums- und Kontrollrechten stellen sie keine signifikanten negativen Marktwertveränderungen fest. Auch Sacristán-Navarro et al. (2011) sehen keinen Zusammenhang zwischen Eigentum und Profitabilität. Aus ihrer Sicht sind jedoch die Kontrollrechte entscheidender, womit sie die Vertretung von Familienmitgliedern im Management und/oder Verwaltungsrat meinen (Sacristán-Navarro et al. 2011).

Die unterschiedlichen Ergebnisse sind u. a. auf einen bisher vernachlässigten Einflussfaktor zurückzuführen: die Ausgestaltung der eigentlichen Leitung des Unternehmens. Leistungsvorteile durch Reduzierung der Agency-Kosten bei familiengeführten Unternehmen können zunichte gemacht werden, wenn externe Geschäftsführer hinsichtlich Managementkompetenz und Fachwissen Familienmanagern überlegen sind (vgl. dazu auch den nachfolgenden Abschnitt).

5.1.3   Leitungsstruktur und Nachfolge

Ob Mitglieder der Unternehmerfamilie oder externe Manager Führungspositionen bekleiden, hat ebenfalls Auswirkungen auf die Unternehmensleistung. Eine Vielzahl neuer Arbeiten untersucht genau dieses Thema. Oft zeigen die Studien einen grundsätzlich positiven Einfluss des geschäftsführenden Gründers oder eines Familienmitglieds in der Geschäftsführung (Anderson und Reeb 2003; Bertrand et al. 2008; Lee 2006; Maury 2006). Jedoch ist die Leistungsfähigkeit amerikanischer Unternehmen höher, wenn die Familie nicht den Geschäftsführer stellt (Yermack 1996; Hillier und McColgan 2005).

Sciascia und Mazzola (2008) zeigen, dass die Beteiligung der Familie in einer negativen quadratischen Beziehung (u-förmig) zur Unternehmensleistung steht. Dies bedeutet, dass die Leistungsfähigkeit des Unternehmens bei steigender Zahl an Familienmitgliedern in Führungspositionen wieder abnimmt. Dagegen argumentieren Miller et al. (2007) und Miller und Le Breton-Miller (2011), dass Familienunternehmen bei aktiver Mitwirkung der Gründer die beste Performance erreichen (besonders wenn es sich beim Gründer um eine Einzelperson handelt). Molly et al. (2012) verweisen in diesem Zusammenhang auf den Erfolgsindikator Wachstum, welcher bei gründergeführten Familienunternehmen höher ist.

Familienunternehmen scheinen darüber hinaus immer noch überlegen, wenn familieninterne Nachfolger die Leitung übernehmen. McConaughy et al. (2001) konnten beispielsweise nachweisen, dass die operative Effizienz nach der Übernahme der Unternehmensleitung durch einen Nachkommen steigt. Dem widersprechen jedoch Cucculelli und Micucci (2008), wenn es sich um nichtbörsennotierte Familienunternehmen handelt.

Zu gegenteiligen Ergebnissen kommen Block et al. (2011). Sie zeigen auf Basis der Leistungen gemessen als Tobin's Q der Standard & Poor's 500 Unternehmen in den USA, dass Unternehmen im Familieneigentum mit einer hohen Wahrscheinlichkeit (über 90 %) eine höhere finanzielle Performance aufweisen (Block et al. 2011). Eine Abgrenzung von Familienunternehmen über die Unternehmensführung kommt jedoch zu abweichenden Ergebnissen. So werden familiengeführte Unternehmen tendenziell von ihren nicht-familiengeführten Pendants übertroffen. Dies gilt aber nicht für Familienunternehmen, die von ihren Gründern geführt werden. Hier zeigt sich mit einer Wahrscheinlichkeit von fast 75 % eine bessere Unternehmensperformance gegenüber der Vergleichsgruppe.

Offensichtlich ist es auch nicht möglich unter Berücksichtigung der Leitungsstruktur zu eindeutigen Aussagen zu kommen. Dies liegt – neben der Heterogenität der Familienunternehmen – auch daran, dass die Datenbasis der Studien nur schwer vergleichbar ist, man also z. B. börsennotierte deutsche Unternehmen nicht mit den Standard & Poor's 500 Unternehmen in den USA vergleichen kann.

Moritz GmbH

Die Zahlen der Moritz GmbH zeigen ein anderes Bild, als es Kevin in den Gesellschafterversammlungen zeichnet. Die Moritz GmbH hat in den vergangenen Jahren (wieder) glänzende Ergebnisse erzielen können. Nicht, dass es unter Horst Moritz schlecht gelaufen wäre. Dennoch sind eine Modernisierung der Produktion und eine Neuausrichtung und Diversifizierung im Markt sowie die strategische Positionierung des Unternehmens als internationaler Anbieter überfällig gewesen. Auch die Investitionen in China und Australien – wenngleich von den Geschwistern zunächst mit großen Bauchschmerzen begonnen – tragen zum Erfolg bei.

5.1.4 Multivariate Untersuchungen und Metaanalysen

Im vorigen Jahrhundert beschäftigte sich die Forschung eher am Rande mit betriebswirtschaftlichen Themen von Familienunternehmen. In der letzten Dekade hat die Debatte deutlich zugenommen. Heute liegt eine Fülle empirischer Studien vor – 80 alleine aus den Jahren 2007 bis 2011.[3]

Unabhängig, ob eindimensionale oder multidimensionale Messmethoden eingesetzt werden, aus allen Studien geht hervor, dass die Beziehungen zwischen der Familie und

---

[3]Eine aktuelle Übersicht zeigt Basco (2013).

der Unternehmensperformance komplex sind. Aktuelle Arbeiten (Basco 2013; Mazzi 2011) empfehlen deshalb, das Thema in Zukunft vermehrt aus verschiedenen Blickwinkeln zu betrachten, d. h. multivariate Verfahren einzusetzen und unterschiedliche Erklärungstheorien zu kombinieren.

Arbeiten, welche die hier untersuchten Aspekte Eigentümerstruktur, Leitungsstruktur des Unternehmens und Kontrollrechte der Anteilseigner gleichermaßen berücksichtigen, gibt es aber immer noch eher wenige.

Studien zeigen einen positiven Einfluss familieninterner Leitung auf die Beziehung zwischen Eigentumsrechten und Leistungsfähigkeit auf (Andersen und Reeb 2003). Das bedeutet, dass die positiven Effekte von Eigentum dann verstärkt werden, wenn die Eigentümer gleichzeitig Leitungsaufgaben im Unternehmen wahrnehmen. Eine erweiterte Betrachtung der Kontrollrechte und Leitungsstruktur nimmt Andres (2008) vor und zeigt für deutsche börsennotierte Unternehmen, dass Familienunternehmen erfolgreicher sind, vorausgesetzt ein Familienmitglied ist entweder im Vorstand oder im Aufsichtsrat des Unternehmens. Von externen Managern geführte und kontrollierte Familienunternehmen sind dagegen weniger leistungsfähig.

Villalonga und Amit (2006) bestätigen für eine US-amerikanische Stichprobe börsennotierter Unternehmen, dass Familienunternehmen nur dann leistungsfähiger sind, wenn der Unternehmensgründer aktiv in den Leitungsgremien des Unternehmens tätig ist. Barontini und Caprio (2006) untersuchen Unternehmen aus elf europäischen Märkten und unterstützen die Sichtweise, dass gründergeführte, börsennotierte Unternehmen am leistungsfähigsten sind.

Aufgrund der umfangreichen empirischen Evidenz zu finanziellen Leistungsunterschieden zwischen Familien- und Nicht-Familienunternehmen finden erste Meta-Analysen Eingang in die wissenschaftliche Literatur. Bei einer Meta-Analyse handelt es sich um eine Zusammenführung von Primärdatensätzen zu Metadaten, die mit quantitativen und statistischen Mitteln ausgewertet werden. So werden frühere Forschungsarbeiten quantitativ bzw. statistisch zusammengefasst und kritisch präsentiert.

Eine erste Meta-Analyse durch O´Boyle et al. (2012) findet nach der Zusammenfassung von 95 Einzelstudien keine statistische Evidenz für finanzielle Leistungsunterschiede zwischen Familien- und Nichtfamilienunternehmen. Sogar nach Einbezug verschiedenster Moderatorvariablen in die Betrachtung konnte die Hypothese, dass Familienunternehmen finanziell überlegen sind, nicht bestätigt werden (O´Boyle et al. 2012). Das Argument vieler Forscher, dass fehlende statistische Evidenz auf die Heterogenität innerhalb des Familienunternehmenssegments zurückzuführen sei, wurde damit zum Teil entkräftet. Zumindest für so wichtige Heterogenitätsmaße wie Börsennotierung versus Privateigentum, Unternehmensgröße oder kulturelle Unterschiede je nach Land, in dem das Familienunternehmen tätig ist.[4]

---

[4]Ähnliche Studien mit noch kleineren Datensätzen wurden von Carney et al. (2013) und van Essen et al. (2015) durchgeführt.

Eine aktuellere Meta-Analyse auf Basis einer deutlich höheren Anzahl an Einzelstudien durch Wagner et al. (2015) kommt zu leicht abweichenden Erkenntnissen. Die Autoren entdecken einen leicht positiven statistisch signifikanten Unterschied dahingehend dass Familienunternehmen besser performen als Nicht-Familienunternehmen (Wagner et al. 2015). Dieser Unterschied ist zwar signifikant aber relativ gering. Zudem zeigt sich, dass die definitorische Abgrenzung von Familienunternehmen eine Rolle spielt. So gilt der oben genannte positive Effekt eher für Familieneigentum denn für Familienkontrolle oder -management. Dies kann damit begründet werden, dass gerade Eigentum einen starken Einfluss auf die Strategien und das Handeln des Unternehmens ausübt. Zudem zeigt sich, dass bei Erfolgsmaßen wie der Gesamtkapitalrendite, also Maßen, die weniger stark durch Kapitalstrukturentscheidungen beeinflussbar sind als beispielsweise Eigenkapitalrendite, deutlichere Unterschiede zutage treten.

Zusammenfassend kann gesagt werden, dass Familienunternehmen unter Berücksichtigung aller Aspekte eine leicht höhere Leistungsfähigkeit aufweisen als Nicht-Familienunternehmen, dieser Effekt aber sehr fragil ist und wahrscheinlich von sehr vielen weiteren Kontextbedingungen abhängt.

5.1.5 Defizite bisheriger Studien

Der Vergleich der Studien und die Ableitung allgemeingültiger Aussagen über die komparative, ökonomische Leitungsfähigkeit von Familienunternehmen bleiben schwierig, denn die Untersuchungsergebnisse sind teilweise sehr unterschiedlich, in einzelnen Fällen sogar widersprüchlich – sowohl zwischen als auch innerhalb der Forschungsansätze. Die Gründe dafür sind unter anderem:

- Verwendung unterschiedlicher methodischer Ansätze (theoretische Modelle, Untersuchungsdesigns, Messmethoden, Datenquellen, unabhängige/abhängige Variablen, Stichproben, Definitionen, etc.).
- Ungleiche Untersuchungssubjekte aufgrund der Abwesenheit einer allgemeingültigen Definition von Familienunternehmen (Kernproblem), aber auch fehlende Differenzierung zwischen unterschiedlichen Typen von Familienunternehmen.
- Abbildung kleiner Wirklichkeitsausschnitte, da der Fokus auf börsennotierte Großunternehmen gelegt wird, obwohl Familienunternehmen erwiesenermaßen v. a. von kleiner und mittlerer Größe sind. Ursache dieser Eingrenzung dürfte der einfachere Datenzugang (Publikationspflicht) sein. In kleinen Unternehmen haben Entscheidungen aufgrund der geringen Größe und flacher Hierarchien jedoch größere Auswirkungen auf das gesamte Unternehmen, entsprechend übt die Familie hier einen deutlich stärkeren Einfluss auf die Unternehmensergebnisse aus. In Großunternehmen steigt hingegen die Wahrscheinlichkeit von Prinzipal-Agenten-Problemen.
- Zu eng gefasste Leistungsmaße: Zum einen spiegeln die meist marktwertbasierten, ökonomischen Leistungsmaße nur die Einschätzungen des Marktes über die Leistungsfähigkeit

des Unternehmens wider und stellen kein buchhalterisches Leistungsmaß dar. Zum anderen werden die für Familienunternehmen wichtigen, nicht-finanziellen Leistungsmaße (z. B. Image, Unabhängigkeit, Fortbestand) nicht berücksichtigt. Im Zentrum steht demnach die „Unternehmens-Performance" (ökonomische Zielsetzungen) während die „Familien-Performance" (nicht-ökonomische Zielsetzungen) vernachlässigt wird (hierzu Basco 2013).

- Länderspezifische Rahmenbedingungen (z. B. abweichende gesetzliche Regelungen, Kontrollstrukturen, Schutzmechanismen für Minderheitsaktionäre).

Die zentralen Herausforderungen zukünftiger Forschungsarbeiten liegen in der Abgrenzung von Familienunternehmen und der Berücksichtigung unterschiedlicher Typen (Nutzung multidimensionaler Abgrenzungsvorschläge). Weitere Herausforderungen liegen in der Entwicklung eines ganzheitlichen, multidimensionalen „Performance"-Ansatzes, d. h. Einbezug ökonomischer und nicht-ökonomischer, aber auch unternehmens- und familienorientierter, langfristiger Leistungskennzahlen, sowie in der Betrachtung zusätzlicher Moderatorvariablen, die über Eigentums-, Kontroll- und Leitungsstrukturen hinausgehen (z. B. Generationen, Lebenszyklen von Unternehmen). Darüber hinaus sind verstärkt kleinere und mittlere Unternehmen in empirischen Studien zu betrachten.

5.2   Empirische Ergebnisse zur nicht-finanziellen Leistungsfähigkeit

Aus Abschn. 2.3.4 wissen wir, dass finanzielle Ziele für Familienunternehmen zwar wichtig sind, aufgrund der besonderen Wertesysteme aber nicht das einzige und ausschlaggebende Ziel darstellen. Vielmehr gewinnen in Familienunternehmen nicht-finanzielle Ziele eine besondere Bedeutung. Daher zeichnet der Vergleich zwischen Familien- und Nicht-Familienunternehmen auf Basis finanzieller Erfolgsmaße auch nur ein sehr eingeschränktes Bild (Petersen und Distelberg 2011).

Vielmehr sind Dimensionen wie Überlebensfähigkeit und Beständigkeit, Reputation oder Nachhaltigkeit, kurz, die Dimensionen des SEW, als Vergleichswerte zu berücksichtigen. Denn Familienmitgliedern ist beispielsweise die Reputation des eigenen Unternehmens sehr wichtig, da sie sich mit dem Unternehmen identifizieren und einen hohen emotionalen Nutzen aus einer hohen Reputation ziehen können.

Eine aktuelle Untersuchung von Aparicio et al. (2017) mit Hilfe der hybriden Delphi Methode[5] ergab eine Liste der wichtigsten finanziellen und nicht-finanziellen Zielsetzungen von Familienunternehmern. Die Ziele konnten den folgenden vier Oberthemen zugeordnet werden (Aparicio et al. 2017):

---

[5]Mehr zur Methode vgl. Aparicio et al. (2017).

- Familienorientierte finanzielle Ziele (z. B. Auszahlungen an Familienmitglieder, langfristige finanzielle Stabilität des Familienunternehmens)
- Unternehmensorientierte finanzielle Ziele (z. B. Unternehmenswachstum, Gewinn)
- Familienorientierte nicht-finanzielle Ziele (z. B. Werteübereinstimmung zwischen Familie und Unternehmen, Verbesserung der Reputation der Familie)
- Unternehmensorientierte nicht-finanzielle Ziele (z. B. Konsumentenzufriedenheit, soziale Verantwortung)

Noch differenzierter betrachten Holt et al. (2017) die Ziele von Familienunternehmen. Sie schlagen die in Abb. 5.1 dargestellte Strukturierung vor.

Insgesamt zeigt sich, dass die Vielfalt der nicht-finanziellen Ziele sehr hoch ist. Aus Unternehmenssicht steht vor allem die Stakeholderorientierung, also die Befriedigung der Interessen der am Unternehmen beteiligten und durch das Unternehmen beeinflussten Akteure, im Vordergrund. Der Mitarbeiter- und Kundenorientierung fällt hier eine wichtige Rolle zu. Aber auch die weiteren ökonomischen, sozialen und ökologischen Auswirkungen des unternehmerischen Handelns rücken in den Fokus. Zudem scheint die Unternehmenstradition und die Erhaltung der lokalen Wurzeln für viele Unternehmerfamilien eine große Bedeutung zu besitzen. Alle diese sehr diversen Ziele müssten im Rahmen der Leistungsbewertung ins Auge gefasst werden.

Während der finanziellen Leistungsfähigkeit von Familienunternehmen wie oben gezeigt bereits hohe Aufmerksamkeit in der empirischen Forschung geschenkt wurde, finden sich in der Literatur aber nur sehr vereinzelte Studien, die empirisch zeigen, wie erfolgreich Familienunternehmen hinsichtlich des Erreichens ihrer nicht-finanziellen Ziele, wie beispielsweise ihrer Reputation sind. Eine deutsche Studie von Krappe et al. (2011) untersucht die allgemeine Wahrnehmung von Familien- versus Nicht-Familienunternehmen

	Unternehmensebene	Familienebene
Finanzielle Ergebnisse	• Profitabilität • Wachstum • Liquidität	• Familieneinkommen und Wert des Anlageportfolios • Familienvermögen • Familienbesitztümer
Nicht-Finanzielle Ergebnisse für interne Stakeholder	• Produktqualität • Arbeitszufriedenheit • Stewardship-Klima	• Familienzufriedenheit • Familienzusammenhalt • Zugehörigkeit
Nicht-Finanzielle Ergebnisse für externe Stakeholder	• Kundenzufriedenheit • Unternehmensimage • Soziale Verantwortung	• Einbettung in der Gemeinschaft • Familienimage • Familienvermächtnis

Abb. 5.1 Zielstruktur von Familienunternehmen. (Quelle: In Anlehnung an Holt et al. 2017)

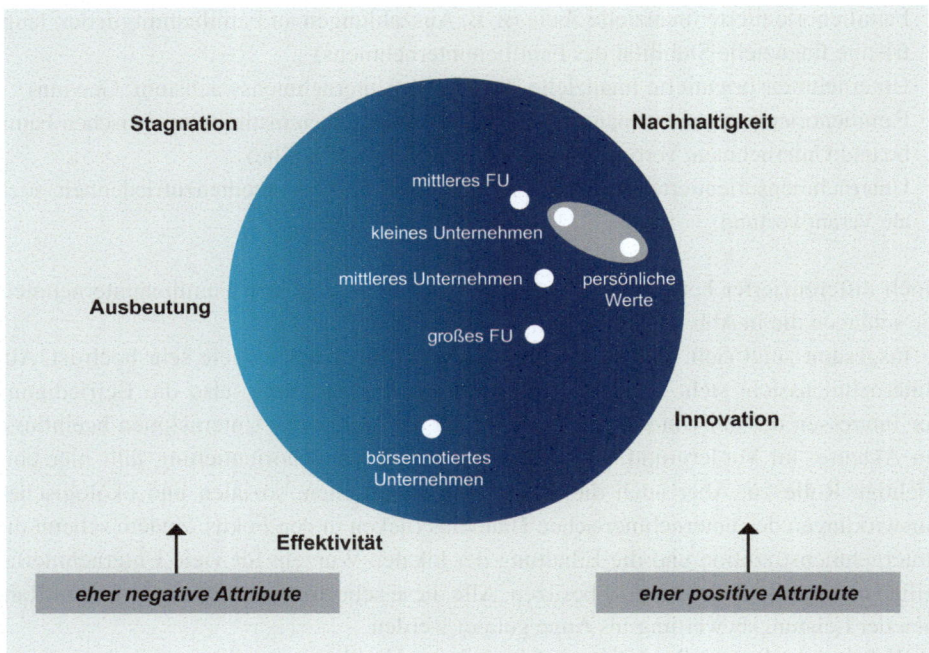

Abb. 5.2   Die Wahrnehmung von Familien- und Nicht-Familienunternehmen. (Quelle: In Anlehnung an Krappe et al. 2011)

in Deutschland (vgl. Abb. 5.2). Dazu wurden Probanden gebeten, verschiedene Unternehmenstypen (z. B. mittelgroße Familienunternehmen, mittelgroße Nichtfamilienunternehmen, Großunternehmen im Familieneigentum, börsennotierte Großunternehmen) hinsichtlich der Begrifflichkeiten Effektivität, Innovation, Nachhaltigkeit, Ausbeutung und Stagnation einzuschätzen sowie anzugeben, welche Attribute am ehesten ihren eigenen persönlichen Werten entsprechen. Ihre persönlichen Werte decken sich mit den Begriffen Innovation und Nachhaltigkeit. Gegenüber Effektivität sind sie eher neutral eingestellt, während sie die Begriffe Ausbeutung und Stagnation negativ evaluieren (Krappe et al. 2011). Interessant ist die Einordnung der einzelnen Unternehmenstypen in diesen semantischen Raum.

Die Studie zeigt, dass mittelgroße Unternehmen unabhängig von der Eigentümerstruktur hinsichtlich der fünf Schlagworte recht ähnlich eingeschätzt werden. Die Befragten weisen ihnen hohe Werte bei der Nachhaltigkeit und Innovation zu, niedrige bei Stagnation, Ausbeutung und Effektivität. Damit kommen diese Unternehmen den persönlichen Idealvorstellungen der Befragten recht nahe. Zu betonen ist, dass familiengeführte mittelgroße Unternehmen etwas besser hinsichtlich Nachhaltigkeit bewertet werden, während mittelgroßen Unternehmen ohne Familieneinfluss eine höhere Innovationsfähigkeit nachgesagt wird. Insgesamt belegen diese Ergebnisse, dass Unternehmerfamilien von mittelgroßen Unternehmen ihre nicht-finanziellen Zielsetzungen, nämlich eine hohe Reputation bei den externen Stakeholdern zu erreichen, recht gut erfüllen.

Sehr deutlich wird die positive Bewertung von Familienunternehmen für die Gruppe der Großunternehmen. Börsennotierte Großunternehmen werden zwar als effizienter wahrgenommen, die Befragten ordnen diesem Unternehmenstyp aber auch häufiger das Attribut der Ausbeutung zu. Höhere ethische und moralische Werte und damit ein besseres soziales Bild bieten dagegen große Familienunternehmen.

Diese allgemeine positive Einstellung gegenüber Familienunternehmen spiegelt sich auch in den Einstellungen spezifischer Stakeholdergruppen von Familienunternehmen und deren Verhalten wider. Erste Hinweise finden sich vor allem für die Gruppe der Endkunden. Seit in den USA 1982 erstmals die Liste der „America's Most Admired Corporations" erschien, finden sich mehr als 150 solcher Rankings überall auf der Welt. Und Familienunternehmen sind sehr häufig unter den Top-Platzierten zu finden (Global RepTrak™ 100 2012; Fombrun 2007).

Eine qualitative Befragung britischer und irischer Kunden von Lebensmittelläden gibt detailliertere Einblicke in die Wahrnehmung von Familienunternehmen. So berichteten die Kunden von ihrem hohen Vertrauen in familiengeführte Lebensmittelläden, der Integrität der Familienmitarbeiter, deren Rechtschaffenheit und deren Verlässlichkeit. Im Gegenzug waren sie bereit, kleinere Preisaufschläge in Kauf zu nehmen. Grundsätzlich brachten alle Befragten ihre langfristige Bindung zum Ausdruck (Carrigan und Buckley 2008).

In einer quasi-experimentellen Studie in den USA wurden diese ersten anekdotischen Erkenntnisse weiter vertieft. Knapp 140 Studierenden wurde die Eröffnung eines neuen Lebensmittelladens in ihrer Umgebung angekündigt. Einmal handelte es sich um einen familiengeführten Lebensmittelladen, im anderen Fall um eine internationale Lebensmittelkette. Ziel der Studie war es, die komparativen Einschätzungen potenzieller Konsumenten herauszufiltern, und zwar hinsichtlich Image und Vertrauen. Die Analysen brachten signifikante Unterschiede ans Licht. So schätzen die potenziellen Käufer den Kundenservice in den familiengeführten Lebensmittelläden deutlich höher ein als in Supermarktketten. Gleiches gilt für das Vertrauen in die Mitarbeiter und die generelle Zufriedenheit mit dem Einkauf (Orth und Green 2006).

Eine aktuelle experimentelle Studie von Schellong et al. (2018) baut auf diesen ersten Erkenntnissen auf und bietet ein noch klareres Verständnis dafür, warum Kunden zufriedener mit einem Einkauf bei einem Familienunternehmen sein könnten. Das Forscherteam verköstigte einen naturtrüben Apfelsaft an Konsumenten. Einer ersten Probandengruppe wurde der Apfelsaft als ein Produkt eines Familienunternehmens, einer zweiten Probandengruppe als ein Produkt eines Nicht-Familienunternehmens vorgestellt. Im Anschluss an die Verköstigung holten die Forscher die individuellen Einschätzungen zur Zufriedenheit mit dem Produkt ein. Darüber hinaus bat man die Konsumenten, die Arbeitsbedingungen und die allgemeine soziale Verantwortung des Unternehmens für die Umwelt und die Gesellschaft zu bewerten. Interessant ist, dass über diese Faktoren in dem experimentellen Design keine Informationen gegeben wurden.

Die Ergebnisse zeigen, dass sowohl die interne als auch die externe soziale Verantwortung bei einem Familienunternehmen als statistisch signifikant höher eingeschätzt wurde. Außerdem führte diese positive Wahrnehmung zu einem höheren Konsumentennutzen, obwohl beide Gruppen den gleichen Apfelsaft konsumierten.

Diese höhere Kundenzufriedenheit kann für eine Unternehmerfamilie ein wichtiges nicht-finanzielles Ziel darstellen, denn eine hohe Reputation verschafft den Familienmitgliedern wegen ihrer Identifikation mit dem Unternehmen eine intrinsische Befriedigung ihres Seins und ihres Handelns (Haslam und Ellemers 2005). Die ersten empirischen Erkenntnisse weisen also darauf hin, dass Familienunternehmen in dieser Hinsicht tatsächlich eine gute Performance zeigen.

Es wird vielfach argumentiert, dass sich die nicht-finanziellen Erfolge von Familienunternehmen auch in einer höheren finanziellen Leistungskraft niederschlagen können. Im Fall der Kundenzufriedenheit könnte dies bedeuten, dass eine höhere Zufriedenheit mit einer höheren Kundenloyalität einhergeht (und damit mit einem zukünftigen sicheren Umsatz). Hier konnte die Studie von Orth und Green (2006) aber keinen Zusammenhang zeigen. Die Kundenloyalität ist demnach für beide Unternehmenstypen gleich hoch ausgeprägt. Interessant in diesem Zusammenhang sind die empirischen Erkenntnisse von Binz et al. (2013). Aus der Marketingforschung wissen wir, dass die Kaufpräferenzen von Privatkunden sowohl durch harte Faktoren (z. B. Produktqualität) als auch durch weiche Faktoren (z. B. Vertrauen, Integrität) beeinflusst werden. Interessanterweise gilt der Einfluss der weichen, oder besser gesagt der Beziehungsfaktoren, nur für die Untergruppe der familiengeführten Unternehmen. Dies gibt einen ersten Hinweis darauf, dass die Erreichung nicht-finanzieller Ziele doch zu einer Steigerung der finanziellen Leistungen führen kann.

Wie wir aus den vorherigen Kapiteln wissen, handelt es sich bei Familienunternehmen nicht um eine homogene Gruppe von Unternehmen. Vielmehr kann die Gruppe nach verschiedenen Dimensionen weiter differenziert werden. Daher stellt sich die Frage, ob die Reputation von Familienunternehmen nicht davon abhängt, wie stark die Unternehmerfamilie im Unternehmen involviert ist. Denn je stärker sie involviert ist, desto wichtiger werden nicht-finanzielle Werte und damit steigt die Wahrscheinlichkeit, dass sich das Unternehmen auch dieser nicht-finanziellen Zielerreichung verpflichtet fühlt. Eine vergleichende Auswertung der Reputation von 197 weltweiten Familienunternehmen gibt hier erste interessante Aufschlüsse. Demnach steigt die Reputation von Familienunternehmen deutlich mit dem Anteilseigentum, welches die Unternehmerfamilie am Unternehmen hält (Deephouse und Jaskiewicz 2013). Aber auch der Familienname im Firmennamen oder die Präsenz der Familienmitglieder in den Kontrollgremien des Unternehmens hat einen positiven Einfluss auf die Reputation.

Neben der Stakeholdergruppe der Kunden konnten in der Literatur auch positive Einstellungen der Gruppe der Mitarbeiter bzw. potenzieller Mitarbeiter gegenüber Familienunternehmen festgestellt werden. Eine quasi-experimentelle Befragung von 175 Jobsuchenden in Deutschland durch Hauswald et al. (2016) ergab ein eindeutiges Bild: Die Wahrscheinlichkeit, dass die Arbeitssuchenden eine langfristige Arbeitsbeziehung mit einem Familienunternehmen eingehen, ist deutlich höher als mit einem Nicht-Familienunternehmen. Möglicherweise liegt dies an der Vertrauenswürdigkeit von Familienunternehmen als Arbeitgeber, sicherlich aber auch an der wahrgenommenen Stabilität und Sicherheit eines Arbeitsplatzes in Familienunternehmen. Diese positiven Sichtweisen übersteigen die möglichen Vorbehalte gegenüber Familienunternehmen als unflexible

Arbeitgeber mit schlechteren Karrieremöglichkeiten. Möglich ist, dass Arbeitssuchende die begrenzenden Möglichkeiten „einkaufen", um Sicherheit zu gewinnen. Darauf weisen auch die weiteren Analysen der Forscher hin, die zeigen, dass unter unsicheren wirtschaftlichen Bedingungen die positive Signalkraft von Familienunternehmen als Arbeitgeber sogar noch einmal deutlich stärker ist als in wirtschaftlich stabilen Zeiten.

Moritz GmbH

In der Moritz GmbH gibt es eine hohe Mitarbeiterzufriedenheit. Von den rund 160 Mitarbeitern sind weit über die Hälfte länger als fünf Jahre im Unternehmen beschäftigt, knapp ein Viertel sogar bereits 15 Jahre und länger. Immer wieder werden 25-jährige Firmenjubiläen gefeiert – jedes Mal Anlass für ein gemeinsames Abendessen mit der Geschäftsführung und der gesamten Abteilung. Im letzten Jahr feierte wieder ein Mitarbeiter aus der Produktion seine 50-jährige Betriebszugehörigkeit bei Moritz und schon sein Vater hat „unter H1" wie er zu Hugo Moritz sagt, gearbeitet. Fluktuation gibt es bei der Moritz GmbH so gut wie gar keine; das Unternehmen verzeichnet sogar einen Zulauf von Mitarbeitern. Insbesondere seit Veronica ein Wiedereinstiegsprogramm für Mütter entwickelt hat und aktiv die Elternzeit auch für Väter im Unternehmen bewirbt, erhält das Unternehmen viele Bewerbungen von engagierten jungen Leuten aus der Region.

Neben der Kunden- und Mitarbeiterorientierung als nicht-finanzielle Zielgröße sei abschießend noch auf die allgemeinen philanthropischen Aktivitäten von Familienunternehmen und deren Einfluss auf die nicht-finanzielle Zielerreichung hingewiesen. Unter Philanthropie in einer Unternehmerfamilie werden unterschiedliche Aktivitäten wie individuelle Spenden einzelner Familienmitglieder an ausgewählte Zwecke, die Errichtung von Familienstiftungen, aber auch Sponsoring von Sozialprojekten durch das Familienunternehmen verstanden. Erste empirische Arbeit belegen, dass diese Aktivitäten wichtige familieninterne nicht-finanzielle Zwecke, wie zum Beispiel die Verbesserung von Familiendynamiken oder von Familienreputation unterstützen. Aber auch finanzielle Ziele können gefördert werden, so zum Beispiel die Unternehmensbewertung.[6]

Alle genannten Leistungsmaße sind wichtig für Familienunternehmen. Basierend auf der SEW Orientierung sind aber durchaus weitere Kennzahlen denkbar. Als Indikatoren für den Familienunternehmenserfolg lassen sich unter anderem identifizieren (Sorenson 1999, 2000):

- wirtschaftliche Unabhängigkeit und Sicherheit der Unternehmerfamilie,
- Work-Life-Balance,
- entgegengebrachter Respekt für die Unternehmerfamilie,
- Zukunftsperspektiven für die Nachkommen und
- Familienzusammenhalt.

---

[6]Vgl. für einen ausführlichen Überblick über die philantrophischen Aktivitäten von Familienunternehmen die Überblicksarbeit von Feliu und Botero (2016).

Wie ersichtlich, sind viele dieser nicht-finanziellen Ziele weder objektiv messbar (wie es z. B. bei der Höhe des Gewinns oder dem Börsenwert der Fall ist) noch kann gesagt werden, ab welcher Ausprägung die nicht-finanziellen Ziele als erreicht gelten. Die Erreichung dieser Leistungsmaße und die Zufriedenheit mit der Leistung kann somit nur durch die Familienunternehmen selbst eingeschätzt werden. Denn wenn die individuellen Familienziele erreicht werden bzw. wenn die Familie zufrieden mit der Zielerreichung ist, wird sie weiterhin motiviert und engagiert das Unternehmen begleiten.

Genau diesen Weg der individuellen Zufriedenheitsmessung verfolgen Basco und Pérez Rodriguez (2009), indem sie 732 spanische Unternehmerfamilien nach der Zufriedenheit mit der Erreichung ihrer finanziellen aber vor allem auch nicht-finanziellen Ziele befragen. Dabei unterscheiden sie Familienunternehmen danach, wie stark sie „family first" oder „business first" orientiert sind. Man könnte annehmen, dass „family first" Unternehmen einen besseren Zielerreichungsgrad bei ihren nicht-finanziellen Zielen erreichen, wohingegen „business first" Unternehmen deutlich erfolgreicher bei der Erreichung ihrer finanziellen Ziele sind. Jedoch finden die Autoren bei den finanziellen Zielen keine Unterschiede zwischen den beiden Gruppen während die nicht-finanziellen Ziele der „family first" Unternehmen deutlich besser befriedigt werden. Eine auf die Familie ausgerichtete Geschäftsstrategie und ein familienwerteorientiertes Unternehmenshandeln können also zu einer insgesamt höheren Leistung führen.

Fraglich ist jedoch an dieser Stelle die Kausalität der Zusammenhänge. Sind „family first" Unternehmen deshalb zufriedener, weil sie eine bessere Performance zeigen, oder weil sie sich niedrigere Ziele stecken? Eine hohe Identifikation mit dem Unternehmen führt dazu, dass die Zufriedenheit mit der Leistung steigt (Mahto et al. 2010). Dies wird mit einer Art „Selbstschutz" begründet, denn aufgrund der sozialen Identität wird bei einer Zielverfehlung auch das eigene Ich und die Zufriedenheit mit der eigenen Person beschädigt. Zudem, so die Autoren, kann eine hohe Interaktion mit dem Familienunternehmen dazu führen, dass die eigenen Erwartungen deutlich häufiger aktualisiert werden und somit mögliche Leistungsrückgänge bereits frühzeitig psychologisch integriert werden. Die Enttäuschung ist damit bei Bekanntwerden der endgültigen Leistungsdaten weniger stark ausgeprägt. Eine Befragung von mehr als 2000 US-amerikanischen Familienunternehmen bestätigt diese Vermutungen für finanzielle Leistungsmaßstäbe. Eine ausführliche Betrachtung der nicht-finanziellen Zielerreichung steht jedoch noch aus.

5.3   Die Bewertung von Familienunternehmen

Die bisherigen Ausführungen haben gezeigt, dass generalisierte Aussagen zu Leistungsdifferenzen und damit zum Erfolg von Familienunternehmen kaum getroffen werden können. Zum einen herrscht eine sehr hohe Heterogenität innerhalb der Gruppe der Familienunternehmen und zum anderen ergeben sich die jeweiligen Vor- und Nachteile eines Unternehmens immer aus dem spezifischen Umweltkontext und der subjektiven Nutzeneinschätzung der Beteiligten. Eine Bewertung kann demnach immer nur individuell vorgenommen werden.

Einige besondere Ereignisse im Lebenszyklus eines Familienunternehmens erfordern aber zwingend eine Einschätzung der ökonomischen Wertepotenziale des Unternehmens: dies sind zum Beispiel ein Börsengang, Beteiligungen von Investoren, die Unternehmensübergabe oder auch der Gesamtverkauf des Unternehmens. Jede Bewertungssituation ist natürlich durch die individuellen Kontextbedingungen einzigartig. Beispielsweise ergibt sich beim Kauf durch ein Industrieunternehmen meist eine andere Bewertungsgrundlage als beim Kauf durch einen Private Equity Fonds, da ersteres nicht nur den reinen finanziellen Wert des Unternehmens einschätzt, sondern möglicherweise auch realisierbare Synergieeffekte bewertet. Auch werden Unterschiede in der Bewertung auftreten, wenn an einen familienexternen Investor verkauft oder an ein Familienmitglied verschenkt werden soll. Hier können zum Beispiel emotionale Aspekte aber auch steuerrechtliche Überlegungen eine Rolle spielen.

Auf diese Vielfalt an Einflussfaktoren auf die Bewertung kann an dieser Stelle nicht näher eingegangen werden. Wir betrachten daher im Folgenden, auch aufgrund der hohen praktischen Relevanz, zunächst die Bewertung eines vollständigen Verkaufs des Unternehmens aus Sicht eines familienexternen (nicht emotional mit dem Unternehmen verbundenen) Investors.

Gerade im Kontext der Bewertung von Familienunternehmen werden emotionale Aspekte eine große Rolle spielen. Auf die sich aus der emotionalen Bindung der familieninternen Käufer ergebenen Besonderheiten gehen wir in einem zweiten Schritt genauer ein.

Anders als bei der unentgeltlichen Unternehmensübertragung erhalten der Inhaber bzw. die Gesellschafter für den Verkauf des Unternehmens einen Gegenwert in Form des Kaufpreises. Im Rahmen der Verkaufsverhandlungen wird das Unternehmen bewertet, um ein realistisches Verkaufsangebot zu ermitteln. Naturgemäß sind die Preisvorstellungen der veräußernden und der erwerbenden Seite meist unterschiedlich. Darüber hinaus muss zwischen dem Wert eines Unternehmens und einem dafür erzielbaren Preis unterschieden werden. Preise sagen wenig über die Vorteilhaftigkeit eines Angebots aus, maßgeblich dafür ist der tatsächliche Gegenwert. Zudem ergeben sich Preise auch aus den zugrunde liegenden Verhandlungsstärken der jeweiligen Partei. Abschließend werfen wir daher einen Blick auf die Besonderheiten bei der Preisfeststellung.

5.3.1 Grundzüge der objektivierten Unternehmensbewertung

Für den Käufer spielt der emotionale Wert des Familienunternehmens zumeist nur eine untergeordnete Rolle. Investoren sind vielmehr am objektiven Wert des Unternehmens interessiert. Dabei ist es bei erster Betrachtung unwichtig, ob es sich bei dem Kaufobjekt um ein Familien- oder Nicht-Familienunternehmen handelt. Doch auch bei einem Erwerber spielen subjektive und individuelle Faktoren (wenn z. B. der Standort des Unternehmens seinem Lebensmittelpunkt entspricht) eine nicht unwichtige Rolle. Der Erwerber ist an einem möglichst geringen Kaufpreis interessiert, da dieser für ihn Investitionsaufwand bedeutet und in vielen Fällen eine hohe Zinsbelastung durch Fremdfinanzierung entsteht. Der Erwerber kennt das Unternehmen und seine Zahlen in der Regel jedoch nicht genau. Er geht damit erhebliche Risiken und Unsicherheiten bei dem Erwerb ein, ob zum Beispiel die Ertragschancen tatsächlich seinen Erwartungen entsprechen oder ob alle Mitarbeiter im Unternehmen verbleiben. Entsprechend wird er versuchen, den Kaufpreis möglichst gering anzusetzen.

Der Übergeber hingegen veräußert nicht nur die sichtbaren Unternehmenswerte, wie zum Beispiel Maschinen, Anlagen, Grundstücke und Gebäude, sondern ein ertragstiftendes Gesamtgebilde. Gute Kundenbeziehungen, die marktgerechte Positionierung, funktionierende Strukturen, Prozesse sowie ein ausgefeiltes Produkt- und Leistungssortiment sind durch seine langjährige unternehmerische Betätigung entstanden.

Auch wenn eine unbeteiligte Person das Unternehmen beurteilen soll, spielen dessen subjektive Annahmen zum Beispiel über die Zukunftspotenziale des Unternehmens eine Rolle. Der Wert des Unternehmens ist daher faktisch nicht objektiv feststellbar, man spricht vom sog. objektivierten Wert (Wollny 2008). In Literatur und Praxis existieren eine Vielzahl verschiedener Bewertungsverfahren, die versuchen, diesen objektivierten Wert eines Unternehmens zu berechnen.

„Ein Unternehmen ist genau so viel wert, wie ein Käufer bereit ist, dafür zu bezahlen" ist eine häufig getroffene Aussage. Das sog. Multiplikatorverfahren[7] nutzt Informationen von bereits am Markt beobachteten Unternehmenstransaktionen. Es wird unterstellt, dass der Marktmechanismus den „richtigen" Preis für Unternehmen am besten ermitteln kann. Vergleichbare Familienunternehmen – bezüglich ihrer Branche, Unternehmensgröße und den wirtschaftlichen Rahmenbedingungen – können jedoch ganz unterschiedliche Werte haben. Aus diesem Grund können Vergleichswertmethoden (wie auch die regelmäßig veröffentlichten Multiples von realisierten Verkäufen) nur sehr bedingt eingesetzt werden.

Welches Verfahren sachgerecht ist, wird auch durch den Bewertungsanlass determiniert. Soll das Unternehmen in seiner derzeitigen Struktur nicht weiter fortgeführt werden, wird eine Substanz- bzw. Liquidationswertberechnung sinnvoll sein. Das Substanzwertverfahren ist früher stark verbreitet gewesen und wird auch heute noch häufig angewandt. Ihm liegt die Idee zugrunde, dass sich der Unternehmenswert aus den Vermögensteilen errechnet, die für einen Wiederaufbau des Unternehmens nötig wären. Es beruht also auf der Überlegung, dass ein Käufer so viel für ein Unternehmen zu zahlen bereit ist, wie er für die Rekonstruktion des Betriebs mit der gleichen Leistungsfähigkeit aufwenden müsste. Die Vorteile dieses Verfahren liegen in seiner langjährigen Praxisbewährung und der relativ einfachen Ermittlung des Ergebnisses.

Die Kritiker des Substanzwertverfahrens halten vor allem entgegen, dass Datenbanken und Wertpapiere für ein Unternehmen nur dann wertbildend sind, wenn daraus

---

[7]Grundsätzlich nutzt man dann den Multiplikator einer Branche mit einer Kennzahl (z. B. EBIT) und wendet diesen Multiplikator auf das zu bewertende Unternehmen an. Ist z. B. das 5-fache des EBITs für Unternehmen in einer Branche bezahlt worden, kann man argumentieren, dass auch das 5-fache des EBITs für zukünftige Transaktionen ein angemessener Verkaufspreis wäre.

laufende Erträge erzielt werden können. Die zentrale Frage basiert dann auf einem investitionstheoretischen Gedanken: „Was kann ein Käufer zukünftig mit dem Unternehmen verdienen?".

Zunehmend in der Praxis durchgesetzt haben sich daher die Ermittlungen der nachhaltig erzielbaren Erträge nach dem Ertragswertverfahren sowie die Berechnung der realisierbaren (jährlichen) Cash-Flows nach der Discounted Cash-Flow Methode (DCF). Beide basieren auf der Bestimmung zukünftig erzielbarer finanzieller Ergebnisse, welche mit einem risikoinduzierten Zinssatz auf den Bewertungsstichtag diskontiert werden. Die Unsicherheit der Zukunftserwartungen stellt jedoch ein besonderes Problem bei der Einschätzung des zukünftigen Erfolgs dar. Hier sind – anders als bei der Bilanzierung – Chancen und Risiken in gleichem Maße zu berücksichtigen. Die bislang erzielten Ergebnisse geben hierzu einen ersten Anhaltspunkt. Erkennbare Risiken (und Chancen) werden in den einzelnen Aufwendungen und Erträgen berücksichtigt. Alle weiteren, nicht abwägbaren Risiken werden im Kapitalisierungszinsfuß erfasst (Felden et al. 2012).

Grundlage des Ertragswertverfahrens ist immer die Ermittlung der nachhaltig erzielbaren Erträge des Unternehmens. Dabei werden betriebswirtschaftlich korrekt die Einnahmenüberschüsse (Cash-flows) herangezogen. In der Praxis verwendet man typischerweise die Ergebnisse der Jahresabschlüsse. Manche Bewertungen ermitteln lediglich den Durchschnittsertrag aus der Vergangenheit, ohne vergangene und zukünftige Trends und Entwicklungen zu berücksichtigen. Da für den Käufer zukünftige (und nicht vergangene) Erträge von Bedeutung sind, muss eine betriebswirtschaftlich korrekte Bewertung jedoch einen Zukunftsbezug herstellen. Grundlage der Unternehmensbewertung sollten auch in der Praxis mindestens zwei bis drei Zukunftsjahre sein und es muss ersichtlich werden, wie sich die einzelnen Planungspositionen zusammensetzen und aufgrund welcher Prämissen sie zustande gekommen sind.

Falls (betriebswirtschaftlich nicht korrekt, in der Praxis aus Gründen der Praktikabilität durchaus üblich) Vergangenheitsdaten in die Prognose einfließen, müssen diese detailliert betrachtet und gegebenenfalls um außergewöhnliche Ergebnisse korrigiert werden. Dazu zählen neben einem Vergleichsmaßstäben standhaltenden Unternehmergehalt auch nicht erfasste kalkulatorische Gehälter von Familienangehörigen (z. B. der Ehepartner, der abends Rechnungen schreibt), kalkulatorische Mieten – sofern die gezahlte von der marktüblichen Miete abweicht – sowie alle einmaligen Ertrags- und Aufwandspositionen, die nicht dem operativen Geschäft zuzurechnen sind: z. B. Sonderabschreibungen durch Lagerbrand, Versicherungsentschädigungen.

Die korrigierten Daten sowie die einzelnen Planergebnisse bilden die Grundlage für nachhaltig erzielbare Erträge. Für die Unternehmenswertermittlung werden für eine begrenzte Anzahl von Jahren die Zukunftsergebnisse einzeln auf den Bewertungsstichtag diskontiert und ein ebenfalls abgezinster Residualwert addiert oder vereinfacht ein gewichteter Durchschnitt aller betrachteten Jahre gebildet.

Schwieriger ist die Bestimmung des risikoinduzierten Zinssatzes, der festlegt, welche Verzinsung der Käufer unter Berücksichtigung alternativer Kapitalanlagen mit vergleichbarem

Risiko vom Unternehmen erwartet. Beim DCF-Verfahren wird hierfür ein dem zu bewerten-
den Unternehmen vergleichbarer Kapitalmarktzins zugrunde gelegt. Da dies bei den meisten kleinen und mittleren Unternehmen mangels vergleichbarer kapitalmarktorientierter
Unternehmen nicht möglich ist, müssen bei diesen Unternehmensgrößen betriebs- und größenspezifische Risikofaktoren dezidiert analysiert werden, um daraus die Zinshöhe plausibel
abschätzen zu können. Zu diesen Risikofaktoren gehören beispielsweise eine hohe Abhängigkeit vom Inhaber als wesentlichem Know-how-Träger oder eine hohe Wettbewerbsdichte
im Markt, an dem das Unternehmen nur einen marginalen Marktanteil hält. Diese Risikofaktoren können nicht mathematisch berechnet, sondern nur durch Erfahrungswerte abgeschätzt
werden.

Moritz GmbH

Der Einkauf der Moritz GmbH bezieht im Wesentlichen standardisierte Stahlerzeug-
nisse. Es stehen ausreichend Lieferanten zur Verfügung. Starke Preisschwankungen
sind nicht zu erwarten, die allgemeine Verteuerung der Einstandspreise für Metalle
konnte in den letzten Jahren überwiegend auf die Kunden abgewälzt werden. Zusätzlich werden größere Aufträge auch komplett in Fremdfertigung (sog. verlängerte
Werkbank) realisiert: Die Moritz GmbH beauftragt Unterauftragnehmer, wenn die
eigenen Produktionskapazitäten ausgeschöpft sind. Dabei werden auch Kostenvorteile
durch Fremdfertigung im osteuropäischen Ausland genutzt. Auch in diesem Bereich
besteht kein Mangel an Anbietern. Durch die geringe Fertigungstiefe ist das Unternehmen relativ unabhängig von Nachfrageschwankungen.

Geht man bei der Kapitalisierung des nachhaltigen Zukunftsertrags vereinfachend von
einer unbegrenzten Fortführung des Unternehmens aus, ergibt sich aus dem errechneten
nachhaltigen Betriebsergebnis und dem zugrunde gelegten Kapitalisierungszinsfuß nach
der Formel der ewigen Rente ein Unternehmenswert, den ein Kapitalinvestor mit einer
dem Zinssatz entsprechenden Risikoneigung für betriebswirtschaftlich äquivalent hält.

Mitunter wird das im Unternehmen befindliche Fremdkapital von diesem Ergebnis
noch abgezogen, um den Wert des Eigenkapitals zu ermitteln. Dies ist nur dann korrekt,
wenn einerseits alle Finanzierungskosten aus den Zukunftserträgen eliminiert wurden
(man also z. B. vom EBIT ausgeht) und darüber hinaus ein gewichteter Fremdkapitalzins
(z. B. der WACC) als Kapitalisierungszinsfuß zugrunde gelegt wird.

5.3.2 Der Realoptionenansatz

Die genannten Ansätze finden in der Praxis zwar häufig Anwendung, haben aber speziell
für Familienunternehmen einen Nachteil: sie berücksichtigen den Einfluss der Unternehmerfamilie auf den Unternehmenswert nur pauschal über die Zinshöhe. Wie in den bisherigen
Ausführungen dargestellt, ergeben sich aus der besonderen Stellung als Familienunternehmen spezifische Leistungsdifferenzen. Häufig repräsentieren Familienunternehmen damit

eine Vielzahl von Entwicklungschancen, aber eben auch besondere Risiken. Diese Chancen und Risiken sollten sich in der Bewertung als „Realoption" widerspiegeln.

Im Realoptionenverfahren wird die unternehmerische Flexibilität ähnlich der einer Finanzoption bewertet, da diese genutzt werden kann, um den Wert des Unternehmens zu beeinflussen[8]. Während sich Finanzoptionen auf Finanzwerte beziehen, sind Bezugsgrößen bei Realoptionen reale Vermögenswerte. Teile des Unternehmens oder auch spezifische Projekte können analog einer Finanzoption betrachtet werden und Chancen für die Zukunft abbilden.

Der Realoptionenansatz ist in der Praxis nicht so stark verbreitet und für die Bewertung nicht direkt anwendbar, trotzdem stellt er ein insbesondere für Familienunternehmen interessantes theoretisches Analyseverfahren dar. Gegenüber anderen Bewertungsverfahren geht der Realoptionenansatz mit einer höheren Bewertungsgenauigkeit einher, allerdings auch mit einer gewissen Komplexität. Vorteil ist insbesondere, dass Unsicherheiten über die zukünftige Entwicklung des Unternehmens Eingang in die Bewertung finden.

Ahlers et al. (2014) schlagen in Bezug auf den Erwerb eines Familienunternehmens das Konzept des Family Firm Acquisition Values (FFAV) vor. Hierzu berücksichtigen die Autoren drei Aspekte:

- Die Chancen, die sich für das Unternehmen ergeben, sobald die Unternehmerfamilie das Unternehmen verlassen hat (sogenannte Non-Family Options, NFO).
- Die Risiken, die sich durch den Weggang der Unternehmerfamilie ergeben (sogenannte Family Options at Risk, FoaR).
- Die Maßnahmen, mit denen sich dieses Risiko begrenzen lässt (sogenannte Risk Mitigation Measures, RMM).

Damit ergibt sich zusammengefasst folgende Formel zur Berechnung des Wertes eines Familienunternehmens (Ahlers et al. 2014):

$$FFAV = NFFV + NFO - (FoaR - RMM)$$

Der Wert eines Familienunternehmens setzt sich demnach zusammen aus dem Wert eines Nicht-Familienunternehmens (sogenannter Non-Family Firm Value, NFFV) zuzüglich der Chancen durch das Verlassen abzüglich der Risiken durch den Weggang vermindert um die Maßnahmen, mit denen sich die Risiken begrenzen lassen.

Der Einfluss der Unternehmerfamilie auf das Unternehmen kann dazu führen, dass das wirtschaftliche Potenzial nicht vollständig ausgeschöpft wird, entweder weil bestimmte

---

[8]Bei einer Finanz-Call-Option zum Beispiel erwirbt der Käufer gegen eine Gebühr das Recht, aber nicht die Verpflichtung, für eine bestimmte Periode, ein bestimmtes Gut (Basiswert) zu einem im Voraus vereinbarten Preis (Ausübungspreis) zu kaufen. Liegt der Basiswert über dem Ausübungspreis und der Optionsprämie, macht der Käufer einen Gewinn, wenn nicht, verfällt die Option ohne Wert.

wirtschaftliche Optionen nicht erkannt werden oder aufgrund der spezifischen Werteorientierung nicht ausgeschöpft werden können. Handelt es sich bei dem Käufer eines Familienunternehmens um einen stärker finanziell orientierten Akteur, so bestehen hier reale
Chancen, nach dem Ausstieg der Familie neue Wertschöpfungspotenziale zu heben. So
ergeben sich gegebenenfalls:

- Optionen durch höhere Wachstumsorientierung: Familienunternehmen tendieren
  dazu, sich auf die Bewahrung des Vermögens zu konzentrieren, sodass sie zuweilen
  weniger investieren und das (z. B. internationale) Wachstum des Unternehmens nicht
  energisch vorantreiben. Eine geringere Risikoneigung wird häufig mit der Tatsache
  begründet, dass das Vermögen der Familie im Unternehmen steckt. Käufern bieten
  sich in solchen Fällen Opportunitäten, um in neue bzw. verwandte Produktsegmente
  vorzustoßen oder in neue Märkte zu expandieren.
- Optionen durch stärkere Gewinnmaximierung: Nicht immer ist die Struktur von
  Familienunternehmen effizient organisiert, da Präferenzen eben auch für nicht-finanzielle Zielsetzungen existieren. So kann sich die Familie zum Beispiel einer Verlagerung der Produktion in Niedriglohnländer aus besonderer Verantwortung gegenüber
  Region oder Mitarbeitern widersetzen, obwohl dies wirtschaftlich geboten wäre.
  Langfristige Beziehungen zu Lieferanten können ggf. zu weniger wettbewerbsfähigen
  Einkaufspreisen führen oder bei der Personalauswahl werden schlechter qualifizierte
  Familienmitglieder präferiert. In allen diesen Fällen bieten sich für Käufer Handlungsoptionen, um Strukturen zu verbessern, die Effizienz zu steigern und das Unternehmen stärker auf Profitabilität auszurichten.
- Optionen durch Minimierung der emotionalen Bindung: Familienunternehmen nehmen mitunter in Kauf, Ressourcen ineffizient einzusetzen. Sie können sich zum Beispiel weigern, verlustreiche Geschäftsbereiche aufzugeben – sei es aufgrund von
  Familientradition, Nostalgie, oder schlicht Emotionen. Dies kann negative Effekte auf
  die Wertschöpfung des Unternehmens haben. Für Käufer ergeben sich daraus Optionen, ganze Geschäftsbereiche oder Assets aufzugeben oder gewinnbringend weiterzu-
  verkaufen.
- Optionen durch Aufgabe der Angst vor Kontrollverlust: Familienunternehmen können
  dazu tendieren, seltener externe Finanzierungsquellen heranzuziehen. Dies geschieht
  aus Angst, die Kontrolle über das Unternehmen zu verlieren oder Banken mitentschei-
  den zu lassen. Hier ergibt sich für Käufer die Möglichkeit, effiziente Verschuldungs-
  strukturen einzuführen, um den Unternehmenswert zu steigern.

Diesen potenziellen Realoptionen, die sich durch den Rückzug der Unternehmerfamilie
bieten, stehen allerdings auch Risiken als entgangene Realoptionen gegenüber. Hierunter
fallen:

- Optionen durch soziales Kapital: Familienunternehmen verfügen über ein hohes Maß
  an sozialem Kapital, weil sie ihr Handeln langfristig ausrichten, eine größere Freiheit

bei der Auswahl ihrer Geschäftspartner haben und Transaktionen oft persönlich abwickeln. Dies stärkt die Beziehungen zu Zulieferern, Kunden, Politikern und anderen Organisationen. Es gewährt ihnen zudem Zugang zu Quellen, die ihnen Wettbewerbsvorteile verschaffen können zum Beispiel wichtige Informationen, technisches Fachwissen oder Zugänge zu Märkten. Soziales Kapital, das an die Familie gebunden ist, kann damit zu einer besseren wirtschaftlichen Performance führen. Es steht für einen realen ökonomischen Wert, der – mit dem Ausstieg der Familie – verloren gehen kann.

- Optionen durch Humankapital: Familienunternehmen werden häufig mit einer höheren Motivation, Loyalität, Treue und starkem Engagement der Mitarbeiter assoziiert, was positive ökonomische Effekte haben kann. Die Beziehung zwischen der Familie und den Mitarbeitern kann zudem von einem hohen Maß an Vertrauen geprägt sein, was sich in einer positiven Firmenkultur widerspiegelt. Ein potenzieller Käufer sieht sich dem Risiko ausgesetzt, solch eine Konstellation – nach dem Ausscheiden der Familie – nicht aufrecht erhalten zu können, wodurch die Unternehmensperformance geschwächt werden kann.

- Optionen durch „geduldiges" Kapital: Familienunternehmen lassen sich bei (Investitions-) Entscheidungen meist von längerfristigen Erwägungen leiten. Shareholder stellen ihnen „geduldiges" Kapital (patient capital) zur Verfügung. Das Management kann es sich leisten, sich bei neuen Projekten Zeit zu nehmen; anders als viele Shareholder-Value getriebene Unternehmen an der Börse. Es überrascht nicht, dass „geduldiges" Kapital in der Regel einen positiven Einfluss auf die Innovationsfähigkeit von Familienunternehmen hat. Steht dieses Kapital – nach dem Ausstieg der Familie – nicht mehr zur Verfügung und steigen die erwarteten Mindestrenditen, so muss das Management nach neuen renditeträchtigen Geschäftsaktivitäten Ausschau halten, um kurzfristig die geforderte Rendite zu erreichen.

Der Wertbeitrag der Unternehmerfamilie für das Unternehmen – positiv wie negativ – lässt sich anhand von Realoptionen also sehr gut strukturieren – leider handelt es sich derzeit „nur" um einen Strukturierungsansatz. Eine Berechnung des Unternehmenswerts auf Basis von Realoptionen ist für die Praxis kaum realisierbar, da die Werte der einzelnen Optionen in ihrer Eintrittswahrscheinlichkeit und Höhe nur unzureichend einschätzbar sind.

Für eine grobe Orientierungshilfe des Unternehmenswerts ergeben sich aus dem Realoptionenenansatz aber folgende Konsequenzen (vgl. Abb. 5.3): Übersteigen die Chancen durch den Weggang die Risiken, so kann das Unternehmen mit einem Wertaufschlag im Vergleich zum Nicht-Familienunternehmen bewertet werden. Ein Wertabschlag ist dann zu kalkulieren, wenn der Wert der Risiken eines Ausscheidens der Familie höher liegt als der Wert der Chancen. A priori kann natürlich nicht gesagt werden, ob mit einem Wertaufschlag oder Wertabschlag zu rechnen ist. Dennoch gibt es Hinweise darauf, wann ein Familienunternehmen mehr oder eben weniger wert ist, als es die traditionellen Bewertungsverfahren berechnen.

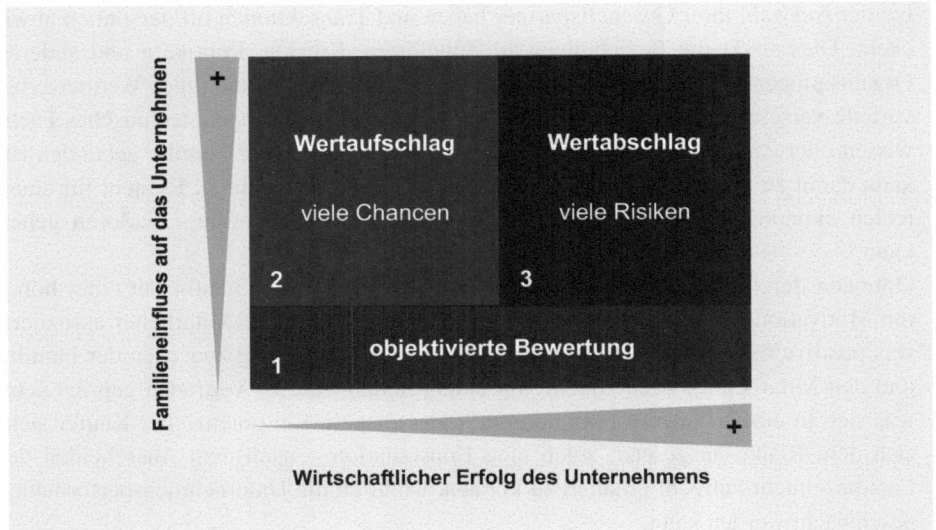

Abb. 5.3 Der Unternehmenswert nach dem Ausstieg der Eigentümerfamilie. (Quelle: Eigene Darstellung)

Hat die Unternehmerfamilie nur einen geringen Einfluss auf das Unternehmen, so ist nicht mit einem hohen Wertauf- oder -abschlag zu rechnen. Klassische Bewertungsverfahren werden hier einen realistischen Wert berechnen können (Fall 1). Ist der Einfluss der Unternehmerfamilie auf das Unternehmen, sei es durch eine starke Managementeinbindung, durch traditionelle Familienwerte oder durch die Dominanz von Familienmitgliedern in den Kontrollgremien sehr hoch, so werden sich die positiven oder negativen Aspekte des Ausstiegs auch deutlich in der Bewertung niederschlagen (Fall 2 und 3).

Ist das betrachtete Familienunternehmen sehr erfolgreich, so kann davon ausgegangen werden, dass familienspezifische Ressourcen einen hohen Erfolgseinfluss haben und der Verkauf und damit der Rückzug der Unternehmerfamilie aus dem Unternehmen zu einem wirtschaftlichen Rückschlag führen kann (Fall 3). Dementsprechend ist die Wahrscheinlichkeit eines Wertabschlags hoch. Agiert das Familienunternehmen dagegen nur mit einem niedrigen oder mäßigen wirtschaftlichen Erfolg auf dem Markt, so könnten durch den Rückzug der Familie Non-Family-Options realisiert werden (Fall 2). Ein Wertaufschlag ist in diesem Fall eher zu vermuten.

Um die Realoptionen der Unternehmerfamilie nicht zu verlieren, sollten die Käufer von Familienunternehmen den positiven Einfluss der Familie erkennen und über geeignete Maßnahmen sichern. Hier lassen sich verschiedene mögliche Maßnahmen der Risikominimierung identifizieren (Ahlers et al. 2014). So kann zum Beispiel der Verlust an Realoptionen durch die fortwährende und selektive Einbindung von Familienmitgliedern vermieden werden. Einzelne Mitglieder der Familie könnten zum Beispiel weiterhin

Managementpositionen besetzen, im Beirat oder Aufsichtsrat beratend aktiv sein oder als „Botschafter" der Marke/des Unternehmens weiterwirken.

Oft gestaltet sich ein Verkaufsprozess, der auch mit Bedauern und Trauer verbunden sein kann, allerdings schwierig, sodass die Familie nicht immer willens ist, nach der Trennung noch eine Rolle im Unternehmen zu spielen. Käufern sollte aber klar sein: Gelingt es, für die Führungsgremien sowohl Familienmitglieder als auch externe Manager zu gewinnen, kann dies positive Effekte auf die Leistungsfähigkeit haben und eine Win-Win-Situation für beide Seiten bedeuten. Auf die wichtigsten Maßnahmen und deren Erfolgsauswirkungen wird in Kap. 11 im Zusammenhang mit der Unternehmensnachfolge nochmals detaillierter eingegangen. Hier soll nur festgehalten werden, dass der Kauf eines Familienunternehmens dann besonders attraktiv ist, wenn die versteckten Potenziale genutzt werden können und zugleich der positive Werteinfluss der Unternehmerfamilie gesichert werden kann.

5.3.3 Emotionale Bindung und Unternehmenswert

Bereits aus Kap. 2 wissen wir um die emotionale Bindung der Familie/des Familienunternehmers an das Familienunternehmen. Im Kontext der Unternehmensbewertung von Familienunternehmen wird der Begriff „Emotionaler Wert (Emotional Value)" genutzt (Zellweger und Astrachan 2008).

Das Konzept des Emotional Values besagt, dass die Wertvorstellung des Familienunternehmers durch seine emotionale Bindung beeinflusst wird. Der Eigentümer eines Unternehmens hat über Jahre hinweg positive und negative Erfahrungen mit dem Unternehmen gemacht und fühlt sich dem Unternehmen emotional verbunden. Er/sie bzw. die Familie haben dadurch eine emotional gefärbte Preisvorstellung, die sich von der eines rein durch Marktmechanismen ermittelten Kaufpreises unterscheiden kann. In der Regel führt die emotionale Bindung zu einer Kaufpreisvorstellung, die über dem Marktpreis vergleichbarer Unternehmen liegt. Es kann aber auch zu Fällen kommen, in denen die Preisvorstellungen unter dem Marktpreis liegen, z. B. wenn die Übergabe an Personen stattfinden soll, von denen man ausgeht, dass sie das Unternehmen im Geiste und gemäß den Wertevorstellungen der Unternehmerfamilie weiterführen werden. Abb. 5.4 verdeutlicht die positiven und negativen Einwirkungen der sozioemotionalen Bindung auf den emotionalen Wert des Familienunternehmens:

Die theoretische Erklärung für den emotionalen Wert kann durch die Possession-Attachment-Theorie sowie den sogenannten Endowment-Effekt geliefert werden. Menschen können Beziehungen zu materiellen Objekten wie einem Unternehmen entwickeln und durch diese Beziehung das Unternehmen auch als Teil der eigenen Identität betrachten. Als Folge definiert sich der Eigentümer bis zu einem gewissen Grad durch das Familienunternehmen. Dieser subjektiv als einzigartig empfundene Besitz kann in den Augen des Eigentümers nicht ersetzt werden. Zudem kennt man das Phänomen, dass Menschen etwas, sobald es in ihrem Besitz ist, grundsätzlich als wertvoller

Einfluss auf den emotionalen Wert		
	positiv	**negativ**
Sozio-emotionale Vorteile	**Kompensation für „lost benefits"** Beispiel: Status, Kontrolle	**Benevolenz und Altruismus** Beispiel: „Das Unternehmen in die richtigen Hände geben"; "das Unternehmen in der eigenen Familie weitergeben zu können"
Sozio-emotionale Nachteile	**Kompensation für „sunk costs"** Beispiel: Konflikteskalation	**Vermeidung** Beispiel: Verantwortlichkeit, Stress

Abb. 5.4 Emotionaler Wert des Familienunternehmens. (Quelle: In Anlehnung an Zellweger 2017)

ansehen (Endowment-Effekt). Dies ist für Außenstehende oft nicht nachvollziehbar. Der Endowment-Effekt kann als Folge der psychologischen Verbindung von Eigentümer und Eigentum angesehen werden. Teilelementen des SEW Ansatzes liegen genau diese Überlegungen zugrunde. So ist gemäß FIBER Modell beispielsweise die Identifikation mit dem Unternehmen auf den Endowment-Effekt zurückzuführen.

In der Literatur haben sich zudem die Ausdrücke „Willingness to Accept" (WTA) und „Willingness to Pay" (WTP) etabliert. WTA ist der Preis, der für den Verkäufer gerade noch akzeptabel ist; WTP ist der Preis, den der Käufer maximal bereit wäre zu bezahlen. WTA und WTP sind beim Verkauf von Familienunternehmen durch die angesprochenen psychologischen Effekte häufig nicht deckungsgleich. Man kann sagen, dass der WTA des Familienunternehmers dem sogenannten objektivierten Wert des Unternehmens entspricht (durch Bewertungsverfahren ermittelt) plus der emotionalen Komponente, also dem Emotional Value. Formal lässt sich das wie folgt beschreiben:

- Total Value (WTA) = emotionaler Wert + finanzieller Wert (WTP)
- Emotionaler Wert = Total Value (WTA) – finanzieller Wert (WTP)

Das Vorliegen emotionaler Werte im Verlauf einer Unternehmensübergabe oder des Unternehmensverkaufs ist mit einigen Nachteilen, aber auch Vorteilen verbunden.

Einerseits erschwert er Familienunternehmern in einer Verkaufssituation ggf. einen geeigneten Käufer zu finden, der bereit ist, den emotionalen Wert zu bezahlen. Der Verkauf des Familienunternehmens wird so verhindert oder hinausgezögert.

Andererseits können Familienunternehmen durch die starke Bindung eine höhere Krisenfestigkeit zeigen. Das Unternehmen wird erst dann aufgegeben, wenn es gar nicht mehr geht. Auch beruht der emotionale Wert auf nicht-finanziellen Erträgen wie Stolz und Identifikation für den Familienunternehmer. Zudem wird der Familienunternehmer, der sein Unternehmen verkauft, mit allergrößter Sorgfalt nach einem wirklich geeigneten (d. h. auch seine Werte vertretenden) Käufer suchen und nicht leichtfertig sein Unternehmen veräußern.

5.3.4   Von der Bewertung zur Preisfindung

Auf Grundlage der vorgenommenen Bewertung eines Unternehmens finden zwischen der Käufer- und der Verkäuferseite die Verkaufsverhandlungen statt mit dem Ziel, sich auf einen finalen Verkaufspreis zu einigen. Diese Preisverhandlungen sind äußerst komplex und hängen neben den unterschiedlichen Wertvorstellungen von einer Reihe weiterer Faktoren ab. Hierzu zählen auch steuerliche und rechtliche Überlegungen.

Zudem spielt eine wesentliche Rolle, wer der eigentliche Käufer ist und wie die Finanzierung der Übernahme gestaltet werden kann. So könnten strategische Investoren einen Synergieaufschlag auf den Marktwert zahlen. Preisaufschläge finden sich auch bei Finanzinvestoren mit ausreichenden liquiden Mitteln. Anders sieht es tendenziell bei Management-Buy-Outs oder bei der Veräußerung an Familienmitglieder aus. Hier finden sich oft Preisabschläge die daraus resultieren, dass der Verkäufer die Vorstellung entwickelt, die Firma in vertrauensvolle Hände zu übergeben und die langfristige und wertekonforme Weiterentwicklung zu unterstützen. So belegen Zahlen aus dem schweizer und deutschen Mittelstand, dass die Transaktionspreise bei der Übergabe an Familienmitglieder 42 % unter dem Marktpreis liegen während sie sich bei der Übergabe an familienexterne Manager nur 22 % unter Marktpreis befinden (Zellweger 2017, S. 271). Insbesondere familieninterne Käufer erwarten einen hohen Abschlag auf den Marktpreis. So untersuchen Duran et al. (2016) die Preiserwartungen von über 3200 potenziellen Unternehmensnachfolgern aus 20 Ländern und kommen zu dem Ergebnis, dass im Schnitt mit einem Familiendiscount von 57 % gerechnet wird, wobei die Erwartungen über die verschiedenen Länder stark variieren. Für Deutschland, die Schweiz und Österreich gelten Werte zwischen knapp 60 % bis fast 65 %. Damit liegen diese Länder fast im Durchschnitt der Betrachtung. Japan mit ca. 86 % oder Brasilien mit nur knapp 45 % stellen die Extrempositionen dar.

Forschungsergebnisse zeigen, dass Familienunternehmer das Unternehmen an eigene Familienmitglieder ca. 30 % günstiger verkaufen würden (Zellweger und Sieger 2009). Die Autoren führen das insbesondere auf den Wunsch des Familienunternehmers zurück, dass Unternehmen dauerhaft in Familienbesitz zu halten, also das Bedürfnis nach „Transgenerational Control“. Gleichzeitig konnten sie feststellen, dass die Dauer der Familienkontrolle über das Unternehmen und auch die Stärke der Familienkontrolle an sich keinen Einfluss auf den emotionalen Wert ausüben.

Die Höhe der Erwartungen hängt aber ganz entscheidend von folgenden Kontextfaktoren ab:

- Je stärker der Zusammenhalt in der Unternehmerfamilie, desto höher die Abschlagserwartungen.
- Je höher das Vertrauen des potenziellen Nachfolgers in die eigene Leistungsfähigkeit und einen zukünftigen Erfolg des Familienunternehmens, desto höher die Abschlagserwartungen.
- Je mehr finanzielles Vermögen der Unternehmerfamilie im Familienunternehmen gebunden ist, desto niedriger die Abschlagserwartungen.

Die oben erwähnten niedrigen Transferpreise können aber auch mit möglichen Finanzierungsrestriktionen der Käuferseite begründet werden. So ist es wahrscheinlich, dass für Familienmitglieder oder externe Manager der Zugang zu Akquisitionsfinanzierungsmöglichkeiten, z. B. zu Krediten oder zu Eigenkapital, schwierig ist und die Verkäuferseite daher den Transferpreis deutlich senken muss, soll der gewünschte Käufer zum Zuge kommen. Und darauf, dass Verkäufer von Familienunternehmen eine hohe affektive Bindung zur Käuferseite aufbauen und damit auch einen niedrigeren Transaktionspreis akzeptieren würden, weist eine Studie von Ahlers et al. (2016) hin. Die Autoren untersuchen die affektive Bindung von Unternehmensverkäufern an die Käuferpartei auf einer Basis von knapp 190 Private Equity Deals der vergangenen fünf Jahre. Dabei stellte sich heraus, dass Familienunternehmensverkäufer eine höhere emotionale Bindung zur Käuferseite eingehen. Vertrauen in den Käufer hat, neben dem reinen Transferpreis, eine besondere Bedeutung im Verkaufsprozess.

Neben diesen Einflussfaktoren auf die Transferpreisfindung gibt es noch eine weitere entscheidende Dimension, die den Preis determiniert, und zwar die komparative Verhandlungsmacht der beteiligten Parteien. Je nach Verhandlungsstärke wird sich ein verglichen zum Marktwert niedrigerer Transferpreis (Verhandlungsmacht des Käufers ist höher) oder ein höherer Transferpreis (Verhandlungsmacht des Verkäufers ist höher) ergeben. Aus der Finanzliteratur ist bekannt, dass vor allem drei Faktoren die Verhandlungsmacht der Käuferseite beeinflussen (Ahlers et al. 2017):

- Auswahlmöglichkeiten des Verkäufers: je mehr Käufer an dem Erwerb des Unternehmens interessiert sind, desto stärker wird die Verhandlungsmacht des Verkäufers aufgrund des Wechselspiels zwischen Angebot und Nachfrage ausfallen.
- Zeitdruck des Verkäufers: je stärker der Verkäufer unter Zeitdruck steht, desto wahrscheinlicher ist es, dass der Käufer diesen Zeitdruck ausnutzt um den Transferpreis zu drücken.
- Expertise des Verkäufers: je weniger Erfahrungen der Verkäufer mit der Veräußerung von Unternehmen besitzt, desto wahrscheinlicher ist es, dass der Käufer die komplizierten Prozessschritte für sich ausnutzen kann und einen niedrigeren Transferpreis erzielt.

Eine aktuelle Studie von Ahlers et al. (2018) zeigt nun, dass die Verhandlungsmacht von Familienunternehmensverkäufern deutlich unter der von anderen Verkäufern liegt. Hierzu wurden knapp 180 Private Equity Deals analysiert. Die geringere Verhandlungsmacht von Familienunternehmern ist demnach darauf zurückzuführen, dass diese erstens unter einem höheren Zeitdruck verkaufen als Nichtfamilienunternehmer und zweitens über eine geringere Expertise in den Verkaufsverhandlungen verfügen. Dies ist durchaus nachvollziehbar, ist der Verkauf eines Unternehmens oder eines Teils des Unternehmens doch eine eher einmalige Situation im Lebenszyklus eines Familienunternehmens und keine regelmäßig vorkommende typische Aufgabe. Der Zeitdruck lässt sich vielleicht dadurch erklären, dass Familienunternehmer aufgrund ihrer emotionalen Bindung an das Unternehmen eher in Krisensituationen oder bei fehlender Nachfolge verkaufen.

Lernfragen

- Nennen Sie mögliche Gründe, wieso es zu Leistungsunterschieden innerhalb der Gruppe der Familienunternehmen kommt.
- Nennen Sie nicht-finanzielle Performancegrößen, die als Indikatoren für den Familienunternehmenserfolg dienen können.
- Beschreiben Sie, wie durch die Possession-Attachment-Theorie sowie durch den sogenannten Endowment-Effekt der emotionale Wert für Familienunternehmen erklärt werden kann.
- Welche Vor- und Nachteile hat der emotionale Wert für Familienunternehmen?
- Erläutern Sie das Ertragswertverfahren.
- Wie ist das Konzept des Family Firm Acquisition Values (FFAV) von Ahlers et al. (2014) aufgebaut und wofür eignet es sich bei der Bewertung von Familienunternehmen?

Literatur

Ahlers, O., Hack, A., & Kellermanns, F. W. (2014). Stepping into the buyers' shoes: Family firm valuation through the eyes of private equity (PE) investors. *Journal of Family Business Strategy, 5*(4), 384–396.

Ahlers, O., Hack, A., Kellermanns, F. W., & Wright, M. (2016). Opening the black box: Power in buyout negotiations and the moderating role of private equity specialization. *Journal of Small Business Management, 54*, 1171–1192.

Ahlers, O., Hack, A., Kellermanns, F. W., & Wright, M. (2018). *Who is the king of the hill? On bargaining power in private equity buyouts*. Working Paper, University of Bern.

Ahlers, O., Hack, A., Madison, K., Wright, M., & Kellermanns, F. W. (2017). Is it all about money? – Affective commitment and the difference between family and non-family sellers in buyouts. *British Journal of Management, 28*, 159–179.

Anderson, R. C., & Reeb, D. M. (2003). Founding-family ownership and firm performance: Evidence from S&P 500. *Journal of Finance, 58*(3), 1301–1328.

Andres, C. (2008). Large shareholders and firm performance – An empirical examination of founding family ownership. *Journal of Corporate Finance, 14*(4), 431–445.

Aparicio, G., Basco, R., Iturraldea, T., & Maseda, A. (2017). An exploratory study of firm goals in the context of family firms: An institutional logics perspective. *Journal of Family Business Strategy, 8*(3), 157–169.

Arosa, B., Iturralde, T., & Maseda, A. (2010). Ownership structure and firm performance in non-listed firms: Evidence from Spain. *Journal of Family Business Strategy, 1*(2), 88–96.

Barontini, R., & Caprio, L. (2006). The effect of family control on firm value and performance: Evidence from continental Europe. *European Financial Management, 12*(5), 689–723.

Basco, R. (2013). The family's effect on family firm performance: A model testing the demographic and essence approaches. *Journal of Family Business Strategy, 4*(1), 42–66.

Basco, R., & Pérez Rodríguez, M. J. (2009). Studying the family enterprise holistically evidence for integrated family and business systems. *Family Business Review, 22*(1), 82–95.

Ben-Amar, W., & Andre, P. (2006). Separation of ownership from control and acquiring firm performance: The case of family ownership in Canada. *Journal of Business Finance & Accounting, 33*(3–4), 517–543.

Ben-Amar, W., Francoeur, C., Hafsi, T., & Labelle, R. (2011). What makes better boards? A closer look at diversity and ownership. *British Journal of Management, 24*(1), 85–101.

Bertrand, M., Johnson, S., Samphantharak, K., & Schoar, A. (2008). Mixing family with business: A study of thai business groups and the families behind them. *Journal of Financial Economics, 88*(3), 466–498.

Binz, C., Hair, J. F., Pieper, T. M., & Baldauf, A. (2013). Exploring the effect of distinct family firm reputation on consumers' preferences. *Journal of Family Business Strategy, 4*(1), 3–11.

Block, J. H., Jaskiewicz, P., & Miller, D. (2011). Ownership versus management effects on performance in family and founder companies: A Bayesian reconciliation. *Journal of Family Business Strategy, 2*(4), 232–245.

Carney, M., van Essen, M., Gedajlovic, E. R., & Heugens, P. P. (2013). What do we know about private family firms? A meta-analytical review. *Entrepreneurship Theory & Practice, 39*(3), 513–544.

Carrigan, M., & Buckley, J. (2008). What's so special about family business? An exploratory study of UK and Irish consumer experiences of family businesses. *International Journal of Consumer Studies, 32*(6), 656–666.

Claessens, S., Djankov, S., Fan, J. P. H., & Lang, L. H. P. (2002). Disentangling the incentive and entrenchment effects of large shareholdings. *Journal of Finance, 57*(6), 2741–2771.

Cronqvist, H., & Nilsson, M. (2003). Agency costs of controlling minority shareholders. *Journal of Financial and Quantitative Analysis, 38*, 695–719.

Cucculelli, M., & Micucci, G. (2008). Family succession and firm performance: Evidence from Italian family firms. *Journal of Corporate Finance, 14*(1), 17–31.

Deephouse, D. L., & Jaskiewicz, P. (2013). Do family firms have better reputations than non-family firms? An integration of socioemotional wealth and social identity theories. *Journal of Management Studies, 50*(3), 337–360.

Duran, P., Kammerlander, N., van Essen, M., & Zellweger, T. (2016). Doing more with less: Innovation input and output in family firms. *Academy of Management Journal, 59*(4), 1224–1264.

Essen, M., van., Carney, M., Gedajlovic, E. R., & Heugens, P. M. A. R. (2015). How does family control influence firm strategy and performance? A meta-analysis of US publicly listed firms. *Corporate Governance: An International Review, 23*(1), 3–24.

Felden, B., & Singer, J. (2012). Unternehmensbewertung – Die systematische Bestimmung des Kalkulationszinssatzes. *Vermögen & Steuern, 11*(12), 32–35.

Feliu, N., & Botero, I. C. (2016). Philanthropy in family enterprises: A review of literature. *Family Business Review, 29*(1), 121–141.

Fombrun, C. J. (2007). List of lists: A compilation of international corporate reputation ratings. *Corporate Reputation Review, 10*,144–153.

Global RepTrak™ 100. (2012). The world's most reputable companies A reputation study with consumers in 15 countries. http://www.rankingthebrands.com/PDF/2012%20RepTrak%20100-Global_Report,%20Reputation%20Institute.pdf. Zugegriffen: 06. Febr. 2014.

Goel, S., He, X., & Karri, R. (2011). Family involvement in a hierarchical culture: Effect of dispersion of family ownership control and family member tenure on firm performance in Chinese family owned firms. *Journal of Family Business Strategy, 2*(4), 199–206.

Gorriz, C. G., & Fumas, V. S. (2005). Family ownership and performance: The net effect of productive efficiency and growth constraints. *Revista Innovar, 21*(40), 155–170.

Grossman, S., & Hart, O. (1988). One-share, one-vote, and the market for corporate control. *Journal of Financial Economics, 20*, 175–202.

Hack, A. (2009). Sind Familienunternehmen anders? Eine kritische Bestandsaufnahme des aktuellen Forschungsstands. *Journal of Business Economics, ZfB-Special Issue, 2*, 1–29.

Hack, A., Faghfouri, P., & von Preen, A. (2011). Sinn und Unsinn von Kapitalbeteiligungen für Fremdmanager in Familienunternehmen. *Zeitschrift für Controlling & Management Sonderheft, 3*, 46–50.

Hamadi, M. (2010). Ownership concentration, family control and performance of firms. *European Management Review, 7*(2), 116–131.

Harris, M., & Raviv, A. (1988). Corporate governance: Voting rights and majority rules. *Journal of Financial Economics, 20*(1–2), 203–235.

Haslam, A., & Ellemers, N. (2005). Social identity in industrial and organizational psychology. Concepts, controversies and contributions. In G. P. Hodgkinson & J. K. Ford (Hrsg.), *International Review of Industrial and Organizational Psychology: Bd. 20* (S. 39–118). England: John Wiley & Sons.

Hauswald, H., Hack, A., Kellermanns, F. W., & Patzelt, H. (2016). Attracting new talent to family firms. Who is attracted and under what conditions? *Entrepreneurship Theory & Practice, 40*(5), 963–989.

Hillier, D., & McColgan, P. (2005). *Firm performance, Entrenchment and Managerial Succession in Family Firms*. Working Paper. University of Leeds.

Holt, D., Pearson, A. W., Carr, J. C., & Barnett, T. (2017). Family firm(s) outcomes model: Structuring financial and nonfinancial outcomes across the family and firm. *Family Business Review, 30*(2), 182–202.

Kowalewski, O., Talavera, O., & Stetsyuk, I. (2010). Influence of family involvement in management and ownership on firm performance: Evidence from Poland. *Family Business Review, 23*(1), 45–59.

Krappe, A., Goutas, L., & von Schlippe, A. (2011). The "family business brand": An enquiry into the construction of the image of family businesses. *Journal of Family Business Management, 1*(1), 37–46.

Lee, J. (2006). Family firm performance: Further evidence. *Family Business Review, 19*(2), 103–114.

Mahto, R. V., Davis, P. S., Pearce, J. A., & Robinson, R. B. (2010). Satisfaction with firm performance in family businesses. *Entrepreneurship Theory & Practice, 34*(5), 985–1001.

Maury, B. (2006). Family ownership and firm performance: Empirical evidence from Western European corporations. *Journal of Corporate Finance, 12*(2), 321–341.

Mazzi, C. (2011). Family business and financial performance: Current state of knowledge and future research challenges. *Journal of Family Business Strategy, 2*(3), 166–181.

McConaugby, D. L., Matthews, C. H., & Fialko, A. S. (2001). Founding family controlled firms: Performance, risk, and value. *Journal of Small Business Management, 39*(1), 31–49.

Miller, D., & Le Breton-Miller, I. (2011). Governance, social identity, and entrepreneurial orientation in closely held public companies. *Entrepreneurship Theory & Practice, 35*(5), 1051–1076.

Miller, D., Le Breton-Miller, I., Lester, R. H., & Cannella, A. A., Jr. (2007). Are family firms really superior performers? *Journal of Corporate Finance, 13*(5), 829–858.

Molly, V., Laveren, E., & Jorissen, A. (2012). Intergenerational differences in family firms: Impact on capital structure and growth behavior. *Entrepreneurship Theory & Practice, 36*(4), 703–725.

Orth, R., & Green, M. T. (2006). Consumer loyalty of family versus non-family business: The roles of store image, trust and satisfaction. *Journal of Retailing and Consumer Services, 16*(4), 248–259.

O´Boyle, E. H., Jr., Pollack, J. M., & Rutherford, M. W. (2012). Exploring the relation between family involvement and firms' financial performance: A meta-analysis of main and moderator effects. *Journal of Business Venturing, 27,* 1–18.

Peterson, P., & Distelberg, B. J. (2011). Differentiating value orientations and unity in values as predictors of varying family business system processes. *Journal of Family Business Strategy, 2*(4), 207–219.

Sacristán-Navarro, M., Gómez-Ansón, S., & Cabeza-García, L. (2011). Family ownership and control, the presence of other large shareholders and firm performance: Further evidence. *Family Business Review, 24*(1), 71–93.

Sciascia, S., & Mazzola, P. (2008). Family involvement in ownership and management: Exploring nonlinear effects on performance. *Family Business Review, 21*(4), 331–345.

Schellong, M., Kraiczy, N. D., Malär, L., & Hack, A. (2018). Family firm brands, perceptions of doing good, and consumer happiness. *Entrepreneurship Theory & Practice*, https://doi.org/10.1177/1042258717754202.

Sorenson, R. L. (1999). Conflict management strategies used by successful family businesses. *Family Business Review, 12*(4), 325–339.

Sorenson, R. L. (2000). The contribution of leadership style and practices to family and business success. *Family Business Review, 13*(3), 183–200.

Villalonga, B., & Amit, R. (2006). How do family ownership, control and management affect firm value? *Journal of Financial Economics, 80*(2), 385–417.

Wagner, D., Block, J. H., Miller, D., Schwens, C., & Xi, G. (2015). A meta-analysis of the financial performance of family firms: Another attempt. *Journal of Family Business Strategy, 6*(1), 3–13.

Wollny, C. (2008). *Der objektivierte Unternehmenswert: Unternehmensbewertung bei gesetzlichen und vertraglichen Bewertungsanlässen.* Herne: Verlag Neue Wirtschafts-Briefe.

Yermack, D. (1996). Higher market valuation of companies with small board of directors. *Journal of Financial Economics, 40*(2), 185–211.

Zellweger, T. M. (2017). *Managing the family business. Theory and practice.* Northampton: Edward Elgar Publishing.

Zellweger, T. M., & Astrachan, J. H. (2008). On the emotional value of owning a firm. *Family Business Review, 21*(4), 347–363.

Zellweger, T. M., & Sieger, P. (2009). *Emotional Value: Der emotionale Wert, ein Unternehmen zu besitzen.* Ernst & Young und Universität St. Gallen.

Teil III
Handlungsfelder in Familienunternehmen

Der Teil III „Handlungsfelder in Familienunternehmen" stellt die Bereiche vor, in denen Familienmitglieder im Unternehmen aktiv sein können, und thematisiert den personellen Wechsel insbesondere im Management und Eigentum, gemeinhin als Nachfolge bezeichnet. Schließlich beschreibt dieser Teil strategische Handlungsfelder und wie Familienunternehmen darin agieren.

Auch wenn in einem Familienunternehmen Eigentum und Management oft in Familienhand liegen, muss dies nicht zwangsweise so sein. Die Besonderheit von Familienunternehmen ist gerade die Vielfalt: Familienmitglieder können auch nur Gesellschafter sein, über die Verbindung zur Familie können auch Anteilseigner ohne Managementfunktionen im Unternehmen aktiv sein. Schließlich können sogar Familienmitglieder über andere Familienmitglieder Einfluss auf das Unternehmen nehmen, ohne direkt daran beteiligt oder dort beschäftigt zu sein. Zwischen Familienunternehmen und Nicht-Familienunternehmen ist daher ein Kontinuum zu sehen, bei dem entweder das Management oder das Eigentum in Familienhand oder durch einen Mix aus familieninternen und -externen Personen vertreten ist. Insbesondere im Kontext einer Nachfolgeregelung führen diese unterschiedlichen Varianten auch zu unterschiedlichen Anforderungen und Maßnahmen.

In Kap. 6 werden daher zunächst die möglichen Funktionen und Positionen in Familienunternehmen thematisiert: Fragen der Inhaberschaft, Entscheidungsrechte und welche Rollen Familienmitglieder dabei einnehmen können, stehen im Vordergrund. Anschließend werden in diesem Kapitel Möglichkeiten zur aktiven Tätigkeit im Unternehmen beschrieben: Familienunternehmer (und Externe) können sich entweder als Führungskraft, als Mitarbeiter oder als Kontrollorgan im Unternehmen betätigen.

Im nachfolgenden Kap. 7 wird der personelle Wechsel in diesen Aufgabengebieten thematisiert – üblicherweise als Generationswechsel oder Unternehmensnachfolge bezeichnet. Doch wird diese Bezeichnung auf verschiedene Vorgänge angewandt, u. a. auf:

- den Übergang der Management-Verantwortung auf einen neuen angestellten Geschäftsführer oder Vorstand in einer Nicht-Familiengesellschaft,
- den Verkauf eines eigentümergeführten Unternehmens,
- die Einrichtung einer Stiftung und die Einbringung eines Unternehmens,
- die Verpachtung eines Unternehmens,
- sowie natürlich auf den „typischen" Fall, die Ablösung der Eltern als „Senioren" durch die Kinder als geschäftsführende Gesellschafter eines Familienunternehmens.

In diesem Kapitel lernen Sie die unterschiedlichen Varianten mit ihren Vor- und Nachteilen kennen.

In Kap. 8 werden Sie sehen, dass die Unternehmensnachfolge ein komplexer und interdisziplinärer Prozess ist, der nur durch systematisches und planvolles Vorgehen zu einem erfolgreichen Ende gebracht werden kann und der üblicherweise mindestens drei bis fünf Jahre, mitunter auch deutlich länger dauert.

Schließlich zeigt Kap. 9 aktuelle strategische Handlungsfelder für Familienunternehmen auf, stellt diese in den Kontext des strategischen Managements und diskutiert die Herausforderungen an das Management in Familienunternehmen. Diese reichen von fachlichen Defiziten über emotional geprägte Entscheidungen bis zur Einmischung der Eigentümer in Entscheidungen des externen Managements. Abb. 1 zeigt einen Überblick über die Inhalte des Teil III.

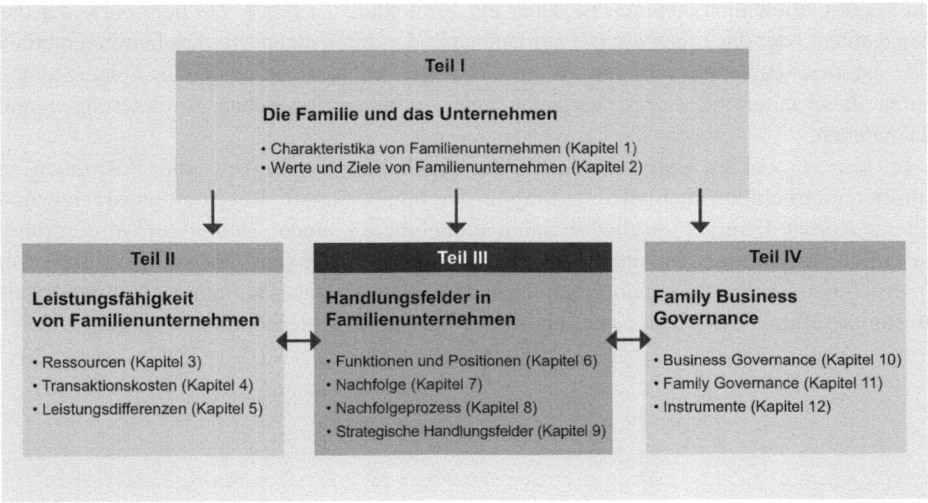

Abb. III.1 Inhalte des Teil III. (Quelle: Eigene Darstellung)

Funktionen und Positionen in Familienunternehmen

6

In diesem Kapitel werden Sie zunächst erfahren, wie Entscheidungsprozesse in Familienunternehmen vollzogen werden. Die Möglichkeiten, in Unternehmen zu entscheiden, werden juristisch über die Inhaberschaft konstituiert. Anders formuliert: Nur derjenige, dem Anteile des Unternehmens gehören, kann die damit verbundenen Rechte wahrnehmen; er oder sie hat jedoch auch die damit einhergehenden Verpflichtungen zu erfüllen.

Art und Umfang der Rechte der Eigentümer werden in weiten Teilen durch die Rechtsform bestimmt. Die Rechtsform wirkt sich unter anderem auf Haftungsfragen der Gesellschafter, deren finanzielle Verpflichtungen und deren Handlungspotenziale, zum Beispiel zur Geschäftsführung, aus. Während bei Personengesellschaften mindestens ein Gesellschafter auch mit seinem gesamten privaten Vermögen für die Verbindlichkeiten der Gesellschaft haftet, ist die Haftung bei Kapitalgesellschaften typischerweise auf die jeweiligen Einlagen der Gesellschafter begrenzt. Nach der Rechtsform bestimmt sich auch, ob die Gesellschaft eine eigene juristische Person ist oder ob ihre Gesellschafter als natürliche Personen handeln. Je nach Rechtsform sind unterschiedliche Anforderungen bei der Errichtung eines Unternehmens, dessen Betrieb oder Liquidation zu beachten. Die verschiedenen Rechtsformen haben auch unterschiedliche steuerliche Konsequenzen. Schließlich begrenzt die Rechtsform die Möglichkeiten der Außenfinanzierung.

Inhaber können sowohl Familienmitglieder als auch externe Personen sein. In der Praxis haben auch Familienmitglieder, die offiziell gar nicht am Unternehmen beteiligt sind, oftmals großen Einfluss auf das Unternehmen, sei es durch Führungspositionen oder weil sie verwandtschaftliche Beziehungen zu Gesellschaftern haben oder durch faktische Machtverhältnisse wie spezielles Wissen durch jahrelange Tätigkeit im Unternehmen. Auch hier gilt: Wissen ist Macht.

Weiter werden Sie in diesem Kapitel erfahren, in welcher Form sich Familienmitglieder in das Unternehmen aktiv einbringen können. So sind viele Familienunternehmen so aufgestellt, dass die Gesellschafter auch gleichzeitig das Unternehmen führen, indem sie zum

© Springer Fachmedien Wiesbaden GmbH, ein Teil von Springer Nature 2019
B. Felden et al., *Management von Familienunternehmen,*
https://doi.org/10.1007/978-3-658-24058-5_6

Beispiel Geschäftsführer sind. Das ist insbesondere bei kleineren Familienunternehmen typisch. Andere Unternehmerfamilien beschränken sich auf Kontrollfunktionen und greifen im Management auf externe Spezialisten zurück. Mitunter arbeiten Familienmitglieder auf untergeordneter Ebene im Unternehmen mit, was nicht selten zu Konflikten führt. Manche Familienunternehmen schließen daher die Mitarbeit von Familienmitgliedern im Unternehmen gänzlich aus, um Konflikte in Unternehmen und Familie zu vermeiden. Vielleicht haben Sie es auch schon bemerkt: es gibt bei dieser Entscheidung nicht den einen richtigen Weg, zu individuell sind die Voraussetzungen in jedem einzelnen Familienunternehmen. Umso wichtiger ist es, die jeweiligen Chancen und Probleme zu kennen, die mit den unterschiedlichen Positionen und Funktionen einhergehen.

Schließend werden die Positionen und Funktionen in Familienunternehmen aus Perspektive der Stakeholder Theorie diskutiert. Alle am Familienunternehmen beteiligten Akteure werden als Interessengruppen verstanden, die als sogenannte Stakeholder die Entscheidungsprozesse in Familienunternehmen beeinflussen. Allen diesen Stakeholdern ist gemein, dass sie einen starken Einfluss auf das jeweilige Unternehmen ausüben können und zudem stark durch das Handeln des Unternehmens beeinflusst werden, sei es positiv oder negativ. Man nennt die Mitglieder der Unternehmerfamilie auch die primären Stakeholder eines Unternehmens.

Auch in diesem Kapitel sollen nicht allgemeine Eigentums- und Führungsthemen im Vordergrund stehen, sondern die Besonderheiten in Familienunternehmen. Dazu gehört sicherlich eine hohe Kontinuität in der Geschäftsführung und eine sehr persönliche Mitarbeiterführung und Kommunikation. In einer derartigen Umgebung, wo sich die Akteure gut verbinden und gegenseitiges Vertrauen die Arbeit prägt, kann ein hohes Erfolgspotenzial erwachsen, wie in Kap. 2 gezeigt wurde.

Lernziele
1. Sie lernen Rechtsformen von Familienunternehmen kennen sowie die Kriterien, nach denen sie ausgewählt werden.
2. Sie erfahren, welche Formen der Inhaberschaft es gibt, und bekommen einen Eindruck davon, welche Konstellationen innerhalb und außerhalb eines Familienverbundes denkbar sind.
3. Sie entwickeln eine Vorstellung von verschiedenen Führungsmodellen und können diese beschreiben.
4. Sie erkennen die Vor- und Nachteile einer Mitarbeit im Familienunternehmen.
5. Sie wissen, wie Kontrolle in Familienunternehmen funktioniert.
6. Sie können beschreiben, inwiefern die Unternehmerfamilie als primäre Stakeholdergruppe definiert wird, und die Bedeutung des Stakeholder-Modells erklären.

Praxisbeispiel Familienunternehmen

1876 gründete der Unternehmer Fritz **Henkel** die Waschmittelfabrik Henkel & Cie in Aachen. Er stellte ein Pulver-Waschmittel her, das er Universalwaschmittel nannte. Im Gegensatz zu allen anderen Waschmitteln, die damals lose angeboten wurden, verkaufte Henkel das Universalwaschmittel in handlichen Päckchen. Der Absatz von Henkel wuchs so stark, dass Fritz Henkel beschloss, eine eigene Fabrik zu bauen. Seit März 1900 produziert Henkel in Düsseldorf-Holthausen – dort, wo sich noch heute die Firmenzentrale befindet. Der Konsumgüterkonzern knackte im Geschäftsjahr 2018 erstmals die Marke von 20 Mrd. EUR Umsatz. Größter Umsatzbringer war vor allem das Klebstoffgeschäft.

Die Henkel GmbH wurde 1975 in eine Kommanditgesellschaft auf Aktien (KGaA) umgewandelt und zur Dachgesellschaft von Henkel. Diese umfasste zu dieser Zeit rund 70 Töchter und angeschlossene Unternehmen. Die Rechtsform KGaA ermöglichte 1985 den Gang an die Börse. 2008 wurde aus der Henkel KGaA die Henkel AG & Co. KGaA. Die Henkel Management AG trat dabei als alleinige persönlich haftende Gesellschafterin ein.

Ausgehend vom Firmengründer Fritz Henkel führen die Nachkommen das Unternehmen bis heute. Sie lassen sich in die Familienzweige der drei Kinder des Firmengründers Fritz, Hugo und Emmy aufteilen: Fritz jun. absolvierte eine kaufmännische Lehre im elterlichen Unternehmen, erhielt 1899 Prokura und wurde 1904 zum persönlich haftenden Gesellschafter ernannt. Hugo studierte Chemie und war der erste voll ausgebildete und promovierte Chemiker des Unternehmens. Er wurde 1908 persönlich haftender Gesellschafter. Ihre Schwester Emmy war mit dem selbstständigen Kaufmann Ernst Hugo Lüps verheiratet. Sie wurde 1911 ebenfalls persönlich haftende Gesellschafterin, aber ohne an der Geschäftsführung der Firma beteiligt zu sein. Hugo vermachte die Unternehmensführung seinem Sohn Jost. Weil dieser früh starb, gelang 1961 sein Bruder Konrad Henkel an die Henkel-Spitze – Konrad Henkel, der Patriarch. Er schrieb Familiengeschichte.

Konrad Henkel, der Enkel von Fritz Henkel sen., studierte ebenfalls Chemie. Von 1949 bis 1956 war er Geschäftsführer der Produktentwicklung von Henkel und wurde 1956 schließlich Mitglied der Geschäftsführung der Konzernzentrale. Nach dem Tod seines Bruders Jost wandelte er den Gesamtkonzern in eine GmbH und 1975 dann in eine KGaA um. 1985 brachte er Henkel an die Börse. Seit 1996 gibt das Unternehmen stimmberechtigte Aktien aus, dabei stellt ein Aktienbindungsvertrag sicher, dass bis zum Jahr 2016 mindestens 51 % der Stammaktien im Familienbesitz bleiben. Konrad Henkel hat aus erster Ehe die drei Töchter Andrea, Renate und Karin sowie aus zweiter Ehe den Sohn Christoph, dem er seine Unternehmensanteile vererbte. Inzwischen ist die als Familiendynastie zu bezeichnende Unternehmerfamilie auf mehr als 100 Mitglieder angewachsen.

1980 schied Konrad Henkel aus der Unternehmensführung aus, blieb jedoch Mitglied des Aufsichtsrates. Der Familieneinfluss sollte jedoch so schnell nicht verloren gehen. Getreu seinem Motto „Firma geht vor Familie" sorgte Konrad Henkel dafür, dass es kein Geburtsrecht auf leitende Posten im Unternehmen gibt. So wurden nach ihm auch ausschließlich Externe Vorstand. Allerdings können diese bei weitem nicht so unabhängig agieren wie ihre Kollegen großer Publikumsgesellschaften. Dafür sorgen zum einen die Rechtsform und zum anderen die Kontrolle durch den Gesellschafterausschuss.

Nach dem Ausscheiden von Konrad Henkel aus dem Unternehmen (1990) übernahm Albrecht Woeste die Kontrollfunktion im Unternehmen. Woeste ist der Urenkel des Firmengründers Fritz Henkel und ein Mitglied des Emmy-Stamms. Seine rechte Hand ist Christoph Henkel, Konrads Sohn. Seit 2009 ist Simone Bagel-Trah, eine Ur-Ur-Enkelin des Henkel-Gründers Fritz Henkel, die Aufsichtsratsvorsitzende des Henkel-Konzerns. Sie ist zudem die Vorsitzende des Gesellschafterausschusses, dem neben den familienfremden Managern auch fünf Henkel-Erben angehören und welcher die Interessen der drei Henkel-Familienstämme bündelt.

6.1 Rechtliche Rahmenbedingungen von Familienunternehmen

Rechtliche Rahmenbedingungen müssen so gestaltet sein, dass sie der Unternehmensführung den notwendigen Gestaltungsspielraum ermöglichen. Über die Rechtsform werden die Organisationsstruktur und die Art der Entscheidungsfindung eines Unternehmens definiert. Diese Rahmenbedingungen sind für jede Rechtsform gesetzlich determiniert, lassen sich jedoch aufgrund der in Deutschland herrschenden Privatautonomie in Teilen im Gesellschaftsvertrag abändern; man spricht hier von dispositivem Recht. In Familienunternehmen muss der Gesellschaftsvertrag auch mit den persönlichen Verträgen, wie zum Beispiel Erbverträgen, Eheverträgen und Testamenten, abgeglichen werden.

Rechtliche Gestaltungsvorgaben finden Sie im Bürgerlichen Gesetzbuch und im Handelsgesetzbuch (HGB) sowie in speziellen Gesetzestexten, wie zum Beispiel dem GmbH-Gesetz oder dem Aktiengesetz. Die Rechtsformen können in drei große Gruppen unterteilt werden: Einzelunternehmen, Personengesellschaften und Kapitalgesellschaften: Während es in Einzelunternehmen und Personengesellschaften immer eine persönliche Haftung der Gesellschafter gibt, haftet die Kapitalgesellschaft als juristische Person für sich selbst. Daneben spielen im Kontext Familienunternehmen Stiftungen eine zunehmend größere Rolle.

Familienunternehmen sind in allen Rechtsformen zu finden. Daher spiegeln sie allein schon aufgrund ihres Anteils mit über 90 % an den Gesamtunternehmen die gesamte Bandbreite der Rechtsformen wider (vgl. Abb. 6.1).

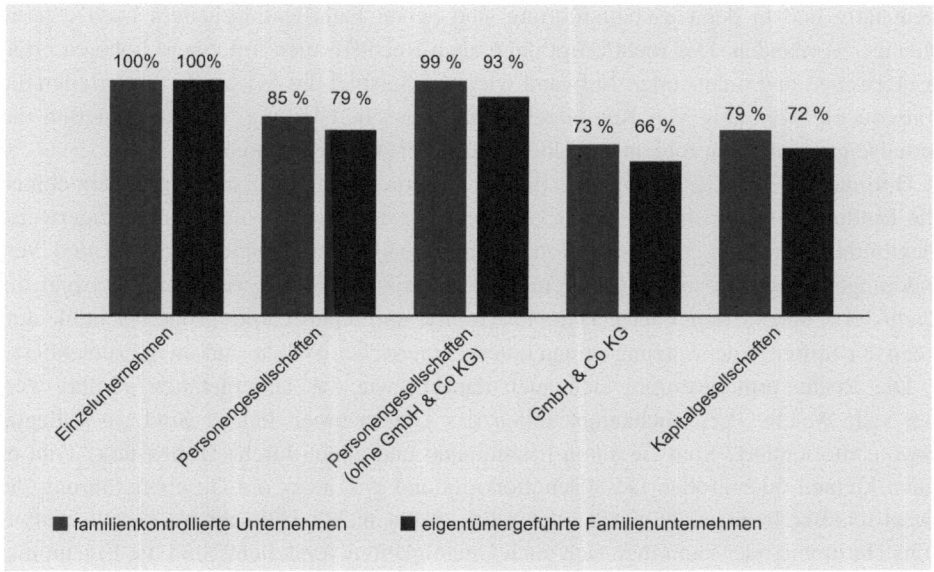

Abb. 6.1 Anteil Familienunternehmen nach Rechtsform. (Quelle: In Anlehnung an Stiftung Familienunternehmen 2017)

6.1.1   Kriterien für die Rechtsformwahl

Für Familienunternehmen gibt es nicht „die Eine" richtige Rechtsform. Jedes Familienunternehmen muss seine Rechtsform auf die aktuellen (v. a. personellen und ökonomischen) Gegebenheiten abstimmen. In vielen Unternehmen wird die Rechtsform im Laufe der Zeit auch immer wieder geändert, um sie veränderten Situationen (Größe, Haftungsrisiken, Lebenssituation, steuerliche Gründe) anzupassen.

So wird in einem noch recht jungen Familienunternehmen oftmals eine Rechtsform gewählt, die der Personenidentität von Gesellschaftern und Geschäftsführern Rechnung trägt. Der Gründungsunternehmer wird eine Gesellschaftsform bevorzugen, die ihm eine starke Stellung gibt. Je größer der Gesellschafterkreis und je größer das Unternehmen sind, umso mehr wird eine Kapitalgesellschaft die passende Rechtsform sein. Die Studie der Stiftung Familienunternehmen zeigt allerdings einen unterproportionalen Anteil der Familienunternehmen an den Kapitalgesellschaften (Stiftung Familienunternehmen 2017). Dies ist darauf zurückzuführen, dass Unternehmen dieser Rechtsformen von einer größeren Anzahl von Personen kontrolliert werden und somit u. U. nicht mehr unter die Definition eines Familienunternehmens fallen.

In Familienunternehmen mit vielen Beteiligten und unterschiedlichen Funktionen stehen dann eine ausgewogene Interessenvertretung und Kontrolle im Vordergrund. So ist beispielsweise ein Teil der Familie „nur" Gesellschafter, ein anderer (auch) im Management tätig und in der Geschäftsführung sind neben Familienmitgliedern auch externe Manager vorhanden. Das rechtfertigt dann auch Rechtsformen mit einem höheren organisatorischen und finanziellen Aufwand wie zum Beispiel die AG, zu deren Vorteilen die konsequente Trennung von Kapitalgebern und Geschäftsleitung, die Koordination der Anteilseigner und die problemlose Übertragung der Anteile gehören.

Optimal ist eine Gestaltung, die für die Unternehmerfamilie und das Unternehmen alle Einflussgrößen bestmöglich ausbalanciert. Die Rechtsform muss notwendigerweise Flexibilität aufweisen, da das Unternehmen auf ständigen Wandel, Wechsel und Veränderungen reagieren muss (Habig und Bernighaus 2004). So weist zum Beispiel die Rechtsform der Stiftung eher geringe Flexibilität und damit häufig große Nachteile auf, wenn der Stifter in der Satzung seinen unternehmerischen Willen „auf ewig" zementiert.

Die Rechtsform bestimmt sich auch danach, wie das Unternehmen geführt werden soll. Welche Persönlichkeiten sollen das Unternehmen leiten? Sind sie kollegial bzw. teamorientiert? Sind sie allein bestimmend und allein durchsetzungsstark? Gibt es einen kleinen oder großen Gesellschafterkreis und wie muss die Geschäftsführung die Gesellschafter berücksichtigen – oder muss sie es nicht? Herrscht im Gesellschafterkreis Harmonie oder kann man sich auch Uneinigkeiten vorstellen? Sind die Eigentümer bereit, die Mitarbeiter in Entscheidungen einzubinden oder sollen sie möglichst von betriebsrelevanten Entscheidungen ferngehalten werden? (Habig und Bernighaus 2004)

Um im jeweiligen Einzelfall die richtige Wahl zu treffen, ist ein systematisches Vorgehen wichtig, um Kriterien zu erarbeiten, die für die Wahl der richtigen Rechtsform relevant sein können. Beispielhaft sollen genannt werden (Habig und Bernighaus 2004):

- Größe des Unternehmens,
- Anzahl der Gesellschafter,
- Gegenstand der Unternehmenstätigkeit,
- Intensität der Einflussnahme durch die Anteilseigner,
- Alleinteilhaberschaft einer Familie oder Teilhaberschaft durch mehrere Familien oder Personen, die verwandt oder auch nicht verwandt sind,
- Leitungsfunktion (familienintern oder extern),
- Einflussnahme der Familie auf die Leitung (evtl. nur durch den Beirat oder Aufsichtsrat),
- Wirkungskreis des Unternehmens (lokal, national, international),
- Finanzierung (Kapitalkraft und Kapitalbedarf des Unternehmens, Kapitalbeschaffungsmöglichkeiten),
- Möglichkeit der Hereinnahme von weiteren Mitgesellschaftern (z. B. Mitarbeitern).

Diese Liste der wesentlichen Kriterien weist den Weg zur passenden aktuellen Rechtsform. Abb. 6.2 verdeutlicht den Zusammenhang zwischen Rechtsform und Firmengröße von Familienunternehmen nach Beschäftigtenklassen.

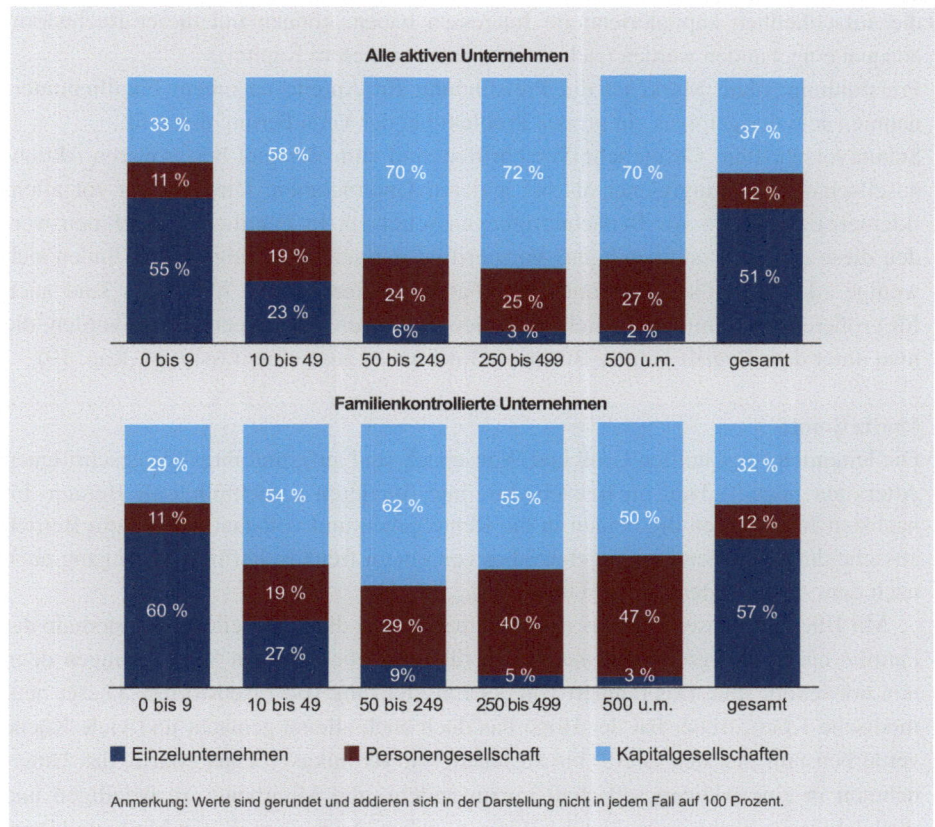

Abb. 6.2 Rechtsformen der Familienunternehmen nach Beschäftigtenklassen. (Quelle: In Anlehnung an Stiftung Familienunternehmen 2017)

Langfristig spielen bei der Wahl der Rechtsform für Familienunternehmen zusammengefasst vor allem folgende Kriterien eine zentrale Rolle:

- Fungibilität: Anleger, die jederzeit verkaufen wollen, investieren nicht in kleinere, nicht börsennotierte Unternehmen – dies spielt bei Familienunternehmen insofern eine Rolle, als es für diese (typischerweise kleineren) Unternehmen die Kapitalbeteiligung Externer erschwert.
- Teilbarkeit: emissionsfähige Unternehmen (z. B. Aktiengesellschaften) können leichter kleinere Stückelungen anbieten – dies kann bei größeren Familienunternehmen im Kontext eines Generationenwechsels und dessen steuerlichen Konsequenzen eine Rolle spielen.
- Einschränkung der Geschäftsführungsbefugnis: Aktiengesellschaften trennen klar zwischen Managementrechten und Eigentumsrechten und unterbinden den direkten Eingriff der Gesellschafter über die Zwischenschaltung eines Aufsichtsrates. Familienmitglieder,

die ausschließlich kapitalorientierte Interessen haben, können mit dieser Rechtsform adäquat eingebunden werden (siehe weiter unten in diesem Kapitel).

- Preisfindung: ohne Markt ist die Preisfindung für Anteile an einem Familienunternehmen schwieriger, was ein großes Problem bei der Veräußerung darstellt.
- Schutzvorschriften: Gesetzliche Vorschriften sind zum Beispiel bei größeren Aktiengesellschaften umfangreicher als bei anderen Unternehmen. Diese sollen vor allem (kleinere) Aktionäre vor Benachteiligungen schützen. In Familienunternehmen werden diese (mitunter aufwendigen) Vorschriften nur selten benötigt, daher finden sich wenige Aktiengesellschaften unter den Familienunternehmen. Allerdings sind auch für größere Familienunternehmen in den letzten Jahren Regeln entwickelt worden, die man unter dem Begriff Family Business Governance zusammenfasst (vgl. Kap. 10).

Moritz GmbH

Die leitenden Angestellten Groß und Wonschack sind aufgrund ihres fortgeschrittenen Alters nur noch Teilzeit im Betrieb aktiv und fungieren vornehmlich als Berater. Im nächsten Jahr werden die beiden in die Rente gehen und vollständig aus dem Betrieb ausscheiden. Alle Beteiligten gehen aber von einem freundschaftlichen Umgang auch nach dem Ausscheiden aus der GmbH aus.

Mit Blick auf dieses Ereignis und die Übertragung dieser Anteile wird innerhalb der Familie eine umfangreiche Diskussion geführt, welche weiteren Veränderungen denn nun notwendig sind. Das rangiert von der Einschätzung von Else Moritz: „Dieser neumodische Kram, früher hat der Horst das doch auch alleine gemacht und viele Köche verderben nun mal den Brei!" bis zu Ideen von Veronikas Tochter Marie, das Unternehmen in eine Aktiengesellschaft umzuwandeln, alle Mitarbeiter zu beteiligen und vielleicht irgendwann einmal an die Börse zu gehen. Auch wenn Kevin Marie und ihren Ideen eher skeptisch gegenüber steht, den Gedanken mit dem Börsengang findet er klasse. Auf eine einheitliche Lösung kann sich die Familie bisher jedoch nicht einigen

Doch zunächst steht die jährliche Gesellschafterversammlung an. Diese ist – wie in den Jahren davor – eher eine Formsache, die laut GmbH-Gesetz mindestens 1-mal pro Jahr abgehalten werden muss, um den Jahresabschluss ordnungsgemäß festzustellen und die Gewinnverwendung der GmbH festzulegen. Für Veronika und Heiko ist darüber hinaus wichtig, dass die Gesellschafter sie für das abgelaufene Geschäftsjahr entlasten und ihnen damit eine ordnungsgemäße Geschäftsführung attestieren. Auch wenn bei Bedarf außerordentliche Gesellschafterversammlungen stattfinden können, ist dies jedoch nur ganz selten vorgekommen, da die Familie auch die unternehmerischen Themen eher „mal zwischendrin" klärt. Von einem Börsengang ist das Unternehmen daher noch meilenweit entfernt; die hierfür erforderlichen Publizitäts- und Transparenzpflichten könnten gar nicht gewährleistet werden.

Im Folgenden werden typische Gesellschaftsformen von Familienunternehmen charakterisiert und ihre Besonderheiten erläutert. Die folgende Abbildung (vgl. Abb. 6.3) gibt einen Überblick über die zentralen Rechtsformen und zeigt die jeweiligen Spezifika für Familienunternehmen auf.

	Einzelunternehmen	Personen-gesellschaft	Kapital-gesellschaft	Stiftung
Eigentümer	Inhaber	Gesellschafter	Gesellschafter (GmbH) (AG)	Keine
Mindestkapital-Ausstattung	Keine Vorgaben		25.000 € GmbH 50.000 € AG	Länderspezifisch
Haftung	Volle Haftung auch mit Privatvermögen		Beschränkt auf das Vermögen der Gesellschaft	
Gremien	• Vorstand • GF optional	• GF • Gesellschafter-Versammlung	• Vorstand/GF • Aufsichtsrat/Beirat • Haupt-Versammlung	• Vorstand • ggf. Kuratorium/Beirat
Besonderheiten & Vorzüge	Flexible Rechtsform	Starke Rolle der Gesellschafter	Übertragbarkeit der Anteile	Steuerbegünstigt wenn gemeinnützig

GF = Geschäftsführer

Abb. 6.3 Rechtsformen von Familienunternehmen. (Quelle: Eigene Darstellung)

6.1.2 Einzelunternehmen

Das Einzelunternehmen stellt die Rechtsform dar, die in Deutschland am häufigsten gewählt wird. Ein Einzelunternehmen ist zunächst jede selbstständige wirtschaftliche Betätigung einer natürlichen Person, unabhängig davon, ob die Person Arbeitnehmer beschäftigt oder nicht.

Der Einzelunternehmer führt die Geschäfte unter seinem Namen beziehungsweise seiner Firma auf eigene Rechnung und eigenes Risiko. Er kann die Geschäfte aber auch durch einen Dritten führen lassen und Prokura oder Handlungsvollmachten erteilen. Der Einzelunternehmer haftet mit seinem gesamten (Privat-) Vermögen für sämtliche Schulden seines Unternehmens. Mit der Gründung seines Einzelunternehmens wird der Teil des Privatvermögens, den er dem Unternehmen zur Verfügung stellt, zum Betriebsvermögen mit entsprechenden steuerlichen Auswirkungen. Beim Einzelunternehmen kann der Inhaber maximal sein Privatvermögen einbringen; nimmt er weitere Gesellschafter hinzu, muss er (bis auf die stille Beteiligung) die Rechtsform zum Beispiel in eine OHG ändern. Wenn der Einzelunternehmer Kaufmann im Sinne des Handelsgesetzbuchs ist, ist er gesetzlich dazu verpflichtet, seine wirtschaftlichen Ergebnisse nach den Grundsätzen ordnungsmäßiger Buchführung (GoB) sichtbar zu machen.

Fraglich ist, ob man im engeren Sinne von einem Familienunternehmen sprechen kann, wenn es sich um ein Einzelunternehmen handelt. Allerdings sind außerordentlich viele Einzelunternehmen Familienunternehmen im klassischen Sinne: so ist es typisch, dass Handwerksbetriebe zwar nur einem Handwerksunternehmer gehören, mitunter jedoch die ganze Familie (angestellt oder nicht) im Unternehmen mitarbeitet.

Die Vorteile des Einzelunternehmens für Familienunternehmen liegen in der einfachen Gründung, den geringen formalen Voraussetzungen und der vollständigen

Entscheidungsfreiheit bei einer Person. Die Nachteile des Einzelunternehmens für Familienunternehmen liegen in der Begrenztheit auf einen Eigentümer, dem hohen Geschäftsrisiko allein beim Inhaber und der begrenzten Kapitalbeschaffung.

6.1.3 Personengesellschaften

Der Grundtyp dieser Gesellschaften ist die BGB-Gesellschaft (auch Gesellschaft bürgerlichen Rechts – GbR genannt), welche in den §§ 705 ff BGB geregelt ist. Die beiden klassischen Personengesellschaften für Familienunternehmen jedoch sind die OHG (offene Handelsgesellschaft) und die KG (Kommanditgesellschaft).

Die OHG ist eine Rechtsform für mehrere Personen, die gemeinsam ein kaufmännisches Gewerbe betreiben möchten. Der Gesellschaftsvertrag ist formfrei; ein schriftlicher Vertrag ist in jedem Fall empfehlenswert. Ein Mindestkapital bzw. Mindesteinlage ist nicht vorgeschrieben. Alle Gesellschafter sind zur Führung der Geschäfte berechtigt. Im Gesellschaftsvertrag kann allerdings ein Gesellschafter mit der Führung der Geschäfte beauftragt werden. Für Schulden der Gesellschaft haftet jeder Gesellschafter neben seinem Gesellschaftsvermögen auch mit seinem Privatvermögen, und zwar in unbeschränkter Höhe.

Damit eine OHG auch bei einer größeren Anzahl von Gesellschaftern gut funktionieren kann, müssen in der Satzung viele Fälle und Eventualitäten geregelt sein. Dies gilt insbesondere für den Wechsel in der Führung oder für die Anteilsübertragung durch Schenkung oder Vererbung. Ohne eine solche Regelung kann zum Beispiel ein Gesellschafter nur mit Zustimmung aller übrigen Gesellschafter über seinen Anteil verfügen.

Die Kommanditgesellschaft unterscheidet sich von der OHG vor allem dadurch, dass ein Teil der Gesellschafter (sog. Kommanditisten) nur mit einem bestimmten Betrag gegenüber den Gesellschaftsgläubigern haftet, während die unbeschränkt haftenden Komplementäre wie die OHG-Gesellschafter mit ihrem gesamten Vermögen haften. Jede KG muss mindestens einen Komplementär und auch mindestens einen Kommanditisten haben.

Kommanditisten sind von der Geschäftsführung ausgeschlossen, es sei denn, der Gesellschaftsvertrag sagt etwas anderes. Sie haben nach § 166 HGB lediglich Kontrollrechte, nehmen jedoch an der Verteilung von Gewinn und Verlust (letzteres nur bis zum Betrag ihres Kapitalanteils) teil.

Familienunternehmen als Personengesellschaften haben den Vorteil, dass kein Mindestkapital für die Gründung erforderlich ist, relativ geringe Gründungsformalitäten und -kosten bestehen und großer Spielraum bei der Gestaltung des Gesellschaftsvertrags besteht. Wie in allen Personengesellschaften können die Gewinne aus dieser Einkunftsart mit Verlusten anderer Einkunftsarten verrechnet werden, was Gesellschafter einer Kapitalgesellschaft nicht können. Nachteilig ist auch hier die unbeschränkte Haftung der Gesellschafter mit ihrem Privatvermögen (bis auf die Kommanditisten). Außerdem sind Kommanditanteile kaum handelbar, und die Gehälter für geschäftsführende Gesellschafter können nicht als Aufwand der Personengesellschaft steuerlich geltend gemacht werden.

6.1.4   Kapitalgesellschaften

Bei Kapitalgesellschaften gibt es umfangreiche gesetzliche Vorschriften, die in jeweils eigenen Gesetzen (GmbHG, bzw. AktG) ergänzend zum BGB und HGB geregelt sind. Die drei häufigsten Formen sind: die GmbH (Gesellschaft mit beschränkter Haftung), die AG (Aktiengesellschaft) und in zunehmendem Maße die Europäische Aktiengesellschaft SE.[1]

Jede GmbH hat ein gesetzlich vorgeschriebenes Grundkapital von mind. 25.000 EUR, welches die Haftungsbasis dieser eigenen juristischen Person darstellt. Beteiligte Familienmitglieder haften daher nicht mit ihrem Privatvermögen. Soll eine Beteiligung übertragen werden, ist bei der GmbH auch innerhalb der Familie eine notarielle Beurkundung erforderlich. Organe der GmbH sind die Geschäftsführer und die Gesellschafterversammlung. Letztere hat die Geschäftsführung zu überprüfen und zu kontrollieren. Die Geschäftsführung wird durch Gesellschafterbeschluss ernannt. Sie ist an Weisungen der Gesellschafterversammlung gebunden. Darüber hinaus benötigt eine Gesellschaft mit mehr als 500 Mitarbeitern einen Aufsichtsrat.

In diesem Kontext muss die GmbH & Co. KG erwähnt werden, eine Kommanditgesellschaft, deren persönlich haftender Gesellschafter eine GmbH ist. Dadurch wird die Haftung – obwohl es sich um eine Personengesellschaft handelt – auf das GmbH-Kapital beschränkt. Diese Gesellschaftsform ist deshalb so beliebt, weil sie die steuerlichen Vorteile einer Personengesellschaft mit den Haftungsbeschränkungen einer Kapitalgesellschaft zumindest theoretisch kombiniert. In der Praxis werden die haftungsrechtlichen Vorteile bei der Finanzierung über Banken oftmals über eine persönliche Sicherheitenstellung der Gesellschafter wieder ausgehebelt.

Auch zu erwähnen ist die sogenannte Unternehmergesellschaft (haftungsbeschränkt) – oft auch als Mini-GmbH bezeichnet. Dabei handelt es sich um eine GmbH, bei der statt der erforderlichen 25.000 EUR Mindestkapital schon ein Euro zur Gründung ausreicht. Dafür muss die Firma immer den Rechtformzusatz UG (haftungsbeschränkt) beinhalten und mind. 25 % der Gewinne müssen so lange einbehalten werden, bis die 25.000 EUR erreicht sind und das Unternehmen mittels Kapitalerhöhung in eine ordentliche GmbH überführt wird. Der Firmierungszusatz entfällt dann. Diese Rechtsform ist vor allem bei Existenzgründern beliebt.

Vor allem international ist die AG eine sehr bedeutende Rechtsform, die vor allem gewählt wird, wenn es um größeren Kapitalbedarf geht. Das Mindestkapital zur Gründung einer Aktiengesellschaft beträgt 50.000 EUR. Die Haftung der Gesellschafter (Aktionäre) ist auf das Stammkapital (also die Aktien) beschränkt.

Durch unterschiedliche Aktienarten sind flexible Gestaltungsmöglichkeiten für Unternehmerfamilien möglich: So können aktive Gesellschafter Stammaktien (mit allen Verwaltungs- und Vermögensrechten) und nicht aktive Gesellschafter Vorzugsaktien (die

---

[1]Vgl. nachfolgend Habig und Bernighaus (2004).

z. B. eine höhere Dividende, aber kein Stimmrecht ermöglichen) erhalten. Mit (vinku-
lierten) Namensaktien kann der Gesellschafterkreis auf bestimmte Personen (z. B. die
Familie) begrenzt werden. Der Gesellschafterwechsel ist bei der Aktiengesellschaft sehr
einfach: durch Übertragung der Aktien in einem privatrechtlichen Vertrag ohne Notar (es
sei denn, es handelt sich um eine unentgeltliche Übertragung, dann greift das Erbrecht,
das generell eine notarielle Beurkundung von Schenkungen fordert).

War die Rechtsform der Aktiengesellschaft früher nur etwas für Großunternehmen,
so hat sich das inzwischen stark geändert. Der Gesetzgeber hat einfachere Gründungs-
formalien geschaffen und für kleinere Aktiengesellschaften auch die formalen
Vorschriften im Aktiengesetz gelockert. Gegründet werden kann auch eine „Einpersonen-
Aktiengesellschaft".

Organe der Aktiengesellschaft sind die Hauptversammlung, der Aufsichtsrat und der
Vorstand. Der Aktionär übt seine Gesellschafterrechte in der Hauptversammlung aus.
Er hat insbesondere den Aufsichtsrat zu wählen, der seinerseits wiederum den Vorstand
ernennt. Der Vorstand ist nicht weisungsgebunden, weder der Hauptversammlung noch
dem Aufsichtsrat gegenüber. Dies vor allem ist ein wesentlicher Unterschied zur GmbH,
bei der die Gesellschafterversammlung weisungsberechtigt ist.

Zunehmend Bedeutung gewinnt die Rechtsform der Europäischen Aktiengesellschaft
SE (Societas Europaea). Deichmann, Porsche, Freudenberg und Alba sind nur einige von
ihnen. Diese Rechtsform eignet sich besonders gut für Familienunternehmen, weil die
Regeln zur Mitbestimmung viele Freiräume lassen. Damit kann z. B. der Einfluss der
Familie gewahrt bleiben, auch wenn sie nicht operativ tätig ist. So gibt es in dem eher
angelsächsisch geprägten Boardmodell nicht die strikte Trennung zwischen Vorstand
und Aufsichtsrat (sog. One-tear-Modell). Der Verwaltungsrat entscheidet sowohl über
strategische als auch operative Aufgaben. Auch die Mitbestimmungsrechte der Arbeitnehmer sind flexibler gestaltbar, erfordern aber auch mehr Kommunikation als bei den
starren deutschen Regelungen. Schließlich ist diese Rechtsform auch für Gespräche mit
Geschäftspartnern außerhalb Deutschlands von Vorteil und eignet sich daher besonders
für international agierende Familienunternehmen.

Unbestrittener Vorteil aller Kapitalgesellschaften ist die Trennung von Privat-
und Betriebsvermögen. Daraus ergibt sich die beschränkte persönliche Haftung der
Gesellschafter, die unkomplizierte Übertragbarkeit einzelner Geschäftsanteile und
die unbeschränkte Lebensdauer sowie die einfache Bestellung externer Manager zur
Geschäftsführung. Nachteile einer Kapitalgesellschaft sind die strengen Formvor-
schriften bei der Gründung, Mindesteinlagen und ggf. eine höhere Gesamtsteuer bei den
Gesellschaftern, da die verschiedenen Einkunftsarten nicht verrechenbar sind.

Ergänzend wollen wir Ihnen die Betriebsaufspaltung vorstellen. Diese ist zwar keine
eigene Rechtsform, aber sie ist in vielen Familienunternehmen gelebte Praxis. Bei der
Betriebsaufspaltung besteht das Unternehmen aus zwei Rechtsteilen: dem Besitzunter-
nehmen und dem Betriebsunternehmen. Das Besitzunternehmen ist in der Regel ein
Einzelunternehmen oder eine Personengesellschaft, das gewöhnlich das Anlagevermögen
(Bürogebäude, Maschine etc.) besitzt und an das Betriebsunternehmen verpachtet. Das

Betriebsunternehmen ist in der Regel eine Kapitalgesellschaft. Auch wenn zum Beispiel der Grundbesitz von den Gesellschaftern privat gehalten wird, liegt eine Betriebsaufspaltung vor, wenn dieses Anlagevermögen betriebsnotwendig ist.

Vorteil dieser Aufspaltung ist, dass im Falle der Insolvenz der Betriebsgesellschaft das verpachtete Anlagevermögen nicht zur Insolvenzmasse gehört. Faktisch ist es aber meist anders, weil Geldgeber von vornherein eine Mithaftung der Betriebsgesellschaft erwarten. Wenn die Betriebsaufspaltung aufgegeben wird, sei es durch Schenkung, Erbgang oder Verkauf, so kann das steuerliche Konsequenzen haben, wenn es zur Aufdeckung der sog. Stillen Reserven kommt, bei der oftmals ein Veräußerungsgewinn entsteht, ohne dass tatsächlich Geld fließt. Damit fällt Einkommensteuer an, die ganz erheblich sein kann und das Unternehmen bzw. die Familie wegen des Liquiditätsabflusses belastet.

6.1.5   Familienstiftungen

In den 50er und 60er Jahren bekannt als Modell des Mäzenatentums großer Unternehmerfamilien wie Krupp und Bosch oder auch parteinaher Stiftungen wie der Friedrich-Naumann-Stiftung, hat sich die Stiftungslandschaft in Deutschland stark erweitert. Wurden 1990 noch ca. 180 Stiftungen bundesweit gegründet, so ist die Zahl der Stiftungen im Jahr 2017 um 549 Stiftungen auf insgesamt 22.274 Stiftungen in Deutschland gestiegen (Bundesverband Deutscher Stiftungen 2018). Allein rund 40 der 100 größten Familienunternehmen in Deutschland sind bereits im Stiftungswesen aktiv.

Durch die dauerhafte Bindung des Unternehmens in der Stiftung ist der Erhalt des Familienunternehmens als Ganzes gesichert, die Atomisierung des Familienvermögens wird verhindert (Kirchdörfer 2012). Die Familienstiftung ist damit insbesondere dann interessant, wenn durch eine Vielzahl von Erben oder Erbstreitigkeiten eine Zersplitterung bzw. der Verkauf des Unternehmens droht. Durch die Festlegung des Stiftungszwecks kann der Stifter darauf Einfluss nehmen, dass mit dem Familienunternehmen auch nach seinem Tod nach seinen Vorstellungen verfahren wird. Daneben ist der Versorgungsaspekt von Bedeutung: Die Familienstiftung zeichnet sich dadurch aus, dass die Erträge der Stiftung in beliebigem Umfang dem Stifter und dessen Angehörigen zugewendet werden können. Auch der Schutz des Unternehmens vor Liquiditätsabfluss durch z. B. Abfindungszahlungen an ausscheidende Gesellschafter oder Steuerzahlungen ist ein wichtiges Motiv. Neben der Intention des Steuersparmodells steht das Motiv des gemeinnützigen Engagements an vorderster Stelle. Auch mittlere Familienunternehmen entdecken zunehmend das Thema Stiftungen, insbesondere als Nachfolgeinstrument (Fleschutz 2009).

Der von Ribbeck auf Ribbeck im Havelland … in diesem Gedicht findet sich das prominenteste Motiv der Stiftungsgründung. Die Idee, als Obstplantagenbesitzer eine Birne mit ins Grab zu nehmen, damit die Dorfkinder Birnen auch nach seinem Tod essen können – im Wissen, dass seine Erben kein derart großes Herz haben werden – zeigt die Grundidee der Stiftung.

Bereits hier zeigen sich wichtige Kennzeichen der Stiftung, die insbesondere für Unternehmerfamilien elementare Fragestellungen aufwerfen: Auf der einen Seite bedeutet das Prinzip der Permanenz eine Förderung über das eigene Leben als Stifter hinaus. Diese Langfristperspektive kennen auch Familienunternehmen. Auf der anderen Seite widerspricht es jedoch dem Grundgedanken unternehmerischen Handelns, dass Flexibilität und Schnelligkeit der unternehmerischen Entscheidungen entscheidende Wettbewerbsvorteile darstellen.

Stiftungen bieten Familienunternehmen einen hohen Gestaltungsspielraum. Von der Sicherung und Wahrung des familiären Gesamtvermögens bis zur Zuwendung an Bedürftige können viele Wünsche und Vorstellungen festgelegt und nicht nur über die eigene aktive Zeit, sondern über das eigene Leben hinaus gestaltet werden. Wie lange jedoch ein Stiftungszweck sinnvoll ist und ob das Stiftungskapital in Krisenzeiten nicht doch besser dem Unternehmen zur Verfügung stehen sollte, sind Fragen, die langfristig aufzeigen, wo die Gefahrenpotenziale auch für das Unternehmen liegen. Sorgsame professionelle Vorbereitung und die Balance zwischen einer klaren Satzung und einer verantwortbaren Flexibilität sind daher wichtige Voraussetzungen für den langfristigen Erfolg.

Mit der Errichtung einer Stiftung überträgt der Stifter einen Teil seines Vermögens (hier: Unternehmensanteile) auf eine Stiftung. Über ein Änderungs- und Widerrufsrecht oder als Vorstands- oder Beiratsmitglied kann der Stifter sich noch gewisse Einflussmöglichkeiten erhalten. Das hat jedoch enge Grenzen, insbesondere dann, wenn die Familie gleichzeitig auch Begünstigte der Stiftung ist. Viele Unternehmer haben jedoch den verständlichen Wunsch, soweit wie möglich Einfluss nehmen zu können. Stifter sind daher zu Lebzeiten oftmals selbst in den Gremien vertreten und die wahre unternehmerische Kraft der Stiftung.

Wenn Familienunternehmen konkret über eine Stiftung nachdenken, ist zunächst zu klären, welche Ziele durch eine Stiftung erreicht werden sollen und was hinsichtlich des unternehmerischen und des sonstigen Vermögens wichtig ist. Diese Ziele sind zu priorisieren. Im unternehmerischen Umfeld lassen sich folgende Hauptziele definieren:

- Erhalt von größeren Vermögen: Der Gleichbehandlungswunsch in der Familie führt bei der Vererbung von Vermögen in der Praxis oft dazu, dass größere Vermögen zerschlagen werden und auf mehrere Erben aufgeteilt werden. Dem kann mit dem Einbringen des Vermögens in eine Stiftung entgegengewirkt werden.
- Steuerprivilegien statt Erbschaftsteuer: Stiftungslösungen machen unabhängig von den immer wieder Änderungen unterworfenen Regeln zur Erbschaftsteuer.
- Corporate Social Responsibility: Mit Hilfe von Stiftungen wird die Förderung des Gemeinwesens durch Familienunternehmen nach außen hin sichtbar und kann als Marketinginstrument genutzt werden.
- Regelung der Unternehmensnachfolge: Durch die Einbringung des Vermögens in eine Stiftung wird das Vermögen als Ganzes gewahrt und eine klare Struktur zwischen Eigentum einerseits und unternehmerischem Handeln andererseits ermöglicht. Ein Problem ist, dass durch diese Lösung keine Führungsnachfolge gesichert wird.

- Ziele einer Stiftungsgründung können auch unmittelbar mit dem eigentlichen Unternehmen und seinen Interessen zusammenhängen. Wenn unternehmerisches Vermögen langfristig einem bestimmten Zweck dienen soll, z. B. Forschung in einem bestimmten Themenfeld, Förderung von jungen Menschen im Bereich Technik, kann eine Stiftung dieses Interesse frei von den primären Unternehmensinteressen realisieren.

Die Ausgestaltungsmöglichkeiten von Stiftungen sind sehr vielseitig und immer eine Frage des Einzelfalls. Generell lassen sich folgende Grundtypen beschreiben:

1. Unternehmensträgerstiftung: Eine Unternehmensträgerstiftung ist operativ tätig und führt das Unternehmen unmittelbar. Diese Variante wird in Deutschland kaum noch gewählt, da diese Form nicht die notwendige Flexibilität für unternehmerisches Handeln bietet.
2. Beteiligungsstiftung (auch als unternehmensverbundene Stiftung bezeichnet): Bei dieser Variante hält die Stiftung eine Beteiligung an dem Unternehmen. Mit ca. 90 % ist dies in Deutschland die gängigste Form der Stiftung (Fleschutz 2009). Der Eigentümer übergibt seine Gesellschaftsanteile in die Stiftung, an der die Familienmitglieder keine Anteile halten. Grundsatz einer Familienstiftung ist, dass die Unternehmenssubstanz dem Zugriff einzelner Familienmitglieder entzogen ist und erhalten werden muss. So kann das Unternehmen nicht aus persönlichen Motiven veräußert und das Vermögen nicht durch Erbgänge zersplittert werden. Gleichzeitig regelt die Stiftung die Versorgung von Familienmitgliedern (Destinatäre) durch die Unternehmenserträge.
3. Familienstiftung: Als Familienstiftung wird eine Stiftung bezeichnet, deren Zweck darin besteht, ausschließlich den Familienmitgliedern Zuwendungen zukommen zu lassen. Familienstiftungen sind mit Vermögen und Erträgen allgemein steuerpflichtig.
4. Gemeinnützige Stiftung: Stiftungen, die gemeinnützige, mildtätige oder kirchliche Zwecke verfolgen, sind steuerbegünstigt. Damit eine Stiftung als gemeinnützig anerkannt werden kann, muss der Stiftungszweck derartige Zwecke verfolgen.
5. Doppelstiftung: Hier werden die steuerlichen Vorteile der gemeinnützigen Stiftung mit der Familienstiftung kombiniert. In der Familienstiftung werden dann die unternehmerischen Entscheidungen getroffen. Die Verteilung von Kapital und Stimmrecht ist für die Akzeptanz des Modells innerhalb der Familie sehr sorgfältig zu gestalten.

Moritz GmbH

Else Moritz hat sich immer schon für soziale Themen engagiert. Horst ist ja nur im Betrieb und als die Kinder größer werden, beginnt Else damit, benachteiligte Kinder aus Brückstadt zu unterstützen. Dabei engagiert sie sich sowohl persönlich als auch finanziell. Höhepunkt ihres Engagements ist die Eröffnung eines Kinder- und Jugendzentrums mit einer speziellen Gruppe für Kinder mit Down Syndrom. Für ihre Aktivitäten ist ihr sogar das Bundesverdienstkreuz verliehen worden. Dieses Engagement hat sich auch nach dem Tod von Horst nicht geändert.

Auch ihre Enkelkinder sind Else sehr wichtig und mit fast allen hat sie auch regen Kontakt. Lediglich den kleinen Sohn von Kevin sieht sie kaum, weil das Kind weit weg wohnt. Außerdem ist der Junge leicht behindert, die Mutter ist mit der Betreuung überfordert und hat keine Lust auf Besuche der Mutter ihres Ex-Freundes. Darüber ist Else sehr traurig und bittet Kevin immer wieder, ihr den Kontakt zu seinem Sohn zu vermitteln.

Else überlegt seit längerem, die Immobilien GbR in eine Stiftung umzuwandeln. Anna Maria – die ohnehin keine Erben hat – steht diesem Gedanken sehr positiv gegenüber. Ihre drei Kinder hingegen können sich nicht so recht damit anfreunden.

In den letzten Jahren zeichnet es sich zunehmend ab, dass insbesondere in mittelgroßen Familienunternehmen die Familienstiftung als Nachfolgeinstrument eingesetzt wird (Fleschutz 2009). Die Familienstiftung gilt dann als sinnvolle Nachfolgelösung, wenn Kinder die Unternehmensnachfolge nicht antreten wollen oder niemand für die Nachfolge geeignet ist, das Unternehmen aber gleichzeitig weiterhin erfolgreich betrieben und die Arbeitsplätze gesichert werden sollen. Durch die Familienstiftung wird das Familienvermögen zusammengehalten und die Familie versorgt. Allerdings darf nicht vergessen werden, dass die Kinder durch die Einrichtung der Stiftung dauerhaft und unumkehrbar vom Erbe des Betriebsvermögens ausgeschlossen sind. Gibt es hingegen keine Familienangehörigen, die zu versorgen sind, oder ist es Wille des Stifters, der Allgemeinheit etwas zurückzugeben, so wird eher eine gemeinnützige Stiftung eingerichtet.

6.2 Eigentum am Familienunternehmen

Die Inhaber eines Unternehmens sind die oberste Entscheidungsinstanz. Innerhalb des von ihnen gewählten rechtlichen Rahmens besitzen sie die Befugnis, Ziele und Strategien festzulegen sowie die Entscheidungen über den Ressourceneinsatz zu treffen. Daher müssen ihre Erwartungen an die unternehmerische Ausrichtung, insbesondere an das Verhältnis von Stabilität, Rentabilität und langfristigem Wachstum, formuliert und kommuniziert sein. Die in vielen Familienunternehmen übliche paritätische Verteilung ist unter diesem Blickwinkel möglicherweise kontraproduktiv. In der Praxis gibt es viele Familienunternehmen, die sich ausschließlich im Familieneigentum befinden. Darüber hinaus finden sich aber auch viele Familienunternehmen, an denen Familienexterne zumindest als Minderheitsgesellschafter beteiligt sind. Beide Formen werden in diesem Abschnitt vorgestellt. Darüber hinaus wird auch die faktische Einflussnahme von Familienmitgliedern, die kein Eigentum am Familienunternehmen halten, thematisiert.

6.2.1 Familieninterne Inhaber

Befindet sich ein Unternehmen im Alleineigentum eines Inhabers, ist zunächst zu thematisieren – wie bei der Rechtsform des Einzelunternehmens bereits angesprochen –, ob es sich überhaupt um ein Familienunternehmen handelt. Wenn das Unternehmen

zum Beispiel erst vor kurzem von einer Person ohne familiäre Unterstützung gegründet
wurde, oder diese Person keine Familie hat, ist eher nicht von einem Familienunternehmen zu sprechen. Anders ist der Fall, wenn – wie in vielen traditionellen Handwerksbetrieben – zwar der Handwerksmeister oder die Handwerksmeisterin alleiniger Inhaber
ist, sein Ehepartner aber in erheblichem Maße im Unternehmen mitarbeitet. Hier kann
man durchaus von einem Familienunternehmen sprechen, selbst wenn der Ehepartner
formell keine Funktion im Unternehmen hat. Mehrheitlich werden Einzelunternehmen
durch den Inhaber geführt, sodass Eigentum und Management in den gleichen Händen liegen. Daher steht und fällt der Unternehmenserfolg mit seinen oder ihren Entscheidungen.

In vielen Familienunternehmen sind beide Ehepartner am Unternehmen beteiligt. In
der Literatur werden Unternehmen mit dieser Form des gemeinsamen Eigentums auch
als „copreneurial business" bezeichnet (Barnett und Barnett 1988; Marshack 1998). Entweder wurden diese Unternehmen bereits gemeinsam gegründet oder sie entstehen durch
Eintritt eines Partners in das bestehende Unternehmen. Die gemeinsame Führung des
Unternehmens mit dem Ehepartner als „spousal team" ist durch Vertauen, Identifikation
und gegenseitiger Verpflichtung gekennzeichnet und wirkt sich positiv auf das Unternehmenswachstum aus (Bird und Zellweger 2018).

Eine besondere Form ist das sog. „home-based-business", bei dem das Unternehmen
auch räumlich in die privaten Lebensbereiche der Eheleute eingegliedert ist. Dies ist beispielsweise beim Familienrestaurant im Erdgeschoss des auch privat bewohnten Hauses
der Fall. Auch bei kleineren Handelsgeschäften oder Apotheken ist diese Form der Verzahnung von beruflicher und privater Sphäre typisch.

In solchen Familienunternehmen wird oft nicht klar zwischen privatem und betrieb-
lichem Vermögen getrennt, und finanzielle Bedürfnisse der Inhaberfamilie werden durch
den „Griff in die Kasse" gestillt. Wenn persönliche Bedürfnisse als Betriebsausgaben
angesetzt werden, ist dies bei korrekter Verbuchung und in den entsprechenden Grenzen
zwar durchaus legal, erschwert aber die Messung und Erfolgskontrolle im Unternehmen.
Andererseits gehen je nach Rechtsform auch die für die Immobilie anzusetzenden
(kalkulatorischen) Kosten oftmals nicht in die Erfolgsrechnung ein. Im Falle eines
Unternehmensverkaufs muss ein Erwerber diese Kosten als tatsächliche Ausgaben
berücksichtigen und kommt gegebenenfalls zu anderen wirtschaftlichen Ergebnissen.

Eine zentrale Besonderheit in Familienunternehmen ist die Beteiligung derselben
Familie an einem Unternehmen über mehrere Generationen. Die Geschäftsanteile werden entweder an die nächste Generation verkauft (Zellweger et al. 2016) oder gehen
häufig unentgeltlich durch Erbschaft oder Schenkung auf die nachfolgende Generation über. Auch wenn ein Sprichwort aus dem deutschen Volksmund besagt „Der Vater
erstellt's, der Sohn erhält's, beim Enkel zerfällt's", beweist die Praxis immer wieder, dass
es auch anders geht. In Deutschland sind alleine vier Familienunternehmen Mitglied im
internationalen exklusiven Klub für Familienunternehmen, die älter als 200 Jahre sind,

genannt „The Henokiens".[2] Und es sind sicher nicht alle existierenden alten Familienunternehmen Mitglied in dieser Vereinigung. Entscheidend dafür ist eine strukturierte und gut organisierte Nachfolgeplanung, eine rechtzeitige Vorsorge für den Notfall und eine gute Kommunikation mit möglichen Nachfolgern (Felden und Klaus 2007; Felden und Adams 2006).

Geschwister, denen gemeinsam ein Unternehmen gehört, stellen typischerweise die zweite Generation dar, wenn der Gründer die Unternehmensanteile gleichberechtigt an seine Kinder überträgt. Der Unterschied dieser Sibling-Partnership zu anderen Partnerschaften besteht in erster Linie darin, dass sich die Geschwister ihren Geschäftspartner nicht aussuchen konnten. Da Geschwister die Genetik, die Familiengeschichte und die Familienkultur verbindet, kann daraus eine äußerst fruchtbare Zusammenarbeit entstehen. Das gemeinsame Eigentum verpflichtet, und die enge persönliche Nähe schafft eine Vertrauensbasis, wie sie sonst nicht zu finden ist. Der interne Wettbewerb unter Geschwistern bringt eine ganz eigene Dynamik mit sich (Bövers und Hoon 2018). Es können jedoch genauso schnell Konfliktpotenziale entstehen, die sich negativ auf das Geschäft auswirken. Die Besinnung auf die Verantwortung für das Unternehmen und die Fortführung einer Familientradition kann helfen, kleinere Krisen zu bewältigen. Bei grundsätzlichen Differenzen können zum Beispiel über eine Mediation neue Wege aufgezeigt werden (Klein 2010).

Moritz GmbH

Kevin, das jüngste der drei Kinder, hat inzwischen die 13 % Gesellschaftsanteile von seiner Mutter übernommen. Er wird als Querulant der Familie geduldet, weil er mit seiner Beteiligung keinen ernsthaften Schaden anrichten kann, zumal er nicht in der Firma mitarbeitet.

Das Vettern-Konsortium wird typischerweise durch eine Nachfolgeregelung zumeist ab der dritten Generation begründet (siehe Kap. 1 zu den typischen Entwicklungsstufen von Familienunternehmen). Die wesentlichen Merkmale bestehen darin, dass die beteiligten Gesellschafter sich in deren Abstammung zumindest auf die drei Generationen zurückliegende Ursprungsfamilie zurückführen lassen. Oftmals stammen die Gesellschafter zudem aus verschiedenen Generationen und unterschiedlichen Familienstämmen (Klein 2010).

6.2.2 Beteiligung familienfremder Inhaber

Eine Kombination von familieninternen und familienfremden Anteilseignern existiert in verschiedenen Konstellationen. Zum einen kann das Unternehmen von mehreren nicht familiär verbundenen Personen gegründet worden sein. Auch hier ist strittig, ab wann

---

[2]Mitglieder mit Sitz in Deutschland sind beispielsweise die Friedrich Schwarze GmbH & Co. KG (gegr. 1664) oder die Möllergroup GmbH & Co.KG (gegr. 1730).

von einem Familienunternehmen gesprochen werden kann. Zumindest ab der zweiten Generation oder einer dominierenden Familie wird man von einem Familienunternehmen sprechen.

Eine andere Form ist die Einbindung von externen Gesellschaftern bei einem bereits bestehenden Familienunternehmen. Dies kann entweder finanzielle Gründe haben (erforderliche Investitionen können nicht mit Fremdkapital finanziert werden, daher wird zum Beispiel eine Beteiligungsgesellschaft eingebunden), persönliche Gründe (ein Familienmitglied scheidet aus und kein anderes möchte oder kann die Anteile erwerben) oder strategische Gründe (ein Geschäftspartner erwirbt Anteile, um damit Synergieeffekte zu realisieren). Auch die Beteiligung des Managements gehört zu diesen strategischen Gründen.

Moritz GmbH

Horst Moritz beteiligt 2003 Manfred Groß und Ludwig Wonschack mit je 10 % am Unternehmen. Sein Hauptziel ist es, beide leitende Mitarbeiter durch die Beteiligung im Unternehmen zu halten. Auch soll dies ein Signal an Manfred Groß sein, der schon mehrfach gefragt hat, wie sich Horst Moritz denn die Nachfolgeregelung vorstelle, nachdem sein Sohn Heiko das Unternehmen verlassen hat. „Manfred Groß und Ludwig Wonschack sind schon gute Mitarbeiter", sagt er zu seiner Frau. „Es wäre schade, wenn wir sie verlieren. Aber als Kopf der Moritz GmbH kann ich mir keinen von den beiden so richtig vorstellen. Die heißen halt nicht Moritz, und gute Mitarbeiter sind noch lange keine guten Unternehmer." Horst Moritz hat lange über die Anteilshöhe nachgedacht und sich schließlich dafür entschieden, insgesamt lediglich 20 % zu übertragen, damit seine gesellschaftsrechtlichen Möglichkeiten nicht durch eine Sperrminorität eingeschränkt werden. Außerdem hat er sich ein vertragliches Vorkaufsrecht einräumen lassen, damit die Anteile nicht anderweitig veräußert werden können.

Obwohl noch nicht umfassend untersucht, finden sich in der Literatur bereits erste Antworten auf die Frage, ob familienexterne Inhaber den Erfolg eines Familienunternehmens erhöhen oder nicht. Die bereits in Kap. 5 vorgestellte Studie von Andersen und Reeb (2003) zeigt, dass die Leistungsfähigkeit von Familienunternehmen mit zunehmendem Anteilsbesitz der Familie steigt, ab einer Quote von 30 % aber wieder abnimmt. Dies deutet bereits darauf hin, dass familienexterne Inhaber einen positiven Erfolgseinfluss ausüben können. Es ist anzunehmen, dass dies über drei Effekte geschieht: zum einen über ihren kontrollierenden Einfluss (z. B. durch detailliertes und zeitnahes Controlling), das kritische Hinterfragen nicht-finanzieller Zielsetzungen und über die Einforderung eines höheren Professionalisierungsgrades bei der Ausübung der Geschäftstätigkeit.

Mögliche Probleme durch die Einbeziehung familienexterner Anteilseigner dürfen aber nicht verschwiegen werden. Nicht nur die bereits in Kap. 4 diskutierten Agency-Kosten II zwischen Familieneigentümern und Minderheitseignern können sich negativ auf die Leistungsfähigkeit eines Familienunternehmens auswirken, auch Konflikte zwischen (gleich) starken Shareholdergruppen bergen ein hohes Konfliktpotenzial.

Abb. 6.4 Typen familienfremder Inhaber in Familienunternehmen. (Quelle: Eigene Darstellung)

Insgesamt ist das Ausmaß der Konflikte, aber auch die Höhe möglicher positiver Einflüsse, von dem Typus des familienexternen Inhabers abhängig. Diese lassen sich wie in Abb. 6.4 dargestellt unterteilen.

Die Auswirkungen auf die Leistungsfähigkeit des Familienunternehmens unterscheiden sich je nach familienexternem Inhabertypus: Andere einflussreiche Familien oder Privatpersonen scheinen kaum Kontroll- oder Ressourcenvorteile zu bringen. Vielmehr geht man davon aus, dass die Konflikte aufgrund der Neigung der Beteiligten, persönliche Vorteile zu generieren, deutlich steigen (Jara-Bertin et al. 2008). Darauf weisen auch einige empirische Untersuchungen hin, die zeigen, dass die Präsenz von weiteren Familien als zweitgrößte Anteilseigner die Leistungsfähigkeit des Familienunternehmens negativ beeinflusst (Jara-Bertin et al. 2008; Maury und Pajuste 2005).

Für Finanzinstitute, wie beispielsweise Banken, als wichtige Shareholdergruppe ist der Einfluss dagegen nicht eindeutig. Zum einen werden ihnen positive Effekte zugesprochen, wie die erleichterte Bereitstellung zusätzlicher finanzieller Ressourcen, eine Verbesserung des Controllings und Unterstützung bei der Entscheidungsfindung. Verschiedene Studien haben diese positive Rolle untersucht und kommen zu dem Ergebnis, dass Finanzinstitute zu einer Erhöhung des Unternehmenswertes führen (Maury und Pajuste 2005; Casasola und Tribó 2004; Hoshi et al. 1990; Thomsen und Pedersen 2000) oder die Produktivität im Unternehmen erhöhen (Nickel et al. 1997). Auf der anderen Seite können Finanzinstitute auch einen negativen Effekt auslösen, insbesondere dann, wenn sie den größten Anteil an einem Familienunternehmen finanzieren (Tribó und Casasola 2010). Dies kann mit einer Abnahme der „Familiness" und den damit einhergehenden Verlusten des Proaktiven Stakeholderengagements begründet werden.

Ähnliche Erkenntnisse liegen für andere Finanzdienstleistungsunternehmen, wie Versicherungen oder Investmentgesellschaften, vor. Auch ihnen wird eine positive Überwachungsfunktion zugesprochen (Acker und Athnassakos 2003; Chaganti und Damanpour 1991; Jara-Bertin et al. 2008). Interessanterweise konnte dieser positive

Einfluss für kleinere Familienunternehmen nicht gezeigt werden. Hier scheinen die zusätzlichen Kosten, die durch professionalisierte Governance-Systeme hervorgerufen werden, die möglichen positiven Effekte zu übersteigen (Randoy und Goel 2003).

Eine letzte familienexterne Inhabergruppe, die empirisch untersucht wurde sind andere Unternehmen. Die Gründe für eine Beteiligung reichen von Kreuzbeteiligungen zur Abwehr von feindlichen Übernahmen bis hin zu strategischen Beteiligungen zur Schaffung von Synergieeffekten. Hier ist eine Abwägung der Vor- und Nachteile schwierig. Zum einen können positive Ressourcenvorteile realisiert werden, zum anderen kann es aber auch zu Konflikten aufgrund unterschiedlicher Zielvorstellungen kommen. Eine der wenigen empirischen Untersuchungen zum Thema durch Randoy und Goel (2003) zeigt einen positiven Einfluss auf die Leistungsfähigkeit, wenn es sich um Minderheitsbeteiligungen handelt.

6.2.3 Familienmitglieder ohne Beteiligung am Unternehmen

Früher war alles klar: Der Mann war der Chef, seine Frau hat sich um Haus und Kinder gekümmert und danach um die Buchhaltung – hat also auch (in vielen Fällen unentgeltlich und damit auch ohne Rentenanspruch) im Unternehmen mitgearbeitet. Diese Zeiten haben sich (weitgehend) geändert: die Aufgabenstellungen sind flexibler und durchgängiger geworden: Jeder Ehepartner hat seine eigenen Aufgaben und kümmert sich um seine Belange. Immer mehr Menschen leben in nicht ehelichen Lebensgemeinschaften. Im Gegensatz zu Ehe und Familie wird diese Gemeinschaft nicht unter den besonderen Schutz des Staates gestellt.

Die rechtlichen Regelungen für Familien und Eheleute sind jedoch nicht auf die Bedürfnisse von Familienbetrieben ausgerichtet, sondern laufen diesen mitunter zuwider. So ist im gesetzlichen Güterstand der Zugewinngemeinschaft die Zustimmung des Ehepartners erforderlich, wenn der andere Ehepartner über wesentliche Teile seines Vermögens (das Unternehmen!) bestimmt. Eheleute mit unternehmerischem Vermögen und auch nicht eheliche Lebensgemeinschaften (wenn Kinder vorhanden sind) sollten daher im Rahmen der Vertragsfreiheit individuelle Gestaltungen vornehmen. Dies betrifft sowohl ehe- wie erbrechtliche Angelegenheiten, die allesamt sog. dispositive Rechte sind, bei denen die Beteiligten individuelle Vereinbarungen treffen dürfen. Tun sie dies nicht, gelten die gesetzlichen Regelungen als Grundregeln. Ohne individuelle Planung ist so manches Familienunternehmen ins Straucheln geraten, weil Scheidungen oder Erbfälle zu nicht tragbaren finanziellen Belastungen geführt haben.

Eine gut funktionierende Unternehmerehe kann für ein Familienunternehmen viele Vorteile bringen, zerbricht diese jedoch, kann im Falle einer Scheidung ein heftiger Rosenkrieg ausbrechen. Idealerweise bereits vor der Eheschließung – aber zumindest in „guten" Zeiten – sollten die Vermögensverhältnisse mit allen Beteiligten klar geregelt werden. In größeren Familienunternehmen wird das durch die sog. Family Business Governance (vgl. Kap. 12) vorgegeben. Dann kann z. B. kein Familienmitglied ohne einen entsprechenden Ehevertrag Gesellschafter werden. Ist der Ehepartner nicht am Unternehmen beteiligt, soll der Ehevertrag zum Beispiel sicherstellen, dass bei Beendigung der Ehe keine unerwarteten Liquiditätsabflüsse auf den Unternehmer zukommen (z. B. indem das Unternehmen nicht in den Zugewinn fällt[3]).

In großen Unternehmerfamilien ist zu klären, welche Rolle die nicht am Unternehmen beteiligten Familienmitglieder spielen. Dabei sind auch emotionale Ängste zu berücksichtigen: Zum Beispiel, dass man nicht mehr zur Unternehmerfamilie gehört, wenn man nicht bereit ist, sich am Unternehmen zu beteiligen. Schwierig ist in diesem Zusammenhang auch der Status nicht beteiligter Familienmitglieder, die aber im Unternehmen beschäftigt sind (siehe folgende Abschnitte). Auch ehemalige, nun aber aus Alters- oder anderen Gründen aus dem Unternehmen ausgeschiedene Familienmitglieder müssen ihre neue Rolle finden. Für alle diese Handlungsfelder bietet sich die Erarbeitung einer Familiencharta an. Sie wird in Abschn. 12.1 vorgestellt.

6.3   Management im Familienunternehmen

Das Management leitet das Familienunternehmen im Rahmen seiner gesetzlichen Verantwortung sowie der durch die Eigentümer vorgegebenen Werte und Ziele. Es entwickelt die strategische Ausrichtung des Unternehmens und stimmt sie mit den Eigentümern und/oder dem Aufsichtsgremium ab, setzt sie um und berichtet den Gremien darüber. Das Management sorgt auch für die Einhaltung der gesetzlichen Bestimmungen und unternehmensinternen Richtlinien sowie für ein angemessenes Chancen- und Risikomanagement. Typische Instrumente der Unternehmensführung sind die Geschäftsordnung, die den Umgang miteinander regelt und der Geschäftsverteilungsplan, der die Aufgabenbereiche aufteilt (Hambrick und Mason 1984).

Der Einfluss des Managements auf die strategische Ausrichtung und den operativen Erfolg ist daher in Familienunternehmen sehr ausgeprägt. Hinzu kommt, dass der langfristige und nachhaltige Erfolg gerade für Familienunternehmen, die ein gesundes Unternehmen an die nächste Generation übergeben wollen, eines der wichtigsten Ziele darstellt. Manager in Familienunternehmen sind somit zentrale Ressourcen, um diese Zielerreichung sicherzustellen (Milller und Breton-Miller 2005).

Welche Konsequenzen die Ausgestaltung des Managements haben kann, zeigt sich zum Beispiel im Innovationsprozess: Obwohl mittelständische Familienunternehmen oft hoch innovative und gezielt auf spezielle Kundenbedürfnisse zugeschnittene Produkte anbieten, werden Entwicklungsprozesse und Produktkonzeptionen nur unzureichend nach betriebswirtschaftlichen Kriterien geprüft. Die Frage, ob die Prozesse effizient sind und

---

[3]Neben dem Liquiditätsabfluss ist die Bewertung des Unternehmens in Scheidungsfällen vielfach der größte Zankapfel, denn es gibt keine gesetzlich vorgeschriebene Bewertungsmethodik für solche Fälle. Vgl. hierzu Felden (1996).

wie wirtschaftlich neue Produkte sind, wird nicht systematisch beantwortet. Ein Grund dafür kann sein, dass das Management oftmals keinen betriebswirtschaftlichen, sondern einen technischen Qualifikationshintergrund hat und andere Personalressourcen entweder nicht zur Verfügung stehen oder nicht mit den nötigen Entscheidungskompetenzen ausgestattet sind.

Die Zusammensetzung des Managements muss sich an der Größe des Unternehmens orientieren. Oftmals gibt es bei mehreren Mitgliedern einen Vorsitzenden oder Sprecher, wobei der Vorsitzende in der Regel eine Richtlinienkompetenz wahrnimmt, während der Sprecher lediglich eine nach außen gerichtete Sonderrolle einnimmt.

Moritz GmbH

In den Anfängen der Moritz GmbH ist die Anzahl der Mitarbeiter noch so gering, dass eine klare Verteilung von Befugnissen im Unternehmen nicht notwendig ist. Für Horst Moritz ist sein Unternehmen nicht nur ein Arbeitsplatz, es ist seine erklärte Lebensaufgabe. Er arbeitet bis tief in die Nacht, knüpft Kontakte und möchte Verantwortungsbereiche nicht abgeben Was Horst sagt ist Gesetz, und keiner stellt seine Entscheidungen infrage. Andererseits ist Horst oft einsam und wünscht sich mitunter einen Sparringspartner. Doch auch seine besten Mitarbeiter, die er schließlich am Unternehmen beteiligt, wagen es nicht, den „Chef" offen zu kritisieren.

Heute hat sich so viel geändert. Als Veronika 2009 in das Unternehmen einsteigt, ist sie auf die Hilfe und Unterstützung von Manfred Groß und Ludwig Wonschack angewiesen. Diese „alten Hasen" – wie sie sagt, sind in der ersten Zeit eine große Stütze. Insbesondere der Kaufmann Wonschack sieht endlich die Möglichkeit, das Unternehmen mehr über die Zahlen als über Bauchentscheidungen wie bisher zu steuern. Als die beiden Mitarbeiter aus der Unternehmensführung aussteigen wollen, gibt es lange Diskussionen darüber, ob sie die Anteile behalten und wie man dann die Kontrolle sichern kann und ob man vielleicht einen Beirat gründen solle. Langfristig sind sich alle einig, dass das Unternehmen wieder komplett in den Händen der Familie liegen soll – insbesondere, da nun auch schon die nächste Generation mit den Kindern der drei Geschwister so zahlreich zur Verfügung steht. Ein Optionsvertrag mit Heiko regelt, dass er die Anteile im kommenden Jahr übernimmt.

Die Mehrheit der deutschen Familienunternehmen wird familienintern geführt (je nach Untersuchung bis zu 93 %), was nicht zuletzt an der Unternehmensgröße liegt. Daneben gibt es die familienexterne und die gemischte Unternehmensführung (Stiftung Familienunternehmen 2017).

6.3.1 Familieninterne Führung

Ob Familienmitglieder in der Unternehmensführung tätig sein sollten oder dürfen, ist eine fundamentale Entscheidung. Es gibt Familienunternehmen, die dies als zentralen

Vorteil nutzen, hierzu gehört zum Beispiel das Unternehmen C&A. Andere haben sich bewusst gegen die Familie im Management entscheiden, wie beispielsweise die Firma Henkel. Für eine aktive Einbindung von Familienmitgliedern in das Management spricht, dass diese oftmals ein höheres Engagement zeigen als angestellte Führungskräfte, weil die Tätigkeit nicht nur „einen Job" darstellt und Fehlleistungen nicht nur monetäre Konsequenzen haben. Außerdem ist ein familieninternes Management mit einer anderen Art von Autorität ausgestattet. Allerdings ist auch zu berücksichtigen, dass in vielen Familienunternehmen nicht zwischen Familie und Unternehmen getrennt wird – familiäre Themen und Probleme wirken sich dann mehr als bei einem Fremdmanagement auf das Unternehmen aus. Die objektive Beurteilung von Familienmanagern durch die Eigentümer fällt naturgemäß in der Familie schwerer und darüber hinaus werden die Konsequenzen bei mangelhafter Qualifikation (z. B. Kündigungen) innerhalb einer Familie vielfach zu spät realisiert.

Zudem wird in zahlreichen Studien deutlich, dass bereits die Wahrnehmung als Familienunternehmen zu Wettbewerbsvorteilen bei Kunden, Zulieferern oder Kapitalgebern führen kann (Pijanowski et al. 2014; Hauswald et al. 2016). Wird dies durch weitere Maßnahmen wie spezifische Werbeaussagen, einen hohen Anteil an Familieneigentum, aber eben auch durch familieninternes Management mit direkten Kontaktmöglichkeiten ergänzt, erhöht sich das Vertrauen von Geschäftspartnern.

Empirische Studien unterstützen diese Sichtweise und belegen für Familienunternehmen mit familieninternem Management unter gewissen Rahmenbedingungen eine höhere Marktbewertung und finanzielle Leistungsfähigkeit als für Familienunternehmen mit Fremdmanagement (Anderson und Reeb 2003; Morck et al. 2000; Villalonga und Amit 2006).

Also auch hier gibt es nicht die einzig richtige Entscheidung, aber die Eigentümer sollten die Rahmenbedingen eindeutig festlegen. Hierzu gehören Grundfragen wie zum Beispiel:

- Nach welchen Kriterien wird das Management ausgewählt?
- Wer entscheidet über eine Berufung (und Abberufung)?
- Welche Familienmitglieder kommen überhaupt infrage (formale Kriterien)?
- Wie soll ein familieninternes Management eingearbeitet werden?
- In welchen Bereichen dürfen sie Mitverantwortung übernehmen?
- Wie sollen Familienmitglieder entlohnt werden?

Alle Entscheidungen sollten transparent und objektiv überprüfbar sein. Das gilt insbesondere für Anstellungsverträge, Vergütungsfragen sowie alle weiteren Vereinbarungen. Wenn es neben dem familieninternen auch ein familienunabhängiges Management gibt, ist der Neutralitätsgrundsatz umso wichtiger.

Wenn das Unternehmen einem Einzelinhaber gehört, leitet dieser in der Regel auch das Unternehmen (sog. Eigentümermanagement); Fremdgeschäftsführungen sind in diesen Unternehmen äußerst selten, was nicht zuletzt an der Größe liegt. Der Erfolg (aber auch der Misserfolg) des Unternehmens liegt damit hauptsächlich in einer Hand. Die Komplexität dieser Aufgabe steigt mit der Reife des Unternehmens an, da Mitarbeiter, Umsatz sowie die Familie (Heirat, Geburt, etc.) typischerweise wachsen. Dies erfordert mit der Zeit ein anderes Führungsmodell (Gimeno 2010).

Ein häufiger Fall vor allem in Handwerksbetrieben ist der mitarbeitende Ehepartner, auch wenn nicht beide Ehepartner am Unternehmen beteiligt sind (sog. Familienmanagement). Die sog. Unternehmerfrauen im Handwerk haben sogar einen eigenen Verband gegründet, in denen sich fast 8000 Unternehmerfrauen in rund 180 Arbeitskreisen zusammengeschlossen haben. Wenngleich in diesen Unternehmen der Handwerker der eigentliche Chef ist, ist die Führungsrolle der mitarbeitenden Ehefrau nicht zu unterschätzen. Regelmäßig hat sie eine kaufmännische Leitungsfunktion und ist persönlicher Ansprechpartner für alle nicht technischen Themen.

Eine generationenübergreifende Führung durch Eltern und Kinder (oder Schwiegerkinder) gibt es oft in Unternehmen, die sich in einem Generationswechsel befinden.[4] Nicht selten findet diese gemeinsame Führung über lange Jahre statt, da sich der abgebende Unternehmer nicht vom Betrieb lösen kann oder möchte. Solange dieses Modell funktioniert, ist die Kombination aus Erfahrung und Dynamik ein großer Wettbewerbsvorteil. Stehen Konflikte und emotionale Befindlichkeiten im Vordergrund, ist dieses Modell erfolgsschädigend. Auch Geschwister im Management können sowohl eine Bereicherung als auch ein Risiko für das Unternehmen sein, wie bereits oben zum Thema Inhaberschaft ausgeführt. Schließlich soll das sog. Clanmanagement erwähnt werden, bei dem auch weiter entfernte Verwandte in die Unternehmensführung eingebunden werden.

Ein besonderes Kennzeichen familieninterner Führung sei noch erwähnt: Oft verbleiben familieninterne Manager länger in ihrem Amt als familienfremde Manager (Cruz et al. 2010). Dies hat den Vorteil, dass sich vertrauensvolle und langlebige Geschäftsbeziehungen festigen können, welche die Leistungsfähigkeit des Familienunternehmens positiv beeinflussen. Auf der anderen Seite stellt dies, gerade auf dynamischen Märkten, auch einen möglichen Wettbewerbsnachteil dar. Hier sind neue Ideen, besser passende Führungsstile oder aktuellere Fähigkeiten und Kenntnisse wichtige Ressourcen, die durch die lange Besetzung der Führungspositionen nicht akquiriert werden können.

So weisen Bennedsen et al. (2007) auf Basis einer Langzeituntersuchung dänischer Familienunternehmen nach, dass extern geführte Familienunternehmen eine höhere Leistungsfähigkeit zeigen. Dies wird in der Stichprobe dadurch erklärt, dass familienexterne Geschäftsführer im Schnitt über mehr Geschäftsführungserfahrung verfügen und deutlich häufiger eine höhere formale Ausbildung haben. Dies bedeutet nicht im Umkehrschluss, dass eine familieninterne Führung in jedem Fall nachteilig sein muss. Es muss nur sichergestellt werden, dass familieninterne Bewerber für eine Managementposition die gleichen Kenntnisse und Fähigkeiten aufweisen wie familienexterne Bewerber.

---

[4]Wobei es die Wahrscheinlichkeit einer familieninternen Nachfolge im Management erhöht, wenn das erstgeborene Kind männlich ist (vgl. Bennedson et al. 2007).

Moritz GmbH

Als Heiko vor Jahren, als sein Vater noch lebte, in den elterlichen Betrieb ein-
gestiegen ist, haben erste Probleme bereits sehr schnell begonnen. Der Vater will
seinen Sohn testen und setzt ihn im Vertrieb ein – einem Bereich, den Heiko von
Anfang an ablehnt. Wirkliches Zutrauen hat Horst auch nicht, daher überwacht er
jede Entscheidung von Heiko. Er macht auch vor Mitarbeitern keinen Hehl daraus,
dass er Heiko nicht viel zutraut. Das zeigt Wirkung: Heikos Entscheidungen werden belächelt und nicht ernst genommen. In wichtigen Dingen wird er sogar bewusst
übergangen und aus entscheidenden Prozessen ausgeschlossen. Das führt zum
Abbruch der beruflichen und privaten Beziehung, obwohl (oder weil?) er sich und
seinem Vater beweisen will, dass auch er die unternehmerischen Fähigkeiten für das
Management der Moritz GmbH hat.

6.3.2 Fremdmanagement

Unter dem Begriff Fremdmanagement können zwei Ausprägungen subsumiert werden.
Zum einen gibt es Familienunternehmen, in denen die Geschäftsleitung ausschließlich
aus familienexternen Mitgliedern besteht. Hier handelt es sich um Fremdmanagement
im engeren Sinne. Wenn die Eigentümerfamilie einen Teil der obersten Hierarchieebene stellt, jedoch zusätzlich familienfremde Manager für Führungsaufgaben rekrutiert, spricht man von einer gemischten Geschäftsführung. Diese Entwicklung ist meist
typisch für große oder schnell wachsende Unternehmen, deren Bedarf an hoch qualifizierten Führungskräften familienintern nicht mehr gedeckt werden kann.

Wie in Abb. 6.5 gezeigt wird, ist Fremdmanagement gerade in kleineren Familienunternehmen noch weniger verbreitet als in großen Familienunternehmen. Familiäre Verpflichtungen oder elterlicher Altruismus dürfen dabei als emotionaler Einflussfaktor auf
eine rein familieninterne Weitergabe der Unternehmensführung nicht unterschätzt werden (Schulze et al. 2003).

Bei den rationalen Gründen stehen die schon im letzten Abschnitt erwähnten Vorteile
aus dem Schutz des SEW im Vordergrund, denn familieninterne Manager werden sich
dem Sozio-emotionalen Vermögen stärker verpflichtet fühlen als Familienexterne. Somit
können Agency-Konflikte, wie sie aus differierenden Werte- und Zielsystemen entstehen,
vermieden werden. Zudem bedeutet bereits die Beschäftigung familienexterner Manager eine Verminderung der Entscheidungsfreiheiten und Verantwortlichkeiten und somit
eine Abnahme von Kontrolle, einem wichtigen Anteil des Sozio-emotionalen Vermögens
(Gómez-Mejía et al. 2011). Allerdings besitzen familienexterne Manager oft speziali-
siertes Wissen von anderen Unternehmen und aus anderen Industrien, das den Familienmitgliedern nicht zur Verfügung steht. Dies führt zu hohen Informationsasymmetrien und
damit zu Verhaltensunsicherheiten der Unternehmerfamilie (Cruz et al. 2010).

Die besonderen Anforderungen an das Fremdmanagement in einem Familienunternehmen liegen in den gemeinsamen Werten und der interpersonalen Kompetenz und den

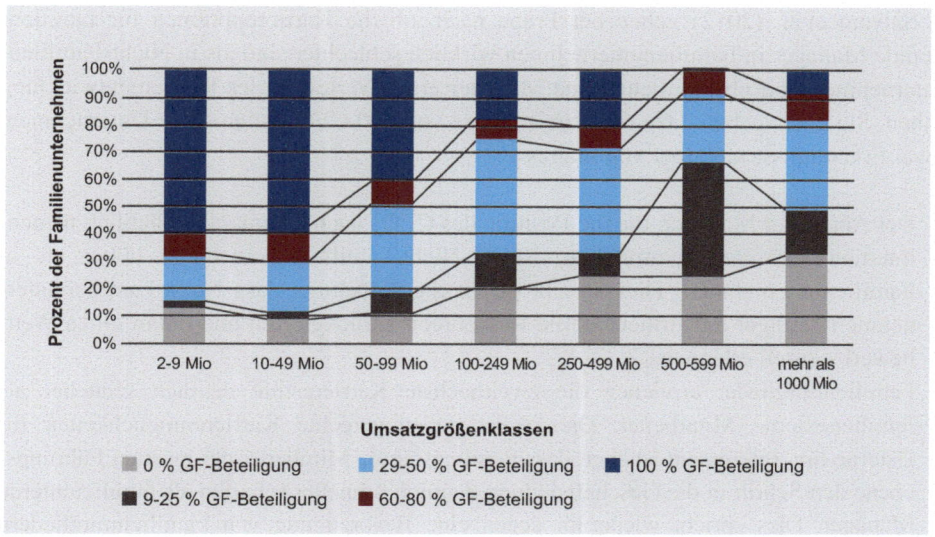

Abb. 6.5 Geschäftsleiterbeteiligung der Familie nach Umsatzgrößenklasse in 1995. (Quelle: Klein 2010)

Fähigkeiten, Lösungen für Konflikte zu entwickeln. An die Fremdmanager werden also nicht nur fachliche Anforderungen gestellt. Die soziale Kompetenz hat in einem familiengeführten Unternehmen besondere Bedeutung. Die Wertvorstellungen der Familie sowie die bedeutende Vertrauensbasis, Loyalität, Wertschätzung und ein langfristiger Bindungswunsch an das Unternehmen stehen im Fokus. Dabei ist es eine große Herausforderung, für zwei Parteien zu agieren. Auf der einen Seite stehen die Mitarbeiter und auf der anderen Seite die Belange der Unternehmerfamilie. Es ist daher besonders wichtig, eine gute Kommunikation und Empathie zu entwickeln und eine harmonische Einbindung in alle Bereiche zu schaffen (Böllhoff 2006). Eine weitere Anforderung an einen Fremdmanager besteht in einer gewissen Fügsamkeit gegenüber den Eignern (Böllhoff 2006).

Neben der bewussten Entscheidung für oder gegen familienfremde Mitglieder im Management gibt es natürlich auch Familienunternehmen, die keinen geeigneten familienexternen Manager finden und gewinnen können. Obwohl die grundsätzliche Attraktivität von Familienunternehmen als Arbeitgeber in der Empirie gezeigt werden konnte (Hauswald et al. 2016), gibt es einige gute Gründe für Manager, sich gegen eine Mitarbeit im Familienunternehmen zu entscheiden. Hierzu zählen vor allem die Wahrnehmung von Familienunternehmen als inflexible und wenig innovative Organisationen sowie die Angst vor eingeschränkten Karriereoptionen (Eddleston et al. 2008). Viele Fremdmanager vermuten auch, dass familieninterne Manager beim Aufstieg an die Spitze des Unternehmens bevorzugt werden und entscheiden sich gegen eine Mitarbeit in Familienunternehmen.

Salvato et al. (2012) gehen der Frage nach, ob die Karriereoptionen für familienfremde Manager in Familienunternehmen wirklich schlechter sind als in Nicht-Familienunternehmen und ob familieninterne Manager einen Vorteil in der Karriereentwicklung
haben. Sie untersuchen dazu die Karrierewege von 100 CEO italienischer Unternehmen.
Zwei Erkenntnisse sind hier von Interesse:

- Der Anteil der Manager, die die Position des CEOs nach einem ausschließlich firmeninternen Karriereweg erreichen, ist in Nicht-Familienunternehmen höher als in
  Familienunternehmen. Dies spricht gegen die Annahme, dass Nicht-Familienunternehmen häufiger auf firmenexterne Ressourcen zurückgreifen und damit einen Wettbewerbsvorteil erlangen.
- Familienmitglieder erreichen die zweithöchste Karrierestufe deutlich schneller als
  familienexterne Mitarbeiter. Dies weist auf ungerechte Karrieremöglichkeiten für
  Externe hin. Interessant ist aber, dass familienfremde Mitglieder der zweiten Führungsebene den Schritt in die Geschäftsleitung deutlich schneller schaffen als familieninterne
  Manager. Dies spricht wiederum gegen eine Bevorzugung von Familienmitgliedern
  hinsichtlich der Karriereentwicklung.

Aus den bisherigen Ausführungen wird deutlich, dass auch für den Bereich Fremdmanagement keine generischen Handlungsempfehlungen für Familienunternehmen
abgeleitet werden können. Je nach Ausprägung der SEW-Orientierung, der vorhandenen
familieninternen Managementressourcen oder des Umweltkontextes kann Fremdmanagement vorteilhaft oder nachteilig sein.

6.4   Mitarbeit von Familienmitgliedern

Auch wenn einige prominente Familienunternehmen wie Henkel oder Haniel die Mitarbeit von Familienangehörigen im Unternehmen verbieten, beschäftigen weltweit mehr
als 80 % aller Familienunternehmen Familienmitglieder als Angestellte (Koch 1995;
Fitzgerald und Muske 2002). In der Praxis finden sich vielfältige Begründungen für eine
Mitarbeit von Familienmitgliedern im Familienunternehmen:

- Der Zugang zu wertvollen Humanressourcen (vgl. Kap. 3),
- das hohe Vertrauensverhältnis (Stewardship) zu Familienangehörigen,
- die Möglichkeit der Aus- und Weiterbildung bzw. Sammlung praktischer Erfahrungen,
- die Vorbereitung und Sicherung der Nachfolge im Familienunternehmen und
- steuerliche Vorteile durch die Möglichkeit, Gehalt als Betriebsaufwand anzusetzen.

Traditionelle Vorstellungen, dass Familienmitglieder zusammen im Familienunternehmen arbeiten, um so ihren Lebensunterhalt zu sichern, entspringen der historischen
Entwicklung dieser Unternehmensform, insbesondere im Bürgertum (vgl. Kap. 1).

In diesen Unternehmen wird die Familie im Unternehmen aktiv gelebt: es gibt oft gemeinsame Mittagessen, zu denen auch die (wenigen) Mitarbeiter geladen sind, familiäre Feiern werden im Unternehmen abgehalten und familiäre Unstimmigkeiten bleiben auch den Mitarbeitern nicht verborgen. In kleineren Familienunternehmen ist es nahezu selbstverständlich, dass familieninterner Nachwuchs auch ohne Managementambitionen im elterlichen Unternehmen arbeitet – seine oder ihre Arbeitskraft wird auch gebraucht. Diese traditionelle Sichtweise verliert in der heutigen Zeit immer mehr an Bedeutung. Doch auch heute noch ist ein ressourcenorientierter Strategieansatz eine der Hauptbegründungen für die Mitarbeit von Familienangehörigen im Familienunternehmen. Nordstrom und Jennings (2018) konnten in ihrer Studie aufzeigen, dass die Mitarbeit im Familienunternehmen das well-being der gesamten Familie erhöhen kann.

Demnach stellen Familienangehörige wichtige Ressourcen aufgrund ihrer wertvollen und oft günstigen Arbeitskraft und des mit ihnen verbundenen Sozialkapitals dar (vgl. Abschn. 3.5). Gerade kleinere Familienunternehmen haben oft Schwierigkeiten bei der Rekrutierung fähiger und vor allem vertrauenswürdiger Mitarbeiter. Deshalb wird oft der Ehepartner als Arbeitskraft im Familienbetrieb eingesetzt.[5] Muske und Fitzgerald (2006) gehen davon aus, dass mitarbeitende Partner von Unternehmern aufgrund ihrer gemeinsamen Ziele einen hohen Erfolgseinfluss auf das Unternehmen ausüben können. Zudem arbeiten gerade enge Familienangehörige mitunter unentgeltlich oder zumindest unter dem marktüblichen Entlohnungsniveau im Unternehmen. Eine Studie von Belenzon und Zarutskie (2011) zeigt, dass Ehepaare deshalb einen hohen Mehrwert bieten, weil sie auch außerhalb des Unternehmens auf gemeinsame Ressourcen zurückgreifen, eine bessere gegenseitige Überwachung stattfindet und implizite Verträge leichter durchgesetzt werden können als bei anderen mitarbeitenden Familienmitgliedern. Eine der umfassendsten Studien zur Mitarbeit eines Ehepartners von Dyer et al. (2013) konnte jedoch weder statistisch signifikante negative noch positive Auswirkungen durch den Einstieg eines Partners in das Familienunternehmen belegen. Im Vergleich mit Geschwister-Teams konnten Bird und Zellweger (2018) allerdings aufzeigen, dass die sogenannten „spousal teams" eine stärkere relationale Einbettung aufweisen und daher eher das Unternehmenswachstum stärken als „sibling-teams" (Bird und Zellweger 2018).

Aber auch weiter verwandten Angehörigen der Unternehmerfamilie wird dieser Erfolgseinfluss aufgrund der geringeren Agency-Kosten bzw. der besseren Vertrauensstellung zugesprochen (Chrisman et al. 2004). So zeigen Davis et al. (2010) in ihrer empirischen Untersuchung in über 300 amerikanischen Familienunternehmen, dass das Vertrauen von angestellten Familienmitgliedern zu familieninternen Führungskräften deutlich höher ist als von familienexternen Mitarbeitern.

---

[5]In einem Drittel aller Familienunternehmen arbeiten beide Ehepartner gemeinsam mit (Fitzgerald und Muske 2002).

Diesen potenziellen Vorteilen stehen jedoch gravierende Nachteile gegenüber. Nicht selten übertragen sich negative Konflikte zwischen Familienangehörigen auf das Unternehmen (Eddleston und Kellermanns 2007), ebenso oft fühlen sich familienexterne Mitarbeiter des Unternehmens durch wahrgenommene Vetternwirtschaft ungerecht behandelt. Empirische Studien stützen die These des negativen Einflusses auf die Leistungskraft des Unternehmens (Gomez-Mejia et al. 2001; Haynes et al. 1999).

Schwierig ist insbesondere die Mitarbeit von Familienangehörigen auf unteren Ebenen in größeren Familienunternehmen: Sie haben eine ambivalente Position, insbesondere, wenn sie den Namen des Unternehmens tragen. Nie werden sie als „normale" Mitarbeiter gesehen, immer werden ihre Meinungen als Standpunkt der Unternehmerfamilie gesehen. Eine Bevorzugung oder auch Benachteiligung – zumindest kein neutraler Umgang – werden von den anderen Mitarbeitern schnell unterstellt; diese haben oftmals „zu viel" Respekt vor ihnen formal gleichgestellten Familien-Mitarbeitern. Halten Familienmitglieder Anteile am Unternehmen, ist eigentlich nur eine Position auf der oberen Führungsebene oder gar keine Mitarbeit im Unternehmen zu empfehlen, da ein gegenüber den Mitarbeitern weisungsbefugter Geschäftsführer denselben Personen auf Gesellschafterebene Rechenschaft abgeben muss – das ist wenig professionell.

Neben der direkten Zusammenarbeit können Familienmitglieder schließlich beispielsweise als Kunden oder Lieferanten mittelbar mit dem Familienunternehmen verbunden sein. Hier sind die Mitglieder der Unternehmerfamilie zwar nicht direkt in das Unternehmen eingebunden, aber als Geschäftspartner wiederum Teil des Beziehungsgeflechtes der Familie. Diese Konstellation ist auch der Fall, wenn Familienmitglieder als Dienstleister oder Freiberufler (z. B. Steuerberater, Rechtsanwalt oder als IT- oder Marketingspezialisten) das Unternehmen unterstützen. Auch bei M&A-Aktivitäten können Familienmitglieder zu Geschäftspartnern werden, wenn z. B. strategisch sinnvolle Investitionen in Kunden- oder Lieferanten- oder Wettbewerbsbetriebe getätigt werden und Familienmitglieder z. B. die Geschäftsführung übernehmen. Familienmitglieder der nachfolgenden Generation stehen vor der Herausforderung, inwieweit sie eine eigene Gründung dem Einstieg in das elterliche Unternehmen vorziehen.

Eine mittelbare Zusammenarbeit findet auch statt, wenn Mitglieder der nachfolgenden Generation ein Start-up gründen, das durch das Familienunternehmen finanziell ermöglicht und mit der jeweiligen unternehmerischen Erfahrung unterstützt wird. Je nach Ausrichtung stehen dabei die Entwicklung innovativer Produkte und Leistungsangebote, das Lernen etablierter Betriebe von agilen Start-ups sowie finanzielle Aspekte im Vordergrund. Diese Form der Mitarbeit ist auch aus Nachfolgeperspektive von besonderem Interesse, denn Start-up Aktivitäten bieten eine eigenständige „Übungsplattform" für das mögliche zukünftige Management und erleichtern somit den Übergang in die direkte Mitarbeit im Unternehmen.

6.5   Kontrolle durch Familienmitglieder

Das Aufgabenspektrum von Kontrollgremien ist so unterschiedlich wie die Familien-unternehmen, die selbige installiert haben: Manche Gremien gleichen Parkpositionen für ehemalige Geschäftsführer, andere arbeiten hochprofessionell gemeinsam mit dem Management an der Steigerung des Unternehmenserfolgs. Mehrheitlich jedoch ist der Einsatz eines Aufsichts- oder Beirats in Familienunternehmen ein unterschätztes Instrument.

Empirische Studien zeigen, dass Familienunternehmen seltener auf freiwillige formale Kontrollmechanismen und Kontroll- oder Beratungsgremien zurückgreifen als Nicht-Familienunternehmen (Schulze et al. 2001, 2003). Auch dies ist wieder über die Angst vor einem Verlust der Kontrolle, also einem Verlust an SEW, zu begründen. Doch gerade formale Kontrollgremien können über temporäre Beratungsleistungen hinaus einen wichtigen Erfolgsbeitrag für die Eigentümerfamilie erbringen. Denn so werden Ressourcen bereitgestellt, die vielleicht in der Gruppe der Anteilseigner so nicht vorhanden sind. Diese Funktion wird nach einer Studie von Heuvel et al. (2006) gerade von den Eigentümern von Familienunternehmen sehr geschätzt. Auch als Kontrollorgan können sie vielfältige positive Beiträge für Familienunternehmen leisten. So zeigt sich, dass die Professionalisierung von Familienunternehmen durch die Einrichtung eines auch mit familienexternen Mitgliedern besetzen Kontrollgremiums deutlich steigt (Brenes et al. 2011; Stewart und Hitt 2012; Faghfouri et al. 2015). Insbesondere aber für familien-externe Anteilseigner zeigen Kontrollgremien wichtige positive Auswirkungen. Einer möglichen Ausbeutung der Interessen der Minderheitsgesellschafter wird effektiver vorgebeugt und Konflikte innerhalb des Gesellschafterkreises können besser abgefedert werden. Dies stärkt nicht nur die rechtliche und ökonomische Position der Beteiligten, sondern schlägt sich auch im Unternehmenswert positiv nieder, wie die Studie von Jara-Bertini et al. (2008) zeigt.

Leider finden sich in der wissenschaftlichen Literatur nur wenige empirische Studien zu den konkreten Auswirkungen von Kontroll- und Beratungsgremien auf den Erfolg von Familienunternehmen. Insbesondere abgesicherte Studien zur optimalen Ausgestaltung der Zusammensetzung – und hier dem Einbezug familieninterner Mitglieder – fehlen. Einige theoretische Überlegungen weisen jedoch auf die Vorteilhaftigkeit der Einbeziehung insbesondere externer Mitglieder hin. So argumentieren Woods et al. (2012), dass das Problem des Escalation of Commitment deutlich gesenkt werden kann. Zum einen bieten familienexterne Mitglieder zusätzliche Marktinformationen und stellen (möglicherweise zu positive) Markteinschätzungen infrage, wodurch die Einschätzung der zukünftigen Erfolge rationalisiert wird. Zum anderen übernehmen sie in ihrer Position als Kontrollgremium einen Teil der Verantwortung für das Wohlergehen des Familienunternehmens. Damit wird die Beharrlichkeit des Eigentümer-Managers, den einmal eingeschlagenen Kurs zu rechtfertigen, deutlich gesenkt.

6.6   Die Akteure im Familienunternehmen als Stakeholder

Im Verlauf des Kapitels ist deutlich geworden, dass Familienunternehmen über Positionen und Funktionen verfügen, die in Nicht-Familienunternehmen nicht zu finden sind. Die Unternehmerfamilie stellt somit eine Akteursgruppe dar, die ein jeweils spezifisches Interesse an dem Unternehmen verfolgt, aber eben nur in diesem Unternehmenstyp vorkommt. Die Interessensgruppe der Unternehmerfamilie umfasst dabei zum einen Familienmitglieder mit einer Beteiligung, aber eben auch Mitglieder, die offiziell gar nicht am Unternehmen beteiligt sind, aber durch Führungspositionen oder verwandtschaftliche Beziehungen zu Gesellschaftern einen Einfluss haben. Zudem können diese Akteure durch jahrelange Tätigkeit im Unternehmen ein spezifisches Wissen und damit auch einen Machtanspruch entwickelt haben.

Und auch wenn Familienunternehmen die Mitarbeit von Familienmitgliedern im Unternehmen gänzlich ausschließen – auch diese Mitglieder entwickeln spezifische Interessen und Erwartungen an das Unternehmen und beeinflussen auf diese Weise das jeweilige Unternehmen oder werden durch das Handeln des Unternehmens beeinflusst, sei es positiv oder negativ. Aus Perspektive des Stakeholder-Modells sind die Mitglieder der Unternehmerfamilie als primäre Stakeholder eines Unternehmens zu verstehen, die wie alle anderen (sekundären) Stakeholdergruppen auch entsprechend zu managen sind.

Stakeholder sind alle Gruppen und Individuen, die das Handeln einer Organisation beeinflussen können bzw. durch das Handeln der Organisation beeinflusst werden (vgl. Kap. 6; Freeman 1994). Darunter fallen unternehmensinterne Stakeholder wie die Anteilseigner, das Management und die Mitarbeiter, aber auch externe Anspruchsgruppen wie die Kunden, Lieferanten oder Gläubiger.

Die Gruppe der Stakeholder kann aber auch weiter gefasst werden und solche Interessensgruppen umfassen, die nur einen schwachen Einfluss ausüben bzw. nur indirekt durch das Handeln des jeweiligen Unternehmens betroffen sind. Hierunter fallen zum Beispiel Gewerkschaften, der Staat oder die Gesellschaft. Während die erste Gruppe als primäre Stakeholder bezeichnet werden, spricht man hier von sekundären Stakeholdern (vgl. Abb. 6.6).

Welche Interessengruppe beeinflusst die Gestaltung der Werte und Ziele eines Unternehmens im besonderen Maße? Nach dem sogenannten Shareholder-Modell der Unternehmensführung sind die Anteilseigner (Shareholder) die wichtigste Gruppe, da sie dem Unternehmen einen Teil ihres Privatvermögens zur Verfügung stellen und das finanzielle Risiko der Unternehmensaktivitäten tragen. An oberster Stelle der Zielhierarchie sollten nach diesem Modell die Gewinnmaximierung und damit die Vermehrung des Vermögens der Anteilseigener stehen. Befürworter dieses Ansatzes argumentieren zudem, dass eine Maximierung des Unternehmensgewinns auch für alle anderen Interessensgruppen von Nutzen ist (Friedman 1970).

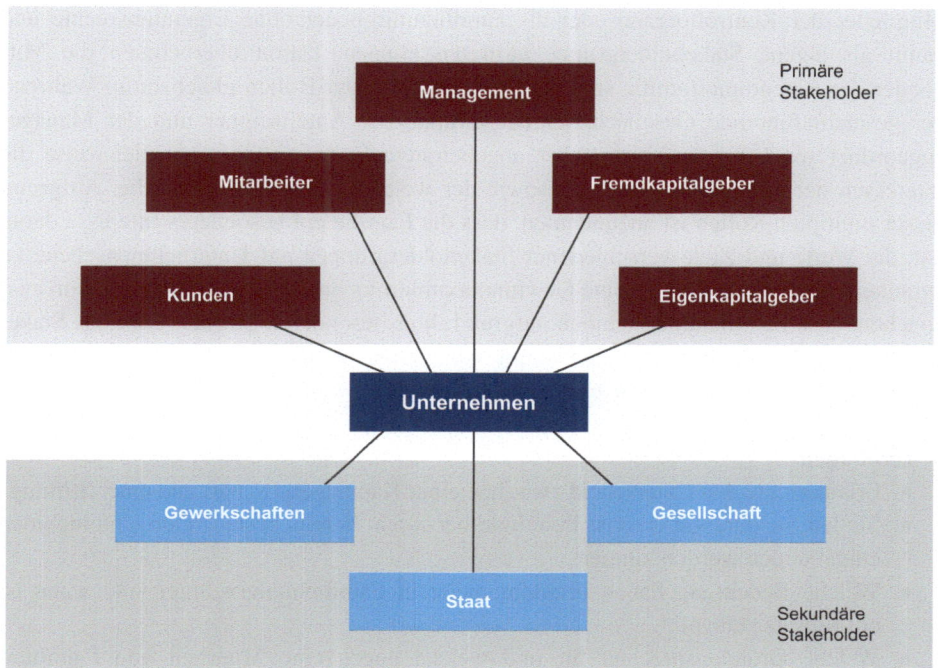

Abb. 6.6 Typische Stakeholder des Familienunternehmens. (Quelle: Eigene Darstellung)

Ein alternativer Ansatz der Unternehmensführung ist das Stakeholder-Modell, nach dem nicht nur das Vermögen der Anteilseigner, sondern auch die Ressourcen der anderen Stakeholder, wie beispielsweise die Arbeitskraft der Mitarbeiter, das Regelwerk des Staates oder die Finanzmittel der Gläubiger, wesentlich zur Leistungsfähigkeit eines Unternehmens beitragen. Demnach müssen die Wertevorstellungen und Zielsetzungen aller Stakeholder im Unternehmen Eingang finden, um bestmögliche Ergebnisse zu erzielen. So gewinnt auf oberster Zielebene beispielsweise die langfristige Überlebensfähigkeit des Unternehmens oder die Versorgungssicherung der Kunden an Bedeutung. Dem unternehmerischen Handeln liegt damit ein ganzes Zielbündel zugrunde, in dem sich die Interessen aller Beteiligten (Mitarbeiter, Kunden, Eigentümer) widerspiegeln. Ein angemessener Gewinn gilt allerdings als notwendige Voraussetzung zur Erfüllung des gesamten Zielbündels. Beide Modelle gelten im Wesentlichen für jegliche Art von Unternehmen.

Familienunternehmen zeichnen sich nun dadurch aus, dass die Familie ebenso als Stakeholdergruppe angesehen werden kann: Dabei kann argumentiert werden, dass die Eigentümerfamilie als Mitglied der Gruppe der Anteilseigner anzusehen ist. Damit gilt nach dem Shareholder-Modell auch für Familienunternehmen Gewinnmaximierung als das oberste Unternehmensziel. Doch denkt man an das Drei-Kreis-Modell nach Gersick et al. (1997), zeigt sich, dass Familienmitglieder auch als Manager, Mitarbeiter,

Mitglieder der Kontrollorgane oder als Familienmitglieder ohne Eigentumsrechte und damit als eigene Stakeholdergruppe auftreten können. Damit übernehmen die Mitglieder der Eigentümerfamilie sogar mehrere Stakeholder-Rollen gleichzeitig. Während der geschäftsführende Gesellschafter der Gruppe der Anteilseigner und der Manager zugeordnet werden kann, vertritt der angeheiratete Fremdmanager beispielsweise die Interessen der Gruppe der Manager sowie der weiteren Gruppe der Familie. Aufgrund dieser multiplen Rollen ist anzunehmen, dass die Familie ein besonderes Interesse daran hat, die Werte und Ziele verschiedener Stakeholdergruppen auf Unternehmensebene zu verankern und nicht nur eine reine Gewinnmaximierung anstreben. Es ist also davon auszugehen, dass Familienunternehmen aufgrund ihrer besonderen Struktur eher das Stakeholder-Modell verfolgen und sich somit von vielen alleine auf Gewinnmaximierung zielenden Unternehmen abgrenzen.

Lernfragen

- Erläutern Sie den Unterscheid zwischen einer Kapitalgesellschaft und einer Stiftung.
- Stellen Sie dar, wie externe Beteiligte bei einem bereits bestehenden Unternehmen eingebunden werden können.
- Welche Bedeutung haben Fremdmanager in Familienunternehmen und wann ist ein Einsatz sinnvoll?
- Welche Gründe sprechen für und welche gegen eine Mitarbeit von Familienmitgliedern im Familienunternehmen?
- Warum können Unternehmerfamilien als Stakeholder bezeichnet werden und was macht diese spezielle Stakeholdergruppe aus?

Literatur

Acker, L., & Athnassakos, A. (2003). A simultaneous equation analysis of analyst' forecast bias and institutional ownership. *Journal of Business, Finance and Accounting, 30*(7–8), 1017–1041.

Anderson, R. C., & Reeb, D. M. (2003). Founding-family ownership and firm performance: Evidence from the S&P 500. *Journal of Finance, 58*(3), 1301–1327.

Barnett, F., & Barnett, S. (1988). *Working together: Entrepreneurial couples.* Berkeley: Ten Speed Press.

Belenzon, S., & Zarutskie, R. (2011). Family ownership and performance in new firms. Working Paper: Fuga School of Business, Duke University.

Bennedsen, M., Meisner Nielsen, K., Pérez-González, F., & Wolfenzon, D. (2007). Inside the family firm: The role of families in succession decisions and performance. *Quarterly Journal of Economics, 122*(2), 647–691.

Bird, M., & Zellweger, T. (2018). Relational embeddedness and firm growth: Comparing spousal and sibling entrepreneurs. *Organization Science, 29*(2), 264–283.

Böllhoff, C. (Hrsg.). (2006). *Spitzenleistungen in Familienunternehmen: Ein Managementhandbuch.* Stuttgart: Schäffer- Poeschel.

Bövers, J., & Hoon, C. (2018). Having Two at the Corporate Apex: Sharing Leadership at the Top of Family Firms. Working Paper. Universität Bielefeld.

Brenes, E. R., Madrigal, K., & Requenta, B. (2011). Corporate governance and family business performance. *Journal of Business Research, 64*(3), 280–285.

Bundesverband Deutscher Stiftungen. (2018). Faktenblatt zu Stiftungen in Deutschland.

Casasola, M. J, & Tribó, J. A. (2004). Banks as blockholders. Working Paper 04–01 (01): Universidad Carlos III.

Chaganti, R., & Damanpour, F. (1991). Institutional ownership, capital structure and firm performance. *Strategic Management Review, 12*(7), 479–492.

Chrisman, J. J., Chua, J. H., & Litz, R. A. (2004). Comparing the agency cost of family and non-family firms. *Entrepreneurship: Theory and Practice 28*(4):335–354.

Cruz, C. C., Gómez-Mejia, L. R., & Becerra, M. (2010). Perceptions of benevolence and the design of agency contracts: CEO-TMT relationships in family firms. *Academy of Management Journal, 53*(1), 69–89.

Davis, J. H., Allen, M. R., & Hayes, H. D. (2010). Is blood thicker than water? A study of stewardship perceptions in family business. *Entrepreneurship Theory and Practice, 34*(6), 1093–1116.

Dyer, W. G., Dyer, W. J., & Gardner, R. G. (2013). Should my spouse be my partner? Preliminary evidence from the panel study of income dynamics. *Family Business Review, 26*(1), 68–80.

Eddleston, K., & Kellermanns, F. W. (2007). Destructive and productive family relationships: A stewardship theory perspective. *Journal of Business Venturing, 22*(4), 545–565.

Eddleston, K., Kellermanns, F. W., & Sarathy, R. (2008). Resource configuration in family firms: Linking resources, strategic planning and technological opportunities to performance. *Journal of Management Studies, 45*(1), 26–50.

Faghfouri, P., Kraiczy, N. D., Hack, A., & Kellermanns, F. W. (2015). Ready for a crisis? How supervisory boards affect crisis readiness of German small and medium-sized family firms. *Review of Managerial Science, 9,* 317–338.

Felden, B., & Adams, P. (2006). Geregelte Nachfolge im Ratingprozess. In A.-K. Achleitner, O. Everling, & S. Klemm (Hrsg.), *Nachfolgerating* (S. 247–264). Wiesbaden: Gabler.

Felden, B., & Klaus, A. (2007). *Nachfolgeregelung*. Stuttgart: Schäffer-Poeschel.

Fitzgerald, M. A., & Muske, G. (2002). Copreneurs: An exploration and comparison to other family businesses. *Family Business Review, 15*(1), 1–16.

Fleschutz, K. (2009). *Die Stiftung als Nachfolgeinstrument für Familienunternehmen*. Wiesbaden: Gabler.

Freeman, R. E. (1994). The politics of stakeholder theory: Some future directions. *Business Ethics Quarterly, 4,*409–421.

Friedman, M. (1970). The social responsibility of business is to increase its profits. *New York Times Magazine, 32–33,*122–124.

Gersick, K., Davis, J., McCollom Hampton, M., & Lansberg, I. (1997). *Generation to generation*. Boston: Harvard Business School Press.

Gimeno, A., Baulenas, G., & Coma-Cros, J. (2010). *Familienunternehmen führen- Komplexität managen*. Göttingen: Vanderhoeck & Ruprecht.

Gomez-Mejia, L. R., Cruz, C., Berrone, P., & Castro, J. de. (2011). The bind that ties: Socioemotional wealth preservation in family firms. *Academy of Management Annals, 5*(1):653–707.

Gomez-Mejia, L. R., Nuñez-Nickel, M., & Gutierrez, I. (2001). The role of family ties in agency contracts. *Academy of Management Journal, 44,*81–95.

Habig, H. (2004). Die Auswahl der optimalen Gesellschaftsform. In C. G. Böllhoff, M. W. Böllhoff, W. A. Böllhoff, & M. Ebert (Hrsg.), *Management von industriellen Familienunternehmen. Von der Gründung bis zum Generationsübergang* (S. 21–30), Stuttgart: Schäffer-Poeschel.

Hambrick, D., & Mason, P. (1984). Upper echelons: The organization as a reflection of its top management. *Academy of Management Review, 9*(2), 193–206.

Hauswald, H., Hack, A., Kellermanns, F.W., & Patzelt, H. (2016). Attracting new talent to family firms. Who is attracted and under what conditions? *Entrepreneurship Theory & Practice, 40*, 963–989.

Haynes, G. W., Walker, R., Rowe, B. R., & Hong, G. (1999). The intermingling of business and family finances in family owned businesses. *Family Business Review, 12*(3), 225–239.

Heuvel, J. van den, Gils, A. van, & Voordechers, W. (2006). Board roles in small and medium-sized family businesses: Performance and importance. *Corporate Governance: An International Review, 14*(5):467–485.

Hoshi, T., Kashyap, A., & Sharfstein, D. (1990). The role of banks in reducing the costs of financial distress in Japan. *Journal of Financial Economics, 27*(1), 67–88.

Jara-Bertín, M., López-Iturriaga, F., & López de Foronda, O. (2008). The contest to the control in European family firms: How other shareholders affect firm value. *Corporate Governance: An International Review, 16*(3), 146–159.

Kirchdörfer, R. (2012). Rechtliche Grundlagen und Einsatzmöglichkeiten von Stiftungen. *Familienunternehmen und Stiftungen, 2*, 62–73.

Klein, S. (2010). *Familienunternehmen: Theoretische und empirische Grundlagen*. Lohmar: Josef Eul.

Koch, B. (1995). Mitglieder der Familie Haniel dürfen bei Haniel nicht arbeiten, Frankfurter Allgemeine Zeitung, 2.3.1995, 26.

Marshack, K. J. (1998). *Entrepreneurial couples: Making it work at work and at home*. Paolo Alto: Davies-Black.

Maury, B., & Pajuste, A. (2005). Multiple large shareholders and firm value. *Journal of Banking & Finance, 29*(7), 1813–1834.

Miller, D., & Breton-Miller, I. Le. (2005). *Managing for the long run: Lessons in competitive advantage from great family businesses*. Boston: Harvard Business School Press.

Morck, R., Strangeland, D., & Yeung, B. (2000). Inherited wealth, corporate control, and economic growth: The Canadian disease? In: R. Morck (Hrsg.), *Concentrated corporate ownership* (NBER conference volume, 319–372). Chicago: University of Chicago press.

Muske, G., & Fitzgerald, M. A. (2006). A panel study of copreneurs in business: Who enters, continues, and exits? *Family Business Review, 19*(3):193–205.

Nickel, S., Nicolistsas, D., & Dryden, N. (1997). What makes firms perform well? *European Economic Review, 41*(3):783–796.

Nordstrom, O., & Jennings, J. E. (2018). Looking in the other direction: An ethonograhic analysis of how family businesses can be operated to enhance familial well-being. *Enterpreneurship Theory & Practice, 42*(2), 317–339.

Pijanowski, T., Hack, A., Kraiczy, N. D., & Schlippe, A. von. (2014). Bank loan officers' perceptions of family firms. How similarity attraction influences loan availability decisions. Working Paper, Universität Bern.

Randoy, T., & Goel, S. (2003). Ownership structure, founder leadership and performance in Norwegian SMEs: Implications for financing entrepreneurial opportunities. *Journal of Business Venturing, 18*(5), 619–637.

Salvato, C., Minichilli, A., & Raffaella P. (2012). Faster route to the CEO suite nepotism or managerial proficiency? *Family Business Review, 25*(2), 206–224.

Schulze, W. S., Lubatkin, M. H., & Dino, R. N. (2003). Toward a theory of agency and altruism in family firms. *Journal of Business Venturing, 18*(4), 473–490.

Schulze, W. S., Lubatkin, M. H., Dino, R. N., & Buchholz, A. K. (2001). Agency relationships in family firms: Theory and evidence. *Organization Science, 12*(2), 99–116.

Stewart, A., & Hitt, M. A. (2012). Why can't a family business be more like a nonfamily business? Modes of professionalization in family firms. *Family Business Review, 25*(1), 58–86.

Stiftung Familienunternehmen (2017). *Die volkswirtschaftliche Bedeutung der Familienunternehmen*. München: Stiftung Familienunternehmen.

Thomsen, S., & Pedersen, T. (2000). Ownership structure and economic performance in the largest European countries. *Strategic Management Journal, 21*(6), 689–705.

Tribó, J. A., & Casasola, M. J. (2010). Banks as firm's blockholders: A study in Spain. *Applied Financial Economics, 20*(5), 425–438.

Villalonga, B., & Amit, R. (2006). How do family ownership, control and management affect firm value? *Journal of Financial Economics 80*(2):385–417.

Woods, J. A., Dalziel, T., & Barton, S. L. (2012). Escalation of commitment in private family businesses: The influence of outside board members. *Journal of Family Business Strategy, 3*(1), 18–27.

Zellweger, T., Richards, M., Sieger, P., & Patel, P. C. (2016). How much am I expected to pay for my parents' firm? An institutional logics perspective on family discounts. *Entrepreneurship Theory & Practice, 40*(5), 1041–1069.

Nachfolge in Familienunternehmen

Da Familienunternehmen generationsübergreifend ausgerichtet sind, gibt es immer wieder Situationen, in denen das Eigentum am Unternehmen übertragen wird, also die Inhaberschaft (in Teilen) wechselt. Hierzu gehören altersbedingte bzw. planbare Fälle (oftmals als Generationswechsel bezeichnet) ebenso wie unerwartete Übertragungen (z. B. Erbschaften bei Todesfällen). Wird neben dem Eigentum auch das Management eines Unternehmens übertragen, spricht man von einer Nachfolgeregelung (Klein 2010; Breton-Miller et al. 2004).

Die Nachfolge bildet den Kern eines jeden Familienunternehmens und determiniert damit einen der zentralen Faktoren, mit dem sich Familienunternehmen klar von Nicht-Familienunternehmen abgrenzen lassen. Nur Familienunternehmen durchlaufen regelmäßig den Prozess der Nachfolge, in dem sowohl das Eigentum als auch die Führung an die nächste Generation weitergegeben werden. Die Nachfolge stellt damit eine der Stärken von Familienunternehmen dar, da die Chancen und Erfolgsfaktoren dieser Unternehmensform gerade aus den dynastischen Aspekten einer Nachfolge resultieren. Gleichzeitig ist jedoch jede Nachfolge mit hohen Risiken verbunden, denn jede Übertragung gleicht einem doppelten Erdbeben, wenn nicht nur innerhalb der Familie, sondern auch im Unternehmen eine Regelung für die Nachfolge gefunden werden muss. Somit wird Nachfolge als eine der zentralen Herausforderungen von Familienunternehmen verstanden.[1]

Die aus „Familiness"-Aspekten (vgl. Abschn. 3.4) heraus entstehenden spezifischen Chancen und Risiken zeigen sich in einer Nachfolgesituation besonders deutlich. Chancen bietet der Wechsel zum Beispiel, wenn eine Unternehmerpersönlichkeit neue Ideen und eine hohe Bereitschaft zu unternehmerischem Handeln einbringt. Risiken entstehen,

---

[1]Vgl. Zellweger und Astrachan (2008); De Massis et al. (2008) zu den interpersonellen Barrieren in der Nachfolge.

© Springer Fachmedien Wiesbaden GmbH, ein Teil von Springer Nature 2019
B. Felden et al., *Management von Familienunternehmen*,
https://doi.org/10.1007/978-3-658-24058-5_7

wenn in der instabilen Zeit des Wechsels vorhandene Defizite des Unternehmens aufbrechen. Risiken entstehen auch, wenn Wünsche und Bedürfnisse des Übernehmenden (und seiner oder ihrer Familie), der Übergebenden (und ihrer Familien) oder des Unternehmens nicht übereinstimmen. Werden unterschiedlichen Vorstellungen, z. B. über eine Beteiligung an Unternehmensentscheidungen, nicht ausgesprochen, entstehen Tabuthemen, die den Prozess der Nachfolge maßgeblich beeinträchtigen.

Neben betriebswirtschaftlichen oder rechtlichen Faktoren spielen insbesondere emotionale Aspekte bei Nachfolgeregelungen eine entscheidende Rolle. Ihr Einfluss ist umso stärker, je enger die Beziehung der beteiligten Personen ist, also insbesondere bei einer direkten Verzahnung von Familie und Unternehmen in Familienunternehmen. Streitigkeiten unter den Angehörigen sind erfahrungsgemäß der häufigste Grund für Probleme bei der Unternehmensnachfolge.

Das Thema Nachfolge wird in den folgenden zwei Kapiteln bearbeitet. In diesem Kap. 7 werden neben einem Überblick über den aktuellen Stand der Nachfolgesituation in den deutschsprachigen Ländern auch die Formen der Nachfolge, die an der Nachfolge beteiligten Stakeholdergruppen sowie Formen der Übertragung der Unternehmensführung erörtert. Dabei werden nicht nur unterschiedliche Formen in der Übertragung des Eigentums, sondern auch verschiedene Konstellationen aufgezeigt, wie das Management des Unternehmens auf die nachfolgende Generation übertragen werden kann. Dazu werden in diesem Kapitel jeweils die mit einer Nachfolge verbundenen Chancen und Risiken verdeutlicht.

Die Nachfolge stellt allerdings kein punktuelles, statisches Ereignis dar, das von einem auf den anderen Tag abgewickelt wird, sondern ist als langfristiger Prozess zu verstehen. In Kap. 8 wird der Nachfolgeprozess erörtert, der langfristig verschiedene Phasen und Sequenzen durchläuft, und in den unterschiedliche Stakeholdergruppen eingebunden sind. Ein Verständnis von Nachfolge als Prozess erleichtert das Management einer Unternehmensnachfolge, da die Nachfolge systematisch geplant und Phase für Phase in der Familie und im Unternehmen bearbeitet werden kann. Die Konsequenz daraus kann nur sein, sowohl die direkt Beteiligten, als auch die jeweilige Familie von Anfang an in den Planungsprozess der Nachfolge einzubeziehen.

Lernziele
1. Sie erhalten einen umfassenden Einblick in die Nachfolgesituation im deutschsprachigen Europa.
2. Sie kennen die verschiedenen Arten und Möglichkeiten der Nachfolgelösung.
3. Sie wissen, wer alles an einer Nachfolge beteiligt ist.
4. Sie wissen, was zur Übertragung der Führungsverantwortung getan werden muss.
5. Sie erkennen außerordentliche Situationen, in denen besondere Nachfolgelösungen wie Stiftungen oder die Liquidation erforderlich sind.
6. Sie können den richtigen Zeitpunkt der Übergabe eines Familienunternehmens bestimmen.

Praxisbeispiel Familienunternehmen

Mit 28 Jahren wird Marc **Fielmann** 2018 Chef der gleichnamigen Optikerkette und kontrolliert als neuer Co-Vorstandschef neben seinem Vater das börsennotierte Familienunternehmen. Sein Vater, Günther Fielmann, eröffnete 1972 in Cuxhaven sein erstes Brillenfachgeschäft mit modischen Fassungen zu günstigen Preisen. Fielmann erkannte eine Marktlücke im Geschäft mit Kassenbrillen, von denen es damals lediglich sechs Kunststoff-Fassungen für Erwachsene und zwei für Kinder zur Auswahl gab. 1981 hatte Fielmann 90 Modelle aus Metall und Kunststoff in 640 Varianten im Angebot und schuf damit das Ende der Ära der Einheitskassenbrille. Spätestens seit der 1984 gestarteten Fernsehwerbekampagne mit dem Slogan: „Mein Papi hat keinen Pfennig dazu bezahlt!" wurde Fielmann Marktführer. 46 Jahre später hat die Fielmann AG in Deutschland einen Marktanteil von über 50 % und setzt mehr als 1,6 Mrd. € um. Fielmann ist Marktführer in einer wachsenden Branche, die von der demografischen Entwicklung und vom Trend zu immer mehr Bildschirmarbeit profitiert. Immer noch wächst das Unternehmen stark, insbesondere im europäischen Ausland. Seit 1994 ist Fielmann börsennotiert und die Familie Fielmann kontrolliert über direkte Anteile 71,64 % der Fielmann-Aktien.

Der Firmengründer ist immer noch der Vorstandsvorsitzende und hat seinen Vertrag bis Juni 2020 verlängert. Bis dahin wird Marc Fielmann gemeinsam mit seinem Vater die Geschicke der Fielmann AG leiten und dann alleiniger Chef des großen Traditionsunternehmens werden. Die Nachfolge von Marc Fielmann kommt allerdings nicht ungeplant. Er hat ein Wirtschaftsstudium abgeschlossen und arbeitete seit Anfang 2016 als Marketingvorstand im väterlichen Unternehmen. Zudem hat er eine augenoptische Ausbildung absolviert, in mehr als 50 Filialen Kunden bedient und in der Verwaltung verschiedene Projekte verantwortet. Marc Fielmann wird mit den Worten zitiert, dass sein Anspruch sei, das Unternehmen als Familienunternehmen zu erhalten und der nächsten Generation ein erfolgreiches Unternehmen zu übergeben.

7.1   Die Nachfolgesituation im deutschsprachigen Raum

Bereits seit 1995 schätzt das Institut für Mittelstandsforschung (IfM) Bonn auf der Basis der Umsatzsteuerstatistik, des Mikrozensus und eigener Erhebungsdaten in regelmäßigen Abständen die Zahl der zu erwartenden Unternehmensübertragungen in Deutschland. Im Jahre 2010 wurde die bisherige Berechnungsmethode überarbeitet, um die Zahl der Unternehmensübertragungen – unabhängig von Befragungen – regelmäßig bestimmen zu können. Nach aktuellen Schätzungen, z. B. auf Basis von demographischen Entwicklungen, steht im Zeitraum von 2018 bis 2022 in rund 150.000 Familienunternehmen die Übergabe an. Dies entspricht rechnerisch 30.000 Übergaben pro Jahr, wenngleich nicht bekannt ist, wann genau diese Unternehmen innerhalb des genannten Zeitraums übertragen werden (vgl. Abb. 7.1). Von den Übertragungen werden im Fünf-Jahres-Zeitraum etwa 2,4 Mio. Beschäftigte oder fast 490.000 Beschäftigte pro

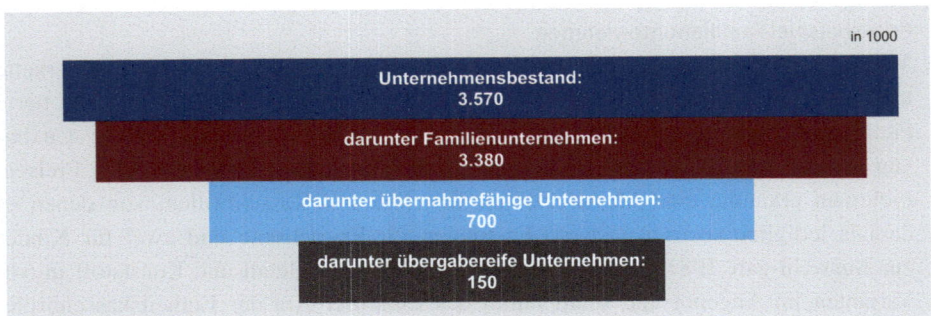

Abb. 7.1 Anzahl der zur Übergabe anstehenden Unternehmen in Deutschland (2018–2022). (Quelle: Kay et al. 2018)

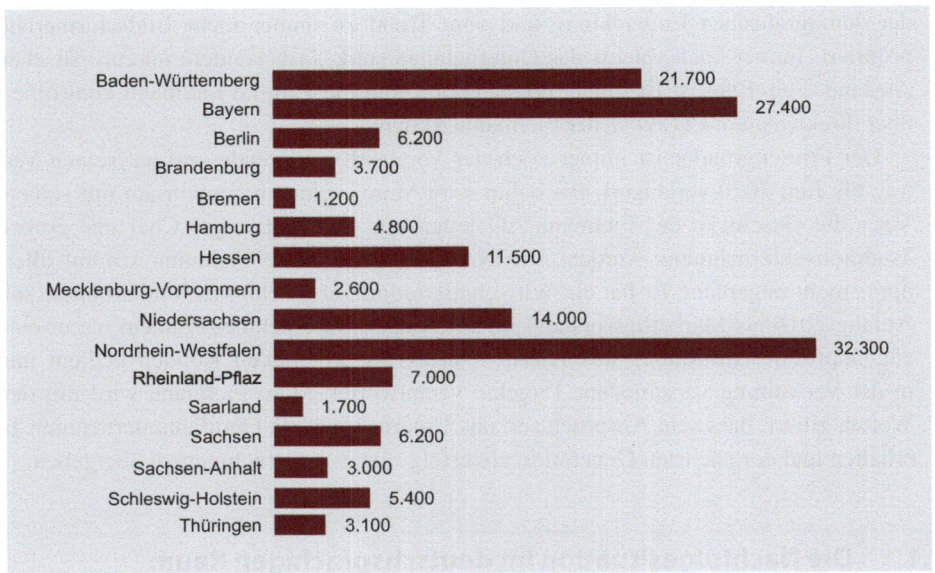

Abb. 7.2 Zur Übergabe anstehende Unternehmen in Deutschland nach Größenklassen (2018–2022). (Quelle: Kay et al. 2018)

Jahr betroffen sein (Kay et al. 2018). Eine zusätzlich durchgeführte Approximation des Nachfolgegeschehens auf Basis der Gewerbeanzeigenstatistik belegt, dass die aktuelle Schätzung des IfM Bonn die Zahl der tatsächlich erfolgten Unternehmensübertragungen relativ gut abbildet.

Die meisten Übernahmen finden im Dienstleistungssektor statt, gefolgt vom produzierenden Gewerbe und dem Handel (Kay et al. 2018). Mehrheitlich handelt es sich dabei um kleine Unternehmen, was der generellen Größenstruktur der deutschen Unternehmen entspricht (vgl. Abb. 7.2).

In Nordrhein-Westfalen, dem Bundesland mit dem größten Unternehmensbestand, sind im Prognosezeitraum erwartungsgemäß auch die meisten Übertragungen zu erwarten, die wenigsten im Stadtstaat Bremen. Auf Westdeutschland entfallen 83,6 % und auf Ostdeutschland (einschließlich Berlin) 16,4 % der anstehenden Übergaben.

Auch in der Schweiz standen im Sommer 2012 laut Credita (2012) insgesamt 45.000 Firmen vor einer offenen Nachfolgeregelung. Dies entspricht fast 10 % aller aktiven im Handelsregister eingetragenen Einzelfirmen, GmbHs und AGs. Je nach Unternehmensgröße bestehen jedoch deutliche Unterschiede. So klagen große Einzelfirmen deutlich häufiger über Nachfolgeprobleme, während bei den AGs und GmbHs der Anteil an Unternehmen mit ungeregelter Nachfolge mit zunehmender Betriebsgröße kleiner wird.

Ähnliche Zahlen gelten für Österreich. Für den Zeitraum von 2009 bis 2018 ergibt sich laut KMU Forschung Austria (2008) ein Übergabepotenzial von knapp 58.000 kleinen und mittleren Unternehmen. Dies entspricht rund 18 % der KMU der gewerblichen Wirtschaft in Österreich.

Wie letztlich die Nachfolge geregelt werden wird (familienintern, unternehmensintern oder -extern), ist wegen fehlender amtlicher Statistiken schwer vorherzusagen. Mehrheitlich wünscht sich die abgebende Generation eine Übertragung an Familienmitglieder (41,6 %). Gut 10 % wollen unternehmensintern übertragen und 12,2 % unternehmensextern. Allerdings sind in dieser Untersuchung über ein Drittel der Unternehmer noch unschlüssig, welche Form der Übertragung sie planen (Moog et al. 2012).

Eine Auswertung des IfM Bonn von 18 empirischen Untersuchungen lassen die Vermutung zu, dass gut die Hälfte der vor der Nachfolgefrage stehenden Familienunternehmen ihr Unternehmen innerhalb der Familie weitergibt. Rund 18 % werden von Mitarbeitern übernommen und 29 % der Übergaben erfolgen familien- und unternehmensextern (Kay et al. 2018).

Dieser hohe Anteil familieninterner Nachfolgeregelungen erfordert eine entsprechende Vorqualifikation des Nachwuchses und eine frühe Integration in unternehmerische Fragen (Lambrecht 2005), um die Bereitschaft und das Potenzial der eigenen Kinder realistisch einschätzen zu können (vgl. Abb. 7.3).

Moritz GmbH

Veronica will ursprünglich nach dem bestandenen Abitur in München Mathematik studieren. Für Vater Horst ist dies ein unverständlicher Wunsch, da er seine Tochter schon fest in den elterlichen Betrieb eingeplant hat. Lange Diskussionen gibt es nicht. „Wenn du unbedingt nach München willst, dann sieh zu, wie du es finanzierst. Wir brauchen dich doch hier im Betrieb für den kaufmännischen Bereich!" Veronica, die schon seit ihrer Jugend im Familienbetrieb im Büro aushilft, wann immer eine helfende Hand benötigt wird, verweigert ab diesem Zeitpunkt jegliche Mitarbeit. Die Enttäuschung über die fehlende Unterstützung ist so groß, dass sie sich von der Familie komplett lossagt.

Veronica fühlt sich ungerecht behandelt. Ihre ganze Jugend hat sie persönliche Interessen für den Familienbetrieb zurückgestellt: Wie gerne wäre sie an Weihnachten

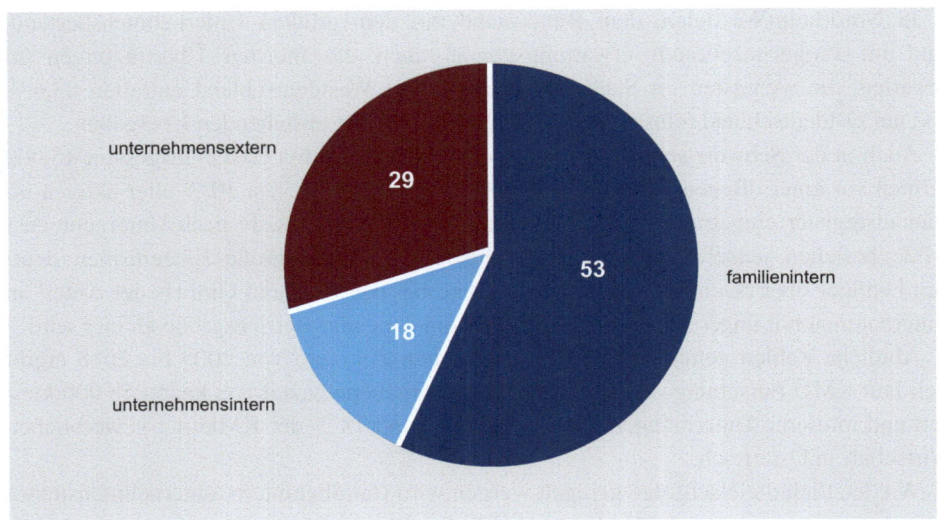

Abb. 7.3 Gewählte Nachfolgelösungen. (Quelle: Kay et al. 2018)

in den Skiurlaub gefahren, aber nein, da hatten alle anderen Mitarbeiter Urlaub und die Familie musste im Betrieb die Stellung halten. Dass die Eltern ihr die paar Jahre Studium nicht gönnen, ist für sie völlig unverständlich, vor allem, weil Heiko ja auch studieren darf. Was sie braucht, ist eine Auszeit von ihrer Familie und dem Unternehmen. Kanada, dass scheint ihr weit genug weg. Danach studiert sie ausgiebig erst Industriedesign und absolviert berufsbegleitend ein MBA-Programm, während sie in der Marketingabteilung eines größeren Unternehmens arbeitet.

Die Nachricht über den ersten Schlaganfall des Vaters trifft Veronica unerwartet hart und so kündigt sie ohne Zögern ihren lukrativen Job als Leiterin der Marketingabteilung und kehrt in ihre Heimatstadt zurück. Dieser Schicksalsschlag führt die Familie in einer hochemotionalen Aussöhnung wieder zusammen. Bis zum Tode des Vaters unterstützt sie mit aller Kraft das Unternehmen und zeigte dabei hervorragende Organisations- und Führungsqualitäten.

7.2 Beteiligte einer Unternehmensnachfolge

Der Erfolg einer Unternehmensnachfolge in Familienunternehmen ist statistisch nur schwer zu fassen und noch schwieriger ist es, verschiedene Nachfolgepläne miteinander zu vergleichen (Lussier und Sonfield 2012). Nutzt man als Erfolgskriterium, ob die familieninterne Nachfolge tatsächlich vollzogen wurde, so finden sich in der Literatur aber erste empirische Einblicke. Diese verdeutlichen, dass lediglich ein Drittel aller Familienunternehmen einen effektiven Nachfolgeprozess durchläuft und eine intergenerationale Nachfolge erfolgreich abschließen können (KfW-Mittelstandspanel 2018). Aktuelle Zahlen zur Nachfolgesituation in Kleinstunternehmen der Handwerksbranche machen deutlich, dass fast 40 % aller Handwerksbetriebe, die in den nächsten fünf Jahren eine Nachfolge brauchen, keine Nachfolgelösung finden (Zellweger und Astrachan 2008; Brundin und Sharma 2011). Trotz der Übergabefähigkeit der mittleren und kleinen Unternehmen ist in der nachfolgenden Generation nur eine schwach ausgeprägte Bereitschaft zur Übernahme vorhanden. Unattraktive Arbeitszeiten, ein hoher Workload oder aber individuelle Karriereintentionen halten potenzielle Nachfolgende davon ab, den familieneigenen Handwerksbetrieb zu übernehmen. Die Stilllegung von Kleinstunternehmen aufgrund von Nachfolgemangel hat allerdings nicht nur den Arbeitsplatzverlust der Beschäftigten zur Folge, sondern kann insgesamt zu einem volkswirtschaftlichen Schaden führen (vgl. Kap. 1).

Die rein objektive Übergabe als Erfolgskriterium stellt den Übergeber und den Übernehmer in den Mittelpunkt der Betrachtung. Doch bereits hier wird deutlich, dass diese auch andere, eher subjektive, Kriterien bei der Bewertung der Nachfolge in den Mittelpunkt stellen. So könnte auch die Erfüllung der Erwartungen des Übergebers und des Übernehmers und damit deren Zufriedenheit ein Kriterium für den Nachfolgeerfolg sein. Noch komplexer werden die Überlegungen, wenn weitere Akteure des Nachfolgeprozesses in den Blick genommen werden. Ist die Nachfolge vielleicht nur dann als erfolgreich zu bezeichnen, wenn das Unternehmen seine Performance halten kann, oder wenn sich durch die Übergabe an die nächste Generation gar der Unternehmenserfolg steigern lässt? Und was ist mit der Zufriedenheit der Beschäftigten der nächsten Generation?

Insgesamt wird deutlich, dass die Unternehmensnachfolge nicht alleine den Übergeber des Unternehmens betrifft, sondern dass Unternehmensnachfolgen Entscheidungen darstellen, die einer hohen Komplexität unterliegen (Dyck et al. 2002; Felden und Adams 2006). Neben dem Übergeber sind weitere Stakeholder von der Nachfolge betroffen, die ihre jeweils spezifischen Interessen, Erwartungen und Ziele mit der Nachfolge verbinden. Zudem sind Nachfolgeentscheidungen auch in gesellschaftlich-soziale Aspekte eingebettet, wie beispielsweise Individualisierungstendenzen, Work-Life-Balance, Erwartungen oder Veränderungen in dem Verständnis von Familie. Schließlich sind auf Unternehmensseite neben ökonomischen und rechtlichen Aspekten auch emotionale Faktoren zu berücksichtigen, denn Nachfolge bewegt sich im Schnittpunkt der miteinander kollidierenden Logiken aus Unternehmen (rational, ökonomisch, objektiv) und Familie (intuitiv, emotional, subjektiv).

Vor dem Hintergrund der mit der Nachfolge verbundenen Komplexität wird im Folgenden die Unternehmensnachfolge aus der Perspektive der beteiligten Akteursgruppen genauer dargestellt (vgl. Abb. 7.4):

- des oder der Übergeber/s,
- der Nachfolgenden,
- des zukunftsfähigen Unternehmens und
- der weiteren Stakeholder.

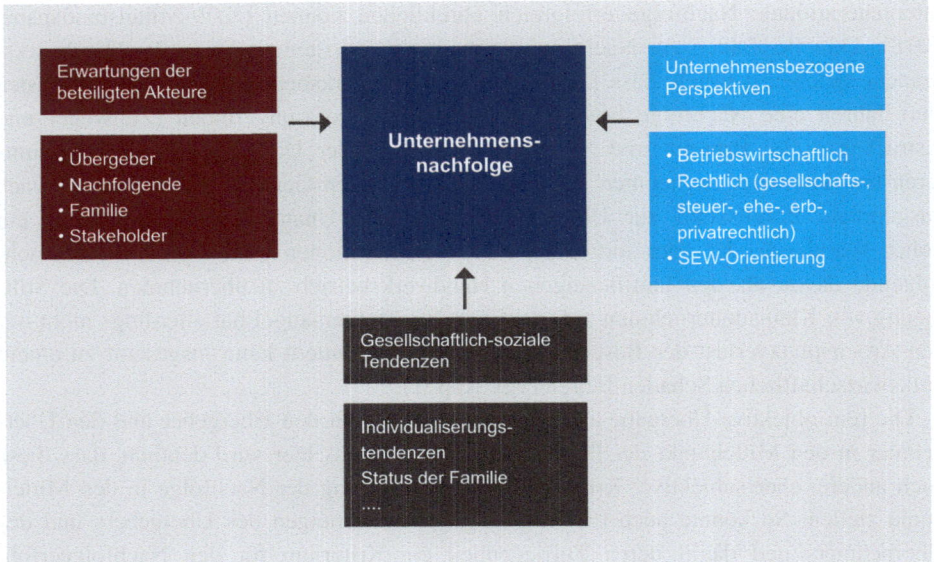

Abb. 7.4 Komplexität der Nachfolge. (Quelle: Eigene Abbildung)

7.2.1   Der oder die Übergeber

Neben der Überwindung emotionaler Hürden hat der Übergeber die Aufgabe, den Unternehmerwechsel zu initiieren und zu gestalten. Hierzu gehören die Auswahl eines geeigneten Nachfolgers und die Unterstützung bei seiner fachlichen und persönlichen Ausbildung sowie bei seiner praktischen Einarbeitung. Die Vorbereitung des Unternehmens und die Überprüfung seiner Übergabetauglichkeit ist eine weitere Anforderung für eine gelungene Unternehmensübertragung.

Die Übergabe des eigenen Unternehmens an den Nachfolger und das „Loslassen" fällt den meisten Unternehmern schwer.[2] Vielfach haben sie das Unternehmen unter größten Anstrengungen gegründet oder weiter ausgebaut. Das Unternehmen ist oftmals das „Lebenswerk" und der Senior sucht nicht selten sein eigenes Ebenbild (Kets de Vries 2003). Dazu passt ein weiterer Aspekt: Familienunternehmer haben sich ihr Unternehmen im Laufe der Tätigkeit wie einen Maßanzug auf den Leib geschnitten. Er passt genau, aber nur ihnen. Den Idealkandidaten für die Nachfolge – das Spiegelbild des alten Unternehmers - gibt es daher nicht. In einer aktuellen KfW-Studie wird deutlich, dass 43 % der für die nächsten zwei Jahre anstehenden Nachfolgen kaum oder überhaupt nicht konkret vorbereitet sind. Während 23 % der Unternehmer, die innerhalb der

---

[2]Vgl. Cadieux (2007); Brockhaus (2004, S. 169) verweist auf diverse ältere Studien.

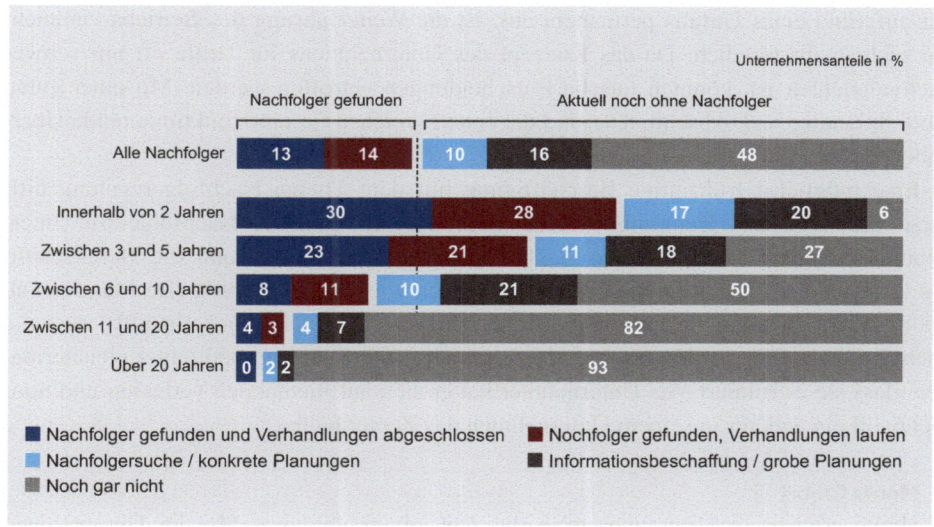

Abb. 7.5 Gewählte Nachfolgelösungen. (Quelle: KfW-Mittelstandspanel 2018)

nächsten drei bis fünf Jahre übergeben, bereits einen Nachfolger gefunden haben, geben 81 % der Unternehmer an, die innerhalb der nächsten zehn Jahre anstehende Unternehmensnachfolge noch nicht angedacht zu haben oder sich grade erst in der groben Planung zu befinden (vgl. Abb. 7.5).

Die Unternehmensnachfolge ist für viele Unternehmer mit dem Ende des aktiven Geschäftslebens verknüpft. Dabei erhöht sich die Lebenserwartung der Menschen, die Rentner hingegen werden immer jünger. Der sogenannte Dritte Lebensabschnitt verlängert sich mehr und mehr. Gagnè et al. (2011) weisen darauf hin, dass insbesondere Gründern der Austritt aus dem aktiven Unternehmerdasein schwerer fällt als anderen Beschäftigten.

Eng verknüpft damit ist ein weiterer Problemkreis: Am Wohnort ist der Übergeber als Unternehmer bekannt, seine Entscheidungen gelten sowohl im Unternehmen als auch an anderer Stelle. Das Unternehmen ist mit einem emotionalen Wert verbunden und die Übergabe gleicht einem emotionalen Verlust in dem Sinne, dass der Unternehmer das für ihn mit dem Eigentum des Unternehmens verbundene SEW verliert (Zellweger und Astrachan 2008). Die daraus resultierenden Ängste, gepaart mit den emotionalen und subjektiv geprägten Erwartungen der restlichen Familienmitglieder werden zu Tabuthemen bei der Vorbereitung der Übergabe und sind in ihren Auswirkungen nicht zu unterschätzen (Brundin und Sharma 2011): Die Konsequenz ist zumeist eine für das Unternehmen schädliche Hinauszögerung der Übergabe.

Eine weitere Gefahr ergibt sich aus der Fixierung auf die Person des Unternehmers – gerade in mittleren Unternehmen keine Seltenheit. Was passiert, wenn es dem Unternehmer plötzlich unmöglich wird, sein Unternehmen zu führen? Fällt der Unternehmer gar aufgrund eines Unfalls permanent aus, ist die Weiterführung des Betriebs vielleicht gar nicht mehr möglich. Da das Konzept des Unternehmens für Dritte oft nur schwer nachvollziehbar ist, könnten falsche Entscheidungen getroffen werden. Mit einer guten Notfallplanung (vgl. Abschn. 8.4) sind die ersten Weichen für eine funktionierende Übergabe gestellt.

Eine möglichst frühzeitige Beschäftigung mit dem Thema Nachfolgeregelung hilft diese Barrieren und Hemmnisse abzubauen. Eine erfolgreiche Nachfolge im Unternehmen erfordert darüber hinaus Sachlichkeit und Objektivität und die Bereitschaft, die Unternehmensnachfolge so rational zu planen wie eine Investition (De Massis et al. 2008). Nicht selten steht der Übergeber jedoch vor einem Dilemma: Er hofft, dass die nächste Generation das Unternehmen erfolgreich weiterführt und befürchtet gleichermaßen, dass sie es ruiniert. Als Unternehmer hat er sich auf niemanden verlassen und nunmehr soll ein anderer in seinem Unternehmen das Zepter halten.

Moritz GmbH

Heiko erinnert sich nur ungern an die Zeit, als er das erste Mal im Unternehmen gearbeitet hatte. Damals lebte sein Vater noch. Beide hatten völlig unterschiedliche Vorstellungen darüber, wohin sich das Unternehmen entwickeln sollte. Während sich beide einig waren, dass der Verteidigungsbereich eine sog. Cash-Cow darstellt, in der Horst seine langjährigen Beziehungen nutzen kann, stritten sie sich immer wieder über die internationale Ausrichtung. Horst wollte – vorwiegend deutschen Kunden wie großen Hilfsorganisationen – Versorgungstechniklösungen anbieten, während Heiko große Potenziale bei internationalen Abnehmern im Logistikbereich sah. „Papa, keiner hat so gute Ideen wie wir und ‚Made in Germany' ist immer noch ein wichtiges Verkaufsargument im Ausland," so argumentierte er immer wieder. Horst Moritz war zusehends genervt und Heiko frustriert. Schließlich eskalierte die Auseinandersetzung, als Horst eindeutig klar macht, dass er als Alleininhaber sich nicht „von einem dahergelaufenen Rotzlöffel sagen lasse, wie er sein Geschäft zu betreiben habe! Heiko solle froh sein, dass er in der Firma sein Auskommen habe, er hätte ja keine Ahnung, wie rau der Wind da draußen sei, wenn man sich selbst einen Job suchen müsse!" Heiko erwiderte, dass er für den Hungerlohn, den ihm der Vater zugestehe, gar nicht daran denke, weiter für das Unternehmen zu arbeiten und erst wiederkäme, wenn der Vater „unter der Erde" läge.

7.2.2 Die Nachfolgenden

Mit dem „Nachfolger" ist nicht grundsätzlich der Sohn oder die Tochter des Unternehmers gemeint. Auch wenn uns sprachlich eine Orientierung an diesem häufigen Fall naheliegt, gelten die bisherigen und die folgenden Aussagen auch für den Fall des Management-Buy-out (Nachfolger sind familienexterne Mitarbeiter aus dem eigenen Unternehmen) und Management-Buy-in (Nachfolger sind familien- und unternehmensexterne Personen) oder

Kombinationen daraus. Die Veräußerung an ein anderes Unternehmen sowie Stiftungs- oder Pachtlösungen stellen jedoch keine Existenzgründungen einzelner Personen dar.

Der Entscheidung, ein Unternehmen zu übernehmen, ist in der Regel eine andere bestimmende Weichenstellung vorangegangen: Der Entschluss, sich selbstständig zu machen. Für Kinder aus einer Unternehmerfamilie mag diese Entscheidung – aufgrund eines selbstverständlicheren Umgangs mit dieser Form der Erwerbstätigkeit – relativ schnell getroffen werden. Für Menschen, die in einem anderen Umfeld groß geworden sind, bedeutet die Entscheidung jedoch gründliche Überlegungen im Vorfeld, bei denen sie sich intensiv mit den Chancen und Risiken des Unternehmerseins beschäftigt haben.

Studien zeigen, dass Überlegungen zur Nachfolgeplanung sehr eng an den Karriere- intentionen der Unternehmerkinder ausgerichtet sind (Gilding 2015; Umans et al. 2018). Unternehmerkinder entwickeln spezifische Karriereintentionen und planen ihre Karriere- wege anders, als es in der traditionellen Kronprinzenregelung der Fall war. Während die Kronprinzenregelung die möglichst frühe Mitarbeit des Nachfolgenden im familien- eigenen Unternehmen vorsah, verlaufen die heutigen Karrierewege anders. Nach Aus- bildungsabschluss (z. B. Geselle, Meisterschule, Studium) und erster Berufserfahrung in fremden Unternehmen stehen die Nachfolger vor der Entscheidung, den Familien- betrieb zu übernehmen, oder alternative Karriereintentionen zu verfolgen, wie beispiels- weise die Gründung eines eigenen Unternehmens oder die Anstellung in einem anderen Unternehmen. In ihrer Studie haben Zellweger et al. (2011) Studierende mit einem familienunternehmerischen Hintergrund nach ihren Karriereambitionen befragt. Die Autoren konnten aufzeigen, dass sich die Studierenden, die eine Nachfolge anstreben, stark von den Studierenden unterscheiden, die als Karrieremotive die Gründung eines eigenen Unternehmens oder eine Festanstellung angegeben haben. Die Autoren führen diese unterschiedlichen Karriereintentionen auf Motive wie externe und interne Kontroll- möglichkeiten und wahrgenommene Unabhängigkeit zurück (Zellweger et al. 2011).

De Massis et al. (2016) weisen darauf hin, dass die Bereitschaft der Unternehmens- übernahme von potenziellen Nachfolgenden sehr unterschiedlich wahrgenommen wird und von zahlreichen Faktoren abhängt. Die Unternehmensübernahme wird beispiels- weise als ein attraktiver Einstieg in die Selbstständigkeit verstanden: Wer ein Unter- nehmen übernimmt, kann beispielsweise auf ein Unternehmenskonzept zurückgreifen, das sich in der Praxis bewährt hat. Das Unternehmen hat bereits einen eingeführten Namen, Standort, Produkte und seine Absatzmärkte – und vor allem ein Kundenstamm – sind bereits vorhanden. Auch ein Team von Mitarbeitern, das in erprobten organisa- torischen Abläufen zusammenarbeitet, erleichtert den Schritt in die Selbstständig- keit. Gleiches gilt für bereits vorhandene Lieferantenbeziehungen und das Netz von Geschäftspartnern, mit denen der Betrieb in der Vergangenheit erfolgreich kooperiert hat.

Eine besondere Herausforderung bei der Unternehmensübernahme liegt für den Nach- folger in der operativen Umsetzung (De Massis et al. 2016). Nachfolger, die glauben, nach der Übernahme laufe alles so weiter wie bisher, werden als Unternehmer eher nicht erfolgreich sein. Schließlich bildet der Generationswechsel eine Zäsur im Lebens- zyklus eines Unternehmens. Doch auch der Wunsch nach Änderung um jeden Preis ist

der falsche Weg. Stattdessen gilt es, Bewährtes zu bewahren und durch Neues sinnvoll zu
ergänzen. Doch diese „Kunst" erfordert Weitsicht und unternehmerisches Gespür.

Die emotional schwierigste Nachfolgesituation ist daher die des direkten Gründer-
nachfolgers, weil diese das Unternehmen wesentlich prägen und Veränderungen der
Nachfolgenden schnell als persönliche Kritik verstehen. In älteren Familienunternehmen
können sich die Nachfolger auf einen weiter zurückliegenden Gründungsvater beziehen,
zu dem sie kein oder ein deutlich schwächeres persönliches Verhältnis haben. Konflikte
werden depersonalisiert, die Nachfolgefrage bezieht sich nicht auf das Verhältnis zum
Vater oder zur Mutter, sondern auf das Verhältnis zur Institution des Familienunternehmens.

Eine erfolgreiche Nachfolge im Unternehmen erfordert also vom abgebenden Unternehmer Sachlichkeit und Objektivität, die Unternehmensnachfolge so rational zu planen
wie eine Investition.

7.2.3 Das zukunftsfähige Unternehmen

Mit dem Start des Nachfolgers beginnt ein neuer Unternehmensabschnitt, der auch im
Unternehmen gezielt vorbereitet und umgesetzt werden muss. In der Praxis wird die
Nachfolgeregelung häufig jedoch nur zwischen Einzelpersonen und vielleicht noch den
beteiligten Familienmitgliedern – meist aber unter der Kontrolle des Übergebers (Sharma
et al. 2000) – gestaltet, aber die Belange des Unternehmens und seine Zielsetzungen
bleiben außen vor. Solche Lösungsansätze gefährden die Stabilität des Unternehmens.

Zu einer gelungenen Übergabe, die ein möglichst vitales Unternehmen in neue
Hände legt, gehört zunächst eine klare strategische Ausrichtung des Unternehmens.
Häufig genug gilt jedoch der Satz „Strategien werden von Strategen gemacht" – und
wechseln diese, wechselt unweigerlich auch die Strategie. Entgegenwirken kann man
diesem unkalkulierbaren Prozess durch eine stringente und überzeugende Unternehmensstrategie, die auch für einen mittelständischen Betrieb zur Unternehmensführung gehört. Dabei geht es im Wesentlichen um die Frage, was eigentlich das
Kerngeschäft des Unternehmens ist, welches es zukünftig sein soll und wie die gesetz-
ten Ziele umgesetzt und erreicht werden können. Die Strategie ist Aufgabe des Managements, also zum Beispiel des Inhabers und der Geschäftsführung, aber auch der
Mitarbeiter der zweiten Führungsebene.

Daher ist es wichtig, dass auch die erste und zweite Führungsebene hinreichend qualifiziert ist, um ihre Teilbereiche und letztendlich auch das Unternehmen führen zu können.

Durch eine gute Strategie sowie durchgängige Planung sind die Voraussetzungen
dafür geschaffen, dass die Liquidität eines Unternehmens gesichert bleibt – denn ohne
Liquiditätssicherung funktioniert eine Unternehmensübergabe nicht. In der Übergangs-
zeit sollte ein Unternehmen liquide sein und Verbindlichkeiten fristgerecht bedienen können. Wenn die Bank beispielsweise den Kontokorrentkredit ganz oder teilweise kündigt,
weil sie um die Zukunft des Unternehmens fürchtet, kann die Zukunft tatsächlich ganz
schnell gefährdet sein. Eine solide Finanzplanung gehört dementsprechend zu einem

aussagekräftigen Unternehmensprofil genauso wie zu einem sorgfältigen Geschäftsplan für den Nachfolger. Bei der Aufstellung der zukünftigen und aktuellen Finanzlage müssen Änderungen durch die Übertragung berücksichtigt werden. Dabei muss nicht nur der Kaufpreis des Unternehmens finanziert werden, sondern auch zusätzlich anstehende Investitionen. Andere Liquiditätsbelastungen wirken sich nicht auf das Unternehmen, sondern auch auf den privaten Bereich des Übernehmers aus: Der Kaufpreis von Kapitalgesellschaften ist durch den Übernehmer privat zu finanzieren und damit auch zu verzinsen und zu tilgen. Die Finanzlage des Unternehmens bleibt davon zunächst unberührt.

Finanzielle Engpässe können auch bei unentgeltlichen Übertragungen auftreten, wenn beispielsweise aufgrund von Erbstreitigkeiten Erben ausbezahlt werden müssen oder wenn die Erbschaftsteuer zu leisten ist. Oder es muss geprüft werden, ob eine vereinbarte Rentenzahlung für den Übergeber aus dem Unternehmen überhaupt erwirtschaftet werden kann. Ist zum Beispiel eine monatliche betriebliche Pensionszusage ohne ausreichende Rückdeckungsversicherung vereinbart worden, und das Unternehmen gibt diese Summe nicht her, leidet die finanzielle Versorgung des Übergebers. Im schlimmsten Fall sind bei einer Auflösung der Pensionsrückstellung sogar Ertragsteuern zu zahlen, welches dann die Liquidität des Betriebs zur Unzeit belastet.

7.2.4   Weitere Stakeholder

Wie bereits in Abschn. 6.6 diskutiert, sind neben der Familie und den Eigentümern weitere Anspruchsgruppen für das Familienunternehmen zu nennen, die jeweils ihre spezifischen Ziele und Interessen an das Unternehmen herantragen. Daher sind die Beteiligten an einer Nachfolge nicht nur die Übergebenden und die Übernehmenden, sondern weitere Stakeholder wie die Mitarbeiter des Unternehmens, Kunden und Lieferanten spielen ebenfalls eine wichtige Rolle. Die Beschäftigungssicherung und Karriereintentionen sind Interessen, die die Beschäftigten in die Nachfolgeregelungen einbringen. Eine erfolgreiche Nachfolgeregelung liegt nicht zuletzt im Interesse der das Unternehmen begleitenden Banken und Finanzierungspartner. Die Kontinuität mittelständischer Unternehmen ist für die Sicherung der Kredit- und Geschäftsbeziehungen von großer Bedeutung. Gerade auch im Kontext der Kreditwürdigkeit ist die Frage nach einer geregelten Unternehmensnachfolge wichtig. Aber auch Kunden und Lieferanten verstehen eine langfristig geklärte Nachfolgeregelung als positiv für den Aufbau und Erhalt langfristiger Beziehungen.

7.3   Die „Marke" Familienunternehmen in der Nachfolge

Nachfolge und die damit verbundenen Entscheidungen zur Eigentums- und Führungsübertragung sind allerdings auch stark in Abhängigkeit von der „Marke" eines Familienunternehmens zu treffen. Familienunternehmen als Marke zu führen und an die Stakeholder entsprechend zu kommunizieren ist weit verbreitet und der positive Effekt von Familienmitgliedern als Markenbotschafter ist bereits in verschiedenen Studien bestätigt worden (Binz Astrachan und Brotero 2018; Beck 2016; Binz Astrachan und Astrachan 2015). Familienunternehmen genießen durch die mit der Marke verknüpften Attribute wie Ethik, Integrität und Verantwortungsbewusstsein ein hohes Vertrauen. Werbeslogans wie: „Dafür stehe ich mit meinem Namen" (Zitat: Claus Hipp, Werbekampagne Hipp Nahrungsmittel- und Babykosthersteller) sind ein fester Bestandteil der gegenwärtigen Markenwelt. Aktuelle Studien zeigen deutlich den Wert einer erfolgreichen Familienunternehmensmarke auf und verweisen auf den reputationalen, aber auch ökonomischen Wettbewerbsvorteil, der daraus resultiert. Ein weiterer wichtiger Faktor neben dem geförderten Vertrauen ist die mit der Familie verbundene Kontinuität. Ein über Generationen inhabergeführtes Unternehmen vermittelt diese Kontinuität vor allem durch eine darauf ausgelegte Markenstrategie.

Die Außendarstellung als Familienunternehmen kann über vielfältige Kanäle geschehen. So finden sich Familienunternehmen, die konkret in ihrem Logo darauf verweisen, dass sie ein Familienunternehmen sind (z. B. „S.C. Johnson – a family company"). Aber auch die Nutzung eines Familiennamens im Logo erhöht die Chance, als Familienunternehmen wahrgenommen zu werden (Wolf 2017). Eine weitere Markenstrategie umfasst Hinweise (z. B. auf den Websites des Unternehmens) auf die langen Familientraditionen und das Familienerbe. Letztlich kann es aber auch ein Familienmitglied sein, welches als Markenbotschafter die Werte, Leistungen und das Engagement der Unternehmerfamilie verkörpert (Binz Astrachan und Brotero 2018).

Insbesondere dann, wenn der Name der Unternehmerfamilie als „Brand" aufgebaut und kommuniziert wurde, ist die familieninterne Nachfolge wichtig. Aber auch im Falle der Strategie der Markenbotschafter gilt es, diesen vorhandenen Wettbewerbsvorteil weiterhin zu nutzen und mit einem familieninternen Nachfolger an die Öffentlichkeit zu treten. Die Verknüpfung der Person mit dem eigenen Unternehmen schafft eine Identifikationsfigur, die für den Empfänger in der Markenwiedererkennung eine große Rolle spielt. Eine Familienmarke lässt sich vor allem dann glaubhaft kommunizieren, wenn Mitglieder der Unternehmerfamilie aktiv in das Unternehmen eingebunden sind. Daher ist die Entscheidung, das Top Management nur mit Fremd-Managern zu besetzen, schwierig, wenn die Marke des Familienunternehmens eng mit dem Unternehmernamen und dessen Attributen verknüpft ist.

So ist mit der Nachfolge auch die Entscheidung verbunden, ob der Familienname (weiter) als Marke genutzt werden soll und ob der Nachfolger bereit ist, mit seinem Namen und seinem Gesicht in der Öffentlichkeit aufzutreten. Dies bedingt, dass der Nachfolger nicht nur bereit, sondern auch geeignet ist, als Identifikationsfigur in der Öffentlichkeit zu fungieren. Er muss die Werte und Ziele der Unternehmerfamilie und des Familienunternehmens authentisch und glaubwürdig vertreten und sich der Gefahren bewusst sein, die ein Fehlverhalten für das Image des Familienunternehmens bedeuten kann (vgl. hierzu die Ausführungen in Abschn. 8.2.2 zur Auswahl des Nachfolgers).

Auf der anderen Seite muss auch die Gefahr einkalkuliert werden, dass etwaige Unternehmensskandale persönlich dem Nachfolger angelastet werden und sein Privatleben negativ beeinflussen können (Binz Astrachan und Brotero 2018; Wolf 2017).

Mit der Nachfolge eines Unternehmens ergibt sich auch die Möglichkeit, die neue Generation mit der angepassten, aktualisierten Markenstrategie zu verbinden und somit Synergieeffekte während des Generationswechsels auszunutzen. Neben diesen Vorteilen einer Nachfolgesituation im Zusammenhang mit der Markenbildung kommen aber auch Situationen auf, die eine Einbindung und groß angelegte Markenstrategie zuvor unmöglich machten, weil beispielsweise die Familienharmonie nicht vorhanden war oder dadurch strapaziert werden würde. In diesem Fall kann die nachfolgende Generation auch einen besonderen Impuls für das Familienunternehmen geben. Gerade durch den Einsatz moderner Medien, Technologien und den offenen Umgang mit Veränderungen können sich „eingestaubte" Unternehmen auffrischen und zusammen mit einem traditionsbewussten Produkt Wettbewerbsvorteile ergeben.

Moritz GmbH

Der Faktor „Familie" sowie die Unternehmenshistorie werden in der Moritz GmbH auch heute noch als Marketinginstrument eingesetzt. In der Außendarstellung wird viel Wert auf Tradition und familiäre Werte gesetzt. Eine Messing-Büste des Firmengründers Hugo Moritz sowie eine Erinnerungstafel sind im Hauptsitz des Unternehmens verewigt. Der heutige Internetauftritt zeigt in einem Bereich die Familie, wie sie fröhlich bei der letzten Betriebsfeier zusammen ist. Zuweilen wird die Familie sogar etwas stilisiert, um die Ausstrahlung des Unternehmens weiter zu stärken.

Um die Transparenz für Kunden und Geschäftspartner zu erhöhen, hat die Geschäftsführung den Internetauftritt der Moritz GmbH vollständig modernisiert und überarbeiten lassen. Als besonderes Highlight zeigt ein eigens produzierter Werbefilm die Betriebsstätte und stellt wichtige Mitarbeiter vor. Das soll das Unternehmen persönlicher wirken lassen und die enge Verbundenheit der Belegschaft mit dem Unternehmen dokumentieren. Das ist aber auch wirklich so, daher haben die Mitarbeiter auch gerne bei diesem Film mitgemacht.

Ein jährlicher „Tag der offenen Tür" soll die Kunden und eine interessierte Öffentlichkeit aus der Region für das Unternehmen interessieren. Ziel ist es, die Moritz GmbH für alle Stakeholder als etabliertes, engagiertes, erfolgreiches Familienunternehmen zu präsentieren. An diesem Tag wird auch an den Gründer gedacht (das Unternehmen hat schließlich eine lange Historie) und alle bisher beteiligten Generation vorgestellt (es handelt sich ja schließlich um ein waschechtes Familienunternehmen). Eine Führung erlaubt informative Einblicke in die betrieblichen Abläufe. Auch eine Podiumsdiskussion mit der Geschäftsführung und wichtigen Mitarbeitern zu einem speziellen Thema findet an diesem Tag statt.

7.4   Formen der Nachfolge in Familienunternehmen

Bei der Vorbereitung der Nachfolge wird vielfach übersehen, dass zwei unterschiedliche Bereiche zu gestalten sind. Zum einen die Übergabe des Eigentums am Unternehmen und zum anderen die Führungsverantwortung. Zwar ist in vielen Fällen im Mittelstand aufgrund der weitverbreiteten Rechtsform des Einzelunternehmens das Eigentum mit der Unternehmensführung verknüpft, bei der Unternehmensübergabe sollten die Bereiche allerdings unabhängig von der Rechtsform getrennt betrachtet werden.

Aus Sicht der Altunternehmer stellt die Eigentumsnachfolge die nachhaltig entscheidende Dimension einer Unternehmensnachfolge dar. Dies liegt vor allem an unserer Rechtsordnung: der Eigentümer jeder Sache (auch eines Unternehmens) hat sämtliche Verfügungsrechte daraus, insbesondere auch das zur Gestaltung der Führungsstrukturen. Dies steht oft im Widerspruch zur Wahrnehmung der übernehmenden Generation, für die eine Nachfolge im Unternehmen zunächst Führungsnachfolge bedeutet, also die Frage, wer die oberste Hierarchieebene besetzt.

Schließlich bedeutet die Nachfolge in einer Familie die Nachfolge des Familienoberhauptes. Dieser Vorgang ist schwieriger zu fassen als die beiden vorgenannten, da er zumindest in unserer Kultur in keiner Weise formalisiert ist. Außerdem wird er überlagert von der Auflösung patriarchaler Strukturen hin zu der Heterogenität moderner Familienstrukturen. Trotzdem gibt es in vielen Familien eine „graue Eminenz", eine Person, die aufgrund ihrer Erfahrung und ihrer Integrität allseitig Respekt und Vertrauen genießt und deren Meinung bzw. Entscheidungen für das Funktionieren des Familiensystems sehr wichtig sind (Cadieux 2007). Auch bei der Gestaltung von Governance-Strukturen (vgl. Kap. 11) ist die Existenz von „grauen Eminenzen" zu berücksichtigen, weil sie mit ihrem Netzwerk und ihrer Erfahrung und dem damit verbundenen Standing mitunter geltende Regelungen unterwandern. Obwohl gerade in Unternehmerfamilien überproportional häufig ein solches Familienoberhaupt zu finden ist, soll dieses Thema bei den nachfolgenden Ausführungen nicht im Vordergrund stehen. Wir beschränken uns auf eine systematische Aufbereitung der Managementfragen zur Führungs- und Eigentumsnachfolge.

Im Vorfeld einer wie auch immer angedachten Nachfolgeregelung empfiehlt es sich, eine Familienkonferenz einzuberufen in der u. a. folgende Fragen geklärt werden:

- Soll das Unternehmen im Eigentum der Familie bleiben?
- Soll das Unternehmen durch die Eigentümerfamilie geführt werden?
- Nach welchen Kriterien werden geeignete Führungsnachfolger ausgewählt?
- Welche Familienmitglieder wären für die operative Führung geeignet?
- Wie sollen familienexterne Führungsnachfolger eingearbeitet werden?

Die in Abb. 7.6 dargestellte Matrix gibt einen Überblick über die üblicherweise vorkommenden Formen einer Unternehmensnachfolge, jeweils in ihrem Verhältnis von Führungs- und Eigentumsnachfolge. Die für das eigene Unternehmen am besten

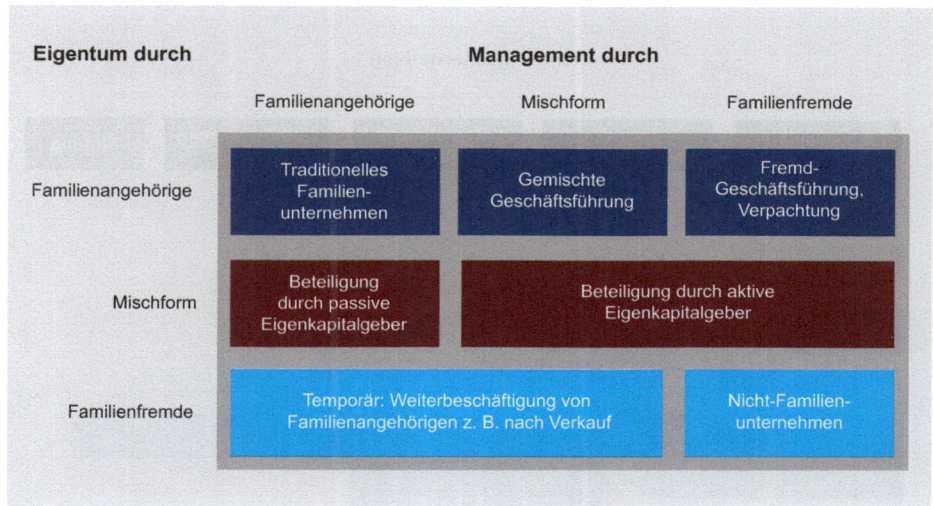

Abb. 7.6 Formen der Unternehmensnachfolge. (Quelle: In Anlehnung an Pfannenschwarz 2006)

geeignete Form ist jeweils sorgfältig auszuwählen, denn sie prägt die zukünftige Entwicklung des Unternehmens entscheidend mit (De Massis et al. 2008).

7.4.1 Die Formen der Eigentumsnachfolge

Im Folgenden werden zunächst die unterschiedlichen Formen der Übergabe der Inhaberschaft erörtert, um im Anschluss daran Nachfolgeoptionen in der Unternehmensführung aufzuzeigen. Für einen Überblick vgl. Abb. 7.7.

7.4.1.1 Traditionelle familieninterne Nachfolge
Bei dieser Lösung werden sowohl die Inhaberschaft als auch die Unternehmensführung komplett innerhalb einer Familie übertragen. Diese Erscheinungsform gilt nach wie vor als typisch. Dies ändert sich in Folge des gesellschaftlichen Wertewandels sowie aufgrund demografischer Veränderungen:[3] Den Nachfolgekandidaten bietet sich heute ein breites Spektrum an alternativen Lebensentwürfen und Karrierewegen (Felden 2012b).

Für potenzielle Nachfolgende aus den Unternehmerfamilien hat diese Entwicklung ambivalente Folgen. Auf der einen Seite wächst, individuell gesehen, die Chance auf

---

[3]In der 2009 durch die Credit Suisse und dem Center for Family Business der Universität St. Gallen durchgeführten Befragung von Schweizer Unternehmen streben lediglich 29 % der Befragten explizit eine rein familieninterne Nachfolgeregelung an bzw. haben eine solche realisiert. Im Jahr 2005 war dies noch anders: Gemäß der Befragung 2005 plante bzw. vollzog eine Mehrheit von 58 % eine familieninterne Nachfolge.

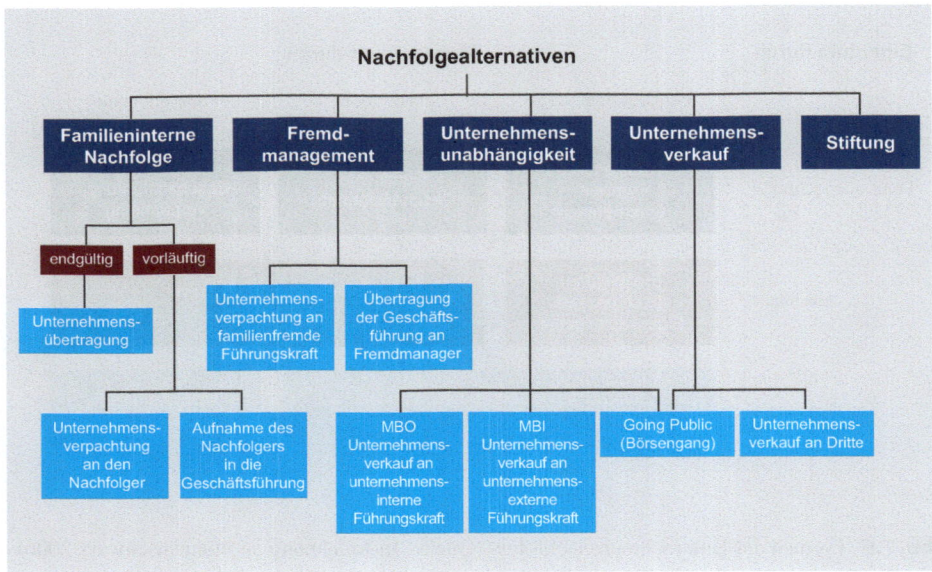

Abb. 7.7   Formen der Eigentumsnachfolge. (Quelle: In Anlehnung an Pfannenschwarz 2006)

eine Nachfolge, da es weniger „Inhouse-Konkurrenz" durch Geschwister gibt. Davon profitieren derzeit vor allem die Töchter, die in zunehmender Zahl unternehmerische Positionen einnehmen[4]. Vor 15 Jahren wurde wiederholt von einem Anteil von 20 % gesprochen. Eine Studie, die rund fünf Jahre später veröffentlicht wurde, berichtet bereits von 25 % Frauen in der Nachfolge von Familienunternehmen aus Deutschland, der Schweiz und Österreich. Die zwar langsam, aber doch stetig ansteigende Zahl von Frauen in Führungspositionen lässt ebenfalls erwarten, dass die Anzahl der Frauen in der Nachfolge von Familienunternehmen weiter zunimmt (Otten-Pappas und Jäckel-Wurzer 2017; Kay und Schlömer 2008; Ballarini et al. 2004; Freund 2002; Schweinsberg und Thorborg 2010).

Auf der anderen Seite wachsen allerdings auch der Druck und die Erwartungshaltung gegenüber den Kindern entsprechend. Für die meisten Nachfolger ist daher immer noch schwer zu trennen, zu welchem Anteil eine Nachfolge eigener Entschluss ist und zu welchem die Beeinflussung durch die Eltern dahintersteht. Im Allgemeinen erfolgt die Initiative zur Übergabe an ein Kind durch die Eltern (Cadieux 2007).

Unternehmerkinder müssen mit der Karriereplanung nicht nur über ihren zukünftigen Beruf entscheiden. Ihr Entschluss wird immer auch eine Entscheidung für oder gegen das Familienunternehmen darstellen und im weiteren Sinne eine Entscheidung für oder

---

[4]Vgl. Moog et al. (2012) sowie bga (2015).

gegen die Wünsche und Traditionen der Familie. Die Lebensplanung wird dadurch erschwert, weil alle beruflichen Weichenstellungen vor dem Hintergrund der Koexistenz von Unternehmen und Familie getroffen werden. Wenn dabei über die persönlichen Vorlieben und Neigungen der Nachfolger nicht diskutiert wird, ist das Motiv für die Übernahme vielfach Pflichterfüllung statt unternehmerischer Ehrgeiz.

Ein Tabuthema in diesem Zusammenhang ist der Neid der zurückstehenden Familienmitglieder: Da äußert die Schwester nicht, dass sie in der unternehmerischen Tätigkeit ihre Lebensaufgabe sieht, weil ihr Bruder von Kindheit an als Kronprinz für das Unternehmen vorgesehen ist. Wird dieses Thema nicht angesprochen, führt es spätestens nach dem Tode der Eltern zu familiären Brüchen. Werden die Geschwister kapitalmäßig am Unternehmen beteiligt, sind Friktionen für das Unternehmen nicht zu vermeiden. Der Streit bricht dann in den Gesellschafterversammlungen aus.

Auch ist aufseiten der übergebenden Generation eine Diskussion über die Person des Nachfolgers oft nicht vorgesehen. Dabei ist klar zwischen den familieninternen Wünschen und den unternehmerischen Qualifikationen zu trennen: Familienmitglieder müssen bei der Übertragung von Managementverantwortung dem Fremdvergleich standhalten. Hierfür sind objektive Kriterien zu entwickeln, um die Kontinuität im Unternehmen trotz der Verzahnung von Personalplanung und familieninterner Planung zu gewährleisten. Ist das nicht möglich, so ist die Führungsverantwortung zum Wohle des Unternehmens extern zu besetzen.

Interessant ist auch die Abhängigkeit der gewählten Nachfolgelösung von der Unternehmensgröße. Die nachfolgende Grafik zeigt deutlich, dass insbesondere mittelgroße und vor allem große Unternehmen in den Händen der Eigentümerfamilie verbleiben sollen. Kleine Unternehmen scheinen dagegen vergleichsweise weniger interessant für die Eigentümerfamilie zu sein, sowohl aus fachlicher wie auch aus ökonomischer Perspektive (vgl. Tab. 7.1).

Typisch ist bei einer innerfamiliären Nachfolge eine unentgeltliche Vermögensübertragung (Felden und Pfannenschwarz 2008). Diese kann sowohl in Form einer Schenkung, unter Anrechnung auf das Erbe (sog. vorweggenommene Erbschaft) oder erst im Todesfalle des bisherigen Vermögensinhabers als Erbschaft gestaltet werden.[5] Dies ist jedoch kein Muss. Immer mehr werden Unternehmen auch unter Familienmitgliedern veräußert. Dies reduziert Abhängigkeiten (die z. B. durch Versorgungsansprüche entstehen), stärkt die unternehmerische Verantwortung der übernehmenden Generation und dient vielfach auch Gerechtigkeitsaspekten (z. B. gegenüber nichtunternehmerischen Geschwistern).

Aus Sicht der Unternehmerfamilie stellen unentgeltliche Vermögensübergaben eine interessante Variante dar, da durch sie in vielen Fällen kein Liquiditätsabfluss beim

---

[5]Die unentgeltliche Vermögensübertragung ist noch immer die dominierende Form der Nachfolgeregelung. Vgl. Nagl (2005), S. 31: 40 % der Unternehmen wurden durch Schenkungen, weitere 31 % durch Erbschaft übergeben.

Tab. 7.1 Art der geplanten Nachfolge nach Größenklassen, in %. (Quelle: Moog et al. 2012)

Unternehmen mit… Beschäftigten	Familienintern	unternehmens-intern	unternehmens-extern	Unentschieden
bis 9	26.8	17.5	17.5	38.1
10–49	37.9	10.7	15.4	36.1
50–249	49.0	7.9	7.9	35.3
250 und mehr	69.0	3.5	0.0	27.6
N = 485				

Unternehmen oder Nachfolger entsteht. Neben möglichen zusätzlichen Belastungen wie z. B. Pensionszusagen ist originär lediglich die steuerliche Belastung zu berücksichtigen. Jedoch unterliegt verschenktes Vermögen nicht mehr der Verfügung des vormals Berechtigten. Diese Selbstverständlichkeit wird innerhalb der Familie oftmals nicht so gelebt: da wird aus primär steuerlich motivierten Gründen übertragen und die abgebende Generation wundert sich, wenn die Nachfolger eigenständig in ihrem Unternehmen agieren.

Rechtliche Grundlage der gestalteten, unentgeltlichen Vermögensübertragung ist ein notariell beglaubigter Schenkungsvertrag bzw. ein Testament. In diesem sollte in jedem Fall eine Rückfallklausel aufgenommen werden, bei der die Übertragung rückgängig gemacht wird, wenn der Beschenkte vorzeitig stirbt. Ansonsten können Fälle entstehen, in denen der Schenker eines Unternehmens im Falle des Todes des Beschenkten zu dessen Erben wird und das vormals verschenkte Unternehmen (steuerlich relevant natürlich) erbt (Felden und Pfannenschwarz 2008; Felden und Pickhardt 2013a).

Schenkungs- und Erbverträge können mit Bedingungen versehen werden (Felden und Wirtz 2013b; Felden und Pfannenschwarz 2008). So kann die Übertragung etwa an das Erreichen von Ausbildungszielen des Nachfolgers gebunden werden. Häufig wird auch eine Altersversorgung des Altunternehmers im Rahmen der an sich unentgeltlichen Übertragung vorgesehen. Hierfür kann ein sogenannter Nießbrauchsvorbehalt oder Rentenvorbehalt vereinbart werden. Dabei ist zu beachten, dass jede aus dem Betrieb zu finanzierende Altersversorgung von der Liquiditätssituation des Unternehmens und somit vom Erfolg des Managements abhängig ist.

Allgemein wird eine Vermögensübertragung durch Schenkung oder vorweggenommene Erbfolge steuerlich weder als Betriebsveräußerung noch als Betriebsaufgabe angesehen. Da keine Veräußerung des Unternehmens vorliegt, werden bei der Vermögensübertragung auch keine stillen Reserven aufgedeckt und das Unternehmen wird zu den bisherigen Buchwerten weitergeführt. Die unentgeltliche Übertragung von Vermögen wird steuerlich (noch) durch verschiedene Maßnahmen begünstigt. Dazu gehören nach der derzeitigen Regelung persönliche Freibeträge, eine niedrige Steuerklasse sowie eine Verschonungsregel für die Besteuerung des Betriebsvermögens unter bestimmten Voraussetzungen. Zu empfehlen ist aus steuerlicher Sicht eine langfristige Planung, da diese Vergünstigungen zeitlich auch mehrmals in Anspruch genommen werden können.

Das Unternehmen innerhalb der Familie zu übergeben, mag einfacher erscheinen als andere Nachfolgelösungen, sind die Beteiligten doch zumindest gut (miteinander) bekannt. Leider ist dies ein Trugschluss, denn die Nachfolge ist insbesondere mit Finanzierungsaspekten verbunden (Felden 2012a): Werden Geschwister oder Ehepartner ihren Pflichtteil komplett einfordern oder wären sie bereit, auf einen Teil zu verzichten und damit die Zukunft des Unternehmens mitzutragen? Kann die Finanzierung eines möglicherweise vereinbarten Familienausgleichs über liquide Mittel aus dem Unternehmen erfolgen oder müssen dafür private Darlehen aufgenommen oder gar Anteile des Unternehmens verkauft werden? Sollen Investments von außen, Genussscheine oder Beteiligungsgesellschaften als alternative Finanzierungsformen mit dazu kommen? In Familienunternehmen, die bereits in dritter oder sogar vierter Generation bestehen, sind diese komplexen Erbfolge-Fragen nicht innerhalb weniger Tage zu beantworten.

Dieser Komplexität der Nachfolgeproblematik wird in den letzten Jahren immer häufiger durch eine Stiftungslösung Rechnung getragen. Der Übergeber regelt seine Nachfolge in der Form, dass die Gesellschafteranteile nicht innerhalb der Familie vererbt, sondern in eine Stiftung übergeben werden (vgl. Kap. 5). Diese unternehmensverbundene Stiftung ist damit Inhaber des Unternehmens mit dem Zweck, das Unternehmen zu führen und die finanzielle Versorgung der Familienmitglieder sicherzustellen.[6] Damit bleibt die Eigentümerschaft in der Familie, allerdings wird die Unternehmensführung unwiderrufbar von der Familie in die Hände der Stiftung und ihrer Gremien gelegt. Eines der bekanntesten Beispiele für diese Form der Nachfolgeregelung ist Würth mit der Einrichtung der Stiftungen.

7.4.1.2 Eigentumsbeteiligung familienexterner Manager

Wenn die Eigentümerfamilie alle oder fast alle Anteile behält, sich aber aus der operativen Führung des Familienunternehmens zurückzieht, werden familienfremde Manager mit der Unternehmensführung betraut. Hier bleibt die Eigentumsnachfolge in der Familie und die familienfremden Manager werden mitunter zu geringen Prozentsätzen auch am Unternehmen beteiligt. Dies geschieht überwiegend aus Gründen der Personalbindung und der Motivation (Erfolgsbeteiligung) und bedeutet aufgrund der geringen Anteilshöhe keine unternehmerische Beteiligung (Felden und Pickhardt 2013a; Felden und Pfannenschwarz 2008).

Es kann allerdings auch eine Erweiterung des Gesellschafterkreises stattfinden. In dieser Erscheinungsform beteiligen sich familienfremde Personen in einer gesellschaftsrechtlich relevanten Höhe am Unternehmen (i. d. R. ab 25 % der Stimmrechte) (Felden und Pfannenschwarz 2008). Diese Lösung ist in der Praxis häufig in Kombination mit Beteiligungsgesellschaften anzutreffen und dann meist eine Reaktion auf fehlende Finanzmittel des Management-Partners. Vielfach ist diese Form auch eine Vorform

---

[6]Vgl. Fleschutz (2009), vgl. auch Arteaga und Menéndez-Requejo (2017).

des vollständigen Unternehmensverkaufs an diese Partner oder andere (institutionelle) Erwerber.

Langjährige Führungsmitarbeiter aus den eigenen Reihen sind oft ideale Kandidaten für die Übernahme. Wenn sie auch am Unternehmen beteiligt werden, bezeichnet man dies als Management-Buy-Out (MBO). Der Vorteil eigener Mitarbeiter ist ihr betriebsspezifisches Know-how, ihre Kundenkontakte und – als langjährige Mitarbeiter – das Vertrauen der Alteigentümer. So kann die mittelständische Struktur und Identität des Unternehmens auch mit einem Fremdmanagement erhalten bleiben. Eine Gefahr liegt darin, dass Mitarbeiter den Betrieb übernehmen, denen die unternehmerischen Qualifikationen fehlen. Auch die bisherige Stellung als Kollege und mögliche Ressentiments bei anderen Mitarbeitern, die sich ebenfalls eine Übernahme vorstellen könnten, erschweren diese Lösung. Wichtig ist schließlich, dass trotz Übernahme durch einen „Insider" neue Impulse in das Unternehmen gebracht werden.

Die Situation ist bei einem Verkauf an ein betriebsexternes Management, dem sogenannten Management-Buy-In (MBI), anders. Ein Externer kann mit zusätzlichen Ideen und Initiativen das Unternehmen vitalisieren. Er muss sich jedoch zunächst die nötigen Betriebskenntnisse aneignen und von Geschäftspartnern und Mitarbeitern akzeptiert werden.

In der Praxis haben sich auch Kombinationen aus MBO und MBI bewährt. Derartige Konstellationen werden auch als Buy In Management Buy Out (BIMBO) bezeichnet. Durch sie können die Vorteile der beiden Modelle vereinigt werden. Leitende Mitarbeiter übernehmen zusammen mit einem externen Management als Nachfolgeteam das Unternehmen und können sowohl die inneren Kenntnisse über Strukturen und Prozesse als auch neue Ideen und Initiativen einbringen. Wichtig bei dieser Lösung ist eine hohe Sozial- und Konfliktlösungskompetenz der Partner, um die aus dem unterschiedlichen Erfahrungshintergrund resultierenden Meinungsunterschiede zum Wohle des Unternehmens lösen zu können.

7.4.1.3 Beteiligung externer Eigenkapitalgeber

Insbesondere große Familienunternehmen werden oft ausschließlich durch familienfremde Manager geführt, während sich die Familie auf die Eigentümerfunktion konzentriert. Eine Eigentumsnachfolge kann durch den Verkauf der Verfügungsrechte realisiert werden (was bei Aktien jeden Tag geschieht, ohne dass man hier an Nachfolge denken würde). Die Beteiligung externer Eigenkapitalgeber kann sehr verschiedene Ursachen haben (Felden und Pfannenschwarz 2008):

- Eine Wachstumsstrategie oder notwendige Entwicklungsleistungen erfordern die Mobilisierung höherer Kapitalressourcen, als die Familie bereitstellen kann, bzw. als das Unternehmen über Fremdkapital akquirieren kann.
- Eine Krise und finanzielle Verluste erzwingen die Aufnahme zusätzlicher Kapitalgeber.
- Im Rahmen der Nachfolge möchte die abgebende Generation einen Unternehmenswert realisieren, der vom Management alleine nicht finanziert werden kann.

Die Führung liegt in diesen Fällen zumindest vorerst weiter in den Händen der Familie. Externe Kapitalgeber beschränken sich in der Regel auf ein intensives Finanzcontrolling. Bei wirtschaftlichen Schwierigkeiten ist aber mit kritischen Nachfragen bzw. einer Einbindung der familienfremden Kapitalgeber in Managemententscheidungen zu rechnen.

Auch ein Börsengang mit dem Verkauf einer Minorität von Anteilen wäre dieser Kategorie zuzurechnen. Um einen Börsengang zu realisieren, muss das Unternehmen eine gute finanzielle Ausgangslage und eine sichere Wettbewerbsposition aufweisen, um für Anleger attraktiv zu sein. Bei entsprechender Größe bieten sich dann Finanzierungsmöglichkeiten, die ohne den Kapitalmarkt nicht möglich sind. Der Börsengang selbst stellt das Unternehmen vor zahlreiche Aufgaben, die vorher keine Rolle gespielt haben und zu denen im Familienunternehmen üblicherweise kein Know-how vorhanden ist. Neben aufwendigen Publizitäts-, Verwaltungs- und Rechnungslegungsvorschriften ist auch die Akquisition und Pflege von Investoren eine wichtige Aufgabe des Managements. Die für die Dividendenzahlungen erforderliche Liquidität muss aus dem Unternehmen heraus erwirtschaftet werden.

7.4.1.4 Vollständiger Unternehmensverkauf

Diese Form bedeutet die endgültige Trennung der Familie sowohl von der Eigentümer- als auch der Führungsfunktion. Der Verkauf eines Familienunternehmens ist, bedingt durch die enge Bindung an- und untereinander, stets ein einschneidendes Erlebnis in der Familie und für alle Beteiligten. Die Gründe für einen Verkauf können vielfältig sein: es kann daran liegen, dass die Gesellschafter das Unternehmen nicht halten wollen oder keine Bereitschaft mehr haben, weiterhin miteinander zu arbeiten. Für viele Unternehmer ist ein vollständiger Verkauf immer noch gleichbedeutend mit einem „Scheitern" für das Familienunternehmen, einer „Notlösung", falls keine familieninternen Nachfolgenden zur Verfügung stehen oder sich diese als nicht fähig erweisen. Andererseits stehen dem Verkäufer nun finanzielle Mittel für neue, attraktive Investitionen zur Verfügung (Mason und Harrison 2006).

Der Verkaufsprozess ist ein komplexer Vorgang, der damit beginnt, dass potenzielle Interessenten zunächst eine anonymisierte und kurze Beschreibung des Unternehmens erhalten. Nach den ersten Gesprächen schließen die Beteiligten einen sog. LOI (Letter of Intent: Absichtserklärung), um die Voraussetzungen und Konsequenzen des Verhaltens während der Verhandlungen zu klären. Anschließend verschafft sich der mögliche Erwerber im Rahmen der Due Diligence ein umfassendes Bild vom Unternehmen, das die Basis für die Preisverhandlungen darstellt. Rechtsgrundlage für den Verkauf des Unternehmens ist dann der Kaufvertrag.

Hinsichtlich der Erwerbertypen sind drei Varianten (Felden und Pfannenschwarz 2008) zu unterscheiden:

- Komplettverkauf an eine oder wenige Personen: Bei dieser Lösung wird eine Familie durch eine andere Familie oder mehrere Familien, deren Vertreter die Gesellschafter-Geschäftsführer-Position besetzen, ersetzt. Das Unternehmen bleibt also im Ergebnis ein Familienunternehmen.

- Strategischer Verkauf: In diesem Fall tritt als Käufer ein anderes Unternehmen auf. Das Unternehmen wird in einen größeren Verbund eingegliedert, auch wenn es möglicherweise die eigene Rechtsform und den Marktauftritt beibehält. Diese Lösung ist nur möglich, wenn das Unternehmen Werte wie Marktpräsenz, wichtige Kundenbeziehungen oder Patente besitzt, die es für einen strategischen Übernehmer interessant machen. Familienunternehmen stecken bei dieser Lösung häufig in einem typischen Dilemma: während strategische Käufer i. d. R. bereit sind, einen höheren Kaufpreis für den strategischen Wert zu bezahlen, wird das Unternehmen möglicher Weise seine wirtschaftliche Eigenständigkeit verlieren und als Tochtergesellschaft in eine anonymisierte Struktur eingegliedert.
- Verkauf an einen Finanzinvestor: Ein finanzieller Investor ist i. d. R. nicht am operativen Geschäft interessiert, sondern an einer möglichst hohen Verzinsung seiner Einlage. Diese Lösung ist insbesondere für Unternehmen interessant, die entweder in einer soliden Marktposition für Investoren attraktive Rendite erwirtschaften oder ein außergewöhnliches Marktentwicklungspotenzial aufweisen, welches die Übernahme aus finanziellen Gründen attraktiv erscheinen lässt. Finanzinvestoren klassischer Prägung handeln mit Unternehmensbeteiligungen. Sie veräußern die Beteiligung i. d. R. nach fünf bis sieben Jahren und erwarten dabei einen hohen Veräußerungsgewinn. Daneben existieren sogenannte Management-Holdings, die sich durch die Beteiligung an verschiedenen Betrieben ein diversifiziertes Unternehmen aufbauen. Diese Lösung setzt in jedem Fall eine funktionsfähige erste oder zumindest zweite Führungsebene voraus, die das Unternehmen erfolgreich weiterführt. Die Verkaufspreise liegen typischerweise unter denen eines strategischen Investors, da keine synergetischen Vorteile generiert werden können.

Viele Käufer legen Wert darauf, dass das bisherige Management auch nach dem Verkauf für eine bestimmte Zeit weiter zur Verfügung steht, damit der Übergang leichter bewältigt werden kann. Vor allem kleinere Unternehmen haben oft eine so hohe Inhaberabhängigkeit (z. B. was Kundenkontakte oder Know-how über Betriebsinterna betrifft), dass ein weiterer Verbleib erfolgsentscheidend ist. Umgekehrt versuchen auch manche Unternehmer bei einem Verkauf ihrer Firma, einzelnen Familienangehörigen eine temporäre oder auch unbefristete „Versorgung" durch eine vertraglich vereinbarte Weiterbeschäftigung durch den neuen Eigentümer zu verschaffen, was jedoch nicht selten zu Konflikten führt.

7.4.1.5 Liquidation

Liquidation bedeutet die Auflösung des Betriebs, die Abwicklung der noch offenen Geschäftstätigkeiten und den Verkauf des verwertbaren Anlagevermögens. Eine Liquidation beendet also die Existenz des Unternehmens. Obwohl im eigentlichen Sinne keine Nachfolgeregelung, kommt der Fall der Liquidation in der Praxis nicht so selten vor. In vielen Branchen, so zum Beispiel im Einzelhandel, sind die Zukunftsperspektiven für Familienunternehmen so schlecht, dass oftmals weder die Übertragung in der Familie, noch der Verkauf an einen Externen möglich ist. Eine Veräußerung an einen Wettbewerber ist aufgrund der völlig unterschiedlichen Strukturen zwischen kleineren Einzelhändlern und größeren Filialbetrieben auch nur selten realisierbar.

Auch Unternehmen mit einer hohen Inhaberabhängigkeit sind oftmals von Liquidation bedroht, da sie nicht übergabefähig sind. Einer der wesentlichen Schritte im Nachfolgeprozess ist daher die Bewertung des Unternehmens, um auf dieser Basis die grundsätzliche Übernahmefähigkeit des Unternehmens festzustellen (vgl. Kap. 8).

7.4.1.6 Besonderheiten in der Eigentumsübertragung langlebiger Familienunternehmen

Die vorangegangenen Ausführungen zeigen zwar die unterschiedlichen Formen der Eigentumsnachfolge in Familienunternehmen auf, lassen aber den Gedanken außen vor, dass die Eigentumsübergabe in jeder Generation erneut gedacht werden muss. Der in Abschn. 1.4.2 vorgestellte Entwicklungspfad eines Familienunternehmens von einem Alleinherrscherunternehmen, über eine Geschwister-Partnerschaft, ein Vetternkonsortium bis hin zu einer Familiendynastie suggeriert, dass jede Eigentumsnachfolge immer nach dem gleichen Muster verläuft, und zwar dem der familieninternen Eigentumsübergabe an alle Nachkommen gleichmäßig.

Langjährige Studien des Wittener Instituts für Familienunternehmen zeigen dagegen, dass jede der generationsspezifischen Lösungsmöglichkeiten für das Problem, die Familie zu einer entscheidungsfähigen Einheit zu machen, „eingefroren" werden kann. Die Nachfolgeform wird dann zur Regel erhoben, die immer wieder, von Generation zu Generation, aufs Neue praktiziert wird. Das Spektrum der Organisationsformen lässt sich so im Sinne eines Entwicklungsmodells verstehen, bei dem die Entwicklung auf unterschiedlichen Stufen festgeschrieben wird (Simon 2008). Für eine Übersicht über die Stufenfolge vgl. Abb. 7.8.

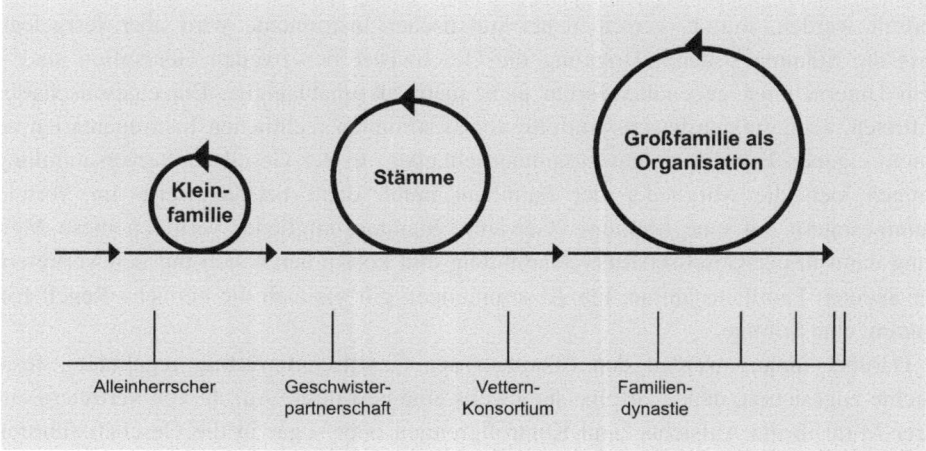

Abb. 7.8 Stufenfolge von Familienunternehmen im Zeitverlauf. (Quelle: In Anlehnung an Simon 2008)

Entscheidet sich der Alleinherrscher der ersten Generation für eine Thron-folger-Regelung, also eine Vererbung sämtlicher Unternehmensanteile an eine Person der nachfolgenden Generation, unabhängig davon, wie viele Kinder in der Familie sind, so ist die Wahrscheinlichkeit sehr hoch, dass seine Nachkommen die Anteile auch auf dieselbe Art und Weise weitergeben. Die Wahl eines einzigen Nachfolgers wird gewis-sermaßen zum Bestandteil der familiären Tradition (Wiechers 2006; Simon et al. 2005). Die Alleinherrschersituation wird somit in jeder Generation neu inszeniert und die Klein-familienstruktur wird langfristig aufrechterhalten (Wimmer et al. 2004).

Entscheidet sich der Gründer gegen die Thronfolgerlösung, etwa weil er alle Kin-der gleich behandeln will, so ebnet er automatisch den Weg für die Entstehung eines Familiensystems „komplexeren Typs" (Wiechers 2006). Entweder entwickelt sich die Unternehmerfamilie zu einer Großfamilie oder organisiert sich langfristig in Stämmen.

Die Evolution zu einer Großfamilie geschieht, wenn sich auch die Nachfahren des Gründers bei der Nachfolge immer wieder vom familiären Gerechtigkeitsgrundsatz der Gleichverteilung leiten lassen und die Anteile gleichmäßig an alle existierenden Nach-kommen vererben. Die Unternehmerfamilie wächst somit langfristig und aus einem Alleinherrscherunternehmen wird eine Geschwistergesellschaft, aus der Geschwister-gesellschaft wird ein Vetternkonsortium und aus dem Vetternkonsortium wird schließlich eine dynastische Familie.

Bis zum zweiten Generationenübergang unterscheiden sich die Grundformen von Großfamilien- und Stammesorganisationen nach außen hin zunächst nicht. Bei beiden wird das Unternehmen gleichmäßig auf alle Nachkommen verteilt. Erst beim zweiten Generationenübergang entscheidet sich, ob sich die Unternehmerfamilie in Richtung Großfamilie entwickelt oder eine Stammesorganisation wird.

Eine Stammesorganisation formiert sich, wenn die Geschwister der zweiten Gene-ration an den einmal festgelegten Anteilsrelationen festhalten (Groth 2011). Von jedem Geschwisterteil können die Anteile dann zwar wieder gleichmäßig auf alle Nachkommen verteilt werden, mittels verschiedener juristischer Instrumente wird aber festgelegt, dass die Stämme – deren Ursprung die Geschwister der zweiten Generation sind – dem Unternehmen gegenüber fortan nicht mehr als unabhängige Einzelgesellschafter auftreten, sondern sich jeweils mithilfe von bestimmten rechtlichen Instrumentarien zu einem eigenen Familienstamm zusammenschließen. In der Gesellschafterversammlung einigen sich die Mitglieder der Familienstämme dann beispielsweise im Vorfeld stammesintern auf eine Meinung. Gewählte Stammesmitglieder vertreten diese Mei-nung dann in der Gesellschafterversammlung und koordinieren sich mit den Vertretern der anderen Familienstämme. Für Abstimmungen gilt vielfach die einfache Regel: Ein Stamm, eine Stimme.

Darüber hinaus werden den Stämmen per Gesellschaftsvertrag regelmäßig feste Rechte zugesichert, denen zufolge sie jeweils eine bestimmte Anzahl von Vertretern aus ihrer Mitte in die Aufsichts- und Kontrollgremien oder sogar in die Geschäftsführung entsenden dürfen. Zudem wird oft festgelegt, dass Anteile nicht zwischen den Familien-stämmen vererbt oder veräußert werden dürfen, um die in der zweiten Generation festgelegten Anteilsrelationen zu sichern.

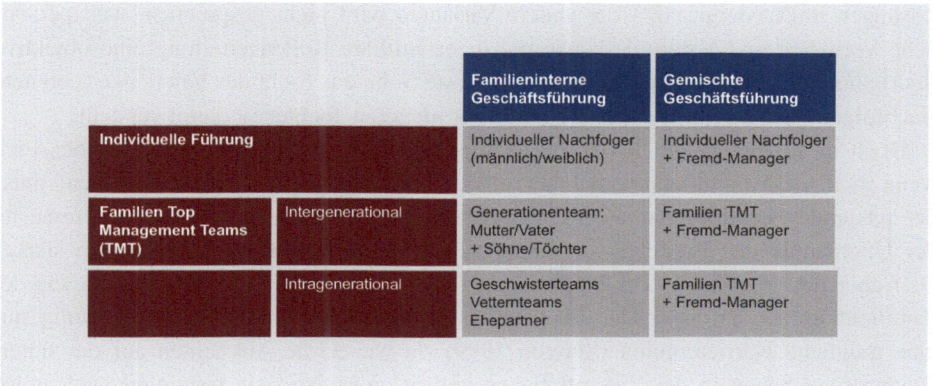

Abb. 7.9 Konstellationen der Führungsnachfolge. (Quelle: Eigene Darstellung)

7.4.2 Die Führungsübertragung

Die Regelung der Unternehmensführung kann nicht immer unabhängig von der Übergabe des Eigentums betrachtet werden, allerdings bestehen in der Frage nach der Führungsübergabe unterschiedliche Optionen, die im Rahmen der Nachfolgeregelung systematisch durchdacht und im Nachfolgeprozess konsequent umgesetzt werden können:

- Wer steht aus dem Pool potenzieller Nachfolger als geeigneter Führungsnachfolger zur Verfügung?
- Soll das Unternehmen durch ein einzelnes Familienmitglied oder ein Team von Mitgliedern der Eigentümerfamilie geführt werden?
- Verbleiben die Übergeber trotz vollzogener Übergabe im Top Management?
- Wie sollen familienexterne Manager die Unternehmensführung unterstützen?

Hier kommen verschiedene Führungskonstellationen infrage, in denen einzelne Mitglieder der Unternehmerfamilie die Führungsverantwortung übernehmen, ein Familienteam an die Spitze des Unternehmen tritt oder auch familienexterne Manager das Top Management (mit) übernehmen (vgl. Abb. 7.9).[7]

7.4.2.1 Familieninterne Geschäftsführung

In Familienunternehmen ist eine Diskussion über die Eignung familieninterner Führungskräfte eher selten. Dabei stehen immer noch traditionelle Erstgeborenenrechte ohne Überprüfung der Qualifikation oder eine ausschließliche Begrenzung auf familieninterne

---

[7]Vgl. Lefebvre und Lefebvre (2016) für einen Überblick.

Lösungen im Vordergrund. Über andere Varianten wird nicht gesprochen, weil persönliche Vorlieben und Vorurteile sowie die innerfamiliäre Rollenverteilung eine objektive Beurteilung erschweren. Vielleicht ist der älteste Sohn aus Sicht des Vaters der geeignete Nachfolger – der Blick für die Fähigkeiten der jüngeren Tochter ist damit verstellt.

Doch diese sogenannte Kronprinzen-Regelung hat sich mittlerweile überlebt. Auch wenn sich viele Familienunternehmer eine innerfamiliäre Nachfolge wünschen, muss der passende Nachfolger mit der entsprechenden Qualifikation und dem Interesse an der Übernahme des Betriebes vorhanden sein. Unternehmerkinder überdenken stärker als früher ihre beruflichen Perspektiven, verfolgen eigene Ziele und wollen sich von der Familientradition befreien. Der Einstieg in das elterliche Unternehmen ist häufig nur eine mögliche Karriereoption (Stavrou 1999). Je weiter die Aussichten auf das unternehmerische Sagen in der Zukunft liegen und je ungewisser sie terminiert sind, umso unattraktiver erscheint diese Wahl gerade den geeigneten Kandidaten, die ihre eigene Zukunft gestalten möchten. Wer zu lange wartet, darf sich nicht wundern, dass der richtige Nachfolger mangels Perspektive das Unternehmen verlässt oder gar nicht erst eintritt.

Der Nachfolger ist i. d. R. in der Funktion des geschäftsführenden Gesellschafters der Kopf des Unternehmens, allerdings halten häufig weitere Familienmitglieder Anteile am Unternehmen. Die Herausforderung dieser familieninternen Geschäftsführung liegt zum einen darin, aus dem Pool der potenziellen Nachfolgenden einen Nachfolger auszuwählen, der die Unternehmensführung übernimmt (vgl. Kap. 8). Zum anderen ist in dieser Führungskonstellation zu klären, ob und in welcher Weise weitere Unternehmensanteile auf Familienmitglieder vererbt werden. Während in der Kronprinzenregelung das Unternehmenseigentum an den Sohn übertragen und die Töchter in Form einer Mitgift ausbezahlt wurden, ist in dieser Nachfolgeform zu klären, wie Geschwister oder weitere Familienmitglieder am Unternehmen beteiligt bleiben und auf welche Weise diese im weiteren Sinne in die Führung des Unternehmens eingebunden bleiben. Hierzu stehen unterschiedliche Instrumente der Family Governance zur Verfügung (Suess-Reyes 2017) (vgl. Kap. 12).

Moritz GmbH

Bis auf Marie gibt es noch keine weiteren „Anwärter" für die Nachfolge im Familienunternehmen. Die älteren Kinder von Heiko zeigen wenig Interesse für den Einstieg in das Familienunternehmen und finden das alles nur spießig. Die Kinder von Kevin wohnen nicht in der Region und sind auch noch zu klein. Doch beim letzten Weihnachtsfest hat der älteste Sohn Peter – der ein sehr enges Verhältnis zu seiner Oma Else hat – auch mal davon gesprochen, dass er im Unternehmen des Vaters arbeiten möchte. Ein Gedanke, den Kevin dann auch sofort bei der letzten Gesellschafterversammlung eingebracht hatte und ein solides Konzept forderte, damit es auch „gerecht zugeht" wie er es bezeichnet.

7.4.2.2 Familien Top-Management Teams

Zunehmend werden in Familienunternehmen Nachfolgeregelungen gefunden, in denen nicht ein Familienmitglied an der Spitze des Unternehmens steht, sondern die nachfolgende Generation gemeinsam in die Führung des Unternehmens einsteigt. Übernehmen Nachfolgende gemeinsam als Team die Unternehmensführung, spricht man in der Literatur von sogenannten „familial teams" oder Familien Top Management Teams (TMT) (Ensley und Pearson 2005). Übergibt beispielsweise der Gründer an seine Kinder, so führen diese Geschwister gemeinsam als sogenanntes „sibling team" das Unternehmen (Ward 2004). Gleiches gilt für Vetternkonsortien oder auch für Geschwister, die gemeinsam mit ihren Ehepartnern als „copreneurial teams" in das Unternehmen einsteigen.

Moritz GmbH

Auch wenn Veronika bereits früher im Unternehmen tätig war als Heiko, verstehen sich beide heute als Management-Team auf Augenhöhe. Dennoch sind die Arbeitsweisen der beiden sehr unterschiedlich. So ist Veronika nahezu ständig für die Kunden und Mitarbeiter verfügbar. Wenn sie nicht im Unternehmen arbeitet, steht sie per Handy in Kontakt zu ihren Kunden und oft arbeitet sie am Wochenende neue Vertriebskonzepte aus. Für ihre Lebenspartnerin, die auch viel arbeitet, seitdem Marie aus dem Haus ist, ist das in Ordnung.

Heiko hingegen schätzt eine regelmäßige Arbeitszeit, auch weil seine Frau die Wochenenden strikt arbeitsfrei halten will. Außerhalb des Unternehmens macht Heiko viel Sport, er ist im Fitness-Club und im Vorstand des örtlichen Fußballvereins als Schatzmeister tätig. Nicht zuletzt diese Aktivitäten haben im Unternehmen bislang auch einen Drei-Schicht-Betrieb verhindert, was Kevin bei jeder Gesellschafterversammlung moniert: „Lasst die Leute doch arbeiten, wann sie wollen – mit modernen Personaleinsatzmethoden kann man doch viel flexibler sein" – so sein Credo.

Wird das Unternehmen von mehreren Familienmitgliedern gemeinschaftlich und gleichberechtigt geführt, sind diese als Teams zu verstehen, in denen „two or more members typically share a common culture, a set of rituals and processes, and a philosophy of working together. They are internally accountable to each other, and because each member contributes a special set of skills, the performance of a team is said to be greater than the performance of individuals working alone" (Ivancevich et al. 2005, S. 21). Dennoch unterscheiden sich diese Familienteams von klassischen Teams, denn die Mitgliedschaft ist in den Familien TMTs biologisch determiniert und die geteilten Familienwerte und -normen beeinflussen die Entscheidungsprozesse und Verhaltenserwartungen (Sharma und Manikutty 2005).

In „sibling teams" ist mindestens ein Geschwisterpaar aktiv in die Führung des Unternehmens eingebunden und/oder übt wesentlichen Einfluss und Kontrolle auf die strategische Orientierung aus. In einer Studie über sibling teams in Familienunternehmen konnten Farrington et al. (2012) zeigen, dass der Einsatz von Geschwistern im Top Management keinen Einfluss auf die Unternehmensleistung nimmt. Allerdings haben Geschwisterteams, die stark in die strategische Führung eingebunden sind und über diverse Kompetenzen verfügen, einen positiven Effekt auf die Familienharmonie (Farrington et al. 2012).

Innerhalb dieser Familien TMT lassen sich wiederum intragenerationale Teams von intergenerationalen Teams unterscheiden. Entscheidet sich die übergebende Generation dazu, die Führungsverantwortung komplett auf die nachfolgende Generation zu übergeben, steigt der Übergeber aus der aktiven Unternehmensführung aus. Häufig wechseln die Übergeber in andere Positionen, beispielsweise in den Beirat oder das Kuratorium einer Stiftung. In dieser Position nehmen die Übergeber weiterhin Einfluss auf das Unternehmen, die Kontrolle und Entscheidungshoheit liegt allerdings allein bei den Nachfolgern.

Anders gestaltet sich die Zusammenarbeit in intergenerationalen Familien TMTs. Hier wird zwar die nachfolgende Generation durch den Übergeber in das TMT geholt, allerdings bleiben beide Generationen in der Unternehmensführung aktiv. In diesen auch „parential teams" genannten Führungskonstellationen werden Einfluss und Kontrolle intergenerational ausgeübt, sodass beispielsweise Eltern gemeinsam mit ihren Kindern die Unternehmensführung verantworten. Diese Nachfolgeregelung wird häufig als Übergangsphase im langfristigen Nachfolgeprozess verstanden, indem die Nachfolger bereits Teil des Top Managements sind, allerdings die Leitung des TMTs erst dann übernehmen, wenn die Elterngeneration aussteigt.

7.4.2.3 Gemischte Geschäftsführung

Wenn die Eigentümerfamilie alle oder fast alle Anteile behält und einen Teil der obersten Hierarchieebene stellt, jedoch zusätzlich familienfremde Manager für Führungsaufgaben rekrutiert, spricht man von einer gemischten Geschäftsführung. Diese Entwicklung ist meist typisch für große oder schnell wachsende Unternehmen, deren Bedarf an hoch qualifizierten Führungskräften nicht familienintern gedeckt werden kann.

Oft wird diese Lösung gewählt, wenn familieninterne Kompetenzen aus Altersgründen oder fehlendem Know-how oder Befähigung nicht zur Verfügung stehen (Royer et al. 2008). Wenn beispielsweise der Senior ein Industrieunternehmen noch als ganzheitlich agierender Generalist geführt hat, sich aber Sohn oder Tochter für die Technologie nicht interessieren, ist die Einstellung eines Fremdgeschäftsführers für Produktion und Technik eine sinnvolle Lösung. Voraussetzung ist eine hinreichende Größe des Unternehmens, um die Kosten für diese zusätzlichen Kompetenzen auch tragen zu können. Dieser Weg steht also kleinen Unternehmen nur bedingt offen (Felden und Pfannenschwarz 2008).

Ziel einer gemischten Geschäftsführung kann allerdings auch die bewusste Neuausrichtung der Führungsfunktionen im Rahmen einer Nachfolge sein. Durch die Verpflichtung eines Fremdgeschäftsführers kann neues Markt- oder Produktwissen, Erfahrungen im Einsatz innovativer Technologien in das Top Management eingebracht oder auch neue Denkweise oder ein frischer Blick in das Unternehmen geholt werden.

Schließlich zeigen empirische Studien auch, dass sich die Einbindung Externer positiv auf die Leistungsfähigkeit von Familien TMTs auswirkt (Salvato et al. 2012). Arbeiten im Geschwisterteam oder im Vettern-Team auch externe Manager mit, steigt das konstruktive Konfliktpotenzial, emotionale Konflikte nehmen ab und es findet eine engere Interaktion mit der Unternehmerfamilie statt. Diese positiven Effekte lassen sich auch in Studien finden, in denen Familien TMT mit Blick auf die Zusammensetzung und den damit verbundenen Unternehmenserfolg untersucht werden. Minichilli et al. (2010) beispielsweise analysieren TMTs in Italien und zeigen, dass diejenigen Unternehmen erfolgreicher sind, deren TMTs von einem Familien-CEO geführt werden und die homogen zusammengesetzt sind, entweder überwiegend mit Familienmitgliedern oder mit Nicht-Familienmitgliedern. In der Studie machen die Autoren zudem deutlich, dass Familien-CEO geführte Unternehmen besser performen als Fremd-CEO geführte Unternehmen, unabhängig vom Unternehmenssetting (Minichilli et al. 2010).

7.4.2.4 Übergabe an ein Fremd-Management

Die Übergabe der Unternehmensführung an Fremd-Manager bedeutet nicht notwendigerweise einen Rückzug der Familie aus der Verantwortung oder den ersten Schritt zum Ende des Familienunternehmens. Im Gegenteil zeichnen sich diese Unternehmen meist durch ein sehr professionelles Management und überproportionalen Erfolg aus.

Die Eigentümerfamilie ist in dieser Nachfolgekonstellation verantwortlich für die Formulierung der Geschäftspolitik und der strategischen Ausrichtung sowie für die Berufung und die Kontrolle des Managements. Das operative Geschäft steuert sie nicht, sondern wächst eher in die Rolle eines professionellen Vermögensverwalters hinein. Daraus ergibt sich zwangsläufig eine gewisse Entfremdung, die nicht negativ sein muss, sondern sich auch in der Fähigkeit zur kritischen Einschätzung der eigenen Märkte, der Möglichkeiten und Grenzen der Entwicklung des Unternehmens äußern kann. Auch in diesen Fällen spielt die Qualifikation und Auswahl der Nachfolgenden eine entscheidende Rolle für den Zukunftserfolg des Unternehmens.

Die Lösung einer Führung durch Fremd-Manager kann auch mit einer zeitlich begrenzten Perspektive einhergehen und eine langfristige Nachfolgestrategie ermöglichen. Diese Variante besteht in der Interims-Geschäftsführung durch einen familienfremden Manager, bis die eigenen Kinder so weit sind, die Leitung zu übernehmen. Für diese, zeitlich meist überschaubare, Aufgabe wird häufig eine Führungskraft aus dem Unternehmen rekrutiert, seltener gezielt ein Geschäftsführer auf dem Markt gesucht. Die meisten Senior-Unternehmer, die diese Lösung wählen (müssen), bevorzugen ältere Führungskräfte, die in ihrem letzten Berufsabschnitt bereit sind, die eigene Karriereentwicklung zugunsten der Vorbereitung des Unternehmens auf die familieninternen Nachfolger zurückzustellen.

- Gibt es einen richtigen Zeitpunkt für die Nachfolge? Wie würden Sie diesen bestimmen?
- Welche Diskussionen können in Familienunternehmen auftreten, wenn die Frage der familieninternen Führungskräfteentwicklung zur Ansprache kommt?
- Welche Möglichkeiten des vollständigen Unternehmensverkaufs gibt es?
- Welche Überlegungen gilt es im Rahmen einer MBI-Lösung zu besprechen?
- Wann erscheint eine Stiftungsüberlegung als besonders sinnvoll?
- Welche Führungskonstellationen sind im Zuge einer Nachfolge möglich?
- Welche Vorteile hat ein intergenerationales Familien TMT gegenüber der Nachfolge durch ein einzelnes Familienmitglied?

Literatur

Arteaga, R., & Menéndez-Requejo, S. (2017). Family constitution and business performance: Moderating factors. *Family Business Review,* 1–19.

Ballarini, K., Keese, D., & Kerkhoff, E. (2004). *Generationswechsel in mittelständischen Unternehmen. Das Nachfolgegeschehen in Baden-Württemberg.* Karlsruhe: Loeper Literaturverlag.

Beck, S. (2016). Brand management research in family firms: A structured review and suggestions for further research. *Journal of Family Business Management, 6*(3), 225–250.

bga – Unternehmensnachfolge durch Frauen in Deutschland. (2015). Nr. 38. http://www.existenz-gruenderinnen.de/SharedDocs/Downloads/DE/Publikationen/38-Unternehmensnachfolge-IV.pdf?__blob=publicationFile. Zugegriffen: 5. Mai 2018.

Binz Astrachan, C., & Astrachan, J. H. (2015). *Family business branding. Leveraging stakeholder trust.* London: IFB Research Foundation.

Binz Astrachan, C., & Botero, I. C. (2018). "We are a family firm": An exploration of the motives for communicating the family business brand. *Journal of Family Business Management, 8*(1), 2–21.

Breton-Miller I. Le, Miller D., & Steier, L. (2004). Toward an integrative model of effective FOB succession. *Entrepreneurship Theory & Practice 28*(4), 305–328.

Brockhaus, R. H. (2004). Family business succession: Suggestions for future research. *Family Business Review, 17*(2), 165–177.

Brundin, E., & Sharma, P. (2011). Love, hate and desire: The role of emotional messiness in the business family. In A. Carsrud & M. Brannback (Hrsg.), *International perspectives on future research in family business: Neglected topics and under-utilized theories* (S. 55–71). New York: Springer.

Cadieux, L. (2007). Succession in Small and Medium-Sized Family Businesses: Toward a typology of predecessor roles during and after instatement of the successor. *Family Business Review, 20*(2), 95–109.

Credit Suisse (Hrsg.) & Center for Family Business der Universität St. Gallen (2009). *Erfolgreiche Unternehmensnachfolge, Studie mit KMU-Unternehmern zu emotionalen und finanziellen Aspekten.* Zürich: Credit Suisse.

Credita. (2012). *Nachfolge-Studie: KMU Schweiz.* Urdorf: Credita AG.

De Massis, A., Chua J. H., & Chrisman J. J. (2008). Factors preventing intra-family succession. *Family Business Review, 21*(2):183–199.

De Massis, A., Sieger, P., Chua, J. H., & Vismara, S. (2016). Incumbents' attitude toward intra-family succession: An investigation of its antecedents. *Family Business Review, 29*(3), 278–300.

Dyck, B., Mauws, M., Starke, F. A., & Mischke, G. A. (2002). Passing the baton: The importance of sequence, timing, technique, and communication in executive succession. *Journal of Business Venturing, 17,* 143–381.

Ensley, M., & Pearson, T. (2005). An exploratory comparison of the behavioral dynamics of top management teams in family and nonfamily new ventures: Cohesion, conflict, potency, and consensus. *Entrepreneurship Theory & Practice, 29*(3), 267–284.

Farrington, S. M., Venter, E., & Boshoff, C. (2012). The role of selected team design elements in successful sibling teams. *Family Business Review, 25*(2), 191–205.

Felden, B. (2012a). Finanzierungsaspekte bei Unternehmensübernahmen. *Der Betrieb spezial, 12,* 8–10.

Felden, B. (2012b). Auswahl eines familieninternen Nachfolgers. In H. Brost & M. Faust (Hrsg.), *Unternehmensnachfolge im Mittelstand* (S. 141–170). Frankfurt: Frankfurt School.

Felden, B., & Adams, P. (2006). Geregelte Nachfolge im Ratingprozess. In A.-K. Achleitner, O. Everling, & S. Klemm (Hrsg.), *Nachfolgerating* (S. 247–264). Wiesbaden: Gabler.

Felden, B., & Pfannenschwarz, A. (2008). *Unternehmensnachfolge. Perspektiven und Instrumente für Lehre und Praxis.* München: Oldenburg.

Felden, B., & Pickhardt, J. (2013a). Nachfolgemanagement: Wenn der Wunsch nach Fortführung die Innovationskraft lähmt. *Der Betrieb Spezial 42,* M 7–M.

Felden, B., & Wirtz, M. (2013b). Reibungslose Staffelübergabe. *Betriebswirtschaftliche Blätter – online.* Ausgabe vom 17. April 2013, 1–2.

Fleschutz, K. (2009). *Die Stiftung als Nachfolgeinstrument für Familienunternehmen.* Wiesbaden: Gabler.

Freund, W. (2002). Frauen in der Unternehmensnachfolge. *Jahrbuch zur Mittelstandsforschung 2/2001.* Heidelberg: Gabler.

Gagnè, M., Wrosch, C., & Brun De Pontet, S. (2011). Retiring from the family business: The role of goal adjustment capacities. *Family Business Review, 24*(4), 292–304.

Gilding, M., Gregory, S., & Cosson, B. (2015). Motives and outcomes in family business succession planning. *Entrepreneurship Theory & Practice, 39*(2), 299–312.

Groth, T. (2011). Gute Lösungen von Generation zu Generation: Langlebige Familienunternehmen. In A. Schlippe, von, A. Nischak & M. El Hachimi (Hrsg.), *Familienunternehmen verstehen – Gründer, Gesellschafter und Generationen* (2. Aufl.), Göttingen: Vandenhoeck & Ruprecht.

Ivancevich, J., Konopaske, I., & Matteson, M. (2005). *Organisational behavior and management* (7. Aufl.). New York: McGraw-Hill.

Kay, R., & Schlömer, N. (2008). Können potenzielle Neugründer die sogenannte Nachfolgerlücke bei Unternehmensübernahmen schließen? – Eine empirische Analyse. *Jahrbuch zur Mittelstandsforschung 2008* (S. 53–70). Institut für Mittelstandsforschung Bonn: Bonn.

Kay, R., Suprinovic, O., Schlömer-Laufen, N., & Rauch, A. (2018). *Unternehmensnachfolgen in Deutschland 2018 bis 2022.* IfM Bonn: Daten und Fakten Nr. 18, Bonn.

Kets de Vries, M. (2003). The retirement syndrome: The psychology of letting go. *European Management Journal, 21*(6), 707–716.

KfW Mittelstandspanel. (2018). https://www.kfw.de/PDF/Download-Center/Konzernthemen/Research/PDF-Dokumente-Fokus-Volkswirtschaft/Fokus-2018/Fokus-Nr.-197-Januar-2018-Generationenwechsel.pdf. Zugegriffen: 29. Aug. 2018.

Klein, S. (2010). Corporate governance, family business complexity and succession. http://www.ownershiptransfer2010.org/wpcontent/uploads/2010/03/TransferofOwnership2010_SabineKlein.pdf. Zugegriffen: 19. Febr. 2014.

KMU Forschung Austria. (2008). Unternehmensübergaben und –nachfolgen in Kleinen und Mittleren Unternehmen (KMU) der Gewerblichen Wirtschaft Österreichs. http://euf.cc/media/Nachfolgestudie_KMUForschung_Endbericht_2008.pdf. Zugegriffen: 29. Febr. 2014.

Lambrecht, J. (2005). Multigenerational transition in Family businesses: A new explanatory model. *Family Business Review, 18*(4), 267–282.

Lefebvre, M. R., & Lefebvre, V. (2016). Anticipating intergenerational management transfer of family firms: a typology of next generation's future leadership. *Futures, 75,*66–82.

Lussier, R. N., & Sonfield, M. C. (2012). Family businesses' succession planning: A seven-country comparison. *Journal of Small Business & Enterprise Development, 19*(1), 7–19.

Mason, C. M., & Harrison, R. T. (2006). After the exit: Acquisitions, entrepreneurial recycling, and regional economic development. *Regional Studies, 40*(1), 55–73.

Minichilli, A., Corbetta, G., & MacMillan, I. C. (2010). Top Management team in family-controlled companies: "Familiness", "faultline", and their impact on financial performance. *Journal of Management Studies, 47*(2), 205–222.

Moog, P., Kay, R. Schlömer-Laufen, N., & Schlepphorst, S. (2012). Unternehmensnachfolgen in Deutschland – Aktuelle Trends. In IfM Bonn (Hrsg.), *IfM-Materialien Nr. 216,* Bonn.

Nagl, A. (2005). *Wie regle ich meine Nachfolge? Leitfaden für Familienunternehmen.* Wiesbaden: Gabler.

Otten-Pappas, D., & Jäckel-Wurzer, D. (2017). *Weibliche Nachfolge – Ausnahme oder Regelfall? Eine Studie zur aktuellen Situation im Generationswechsel deutscher Familienunternehmen,* WIFU Studie, Witten: Eigenverlag.

Pfannenschwarz, A. (2006). *Nachfolge und Nicht-Nachfolge im Familienunternehmen. Band 2: Fallstudien zum familieninternen Generationswechsel.* Heidelberg: Carl-Auer.

Royer, S., Simons, R., Boyd, B., & Rafferty, A. (2008). Promoting family: A contingency model of family business succession. *Family Business Review, 21*(1), 15–30.

Salvato, C., Minichilli, A., & Piccarreta, R. (2012). Faster route to the CEO suite: Nepotism or managerial proficiency. *Family Business Review, 25*(2), 206–224.

Schweinsberg, K., & Thorborg, H. (2010). *Frauen in Führungspositionen von Familienunternehmen.* Bonn: INTES.

Sharma, P., & Manikutty, S. (2005). Strategic divestments in family firms: Role of family structure and community culture. *Entrepreneurship Theory & Practice, 29*(3), 293–311.

Sharma, P., Chua, J. H., & Chrisman, J. J. (2000). Perceptions about the extent of succession planning in Canadian family firms. *Canadian Journal of Administrative Science, 17,*233–244.

Simon, F. B. (2008). *Von Generation zu Generation-Unterschiedliche Entwicklungsschritte von Mehrgenerationen-Familien-Unternehmen.* Heidelberg: Carl-Auer-Systeme.

Simon, F. B., Wimmer, R., & Groth, T. (2005). *Mehr-Generationen-Familienunternehmen: Erfolgsgeheimnisse von Oetker, Merck, Haniel u. a.* (2. Aufl.). Heidelberg: Carl-Auer-Systeme.

Stavrou, E. T. (1999). Succession in family businesses: Exploring the effects of demographic factors on offspring intentions to join and take over the business. *Journal of Small Business Management, 37*(3), 43–61.

Suess-Reyes, J. (2017). Understanding the transgenerational orientation of family businesses: The role of family governance and business family identity. *Journal of Business Economics, 87,*749–777.

Umans, I., Lybaert, N., Steijvers, T. & Voordeckers, W. (2018). Succession planning in family firms: Family governance practices, board of directors, and emotions. *Small Business Economics. Forthcoming.* https://doi.org/10.1007/S.11187-018-0078-5.

Ward, J. (2004). How governing family businesses is different. In U. Steger (Hrsg.), *Mastering Global Corporate Governance* (S. 135–167). New York: Wiley.

Wiechers, R. (2006). *Familienmanagement zwischen Unternehmen und Familie. Zur Handhabung typischer Eigenarten von Unternehmensfamilien und Familienunternehmen.* Heidelberg: Carl-Auer-Systeme.

Wimmer, R., Groth, T., & Simon, F. B. (2004). Erfolgsmuster von Mehrgenerationen-Familien-unternehmen. *Wittener Diskussionspapiere. Sonderheft Nr. 2.* http://osbi.com/sites/default/files/user_upload/Publikationen/Wimmer_Groth_Simon_Erfolgsmuster_von_Mehr-generationen-FU_Juni_04.pdf. Zugegriffen: 03. März 2016.

Wolf, S. (2017). *Signaling family firm identity: Family firm identification and its effects on job seekers' perceptions about a potential employer.* Wiesbaden: Gabler.

Zellweger, T. M., & Astrachan, J. H. (2008). On the emotional value of owning a firm. *Family Business Review, 21*(3), 347–363.

Zellweger, T., Sieger, P., & Halter, F. (2011). Should I stay or should I go? Career choice intentions of students with family business background. *Journal of Business Venturing, 26*(5), 521–536.

Der Nachfolgeprozess in Familienunternehmen

8

„Ich gehe zum Notar und überschreibe meinem Sohn den Betrieb" ist nicht selten die Antwort eines Unternehmers auf die Frage, wie er die Nachfolge seines Unternehmens geplant hat. Ob die Kontinuität des Unternehmens damit gesichert ist, bleibt aber mehr als fraglich. Studien zeigen, dass nur rund ein Drittel der Familienunternehmen den Transfer von der ersten auf die zweite Generation schafft (Ibrahim et al. 2001; Molly et al. 2012). Wie bereits in Kap. 7 aufgezeigt, geht es bei der Unternehmensnachfolge nicht nur um die rein rechtliche Übertragung des Eigentums, zum Beispiel durch die Erstellung eines Erbvertrags oder die Vorbereitung von Verkaufsverträgen. Es geht auch um die Übergabe der Führungsverantwortung, also um Managementfragen. Und schließlich suchen die Beteiligten eine Lösung, bei der die steuerliche Belastung möglichst gering ist, alle Beteiligten zufrieden sind und es nicht zu Streit in der Familie kommt, finanzielle Fragen geregelt und viele weitere Themen berücksichtigt sind. Es handelt sich also um eine komplexe Herausforderung, die nur in einem systematischen Prozess erfolgreich bewältigt werden kann.

Nachdem in Kap. 7 Grundlagen zur Nachfolge, den Beteiligten sowie den unterschiedlichen Formen der Übergabe von Inhaberschaft und Unternehmensführung erörtert wurden, steht in diesem Kap. 8 die Nachfolge als Prozess im Mittelpunkt der Betrachtung. Es wird deutlich, dass der Nachfolgeprozess in seiner Gesamtheit über einen langen Zeithorizont verläuft, aus mehreren Phasen besteht, und dass verschiedene Gruppen von Beteiligten in den Prozess eingebunden sind, die den erfolgreichen Verlauf des Prozesses beeinflussen.

Für ein grundlegendes Verständnis des Nachfolgeprozesses werden in diesem Kapitel zunächst die vier Phasen genauer dargestellt, die ein Nachfolgeprozess durchläuft. Jede dieser Phasen wird detailliert dargestellt und mit Blick auf die einzelnen damit verbundenen Planungsschritte diskutiert.

© Springer Fachmedien Wiesbaden GmbH, ein Teil von Springer Nature 2019
B. Felden et al., *Management von Familienunternehmen*,
https://doi.org/10.1007/978-3-658-24058-5_8

Weiterhin werden im Verlauf des Kapitels die einzelnen Phasen und Schritte in der Übergabe der Führungsverantwortung erörtert. Der Prozess der Übertragung der Führungsverantwortung wird anhand von drei Phasen unterschieden, die neben der Rekrutierung und der Auswahl eines Nachfolgers auch den Einsatz sowie die weitere Unterstützung umfassen. Anschließend steht der Auswahlprozess im Fokus, mit dem aus dem Kreis der Familienmitglieder ein Nachfolger oder eine Gruppe von Nachfolgenden ausgewählt wird (Felden 2012b; Le Breton-Miller et al. 2004). Die folgenden Abschnitte konzentrieren sich damit auf die Auswahl von *familieninternen* Nachfolgern. Die Auswahl von Fremd-Managern, die als externe Geschäftsführer die Unternehmensleitung übernehmen, ist für den Erfolg von Nachfolgeprozessen ebenso zentral und auch mit bedeutenden Herausforderungen verbunden (Salvato et al. 2012). Dennoch steht in diesem Kapitel die familieninterne Auswahl im Mittelpunkt der Betrachtung, da diese den Kern der dynastischen Intention von Familienunternehmen ausmacht. Aspekte der Rekrutierung von Fremd-CEOs werden in den einzelnen Abschnitten allerdings immer mit erörtert. Die Diskussion der Auswahl von familienexternen Nachfolgern wird zudem am Ende dieses Kapitels nochmals aufgegriffen.

Abschließend wird aufgezeigt, wie die an der Nachfolge Beteiligten in der Post-Succession Phase durch Governance Instrumente unterstützt werden können. Zudem wird erörtert, dass nicht alleine die „gute" Nachfolgeentscheidung für eine erfolgreiche Nachfolge zentral ist, sondern auch die Kommunikation dieser Nachfolgeentscheidung an die Stakeholder des Unternehmens. Nur über ein funktionierendes Informations- und Kommunikationssystem in der Familie und im Unternehmen sowie die schriftliche Protokollierung der einzelnen Phasen der Übergabe können Tabus aufgebrochen und überwunden werden. Dazu gehört insbesondere eine strategisch ausgerichtete, systematische Vorbereitung, die allerdings grade in mittelständischen Familienunternehmen nicht immer verbreitet ist.

Schließlich beschreibt dieses Kapitel auch die Vorsorge für den Notfall. Nicht selten scheitert das Lebenswerk eines Unternehmers nämlich an einer mangelnden Vorsorge für den Notfall. Da fast jede zehnte Nachfolge nicht freiwillig erfolgt (d. h. ein Todesfall oder ein Unfall des Unternehmers erzwingt einen Wechsel der Inhaberschaft), sollte frühzeitig und unter Beteiligung potenzieller Nachfolger eine tragfähige Strategie für den Notfall entwickelt werden. Generell wird in diesem Kapitel die Notwendigkeit deutlich, Mitglieder der Folgegeneration als potenzielle Nachfolger rechtzeitig an ihre unternehmerische Verantwortung als Inhaber eines Familienunternehmens heranzuführen.

Lernziele
1. Sie verstehen die Bedeutung des Nachfolgeprozesses für den langfristigen Erfolg von Familienunternehmen.
2. Sie können die einzelnen Schritte eines Nachfolgeprozesses beschreiben.
3. Sie wissen, was zur Übertragung der Führungsverantwortung getan werden muss.
4. Sie lernen unterschiedliche Strategien in der Auswahl von Nachfolgern kennen.

5. Sie erkennen die Herausforderungen und Chancen, die aus der Auswahl des Nachfolgers resultieren.
6. Sie können den richtigen Zeitpunkt der Übergabe eines Familienunternehmens bestimmen.
7. Sie können die wesentlichen Themen einer Notfallregelung beschreiben.

Praxisbeispiel Familienunternehmen

Josef Langenberg gründete im Jahr 1910 in den Niederlanden ein Unternehmen zur Produktion von Fliegenfängern, was zur Firmierung *N.V. Chemische Fabriek v/h Langenberg en Co.* führte. Als Ausgleich zur saisonabhängigen Fliegenfänger-Produktion begann Langenberg gemeinsam mit seinem Stiefbruder Xaver Fassin im Winter Lakritz herzustellen, da für beide Produkte Zuckersirup als ein Hauptbestandteil benötigt wurde. In der Folge erweiterten die beiden Stiefbrüder die Produktion um Zuckerwaren wie Menthol-Perlen und Pfefferminz. Nach der Übernahme der Formgießtechnik aus der Kunststoffindustrie produzierte das Unternehmen auch erstmals Lakritz in Form einer Katze, die *Katjes* (niederländisch für *kleine Katzen*), die der späteren Firma ihren Namen **„Katjes"** gab.

1950 teilte Xaver Fassin die Produktion unter seinen beiden Söhnen auf: Helmut Fassin sollte die *gezogenen* Produkte weiterhin in den Niederlanden herstellen, und sein Bruder Klaus die *gegossenen* Produkte in der benachbarten deutschen Stadt Emmerich produzieren. Dies führte zur Gründung des Unternehmens Katjes Fassin GmbH + Co. KG.

1971 kam Katjes als Erster auf die Idee, Fruchtgummi mit Joghurt herzustellen und schuf die *Yoghurt-Gums,* die bis heute eines der umsatzstärksten Produkte im Sortiment darstellen. Katjes wurde so drittgrößtes Süßwarenunternehmen und Hersteller im deutschen Zuckerwarenmarkt hinter Haribo und Storck. Da Bastian Fassin, der Sohn von Klaus Fassin, zum damaligen Zeitpunkt für die Nachfolge noch zu jung war, holte Klaus Fassin 1996 einen familienfremden Manager als Geschäftsführer ins Familienunternehmen und zog sich mit 65 Jahren aus der Geschäftsführung zurück. Neben zahlreichen Zukäufen trug insbesondere das Engagement von Heidi Klum für *Yoghurt Gums*-Fernsehspots im Jahr 2003 zu einer Umsatzsteigerung von 21,4 % bei und in der Folge wurden am Standort Emmerich 27 Mio. EUR für eine Verdoppelung der Kapazität investiert. Katjes hat ein großes vegetarisches Fruchtgummi- und Lakritzsortiment und verfolgt damit seit Jahren und als Erster der Branche eine erfolgreiche „Veggie"-Strategie. Die Produkte sind mit einem „Veggie"-Sticker als vegetarisch gekennzeichnet und tragen das offizielle V-Label „Vegetarisch" der Europäischen Vegetarier Union.

Nachdem der Enkel des Katjes-Gründers, Bastian Fassin, sein Studium abgeschlossen und Erfahrungen in anderen Unternehmen gesammelt hatte, stieg er 2004 als geschäftsführender Gesellschafter bei Katjes ein. Zusammen mit dem Fremdmanager leitet er gleichberechtigt die Geschicke des Süßwarenherstellers. Die Katjes

International GmbH & Co. KG, die internationale Beteiligungsgesellschaft der Katjes-Gruppe, konnte im Jahr 2018 den Konzernumsatz auf 268,7 Mio. EUR steigern. Das Unternehmen ist weiterhin in Familienbesitz, der Fremdmanager hält eine Beteiligung.

Und noch ein Praxisbeispiel

Darboven ist ein Hamburger Kaffeehersteller, der insbesondere für seine Marken Idee Kaffee, Mövenpick oder Alberto bekannt ist und vom Familienpatriarch Albert Darboven geführt wird. In 2016 beschäftigte die **Albert Darboven Holding GmbH & Co. KG** ca. 1000 Mitarbeiter weltweit und erwirtschafte einen Verlust von etwa 4,6 Mio EUR. Hinter den Kulissen des Unternehmens, das 2016 sein 150. Jubiläum feierte, ist ein Nachfolgestreit entbrannt. Der 82-jährige Familienpatriarch Albert Darboven wurde 1950 von seinem Onkel Arthur Darboven adoptiert und zum Nachfolger in der Familienfirma aufgebaut. Darboven, der das Unternehmen in vierter Generation führt, will seinen Sohn Arthur nicht als Nachfolger an der Spitze der Firma einsetzen und gleichzeitig dafür sorgen, dass bestimmte Mitglieder des Clans möglichst wenig Einfluss bekommen.

Hierfür hat Albert Darboven angekündigt, die Leitung des Kaffeerösters an Andreas Jacobs zu übergeben, der aus der hanseatischen Kaffeeunternehmer-Familie Jacobs in Bremen stammt. Klaus Jacobs, der Vater von Andreas Jacobs, verkaufte die eigene Kaffeefirma 1990 an den US-Konzern Philip Morris. Andreas Jacobs leitete zuvor etwa 15 Jahre lang die Familienholding und ist von Hamburg aus als Investor tätig. Der Gesellschaftervertrag sieht vor, dass die Führung der Firma Darboven nur innerhalb der Familie weitergegeben werden darf. Um seinen Sohn in der Erbfolge umgehen zu können, schließt Darboven Senior eine Adoption von Andreas Jacobs nicht aus.

Mehrere Mitglieder der Familie Darboven äußerten sich zu dieser Nachfolgeregelung in einem offenen Brief: „Wir sind in tiefer Sorge um dieses Unternehmen, an dem wir zusammen 42,5 % der Anteile halten", schreibt Arthur Darboven – Sohn des 82-jährigen Firmenpatriarchen Albert Darboven – gemeinsam mit seinen Cousins Arndt und Behrendt Darboven sowie deren Mutter Helga Darboven (Handelsblatt 2018).

Hintergrund ist ein langjähriger Familienstreit zwischen dem Patriarchen Albert und seinem Sohn Arthur, der die Kaffee-Dynastie Darboven seit Jahren spaltet. Nachdem sich Vater und Sohn zerstritten hatten, verließ Arthur Darboven das Unternehmen im Jahr 2009 und handelte selbst mit Rohkaffee. Er hält allerdings immer noch einen Anteil von 17,5 %, seine beiden Cousins besitzen weitere 25 %.

8.1 Der Nachfolgeprozess im Überblick

Eine Nachfolge stellt für Familienunternehmen eine der zentralen Herausforderungen dar. Wie hoch der Anteil der Unternehmen ist, die innerhalb der nächsten Jahre in diesen Nachfolgeprozess einsteigen werden, wurde bereits in Kap. 7 erörtert. Miller et al. (2003) weisen darauf hin, dass die Nachfolge den zentralen Schritt im Lebenszyklus

eines Familienunternehmens determiniert, allerdings gleichzeitig auch die Überlebensfähigkeit des Unternehmens in Gefahr bringt (Miller et al. 2003). Daher lassen sich
zahlreiche Studien finden, die den Zusammenhang zwischen Nachfolge und dem Unternehmenserfolg empirisch analysieren. Die Studien zeigen auf, dass die Nachfolge einen
Einfluss auf die Performance nimmt, allerdings sind die Ergebnisse dieser Forschungsarbeiten nicht eindeutig (Molly et al. 2010; Bennedsen et al. 2007). Während einige
Studien eine Steigerung des Unternehmenserfolgs durch die Nachfolge feststellen, verweisen anderen Studien eher auf einen stagnierenden oder negativen Effekt zwischen der
Nachfolge und der Leistung des Unternehmens. Die Heterogenität dieser Studien und
ihrer Messmethoden erschweren eine Vergleichbarkeit der Ergebnisse.

Weitere Studien zeigen auf, dass die Nachfolge vom Gründer auf die zweite Generation mit größeren Schwierigkeiten verbunden ist, als die Nachfolge in Unternehmen
älterer Generation (Villalonga und Amit 2006; Wennberg et al. 2011). Die Autoren
führen dies auf einen höheren Wissenstransfer im Umgang mit Nachfolge sowie mehr
Erfahrungen mit der Gestaltung des Nachfolgeprozesses zurück. Das Interesse an Nachfolge zeigt sich weiterhin darin, dass zahlreiche Studien den Verlauf von Nachfolge und
die damit verbundenen Effekte fokussieren. Es wird deutlich, dass nicht die Nachfolge
per se, sondern ein tieferes Verständnis für den dahinterliegenden Prozess von Bedeutung
ist, um Familienunternehmen und ihre Leistungsfähigkeit genauer verstehen zu können.
Studien wie beispielsweise von Sharma et al. (2000; 2003) betonen den planerischen,
prozesshaften Aspekt von Nachfolge. Allerdings lassen sich in der Literatur keine klaren
Aussagen darüber finden, in welchen Phasen, in welcher Abfolge und über welche Zeit
ein Nachfolgeprozess stattfindet. So existieren unterschiedliche Nachfolgemodelle oder
-prozesse, die auf Basis unterschiedlicher theoretischer Grundlagen eine jeweils spezifische Perspektive von Nachfolge aufzeigen (Daspit et al. 2015; Gilding et al. 2015).

Trotz der Unterschiedlichkeit der Studien sind allerdings einige Punkte zu finden, die
Nachfolgeprozesse in Familienunternehmen genauer charakterisieren:

- Individualität: Jede Unternehmensnachfolge ist ein individueller und komplexer Prozess, der in aller Regel nicht von heute auf morgen stattfindet, Standardlösungen gibt
  es dabei nicht. Auch jede Ausgangssituation ist eine andere und es werden unterschiedliche Phasen in unterschiedlichen, teils überlappenden Sequenzen durchlaufen.
- Zeitverlauf: Der Startpunkt ist dabei ein wichtiger Faktor (Müller und Tiberini 2008).
  Dementsprechend müssen die einzelnen Schritte nicht nur inhaltlich, sondern auch zeitlich geplant werden. Rund drei bis fünf Jahre werden in der Praxis für einen reibungslosen, gleitenden Wechsel vorausgesetzt (Felden und Wirtz 2013). Werden noch die
  durch das Tagesgeschäft bedingten Verzögerungen mitgerechnet, die für solche „internen Großprojekte" typisch sind, gehen erfahrungsgemäß noch etliche Jahre ins Land,
  bis es von der reinen Beschäftigung zum tatsächlichen Planen und Umsetzen kommt.
- Akteure: Der Nachfolgeprozess umfasst eine spezifische Gruppe von Akteuren, die
  ihre (emotional geprägten) Interessen und Ziele in den Prozessverlauf einbringen. Dazu
  gehören auch die Übergeber mit der Herausbildung ihrer Übergabeintention: Wenn sich

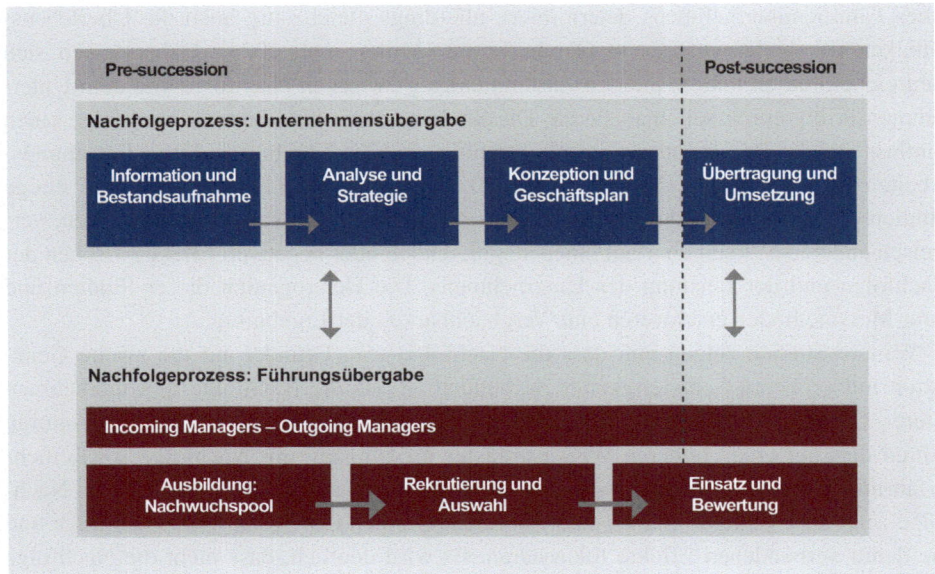

Abb. 8.1 Der Prozess der Unternehmensübergabe. (Quelle: Eigene Darstellung)

der Unternehmer mit Mitte 50 zum ersten Mal mit dem Thema Unternehmensnachfolge auseinandersetzt, so wird der endgültige Wechsel im Idealfall genau dann vollzogen, wenn auch viele der Beschäftigten in den Ruhestand gehen. Die Sicherheit früherer Jahre, dass das Unternehmen mit dem ältesten Sohn in der Familie fortgeführt wird, gibt es nicht mehr. Familientraditionen haben nicht mehr den Stellenwert wie früher und die Unternehmerkinder bedenken stärker als früher ihre beruflichen Perspektiven. Der Einstieg in das elterliche Unternehmen ist häufig nur eine der Karrieremöglichkeiten. Umso früher müssen hier die Weichen für alternative Modelle gestellt werden.

• Planung: Studien zeigen, dass der Nachfolgeprozess oft dem Zufall überlassen wird und wenig systematische Planung in den Ablauf und den Inhalt der einzelnen Prozessphasen investiert wird (Sharma et al. 2000). Dennoch tragen eine systematische Planung, Gestaltung (Sharma et al. 2003; Dyck et al. 2002) und professionelle Steuerung (Sharma et al. 2000) dazu bei, den Prozess erfolgreich zu navigieren.

Der Nachfolgeprozess gliedert sich zum einen in den Prozess der Unternehmensübergabe und die damit verbundenen vier Phasen, die in Abb. 8.1 visualisiert sind.[1] Neben dem Übergabeprozess ist auch die Führungsübergabe Teil des Nachfolgeprozesses.

---

[1]Vgl. weitere Ausführungen bei Felden und Pfannenschwarz (2008), modifiziert. Oder unter: www.nachfolgefahrplan.org. Sharma et al. (2000) identifizieren in ihren Studien ähnliche Inhalte, strukturieren den Prozess aber unterschiedlich.

Der Führungsübergabeprozess entwickelt sich entlang der Unternehmensübergabe und beide Subprozesse beeinflussen sich gegenseitig. Für das in der obigen Abbildung dargestellte Prozessverständnis ist daher von Bedeutung, dass der Nachfolgeprozess langfristig, aber in seinen einzelnen Phasen nicht linear verläuft. Wichtig ist auch zu verstehen, dass der eigentliche Nachfolgeprozess mit der Übergabe nicht beendet ist. Vielmehr erstreckt sich der Prozess von der pre-succession Phase über die Phase der Übergabe zur sogenannten post-succession Phase, aus der heraus wiederum rekursive Rückkoppelungen zu den beiden vorangegangenen Phasen ausgehen können.

8.1.1   Phase 1: Information und Bestandsaufnahme

Ziel der ersten Phase ist eine detaillierte Bestandsaufnahme der Ist-Situation im Unternehmen, bei den Gesellschaftern und ihren Familien sowie bei den potenziellen Nachfolgern.

Dazu gehört zunächst Klarheit über die Ziele der Übertragung bei allen Beteiligten. Nur wer weiß, wo er hinwill, kann auch ankommen. Dauerhafte Nachfolgeregelungen verlangen einen Interessenausgleich zwischen dem beteiligten Unternehmen, den nachrückenden und den ausscheidenden Firmenchefs. Grundvoraussetzung für eine gelungene Nachfolge ist also, dass die Ziele und Anforderungen der übergebenden Generation, der nachfolgenden Generation sowie die Bedürfnisse des Unternehmens bekannt sind und kommuniziert werden (Dyer 1986; Ward 1987; De Massis et al. 2008).

Nachfolgeregelungen scheitern vor allem dann, wenn unterschiedliche Zielsetzungen verfolgt werden, ohne dass dies den Beteiligten wirklich bewusst ist.[2] Diese betreffen nicht nur unternehmensbezogene Ziele, sondern auch private Zielsetzungen, die sich oftmals aus den unterschiedlichen Lebenseinstellungen der verschiedenen Generationen ergeben. So kann eine Nachfolge daran scheitern, dass der Unternehmer an alten Strukturen festhält und von neuen Ideen des potenziellen Nachfolgers nichts wissen will. „Das haben wir schon immer so gemacht, das bleibt auch so", heißt es dann. Der Nachfolger hingegen will seine Ziele und Ideen verwirklichen und verlässt gegebenenfalls als letzte Konsequenz sogar das Unternehmen. Eine Untersuchung von Brundin und Sharma (2011) fokussiert die Emotionalität und verdeutlicht, dass die Zufriedenheit mit der Nachfolge beim Übergeber stark davon abhängt, wie gerne der Übernehmer das Unternehmen weiterführen möchte. Der Übernehmer hingegen ist dann zufrieden, wenn der Übergeber die Bereitschaft hat, die Führungsposition zu räumen. Eine gelungene Unternehmensnachfolge erfordert also einen Ansatz, mit dem ein Konsens zwischen den Beteiligten erzielt werden kann.

---

[2]Vgl. Credit Suisse und Center for Family Business der Universität St. Gallen (2009). Siehe auch die Ausführungen in Kap. 10.

Dabei ist bereits bei der Zielbestimmung die Komplexität einer jeden Nachfolge-regelung zu berücksichtigen, denn Entscheidungen in einem Zielbereich können nega-tive Folgen in anderen Bereichen haben. Ein Unternehmer, der zur Absicherung seiner Altersversorgung dem Unternehmen wesentliche finanzielle Mittel entzieht, gefährdet damit zum Beispiel gleichzeitig das Ziel einer sicheren Unternehmensfortführung.

Die Frage „was wird aus mir, meiner Familie und dem Unternehmen?" kann nur indi-viduell beantwortet werden; es gibt keinen allgemeingültigen Zielkatalog. Die häufigsten Zielsetzungen, die von Unternehmern im Rahmen der Nachfolgeplanung genannt wer-den, sind:[3]

- die Kontinuität des Unternehmens,
- die Übernahme durch ein Familienmitglied unter Beachtung der Familientradition,
- eine ausreichende Altersversorgung, um den Ruhestand zu genießen,
- eine ausreichende wirtschaftliche Ausstattung der Unternehmerfamilie,
- die Wahrung des Familienfriedens,
- eine minimale Steuerbelastung bei der Übertragung des Vermögens und
- die Ablösung aus der persönlichen Haftung für die Verbindlichkeiten des Unter-nehmens.

Ebenso wie die Übergeber verfolgen auch potenzielle Nachfolger individuelle Ziele. Das daraus erwachsende Konfliktpotenzial zwischen den Generationen betrifft auch bei Nachfolgenden sowohl die unternehmerischen Ziele als auch private Zielsetzungen. So haben Familie und Freizeit bei der Nachfolgergeneration mitunter einen höheren Stellen-wert als bei den bisherigen Inhabern des Unternehmens. Nachfolger nennen in der Praxis häufig diese Ziele:

- die Übernahme dieses speziellen Unternehmens,
- die Übernahme des Betriebes zu einem feststehenden Zeitpunkt,
- attraktive Finanzierungsmöglichkeiten für die Übernahme (Felden 2012a),
- die Umsetzung neuer Ideen, Führungskonzepte und Strategien,
- die Steuerminimierung bei der Übertragung des Vermögens,
- eine ausreichende wirtschaftliche Ausstattung zur Fortführung des Unternehmens und
- Zeit für Familie und Freizeit.

Neben den Zielsetzungen der beteiligten Personen ist die Übergabefähigkeit des Unter-nehmens zu prüfen: Kann es auch mit einer neuen Unternehmensführung erfolgreich sein und hat es Zukunftspotenzial? Wenn z. B. die Abhängigkeit von den bisherigen Inhabern zu groß ist, muss zunächst umstrukturiert werden. Wenn die Reserven des

---

[3]Vgl. Ward (1987); Davis (1997); Credit Suisse und Center for Family Business der Universität St. Gallen (2009).

Unternehmens nicht belegbar sind, müssen sie in den verbleibenden Jahren im Jahres-abschluss dokumentiert werden, um einen adäquaten Kaufpreis zu realisieren. Andere Dinge beschäftigen den oder die Nachfolger: Neue Wege erfordern neue Konzepte, finanzielle Spielräume und mitunter auch neue Köpfe. Die Frage des betriebswirtschaft-lichen Wertes eines Unternehmens spielt jedoch nicht nur beim Verkauf eine wichtige Rolle. Auch bei der (vorweggenommenen) Erbfolge stützen sich die Erfolgschancen des Nachfolgers und seine berufliche Zukunft auf die Kontinuität der Erfolgsfaktoren.

Moritz GmbH

Die Moritz GmbH erwirtschaftet einen Umsatz von rund vierzig Millionen Euro im Jahr und eine hohe Umsatzrendite; das Eigenkapital liegt bei circa vier Millionen Euro. Diese positive Situation soll durch ein weiteres Wachstum gefestigt und aus-gebaut werden – vor allem im internationalen Geschäft will der Betrieb expandieren. Es ist offensichtlich, dass der Betrieb vor allem durch das persönliche Engagement von Heiko und Veronika so stark gewachsen ist und sich Strukturen herausgebildet haben, die individuell auf die beiden zugeschnitten sind. Auch die Kundenstruktur ist vor allem durch die persönlichen Beziehungen geprägt – Veronikas Tochter Marie kennt das alles noch nicht. Und Peter ist wirklich noch zu jung, um berufliche Ent-scheidungen treffen zu können.

Ausschlaggebend für die Kontinuität des Unternehmens und damit für den Nachfolge-prozess sind neben der wirtschaftlichen Stabilität vor allem auch die Qualifikation des Nachfolgers und seine Erfahrungen (Sharma et al. 2000; Dyck et al. 2002). Die Anforderungen an den Übernehmer sind vielfältig und können in der Regel nur durch eine gezielte Vorbereitung erbracht werden. In Abschn. 8.2 wird darauf speziell eingegangen.

Die private Vermögenssituation ist elementar mit Blick auf die Altersvorsorge und evtl. Kaufpreisfinanzierungen. Auch bei einer familieninternen Nachfolge spielt der Finanzbedarf eine Rolle: Ausgleichszahlungen an Verwandte oder Steuerzahlungen sind zu planen. Hierbei ist fachliche Unterstützung ratsam. Doch ebenso wie Tod und Erbe, werden die finanziellen Aspekte im Kreis der Betroffenen zu selten thematisiert.

Finanzielle Schwierigkeiten ergeben sich auch, wenn das Unternehmen einen weiten Teil des Familieneinkommens darstellt und die Altersversorgung des Seniorunternehmers sowie die Wünsche weichender Erben aus dem Unternehmen erwirtschaftet werden müssen. Ein finanzielles Ausbluten des Unternehmens, z. B. durch Auszahlungen an Geschwister, ist dabei unbedingt zu vermeiden. Die Fülle rechtlicher Gestaltungsmög-lichkeiten, angefangen bei der Staffelung von Zahlungen bis zur gewinnabhängigen Aus-zahlung, sollte für jeden Einzelfall eine adäquate Lösung bieten.

Auch im privaten Bereich muss sich der Übergeber auf den Eintritt in den neuen Lebensabschnitt vorbereiten (Sharma et al. 2000; Brockhaus 2004). Welchen Interessen er zukünftig nachgehen möchte, sollte er sich daher frühzeitig überlegen. Dabei steht nicht die reine Freizeitbeschäftigung im Vordergrund, sondern echte Herausforderungen, die einen neuen Lebensinhalt geben können. Wer niemals in seinem Leben Golf gespielt hat, der wird dies auch nach der Übergabe als müßigen Zeitvertreib verstehen; wer aber in jungen Jahren eine Passion gefunden hat, für die neben der unternehmerischen Tätigkeit immer zu wenig Zeit war, der wird sich auf den Zeitgewinn nach der Übergabe freuen, um sich diesen Tätigkeiten ausgiebiger widmen zu können. Und da er Zeit seines Lebens Unternehmer war, sollte er auch weiterhin etwas „unternehmen". Aus dieser Bestandsaufnahme kann eine individuelle Nachfolgestrategie abgeleitet werden.

8.1.2   Phase 2: Analyse und Nachfolge-Strategie

Die Ziele und die bestehende familiäre Konstellation determinieren das weitere Vorgehen: die Übertragung des Eigentums und die Übertragung der Managementverantwortung. Diese Übertragung ist so individuell wie jedes mittelständische Unternehmen. Hier ist eine Unterstützung von spezialisierten Beratern, die aus einem Fundus von Nachfolgefällen Lösungsszenarien heranziehen können, sinnvoll.

Um jedoch eine endgültige Entscheidung über die Übergabe des Unternehmens treffen zu können, gehören dessen Risiken und Potenziale auf den Prüfstand. Durch eine Due Diligence erhält der Übernehmende (und auch ein familieninterner Nachfolger) Einblick in alle wichtigen Unternehmensdaten. Ist das Unternehmen ein florierender, reibungslos zu übernehmender Betrieb darf nicht vergessen werden, dass ein solches Objekt seinen Preis hat. Der Übernehmer und seine Geldgeber müssen in der Regel mehr Kapital aufbringen als bei einer Neugründung. Entsprechend wichtig sind im Übernahmeprozess die Fragen nach der Bewertung des Unternehmens. Beim Generationswechsel in Familienunternehmen bleibt dieser Bereich oft unausgesprochen, weil er in indirekter Weise die Frage nach dem Erfolg des Seniors berührt. Die Frage des betriebswirtschaftlichen Wertes eines Unternehmens spielt jedoch nicht nur beim Verkauf eine wichtige Rolle. Auch bei der (vorweggenommenen) Erbfolge stützen sich die Erfolgschancen des Nachfolgers und seine berufliche Zukunft auf die Kontinuität der Erfolgsfaktoren.

Zudem werden Defizite und Schwächen des Unternehmens spätestens nach der Übergabe ohnehin aufgedeckt. Enttäuschung und Frustration des Nachfolgers bleiben dann nicht aus. Eine frühzeitige Diskussion hingegen erhöht die Chance zur Neuausrichtung und damit die Potenziale zur Stabilisierung. Ein fähiger Übernehmer wird die Herausforderung zur Verbesserung der Unternehmensposition auch nur annehmen, wenn die wirtschaftliche Situation offengelegt wird. In Familienunternehmen führt das zu der Notwendigkeit, das Unternehmen neu zu entdecken: Nicht die Schilderung der Eltern, nicht die verklärte Sichtweise aus der Kinderzeit ist dann ausschlaggebend für die Beurteilung, sondern die eigene Diagnose aufgrund betriebswirtschaftlichen Sachverstandes.

In dieser Phase müssen sich die Nachfolgepartner auch auf einen Übergabezeitpunkt einigen. Die feste und verbindliche Absprache von Übergabeterminen ist unabdingbar für die notwendige Klarheit des Übergabeprozesses, so schwer die Thematisierung im Einzelfall sein mag. Nur so wird Engagement und die Bereitschaft zur Rücksichtnahme bei der nächsten Generation zu erreichen sein. Auch dem Übergeber hilft dieser feste Termin, seinen Weg für die Zeit nach der Übergabe zu planen.

Jeder Unternehmer muss für sich selbst entscheiden, wann der Zeitpunkt gekommen ist, das Zepter zu übergeben. Doch diese Entscheidung muss tatsächlich auch getroffen und kommuniziert werden. Immer wieder heißt es dagegen: „Ich habe die Firma aufgebaut, ich diskutiere nicht mit meinen Kindern, wann ich aufhöre. Noch habe ich ja wohl das Sagen." Unternehmer verkennen mit dieser Aussage den Zeitbedarf für die Regelung einer Nachfolge, vor allem für die emotionale Lösung vom Unternehmen. Mindestens drei bis fünf Jahre und nicht selten über zehn Jahre Vorlaufzeit sind einzuplanen.

Der Zeitpunkt ist u. a. davon abhängig, wie lange der Übergeber das Unternehmen noch weiterführen kann und will, wie alt der vorgesehene Nachfolger ist bzw. wie lange er oder sie noch für die Ausbildung benötigt und wie lange die gemeinsame Übergabephase dauern soll. In einer empirischen Studie analysieren Sardeshmukh und Corbett (2011), ob der frühe Eintritt in ein Familienunternehmen externer Erfahrung vorgezogen werden sollte. Ergebnis ist, dass aufgrund des spezifischen Humankapitals, welches sich durch einen frühen Eintritt ins eigene Unternehmen entwickeln kann, dieser zu bevorzugen sei. Frühes unternehmerisches Denken wird ausgebildet, Stärken und Schwächen des Unternehmens kennengelernt und Kunden sowie Lieferantenbeziehungen aufgebaut. Auch Mazzola et al. (2008) plädieren für eine frühe unternehmensinterne Einbindung des Nachfolgers. Venter et al. (2006), basierend auf einer Befragung von 332 kleinen und mittelständischen Familienunternehmen, warnen hingegen vor einer rein internen Heranführung an die zukünftige Führungsaufgabe. Sie verweisen auf den positiven Effekt externer Erfahrungen, die Selbstvertrauen und Glaubwürdigkeit mit sich bringen sowie eine frische Außenperspektive ins Unternehmen einbringen.

Auch externe Rahmenbedingungen – z. B. Anforderungen von Hauptlieferanten an den potenziellen Nachfolger – sind zu beachten. Ein geeigneter Zeitpunkt ist zudem meist dann gegeben, wenn mehrere geeignete Nachfolger bereitstehen, also aus einem Pool an zukünftigen Führungskräften ausgewählt werden kann, und wenn das Unternehmen eine stabile Unternehmensperformance zeigt (Decker et al. 2016).

Ist geklärt, wann die Nachfolgeregelung stattfinden soll, ist eine konkrete Übergabeplanung mit einem verbindlichen Zeitraster die Basis, um eine professionelle Nachfolge auch termingerecht umzusetzen. Dabei ist u. a. zu entscheiden, ob nach der Übertragung der Anteile/des Unternehmens ein Sofortausstieg der abgebenden Generation stattfinden soll oder eine temporäre Zusammenarbeit zwischen Übergeber und Übernehmer sinnvoll ist. In der Praxis ist der Altunternehmer bei unentgeltlicher Nachfolge vielfach auch nach der Übertragung des Vermögens im Unternehmen präsent. Ursachen hierfür können der Wille zur weiteren Einflussnahme, Schwierigkeiten mit dem „Loslassen" oder einfach die Nutzung freier Zeitkapazitäten sein. Das kann sowohl positive als auch negative Auswirkungen haben. Das über Jahre gewachsene Know-how und die bestehenden guten Kundenkontakte stehen dem Unternehmen weiter als Ressource zur Verfügung, die andauernde Präsenz kann aber auch Führungskonflikte befördern, wenn Entscheidungskompetenzen nicht klar geregelt und auch so gelebt werden.

8.1.3   Phase 3: Modellkonzeption und Geschäftsplan

In dieser Phase ist ein Konzept für die Übertragung des Eigentums und für die Führungs-übertragung sowie ein Geschäftsplan für die Sicherung der Unternehmenszukunft zu erstellen, wobei Familienunternehmen in der zweiten und dritten Generation im Allgemeinen über stärker formalisierte Pläne verfügen (Sonfield und Lussier 2004). Diese Pläne sind so individuell wie jedes Familienunternehmen.

Zu planen ist auch die Einbindung Dritter in den Nachfolgeprozess. Dies betrifft in erster Linie die Mitarbeiter, Kunden und Lieferanten des Unternehmens. Auch Banken gehören zu den wichtigen Geschäftspartnern, die über die Beurteilung des Nachfolge-konzeptes im Ratingverfahren auch die Konditionen für Kredite steuern (Felden und Adam 2006). Wichtig ist hier vor allem das Timing: Der Zeitpunkt der Unternehmens-übertragung muss rechtzeitig bekannt gegeben und angemessen dargestellt werden.

Mitarbeiter sollten allein schon deshalb zur richtigen Zeit informiert werden, damit keine Gerüchte entstehen, die zusätzliche Unruhe in das Unternehmen bringen und die Effizienz der Abläufe stören. Allerdings darf der Informationszeitpunkt auch nicht zu früh gewählt werden, damit „leer ausgehende" Führungskräfte nicht demotiviert werden. Im Verkaufsfall gibt es sogar die Verpflichtung nach § 613a BGB, die Mitarbeiter frühzeitig vor einem Verkauf zu informieren, um etwaige Schadensersatzansprüche abzuwenden.

Für Kunden und Lieferanten ist entscheidend, dass die guten Geschäftsbeziehungen auch mit dem Nachfolger konstant und wie gewohnt fortbestehen. Hierzu bedarf es eines rechtzeitigen Signals, dass der Übergeber den Stabwechsel solide geplant hat und der Nachfolger ein ebenbürtiger Geschäftspartner ist. Kunden beispielsweise könnten Zweifel bekommen, ob sie auch nach dem Ausscheiden des bisherigen Geschäftspartners noch so zuvorkommend behandelt werden wie bisher oder ob es nicht sinnvoll wäre, sich einen neuen Lieferanten zu suchen. Um auch auf den persönlichen Bereich nahtlos überzuleiten, sollte der Übernehmer den wichtigsten Kunden bereits sehr früh vorgestellt werden.

Das Gesamtkonzept für die Unternehmensnachfolge muss natürlich auch steuerlichen und rechtlichen Überprüfungen standhalten. Es empfiehlt sich, den Generationswechsel ähnlich einer Investition durchzurechnen und auf Basis des Gesamtkonzepts einen Maß-nahmenkatalog für den Normalfall und für den Notfall (siehe Abschn. 8.4) zu erstellen.

8.1.4   Phase 4: Umsetzung und Übertragung und die erste Zeit danach

Die Vorbereitung der Übertragung und die Erstellung des Nachfolgekonzepts sind die Grundlage für einen erfolgreichen Generationswechsel. Das beste Konzept ist jedoch hin-fällig, wenn es nicht systematisch und konsequent umgesetzt wird. Steht das Konzept, fängt also die eigentliche Arbeit erst an: Die Planung am grünen Tisch bedeutet etwas anderes als ihre Realisierung. In der Praxis können emotionale Konflikte aufbrechen, wenn der bisherige Unternehmenschef das Zepter dann tatsächlich aus der Hand geben muss.

Sein Nachfolger erhält vielleicht nicht die notwendige Rückendeckung der Mitarbeiter oder Familienmitglieder stellen sich in den Weg.

„Never change a running system!" – dieses bekannte Sprichwort aus der IT gilt auch für viele andere gut funktionierende, bestehende Systeme. Andererseits müssen gerade Unternehmen kontinuierlich modernisiert und an die sich schnell ändernden Rahmenbedingungen angepasst werden. Das neue Management in einem Übernahmeunternehmen bringt eigene Ideen, Innovationen und Veränderungswünsche mit (Felden und Pickhardt 2013). Allerdings dürfen diese nicht blindlings und einem vermeintlichen Innovationsdiktat folgend realisiert werden.

Zunächst empfiehlt es sich zu prüfen, welche der Traditionen und Rituale, die sich im Laufe der Jahrzehnte eingespielt haben, sinnvoll sind – und das nicht nur aus psychologischen Gründen und um die etablierten Mitarbeiter des Betriebs nicht zu düpieren, sondern auch weil es ganz konkrete praktische Gründe dafür geben mag, dass ein Prozess so und nicht anders organisiert ist.

Erst in einem zweiten Schritt kann es darum gehen, wirkliche Neuerungen einzuführen, wobei auch in diesem Fall eine Berücksichtigung der Ausgangssituation unumgänglich ist. Gerade bei Änderungen im Führungsstil (z. B. dem geplanten Wechsel von einer patriarchalen Führung zu einer Teamkultur mit flachen Hierarchien) sollte überprüft werden, was den Mitarbeitern sinnvollerweise zuzumuten ist und die Zusammenarbeit tatsächlich beflügelt.

Auch die Rechtsform des Unternehmens kann überprüft werden, ob sie den geplanten Entwicklungen des Unternehmens Rechnung trägt. Dabei ist es nicht immer sinnvoll, modische Trends ohne kritisches Hinterfragen zu übernehmen. Eine kleine AG kann z. B. zur Einbindung der zweiten Managementebene sinnvoll sein, allerdings muss die Bereitschaft vorhanden sein, auch sensible Informationen über das Unternehmen preiszugeben, was oft der SEW-Orientierung widerspricht.

Diese Beispiele zeigen, dass die Komplexität und Vielfalt der möglichen Entscheidungen bei der Umsetzung einer Nachfolgeregelung sehr hoch sind – ein junges Management kann an dieser Stelle von der Begleitung durch einen kompetenten Sparringspartner also nur profitieren. Hier bieten sich in vielen Fällen die bisherigen Stelleninhaber an – keiner kennt das Unternehmen so gut wie er oder sie. Eine solche gemeinsame Zeit muss jedoch gut abgestimmt und geregelt sein, damit es funktioniert. Wer macht was, wo darf wer nichts sagen. Auch die Meilensteine, zu denen Aufgaben und Verantwortung wechseln, sollten fixiert werden. Dann kann eine gut geplante Nachfolgeregelung auch erfolgreich umgesetzt werden. Um den eigentlichen Wechsel zu vollziehen, sind ein großes Fest oder eine Schlüsselübergabe genauso möglich wie der gemeinsame Besuch einzelner Geschäftspartner. Wenn die Geschäftsführung und das Eigentum übertragen sind, kann sich die nächste Generation mit voller Kraft der Unternehmensentwicklung widmen.

Auch wenn ein Zielkonsens zwischen den Beteiligten erreicht und die unternehmerischen und privaten Maßnahmen definiert worden sind, bleiben Anpassungen bei der Umsetzung nicht aus. Diese müssen ebenfalls systematisch gesteuert werden. Dabei sollten die Übertragungspartner nicht an ihrem grundsätzlichen Konzept zweifeln, vor allem wenn es sich um Änderungen handelt, die aus neuen Konflikten, Situationen und Entwicklungen bei den Beteiligten entstehen. Allein durch die Dynamik einer Unternehmensnachfolge wird es nötig sein, die vereinbarten Zielvorgaben und Maßnahmen regelmäßig auf ihre Umsetzbarkeit hin zu überprüfen und bei Bedarf zu korrigieren. Hinzu kommt die Unberechenbarkeit des Umfelds. Mitarbeiter, Kunden und Lieferanten müssen in die Umsetzung der Nachfolgeregelung einbezogen werden – und dabei kann es zu Reaktionen kommen, die nicht vorhersehbar waren und doch von den Übertragungspartnern aufgefangen werden müssen.

Moritz GmbH

Die Nachfolge in der Moritz GmbH ist im Vorfeld nicht geplant gewesen. Auch wenn Heiko ja bereits einmal im Unternehmen tätig gewesen ist und die beiden langjährigen Mitarbeiter sofort zugesagt haben, das Unternehmen nicht im Stich zu lassen, hätte der Tod von Horst Moritz das Unternehmen arg ins Straucheln bringen können – darüber sind sich Heiko und Veronika bis heute einig. Eine Zusammenarbeit im elterlichen Unternehmen ist lange Zeit für beide kein Thema gewesen. Die heutige Konstellation ist lediglich durch den schicksalhaften Tod des Vaters entstanden.

Da beide mittlerweile sehr mit dem Betrieb verbunden sind und auch auf die erreichten Erfolge sehr stolz sind, soll die Nachfolge der nächsten Generation langfristig geplant und strategisch optimal vorbereitet werden.

Veronicas Adoptivtochter Marie studiert im dritten Semester Betriebswirtschaft und hat bereits Interesse signalisiert, nach dem Studium im Unternehmen ihrer Mutter arbeiten zu wollen. Veronica unterstützt ihre Tochter in allen Belangen, will ihr jedoch auch die Möglichkeit geben, sich vor dem Einstieg in die Moritz GmbH auch andere Betriebe anzusehen. „Wenn du hier anfängst, sollst du nicht als Tochter anfangen, sondern als Spezialistin auf irgendeinem Gebiet, auf dem du schon außerhalb Erfolg gehabt hast. Du kennst doch die Geschichten von Heiko, meinem Bruder. Als der in der Firma anfing, hatte er nur studiert, aber er konnte noch nichts, hatte nichts gesehen und wurde nicht anerkannt. Da musste er so auftrumpfen, dass es mit meinem Vater einfach nicht geklappt hat. Wir Frauen sollten da klüger sein, als es die Jungs damals waren!"

8.2   Der Auswahlprozess

Die Auswahl des *idealen* Nachfolgers ist eine Herausforderung, dem kein Familienunternehmen vollumfänglich gerecht werden kann. Zu der Frage, was einen idealen (und damit erfolgreichen) Unternehmer ausmacht, gibt es verschiedenen Studien, die Motive, Eigenschaften oder auch Verhaltensweisen von Unternehmern erheben und versuchen, diese in Verbindung zum Unternehmenserfolg zu setzen.[4] Allerdings lassen sich keine

---

[4]Vgl. beispielsweise Stavrou (1999).

klaren Eigenschaften identifizieren, die einen Unternehmer per se erfolgreich machen, und auch klar umrissene Listen von Verhaltensweisen, Motiven oder Einstellungen können nicht abgeleitet werden.

Es gibt also nicht den Nachfolger oder den Unternehmer per se, der auf Basis klar definierter Rekrutierungsverfahren, wie man sie aus dem Bereich des Human Ressource Management kennt, ausgewählt werden kann. Allerdings sind auch Stellenbeschreibungen für familieninterne Nachfolger nur schwer vorstellbar: Die Perspektiven und Probleme im Markt, die wirtschaftliche Situation des Unternehmens aber auch die Identität der Unternehmerfamilie oder die Kenntnis über die Werte und Strategien des Gründers bestimmen letztendlich das individuelle Anforderungsprofil für den zukünftigen Nachfolger.

Dennoch sind systematische und professionelle Rekrutierungsprozesse sowie aussagekräftige Profile zur Auswahl von Nachfolgern aus Unternehmerfamilien genauso wichtig wie bei der Besetzung von Top Management Positionen in Nicht-Familienunternehmen. Ein eloquenter Nachfolger, der die Gründerstrategie internalisiert hat und die Familienwerte lebt, kann bei fehlendem technischem Know-how und strategischem Können in einer engen Branche, in der es auf genau dieses technische Wissen ankommt, schnell scheitern. Auf der anderen Seite ist ein fachlich versierter Techniker und Analytiker unter Umständen fehl am Platz in einem Handels- oder Dienstleistungsunternehmen, dessen Kernkompetenzen vor allem in einer hohen Werteorientierung und der langjährigen vertrauensvollen Zusammenarbeit mit Beschäftigten, Kunden und Lieferanten liegen.[5]

Daher ergeben sich mit Blick auf den Prozess zur Auswahl von familieninternen Nachfolgern unterschiedliche Fragestellungen, die im weiteren Verlauf des Kapitels bearbeitet werden:

- Wann fängt die Suche nach Nachfolgern an? Mit der Geburt der nächsten Generation?
- Soll die Ausbildung von potenziell an der Nachfolge Interessierten vom Unternehmen unterstützt werden?
- Wer trifft die Auswahl?
- Was muss ein erfolgreicher Nachfolger mitbringen, was kann über die Zeit gelernt werden?

8.2.1   Auswahl von Familienmitgliedern

Um es gleich vorweg zu nehmen: wenn die Kronprinzenregelung in der Nachfolge Anwendung findet, wird die systematische Auswahl eines Nachfolgers obsolet. In dieser

---

[5]Nicht selten zieht eine Unternehmensnachfolge längerfristig einen Wechsel in einen anderen Markt oder zumindest eine andere Marktposition nach sich. Ist beispielsweise der Gründer stark technologieaffin und hat ein sehr innovationsstarkes Unternehmen gegründet, kann der eher betriebswirtschaftlich orientierte und ausgebildete Nachfolger aus dieser Ausgangssituation einen global agierenden Anbieter dieser speziellen Kompetenz entwickeln.

Nachfolgeart übernimmt der älteste Sohn (oder die älteste Tochter) das Unternehmen, ohne dass eine weitere Überprüfung stattfindet, ob nicht ein anderer Geschwisterteil besser geeignet wäre. So wird die Personalauswahl nicht nach Qualifikation, sondern nach Geburtsfolge entschieden. Die Übergabe der Führungsverantwortung ist damit nicht das Ergebnis einer Managemententscheidung, sondern Zeichen der Eigentümerrolle in der Eigentümerfamilie und der Junior wird nicht gefragt, ob er die Nachfolge antreten möchte oder andere Perspektiven hat.

Generell wird allerdings deutlich, dass die Auswahl des Nachfolgers in Familienunternehmen den gleichen Anforderungen unterliegt, wie jede andere Stellenbesetzung im Unternehmen auch. Dennoch ist die Auswahl des Nachfolgers anders zu begreifen, als die klassische Rekrutierung eines CEO in einem Großkonzern. Gerade in mittleren Familienunternehmen ist die Person des Familien-CEOs stark durch die Persönlichkeit geprägt. Die Familienwerte zu kennen, die Strategien des Gründers zu leben oder auch die langfristigen sozialen Beziehungen zu den unterschiedlichen Stakeholdergruppen aufrechtzuerhalten und diese auch wertzuschätzen, sind Anforderungen, die an einen Familien-CEO gestellt werden. Gleichzeitig hat der Familien-CEO aber auch die unternehmerische Seite voll abzudecken und sich gleichzeitig in der Auseinandersetzung mit den Mitgliedern der Unternehmerfamilie zu profilieren. Im Gegensatz zum klassischen CEO ist der Familien-CEO damit in ein komplexes Rollengefüge eingebunden, das die kontinuierliche Balance zwischen Unternehmen, Familie und Eigentum beinhaltet. Die Herausforderung liegt nun darin, aus dem Pool der potenziell infrage kommenden Nachfolgenden der Unternehmerfamilie die „geeignetste" Person auszuwählen.

Im Nachfolgeprozess wird ein Familienmitglied aufgrund von Familienbeziehungen oder des Tragens des gemeinsamen Familiennamens für eine Stelle ausgewählt. Oftmals treten Anforderung an Fertigkeiten, Fähigkeiten und Wissen eher in den Hintergrund, wenn die Nähe zur Unternehmerfamilie höher bewertet wird. In diesen familieninternen Auswahlprozessen findet daher nicht immer eine systematische, rationale Auswahlentscheidung statt, sondern vielmehr erfolgt die Nachfolge eher intuitiven, auch emotional geprägten Entscheidungsregeln.

Die Besetzung einer Position im Unternehmen durch ein familieninternes Mitglied ist in der Literatur nicht ohne Kritik. Die Stellenbesetzung aufgrund verwandtschaftlicher Beziehungen wird als Nepotismus oder Vetternwirtschaft bezeichnet und in der Familienunternehmensforschung kontrovers diskutiert (Jaskiewicz et al. 2013; Hoon et al. 2018). Auf der einen Seite spiegelt Nepotismus den einzigartigen Charakter von Familienunternehmen wider und stellt das Herz der „familiness" dieser Unternehmensform dar (Vinton 1998). Ohne die Rekrutierung von Familienmitgliedern ist die dynastische Entwicklung der Familienunternehmen nicht möglich und viele Familienunternehmen sind über Dekaden hinweg erfolgreich, eben weil sich über die Generationen immer wieder Familienmitglieder in das Unternehmen einbringen. Gleichzeitig zeigen sich allerdings auch kritische Seiten eines nepotistischen Auswahlverfahrens (Padgett and Morris 2005; Hoon et al. 2018). Zum einen setzen sich Familienunternehmen damit dem Risiko des sogenannten „Fredo-Effektes" aus, d. h. dem Risiko, dass ein Nachfolger ausgewählt wird, der zwar Familienmitglied ist, aber aufgrund fehlender Qualifikation dem Geschäft Schaden zufügt oder seine Aufgaben nicht erfüllt (Kidwell et al. 2012). Als Namensgeber für das Übel fungiert die Filmfigur Fredo Corleone aus dem Kino-Klassiker „Der Pate" von Regisseur Francis Ford Coppola. Fredo ist darin jener unfähige Sohn des Paten, der „La Famiglia" an die Konkurrenz verrät und damit das mafiöse Family Business ruiniert. In einer Analyse von 147 Mitgliedern von Familienbetrieben in Führungspositionen konnten Kidwell et al. (2012) aufzeigen, dass in rund 30 % der Betriebe ein Familienmitglied tätig ist, das dem Geschäft Schaden zufügt oder seine Aufgaben nicht erfüllt.

Die Auswahl von Nachfolgern ist daher in Familienunternehmen als eine Entscheidung zu verstehen, in der die Verwandtschaft zwar ein Auswahlkriterium darstellt, allerdings weitere Kriterien wie Fertigkeiten, Fähigkeiten, Erfahrung oder Know-How mit einfließen müssen. Durch die Berücksichtigung von Qualifikation in einem durch verwandtschaftliche Beziehungen geprägten Auswahlprozess kann sichergestellt werden, dass das Risiko der Fehlauswahl minimiert und die Akzeptanz der Auswahlentscheidung erhöht wird (Jaskiewicz et al. 2013).

Zum anderen ist eine rein nepotistische Personalauswahl auch mit einer wahrgenommenen Ungerechtigkeit verbunden. Studien zeigen, dass sowohl Familienmitglieder als auch Nichtfamilien-Beschäftigte rein nepotistisch getroffene Entscheidungen eher als unfair wahrnehmen und die Auswahlentscheidung mit höherer Wahrscheinlichkeit nicht unterstützen (Chrisman et al. 2012). Und auch Beschäftigte im Familienunternehmen entwickeln schneller Akzeptanz für neue Familienmitglieder im Top Management, wenn diese auf Basis klarer Qualifikationsanforderungen ausgewählt worden sind.

Daher ist eine der zentralen Herausforderungen im Nachfolgeprozess, einen fairen, systematischen Auswahlprozess zu durchlaufen. Hier nimmt das Denken in Nachfolgepools und die verbundene Denkweise, nicht von Anfang an einzelne Familienmitglieder kategorisch von einer Nachfolge auszuschließen, eine besondere Bedeutung ein. Der langfristige Aufbau eines Pools an potenziellen Nachfolgern hat folgende Vorteile:

- Möglichkeit der gezielten Qualifikation und frühzeitige Förderung einer ausgewählten Gruppe von Nachfolgern, z. B. durch Stipendien.
- Die langfristige Einbindung in das Unternehmen durch gezielte Maßnahmen.
- Im Fall der Nachfolge steht eine Gruppe von qualifizierten Nachfolgern bereit, die bereits Akzeptanz in der Unternehmerfamilie haben.

Zusammenfassend kann festgehalten werden, dass, gegeben eines fairen und systematischen Auswahlprozesses, jede Art der Nachfolge erfolgreich sein kann. Dies verdeutlicht sehr schön eine empirische Untersuchung durch Minichilli et al. (2014) auf Basis eines italienischen Datensatzes mit über 160 Familienunternehmen über einen Zeitraum von 10 Jahren. Sowohl die a) sehr frühe Festlegung auf einen Nachfolger, das b) als Pferderennen bezeichnete Warten mit der Ernennung des Nachfolgers und damit der Motivation zu einem Wettbewerb möglicher Nachfolgekandidaten untereinander, als auch die

c) Ernennung eines familienexternen Nachfolgers zeigen eine positive Wirkung auf den langfristigen wirtschaftlichen Erfolg des Familienunternehmens.

8.2.2   Auswahlprozesse für die Nachfolge

Die Auswahl eines Nachfolgers ist eine der zentralen Herausforderungen, die ein Unternehmer zu treffen hat. Allerdings zeigen Studien auf, dass Nachfolgen in der Regel persönlich vom Unternehmer, und hier insbesondere auf Basis einer intuitiven Auswahl, getroffen werden. Im Gegensatz zu großen Konzernen mit professionalisierten HR Abteilungen und systematisch unterlegten, rationalen Personalbeurteilungsmodellen ist diese wichtige Entscheidung in Familienunternehmen zumeist der subjektiven Einschätzung der Gesellschafter und ihrer Interpretation oftmals wenig aussagekräftiger Daten überlassen.

Die nachfolgend dargestellten Auswahlstrategien unterscheiden sich im Wesentlichen mit Blick auf die Philosophie, mit der ein Nachfolger ausgewählt werden soll. Während die Strategie der anforderungsorientierten Auswahl auf die möglichst spezifische Ableitung von Anforderungen aus den konkreten Aufgaben des Arbeitsplatzes beruht, bezieht sich die strategieorientierte Auswahl auf die zukünftige Orientierung des Unternehmens. Schließlich ist die Auswahlstrategie der Potenzialorientierung zu nennen. Hier ist steht das zukünftige Entwicklungspotenzial der Nachfolger im Mittelpunkt.

Im Folgenden sollen diese drei unterschiedlichen Strategien überblicksartig erörtert werden, wobei die anforderungsorientierte Auswahlstrategie im Detail dargestellt wird (vgl. Abb. 8.2).

8.2.2.1 Anforderungsorientierter Auswahlprozess: das AEP-Modell

Eine der zentralen Strategien zur Nachfolgerauswahl ist die anforderungsorientierte Auswahl. Hier sind die Personen auszuwählen, die die notwendigen Anforderungen eines Arbeitsplatzes erfüllen. Gerade für die Besetzung von Positionen in den unteren Hierarchieebenen eines Unternehmens ist diese Strategie geeignet, um in einer rationalen Logik zunächst die Aufgaben und Anforderungen einer Position zu beschreiben, um dann auf dieser Basis ein Anforderungs- oder Kompetenzprofil zu erstellen.

Die Kompetenz mittelständischer Familienunternehmer ist der zentrale Faktor für den künftigen Erfolg eines Unternehmens (Felden und Wirtz 2012b). Die anforderungsorientierte Nachfolgerauswahl hat starke Überschneidungspunkte mit den klassischen Auswahlprozessen, die im Rahmen eines professionalisierten HRM (Human Ressource Management) durchgeführt werden. Allerdings unterscheidet sich die Auswahl eines Familienmitglieds für die Nachfolge im familieneigenen Unternehmen in einzelnen Punkten stark von der Besetzung von Positionen wie beispielsweise im Top Management von Konzernen. Eine fundierte systematische Vorgehensweise für Familienunternehmen fehlt bislang, da die bekannten Beurteilungsmodelle nicht passend für die speziellen Fragestellungen familiengesteuerter Unternehmen sind.

Strategien der Auswahl von Nachfolgern	Schritte im Auswahlprozess
Anforderungsorientiert • Der Nachfolgende hat in dem Unternehmen eine Menge von klar identifizierbaren Aufgaben zu erfüllen • Diese Aufgaben verändern sich vorhersehbar und kontinuierlich • Anforderungen für diese Aufgaben können beschrieben werden	• Festlegung von Anforderungen und Aufgaben • Ableitung von Leistungskriterien • Festlegung von Auswahlverfahren zur Messung von Qualifikationen • Wähle den Nachfolgenden mit der höchsten Qualifikation aus
Strategieorientiert • Das Unternehmen hat ein klare strategische Ausrichtung, die operational definiert ist • Der Nachfolger soll diese Unternehmensstrategie leben und umsetzen	• Identifizierung der Unternehmensstrategie • Beschreibung der Fähigkeiten, die der Nachfolger zur Unterstützung der Unternehmensstrategie benötigt • Auswahl der Personen, die die Fähigkeiten zur Umsetzung der Strategie aufweisen
Potenzialorientiert • Aufgaben lassen sich nur schwer identifizieren • Strategien und Unternehmensziele verändern sich unvorhersehbar und unkontrolliert • Anforderungen für diese Aufgaben können nicht klar beschrieben werden	• Auswahl von Personen, die zum Unternehmen passen • Auswahl von Personen mit einem breiten Spektrum an Fähigkeiten • Auswahl von Personen, die sich in ihrem Potenzial entwickeln können

Abb. 8.2 Auswahlstrategien und -prozesse. (Quelle: Eigene Darstellung)

Eine individuelle, aber systematische Vorgehensweise zur Beurteilung des Managements bietet das AEP-Modell (Anforderungs-Eignungs-Profil) (Felden und Pfannenschwarz 2008; Pfannenschwarz 2006). Als Basis dient das Unternehmen selbst und seine Situation. Auf der Basis der Identifizierung der unternehmerischen Qualifikationen, die im Familienunternehmen benötigt werden und den daraus resultierenden Anforderungen des Unternehmens wird ein Anforderungsprofil erstellt. Das Vorgehen wird im Folgenden genauer erläutert:

(1) Definition von Anforderungen aus der betrieblichen Situation
Dazu muss zunächst erarbeitet werden, welche Anforderungen gegenwärtig und in der nächsten Zukunft auf das Unternehmen zukommen. Anhand einer systematischen Bestandsaufnahme der betrieblichen Situation und der Unternehmensplanung wird ein Profil mit den Eckpunkten der Anforderungen des Unternehmens erstellt. Die Bestandsaufnahme umfasst beispielsweise die Analyse der Jahresabschlüsse, Markt- und Produktanalysen sowie die Darstellung der internen Abläufe.[6]

---

[6]Vgl. zur Bedeutung einer vorgängigen Analyse auch die Ausführungen bei Brockhaus (2004).

Das unternehmerische Anforderungsprofil des Nachfolgers wird in maximal sechs
Basis-Kategorien unterteilt (Brockhaus 2004; Felden und Wirtz 2012b):

- berufsqualifizierende Kompetenz (z. B. Meisterbrief, technisches Studium etc.),
- betriebswirtschaftliches Know-how (z. B. Kenntnisse in Kalkulation, Unternehmens-
  besteuerung, Strategien etc.),
- vertriebliche Qualifikation (z. B. Kommunikationsfähigkeit, Verhandlungsgeschick),
- Führungskompetenz (z. B. Führungsstil, persönliche Stärke),
- Innovationskraft (z. B. Risikofreudigkeit, unternehmerische Visionen),
- Eigentümerkompetenz (z. B. investitionstheoretische Kenntnisse, Banken-Know-how etc.).

In einem zweiten Schritt werden diese Kriterien auf konkrete Anforderungen heruntergebrochen und nach Prioritäten geordnet. Vor allem sollten sogenannte K.O.-Kriterien
festgelegt werden, die der Bewerber auf jeden Fall erfüllen muss.

Neben diesen eher objektiven Anforderungen ist gerade in Familienunternehmen
auch die Passung zu den Werten, Zielen, Normen und zur Kultur des Unternehmens
von besonderer Bedeutung. Kristof (1996) fasst dies in seinem Konzept des Person-
Organisation-Fit unter dem Begriff des Supplementary Fit (Ähnlichkeit) zusammen,
während der Abgleich der Fähigkeiten mit den Anforderungen der Stelle als Complementary Fit (Ergänzung) bezeichnet wird. Eine Vielzahl von Studien belegt, dass eine
hohe Ähnlichkeit zwischen einem Stelleninhaber und einer Organisation zu besseren
Leistungswerten führt (Kristof 1996).

Zusätzlich zur Ähnlichkeit sollte auch auf das Commitment des potenziellen Nachfolgers geachtet werden. Hierunter wird „…the relative strength of an individual's identification with and involvement in a particular organization" verstanden (Mowday et al.
1982). Es lassen sich drei Arten von Commitment unterscheiden (Meyer und Allen 1991):

- Kalkulatorisches Commitment: Individuen fühlen sich einem Unternehmen ver-
  bunden, weil es bspw. ein hohes Einkommen, einen sicheren Arbeitsplatz oder einen
  hohen Status garantiert. Oft steigt das kalkulatorische Commitment, wenn wenige
  Arbeitsalternativen vorliegen.
- Normatives Commitment: ein Verpflichtungsgefühl, z. B. gegenüber der Familie oder
  den Stakeholdern des Unternehmens, erhöht hier die Verbundenheit zum Unternehmen.
- Affektives Commitment: hier erwächst die Verbundenheit aus emotionalen Aspekten.
  Die Aufgabe an sich, Prozesse im Unternehmen oder Möglichkeiten der Selbstver-
  wirklichung, um nur einige Beispiele zu nennen, können Commitment hervorrufen.

Affektives Commitment ist in Nachfolgesituationen von besonderer Bedeutung, denn
insbesondere dieses kann intrinsisches Motivationspotenzial wecken und eine langfristige hohe Verbundenheit und Leistungsbereitschaft sichern.

Moritz GmbH

Der ursprünglich solide Handwerksbetrieb hat sich mit der Zeit zu einem erfolgreichen Industrieunternehmen in einem Nischenmarkt entwickelt. Über die Generationen wurde mehr und mehr Know-how eingebracht und auch weitergegeben. Was mit der Gründung einer Schmiedewerkstatt einst begonnen hat, sichert über die Spezialisierung im Bau von innovativen Containerlösungen im Bereich der Verteidigungstechnik dem Unternehmen bis heute den Erfolg.

Die Entwicklung von Transportboxen für militärische Einsatzmöglichkeiten hatte Horst Moritz höchstpersönlich vorangetrieben. Er hatte sich schon immer für Signal- und Nachrichtentechnik interessiert und viele Stunden in seiner Werkstatt getüftelt, um innovative Konzepte und Produkte zu entwickeln. Seinem Gespür für Technikinnovationen und das frühe Sichern von Patenten ist der zunehmende Erfolg der Moritz GmbH innerhalb dieser Sparte zu verdanken.

Heiko und Veronika hingegen haben von Anfang an das Unternehmen auch in anderen Sparten etablieren wollen. Daher haben sie die ersten zarten Versuche des Vaters im Bereich Katastrophenschutz zielgerichtet vorangetrieben und die Kundenkontakte in diesem Segment systematisch ausgebaut. Die Internationalisierung des Unternehmens war der nächste logische Schritt. Dabei liegt der Fokus insbesondere auf den europäischen Nachbarstaaten, um dort vor Ort stärkere (vertriebliche) Präsenz zeigen zu können.

Es ist offensichtlich, dass die berufsqualifizierenden – in diesem Fall technische – Kompetenzen eines Nachfolgers für die Moritz GmbH sehr hoch sein müssen. Der sehr erfolgreiche Vertrieb von Veronikas Team ist vor allem durch das hohe und innovative Technologie-Know-how des Unternehmens möglich. Außerdem ist Englisch als verhandlungssichere Fremdsprache für die weiteren Expansionspläne sehr wichtig. Das Wachstum erfordert darüber hinaus Vertriebsstärke und „unternehmerischen Biss".

(2) Abgleich mit der vorhandenen Eignung

In einem zweiten Schritt werden Auswahlinstrumente eingesetzt, um den Abgleich der vorhandenen Eignung des Nachfolgers mit dem Anforderungsprofil zu prüfen. In der Regel finden Interviews Anwendung und potenzielle Unternehmer werden aufgefordert, ihre Motivation und vor allem ihre eigene Einschätzung über die genannten Anforderungen darzulegen (Selbstbild). Mit Hilfe von praxisbezogenen Prüfungselementen werden dann Wissen und Entscheidungskompetenz hinterfragt: das können beispielsweise Fallstudien oder auch die Simulation bestimmter unternehmerischer Schlüsselsituationen sein (Fremdbild). Diese Art „Assessment-Center" für zukünftige Führungskräfte zeigt die Lücken in der Leistung und lässt damit auf mögliche Schwächen der zukünftigen Nachfolger schließen. Je nach Ausmaß der Lücken sollte über entsprechende Weiter- bzw. Fortbildungsmaßnahmen, die helfen können, diese Lücken zu schließen, nachgedacht werden.

Bei diesen und sämtlichen anderen Maßnahmen gibt es nur einen Maßstab – und das sind die Anforderungen, die das spezielle Unternehmen an „seinen" Unternehmer stellt. Nur wenn diese Anforderungen erfüllt werden, ist die Zukunft des Betriebs auch unter der neuen Geschäftsleitung gesichert. Allerdings ist zu beachten, dass die präzise Ableitung von Anforderungen aus den zukünftigen Aufgaben des Nachfolgers mit Schwierigkeiten behaftet ist. So ist bereits die Aufgabenbeschreibung eine Herausforderung und wird stark dadurch beeinflusst, wer diese Beschreibung vornimmt. Je nachdem, ob der Übergeber oder das externe Beratungsunternehmen die Aufgabenbeschreibung des zukünftigen Nachfolgers vornehmen, werden sich Unterschiede in dem daraus resultierenden Anforderungsprofil finden, insbesondere mit Blick auf das erwünschte Führungsverhalten des Nachfolgers. Zudem ist diese Auswahlstrategie mit einem hohen Anspruch an Verfahren der Leistungsbeurteilung der Nachfolgenden verbunden, in denen Kenntnisse, Fähigkeiten, Fertigkeiten und Wissen in formalisierten Verfahren erhoben werden.

Neben dieser Art der Eignungsprüfung, in der personalwirtschaftlichen Literatur „Screening" genannt, findet sich gerade in Familienunternehmen auch häufig das sogenannte „Signalling". Nicht alle Eigenschaften der potenziellen Nachfolger können in Assessment Centern oder Einstellungsgesprächen eindeutig bewertet werden. Der Vorgänger hat aber die Aufgabe, auch schlecht beobachtbare Qualitäten des Nachfolgers, wie beispielsweise dessen Commitment zur Familie und zum Unternehmen (Sharma und Irving 2005), die Bereitschaft nachzufolgen (Zellweger et al. 2011) und die kulturelle Passung (Jaskiewicz et al. 2013) zu bewerten. Hierüber verfügt der Nachfolger annahmegemäß über mehr Informationen, es besteht also eine asymmetrische Informationsverteilung.

Vom Nachfolger gesendete Signale können in diesem Zusammenhang als Hinweise auf die wahren Ausprägungen der vorliegenden Qualitäten genutzt werden. Diese müssen beobachtbar sein und vor allem für den Nachfolger Kosten verursachen. Beispiele für kostenreiche Signale für Nachfolger könnten eine spezifische Ausbildung für die zukünftige Führungsposition im Unternehmen (z. B. ein Maschinenbaustudium) sein, obwohl man lieber ein Kunststudium absolviert hätte. Oder das Abbrechen eines Auslandsaufenthaltes, um den Vater in einer schwierigen Unternehmenssituation zu unterstützen. Diese Signale weisen auf ein hohes Commitment für das Unternehmen hin. Gleichzeitig sollten Signale auch glaubwürdig sein. Hierzu zählt beispielsweise ein hohes Engagement für das Unternehmen bereits im Kindesalter, einer Zeit also, in der ein potenzieller Nachfolger noch nicht strategisch handelt. All diese Signale können sowohl in der Familiensphäre als auch im Unternehmenskontext über einen sehr langen Zeitraum, meist schon seit der frühen Kindheit, beobachtet werden und stellen somit eine gute Auswahlgrundlage dar, oft eine bessere, als dies über standardisierte Screening-Maßnahmen möglich gewesen wäre (Schell et al. 2018).

Für einen Überblick über ein AEP-Profil vgl. Abb. 8.3.

8.2.2.2 Strategieorientierter Auswahlprozess

Unter der Prämisse, dass der Unternehmer in der Verantwortung steht, das Unternehmen kontinuierlich an sich verändernde Umweltbedingungen anzupassen, werden sich die Aufgaben von Nachfolgern nur schwer prognostizieren lassen. In der strategieorientierten Auswahl wird daher die zukünftige Position des Unternehmens im Markt- und Wettbewerbsfeld als Referenzpunkt herangezogen. Nachfolger sind dann für die

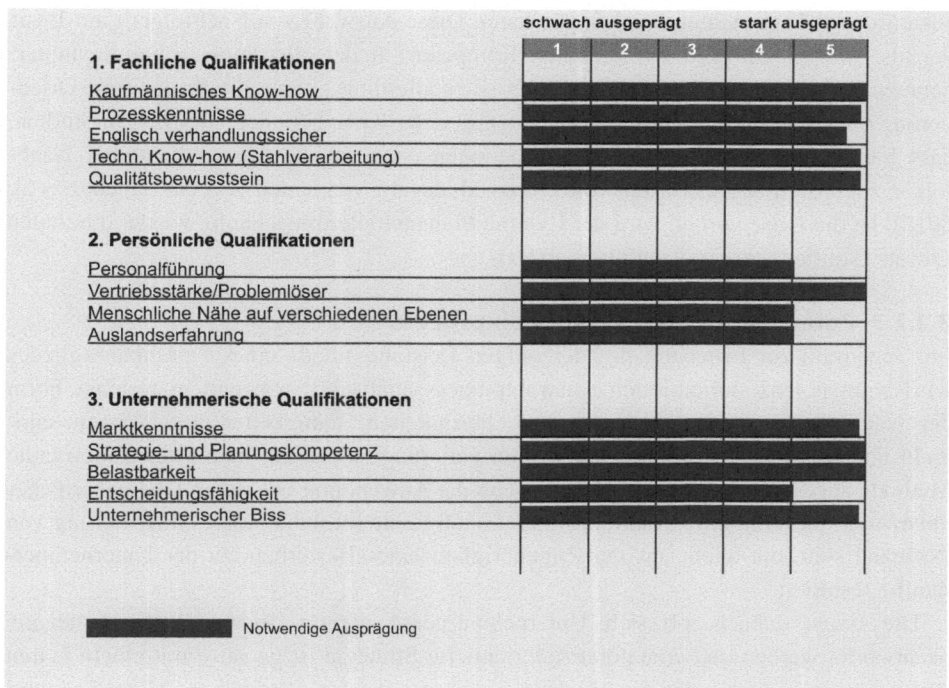

Abb. 8.3 Ein AEP-Profil für Marie Moritz. (Quelle: In Anlehnung an Felden und Wirtz 2012a)

Position des Übernehmers geeignet, wenn sie dazu in der Lage sind, die angestrebte strategische Position des Unternehmens zu erreichen und zu halten (vgl. Kap. 9). Die strategische Orientierung von Familienunternehmen umfasst beispielsweise die Entwicklung innovativer Produkte oder die progressive Expansion in internationale Märkte (Covin et al. 2016; Filser et al. 2016; Chrisman et al. 2017). Liegen dazu bislang keine Erfahrungen im Unternehmen vor, so ist es schwierig, die spezifischen Anforderungen zu definieren, die ein Nachfolger mitbringen muss, um in der besonderen Konstellation eines Familienunternehmens einen solchen strategischen Wandel auf den Weg zu bringen und aktiv zu unterstützen.

Die Herausforderung in dieser Auswahlphilosophie liegt klar in der Identifikation der zukünftigen strategischen Orientierung des Unternehmens. Hat der Übergeber eine klare Vorstellung der strategischen Ausrichtung und liegen bereits erste Erfahrungen vor, so ist es leichter, die Eignung eines Nachfolgers für die Umsetzung dieser Strategie zu erheben. Gleiches gilt, wenn der Nachfolger eine klare Vision über die strategische Zukunft des Unternehmens sowie die Intention einer starken Entrepreneurship-Orientierung mitbringt (Miller und Le Breton-Miller 2011; Semrau et al. 2016; Cruz und Nordqvist 2012). Der Auswahlprozess wird sich dann auch daran orientierten, wer aus dem Pool der potenziellen Nachfolger eine klare und überzeugende strategische

Vision in das Unternehmen einbringen kann. Diese Auswahl von Nachfolgern auf Basis der als Strategiefähigkeit bezeichneten Kompetenz findet allerdings in Familienunternehmen bislang wenig Einsatz. Schwierig ist es allerdings, wenn die strategische Orientierung unklar ist und sich das Unternehmen in einer Krise befindet. Hier zeigen Studien, dass Familienunternehmen in Krisensituationen eher auf die Auswahl interner Nachfolger zugunsten des Einsatzes von Fremd-Managern verzichten (García-Sánchez et al. 2018). Ist die Krise vorbei, wird der Externe Manager allerdings häufig wieder durch den Einsatz familieninterner Nachfolger ersetzt.

8.2.2.3 Potenzialorientierter Auswahlprozess

Im Gegensatz zur Erhebung des derzeitigen Leistungsstands eines Familienmitgliedes wird beim potenzialorientierten Auswahlprozess analysiert, wie und in welcher Form der Nachfolger in Zukunft Kenntnisse, Fertigkeiten, Fähigkeiten und Wissen sammeln und anwenden wird. Die Potenzialorientierung ist die am häufigsten angewandte Methode zur Nachfolgerauswahl, auch wenn die Anwendung bei vielen Übergebern eher unbewusst oder implizit verläuft. Es findet häufig eine oft unbewusste Attribuierung von Potenzial statt, die allein aus der Zugehörigkeit eines Bewerbers zu der Unternehmerfamilie resultiert.

Die Frage danach, ob sich Unternehmertalent vererbt, muss allerdings negativ beantwortet werden und eine potenzialorientierte Strategie ist genauso mit einem klaren Auswahlprozess verbunden wie die beiden vorher genannten Strategien. Allerdings wird hier nicht das derzeitige Leistungsvermögen eines Nachfolgers erhoben, sondern es werden Analyseinstrumente eingesetzt, um die Leistung zu prognostizieren, die der Nachfolger in den nächsten Jahren entwickeln wird. Diese potenzialorientierte Strategie ist besonders relevant für den Aufbau eines Nachfolgerpools und damit für die Auswahl von Mitgliedern der Unternehmerfamilie, die zukünftig als Nachfolgende zur Verfügung stehen könnten.

Insgesamt bleibt festzuhalten, dass die Auswahl des Nachfolgers der zentrale Faktor für den Erfolg des Nachfolgeprozesses insgesamt, aber auch für den langfristigen Unternehmenserfolg darstellt. Alle drei hier dargestellten Auswahlstrategien versuchen, diese Auswahl zu systematisieren und auf dieser Basis die Entscheidungsfindung zu unterstützen. Eine Übereinstimmung von Jobanforderungen und Kompetenzen des Nachfolgers garantiert jedoch keine erfolgreiche Nachfolge, wenn der Nachfolger nicht in das Wertesystem des Unternehmens passt. Kristof (1996) bezeichnet die Kompatibilität von Personen und Organisationen als Person-Organization Passung oder (P-O Fit) (vgl. Abb. 8.4). Für die Nachfolge in Familienunternehmen ist dabei wichtig zu erkennen, dass Passung bedeuten kann, dass ein Nachfolger in das Unternehmen passt, weil beide gleiche oder ähnliche Merkmale besitzen in Bezug auf Werte, Ziele, Normen oder Charakteristika (Kristof 1996). Diese Form von Passung (supplementary fit) liegt häufig Nachfolgeentscheidungen zugrunde, wenn Unternehmer die internalisierten Werte und Normen der Unternehmerfamilie sowie ihre spezifische SEW-Orientierung in die Nachfolge mit einbringen.

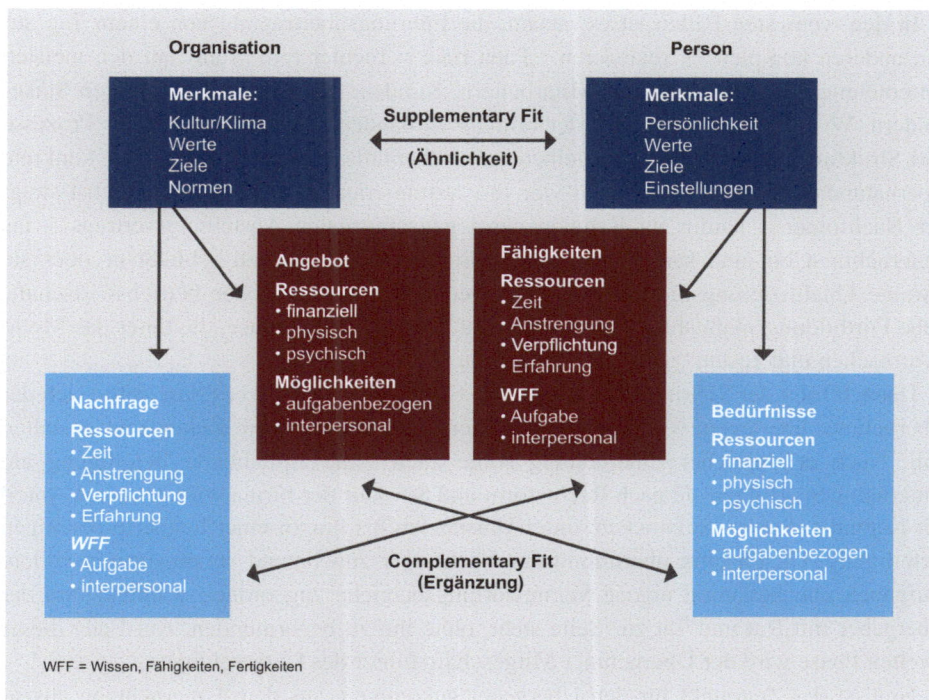

Abb. 8.4 Person-Organization Fit. (Quelle: In Anlehnung an Kristof 1996)

Allerdings können sich Auswahlentscheidungen auch an einem complementary fit orientieren (Kristof 1996). Hier verfügen das zu übernehmende Unternehmen und der Nachfolger über Merkmale, die auf der jeweils anderen Seite nicht vorhanden sind, aber benötigt werden. Aus dieser Ergänzung können Nachfolger passend sein, deren Qualifikationen im Unternehmen nicht direkt benötigt werden, deren Wertevorstellungen allerdings das Unternehmen unterstützen. Complementary fit liegt auch vor, wenn ein Nachfolger ausgewählt wird, der zwar abweichende Wertvorstellungen, aber über Qualifikation verfügt, die bislang im Unternehmen nicht verfügbar sind. Der Nachfolger deckt so mit seinen Fertigkeiten und Fähigkeiten die Nachfrage der Organisation.

8.3 Übernahme der Führungsverantwortung

Die Übernahme der Führungsverantwortung durch den Nachfolger ist neben dessen Auswahl die dritte Säule im Nachfolgeprozess. Bei der Übernahme sind typische Herausforderungen zu meistern, zu denen auch die Beurteilung der Leistung nach der Übergabe zu berücksichtigen ist.

In den wenigsten Fällen ist es ratsam, die Führungsübertragung von einem Tag auf den anderen komplett zu realisieren. „Papa raus – Tochter rein" führt bei den meisten Unternehmen zu Irritationen bei Mitarbeitern, Kunden, Lieferanten und anderen Stakeholdern. Wissenslücken aufgrund der oftmals vorhandenen Fokussierung aller Prozesse und Strukturen auf den Inhaber bleiben dabei ebenfalls unberücksichtigt. Die konkrete Übernahme erfolgt im Idealfall an vier fest terminierten Zeitpunkten:[7] Zunächst steigt der Nachfolger – häufig im Rahmen eines ganz normalen Anstellungsvertrags – ins Unternehmen ein und sammelt erste Erfahrungen. Parallel dazu schließt er oder sie etwaige Qualifizierungslücken durch entsprechende fachliche oder betriebswirtschaftliche Fortbildungsmaßnahmen. Für beide Seiten ist dies eine Phase, die unter das Motto „Vormachen und Testen" gestellt werden kann.

Danach folgt der Schritt „Mitmachen und Orientieren". In dieser Phase sollte sich der Übernehmer überlegen, wie er einzelne Unternehmensbereiche in Zukunft ausgestalten will. Nach erfolgreicher Einarbeitung sollte auch seine allmähliche Beteiligung am Unternehmen erfolgen: Je nach Rechtsform und Struktur der Firma wird er seinen Anteil am Kapital sukzessiv aufstocken, unter Umständen bis hin zu einer hundertprozentigen Beteiligung. Gleichzeitig übernimmt der Nachfolger zunehmend verantwortungsvollere Aufgaben und bekommt eigene Verantwortungsbereiche zugeordnet, während ihm der Übergeber mit Rat und Tat zur Seite steht, ohne ihn zu bevormunden. Am Ende dieser zweiten Phase wird der Übernehmer Mitgeschäftsführer des Unternehmens.

Nun ist der Zeitpunkt für den Übergeber gekommen, aus dem Unternehmen auszusteigen und sich aus dem operativen Geschäft zurückzuziehen (Phase „Selbermachen und Übergeben"): Es hat sich bewährt, den genauen Ausstiegstermin schriftlich zu fixieren, um keine Missverständnisse aufkommen zu lassen. Die Betriebsorganisation muss nach den Belangen des Nachfolgers umstrukturiert und einzelne Aufgabenbereiche gegebenenfalls an andere Mitarbeiter delegiert worden sein. Zwar steht der Übergeber dem Nachfolger noch eine gewisse Zeit zur Seite, mischt sich aber nicht mehr in das Tagesgeschäft ein. Vor allem in dieser Phase zeigt sich, ob die Konsensfindung während der Bestandsaufnahme und Konzeptionsentwicklung so erfolgreich war, dass Konflikte dadurch von vornherein vermieden werden.

Schließlich, in einem vierten und letzten Schritt – der „Unterstützung von außen" –, zieht sich der Übergeber endgültig aus dem Unternehmen zurück. Er kann noch die Position eines externen Beraters oder eines Beirats einnehmen (Cadieux 2007). Ob dies realisierbar ist, hängt von den individuellen Vorstellungen und dem (guten) Einvernehmen der Beteiligten ab. Mitunter erkennen die Beteiligten im Laufe dieses Prozesses, dass die Zusammenarbeit nicht möglich ist. Hierfür sind auch Ausstiegsszenarien festzulegen.

---

[7]In Anlehnung an Brockhaus (2004); Churchill und Hatten (1987). Cadieux (2007) identifiziert für die diese Phasen unterschiedliche Rollen für den Übergeber, z. B. Supervisor, Lehrer, Beschützer, Motivator, Kollaborateur.

8.3.1 Übernahmespezifische Herausforderungen

Die Übernahme der Führung durch den Nachfolger ist in dieser Phase durch drei zentrale Herausforderungen gekennzeichnet und verschiedene Studien verdeutlichen, wie diese durch sogenannte „succession support systems" reduziert werden können (Arteaga und Menéndez-Requejo 2017; Decker et al. 2016). Diese Nachfolgeunterstützungssysteme stellen in der Regel Governance Instrumente dar, die bewusst eingesetzt werden, um der nächsten Generation die Übernahme des Unternehmens zu erleichtern und Nachfolger in ihrer Rolle zu unterstützen (vgl. Kap. 11).

Eine der Herausforderungen liegt im Führungsverhalten des Nachfolgenden, denn Nachfolger bringen andere Führungsstile ins Unternehmen. Die Einstellungen und Werte der Menschen haben sich in den letzten Jahrzehnten deutlich gewandelt: von der Berufsorientierung hin zur Freizeitorientierung, von Sicherheitsgedanken und Versorgungsaspekten hin zur Selbstverwirklichung, oder von der Einstellung *Leben, um zu arbeiten* hin zum *Arbeiten, um zu leben*. Bei der Übergabe des Unternehmens treffen die Nachkriegsgeneration und die heutige Wohlstandsgeneration mit ihren verschiedenen Zielen und Vorstellungen direkt aufeinander. Während der Übergeber seinen Führungsstil an der traditionellen Mittelstandsdenke ausrichtete, wird die nachfolgende Generation eine andere Führungsphilosophie leben. Die unterschiedlichen Ansichten über die Unternehmensführung sowie die unterschiedliche Priorisierung der Tätigkeiten führt zu Unstimmigkeiten und Konflikten, wenn die Fronten, Aufgaben, Befugnisse und Verantwortlichkeiten nicht geklärt sind. Aber auch nach der Übergabe können diese Konflikte die Unternehmensstabilität gefährden. Das Unternehmen ist durch den Führungswechsel ohnehin belastet: Mitarbeiter, Kunden und Lieferanten müssen sich auf den neuen Chef einstellen, der Nachfolger seinen Weg des Managements finden und gleichzeitig seinen eigenen Führungsstil entwickeln und festigen.

Eine weitere Herausforderung liegt in der neuen Position des Nachfolgers in der Familie. Rückt ein Familienmitglied in die Unternehmensführung vor, ergeben sich auch Änderungen in der Gesellschafter- und Familienstruktur. Unternehmerfamilien sind in ihrem Alltagsleben von den Ereignissen im Unternehmen geprägt. Da wird vor dem Frühstück der Betrieb aufgeschlossen, sonntags der Mitarbeiter im Krankenhaus besucht und im Urlaub der Konkurrenz über die Schulter geschaut. Hochzeiten, aber auch Scheidungen werden nach dem Risiko bzw. Potenzial für das Unternehmen beurteilt. Das Unternehmen, seine Kontinuität und die Rolle des Einzelnen als Teil des Unternehmens ist der wichtigste Gesprächsstoff am sonntäglichen Kaffeetisch. Daraus resultierende Vorteile wie Kundennähe und Leanmanagement sind Organsiationsstrukturen, die viele Großunternehmen erst mühsam erarbeiten müssen. Entscheidungen in Familienunternehmen werden jedoch vor allem über wechselseitige Bedürfnisse und Erwartungen gefällt.

So vorteilhaft daher die Koexistenz zwischen Familie und Unternehmen für den Unternehmenserfolg auf der einen Seite ist, so wichtig ist auf der anderen Seite das Verständnis dafür, dass sich nach der Übergabe auch innerhalb der Familienstrukturen

Veränderungen ergeben und der Nachfolger in der Findung seiner neuen Rolle Unterstützung benötigt.

Schließlich liegt eine dritte Herausforderung im Verhalten des Übergebers im Unternehmen: Der Gedanke, als Unternehmer ersetzbar zu sein, ist sicher nicht angenehm, auch dann nicht, wenn der Wechsel mit Erleichterung erwartet wird. Da träumt der Vater zwar vom Ausstieg aus der Verantwortung, freut sich aber darauf, von Sohn oder Tochter ab und an gefragt zu werden. Er merkt jedoch schnell, dass wichtige Ereignisse an ihm vorbeigehen, dass er nicht auf dem bisherigen Informationsstand bleiben kann.

Hinzu kommt die Führungspersönlichkeit des Unternehmers, die eine weitere Führungskraft neben sich nicht duldet. Der Stolz auf den Erfolg der eigenen Kinder schlägt dann schnell um in Konkurrenzdenken. Die Identifikation mit dem eigenen Unternehmen bis hin zur Monopolisierung der Führungsstruktur macht darüber hinaus jede Veränderung des Nachfolgers zum Politikum, wird als Kritik an der bisherigen Führung verstanden oder aber als Fehler des Nachfolgers, der den Erfolg des Unternehmens schmälert. Der Führungsstil in Familienunternehmen ist vielfach von patriarchalem oder autoritärem Verhalten geprägt, bei dem das Eingestehen von Fehlern mit einer Einbuße von Glaubwürdigkeit einher geht. Verstärkt wird dieses Verhalten durch die innerfamiliäre Rollenverteilung. Der Übergeber hat als Elternteil ebenfalls eine Vorbildfunktion, welche die Kommunikation über eigenes Fehlverhalten nicht impliziert.

Moritz GmbH

Die Führungsstile in der Moritz GmbH haben sich mit dem Generationswechsel deutlich geändert. Horst hat als ein polternder Patriarch mit strenger, aber wohlmeinender Hand agiert, verlangt strikten Gehorsam und schickt Mitarbeiter ebenso strikt nach Hause, wenn er den Eindruck hat, dass sie Erholung brauchen.

Veronika und Heiko verstehen sich als Führungsteam und binden die wesentlichen Führungsmitglieder wie Groß und Wonschak auf Augenhöhe in ihre Entscheidungen ein. Heiko erinnert sich: „Weißt du noch, wie Papa sich schwer tat damit, auch mal Verantwortlichkeiten und Entscheidungsgewalten abzugeben. Arbeitete nächtelang durch, weil er in alle Prozesse involviert sein musste." Veronica ergänzt: „Jeden Morgen um Punkt acht die sogenannte „Morgenrunde", in der der Tagesablauf im Betrieb akribisch geplant wurde – da würde ich ja nie fertig."

Veronica, die aus dem kreativen Umfeld kommt, hat in ihren Bereichen einen sehr teamorientierten Führungsstil etabliert. Sie erwartet eine hohe Eigenständigkeit insbesondere von ihren Vertriebsmitarbeitern, was diese am Anfang völlig überfordert, waren sie doch bisher nur Handlanger des alleinigen Vertrieblers Horst. Ein variables Vergütungssystem hilft, den Vertriebsmitarbeitern deutlich zu machen, dass Eigenständigkeit nicht nur mehr Unsicherheit und Angst vor Fehlern bedeutet, sondern dass sie auch persönlich davon profitieren können, wenn sie überlegt die richtigen Entscheidungen treffen.

Im Produktionsbereich sieht das ähnlich aus, wenngleich Heiko der unumstrittene Technik-Kopf des Betriebs ist und die Mitarbeiter eher dafür sorgen, dass dessen

Ideen auch zu echten Produkten werden. Aber auch hier herrscht inzwischen ein hoher Teamgeist unter den Mitarbeitern, man springt für den anderen ein und keiner ist sich zu schade für die einfachen Aufgaben.

Kevin findet die Zusammenarbeit zwischen seinen Geschwistern zwar gut, ihren Führungsstil kritisiert er jedoch wie bereits bei seinem Vater: „Ich würde gar nicht im Unternehmen, sondern am Unternehmen arbeiten. Die meisten Mitarbeiter wissen fachlich mehr als ihr, aber ihr wollt das alles auch können! Mal als Beispiel: Ich spiele in einer Band, in der ich eigentlich mit Abstand der schlechteste Musiker bin, aber wenn wir improvisieren, dann gebe ich den Takt vor; und jeder kriegt genau den Raum, den er braucht, um mit einem Solo zu glänzen. Und dieses Erlebnis haut die Zuschauer regelmäßig vom Hocker. Es ist ein Irrtum zu glauben, dass man als Chef alles wissen muss. Man muss nur den richtigen Leuten die Chance geben zu zeigen, was sie drauf haben. So entsteht etwas, das größer ist als nur die Summe der einzelnen Teile."

Vor dem Hintergrund dieser drei Herausforderungen wird im Nachfolgeprozess zunehmend das Instrument des freiwilligen Beirats eingesetzt (Arteaga und Menéndez-Requejo 2017). Durch den Einsatz eines freiwilligen Beirats wird dem Nachfolger ein Gremium zur Seite gestellt, das beratend, unterstützend und auch gestalterisch genutzt werden kann. Zudem ist die Nachfolge auch in der Phase des Einsatzes mit einer hohen Emotionalität verbunden, die eng mit der Rollenverschiebung zwischen Übergeber und Übernehmer sowie zwischen Familie und Unternehmen zusammenhängt (Berrone et al. 2012; Shepherd und Zacharakis 2000). Aber auch die Führungsübergabe des Übergebers (outgoing manager) führt zu Verschiebungen und Veränderungen im Führungsverhalten sowie im Rollenverständnis des Übergebers gegenüber dem Unternehmen, der Familie sowie externen Stakeholdergruppen (Brundin und Sharma 2011). Auch hier können Instrumente der business governance oder der family governance eingesetzt werden, indem beispielsweise Gremien geschaffen werden, in denen der Übergeber eine neue Position findet.

8.3.2 Leistungsbeurteilung nach der Übernahme

Mit der Nachfolgeentscheidung und der Übergabe der Führungsverantwortung an den oder die Nachfolgenden ist der Prozess noch nicht zu Ende. Eine kontinuierliche Leistungsbewertung ermöglicht, die getroffene Nachfolgeentscheidung zu verfeinern, zu verbessern oder gegebenenfalls zu revidieren. Die systematische Leistungsbeurteilung ist dabei insbesondere für folgende Konstellationen zu erörtern:

(1) Einzelnachfolge: In Führungskonstellationen, in denen die Führung an einen einzelnen Nachfolger übergeben wird, ist kontinuierlich die Leistung des Nachfolgers zu evaluieren. Insbesondere die Übernahme großer Unternehmen oder die Übertragung an einen noch unerfahrenen Nachfolger ist mit einer besonderen Herausforderung verbunden. Auch wenn der Nachfolger im Vorfeld bereits Führungserfahrungen sammeln

konnte, beispielsweise in der Führung des eigengegründeten Unternehmens, ist nicht sichergestellt, dass der neue Arbeitsalltag diesen Erfahrungen gerecht wird. In dieser Konstellation kann es hilfreich sein, durch den Einsatz eines Fremd-Managers den Nachfolger zu entlasten und gezielt zu unterstützen.

(2) Familien TMT: Ähnliche Schwierigkeiten kann es auch in Führungskonstellationen geben, in denen mehrere Familienmitglieder gleichberechtigt die Führungsverantwortung übernommen haben. Vergleichbar zu TMTs in Konzernen, kann es auch in siblings teams oder Vettern-Teams nach Übertragung der Nachfolge dazu kommen, dass ein Teammitglied der Leistungsanforderung nicht gerecht wird und/ oder das Team in seiner Zusammensetzung nicht optimal gestaltet ist. Obwohl diese Familienteams aus Mitgliedern bestehen, die sich aufgrund ihrer Verwandtschaftsverhältnisse häufig seit der Geburt kennen, zeigen Studien, dass die tatsächliche berufliche Zusammenarbeit eine große Schwierigkeit darstellen kann. Im Fall einer schwachen Leistungsbeurteilung sind Entscheidungen zu treffen, die die Performance des Teams ermöglichen, stärken und verbessern. Dieses kann durch den Austausch eines Teammitglieds geschehen oder durch die Hinzunahme eine Fremd-Managers.

(3) Intergenerationale Zusammenarbeit: Schließlich sind auch die Familien TMTs, die intergenerational zusammengesetzt sind, einer kontinuierlichen Leistungsprüfung zu unterziehen. Denn auch hier ist den Teammitgliedern vor der Übergabe nicht klar, wie sich die tagtägliche Zusammenarbeit mit der jeweils anderen Generation im Unternehmen anfühlen wird. Sowohl die Zusammenarbeit der Kinder mit ihren Eltern als auch der berufliche Umgang der Eltern mit ihren Kindern ist insbesondere in der Phase der Teamformierung mit Herausforderungen verbunden. Wenn sich der Erfolg eines intergenerationalen Eltern TMTs nicht einstellt, ist es möglich, den Rückzug der Elterngeneration aus dem Unternehmen zu forcieren oder der nachfolgenden Generation die Leitung des TMTs zu übertragen, um somit dem Unternehmen nicht nachhaltig durch eine mangelhafte Führung zu schaden.

8.4   Die Notfallplanung

Wer ein Unternehmen lenkt und vielleicht schon über Jahrzehnte führt, geht häufig eine Symbiose zwischen der eigenen Person und dem Wohl des Betriebs ein. Niemand weiß so genau wie der Chef eines Familienunternehmens, wie der Laden läuft. Wirklich niemand? Dann ist dieses Unternehmen denkbar schlecht auf unvorhergesehene Ereignisse wie Krankheit oder vorhersehbare wie die Unternehmensnachfolge eingestellt. Abhilfe schafft eine betriebliche Notfallplanung. Allerdings ist es auch nicht mit einer einmaligen Aktion getan: Nur eine periodische Aktualisierung des Notfallplans gewährleistet, dass er im Fall der Fälle auch wirklich funktioniert.

Auch wenn es dem Unternehmer schwerfällt, sich mit seinem plötzlichen Ableben oder einer schweren Krankheit auseinander zu setzen – es ist notwendig, alle Maßnahmen zu ergreifen, die nach dem Eintritt eines Notfalls die Fortführung des Unternehmens und die Absicherung der Familie gewährleisten.

Zu beachten ist, dass diese Notfallplanung auch für den Fall erstellt wird, dass der Nachfolger ausfällt.

Moritz GmbH

Nachdem Heiko und Veronika erlebt haben, wie schnell die Moritz GmbH nach dem Tode des Vaters führungslos dastand, ist das Thema Sterben und Nachfolge in vielen Gesprächen präsent. Heiko wiederstrebt jedoch der Gedanke in seinem, wie er findet, noch recht jugendlichen Alter ein Testament zu machen. Er ist ein wenig abergläubisch: „Das ist ein schlechtes Omen für die Zukunft!" Seine Frau Laura unterstützt ihn in dieser Ansicht nicht. Schon allein um die Familie finanziell im Falle von Tod und Krankheit abzusichern, besteht sie auf einer baldigen Regelung und liegt ihrem Mann damit öfter mal in den Ohren: „Denk doch daran, dass die Kinder noch nicht so alt sind – und ich habe doch gar keine Chance mehr, einen adäquaten Job zu finden." Heiko gibt klein bei und versucht, zusammen mit seiner Frau ein Testament zu formulieren.

Veronika hingegen will vermeiden, dass eine mögliche Nachfolge das Unternehmen belastet: „Wir müssen das Erbe unseres Vaters weitertragen – ich will nicht, dass der Betrieb mit dieser Generation endet." Ein Testament hat sie bereits bei ihrem Notar hinterlegen lassen und auch eine Vorsorge für den Notfall getroffen.

Endlich kann sie auch Heiko mehr und mehr dazu motivieren, sich mit dem Thema Nachfolge auseinander zu setzen. Die Führungsverantwortung soll – da ist sich Heiko sicher – nur an ein Familienmitglied abgegeben werden. Er ist der festen Überzeugung, dass nur ein Familienmitglied die Werte, Potenziale und Zukunftsvisionen der Familie weitertragen kann. Außerdem möchte er eine möglichst geringe steuerliche Belastung. Da die Familie und das Unternehmen der Moritz GmbH so eng verzahnt sind, soll die Nachfolgeregelung an diesem Punkt anknüpfen und in diesem Sinne soll das Unternehmen auch zukünftig so geführt werden.

Für Veronika hingegen ist das nicht so entscheidend. Sie wünscht sich eine Lösung, bei der die Eignung des Kandidaten im Vordergrund steht. Einem Wechsel in der Führung steht sie sehr positiv gegenüber, da „Innovationen und neue Ideen das Unternehmen immer weiterbringen" – wie sie sagt. Heiko ist da weit weniger optimistisch. Er befürchtet, dass das Unternehmen in der instabilen Zeit des Führungswechsels Schaden nehmen könnte und womöglich zerbricht. „Überleg doch mal" – erinnert sie ihren Bruder: „Papa hatte dich doch schon sehr früh in geschäftliche Prozesse involviert und weißt du noch: deine eigene kleine Arbeitsecke in der Werkstatt." Hier zeigte sich schon in jungen Jahren das technische Talent von Heiko. Umso enttäuschter war der Vater über den Rückzug von Heiko aus dem Unternehmen. Dass die familiären Schwierigkeiten auch an ihm liegen könnten, kam ihm jedoch nicht in den Sinn.

Wie sich ein Notfall konkret in einem Unternehmen auswirkt, kann durchaus auch getestet werden. Die Frage: „Sind sie schon einmal Probe gestorben?", ist gar nicht so abwegig. Was passiert, wenn der Unternehmer einfach mal ohne Ansage zwei Tage wegbleibt? Oder sich gar für einen längeren Urlaub ernsthaft ausklinkt? Die Erfahrungen, die die Mitarbeiter in solchen außergewöhnlichen Situationen machen, werden eine Vielzahl an Stellschrauben aufzeigen, die bearbeitet werden müssen, um für den tatsächlichen Notfall gerüstet zu sein.

Natürlich ist eine Notfallplanung stark von den individuellen Gegebenheiten des jeweiligen Betriebs und der Betriebsgröße abhängig. In kleinen Betrieben fehlen beispielsweise Bankvollmachten, es gibt niemanden, der zeichnungsberechtigt ist und wenn die Produktherstellung in allen Einzelheiten nur dem Chef bekannt ist, kann dies verständlicherweise Unternehmen in den Ruin treiben. So selten ist dieses „worst case"-Szenario gar nicht: Nach Zahlen des Bonner Instituts für Mittelstandsforschung (IfM) ist jede zehnte Nachfolge unerwartet (Kay et al. 2018).

Doch gilt auch für größere Unternehmen: Ganz praktische Anweisungen sind wichtig, um im Krankheits- oder Todesfall das Weiterbestehen des Betriebs zu ermöglichen. Schlüssel, Passwörter, PINs und TANs sollten ebenso auffindbar sein wie wichtige Rezepturen oder Einstellungen. Vollmachten ermöglichen den entsprechenden Personen, die Führung auch tatsächlich in die Hand zu nehmen. Ohne die Einsicht in entsprechende Verträge, Versicherungspolicen und vor allem strategische und betriebswirtschaftliche Kerninformationen können Vertreter oder plötzlich einzusetzende Nachfolger nicht handeln.

Die Folgen betreffen nicht nur das Alltagsgeschäft: Die Beziehung zu Geschäfts- und Finanzpartnern leidet, möglicherweise werden Überziehungskredite gekürzt und auch Konkurrenten schlafen in solchen Situationen bekanntlich nicht. Nicht nur das Unternehmen und die Mitarbeiter leiden in solchen Fällen, in Familienunternehmen steht letztlich auch das Wohl der Unternehmerfamilie auf dem Spiel.

Dabei geht es nicht nur um die Weiterführung des Tagesgeschäfts, sondern auch um strategische Entscheidungen. Hier ist es hilfreich, wenn eine starke und verantwortungsvolle zweite Führungsebene existiert, die klare Vorstellungen davon hat, wer welche zusätzlichen Aufgaben im Notfall übernehmen könnte. Auch ein Beirat ist eine sinnvolle Notfall-Maßnahme für größere Unternehmen, wenn ihm Personen angehören, mit denen kein Abhängigkeitsverhältnis besteht. Ist dieser Beirat für den Notfall mit Entscheidungskompetenzen ausgestattet, funktioniert nicht nur das Tagesgeschäft, sondern es können auch strategische Entscheidungen getroffen werden.

Die Planung sollte durch ein Notfallhandbuch dokumentiert werden. Der Aufbau dieses Handbuchs ist individuell auf den Betrieb und die familiären Verhältnisse abzustimmen. Zumindest sind folgende Punkte zu erfassen:

- die rechtliche Absicherung des Unternehmens und der Familie,
- die Sicherung des Tagesgeschäfts,
- die privaten Verpflichtungen und
- die wichtigen und notwendigen betrieblichen und privaten Informationen.

Zudem sind die im Notfall verantwortlichen Personen wie führende Mitarbeiter, Firmenkundenbetreuer, Berater des Unternehmens, Financial und Estate Planner und die Familie über die Notfallregelungen und den Aufbewahrungsort des Notfallhandbuchs zu informieren.

Alle diese Maßnahmen sind neben der Vorsorge für unerwartete Notfälle wie Unfall oder Krankheit auch eine gute Vorbereitung für den planbaren Abschied vom Unternehmen: Der Nachfolgeregelung. Wer für den Notfall vorgesorgt hat, bringt für einen gelungenen Nachfolgeprozess gute betriebliche Voraussetzungen mit, kann Prozesse klar und transparent steuern und hat ein zuverlässiges Netzwerk an externen Beratern und Geschäftspartnern zur Hand. Das Credo wirklich verantwortungsvoller Unternehmer lautet deshalb: „Der Chef muss ersetzbar sein!".

8.5   (Miss-)Erfolgsfaktoren im Nachfolgeprozess

Die spezifischen Erfolgsfaktoren im Nachfolgeprozess sind ein wissenschaftlich umfassend beleuchtetes Thema (Morris et al. 1997; Spelsberg 2011). Für Familienunternehmen besonders interessant sind die Faktoren, die zum Scheitern führen bzw. die Übergabe verhindern. Die Analyse der Gründe des Scheiterns ermöglicht die Sensibilisierung für den Nachfolgeprozess und gibt Hinweise auf eine situationsangepasste Vorbereitung.

Für das Scheitern einer Nachfolgeregelung werden vordergründig häufig steuerliche oder rechtliche Gründe verantwortlich gemacht:

- Steuerliche Gründe, da es dem Unternehmen durch Steuernachzahlungen an Liquidität mangelt.
- Rechtliche Gründe, weil Formfehler gemacht werden.

Diese Gründe mögen in Einzelfällen auch eine entscheidende Rolle spielen, doch häufiger sind emotionale Gründe ausschlaggebend (vgl. Abschn. 10.1). Diese gefährden einerseits die Wirtschaftlichkeit und Überlebensfähigkeit des Unternehmens, andererseits die Harmonie innerhalb der Familie sowie die Übernahmeabsichten des Nachfolgers und Übergabeabsichten des Unternehmenseigentümers (De Massis et al. 2008).

Ein wichtiger Grund ist die Ablehnung des potenziellen Nachfolgers durch den bisherigen Unternehmer. De Massis et al. (2008) identifizieren darüber hinaus jene Determinanten, bei denen trotz Übergabeabsichten des Amtsinhabers und Übernahmeabsichten potenzieller Nachfolger keine Führungsübergabe[8] stattfindet. „Keine Führungsübergabe" heißt dabei, dass:

- der potenzielle Nachfolger die Unternehmensführung ablehnt,
- eine dominante Gruppe den potenziellen Nachfolger ablehnt und/oder
- eine dominante Gruppe sich gegen eine familieninterne Nachfolgelösung entscheidet, obwohl ein geeigneter und interessierter potenzieller Nachfolger zur Verfügung steht.

---

[8]Hinweis: Das Modell analysiert die Übertragung der Leitungsbefugnis. Da diese aber oft mit einer Eigentumsübertragung einhergeht, dürften identifizierten Faktoren auch hierfür Gestaltungselemente sein.

Insgesamt können fünf verschiedene Kategorien von Faktoren, die zu solchen Situationen führen, identifiziert werden: individuelle Faktoren, interpersonelle Faktoren, finanzielle Faktoren, kontextbezogene Faktoren und prozessbezogene Faktoren (vgl. Tab. 8.1).

- Bei den individuellen (persönlichen) Faktoren geht es um die Fähigkeiten und Eigenschaften des Übergebers und des Nachfolgers.
- Hindernisse auf emotionaler Ebene werden durch die interpersonellen Faktoren beschrieben. Eine Nachfolgelösung wird zum Beispiel nicht realisiert, wenn die Beziehung zwischen den Familienmitgliedern und/oder involvierten Nicht-Familienmitgliedern problematisch ist (z. B. Rivalität, fehlendes Vertrauen). Nur wenn die Beziehung zwischen Amtsinhaber und Nachfolger gut ist, wird Wissen effizient und umfangreich übertragen (Märk 2012). Sind die individuellen und interpersonellen Voraussetzungen nicht gegeben, kann es zu einem unmittelbaren Rückzug des Interessenten führen oder zu dessen Ablehnung auf Seite der Unternehmerfamilie und der betroffenen Manager.
- Die kontextbezogenen Faktoren – darunter versteht man Determinanten der Unternehmensperformance und der Kunden-/Lieferantenbeziehung – und die finanziellen Rahmenbedingungen können zu allen drei Konstellationen einer verhinderten Führungsübergabe führen.
- Die fünfte Kategorie der prozessbezogenen Faktoren umfasst Themen wie die Vorbereitung des Nachfolgers auf die Führungsaufgabe, seine Bewertung und die Kommunikation zwischen den Beteiligten. Diese gestalten die individuellen und familiären Faktoren mit und können sie positiv wie negativ beeinflussen. Werden alle genannten Determinanten in Familienunternehmen bewusst gemanagt, können Nachfolgeregelungen besser koordiniert, gesteuert und somit erfolgreich durchgeführt werden.

Abschließend sei nochmals drauf verwiesen, dass die Kommunikation über Entscheidungen im Verlauf des Nachfolgeprozesses eine der größten Herausforderungen der Nachfolge darstellt, aber gleichzeitig als einer der zentralen Faktoren für den Erfolg von Nachfolge zu verstehen ist. Diese ist darauf zurückzuführen, dass auf der einen Seite ein hohes Maß an Offenheit notwendig ist, um die Akteure mit ihren unterschiedlichen Interessen und Zielen in den Prozess einzubinden. Dieser Aspekt ist bereits mit Blick auf die Komplexität von Nachfolge in Kap. 7 erörtert worden. Zum anderen kann allerdings die notwendige Offenheit bei der Vorbereitung der Übergabe nicht erzielt werden, wenn Themengebiete zwischen den Betroffenen tabuisiert sind. Tabuthemen sind daher eine der zentralen Ursachen für das finale Scheitern der Übergabe.

Als Tabus gelten Themenbereiche in Organisationen, die zwar gedacht, gesagt oder umgesetzt werden können, aufgrund bestehender Werte oder tradierter Normen allerdings nicht (offen) thematisiert werden (Hoon 2014). Obwohl die Bearbeitung dieser Themenbereiche für eine Organisation positive Effekte erzielen würden, werden diese Themen allerdings verschwiegen, weil sie in die Tabuzone fallen. Tabus resultieren zumeist aus familiären Vorbehalten, Werten und Normen der Familientradition.

Tab. 8.1 Faktoren, die eine familieninterne Nachfolge verhindern können. (Quelle: In Anlehnung an De Massis et al. 2008)

Kategorie	Subkategorie	Faktor
Individuelle Faktoren Betreffen das Profil und/oder die Motivation der einzelnen beteiligten Individuen	Nachfolgerbezogene Faktoren	• Ungenügende Fähigkeiten • Unzufriedenheit/ungenügende Motivation • Unerwarteter Verlust (z. B. durch Tod, Krankheit)
	Übergeberbezogene Faktoren	• Verbundenheit mit dem Unternehmen • Unerwarteter vorzeitiger Verlust (z. B. durch Tod, Krankheit) • Unvorhergesehene Wiederheirat, Scheidung, Geburt weiterer Kinder
Interpersonelle Faktoren Betreffen die Beziehung zwischen Familienmitgliedern, aber auch zwischen Familienmitgliedern und im Unternehmen involvierten Nicht-Familienmitgliedern	Familienmitgliederbezogene Faktoren	• Konflikte, Rivalitäten, Wettbewerb in der Eltern-Kind-Beziehung • Konflikte, Rivalitäten, Wettbewerb zwischen Familienmitgliedern • Gefahren aufgrund zu hoher Kompromissbereitschaft • Mangel an Vertrauen in potenzielle Nachfolger • Mangel an Unterstützung für potenzielle Nachfolger
	Nicht-familienmitgliederbezogene Faktoren	• Konflikte zwischen Übergeber/Nachfolger und Nicht-Familienmitgliedern und fehlende Akzeptanz potenzieller Nachfolger bei Nicht-Familienmitgliedern • Mangel an Vertrauen in potenzielle Nachfolger • Mangel an Unterstützung für potenzielle Nachfolger
Finanzielle Aspekte Betreffen unzureichende interne finanzielle Mittel sowie hohe Opportunitätskosten einer externen Finanzierung		• Zahlungsunfähigkeit des Steueraufkommens aus der Übernahme • Fehlende finanzielle Mittel zur Auszahlung der Erbberechtigten • Ungenügende finanzielle Mittel für die Einstellung professioneller Manager
Kontextbezogene Faktoren Betreffen Änderungen im politisch-wirtschaftlichen Umfeld, in dem das Unternehmen tätig ist		• Veränderung der Unternehmensperformance • Rückläufiger Umfang der Geschäftstätigkeit • Verlust von Schlüsselkunden/-lieferanten/Verschlechterung der Beziehung zwischen potenziellen Nachfolgern und Kunden/Lieferanten

(Fortsetzung)

Tab. 8.1 (Fortsetzung)

Kategorie	Subkategorie	Faktor
Prozessbezogene Faktoren Betreffen positive oder negative Aktivitäten im Nachfolgeprozess	Nachfolgervorbereitung	• Unklare Rollenverteilung zwischen Übergeber und potenziellen Nachfolgern • Fehlende Kommunikation der Entscheidungen hinsichtlich des Nachfolgeprozesses
	Nachfolgerentwicklung	• Fehlerhafte Bewertung der Abweichungen zwischen Anforderungen und Fähigkeiten des potenziellen Nachfolgers • Fehlende/ungenügende Aus-/Weiterbildung potenzieller Nachfolger • Späte/unzulängliche Einbindung potenzieller Nachfolger ins Unternehmen • Ungenügende Feedbacks an potenzielle Nachfolger über die Fortschritte im Nachfolgeprozess
	Nachfolgerauswahl	• Keine Formalisierung rationaler und objektiver Auswahlkriterien • Keine klare Definition der Zusammensetzung des Auswahlteams

Fallen Entscheidungen im Nachfolgeprozess in die Tabuzone, werden diese nicht offen angesprochen, sondern aus verschiedenen Gründen verschwiegen. Die feste und verbindliche Kommunikation von Entscheidungen und Übergabeterminen ist daher unabdingbar für die notwendige Klarheit des Nachfolgeprozesses, so schwer die Thematisierung im Einzelfall auch sein mag.

Lernfragen

- Gibt es einen richtigen Zeitpunkt für die Nachfolge? Wie würden Sie diesen bestimmen?
- Erläutern Sie die vier Phasen eines idealtypischen Nachfolgeprozesses.
- Welche Diskussionen können in Familienunternehmen auftreten, wenn die Frage der familieninternen Führungskräfteentwicklung aufkommt?
- Beschreiben Sie ideale Kandidaten für eine Nachfolge und warum diese Ihnen ideal erscheinen.
- Für wen ist eine Notfallplanung wichtig und welche Themen müssen dabei berücksichtigt werden?
- Nennen Sie zentrale Misserfolgsbereiche für eine familieninterne Nachfolge.

Literatur

Arteaga, R., & Menéndez-Requejo, S. (2017). Family constitution and business performance: Moderating factors. *Family Business Review, 30*(4), 320–338.

Bennedsen, M., Nielsen, K. M., Pérez-González, F., & Wolfenzon, D. (2007). Inside the family firm: The role of families in succession decisions and performance. *Quarterly Journal of Economics, 122*(2), 647–691.

Berrone, P., Cruz, C., & Gomez-Mejia, L. R. (2012). Socioemotional wealth in family firms: Theoretical dimensions, assessment approaches, and agenda for future research. *Family Business Review, 25*(3), 258–279.

Brockhaus, R. H. (2004). Family business succession: Suggestions for future Research. *Family Business Review, 17*(2), 165–177.

Brundin, E., & Sharma, P. (2011). Love, hate and desire: The role of emotional messiness in the business family. In A. Carsrud & M. Brannback (Hrsg.), *International perspectives on future research in family business: Neglected topics and under-utilized theories* (S. 55–71). New York: Springer.

Cadieux, L. (2007). Succession in small and medium-sized family businesses: Toward a typology of predecessor roles during and after instatement of the successor. *Family Business Review, 20*(2), 95–109.

Chrisman, J. J., Chua, J. H., Pearson, A. W., & Barnett, T. (2012). Family involvement, family influence, and family-centered non-economic goals in small firms. *Entrepreneurship Theory & Practice, 36*(2), 267–293.

Chrisman, J. J., Devaraj, S., & Patel, P. C. (2017). The impact of incentive compensation on labor productivity in family and nonfamily firms. *Family Business Review, 30*, 119–136.

Churchill, N. C., & Hatten, K. J. (1987). Non-market-based transfers of wealth and power: A research framework for family businesses. *American Journal of Small Business, 11*(3), 51–64.

Covin, J., Eggers, F., Kraus, S., Cheng, C.-F., & Chang, M. (2016). Radical innovativeness in family and non-family firms: A configuration approach. *Journal of Business Research, 69*(12), 5547–6106.

Credit Suisse (Hrsg.) & Center for Family Business der Universität St. Gallen (2009). *Erfolgreiche Unternehmensnachfolge, Studie mit KMU-Unternehmern zu emotionalen und finanziellen Aspekten.* Zürich: Credit Suisse.

Cruz, C., & Nordqvist, M. (2012). Entrepreneurial orientation in family firms: A generational perspective. *Small Business Economics, 38*(1), 33–49.

Daspit, J. J., Holt, D. T., Chrisman, J. J., & Long, R. G. (2015). Examining family firm succession from a social exchange perspective: A multiphase, multi-stakeholder review. *Family Business Review, 29*(1), 44–64.

Davis, P. (1997). Clarify your objectives before you begin. In M. Fischetti (Hrsg.), *The family business succession handbook* (S. 5–7). Philadelphia: Family Business Publishing Company.

Decker, C., Heinrichs, K., Rau, S., & Jaskiewicz, P. (2016). What do we know about succession in family businesses? Mapping current knowledge and future territory. In F. Kellermanns & F. Hoy (Hrsg.), *The Routledge companion to family business* (S. 15–44). Oxford: Routledge.

De Massis, A., Chua, J. H., & Chrisman, J. J. (2008). Factors preventing intra-family succession. *Family Business Review, 21*(2), 183–199.

Dyck, B., Mauws, M., Starke, F. A., & Mischke, G. A. (2002). Passing the baton: The importance of sequence, timing, technique, and communication in executive succession. *Journal of Business Venturing, 17,* 143–381.

Dyer, W. J. Jr. (1986). *Cultural change in family business: Anticipation and managing business and family transitions.* San Francisco: Jossey-Bass.

Felden, B. (2012a). Finanzierungsaspekte bei Unternehmensübernahmen. *Der Betrieb spezial, 12,* 8–10.

Felden, B. (2012b). Auswahl eines familieninternen Nachfolgers. In H. Brost & M. Faust (Hrsg.), *Unternehmensnachfolge im Mittelstand* (S. 141–170). Frankfurt: Frankfurt-School-Verlag.

Felden, B., & Adams, P. (2006). Geregelte Nachfolge im Ratingprozess. In A.-K. Achleitner, O. Everling, & S. Klemm (Hrsg.), *Nachfolgerating* (S. 247–264). Wiesbaden: Gabler.

Felden, B., & Pfannenschwarz, A. (2008). *Unternehmensnachfolge. Perspektiven und Instrumente für Lehre und Praxis.* München: Oldenburg.

Felden, B., & Pickhardt, J. (2013). Nachfolgemanagement: Wenn der Wunsch nach Fortführung die Innovationskraft lähmt. *Der Betrieb Spezial 42,* M 7-M.

Felden, B., & Wirtz, M. (2012a). Das AEP-Modell zur individuellen Beur-teilung von familieninternen Nachfolgern. *Der Betrieb, 17.* http://www.der-betrieb.de/pdf/spezial/DB-Spezial-2012-42.pdf. Zugegriffen: 24. Febr. 2014.

Felden, B., & Wirtz, M. (2012b). Kompetenzbeurteilung in Familienunternehmen – Zwischen Intuition und Emotion. *NWB-BB, 10,* 316–318.

Felden, B., & Wirtz, M. (2013). Reibungslose Staffelübergabe. *Betriebswirtschaftliche Blätter,* Online-Ausgabe vom 17. April 2013.

Filser, M., Brem, A., Gast, J., Kraus, S., & Calabrò, A. (2016). Innovation in family firms: Examining the inventory and mapping the path. *International Journal of Innovation Management (in press).*

García-Sánchez, I. M., Martínez-Ferrero, J., & García-Meca, E. (2018). *Review of Management Science, 1,*1–34.

Gilding, M., Gregory, S., & Cosson, B. (2015). Motives and outcomes in family business succession planning. *Entrepreneurship Theory & Practice, 39*(2), 299–312.

Handelsblatt (2018). Spektakuläre Wendung im Nachfolgestreit um Kaffee-Dynastie – Darboven will Jacobs-Erben adoptieren. https://www.handelsblatt.com/unternehmen/handel-konsumgueter/familienunternehmen-spektakulaere-wendung-im-nachfolgestreit-um-kaffee-dynastie-darboven-will-jacobs-erben-adoptieren/22778650.html?ticket=ST-1969268-Rgsz3nbYX5ZzOBZmMWXm-ap4. Zugegriffen: 28. Aug. 2018.

Hoon, C. (2014). Too taboo to change: How actors adress and respond to taboo-breaking issues. *Schmalenbach Business Review, 66,* 43–72.

Hoon, C., Bormann, K., & Brinkmann, J. (2018). *Understanding nepotism in family firms from an HRM point of view.* Working Paper, Bielefeld University.

Ibrahim, A. B., Dumas, C., & McGuire, J. (2001). Strategic decision making in small family firms: An empirical investigation. *Journal of Small Business Strategy, 12*(1), 1–11.

Jaskiewicz, P., Uhlenbruck, K., Balkin, D. B., & Reay, T. (2013). Is nepotism good or bad? Types of nepotism and implications for knowledge management. *Family Business Review, 20*(10), 1–19.

Kay, R., Suprinovic, O., Schlömer-Laufen, N., & Rauch, A. (2018). *Unternehmensnachfolgen in Deutschland 2018 bis 2022.* IfM Bonn: Daten und Fakten Nr. 18, Bonn.

Kidwell, R. E., Kellermanns, F. W., & Eddleston, K. A. (2012). Harmony, justice, confusion, and conflict in family firms: Implications for ethical climate and the "Fredo Effect". *Journal of Business Ethics, 106*(4), 503–517.

Kristof, A. L. (1996). Person-organization fit: An integrative review of its conceptualizations, measurement, and implications. *Personnel Psychology, 49*(1), 1–49.

Le Breton-Miller, I., Miller, D., & Steier, L. (2004). Toward an integrative model of effective FOB succession. *Entrepreneurship Theory & Practice, 28*(4), 305–328.

Märk, S. (2012). The transfer of knowledge within the succession process of family businesses: Results from a quantitative study in Western-Austria. *International Journal of Entrepreneurship and Small Businesses, 17*(2), 176–198.

Mazzola, P., Marchisio, G., & Astrachan, J. (2008). Strategic planning in family business: A powerful developmental tool for the next generation. *Family Business Review, 21*(3), 239–258.

Meyer, J., & Allen, N. (1991). A three-component conceptualization of organizational commitment. *Human Resource Management Review, 1,* 61–89.

Miller, D., & Le Breton-Miller, I. (2011). Governance, social identity, and entrepreneurial orientation in closely held public companies. *Entrepreneurship Theory & Practice, 35*(5), 1051–1076.

Miller, D., Steier, L., & Le Breton-Miller, I. (2003). Lost in time: Intergenerational succession, change and failure in family business. *Journal of Business Venturing, 18*(4), 513–531.

Minichilli, A., Nordqvist, M., Corbetta, G., & Amore, M. D. (2014). CEO succession mechanisms, organizational context, and performance: A socio-emotional wealth perspective on family-controlled firms. *Journal of Management Studies, 51*(7), 1153–1179.

Molly, V., Laveren, E., & Deloof, M. (2010). Family business succession and its impact on financial structure and performance. *Family Business Review, 23,* 131–147.

Molly, V., Laveren, E., & Jorissen, A. (2012). Intergenerational differences in family firms: Impact on capital structure and growth behavior. *Entrepreneurship Theory & Practice, 36*(4), 703–725.

Morris, M. H., Williams, R. O., Allen, J. A., & Avila, R. A. (1997). Correlates of success in family business transitions. *Journal of Business Venturing, 12*(5), 385–401.

Mowday, R. T., Steers, R. M., & Porter, L. W. (1982). *Employees, organization linkages.* New York: Academic Press.

Müller Tiberini, F. (2008). *Erben in Familienunternehmen. Die Unternehmensnachfolge konfliktfrei regeln.* Zürich: Orell-Füssli.

Padgett, M. Y., & Morris, K. A. (2005). Keeping it "all in the family:" Does nepotism in the hiring process really benefit the beneficiary? *Journal of Leadership & Organizational Studies, 11*(2), 34–45.

Pfannenschwarz, A. (2006). *Nachfolge und Nicht-Nachfolge im Familienunternehmen. Band 2: Fallstudien zum familieninternen Generationswechsel.* Heidelberg: Carl-Auer.

Salvato, C., Minichilli, A., & Piccarreta, R. (2012). Faster route to the CEO suite: Nepotism or managerial proficiency. *Family Business Review, 25*(2), 206–224.

Sardeshmukh, S. R., & Corbett, A. C. (2011). The duality of internal and external development of successors: Opportunity recognition in family firms. *Family Business Review, 24*(2), 111–125.

Schell, S., Groote, J. de, Hack, A., & Kammerlander, N. (2018). We are family!? Disentangling the owner family in family businesses. *Academy of Management Best Paper Proceedings.*

Semrau, T., Ambos, T., & Kraus, S. (2016). Entrepreneurial orientation and SME performance across societal cultures: An international study. *Journal of Business Research, 69*(5), 1928–1932.

Sharma, P., & Irving, P. G. (2005). Four bases of family business successor commitment: Antecedents and consequences. *Entrepreneurship Theory & Practice, 29*(1), 13–34.

Sharma, P., Chrisman, J. J., & Chua, J. H. (2003). Succession planning as planned behaviour: Some empirical results. *Family Business Review, 16*(1), 1–15.

Sharma, P., Chua, J. H., & Chrisman, J. J. (2000). Perceptions about the extent of succession planning in Canadian family firms. *Canadian Journal of Administrative Science, 17,* 233–244.

Shepherd, D. A., & Zacharakis, A. L. (2000). Structuring family business succession: An analysis of the future leader's decision making. *Entrepreneurship Theory & Practice, 24*(4), 25–39.

Sonfield, M. C., & Lussier, R. N. (2004). First-, second-, and third-generation family firms: A comparision. *Family Business Review, 17*(3), 189–202.

Spelsberg, H. (2011). *Die Erfolgsfaktoren familieninterner Unternehmensnachfolgen.* Wiesbaden: Springer Gabler.

Stavrou, E. T. (1999). Succession in family businesses: Exploring the effects of demographic factors on offspring intentions to join and take over the business. *Journal of Small Business Management, 37*(3), 43–61.

Venter, E., Boshoff, C., & Maas, G. (2006). Influence of owner-manager-related factors on the succession process in small and medium-sized family businesses. *International Journal of Entrepreneurship and Innovation, 7*(1), 33–47.

Villalonga, B., & Amit, R. (2006). How family ownership, control and management affect firm value? *Journal of Financial Economics, 80*(2), 385–417.

Vinton, K. L. (1998). Nepotism: An interdisciplinary model. *Family Business Review, 11,* 297–303.

Wennberg, K., Wiklund, J., Hellerstedt, K., & Nordqvist, M. (2011). Implications of intra-family and external ownership transfer of family firms: Short-term and long-term performance differences. *Strategic Entrepreneurship Journal, 5,* 352–372.

Ward, J. L. (1987). *Keeping the family business healthy: How to plan for continuing growth, profitability and family leadership.* San Francisco: Jossey-Bass.

Zellweger, T., Sieger, P., & Halter, F. (2011). Should I stay or should I go? Career choice intentions of students with family business background. *Journal of Business Venturing, 26*(5), 521–536.

Strategische Handlungsfelder von Familienunternehmen

Die Maximierung der Leistungsfähigkeit eines Unternehmens basiert, wie in der Einleitung zu diesem Teil beschrieben, zunächst auf der Identifizierung und Implementierung der strategischen Erfolgspotenziale des Unternehmens (Müller-Stewens und Lechner 2003). Als strategisch werden diejenigen Managemententscheidungen bezeichnet, die sich mit den Prozessen der Entwicklung, Planung und Umsetzung langfristiger Ziele und grundlegender Aufgaben für das Familienunternehmen beschäftigen. Die Ausgangsbasis des betriebswirtschaftlichen Handelns in einem Familienunternehmen stellt somit (aufbauend auf den Wert- und Zielsystemen der Familie) die Wahl eines Geschäftsmodells und vor allem dessen Umsetzung in einer geeigneten Strategie dar.

Dem strategischen Management fällt damit eine bedeutende Rolle in Familienunternehmen zu. Dies umso mehr, als sich Strategieprozesse in den letzten Jahren deutlich verändert haben. Schnellere Entwicklungszyklen, disruptive Geschäftsideen, diverse Akteure und die Breite der Digitalisierungsthemen stellen erhöhte Anforderungen an Strategien und Prozesse und werden diese in der Zukunft noch komplexer werden lassen.

Auf den ersten Blick dürften sich die gewählten Strategien von Familienunternehmen nicht von denen in Nicht-Familienunternehmen unterscheiden. Die Strategiewahl sollte vielmehr durch die unterschiedlichen Marktbedingungen determiniert sein.

Allerdings scheinen Unternehmensstrategien zum einen als Grundlage unternehmerischer Entscheidungen gerade bei mittelständischen Familienunternehmen nicht sehr verbreitet. Auch wenn man diese Aussage immer wieder hört, ist sie eigentlich nicht ganz richtig. Zwar fehlt im Mittelstand häufig eine explizit formulierte Strategie, die auch nach außen kommuniziert wird – das heißt jedoch nicht, dass überhaupt keine Strategie existiert. Vielmehr ist die vom Unternehmer verfolgte Strategie manchmal nur in seinem Kopf verankert, vielleicht auch noch im Bewusstsein einiger Führungskräfte. Damit aber eine Strategie verstanden und umgesetzt werden kann, muss sie explizit formuliert sein.

B. Felden et al., *Management von Familienunternehmen*,
https://doi.org/10.1007/978-3-658-24058-5_9

Zum anderen unterscheiden sich die Vorgaben der Gesellschafter(-familie) typischerweise von denen in anonymen Publikumsgesellschaften. Je nach Stärke der SEW-Orientierung ändert sich die Auswahl und die Durchführung strategischer Optionen. Und auch
die interne Ressourcenausstattung stellt eine wichtige Einflussgröße dar, bei der Unterschiede zwischen Familienunternehmen und Nicht-Familienunternehmen erkennbar sind.
Zudem dürfen Strategien nie der zugrundeliegenden Werte- und Zielstruktur des Unternehmens zuwiderlaufen. Und auch hier gibt es entscheidende Unterschiede zwischen
den Unternehmenstypologien. Eine Analyse der Unterschiede in der Strategiewahl macht
also durchaus Sinn und ist Inhalt des zweiten Teils des vorliegenden Kapitels.

Aber auch der Prozess der strategischen Planung und vor allem die Instrumente zur
erfolgreichen Umsetzung der Strategien unterliegen in Familienunternehmen spezifischen Rahmenbedingungen. Diesen Besonderheiten widmen sich der dritte und vierte
Teil dieses Kapitels.

Lernziele
1. Sie lernen die Teilbereiche des strategischen Managements sowie die strategischen
   Planungsprozesse eines Familienunternehmens kennen.
2. Sie erkennen die Besonderheiten in der Bearbeitung der Wachstumsstrategien
   von Familienunternehmen.
3. Sie verstehen, in welchen Punkten sich strategische Planungsprozesse zwischen
   Familien- und Nicht-Familienunternehmen unterscheiden.
4. Die Familieneinflüsse auf die verschiedenen Elemente des Planungsprozesses
   werden Ihnen klar.
5. Sie sind in der Lage, die verschiedenen strategischen Instrumente in Familienunternehmen voneinander abzugrenzen.

Praxisbeispiel Familienunternehmen
Die heutige **Deichmann SE** (in der Schweiz mit dem gleichen Logo aber unter
dem Namen Dosenbach bekannt) wurde 1913 von Heinrich Deichmann als Schuh-
macherladen in Essen-Borbeck mitten im Ruhrgebiet gegründet. Im Jahr 2013 feierte
Deichmann in der dritten Generation das 100-jährige Bestehen. Seit der Gründung
setzt Deichmann viel Wert auf organisches Wachstum und hat so im Laufe der Zeit
3200 Filialen in 23 Ländern eröffnet. Den dadurch konsumierbaren Wohlstand sieht
Heinrich Deichmann eher als Verantwortung denn als persönlichen Reichtum. Das
Vermögen steckt in der Firma, wodurch Bankenunabhängigkeit bewahrt werden kann,
die größten Nicht-Firmen-Ausgaben sind Spenden.

Trotz traditioneller Wertvorstellungen erkannte die dritte Generation schon
sehr früh den Trend des Online-Handels und setzte daher im Jahr 2000 auf eine
Multichannel-Strategie, also auf ein Zusammenspiel zwischen Filialnetz und Online-
Shop. Mehrwert schaffte Deichmann dabei vor allem durch den Service, d. h. online

gekaufte Schuhe können im Laden ausgetauscht werden und nicht mehr vorrätige Paare werden kostenlos nach Hause geliefert. Dank dieser Strategie kann sich Deichmann auch heute noch gegen neue Konkurrenten im Online-Handel behaupten.

Der Aufstieg von Deichmann verlief jedoch nicht immer so reibungslos wie es von außen scheint. Das abflachende Wachstum im Heimatmarkt und der Preisdruck gaben Anlass für eine stärkere Internationalisierung im Einkauf wie auch im Verkauf. Dabei geriet Deichmann im Jahr 2001 aufgrund einer Reportage über schlechte Arbeitsbedingungen bei einem indischen Zulieferer in Kritik. Obwohl sich die Vorwürfe als unberechtigt herausstellten, reagierte Deichmann auf Basis der eigenen Wertvorstellungen. Das Management erarbeitete Verhaltensregeln für alle Zulieferwerke, die von eigenen und unabhängigen Organisationen überprüft werden. Gleichzeitig hat Deichmann dafür gesorgt, dass das Unternehmen noch mehr Produktionsschritte selbst kontrolliert. So ist die Abstimmung der Strategie mit den eigenen Werten über die gesamte Wertschöpfungskette von der Produktion bis zum Verkauf gewährleistet. Diese Kontrollen sowie die Mindeststandards lässt sich das Unternehmen etwas kosten, dennoch kann Deichmann dank der Skaleneffekte den Durchschnittspreis pro Schuhpaar seit den 60er Jahren bei circa 19 EUR halten. Neben insgesamt 3989 Filialen in 25 europäischen Ländern und in den USA betreibt der Schuhhändler 2017 auch 36 Online-Shops. Trotz Konkurrenz durch Amazon und Zalando konnte das Essener Unternehmen den Umsatz aktuell auf 2,3 Mrd. EUR steigern. Zum Gewinn macht das Unternehmen traditionell keine konkreten Angaben. Deichmann sagt lediglich, die Ertragslage sei „nach wie vor erfreulich".

9.1 Grundzüge des strategischen Managements

Kernaufgabe des strategischen Managements ist die langfristige strategische Ausrichtung des Familienunternehmens mit dem Ziel, die Erwartungen der Interessengruppen zu erfüllen (Baus 2007; Sharma et al. 1997). Bereits hier erkennt man, dass strategisches Management immer auch vom jeweiligen Unternehmenstyp abhängig ist. Denn Familienunternehmen müssen, wie in Abschn. 6.6 ausführlich dargestellt, neben den Interessen der klassischen Stakeholdergruppen auch die Interessen der Familie und insbesondere die Auswirkungen der Strategiewahl auf den SEW berücksichtigen. Folgt man dem Denkansatz des proaktiven Stakeholderengagements, ist zudem die Erfüllung der Ziele der Stakeholder nicht nur eine Nebenbedingung im strategischen Managementprozess, sondern grundlegendes Anliegen von Familienunternehmen.

Unabhängig vom Unternehmenstypus werden typischerweise drei Teilbereiche des strategischen Managements unterscheiden:

- die Bewertung der strategischen Position (des Geschäftsmodells) des Unternehmens.
- die Auswahl geeigneter Strategien (der Weg zur Realisierung).
- die Umsetzung der gewählten Strategie.

Die Bewertung der strategischen Position des Unternehmens ist eine Grundvoraussetzung für die Formulierung geeigneter Strategien und deren Implementierung. Basis ist die Einschätzung des externen Wettbewerbsumfelds und der internen Wettbewerbsfähigkeit zur Ableitung eines funktionsfähigen und attraktiven Geschäftsmodells für das zukünftige Wirtschaften. Dieses kann mit einer Business Modell Canvas visualisiert werden. Hierzu gibt es verschiedene Darstellungen, z. B. für junge Unternehmen, projektorientierte Unternehmen oder auch etablierte Unternehmen (Österwalder und Pigneur 2010; Maurya 2012; Zott et al. 2011).

Moritz GmbH

Veronika und Heiko fallen bei einer Aufräumaktion alte Ordner von ihrem Vater Horst in die Hände. Enthalten ist auch eine alte Zeichung ihres Vaters, die die strategische Position des Unternehmens skizziert. Zur strategischen Position der Moritz GmbH unter Horst Moritz vgl. Abb. 9.1.

Heiko findet die Unterlage klasse, aber Veronika meint: „Das kann man heute nicht mehr so statisch machen – wir müssen mehr in Geschäftsmodellen denken. Welchen Nutzen können wir unseren Kunden bieten? Was brauchen wir dafür und was bringt uns das? Und das müssen wir immer wieder hinterfragen. Komm lass uns Groß und Wonschak fragen, ob sie das mit uns gemeinsam mal an einem Wochenende erarbeiten!" Gesagt, getan: Einige Wochen später kann das Ergebnis diskutiert werden. Abb. 9.2 zeigt das Business Modell Canvas der Moritz GmbH.

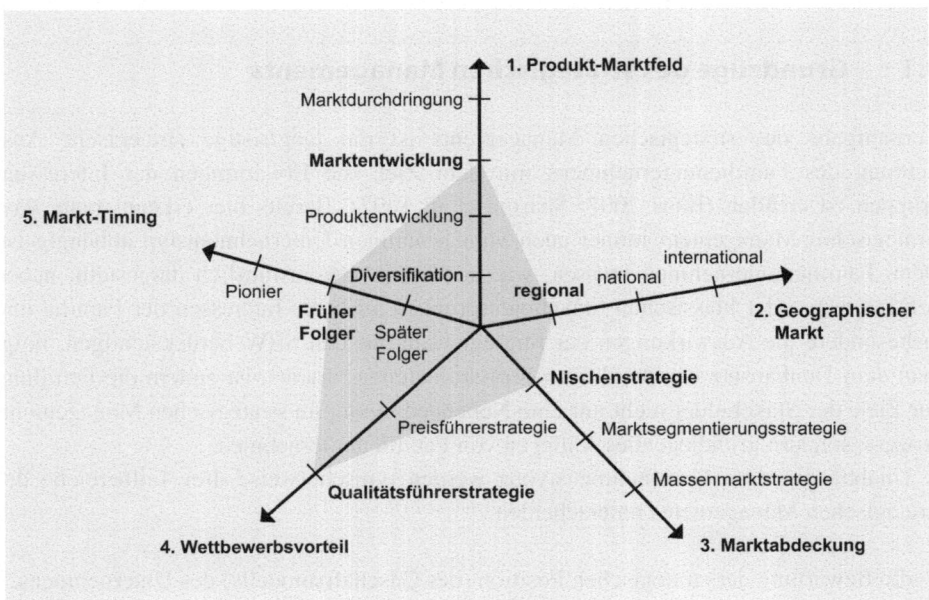

Abb. 9.1 Strategische Position der Moritz GmbH unter Horst Moritz. (Quelle: Eigene Darstellung)

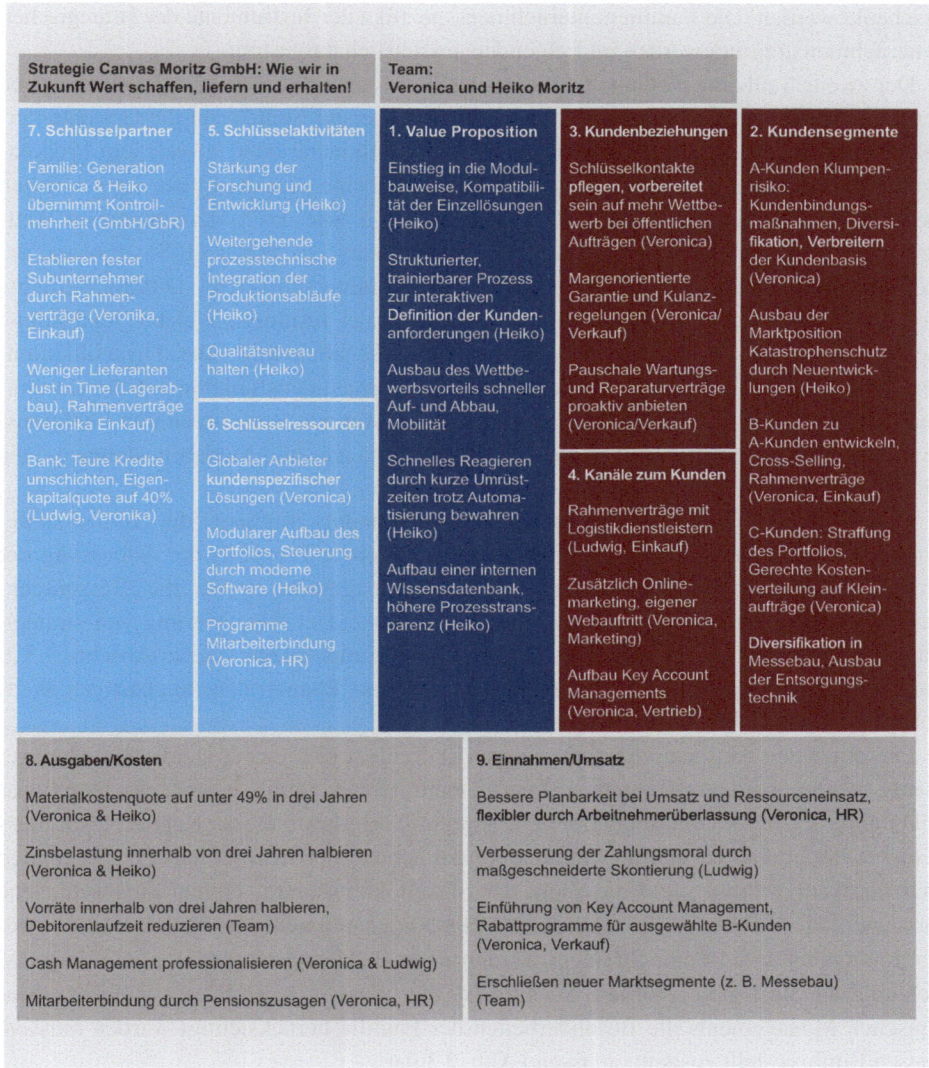

Abb. 9.2 Business Canvas der Moritz GmbH. (Quelle: Eigene Darstellung)

Eine effiziente Methode zur Bewertung der strategischen Position ist die sogenannte SWOT-Analyse. Hier werden die spezifischen Stärken (Strengths) und Schwächen (Weaknesses) des Unternehmens analysiert und den Geschäftsmöglichkeiten (Opportunities) und Wettbewerbsgefahren (Threats) gegenübergestellt. Es handelt sich also um eine interne und externe Analyse, die einen genauen Aufschluss über die strategische Positionierung vermittelt. Besondere Beachtung muss bei der internen Analyse den spezifischen Potenzialen (Capacities) und Lasten (Burden) durch den herrschenden Familieneinfluss geschenkt werden. Die Familienunternehmensspezifika der Instrumente der strategischen Unternehmensführung werden im Folgenden ausführlich dargestellt.

Der zweite Teilbereich beinhaltet die Auswahl geeigneter Strategien. Hier ist zwischen verschiedenen Strategietypen zu unterscheiden. An oberster Stelle steht die Gesamtunternehmensstrategie. In ihr wird festgelegt, in welcher Branche oder in welchem Produktbereich das Unternehmen in den Wettbewerb treten möchte. Auf der Ebene der gewählten Geschäftsbereiche geht es anschließend um die Frage, wie das Unternehmen im Wettbewerb konkurrieren will. Hier findet häufig der Ansatz von Porter (1986) Einsatz, der die Wettbewerbsstrategien in sogenannte Kostenführerstrategien, Differenzierungsstrategien und Nischenstrategien unterscheidet. Daraus resultiert, welche Wachstumsstrategie (Marktdurchdringung, Innovation, Internationalisierung oder Diversifikation) verfolgt werden soll. Abschließend sind für jede Unternehmensfunktion auf die Gesamtunternehmens- und Geschäftsbereichsstrategien abgestimmte Ressourcen und Funktionsstrategien zu bestimmen, also beispielsweise eine Personal- und Marketingstrategie, eine Finanzierungsstrategie oder eine Beschaffungsstrategie.

Der dritte Bereich des strategischen Managements umfasst die Implementierung der gewählten Strategien. Hier stehen die einzelnen Prozesse, die Anpassung der Organisationsstruktur, ein mögliches Change Management sowie die Ressourcengewinnung und der Ressourceneinsatz im Mittelpunkt. Der Akquirierung von strategischen Ressourcen (oder auch dynamischen Kernkompetenzen; siehe Abschn. 3.3.2) kommt hier eine besondere Rolle zu. Denn nur diese können den langfristigen Wettbewerbsvorteil des Unternehmens sichern.

Die einzelnen Aktionen zur Umsetzung der Teilbereiche des strategischen Managements werden in der allgemeinen Managementliteratur immer wieder als ein linear ablaufender Prozess dargestellt. Dieser Darstellung folgt auch dieses Kapitel, doch muss betont werden, dass es sich nur um eine Vereinfachung der Realität handelt. So können sich im Wettbewerbsumfeld die Ziele der Stakeholder ändern, einmal eingeschlagene Strategiepfade können die zukünftigen Handlungsoptionen einschränken oder bei der Implementierung einer Strategie werden neue Barrieren erkannt, die eine Neuausrichtung der Strategien erfordert. Wichtig ist aber, dass in jeder Prozessstufe des strategischen Managements die Besonderheiten der Familie berücksichtigt werden müssen. Diesen Einfluss stellt zusammenfassend Abb. 9.3 dar.

9.2   Strategiefelder in Familienunternehmen

Obwohl der Strategiebegriff in der Praxis häufig eingesetzt und genutzt wird, ist nicht immer klar, was der Strategiebegriff umfasst und welche Strategiearten zu unterscheiden sind. Ursprünglich in der Militärpolitik genutzt, wird Strategie als die „Kunst der Heeresführung" verstanden, zurückgehend auf das griechische Wort „strategos". Im strategischen Management wird unter Strategie allgemein die langfristige Ausrichtung einer Organisation verstanden. Strategie wird daher definiert als: „die Festlegung langfristiger Ziele für ein

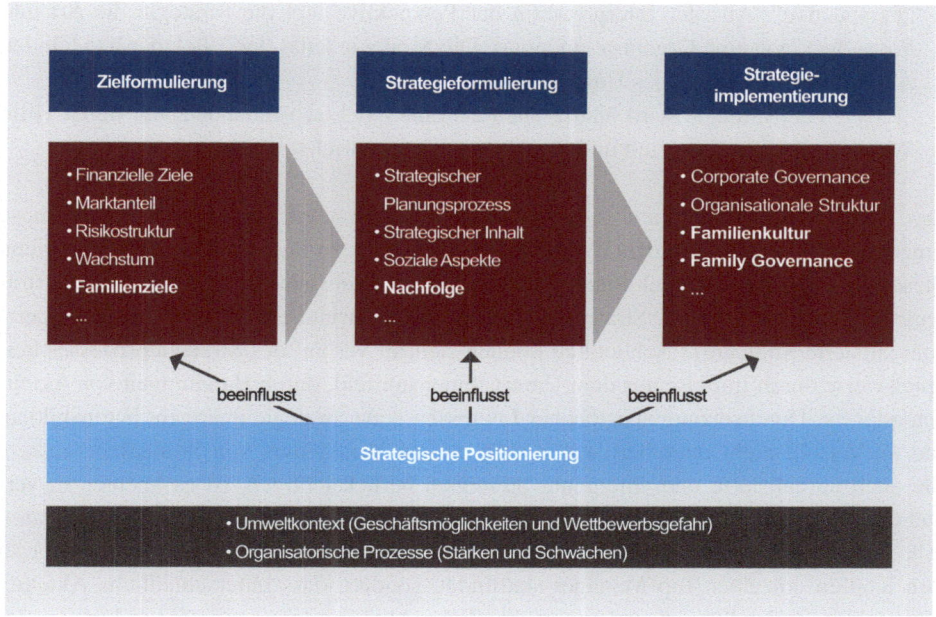

Abb. 9.3   Der strategische Managementprozess in Familienunternehmen. (Quelle: In Anlehnung an Sharma et al. 1997)

Unternehmen und die Ausführung entsprechender Handlungsschritte sowie die Zuteilung entsprechender Ressourcen, um diese Ziele zu erreichen" (Chandler 1962, S. 13).

In der Praxis werden unterschiedliche Definitionen von Strategie genutzt, häufig in der Bedeutung der Pläne des Top-Managements, jene Ergebnisse zu erreichen, die sich mit der Mission und den Zielen der Organisation decken. Aus Perspektive des strategischen Managements lassen sich aber weitere Sichtweisen finden, die es ermöglichen, die spezifischen Situationen und unterschiedlichen Aufgabenstellungen und Herausforderungen im Rahmen des strategischen Managements leichter zu erörtern.

Als sogenannte „Five Ps for Strategy" lassen sich fünf Interpretationen des Strategiebegriffs unterscheiden (Mintzberg 1987):

- „Plan": Die Strategie beschreibt einen angestrebten Zielzustand und den Weg dorthin.
- „Pattern": Die Strategie wird als ein Muster verstanden. Auch wenn die Strategie im Vorfeld nicht klar geplant ist, so ergibt die Vielzahl der in der Vergangenheit getroffenen Einzelentscheidungen zusammen ein Muster. Einzelne strategische Entscheidungen werden erst nachträglich in einen Gesamtzusammenhang gestellt, die Strategie.
- „Position": Die Strategie charakterisiert eine spezifische Position im Markt und im Wettbewerb, welche ein Unternehmen erreichen will.

- „Perspective": Aus der Interpretation der Perspektive legt die Strategie die Art und Weise fest, wie eine Organisation agiert. Die Strategie lenkt den Blick der handelnden Akteure hin zur Vision des Unternehmens.
- „Ploy": Die Strategie wird häufig auch als eine Art List verstanden, mit deren Hilfe Wettbewerbsvorteile erzielt und Konkurrenten ausgetrickst werden.

Das strategische Management zielt darauf ab, eine Strategie zu formulieren und diese umzusetzen, um sich von den Wettbewerbern absetzen zu können (Porter 1991). Wenn dieser Strategieprozess funktioniert, entspricht die beabsichtigte der realisierten Strategie. Allerdings werden Strategien häufig zwar formuliert, aber nicht umgesetzt (unrealisierte Strategie).[1] Schließlich können sich im Verlauf des Strategieprozesses beispielsweise durch Impulse aus dem Unternehmensumfeld, durch Handlungen von Akteuren oder die Durchsetzung spezifischer Interessen neue Strategie emergent herausbilden, die im Vorfeld nicht intendiert waren. Mit diesem Verständnis von Strategieprozessen, die auch unrealisierte und emergente Strategien berücksichtigen, ist es leichter zu verstehen, warum die beabsichtigte Strategie selten exakt mit der realisierten übereinstimmt. Als Konsequenz daraus ergibt sich auch, dass strategisches Management weniger in den Köpfen einzelner Top Manager stattfindet, sondern dass unterschiedliche Akteure, wechselnde Zielstellungen und unterschiedliche Akteursinteressen auf den Prozess der Strategieformulierung und -implementierung Einfluss nehmen.

Von dieser Prozessperspektive lässt sich die Forschung zum Strategieinhalt abgrenzen. Hier fokussieren die Studien auf den Inhalt von Strategien und weisen beispielsweise darauf hin, dass Strategien auf unterschiedlichen Ebenen existieren (Porter 1991). Diversifizierte Unternehmen haben eine Gesamtstrategie, die sich beispielsweise mit der Wahl der Geschäftsfelder befasst, sowie mehrere Geschäftsbereichsstrategien, in denen die Gesamtstrategie für die einzelnen Organisationseinheiten heruntergebrochen wird. Diese wiederum unterscheiden sich von den Funktionsbereichsstrategien. Strategieprozesse verlaufen allerdings nicht nur top-down, sondern auch bottom-up, wenn aus den strategischen Aktivitäten einzelner Funktions- und Geschäftsbereiche jeweils Geschäftsbereichsstrategien formuliert werden, die dann in einer gemeinsamen Gesamtstrategie zusammengeführt werden.

9.2.1 Unternehmensstrategie

Zu den strategischen Aktivitäten gehört, wie bereits einführend erwähnt, in einem ersten Schritt die Festlegung der Gesamtunternehmensstrategie. Hierunter fällt zunächst die Wahl des Geschäftsmodells, in dem der Kundennutzen für definierte Zielgruppen, der Weg und die Art der Kommunikation sowie die dafür erforderlichen Ressourcen festgelegt

---

[1]Vgl. im Folgenden Mintzberg und Waters (1985).

werden. Ein Blick auf die Familienunternehmenslandschaft zeigt, dass Familienunternehmen und die mit ihnen verbundenen Wettbewerbslogiken in allen Branchen und mit allen Leistungsangeboten zu finden sind (Lindow et al. 2010), von kleinen Produktionsunternehmen in der Metallbranche über große Einzelhändler bis hin zu internationalen Dienstleistungskonzernen. Familienunternehmen unterscheiden sich dabei nicht von ihren Nicht-Familienpendants.

Nach Festlegung des Geschäftsmodells ist es Aufgabe des Managements, die Wettbewerbsstrategie auf Geschäftsbereichsebene festzulegen. Legt man die Wettbewerbsstrategien von Porter (1986) zugrunde, so finden sich Beispiele für Familienunternehmen mit allen drei Ausrichtungen (Kostenführerschaft, Fokussierung/Nischenstrategie, Differenzierung). Die Mehrzahl der Familienunternehmen verfolgt eine Strategie der Differenzierung, während Kostenführer und Nischenanbieter deutlich in der Minderheit sind. Upton et al. (2001) zeigen für ihre Stichprobe, dass fast 70 % der befragten Familienunternehmen als Differenzierer bezeichnet werden können, wobei die restlichen 30 % jeweils zur Hälfte den anderen Wettbewerbsstrategien folgen. Diese Verteilung ist aber nicht spezifisch für Familienunternehmen. Auch bei Nicht-Familienunternehmen finden sich deutlich mehr Differenzierer als Kostenführer oder Nischenanbieter (Upton et al. 2001).

Ein ähnliches Bild zeigt sich, wenn man die Wettbewerbsstrategien nach Miles und Snow (1978) zugrunde legt, nach denen sich jedes Unternehmen vier verschiedenen Typologien zuordnen lässt: Defenders, Prospectors, Analyzers und Reactors. Defenders haben ein sehr schmales Produktsortiment, in welchem sie versuchen, sich mit Aggressivität zu behaupten. Das Expertenwissen des Topmanagements beläuft sich somit auf einen limitierten Tätigkeitsbereich. Solche Unternehmen suchen außerhalb ihres Produktbereichs nicht nach neuen Marktopportunitäten, weshalb sie Entwicklungen, die sich nicht in ihrem Bereich abspielen, kaum wahrnehmen. Ihr Ziel ist es, weiter in den bestehenden Markt vorzudringen. Das Wachstum der Unternehmung ist zaghaft und inkrementell (Miles und Snow 1978).

Unternehmen, welche dem Prospector Typus zugeordnet werden können, haben ein breites Produktsortiment. Sie suchen kontinuierlich nach neuen Marktopportunitäten. Veränderungen und Trends im Unternehmensumfeld werden ständig überwacht. Trends werden mit experimentellen Reaktionen beantwortet. Dadurch lösen diese Unternehmen oftmals Veränderungen in ihrer Branche aus, auf welche die Konkurrenz reagieren muss. Das Wachstum wird durch neue Märkte und Produkte generiert und verläuft ungleichmäßig.

Analyzers haben auf der einen Seite Ausprägungen des Defenders und auf der anderen Seite solche des Prospectors. Dies äußert sich darin, dass der Analyzer in mehreren Produktbereichen tätig ist, wobei die einen in einem stabilen Umfeld angesiedelt sind und die anderen in einem sich verändernden Umfeld. Während das Unternehmen im stabilen Umfeld durch die Benutzung von formellen Strukturen und Prozessen effizient operiert, überwacht das Topmanagement in den turbulenten Bereichen die Konkurrenz und ahmt die erfolgversprechenden Ideen nach. Das Wachstum dieser Organisationen wird durch Marktpenetrationen sowie durch Produkt- und Marktentwicklungen generiert.

Obwohl das Topmanagement Veränderungen und Unsicherheiten im Unternehmensumfeld wahrnimmt, reagieren Unternehmen, die als Reactors bezeichnet werden können, nicht darauf. Es fehlt an einer konkreten Struktur-Strategie-Beziehung, da Strukturen, Prozesse und Technologien unzureichend mit der Strategie verknüpft sind. Deshalb nimmt das Unternehmen auch selten Anpassungen vor, außer es wird vom Umfeld dazu gezwungen. Daher gehen Miles und Snow (1978) davon aus, dass Reactors weniger erfolgreich im Markt operieren als die drei anderen Typen.

Die Wettbewerbslogik von Familienunternehmen wird in verschiedenen empirischen Studien untersucht.[2] Allerdings weisen die Studien keine signifikanten Unterschiede zwischen Familien- und Nicht-Familienunternehmen hinsichtlich dieser Wettbewerbslogiken auf (McCann et al. 2001; Gudmundson et al. 1999; Daily und Dollinger 1993). Als Zwischenfazit kann daher festgehalten werden, dass die Festlegung auf ein strategisches Wettbewerbsverhalten für alle Unternehmenstypen der gleichen Logik folgt.

Interessant wird die Beschäftigung mit Wettbewerbsstrategien aber, wenn man sich etwas genauer mit der Vielfalt der Familienunternehmen auseinandersetzt. So kann vermutet werden, dass sich Unterschiede je nach generationaler Einbindung ergeben, weil sich die Gründergeneration durch eine vergleichsweise hohe unternehmerische Orientierung auszeichnet, die typischerweise mit der Prospector- und Analyzer-Strategie einhergeht (Zahra 2005; Hambrick 1983). Demgegenüber zeichnen sich die Mitglieder der zweiten und folgenden Generation durch ein hohes Risiko des Verlusts des bisher aufgebauten Familienvermögens aus. Diese Risikowahrnehmung kann zu einer Abnahme der unternehmerischen Orientierung führen und damit zu einer tendenziell stärkeren Ausrichtung auf Defender- oder Reactor-Strategien (Sharma et al. 1997; Shepherd und Zacharakis 2000).

Eine stärkere Ausrichtung auf die beiden Strategien Defender und Reactor erscheint auch für Familienunternehmen in einer Nachfolgesituation zielführend. Die Übergabe stellt eine (überlebens-)kritische Phase im Entwicklungszyklus eines Familienunternehmens dar, die sowohl Zeit als auch kritische personelle Ressourcen bindet (Kets de Vries 1993; Gersick et al. 1997). In diesen Zeiten versuchen Familienunternehmen, ihr Wettbewerbsumfeld konstant zu halten und die Umweltkomplexität zu minimieren. Dies kann unter anderem durch eine Kontinuität der strategischen Ausrichtung, also durch eine tendenzielle Fokussierung auf Defender- und Reactor-Strategien unterstützt werden. Auf Basis einer Stichprobe von über 140 italienischen kleinen und mittelgroßen Familienunternehmen konnten diese Vermutungen durch Pittino und Visintin (2009) bestätigt werden.

---

[2]Vgl. beispielsweise Lindow et al. (2010).

9.2.2   Wachstumsstrategie

Neben der Gesamtunternehmens- und Wettbewerbsstrategie ist mit der Wachstums-strategie ein wichtiger weiterer Strategierahmen zu erarbeiten. Unternehmenswachstum ist keinesfalls immer nur eine „Wunschgröße". In vielen Fällen ist ein bestimmtes Wachstum notwendig, da sich das Unternehmen nur mit einer bestimmten Größe auf Dauer am Markt halten kann. Abgesehen von eher kostenorientierten Überlegungen, wie zum Beispiel zur Größe der Absatzmengen, die benötigt werden, damit sich Investitionen in Produktionskapazitäten, Forschung und Entwicklung etc. amortisieren, muss unter Umständen auch marktseitig eine gewisse Größe demonstriert werden, damit man über-haupt als Teilnehmer ernst genommen und die Zufriedenheit des Kunden nicht aufs Spiel gesetzt wird. Auch auf Lieferantenseite sind Mindestabnahmemengen nicht unüb-lich, entweder, um überhaupt beliefert zu werden oder um in den Genuss attraktive-rer Konditionen zu kommen. Weitere Gründe für ein Mindestwachstum können in der zunehmenden Globalisierung, den sinkenden Margen durch höhere Wettbewerbsintensi-täten oder der Eröffnung von Karriereperspektiven für Mitarbeiter gesehen werden.

Moritz GmbH

Der ursprünglich solide Handwerksbetrieb hat sich mit der Zeit zu einem erfolg-reichen Industrie-Unternehmen in einem Nischenmarkt entwickelt. Über die Gene-rationen wurde mehr und mehr Know-how eingebracht und auch weitergegeben. Was mit der Gründung einer Schmiedewerkstatt einst begonnen hat, sichert über die Spezialisierung im Bau von innovativen Containerlösungen im Bereich der Ver-teidigungstechnik dem Unternehmen bis heute den Erfolg.

Die Entwicklung von Transportboxen für militärische Einsatzmöglichkeiten hatte Horst Moritz höchstpersönlich vorangetrieben. Er hatte sich schon immer für Signal- und Nachrichtentechnik interessiert und viele Stunden in seiner Werkstatt getüftelt, um innovative Konzepte und Produkte zu entwickeln. Seinem Gespür für Technik-innovationen und das frühe Sichern von Patenten ist der zunehmende Erfolg der Moritz GmbH innerhalb dieser Sparte zu verdanken.

Heiko und Veronika hingegen haben von Anfang an das Unternehmen auch in anderen Sparten etablieren wollen. Daher haben sie die ersten zarten Versuche des Vaters im Bereich Katastrophenschutz zielgerichtet vorangetrieben und die Kunden-kontakte in diesem Segment systematisch ausgebaut. Die Internationalisierung des Unternehmens war der nächste logische Schritt. Dabei liegt der Fokus insbesondere auf den europäischen Nachbarstaaten, um dort vor Ort stärkere (vertriebliche) Präsenz zeigen zu können.

Veronika kann aufgrund ihres sprachlichen Talents, sie beherrscht insgesamt fünf Sprachen, auch auf internationaler Ebene gut Kontakte knüpfen und entsprechend Kunden und Interessierte empfangen. Wenn Veronika die Zeit findet, reist sie mit ihrer Lebensgefährtin leidenschaftlich gerne um die Welt. Da sie ein großes Interesse an anderen Familienunternehmen und deren Historie hat, recherchiert sie vor jeder Reise, welche größeren und kleineren Familienunternehmen in dem gewählten Urlaubsort ansässig sind. Mit Vorliebe trifft sie sich dann vor Ort mit den Geschäftsführern und tauscht sich aus. So sind über die Jahre vornehmlich in Asien viele Geschäftskontakte und auch Freundschaften entstanden, was dazu führt, dass Heiko und Veronika im letzten Jahr den asiatischen Markt für die Moritz GmbH entdeckt haben. Zwar wollen beide schon aus Verbundenheit zu ihrer Heimatregion und den Angestellten die Produktion nicht in das Ausland verlegen, jedoch ist der Absatzmarkt Asien sehr interessant.

Speziell für Familienunternehmen kommt hinzu, dass ein gegebenenfalls wachsender Gesellschafterkreis finanziell befriedigt werden muss. Hier ist aus Familienperspektive Wachstum erforderlich, unabhängig von markseitigen oder unternehmensinternen Wachstumserfordernissen. Somit ist es nicht verwunderlich, dass vier von fünf Familienunternehmen ihre Geschäftsstrategie kurz- bis mittelfristig auf Wachstum ausrichten (Winkeljohann und Kellersmann 2008).

Wachstumsstrategien können grundsätzlich entlang der beiden Dimensionen Märkte und Produkte unterschieden werden, wie Abb. 9.4 zeigt.

Die Marktdurchdringungsstrategie zielt auf die verstärkte Ausnutzung von Marktpotenzialen auf dem vorhandenen Markt ab, um dadurch ein höheres Marktvolumen zu erreichen. Diese Strategie bedeutet operativ zum Beispiel die Verstärkung der Vertriebsaktivitäten. Die Strategie der Marktdurchdringung, bei der man sich auf bekanntem Terrain bewegt, ist zunächst naheliegend. Die Praxis zeigt allerdings, dass in vielen Branchen dieser Weg bereits ausgereizt und oftmals nicht von Erfolg gekrönt ist, da der bestehende Markt seine Grenzen hat. Die Marktdurchdringung ist generell die Wachstumsstrategie mit dem geringsten Risiko – aber auch dem geringsten Potenzial.

In der Praxis finden sich viele Beispiele dafür, dass Familienunternehmen trotz des begrenzten Wachstumspotenzials die Strategie der Marktdurchdringung verfolgen. Dies ist dadurch zu erklären, dass Familienunternehmen spezifischen Wachstumshindernissen gegenüberstehen (Ward 1997):

	Bestehende Produkte	Neue Produkte
Bestehende Märkte	Marktdurchdringung	Produktentwicklung (Innovation)
Neue Märkte	Marktentwicklung (Internationalisierung)	Diversifikation

Abb. 9.4 Die Produkt-Markt Matrix. (Quelle: In Anlehnung an Ansoff 1965)

- Gesättigte Märkte: Insbesondere etablierte Familienunternehmen sehen sich stagnierenden Märkten, intensiviertem Wettbewerb und Technologieumbrüchen ausgesetzt.
- Persönliche Paradigmen des Gründers: Gerade die strategische Flexibilität der
  Gründergeneration kann im Verlaufe der Unternehmensentwicklung sinken. Sie halten
  an (ehemals) erfolgreichen Verhaltensweisen fest und vermeiden Entscheidungen, die
  ihr Image und das erarbeitete Vermögen gefährden könnten.
- Sicherheit und Vermögen: Eine vererbte solide finanzielle Ausstattung kann den
  unternehmerischen Geist der Nachfolgergenerationen hemmen.
- Auseinanderdriften der Werte und Ziele der Gesellschafter: Wenn der Gesellschafter-
  kreis wächst, steigt auch die Diversität der persönlichen Ziele und Werte der
  Gesellschafter. Die Wahrscheinlichkeit eines einfachen Konsenses hinsichtlich der
  Wachstumsanforderungen sinkt und die Gefahr innerfamiliärer Konflikte macht die
  Entscheidungsfindung zunehmend schwieriger.

Letztendlich müssen sich aber gerade Familienunternehmen aufgrund der begrenzten
Wachstumsmöglichkeiten bei der Marktdurchdringungsstrategie auch über die drei anderen strategischen Optionen Gedanken machen.

(1) Internationalisierungsstrategie (Marktentwicklung)
Das Marktpotenzial eines Unternehmens kann auch realisiert werden, indem aktuelle
Produkte auf neuen und meist ausländischen Märkten angeboten werden. Beispielsweise
könnte ein Unternehmen aufgrund stagnierender Zahlen in Nordeuropa sein Sortiment
zukünftig auch auf dem osteuropäischen Markt vertreiben. Die Marktentwicklung birgt
Wachstumspotenziale, die jedoch auch mit Risiken verbunden sind, da der Markt mit seinen Teilnehmern unbekannt ist und sich auch Entwicklungen nur sehr schwer beurteilen
lassen. Daher ist eine umfassende Auseinandersetzung mit dem neuen Markt unverzichtbar.
    Familienunternehmen folgen in der Regel dem Uppsala – Modell der Inter-
nationalisierung (Johanson und Vahlne 1977; Pukall und Calabro 2014). Demnach
versuchen sie schrittweise in den ausländischen Märkten Fuß zu fassen, zuerst über unre-
gelmäßige Exportaktivitäten, wenn diese erfolgreich sind, über den Aufbau unabhängiger
Repräsentanten, der Einrichtung eigener Verkaufsrepräsentanzen bis hin zu eigenen
Produktionsstätten im Ausland. Neben diesem typischen Internationalisierungsverlauf
konnte die empirische Forschung folgende Besonderheiten über die Internationalisierung
in Familienunternehmen herausarbeiten (Pukall und Calabro 2014):

- Ausschließliches Familieneigentum und Familienmanagement führt zu weniger Internationalisierung. Dies kann darauf zurückgeführt werden, dass der Fokus der Familie auf der Wahrung des SEW liegt und Internationalisierung als Gefahr für dieses
  angesehen wird. Zudem wird vermutet, dass Familienmanager deutlich seltener über
  internationale Erfahrungen verfügen und die begrenzten finanziellen Mittel der Familie einer Internationalisierung entgegenstehen.

- Minderheitseigner außerhalb der Familie hingegen führen zu stärkerer Internationalisierung und insgesamt ist die Exportintensität bei moderatem Familieneigentum am höchsten. Auch eine Einbindung familienfremder Personen in das Management oder Kontrollgremien führt zu stärkerer Internationalisierung. Die SEW – Orientierung wird durch Nicht-Familien-Stakeholder minimiert, so dass die Chancen der Internationalisierung stärker in die Entscheidungsfindung über eine Internationalisierung einfließen.
- Der Eintritt einer neuen Generation ins Unternehmen beflügelt die Internationalisierung positiv, denn jüngere Generationen werden eine größere Offenheit und mehr eigene internationale Erfahrung zugesprochen. Ebenso führt eine Begrenzung der Dauer der Amtszeit des Familien-CEO zu mehr Internationalisierung. Einmal eingefahrene Pfade und Überzeugungen können so leichter durchbrochen werden.
- Familienunternehmen vermeiden Arten des Markteintritts, die ihre Unabhängigkeit gefährden, insbesondere Joint Ventures und Strategische Allianzen werden vermieden. Damit schützen sie ihren SEW. Joint Ventures und strategische Allianzen werden aber nur dann vermieden, wenn es sich bei dem potenziellen Partner nicht um ein Familienunternehmen handelt.
- Je höher schließlich die Langfristorientierung der Familie, desto stärker wird internationalisiert.
- Eine hohe lokale Stakeholder – Orientierung führt zu weniger Internationalisierung.

(2) Innovationsstrategie (Produktentwicklung)
Kennzeichnend für die Strategie der „Produktentwicklung" ist, dass aktuellen Kunden zusätzliche innovative Leistungen des Unternehmens angeboten werden. Der Erfolg dieser Strategie hängt davon ab, inwieweit bei den Kunden überhaupt derzeit oder zukünftig Bedarf besteht. Je besser die aktuellen Bedürfnisse eingeschätzt und zukünftigen Bedürfnisse antizipiert werden können, desto geringer ist das Risiko, dass diese Strategie fehlschlägt. Ein Problem der Produktentwicklungsstrategie liegt in der Vorfinanzierung der Umsätze aufgrund der teilweise langen Entwicklungszeiträume. Außerdem ist sicherzustellen, dass infolge der Angebotserweiterung nicht Umsätze von bestehenden Produkten wegbrechen.

Je nach gewählter Wettbewerbsstrategie sind andere Innovationsstrategien (Innovationstypen, Innovationsgeschwindigkeiten, Innovationsgrade) zu wählen. Bei der Kostenführerstrategie geht es bspw. vor allem um die möglichst kostengünstige Produktion von Gütern, daher ist hier auf Prozessinnovationen im Bereich „kostengünstige Produktion" oder organisationale Innovationen wie zum Beispiel innovative Beschaffungsprogramme zu fokussieren. Bei einer Nischenstrategie können dagegen radikale Produktinnovationen von höherer Bedeutung sein. Diese Abhängigkeiten sind aber keine Besonderheiten von Familienunternehmen. In der Praxis haben sich dagegen andere Unterschiede herauskristallisiert:[3]

---

[3]Vgl. für einen umfassenden Literaturüberblick De Massis et al. (2012).

- Innovationsinput: Familienunternehmen investieren weniger in Forschung und Entwicklung. Dies kann darauf zurückzuführen sein, dass Familienunternehmen eine höhere Risikoaversion zeigen, also Investitionsrisiken scheuen. Es kann aber auch ein Hinweis auf ein effizienteres Innovationsmanagement sein, d. h. Familienunternehmen müssen gar nicht so viel investieren, um den gleichen Innovationsoutput zu erwirtschaften.
- Innovationsoutput: Unterschiede im Innovationsoutput können nicht eindeutig belegt werden. Die Vielzahl der empirischen Studien kommt an dieser Stelle zu unterschiedlichen Einschätzungen. Belegen einige Studien eine höhere Qualität und Quantität der angemeldeten Patente und dem Innovationsgrad von Innovationen in Familienunternehmen, kommen andere Studien zu entgegengesetzten Erkenntnissen. Block (2012) geht in seiner empirischen Studie daher davon aus, dass es keine signifikanten Unterschiede zwischen den beiden Unternehmensformen gibt.

Dass Studien, die eine reine Abgrenzung zwischen Familien- und Nicht-Familienunternehmen vornehmen, schnell an ihre Grenzen stoßen und zu uneinheitlichen Erkenntnissen führen, ist aufgrund der Heterogenität innerhalb der Familienunternehmen nicht verwunderlich. Daher belegen aktuelle Forschungsarbeiten auch deutliche Unterschiede im Innovationsverhalten innerhalb des Typus Familienunternehmen (Steger und Hoffmann 2016; Fuetsch und Suess-Reyes 2017). So zeigt eine deutsche Studie durch Kraiczy et al. (2013), dass der Innovationserfolg von Familienunternehmen positiv beeinflusst wird, wenn mehrere Generationen der Unternehmerfamilie beteiligt sind. Es ist davon auszugehen, dass die jüngeren Generationen einen Innovationsschub hervorrufen, die ältere Generation aber gleichzeitig aufgrund ihrer operativen Erfahrung die Entscheidungsqualität hinsichtlich der Umsetzung der Ideen verbessert (Kraiczy et al. 2013). Auch die Integration von familienexternen Managern kann den Innovationserfolg erhöhen. Auch hier ist ein positiver Diversitätseffekt anzunehmen.

(3) Diversifikationsstrategie
Die Diversifikation vereinigt die Produkt- mit der Marktentwicklung: Es werden neue Produkte auf einem neuen Markt eingeführt. Unter Umständen ist die Diversifikation die einzige Möglichkeit zu wachsen, wenn die Marktentwicklung nur mit modifizierten, auf den neuen Markt angepassten Leistungen möglich ist. Um das doppelte Risiko abzufedern, ist es ratsam, möglichst ähnliche Leistungen in verwandten Märkten anzubieten, also die Strategie der konzentrischen Diversifikation zu verfolgen. Insgesamt hat Diversifikation aber den entscheidenden Vorteil, dass sie das langfristige unternehmerische Risiko deutlich verringert. Die Wahrscheinlichkeit eines gleichzeitigen Ertragseinbruchs auf verschiedenen Produkt- und geografischen Märkten ist unwahrscheinlicher als bei einer Konzentration auf eine Produkt-Marktkombination. Gerade für Unternehmerfamilien, deren Vermögen in einem Familienunternehmen gebunden ist und die sich nicht über die Beteiligung an verschiedenen Unternehmen oder eine Diversifikation über die Börse absichern können, ist eine unternehmensinterne Diversifikation von entscheidender Bedeutung.

Auf der anderen Seite sprechen einige Aspekte des SEW gegen eine starke Diversifikation. Bei hoher Diversifikation kann die Identität der Familienmitglieder mit ihrem Unternehmen sinken. Auch können meist nicht mehr alle Produktbereiche und Märkte zentral gesteuert werden, so dass es zu einem sukzessiven Machtverlust kommt. Geht man, wie in Kap. 2 argumentiert wurde, davon aus, dass die Bewahrung der SEW – Werte für die Unternehmerfamilie von überragender Bedeutung ist, so müssten Familienunternehmen im Schnitt einen geringeren Diversifikationsgrad aufweisen als Nicht-Familienunternehmen.

Diese Annahme wird durch eine empirische Untersuchung von Gomez-Mejia et al. (2010) gestützt. Ein Vergleich der Diversifikationsgrade von 160 US-amerikanischen Familienunternehmen mit 200 Nicht-Familienunternehmen belegt statistisch signifikant die erwarteten Unterschiede sowohl bei der Produkt- als auch bei der Marktdiversifikation. Interessant ist zudem, dass Familienunternehmen zwar auch international diversifizieren, dann aber vor allem in Auslandsmärkte mit einer geringen kulturellen Distanz zum Heimatmarkt.

9.3 Der strategische Planungsprozess

Der strategische Planungsprozess in Familienunternehmen ist – anders als in Publikumsgesellschaften – durch den Abgleich der familiären und unternehmerischen Sphären geprägt. Er wird daher auch als paralleler Planungsprozess bezeichnet (Carlock und Ward 2001). In ihm müssen vier verschiedene Bereiche der Familie und des Unternehmens in Einklang gebracht werden und zwar:

- die Werte der Familie mit der Managementphilosophie des Unternehmens,
- die strategischen Ziele der Familie mit denen des Managements,
- die familiäre Mission- mit der Unternehmensvision und
- der Kontinuitätsplan der Familie mit dem Businessplan des Unternehmens.

Dieser Planungsprozess beinhaltet eine Serie aufeinanderfolgender Planungs- und Programmierungsaktivitäten, die in Abb. 9.5 dargestellt sind.

Die Auswahl der geeigneten Strategie wird durch drei Entscheidungsfilter getroffen. Der erste Filter stellt sicher, dass aus den vielfältigen strategischen Optionen nur diejenigen weiter betrachtet werden, die den Werten und Wünschen der Familie (familiäre Mission) und den Visionen des Unternehmens entsprechen. Alle strategischen Optionen, die diesen „Visionen-Fit" aufweisen, werden in einem nächsten Entscheidungsfilter daraufhin geprüft, ob sie den langfristigen strategischen Zielen der Familie (z. B. Sicherung der dynastischen Weitergabe, Risikoprofile, etc.) und des Unternehmens (z. B. Aufbau von langfristigen Wettbewerbsvorteilen, Möglichkeit der Generierung stabiler positiver Cashflows) entsprechen. Das Ergebnis ist der „Strategie-Fit" (Lindow et al. 2010). Alle verbleibenden Strategiealternativen werden nun in einem dritten

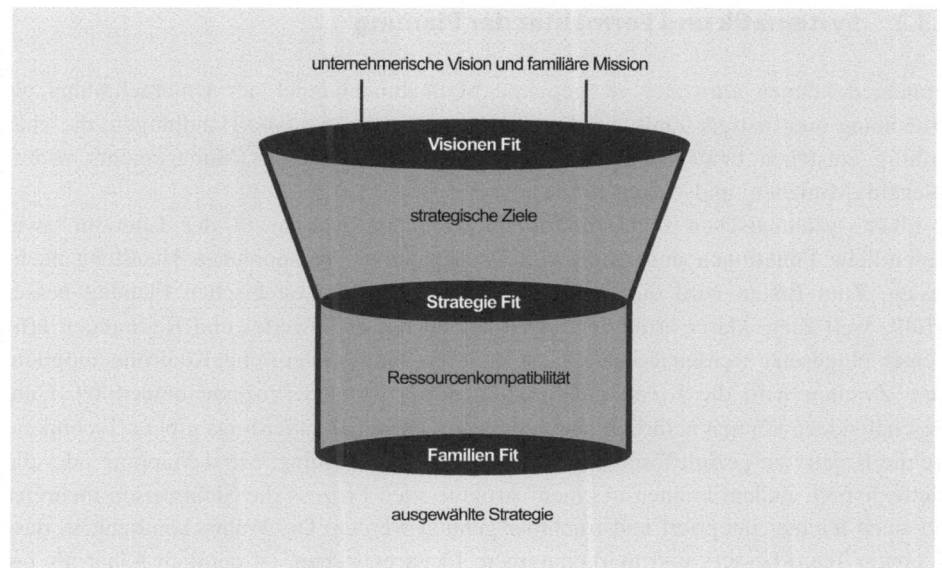

Abb. 9.5 Der parallele Planungsprozess in Familienunternehmen. (Quelle: In Anlehnung an Carlock und Ward 2001)

Entscheidungsfilter im Lichte der zu investierenden Familienressourcen bewertet. Hier stellt sich die Frage, wie viel Geld die Familie bereitstellen muss, um die Strategie umzusetzen, wie viele Humankapitalressourcen freigestellt werden müssen oder in welche anderen strategischen Ressourcen investiert werden muss. Die danach verbleibenden Strategien weisen neben dem „Visionen-Fit" und dem „Strategie-Fit" auch einen „Familien-Fit" auf.

Streng genommen umfasst die strategische Planung neben den beschriebenen Prozessschritten noch eine weitere Phase, und zwar die der Implementierung und Reformulierung. Hier werden die entwickelten Pläne und Strategien in Handlungsanweisungen übersetzt und umgesetzt. Durch das damit einhergehende organisationale Lernen im Rahmen der Planungsprozesse sowohl der Familie als auch des Unternehmens werden Feedback-Schleifen in Gang gesetzt, um Prozesse zu verändern, zu verbessern oder zu variieren; und zwar sowohl in Bezug auf die Unternehmerfamilie als auch auf das Familienunternehmen.

Neben diesen grundlegenden Spezifika im strategischen Planungsprozess gibt es eine Reihe weiterer charakteristischer Unterschiede in der Art und Weise, wie Familienunternehmen im Vergleich zu Publikumsgesellschaften planen. Hierzu gehören einerseits die Systematik und Formalität der Planung, die Entscheidungsfindung der Beteiligten im Planungsprozess, die Art und Weise der Bereitstellung finanzieller Ressourcen für die Strategieimplementierung und die strategische Kontrolle.

9.3.1 Systematik und Formalität der Planung

Strategien können entweder als geplante Maßnahmenbündel der Unternehmung zur Erreichung langfristiger Ziele gesehen werden oder als spontane Handlungen, die eher zufällig entstehen bzw. sich in impliziten Denkhaltungen des Managements widerspiegeln (Mintzberg und Waters 1985).

Einer systematischen und strukturierten Planung werden in der Literatur zwei wesentliche Funktionen und damit Vorteile gegenüber der spontanen Handlung nachgesagt. Zum Ersten wird die Optimierungsfunktion der strategischen Planung besser erfüllt, weil Ziele klarer artikuliert, Alternativen besser bewertet und Ressourcen effizienter eingesetzt werden können. Erst dann ist eine strategische Kontrolle möglich. Zum Zweiten wird die Kreativitätsfunktion durch formale Prozesse unterstützt. Gute Geschäftsideen können natürlich auch ungeplant entstehen, allerdings gibt es Techniken, die die Kreativität gezielt fördern, zum Beispiel Brainstorming, Mind Mapping oder die Methode 635. Zudem können in einem strukturierten Prozess die Sichtweisen mehrerer Personen leichter integriert und fruchtbar genutzt werden. Die Wahrscheinlichkeit, dass in einem Team bessere und marktgängigere Ideen entstehen, ist deutlich höher als bei einer Ideenfindung „im stillen Kämmerchen".

Neben Zielwerten oder Budgets ist der schriftlich ausformulierte Businessplan zentrales Instrument einer systematischen Planung. Ein Businessplan ist ein Arbeitspapier, das alle Ziele und Strategien eines Unternehmens mit den grundsätzlichen Voraussetzungen, Vorhaben und Maßnahmen für einen bestimmten Zeitraum beinhaltet. Vielfältige empirische Studien belegen den positiven Einfluss eines hohen Formalisierungsgrades bei der strategischen Planung auf den Unternehmenserfolg. Eine ältere Meta-Analyse von Boyd (1991) fasst 29 empirische Einzelstudien zusammen und kommt auf Basis der vorliegenden Ergebnisse von fast 2500 Unternehmen zu dem Ergebnis, dass der Planungsgrad sich positiv auf den finanziellen Unternehmenserfolg auswirkt. Für den deutschsprachigen Raum findet sich eine Studie von Kraus et al. (2007), die den positiven Einfluss auf das Wachstum von Gründungsunternehmen belegt. In einer der aktuellsten Meta-Analysen aus dem Jahr 2010, in die Einzeldaten von mehr als 13.500 Unternehmen eingingen, werden die bisherigen Erkenntnisse nachdrücklich gestützt (Kraus et al. 2007). Auch hier wird der positive Zusammenhang zwischen Planung und Unternehmenserfolg statistisch signifikant gezeigt (Brinckmann et al. 2010).

Auf der anderen Seite finden sich in der Literatur vielfältige Hinweise, dass auch eine nicht bis zum Ende gedachte, sondern sich inkrementell verändernde Planung zum Erfolg führen kann. In Abgrenzung zur formalen Businessplanung hat sich hier der Begriff des Effectuation durchgesetzt.

Der Effectuation-Ansatz geht nicht von einem gewünschten Endzustand aus, dessen Erreichung umfassend geplant wird, sondern setzt an der vorhandenen Ressourcenausstattung des Unternehmens an und fokussiert auf die Auswahl möglicher Ergebnisse, die mit diesen Mitteln erzielt werden können. Diese Entscheidungslogik basiert auf der Annahme, dass die Zukunft nicht vorhersehbar, sondern durch menschliches Handeln gestaltbar ist. Im Sinne von Effectuation braucht all das, was beeinflusst werden kann, nicht vorhergesagt zu werden. Es handelt sich um eine Entscheidungslogik, die erfahrene Unternehmer und auch Gründer bei Ungewissheit (z. B. im Kontext innovativer wissensbasierter Gründungen) bevorzugt einsetzen.

Dass eine am Effectuation-Ansatz angelehnte strategische Vorgehensweise ebenfalls erfolgversprechend ist, belegen Read et al. (2009) in einer Meta-Analyse zur Leistungsfähigkeit junger Gründungsunternehmen auf Basis von fast 50 Studien aus den Jahren 1985–2007. Die Daten belegen, dass diejenigen Startups, die einer Effectuation-Logik folgen (wie z. B. die eigenen Möglichkeiten immer neu zusammenzusetzen und zu nutzen; Ressourcen, die sich aus neuen Geschäftspartnerschaften ergeben, fruchtbar machen; sich plötzlich eröffnende neue Geschäftsideen umsetzen) einen höheren Unternehmenserfolg haben, als solche Gründungsunternehmen, die sich streng an ihre vorgegebenen strategischen Planungsschritte halten.

Inwieweit die vorliegenden empirischen Erkenntnisse auch auf Familienunternehmen übertragbar sind, wird in zahlreichen Studien zur Systematik und Formalität des Planungsprozesses untersucht. Upton et al. (2001) zeigen auf Basis einer Stichprobe von 65 schnell wachsenden Familienunternehmen, dass – entgegen ersten Vermutungen – mehr als 70 % der befragten Unternehmen über einen formalisierten Strategieprozess verfügen und die Planungshorizonte bei der Hälfte der Unternehmen drei oder mehr Jahre umfassen. Diese Ergebnisse sind aber wahrscheinlich darauf zurückzuführen, dass besonders schnell wachsende und ausnahmslos erfolgreiche Familienunternehmen befragt wurden.

Die meisten empirischen Studien kommen jedoch zu dem Ergebnis, dass in Familienunternehmen eine strategische Planung nicht regelmäßig und vergleichsweise wenig strukturiert durchgeführt wird (Moores und Mula 2000; Craig et al. 2003). In Familienunternehmen werden Entscheidungen oft nicht systematisch durchdacht und basieren auf unzureichenden und nicht abgesicherten Informationen. Sie folgen eher der oben beschriebenen Effectuation-Logik, ohne dass dies eine bewusste Entscheidung darstellt (Hayton et al. 2011).

Auch wenn ein formaler strategischer Plan fehlt, so bedeutet dies jedoch nicht zwangsläufig, dass das Unternehmen keine Unternehmensstrategie besitzt. Die organisatorische Stärke von Familienunternehmen scheint eine formale, schriftlich festgehaltene Unternehmensstrategie entbehrlich zu machen, da die Kommunikation untereinander recht einfach ist und Entscheidungen schnell getroffen werden können (Pfohl 2013). Die Gründerstrategie ist in der Regel stark in der Unternehmerfamilie verankert und wird über die Zeit in die jeweils nachfolgende Generation vererbt.

Eine dominante Gründerstrategie ist vorteilhaft, um das Unternehmen langfristig an der Gründeridee auszurichten, Kontinuität zu erleichtern und dem Nachfolger eine Orientierung zu bieten. Schwierig ist es allerdings, wenn die Gründerstrategie zu einem strategischen Tabu führt. Ein strategisches Tabu entsteht immer dann, wenn eine Option zwar für das Unternehmen strategisch relevant ist, aber nicht implementiert wird, weil diese Option in die Bereiche der Organisation fällt, die nicht gesagt oder getan werden dürfen (Hoon und Jacobs 2014). Dies ist in Familienunternehmen dann der Fall, wenn strategische Neuerungen nicht umgesetzt werden, weil diese nicht im Sinne des Gründers sind oder beispielsweise als widersprüchlich zu den Werten und Normen verstanden werden, für die die Gründerstrategie steht. Die Tabuisierung von strategischen Optionen kann zu einem erheblichen Risiko führen und den strategischen Wandel des Unternehmens verhindern (Hoon 2014).

Doch eine informelle, nicht schriftlich festgehaltene Unternehmensstrategie stößt dann an Grenzen, wenn die Aktivitäten unkoordiniert werden, von außen schwer nachzuvollziehen sind und die Unternehmensstrategie in der Belegschaft nicht bewusst kommuniziert wird. Dies umso mehr, da die Informations- und Kommunikationsgeschwindigkeit immer schneller wird und die Globalisierung zu neuen Märkten und Möglichkeiten aber auch Mitbewerbern führt. Daher ist auch in Familienunternehmen auf einen bewussten und systematischen Strategieprozess zu achten, der auch die besonderen Belange des Familienunternehmens berücksichtigt.

Erfahrungen aus der Praxis zeigen, dass sich diese persönlichen Belange oftmals auf folgende Bereiche konzentrieren:

- Frei verfügbares Einkommen,
- Persönlicher Zeitaufwand,
- Eigener Arbeitsschwerpunkt im Tagesgeschäft.

Neben den persönlichen Zielvorstellungen zum gewünschten Einkommen und der zeitlichen Inanspruchnahme spielt auch die Frage, wie die Potenziale der Familie möglichst effizient im Unternehmen eingesetzt werden können, eine wichtige Rolle für das Unternehmenswachstum. Ist der Unternehmer fähig, Aufgaben zu delegieren und besitzt er eine Affinität zu strategischen Aufgaben oder handelt es sich eher um einen „Macher", der sich in einem kleinen Team wohl fühlt, am liebsten operative Aufgaben bewältigt und in nahezu alle Geschehnisse im Unternehmen involviert sein möchte. Es gibt durchaus Familienunternehmer, die sich allen Wachstumschancen zum Trotz in einem 5-Mann-Betrieb wesentlich wohler fühlen als in einem 500-Personen-Unternehmen. Die Entscheidung muss daher in erster Linie die persönlichen Ziele und Neigungen reflektieren.

9.3.2 Entscheidungsfindung im Planungsprozess

Neben der Systematik und Formalität der strategischen Planung kommt der Entscheidungsfindung eine besondere Rolle zu. In der Praxis finden sich sowohl Unternehmen, die eine zentrale Entscheidungsfindung vorziehen als auch Unternehmen, die Strategien in einem dezentralen Entscheidungsprozess entwickeln und verabschieden. Die Vorteile dieser Dezentralisierung liegen auf der Hand: spezifisches lokales Wissen kann besser genutzt werden, Managementkapazitäten werden freigesetzt, Innovationsverhalten wird gefördert und die Mitarbeitermotivation kann verbessert werden.

Dezentrale Entscheidungsstrukturen gehen aber auch mit einigen Nachteilen einher, wie beispielsweise erhöhten Abstimmungskosten, langsamerer Entscheidungsfindung oder der schlechteren Nutzung zentraler Informationen. Welcher Grad der Dezentralisierung zum Erfolg führt, kann immer nur für den Einzelfall entschieden werden. Dies hängt unter anderem von der Größe des Unternehmens, der Branche oder der Spezialisierung der Produktpalette ab (Meijaard et al. 2005).

Empirische Erkenntnisse weisen darauf hin, dass die Entscheidungsfindung in Familienunternehmen einen höheren Zentralisierungsgrad aufweist, als in Nicht-Familienunternehmen (Lindow et al. 2010). Dies kann darauf zurückgeführt werden, dass familieninterne Manager einen tendenziell höheren Machtanspruch aufweisen und aufgrund ihrer Eigentümerstellung und ihrer Stellung innerhalb der Eigentümerfamilie diesen auch durchsetzen. Ob diese Entscheidungszentralisierung, wie in der allgemeinen betriebswirtschaftlichen Literatur oft behauptet, negativ ist, muss speziell für Familienunternehmen kritisch hinterfragt werden. Denn gerade familieninternen Managern gelingt oft eine effektivere und effizientere Abstimmung zwischen dem Familien- und dem Unternehmenssystem. Wenn die Entscheidungen von der gesamten Eigentümerfamilie getragen werden, können die langfristigen Ziele stabiler und effizienter umgesetzt werden. Zudem, und dies ist ein zentraler Vorteil, kann das Sozio-emotionale Vermögen der Unternehmerfamilie durch eine Entscheidungsfindung innerhalb der Familie besser geschützt und bewahrt werden.

Vielleicht darf im Zusammenhang mit Familienunternehmen nicht allgemein von Entscheidungszentralisierung gesprochen werden – im allgemeinen Verständnis ist damit ja eine Zentralisierung der Entscheidungen im Management in Abgrenzung zu den Mitarbeitern gemeint – sondern von einer Entscheidungszentralisierung innerhalb der Eigentümerfamilie. Im Umkehrschluss kann auch von einer Entscheidungsdezentralisierung gesprochen werden, gerade dann, wenn das Familienunternehmen nicht mehr in der Hand eines Alleinherrschers liegt.

Eine Entscheidungsdezentralisierung innerhalb der Familie kann bei Geschwister-Partnerschaften, Vetternkonsortien oder Familiendynastien neben den bereits genannten Vorteilen zu einer Vermeidung von Gesellschafterkonflikten führen und die langfristige Bindung aller Gesellschafter an die Strategie des Unternehmens erhöhen. Gerade auch im Generationenübergang kann die Entscheidungsdezentralisierung von Vorteil sein. Eine qualitative Analyse der Planungsprozesse in 18 italienischen Familienunternehmen durch Mazzola et al. (2008) zeigt, dass ein frühzeitiger Einbezug der Nachfolger in Managemententscheidungen deren Entwicklungsprozesse positiv beeinflusst. Die gemeinsame Entscheidungsfindung hilft Nachfolgern, wichtiges implizites Wissen aufzubauen, beispielsweise über Familienwerte oder Familiendynamiken, begünstigt die interpersonelle Arbeitsbeziehung zwischen den Generationen und verschafft dem Nachfolger Legitimität bei der Mitarbeiterschaft und den externen Stakeholdern (Mazzola et al. 2008).

9.3.3   Bereitstellung finanzieller Ressourcen

Ohne Finanzmittel können die strategischen Planungen nicht umgesetzt werden. Finanzmittel können entweder aus eigenen Mitteln des Unternehmens, zum Beispiel über die Einbehaltung von Jahresüberschüssen oder Vermögensumschichtungen (Innenfinanzierung)
oder aus externen Quellen, zum Beispiel durch weitere Einlagen der Gesellschafter, die
Aufnahme neuer Gesellschafter oder Fremdkapital (Außenfinanzierung) kommen.

Wesentliche externe Finanzierungsquellen für Familienunternehmen sind:

- Familienmitglieder und das Umfeld: oftmals als die 3-F bezeichnet („family, fools
  and friends"),
- Banken: erfordern in der Regel die Bereitstellung von Sicherheiten,
- Lieferanten: sind teure Kreditgeber, wenn man dadurch kein Skonto ausnutzen kann,
- Kunden: unterstützen oftmals die Supplierkette (z. B. bei Automobilzulieferern),
- Mitarbeiter: können sich mit Darlehen oder direkt beteiligen,
- Beteiligungsgesellschaften: bringen haftendes Eigenkapital bei risikoreichen Vor-
  haben in das Unternehmen,
- Kapitalmarkt: steht nur größeren Familienunternehmen offen.

In Familienbetrieben wirkt sich die Verzahnung von Eigentum und Management in der
Finanzperspektive auf mehreren Ebenen aus: Rechtlich gesehen haften Eigentümer von
Personengesellschaften mit ihrem privaten Vermögen für das Unternehmen. Durch diese
Konstruktion sind Familie und Unternehmen eng verbunden. Mittelbar sind damit auch
Familienmitglieder, die nicht am Unternehmen beteiligt sind, von dessen Erfolg oder
Scheitern betroffen. Doch selbst bei Kapitalgesellschaften, bei denen die Haftung auf die
Einlage beschränkt ist, ist dieser Effekt in gleicher Weise zu beobachten, wenn anders
als bei Publikumsgesellschaften Sicherheiten aus dem persönlichen Umfeld der Anteils-
eigner bereitgestellt werden. Daraus erwächst die Erwartung, dass das Management
neben dem Unternehmenserfolg auch das Wohlergehen der ganzen Familie bei seinen
Entscheidungen berücksichtigt. Auch deshalb werden strategische Ziele nicht allein auf
finanziellen Erfolg und Ertragsmaximierung ausgelegt, sondern Nachhaltigkeit und langfristige Existenz des Unternehmens in den Vordergrund gestellt. Dies wiederum wird als
Garant für langfristigen finanziellen Erfolg gesehen. Schließlich wird mit dem Familienunternehmen nicht nur die gegenwärtige Existenz gesichert, sondern es dient bei kleineren Unternehmen häufig auch als Basis für die Altersvorsorge.

Gemäß der sogenannten Pecking Order Theorie bevorzugen Familienunternehmen die
Innenfinanzierung vor der Außenfinanzierung und bei der Außenfinanzierung die Fremdfinanzierung vor der Aufnahme neuer Gesellschafter (Myers und Majluf 1984). Dies
wird mit den durch die Finanzierung des Unternehmens hervorgerufenen Agentenkosten
aufgrund asymmetrischer Informationsverteilung begründet (Myers und Majluf 1984).
Grundsätzlich gilt: Je weniger Informationen ein potenzieller Finanzierungspartner
hat, desto höher sind die Agentenkosten. Bei der internen Finanzierung fallen keine

Agentenkosten an, da die Mittel aus den Jahresüberschüssen entnommen werden. Diese Entscheidung fällen die Gesellschafter zusammen mit dem bestehenden Management. Dagegen müssen bei der Fremdkapitalfinanzierung die externen Fremdkapitalgeber über das Kreditrisiko informiert werden und ggf. Sicherheiten gestellt werden. Dies ist mit zusätzlichen Transaktionskosten verbunden. Bei der externen Eigenfinanzierung müssen Informationen über den Unternehmenswert bereitgestellt werden. Hinzu kommt das Problem des Underpricings aufgrund der höheren (Ausfall-) Risiken. In diesem Fall dürften die Transaktionskosten am höchsten sein.

Neben der Pecking Order Theorie sprechen noch einige weitere Gründe gegen die Aufnahme neuer Gesellschafter oder die Aufnahme von Fremdkapital. Ein wichtiger ökonomischer Grund für die Finanzierung von Investitionsvorhaben ist der sogenannte Leverage-Effekt, da bei hoher Fremdfinanzierung die Eigenkapitalrendite gesteigert werden kann. Diese Finanzierungsstrategie geht jedoch mit einem hohen Finanzierungsrisiko einher, u. a. da sich der Effekt im Verlustfall umkehrt. Da Familienunternehmen aber in der Regel risikoaverser agieren als Nicht-Familienunternehmen, insbesondere dann, wenn es um den Bestand des Unternehmens geht, wird dieser positive Faktor der Fremdkapitalfinanzierung nur eine untergeordnete Rolle spielen. Hinzu kommt, dass die Gesellschafterfamilie die Kontrolle über das Familienunternehmen behalten möchte. Durch die Aufnahme von Fremdkapital müssen Kontroll- und mitunter Entscheidungsrechte an den Fremdkapitalgeber abgetreten werden. Dies gilt in noch stärkerem Maße für die Aufnahme neuer Gesellschafter.

So ist es nicht verwunderlich, dass die Eigenkapitalquoten von Familienunternehmen deutlich höher liegen als von Nicht-Familienunternehmen, wie eine Studie über die Eigenkapitalquoten von CDAX Unternehmen über einen Zeitraum von 10 Jahren durch die Stiftung Familienunternehmen belegt (Stiftung Familienunternehmen 2014). Und auch für die Jahre 2013 und 2014 lässt sich diese Tendenz unter den TOP 500 Familienunternehmen über die unterschiedlichen Wirtschaftszweige hinweg erkennen (vgl. Abb. 9.6).

Insgesamt wird deutlich, dass Familienunternehmen dazu neigen, die Finanzmittel für die strategische Planung von innen heraus bereitzustellen. Strategien, die mit einem hohen Finanzbedarf verbunden sind, können allerdings die Liquiditätsreserven des Unternehmens übersteigen, so dass die Unternehmerfamilie aus ihrem Privatvermögen investieren muss. Gleichzeitig können hohe strategische Investitionen dazu führen, dass die Ausschüttung an die Familienmitglieder reduziert wird. Die Ausschüttung ist allerdings häufig essentieller Bedeutung, denn für viele Unternehmerfamilien sind die Ausschüttungen des Unternehmens die wesentliche Einnahmequelle zur Finanzierung des täglichen Lebens. Daher sind bereits in der Familie langfristige Vorkehrungen zu treffen, die die finanziellen Auswirkungen der Veränderung von persönlichen Verhältnissen auf das Unternehmen zum Beispiel im Todesfalle, Ehescheidung, etc. vertraglich eindeutig regeln. Oft werden solche Regelungen in der Familienverfassung festgelegt und durch die Etablierung von Family Offices strukturell begleitet (vgl. hierzu Abschn. 11.5).

Aus strategischer Perspektive sollen die Regelungen über die Ergebnisverwendung so ausgestaltet sein, dass sie einerseits die Erreichung der von den Inhabern vorgegebenen

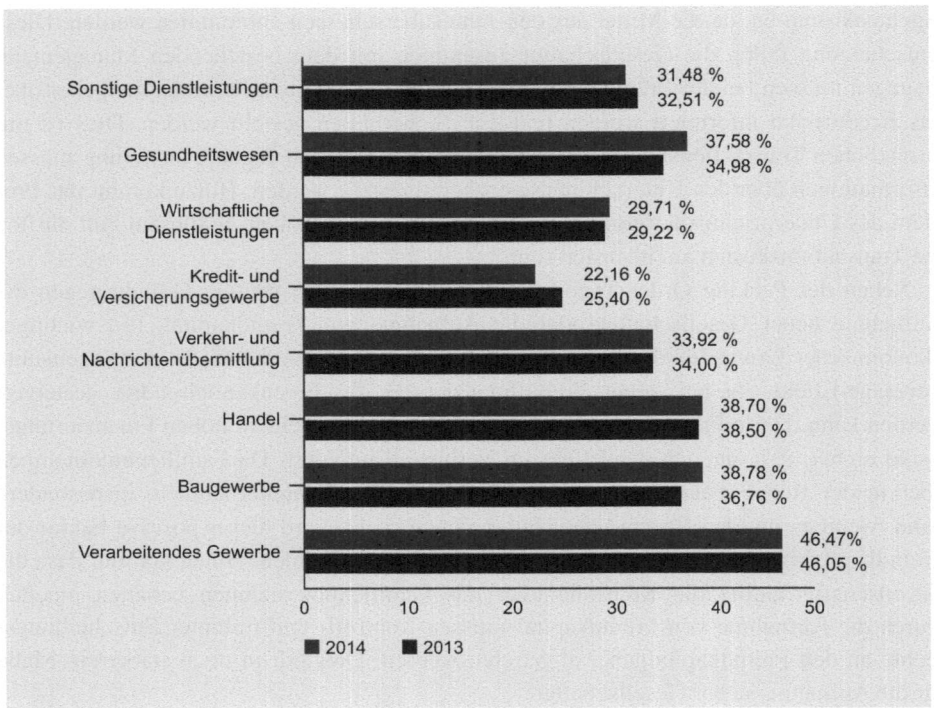

Abb. 9.6 Eigenkapitalquoten der TOP 500 Familienunternehmen. (Quelle: Stiftung Familien-unternehmen 2017, 2018)

Stabilitäts-, Rentabilitäts- und Wachstumsziele befördern und andererseits helfen, Streitigkeiten im Inhaberkreis zu vermeiden. Daher sollten die Inhaber sicherstellen, dass ein ausreichender Teil des Gewinns zur Stärkung des Eigenkapitals dauerhaft im Unternehmen verbleibt. Zur Objektivierung der angemessenen Abwägung zwischen dem Finanzierungsinteresse des Unternehmens und dem Ausschüttungsinteresse der Inhaber wird empfohlen, die Höhe der Ausschüttung bzw. Thesaurierung von der Erreichung bestimmter Finanzkennziffern (sog. Covenants) abhängig zu machen. Schließlich soll allen Familienmitgliedern der Mechanismus der Berechnung von Ausschüttung und The-saurierung transparent gemacht werden.

9.3.4   Strategische Kontrolle

Eine Strategie ist kein statischer Unternehmensbestandteil, sondern es ist eine beständige Führungsaufgabe, das Unternehmen laufend zu beobachten, analysieren und an sich ver-ändernde Bedingungen anzupassen. Neben den Herausforderungen wie Globalisierung und die demographische Entwicklung in Deutschland haben viele individuelle Faktoren Einfluss auf die Unternehmensentwicklung. Die Strategie ist folglich an die sich verändernde Umwelt anzupassen, da auch jahrelange altbewährte Routinen und Praktiken nicht eine auf Dauer angelegte unveränderbare Variable darstellen.

Aus der strategischen Steuerung und Kontrolle lassen sich zwei wesentliche Implikationen ableiten: ob die Strategie wie geplant umgesetzt wurde, und ob die beabsichtigten Ergebnisse auch eingetreten sind. Dazu müssen drei Stufen unterschieden werden, die Prämissenkontrolle, die strategische Überwachung und die Implementierungskontrolle (Schreyögg und Steinmann 1987).

Die Prämissenkontrolle soll systematisch und insbesondere fortlaufend kontrollieren, ob die bei der Strategieentwicklung getroffenen Annahmen noch gültig sind. Mit dem Begriff der strategischen Überwachung ist im Grunde ein proaktives Frühwarnsystem gemeint, welches Krisen möglichst frühzeitig erkennen soll, damit darauf rechtzeitig reagiert werden kann. Die Implementierungskontrolle bezeichnet die Überwachung der Realisierung eines strategischen Plans. Damit stellt die strategische Steuerung und Kontrolle einen kontinuierlichen Prozess dar, der nicht erst nach der Strategieentwicklung und -implementierung, sondern bereits parallel dazu verlaufen sollte.

Im Rahmen der Steuerung und Kontrolle kommen in der Praxis vielfältige Instrumente zum Einsatz. So stellt die regelmäßige strategische Standortbestimmung zum Beispiel in Form einer Family Business-SWOT (vergleiche Abschn. 9.4.1) ein geeignetes Instrumentarium dar, in dem sich die Markt- und Wettbewerbsanalysen mit den firmeninternen Ressourcen und Potenzialen abgleichen lassen. Daraus können strategische Optionen bzw. Optimierungen für das Unternehmen abgeleitet werden.

Dabei gibt es immer mehrere Möglichkeiten zum Erfolg. Eine Erweiterung der Produktpalette oder die Ausweitung des Angebots in benachbarte Marktsegmente und Regionen, eine Diversifizierung vertikal, horizontal oder lateral bis hin zum Unternehmensverkauf sind nur einige Möglichkeiten.

Träger der strategischen Steuerung und Kontrolle ist in der Regel das Management. Diese Aufgaben sollten nicht auf die mittleren Managementebenen übertragen werden. Neben dem Management sind aber vor allem auch die Gesellschafter oder die von ihnen eingesetzten Kontrollorgane wichtige Träger dieses Aufgabenbereiches.

Die Kontrolle der strategischen Zielsetzungen wird in vielen Unternehmen vernachlässigt – mitunter scheint es, dass gerade in Konzernen eine Strategie die andere ablöst. Viele Familienunternehmen hingegen haben zwar ihre langfristigen Strategien entwickelt (wenngleich auch nicht immer so systematisch wie im Lehrbuch), aber auch sie kontrollieren den Erreichungsgrad ihrer Zielsetzungen nur unsystematisch. Das betrifft zum einen die Instrumente der Kontrolle wie zum Beispiel eine Balanced Scorecard wie auch die Institutionen der Kontrolle wie zum Beispiel einen Beirat.[4]

---

[4]Vgl. zu den Institutionen Kap. 10, zu den Gremien Kap. 11 und zu den Instrumenten Kap. 12.

Auch konnte in empirischen Studien gezeigt werden, dass in kleinen und mittleren Familienunternehmen operative Controlling-Instrumente häufiger eingesetzt werden als strategische (Berens et al. 2005), Controlling-Instrumente insgesamt nur in geringerem Maße eingesetzt werden als in Nicht-Familienunternehmen (Hiebl et al. 2015), und die Systeme oft unterwickelt, unvollständig und fehlerhaft sind (Mäder und Hirsch 2009). Hiebl et al. (2013) zeigen zudem auf, dass Familienunternehmen selten über eigene Controlling -Abteilungen verfügen.

In der Regel ist die strategische Kontrolle in Familienunternehmen eine rein finanz-wirtschaftliche Betrachtung aus Sicht der Kapitalgeber, was am Jahresende ausgeschüttet werden kann. Aufgrund der langfristigen Ausrichtung muss die strategische Kontrolle jedoch die Wertsteigerung des Unternehmens im Blick haben.

Auch Frühwarnsysteme finden im Vergleich zu Nicht-Familienunternehmen deutlich seltener Anwendung. Eine Befragung unter 218 deutschen Unternehmen durch Faghfouri et al. (2015) zeigt, dass Familienunternehmen weniger ausgeprägte Krisenfrühwarn-systeme implementiert haben. Insbesondere die Überwachung des externen makroöko-nomischen Umfelds wird vernachlässigt und die Reporting-Qualität des Managements ist weniger stark ausgeprägt.

Fallstudien zur strategischen Steuerung und Kontrolle in Familienunternehmen kom-men ebenfalls zu eher negativen Ergebnissen für Familienunternehmen (Holona 2007). Nur in wenigen Familienunternehmen berichten die Befragten von einem strukturierten Prozess der Implementierungskontrolle. Auch die Prämissenkontrolle wird, obwohl als wichtiger Bestandteil der Kontrolle wahrgenommen, größtenteils informell vollzogen. Aktuelle empirische Studien zeigen zwar, dass sich im Bereich der operativen Planung und Budgetierung Unterschiede zwischen kapitalmarktorientierten Großkonzernen und Familienunternehmen nivellieren, Risikoaspekte in Planung und Budgetierung werden aber immer noch signifikant seltener berücksichtigt (Ulrich 2018).

Diese geringe oder inkonsequente Anwendung von betriebswirtschaftlichen Steuerungsinstrumenten kann sowohl mit fehlenden Kompetenzen, aber auch mit feh-lender Motivation begründet werden, diese Steuerungsinstrumente auch einzusetzen. Eine empirische Untersuchung durch Andric und Kammerlander (2017) zeigt, dass ein höherer Familieneinfluss in Familienunternehmen mit einem geringeren internen Con-trolling-Know how einhergeht und dies schließlich in einer geringeren Nutzung strate-gischer Controlling-Instrumente resultiert. Ebenfalls konnte nachgewiesen werden, dass mit höherem Familieneinfluss Intuition und Erfahrung eine hohe Wertschätzung und Controlling eine geringere Wertschätzung erhalten, was schließlich zu einem geringeren Einsatz strategischen Controllings führt (Andric und Kammerlander 2017). Sowohl Wis-sens- als auch Wertschätzungsmotive bilden demnach wichtige Brückenelemente zwi-schen dem Familieneinfluss und der Nutzung von strategischem Controlling.

Trotz aller kritischen Ergebnisse zur strategischen Steuerung und Kontrolle in Familien-im Vergleich zu Nicht-Familienunternehmen muss auch hier wieder zwischen verschiedenen Typen von Familienunternehmen differenziert werden. Wird die strategische Steuerung und

Kontrolle nicht nur den familieninternen Managern anvertraut, sondern sind, wie in vielen großen Familienunternehmen bereits der Fall, Kontrollgremien (Aufsichtsrat oder Beirat) mit diesen Aufgaben betraut, vermindern sich die Unterschiede zwischen Familien- und Nicht-Familienunternehmen. So konnten Faghfouri et al. (2015) feststellen, dass die Unterschiede in den Frühwarnsystemen nur für Familienunternehmen gelten, die keine Kontrollorgane installiert hatten. Für alle anderen Familienunternehmen konnten keine Unterschiede festgestellt werden (Faghfouri et al. 2015). Die Ausgestaltung der Corporate Governance, auf die Kap. 10 noch näher eingegangen wird, ist folglich für den Erfolg von Familienunternehmen von großer Bedeutung.

Ist die gesamtunternehmerische strategische Ausrichtung und die Geschäftsbereichsplanung abgeschlossen, müssen für die Stabilität des Familienunternehmens die dafür erforderlichen Ressourcen bestimmt werden.

9.4 Strategische Instrumente für Familienunternehmen

Das strategische Management in Familienunternehmen erfordert eine klare Definition unternehmerischer Zielsetzungen unter Berücksichtigung familiärer Rahmenbedingungen, die verbindliche Festlegung von Verantwortlichkeiten und Prozessen sowie die Optimierung des Zusammenspiels von Management, Kapital und Governance. In diesem Teilkapitel lernen Sie spezielle Instrumente kennen, mit denen sichergestellt werden soll, dass die gegenwärtige Strategie des Unternehmens sowie seine individuellen Stärken geeignet, ausreichend und relevant sind, um einerseits auf die Veränderungen in der Unternehmensumwelt adäquat zu reagieren und andererseits die spezifischen Einflüsse der Familie optimal auszunutzen (vgl. Abb. 9.7).

Die Analyse im Rahmen der FB-SWOT, einer auf das Familienunternehmen bezogenen strategischen Untersuchung, umfasst Themen wie vorhandene Personen und

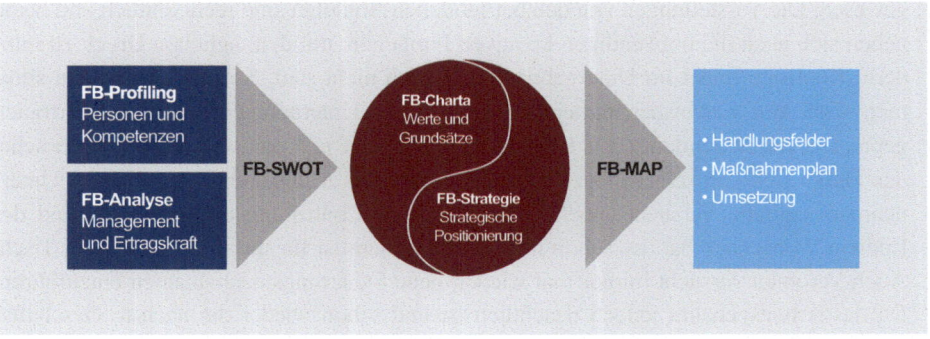

Abb. 9.7 Instrumente der strategischen Unternehmensführung. (Quelle: In Anlehnung an Felden 2013)

deren Kompetenzen (FB-Profiling), das Management und die Prozesse sowie die Ertrags-
und Finanzkraft des Unternehmens (FB-Analyse). Die sich aus ihr ergebende strategische Positionierung führt in der Regel zu intensiven Diskussionen über die Strategie
des Familienunternehmens und den gewünschten Einfluss der Familie. Da die wichtigen Fragen im Rahmen des FB-Profiling, wie beispielsweise, welches Familienmitglied
welche Aufgaben im Unternehmen innehaben soll, welche Gremien existieren und wie
handlungsfähig sie sind und wie Informationsflüsse zwischen den Familienmitgliedern
ablaufen und welche Konfliktpotenziale daraus entstehen, im Rahmen der Familienverfassung geklärt werden sollten, wird das FB-Profiling an dieser Stelle nicht weiter vertieft, sondern in Kap. 12 näher erläutert.

Um sicherzustellen, dass die sich aus diesem Prozess ergebenden Erkenntnisse auch
in Maßnahmen umgesetzt werden, empfiehlt sich die Entwicklung einer Family Business Balanced Scorecard (Felden 2013), die die familiären und unternehmerischen Ziele
konkretisiert und messbar macht. Sie konkretisiert die meist vagen Aussagen der Unternehmensstrategie, die in vielen Unternehmen nur in den Köpfen des Managements oder
in wohlformulierten Strategiepapieren existieren. Sie wurde von Kaplan und Norton
(1996) als Maßzahlensystem entwickelt, um finanzielle und nicht-finanzielle Indikatoren
mit der Unternehmensstrategie zu verlinken.

Daraus ergeben sich dann auch die zu bearbeitenden Maßnahmen wie Änderungen
in Gesellschaftsverträgen und Testamenten oder betriebliche Umstrukturierungen. Ihr
Umsetzungsstand kann in einem FB-MAP, dem Maßnahmen- und Aktionen-Plan für
Familienunternehmen festgehalten werden.

Moritz GmbH

In der Familie Moritz besteht unausgesprochene Einigkeit darüber, welche Ziele – unternehmerisch und familiär – in Zukunft verfolgt werden sollen. Mit der Familiencharta ist
eine gute Basis dafür gelegt worden, dass die grundlegenden Werte und Vorstellungen
der Familie im Unternehmen berücksichtigt werden. Heiko und Veronika sind schon seit
der Übernahme ein gutes Team, auch das geschwisterliche Verhältnis ist immer sehr gut
gewesen. Die Vorstellungen von den betrieblichen Abläufen sind recht ähnlich und beide
geben sich auch die notwendigen kreativen Freiheiten, um den täglichen Druck zu mindern. Kontrolle findet im Unternehmen eigentlich nicht statt. Solange die Zahlen stim-
men – und das war bisher immer der Fall – ist die Unternehmenskultur von Vertrauen
geprägt. „Verschwendung von Ressourcen – es läuft ja," das war einer der Sprüche,
den Heiko sich von seinem Vater anhören musste, als er in seiner ersten Zeit im Unternehmen zaghafte Versuche machte, ein modernes Controlling einzuführen. „Und der
Ludwig Wonschack hat das schon im Griff." Seitdem ist für ihn das Thema vom Tisch.
Auch Veronika versucht immer mal wieder, neue Steuerungsmechanismen einzuführen.
Da das Arbeitspensum jedoch beachtlich ist und schon wieder die nächste Geschäfts-
reise nach China ansteht, schieben beide das Thema wieder auf die lange Bank.

Im Flugzeug mit dem Ziel Peking hat Veronika jedoch Zeit und erarbeitet eine SWOT Analyse des Unternehmens. Die Stärken und Schwächen des Unternehmens kennt sie schließlich ganz genau. Auch die Chancen und Risiken aus dem Unternehmensumfeld wägt sie ab. Dann fällt ihr ein, dass die familiäre Konstellation ebenfalls wichtige Stütze für den Erfolg des Betriebes war und ist. Nachdenklich blickt sie in die Wolken – wie man das alles zusammen bringen kann....

9.4.1   Die Family Business-SWOT

Die FB-SWOT zeigt neben den Stärken und Schwächen des Unternehmens und den Chancen und Risiken aus dem Marktumfeld auch die Potenziale und Lasten der Familie (capabilitiy and burden) auf. Beispielsweise kann es effizienter sein, die Buchhaltung an den Steuerberater auszulagern, als sie – wie seit 40 Jahren – von der Mutter machen zu lassen, die ohnehin über zu viele Aufgaben klagt.

Wichtig ist, dass die FB-SWOT nicht zu viele Analyseergebnisse zusammenfasst: Die wirklichen Stärken sind die Ergebnisse, die das Familienunternehmen zu einem starken Player machen, während die tatsächlichen Schwächen die Punkte sind, die das Unternehmen daran hindern, Wettbewerbsvorteile zu erringen. Chancen, die wirklich von Bedeutung sind, passen zu den strategischen Ressourcen und Werten des Familienunternehmens. Risiken, mit denen sich das Unternehmen dringend beschäftigen muss, sind diejenigen, bei denen es nicht gut aufgestellt ist. Potenziale der Familie ermöglichen Zugänge, die andere Unternehmen nicht haben. Aufgeführte Belastungen hemmen das Unternehmen messbar im Erfolg.

Moritz GmbH

Nach zwei Wochen ist Veronica wieder in der Zentrale der Moritz GmbH und spricht mit Heiko. Kevin, der gerade die Winterreifen seines Volvos aufziehen lässt, kommt ebenfalls hinzu und hat gleich diverse Einwände. Er befürchtet, dass neue Maßnahmen unnötig viele Kosten mit sich bringen und sich das eher ungünstig auf sein Einkommen auswirken könnte. „Dieser ganze neumodische Kram würde außerdem die Leute nur einschränken, die ganze Kreativität gehe doch verloren, wenn man nur noch kontrolliere." Ein wenig genervt vertagen Heiko und Veronica das Gespräch und bestaunen die neuesten Kunstwerke von Kevin, die er demnächst in der Werkshalle für die Stiftung seiner Mutter verkaufen möchte.

Die FB-SWOT (vgl. Abb. 9.8) zeigt im Überblick die beiden wesentlichen externen Einflussfaktoren auf das Unternehmen – die aus dem Markt kommenden und die aus dem Gesellschafterkreis resultierenden – auf einen Blick. Oftmals wird den Beteiligten damit erstmalig bewusst, welche Potenziale in der Familie noch schlummern, welche Lasten

Die FB-SWOT der Moritz GmbH						
	Chancen	Risiken	Stärken	Schwächen	Potenziale	Lasten
Finanzen	Investment in China	Investitions-controlling intensivieren	Finanzielle Unabhängig-keit sichern	Liquidität ausbauen	Familiäre Forderungen nach moderaten Ausschüttun-gen halten	Klare finanzielle Ziele der Familien entwickeln
Markt und Branchen	Innovations-kraft für neue Produkte nutzen	Abhängigkeit von Großkun-den verringern	Kundenbin-dung sichern	Innovations-kraft beibehal-ten in nächster Generation	Nutzen des persönlichen Netzwerks von Veronica	Klare Ent-scheidung zu Auslandsen-gagements
Management und Prozesse	Neuen Ver-triebsleiter für Neukunden-akquisition einstellen	Innovations-prozesse beibehalten	Fachliche Kompetenzen der Mitarbeiter bei Ausschei-den ersetzen	Interne Transparenz erhöhen	Verbundenheit mit Mitarbeiter weiter stärken	Mitarbeiter in Gremienarbeit einbinden
Gesellschafter und Familie	Familien-tradition noch stärker im Markt positionieren	Gesellschafter unterstützen bei Führungs-kräftemoti-vation	Wertesystem kommuni-zieren	Gremien professionali-sieren	Neue Genera-tion systema-tisch an das Unternehmen heranführen	Spannungen im Gesell-schafterkreis abbauen

Abb. 9.8 FB-SWOT der Moritz GmbH. (Quelle: Eigene Darstellung)

sie aber auch dem Unternehmen aufbürden und dass nicht klar an das Management und die Mitarbeiter kommuniziert wird, was die Familie mit dem Unternehmen will.

Dabei kann nicht per se die Familie als Vorteil oder als Gefahr gesehen werden – hierzu nachfolgend einige Beispiele:

- Wenn Unternehmerkinder frühzeitig auf die Unternehmertätigkeit vorbereitet wur-den, stellen sie ein Potenzial dar – Geschwisterrivalität hingegen gefährdet das Unter-nehmen.
- Durch die emotionale Bindung zum Unternehmen besteht eine hohe Motivation und Leistungsbereitschaft. Familieninterne Nachfolger verringern jedoch die Flexibilität bei der Unternehmensnachfolge, denn oftmals ist schon gedanklich kein Platz für externe Lösungen.
- In Familienunternehmen gibt es einen schnellen Informationsaustausch, Missver-ständnisse können schnell aufgeklärt werden. Unter Umständen folgt die Auswahl der Gesprächsthemen jedoch einer falschen Priorität – Informationen gehen dadurch verloren.
- Ein großer Familienverband, der sich für das Unternehmen einsetzt, bietet Potenziale – nicht verkennen darf man jedoch, dass die Verbindung zum Unternehmen mit jeder Folgegeneration verblasst und angeheiratete Ehegatten ihre Rolle in einer Unternehmer-familie anfangs nicht kennen, wenn dies nicht professionell und aktiv gestaltet wird.

- Tritt ein Kind die Nachfolge nicht an und Familie, Eigentum und Unternehmen werden getrennt, können Interessenkonflikte zwischen den Familienmitgliedern entstehen.
- Wenn die Führung der Familie, des Unternehmens und des Eigentums in den gleichen Händen liegen, sind schnelle Entscheidungen und schnelles Handeln möglich – kann diese Führungsperson keine Entscheidungen mehr fällen, müssen drei Führungsaufgaben neu besetzt werden und durch das Entkoppeln der drei Interessenbereiche könnten jeweils Spezialisten die Funktionen übernehmen.
- Familienunternehmen haben oftmals langen Atem auf neuen Märkten, da Fremdkapitalgeber weniger Einfluss besitzen. Oftmals sind jedoch auch die Unternehmensstruktur und Arbeitsabläufe veraltet – Veränderungen erfolgen nur aufgrund äußerer Einflüsse.
- Wenn ein besseres Betriebsklima durch die Familie realisiert wird, gibt es wenig Rivalität zwischen den Mitarbeitern, eine hohe Motivation der Angestellten und Mitarbeiter werden so gut wie nie entlassen. Notwendige personale Neubesetzungen finden jedoch erst sehr spät statt.

Analog zu den bekannten Strategien, die sich aus der klassischen SWOT-Analyse herausarbeiten lassen, sind auch die strategischen Stoßrichtungen der FB-SWOT zu formulieren. Hierbei werden die Stärken und Schwächen des Unternehmens (Weaknesses/Strengths) mit den Potenzialen und Lasten der Familie (Capabilities/Burdens) kombiniert:

- SC-Strategien: Welche Stärken lassen sich mit welchen Potenzialen verbinden? Wie können die eigenen Stärken durch die Potenziale der Familie weiter verbessert werden?
- SB-Strategien: Wie können Lasten aus der Familie durch besondere Stärken des Unternehmens abgewehrt werden? Mit dem Einsatz welcher Stärken lassen sich die Lasten verkleinern?
- WC-Strategien: In welchen Bereichen können Schwächen auch Stärken sein? Wie lassen sich durch die Nutzung von Potenzialen aus der Familie die Schwächen in Stärken verwandeln?
- WB-Strategien: Wie lassen sich Schwächen vermindern, um zu verhindern, dass Lasten aus der Familie das Unternehmen beeinträchtigen?

Der Erfolg einer Strategie zeigt sich immer erst nach deren Umsetzung. Wenn Planung an sich schon für viele kleinere Familienunternehmen untypisch ist, gilt das ebenso für die systematische Umsetzung. Typische Probleme, die bei der Implementierung auftreten, sind:

- Unzureichende Strategiediskussion (kein gemeinsames Strategieverständnis, Zusammenhänge zwischen Strategie und Erfolgsfaktoren sind nicht klar)
- Strategische Unausgewogenheit (zu finanz- und marktlastig, wenig Berücksichtigung der internen Prozesse und Potenziale)

- Mangelnde Strategiekonkretisierung (Strategie wird nicht systematisch auf operative Ebene überführt)
- Unzureichende Strategiekommunikation (einheitliche Kommunikation für alle Mitarbeiter)
- Oberflächliches Strategie-Controlling (Strategieentwicklung wird nicht durch das Berichtswesen geprüft, Messung der Ziele wird vernachlässigt)

9.4.2 Die Balanced Scorecard

Die vorgestellte FB-SWOT ist kein Instrument, um Strategien zu implementieren oder um zu kontrollieren, ob diese tatsächlich umgesetzt werden. Hierfür müssen konkrete, messbare Ziele abgeleitet, beschlossen und deren Erreichung kontrolliert werden. Familienunternehmen können dabei das Instrument der Balanced Score Card in einer für sie adaptierten Version einsetzen (vgl. Tab. 9.1).

Eine Balanced Scorecard beinhaltet drei Stoßrichtungen:

- Herstellung eines ausgeglichenen Zielsystems: Hierzu werden die strategischen Ziele typischerweise in den vier Bereichen Finanzen, Kunden, Prozesse und Potenziale formuliert. Es wird also ein ganzheitlicher Ansatz verfolgt, denn wesentlich für die Steuerung eines Unternehmens ist nicht das Finanzergebnis selbst, sondern durch welche Indikatoren und Entwicklungen es zustande gekommen ist. Kernfragen sind dabei, welche Bereiche besondere Beachtung erfordern, damit Familie und Unternehmen handlungsfähig sind und in welchen Bereichen die größten Stärken und Potenziale stecken.
- Definition eines Ursache-Wirkungs-Zusammenhangs: Die finanziellen Ziele werden mit nicht-finanziellen Zielen verknüpft. Das übliche finanzorientierte Steuerungsinstrument wird also um nicht-finanzielle Erfolgsfaktoren wie Kundenzufriedenheit, Produkt- bzw. Dienstleistungsqualität oder Mitarbeitermotivation ergänzt.
- Verbindung der Ziele mit Messgrößen: Die strategischen Ziele werden mit konkreten strategischen Operationen verknüpft. Aufbauend auf der in der FB-SWOT erarbeiteten generellen strategischen Stoßrichtung werden für die FB-BSC konkrete Kennzahlen erarbeitet.

Moritz GmbH

Veronika Moritz überträgt die in der FB-SWOT erarbeiteten Aspekte in das Zielsystem der FB-BSC:

Tab. 9.1 Umsetzung der FB-SWOT in konkrete Unternehmensziele in der FB-BSC

	Chancen	Risiken	Stärken	Schwächen	Potenziale	Lasten
Finanzen	Investment in China	Investitionscontrolling intensivieren	Finanzielle Unabhängigkeit sichern	Liquidität ausbauen	Familiäre Forderungen nach moderaten Ausschüttungen halten	Klare finanzielle Ziele der Familie entwickeln
Markt und Branche	Innovationskraft für neue Produkte nutzen	Abhängigkeit von Großkunden verringern	Kundenbindung sichern	Innovationskraft beibehalten in nächster Generation	Nutzen des persönlichen Netzwerks von Veronica	Klare Entscheidung zu Auslandsengagements
Management und Prozesse	Neuer Vertriebsleiter für Neukundenakquisition einstellen	Innovationsprozesse beibehalten	Fachliche Kompetenz der Mitarbeiter bei Ausscheiden ersetzen	Interne Transparenz erhöhen	Verbundenheit mit Mitarbeitern weiter stärken	Mitarbeiter in Gremienarbeit einbinden
Gesellschafter und Familie	Familientradition noch stärker im Markt positionieren	Gesellschafter unterstützen bei Führungskräftemotivation	Wertesystem kommunizieren	Gremien professionalisieren	Neue Generation systematisch an das Unternehmen heranführen	Spannungen im Gesellschafterkreis abbauen

Für Familienunternehmen ist die BSC besonders gut geeignet, da mit ihr auch die eher „weichen"/qualitativen Ziele, die in Familienunternehmen nicht selten einen wesentlichen Teil ausmachen, konkretisiert und gesteuert werden können. Damit werden diese Themen aus dem Bereich des Vagen herausgeholt und zu klaren, kontrollierbaren Zielen formuliert, die in einem Managementprozess professionell umsetzbar sind.

Nicht immer sind jedoch die oben genannten vier Perspektiven passend. Je nach Branche und Ausgangssituation können natürlich unterschiedliche Perspektiven sinnvoll sein. Für ein Unternehmen der Immobilienverwaltung können neben diesen Perspektiven zum Beispiel die Mieter eine fünfte Perspektive darstellen. Eine gemeinnützige Stiftung der Familie könnte die Perspektive „Stiftungszweck" in seine BSC integrieren und hierüber steuern.

Außerdem muss die Family BSC auch die spezifischen Charakteristika und Ziele der Unternehmerfamilie und des Familienunternehmens berücksichtigen. Hierfür werden in der Praxis oft die Perspektiven Management und Prozesse zusammengefasst und um eine neue vierte Kategorie „Familie und Gesellschafter" ergänzt. Jede Perspektive stellt dabei einen Leistungstreiber dar, der dem Unternehmen einen Wettbewerbsvorteil verschafft und zu besonderen Leistungen verhilft. In Familienunternehmen ist auch die Familie ein derartiger Leistungstreiber, der seine Potenziale einbringt. Im Bereich der Finanzen geht es dann zum Beispiel um klare Regelungen zur Ausschüttungspolitik und Stabilität. Im Bereich Markt und Branche betreffen Handlungsfelder v. a. unternehmerische Vorstellungen, also zum Beispiel die Risikofreudigkeit der Gesellschafter bei Geldanlagen und Unternehmensinvestitionen. Der Bereich Gesellschafter und Familie behandelt vor allem die Handlungsfelder (vgl. Abb. 9.9):

- Kompetenzen (Urteilsvermögen als Gesellschafter),
- Aufbau künftiger Gesellschafter (Business-Coaching für Junggesellschafter),
- Klärung, wer langfristig Gesellschafter sein darf,
- und der rechtlichen Regelungen mit Eheverträgen und testamentarischen Verfügungen.

Der Bereich Management und Prozesse betrifft die Handlungsfelder zur Managementkontinuität, zum Informationsfluss zwischen den Gremien und zu den Ansprechpartnern.

Wichtig ist in jedem Fall, alle strategischen Ziele, Messgrößen und Zielwerte auf den Werten und Grundsätzen der Familie aufzubauen. Daher ist auch bei Verwendung des ursprünglichen Modells jede der vier Dimensionen um „Familiness" Komponenten zu erweitern (vgl. Abb. 9.10).

Im nächsten Schritt sind die festgelegten Ziele messbar zu machen sowie der Grad der Zielerreichung zu bestimmen.

Theoretisch lässt sich jedes Ziel messen: Es geht schlussendlich um die Frage der Praktikabilität und der Kosten. So wird man für eine monatliche Wissensüberprüfung der Mitarbeiter keine Zustimmung vom Betriebsrat bekommen oder eine vierteljährliche Kundenbefragung aufgrund zu hoher Kosten ablehnen. Der Informationsgehalt

	Strategisches Ziel	Messgrösse	Zielwert 2011	Strategische Aktionen
Finanzen				
F1	Rendite erhöhen	Rendite nach Steuern	4%	Konsequente Preispolitik einführen
F2	Kostenwirtschaftlichkeit erhöhen	Kostengruppe / Umsatz	2.5%	Detaillierte Potenzialanalyse der Kostengruppen durchführen und Massnahmen ableiten
F3	Profitables Unternehmenswachstum erhöhen	Umsatz (%)	+15%	Plan zur Internationalisierung aufsetzen und vorantreiben
F4	Renditedenken im Unternehmen verankern	Teilnahmequote am MA- Beteiligungsprogramm	70%	Reporting für Mitarbeiter aufsetzen: Wichtige Kennzahlen in Abteilungen kommunizieren
F5	Deckungsbeitrag erhöhen	Deckungsbeitrag (%)	Verbesserung um 1.5%	F1 Vorgaben / Leitplanken für deckungsbeitragsorientierte Entscheidungen entwickeln
Kunden				
K1	Kunden zum Fan des Unternehmens machen	Kundenbegeisterungsindex	t.b.d.	Kundenbegeisterungsindex entwickeln
K2	Neue profitabele Kunden in definierten Märkten gewinnen	Eigener Umsatz / Marktvolumen	...	Kundenakquiseprogramm aufsetzen
K3	Markt und Endkunde besser kennenlernen	Zahl der Endkundenkontakte	+ 30%	CRM intensivieren
K4	Profitabilität von Kunden sichern	Deckungsbeitrag pro Kunde / Kundengruppe	...	Festlegung und Einführung einer DB-Untergrenze
Prozesse				
Pr1	Variantenvielfalt bereinigen	Umsatz / Endprodukt	Von 3'600 auf 4'000 EUR	Produktplanung 2011-2015 anpassen; pro Artikelgruppe mit Umsatz, Deckungsbeitrag und Variantenreduktion
Pr2	Prozesseffizienz erhöhen	Einsparquote	3% vom Umsatz	Aufsetzen Prozesseffizienzprogramm
Pr3	Qualität der Produkte verbessern	Nichtkonformitätsquote	Reduzierung um 30%	Projekte «vorbeugende Qualitätsmassnahmen» aufsetzen
Pr4	Produktentwicklungsprozess kundenorientiert gestalten	ROI	< 3 Jahre	Messung des Aufwandes pro Produktentwicklung einführen
Potenziale				
Pt1	Mitarbeiterqualifikationen erhöhen	Profilerfüllung (%)	Neue Messgrössen	Luminosus-Spatium Akademie intern ausbauen
Pt2	Offene Kommunikation weiter ausbauen	Kommunikationsprogramm (Massnahmenerfüllung)	Neue Messgrössen	Weiterbildung durch Führungskräfte im Bereich «Kommunikation» durchführen
Pt3	Mitarbeiter stärker in Unternehmensprozesse einbinden	Zufriedenheitsindex	Neue Messgrössen	Zufriedenheitsindex erarbeiten und erheben
Pt4	Verantwortung stärker in Mitarbeiterhand geben	Zufriedenheitsindex	Neue Messgrössen	Zufriedenheitsindex erarbeiten und erheben

Abb. 9.9   Die Balanced Scorecard der Firma Luminosus-Spaltum. (Quelle: Horvath 2011)

BSC Perspektive	Business	Familiness
Finanzielles	• Ertragswachstum • Produktivitätsverbesserung	• Vorbereiten für die Generation, die pensioniert wird • Konstante Neuerfindung, um das Interesse der zukünftigen Generation an einem Unternehmenseintritt zu bewahren
Kunden	• Operational Excellence Kundenintimität Produktleadership	• Des Familiennamens bewusst sein • Familie bei Marketinginitiativen benutzen • Qualität, die das Familienmarkenimage widerspiegelt
Interne Prozesse	• Innovationen anregen • Kundenwert steigern • Operational Excellence erreichen • Corporate Citizenship fördern	• In Technologien investieren, die zukünftige Generationen nützen • Professionelle Arbeitspraktiken, welche die besten Familien- und Nicht-Familienmitarbeiter anziehen • Philanthropische Aktivitäten
Lernen und Wachstum	• Mitarbeiter: Fertigkeit und Fähigkeit • Technologie • Firmenklima	• Karrieremöglichkeiten für Familienmitglieder kreieren • Aus Firmeninvolvierung ein Privileg machen • Startkapital für Geschäftsideen von Familienmitgliedern zur Verfügung stellen und fördern

Abb. 9.10 Balanced Scorecard und „Familiness". (Quelle: Craig und Moores 2004; in Anlehnung an Felden 2013)

der zu definierenden Kennzahlen muss daher den Aufwand der Erfassung rechtfertigen. Kreativität und Experimentierfreudigkeit bei der Auswahl aussagekräftiger Kennzahlen ist daher ganz wichtig.

Im Idealfall lässt sich ein strategisches Ziel durch genau eine Kennzahl messen. Um im Reporting die Komplexität möglichst gering zu halten, sollte die Anzahl der Kennzahlen auf maximal drei pro Ziel beschränkt werden. Auswahlkriterium sollte sein, nicht alle Sachverhalte umfassend mit den Kennzahlen abzubilden, sondern die für die Unternehmenssteuerung wirklich Relevanten.

Erst durch die Festlegung eines Zielwertes ist ein strategisches Ziel vollständig beschrieben. Durch die Definition von Zielwerten soll das Verhalten der Beteiligten zielorientiert beeinflusst werden. Dabei werden die einzelnen Kennzahlen mit anspruchsvollen, ehrgeizigen, aber realistische Zielvorgaben hinterlegt. Gute Zielwerte sind solche, die erreichbar sind, nach denen man sich jedoch „strecken" muss, um sie zu erreichen.

In den meisten Familienunternehmen liegen für die Kennzahlen der Finanzperspektive bereits Zielwerte vor. Diese sollten – sofern noch nicht vorhanden – um

Kennzahlen, die die finanziellen Erwartungen der Familie ausdrücken, erweitert werden. Für alle anderen Perspektiven müssen in der Regel noch Kennzahlen bestimmt werden.

Die Akzeptanz der Zielwerte im Unternehmen kann erhöht werden, wenn entsprechende Vergleichswerte vorhanden sind. Diese können aus Benchmarks, Branchenvergleichen, aktuellen oder vergangenen Werten und Mitarbeiter-, Familienmitglieder- und Kundenbefragungen gewonnen werden. Wenn ein Unternehmen über eine fundierte Datenbasis verfügt, können klare Zielvorstellungen definiert werden, ansonsten sind Zielwerte zu schätzen und, sobald erste Werte vorliegen, entsprechend anzupassen. Generell gilt bei der Erarbeitung von Zielwerten, dass ungenaue Vorstellungen besser sind als gar keine.

9.4.3   Die FB-MAP

Ein Problem in vielen Unternehmen besteht darin, dass operative Maßnahmen nicht auf die Erreichung der strategischen Ziele abgestimmt sind, sondern oft auch miteinander um die ohnehin meist knappen Ressourcen und die Anerkennung beim Topmanagement konkurrieren. Die FB-MAP soll gewährleisten, dass die Erreichung der strategischen Zielwerte durch operative Maßnahmen im Tagesgeschäft konkretisiert und umgesetzt wird.

Bei der Entwicklung strategischer Maßnahmen ist in einem ersten Schritt ein Überblick über bereits laufende Projekte zu gewinnen: Wer arbeitet mit welchem Aufwand an welchem Projekt und wann enden diese? Eine Zuordnung der Maßnahmen zu einzelnen strategischen Zielen verdeutlicht, welche Ressourcen an welcher Stelle gebunden sind. Nicht strategierelevante Aktivitäten gilt es zu beenden, wodurch gleichzeitig neue Ressourcen frei werden, die dann in ausschließlich der Strategieumsetzung dienende Maßnahmen und Projekte investiert werden können. Sehr umfangreiche und komplexe Maßnahmen werden in Projekten zusammengefasst. Werden jedoch zu viele Maßnahmen gleichzeitig angegangen, kommt es zur Überbeanspruchung der dafür benötigten Ressourcen. Dies macht eine Priorisierung anhand eines Kosten-Nutzen-Vergleichs und nach der Dringlichkeit unvermeidlich.

Moritz GmbH

Veronika und Heiko leiten aus der FB-BSC einen Maßnahmen- und Aktionsplan ab. Sie besprechen das Ganze auch mit Groß und Wonschack. Während Manfred Groß diesem ganzen neumodischen Kram nichts abgewinnen kann, ist Ludwig Wonschack begeistert. Das ist ganz in seinem Sinn – wenn es etwas zu rechnen gibt, ist er immer dabei. Er erklärt sich sofort bereit, quartalsweise für die Auswertung zu sorgen. Im zweiten Quartal des Jahres sieht die FB-MAP wie in Abb. 9.11 dargestellt aus.

Perspektive	Strategisches Ziel	Zielerreichung
Finanzen	Eigenkapitalrendite steigern	70%
	Unternehmensrisiko nachhaltig senken	125%
	Sicherungsfond aufbauen	0%
Markt und Umfeld	Eigentümerbindung erhöhen	75%
	Neukunden gewinnen	0%
	Dienstleistungsqualität erhöhen	0%
	Auftritt nach Außen stärken	113%
	Preisspielräume schaffen	0%
Management und Prozesse	Nachfolgereinarbeitungskonzept entwickeln	100%
	Komm. Gesellschafter – Beirat verbessern	85%
	Prozessorientiertes Arbeiten	90%
	Mitarbeitermotivation erhöhen	40%
Familie und Gesellschaft	Familiencharta erarbeiten	25%
	Workshopkonzept erarbeiten	100%
	Festlegung von Ansprechpartnern	100%
	Stiftungsmodell entwickeln	0%

Abb. 9.11 Reporting zum 2. Quartal. (Quelle: Eigene Darstellung)

Lernfragen

- Was bedeutet strategisches Management im Kontext von Familienunternehmen?
- Nennen Sie die vier generischen Wachstumsstrategien und beschreiben Sie, wie sich diese zwischen Familien- und Nicht-Familienunternehmen unterscheiden.
- Diskutieren Sie, warum es zu einer unterschiedlichen Bearbeitung der diversen Strategiefelder kommen kann.
- Erläutern Sie die Besonderheiten im strategischen Planungsprozess von Familienunternehmen.
- Erklären Sie den Effectuation-Ansatz im Zusammenhang mit Familienunternehmen.
- Beschreiben Sie typische strategische Instrumente für Familienunternehmen.
- Wie ist eine Balance-Scorecard grundsätzlich aufgebaut und welche besonderen Elemente sollte diese für Familienunternehmen enthalten?

Literatur

Andric, M., & Kammerlander, N. (2017). Motive zum Verzicht auf Controlling in Familienunternehmen: eine Mediator-Analyse. *ZfKE – Zeitschrift für KMU und Entrepreneurship 65*(4), 223–251 (im Druck).

Ansoff, H. I. (1965). *Checklist for competitive and competence profiles. Corporate strategy.* New York: McGraw-Hill.

Baus, K. (2007). *Die Familienstrategie: Wie Familien ihr Unternehmen über die Generationen sichern.* Wiesbaden: Gabler.

Berens, W., Püthe, D. K. T., & Siemes, A. (2005). Ausgestaltung der Controllingsysteme im Mittelstand - Ergebnisse einer Untersuchung. *Controlling und Management, 49*(3), 186–191.

Block, J. H. (2012). R&D investments in family and founder firms. An agency perspective. *Journal of Business Venturing 27*(2), 248–265.

Boyd, B. K. (1991). Strategic planning and financial performance: A meta-analytic review. *Journal of Management Studies, 28*(4), 353–374.

Brinckmann, J., Grichnik, D., & Kapsa, D. (2010). Should entrepreneurs plan or just storm the castle? A meta-analysis on contextual factors impacting the business planning – Performance relationship in small firms. *Journal of Business Venturing, 25*(1), 24–40.

Carlock, R. S., & Ward, J. L. (2001). *Strategic planning for the family business. Parallel planning to unify the family and business.* Houndsmill: Palgrave Macmillan.

Chandler, A. D., Jr. (1962). *Strategy and structure: Chapters in the history of industrial enterprise.* Cambridge: M.I.T. Press.

Craig, J. B., & Moores, K. J. (2004). The professionalization process in family firms. The Dennis family case study. In J. H. Astrachan, P. Poutziouris, & K. Soufani (Hrsg.), *Family Business Casebook Journal* (S. 91–121). Kennesaw: Kennesaw State University Publisher.

Craig, J. B., Moores, K., & Cassar, G. (2003). *Innovation in family business: A ten-year study.* Paper presented at the Babson Kauffmann Entrepreneurship Conference, Babson College, Boston.

Daily, C. M., & Dollinger, M. J. (1993). Alternative methodologies for identifying family- versus nonfamily-managed businesses. *Journal of Small Business Management, 31*(2), 79–90.

De Massis, A., Frattini, F., & Lichtenthaler, U. (2012). Research on technological innovation in family firms. Present debates and future directions. *Family Business Review 26*(1), 10–13.

Faghfouri, P., Kraiczy, N. D., Hack, A., & Kellermanns, F. W. (2015). Ready for a crisis? How supervisory boards affect crisis readiness of German small and medium-sized family firms. *Review of Managerial Science, 9,* 317–338.

Felden, B. (2013). Familienunternehmen managen heißt Unternehmerfamilien managen. In H. Schlüter, & K. Hoffmann (Hrsg.), *Jahrbuch Accounting, Taxation & Law. ISM Schriftenreihe 24,* (S. 221–242). Dortmund: International School of Management.

Fuetsch, E., & Suess-Reyes, J. (2017). Research on innovation in family businesses: Are we building an ivory tower? *Journal of Family Business Management, 7*(1), 44–92.

Gersick, K., Davis, J., McCollom Hampton, M., & Lansberg, I. (1997). *Generation to generation.* Boston: Harvard Business School Press.

Gomez-Meija, L. R., Makri, M., & Larraza, M. (2010). Diversification decisions in family-controlled firms. *Journal of Management Studies, 47*(2), 223–252.

Gudmundson, D., Hartman, E. A., & Tower, C. B. (1999). Strategic orientation: Differences between family and nonfamily firms. *Family Business Review, 12*(1), 27–39.

Hambrick, D. C. (1983). Some tests of the effectiveness and functional attributes of Miles and Snow's strategic types. *Academy of Management Journal, 26,* 5–25.

Hayton, J., Chandler, G. N., & DeTienne, D. R. (2011). Entrepreneurial opportunity identification and new firm development processes: A comparison of family and non-family new ventures. *International Journal of Entrepreneurship and Innovation Management, 13*(1), 12–31.

Hiebl, M. R., Feldbauer-Durstmüller, B., & Duller, C. (2013). Die Organisation des Controllings in österreichischen und bayerischen Familienunternehmen. *ZfKE – Zeitschrift für KMU und Entrepreneurship, 61*(1–2), 83–114.

Hiebl, M. R., Duller, C., Feldbauer-Durstmüller, B., & Ulrich, P. (2015). Family influence and management accounting usage: Findings from Germany and Austria. *Schmalenbach Business Review, 67*(3), 368–404.

Holona, F. (2007) *Strategieimplementierung und Implementierungskontrolle in Familienunternehmen. Forschungspapier Nr. 7.* INTES Institut für Familienunternehmen. Vallendar: WHU – Business School of Management.

Hoon, C. (2014). Too taboo to change: How actors adress and respond to taboo-breaking issues. *Schmalenbach Business Review, 66,* 43–72.

Hoon, C., & Jacobs, C. D. (2014). Beyond belief: Strategic taboos and organizational identity in strategic agenda setting. *Strategic Organization, 12*(4), 244–273.

Horvath, P. (2011). Balanced Scorecard für Familienunternehmen. *Zeitschrift für Familienunternehmen und Stiftungen, 4,* 3–7.

Johanson, J., & Vahlne, J.-E. (1977). The internationalization process of the firm – A model of knowledge development and increasing foreign market commitments. *Journal of International Business Studies, 8*(1), 23–32.

Kaplan, R. S., & Norton, D. P. (1996). Using the balanced scorecard as a strategic management system. *Harvard Business Review, 74*(1), 75–85.

Kets de Vries, M. F. R. (1993). The dynamics of family controlled firms. The good and the bad news. *Organizational Dynamics 21*(3), 59–71, 559–566.

Kraiczy, N. D., Hack, A., & Kellermanns, F. W. (2013). New product portfolio performance in family firms. *Journal of Business Research, 67*(6), 1065–1073.

Kraus, S., Harms, R., & Schwarz, E. J. (2007). Zur Relevanz der strategischen Planung für das Wachstum junger KMU. *Zeitschrift für Management, 2*(4), 374–400.

Lindow, C. M., Stubner, S., & Wulf, T. (2010). Strategic fit within family firms. The role of family influence and the effect on performance. *Journal of Family Business Strategy 1*(3), 167–178.

Mäder, O. B., & Hirsch, B. (2009). Controlling – Strategischer Erfolgsfaktor für die Internationalisierung von KMU. In F. Keuper, & H. A. Schunk (Hrsg.), *Internationalisierung deutscher Unternehmen* (S. 107–137). Wiesbaden: Gabler.

Maurya, A. (2012). *Running lean. How to iterate from plan A to a plan that works* (2. Aufl.). Sebastopol: O'Reilly.

Mazzola, P., Marchisio, G., & Astrachan, J. (2008). Strategic planning in family business: A powerful developmental tool for the next generation. *Family Business Review, 21*(3), 239–258.

McCann, J. E., Leon-Guerrero, A. Y., & Haley, J. D. (2001). Strategic goals and practices of innovative family businesses. *Journal of Small Business Management, 39*(1), 50–59.

Meijaard, J., Brand, M. J., & Mosselman, M. (2005). Organizational structure and performance in Dutch small firms. *Small Business Economics, 25*(1), 83–96.

Miles, R. H., & Snow, C. C. (1978). *Organizational strategy, structure and process.* New York: MacGraw-Hill.

Miles, R. H., Snow, C. C., Meyer, A. D., & Coleman, H. J. (1978). Organizational strategy, structure, and process. *Academy of Management Review, 3*(3), 546–562.

Mintzberg, H. (1987). The strategy concept I: Five Ps for strategy. *California Management Review, 30*(1), 11–24.

Mintzberg, H., & Waters, J. A. (1985). Of strategies, deliberate and emergent. *Strategic Management Journal, 6,* 257–272.

Moores, K. J., & Mula, J. (2000). The salience of market, bureaucratic, and clan controls in the management of family firm transitions: Some tentative Australian evidence. *Family Business Review, 13*(2), 91–103.

Müller-Stewens, G., & Lechner, C. (2003). *Strategisches Management. Wie strategische Initiativen zum Wandel führen.* Stuttgart: Schäffer-Pöschel.

Myers, S. C., & Majluf, N. S. (1984). Corporate financing and investment decisions when firms have information that investors do not have. *Journal of Financial Economics, 13*(2), 187–221.

Pfohl, H.-C., & Arnold, U. (2013). *Betriebswirtschaftslehre der Mittel- und Kleinbetriebe: Größenspezifische Probleme und Möglichkeiten zu ihrer Lösung* (5. Aufl.). Berlin: Schmidt.

Pittino, D., & Visintin, F. (2009). Innovation and strategic types of family SMEs. A test and extension of Miles and Snow's configurational model. *Journal of Enterprising Culture 17*(3), 257–295.

Österwalder, A., & Pigneur, Y. (2010). *Business model generation: A handbook for visionaries, game changers, and challengers.* Hoboken: John Wiley.

Porter, M. E. (1986). *Wettbewerbsvorteile (Competitive advantage). Spitzenleistungen erreichen und behaupten.* Frankfurt a. M.: Campus.

Porter, M. E. (1991). Towards a dynamic theory of strategy. *Strategic Management Journal, 12*(52), 95–117.

Pukall, T., & Calabro, A. (2014). The internationalization of family firms. A critical review and integrative model. *Family Business Review, 27*(2), 103–125.

Read, S., Song, M., & Smit, W. (2009). A meta-analytic review of effectuation and venture performance. *Journal of Business Venturing, 24*(6), 573–587.

Schreyögg, G., & Steinmann, H. (1987). Strategic control. A new perspective. *Academy of Management Review 12*(1), 91–103.

Sharma, P., Chrisman, J. J., & Chua, J. H. (1997). Strategic management of the family business. Past research and future challenges. *Family Business Review 10*(1), 1–36.

Shepherd, D. A., & Zacharakis, A. (2000). Structuring family business succession. An analysis of the future leader's decision making. *Entrepreneurship Theory & Practice, 23,* 25–39.

Steeger, J., H., & Hoffmann, M. (2016). Innovation and family firms: Ability and willingness and German SMEs. *Journal of Family Business Management 6*(3), 251–269.

Stiftung Familienunternehmen. (2014). Daten, Fakten, Zahlen zur volkswirtschaftlichen Bedeutung von Familienunternehmen. http://www.familienunternehmen.de/likecms.php?site=tpl%2Fsite.html&%E2%81%9Enav=-1&siteid=126&entryid=0&sp=0. Zugegriffen: 8. Febr. 2014.

Stiftung Familienunternehmen. (2018). *Daten, Fakten, Zahlen zur volkswirtschaftlichen Bedeutung von Familienunternehmen.* München: Stiftung Familienunternehmen.

Ulrich, P. (2018). Integration von Risikoaspekten in operative Planung und Budgetierung: Was unterscheidet mittelständische Familienunternehmen von anderen Unternehmen? *ZfKE – Zeitschrift für KMU und Entrepreneurship 66,* Risk Governance im Mittelstand, *1,* 13–33.

Upton, N., Teal, E. J., & Felan, J. T. (2001). Strategic and business planning practices of fast growth family firms. *Journal of Small Business Management, 39*(1), 60–72.

Ward, J. L. (1997). Growing the family business. Special challenges and best practices. *Family Business Review 10*(4), 323–337.

Winkeljohann, N., & Kellersmann, D. (2008). Fremdmanagement in Familienunternehmen Vor- und Nachteile: Ergebnisse einer empirischen Studie. *Zeitschrift für Corporate Governance, 6,* 253–260.

Zahra, S. A. (2005). Entrepreneurial risk taking in family firms. *Family Business Review, 18*(1), 23–40.

Zott, C., Amit, R., & Massa, L. (2011). The business model: Recent developments and future research. *Journal of Management, 37*(4), 1019–1042.

Teil IV

Family Business Governance

Dieser vierte Teil beschäftigt sich mit den Komponenten einer professionellen, zukunftsorientierten und verantwortungsvollen Unternehmensführung. Dieses Aufgabengebiet wird zumeist als Corporate Governance bezeichnet und meint die Gesamtheit aller Regeln, Vorschriften, Werte und Grundsätze, die eine Unternehmensführung ausmachen. Man spricht in diesem Zusammenhang auch von „guter Governance"[1] und meint damit zum Beispiel eine funktionsfähige Unternehmensleitung, die Interessenwahrung der Stakeholder oder die Transparenz in der Unternehmenskommunikation. Für Familienunternehmen stehen dabei nicht selten auch Vorgaben an das Management zum Umgang mit Risiken oder zur langfristigen Wertschöpfung im Vordergrund. Corporate Governance umfasst gesetzlich vorgeschriebene und freiwillige Maßnahmen: das Einhalten von Gesetzen und Regelwerken (Compliance), das Befolgen anerkannter Standards sowie das Entwickeln und Befolgen individueller Unternehmensleitlinien. Ein weiterer Aspekt der Corporate Governance ist die Ausgestaltung und Implementierung von Leitungs- und Kontrollstrukturen.

Da Publikumsgesellschaften vornehmlich in Form einer Aktiengesellschaft auftreten, sind wichtige gesetzliche Grundlagen der Corporate Governance im Aktiengesetz (AktG) geregelt. Die Vielzahl der Anteilseigner sowie deren durchaus übliche Fluktuation haben zur Folge, dass zwischen dem Eigentum und der Unternehmensführung strikt getrennt wird. Der Anteilseigner als solcher hat somit keinen Einfluss auf die internen Entscheidungsprozesse und es kann zu Interessenskollisionen kommen. Das

---

[1]Im Englischen ist Governance ein alter Begriff der allgemeinen Politiksprache zur Beschreibung, Beurteilung und zum Vergleich der Art und Weise von staatlichem Regierungshandeln (so definierte es schon Sir John Fortescue – geboren 1394, gestorben 1476 in Gloucestershire). Government hingegen bedeutet Regierung im Sinne einer Institution.

systemimmanente Prinzipal-Agent-Problem erfordert daher Kontrollinstitutionen wie den Aufsichtsrat.[2]

Wenn ein Unternehmen langfristig in Familienbesitz liegen soll, darf der Fokus nicht nur auf den unternehmerischen Belangen liegen, sondern muss auch die Vorstellungen der Familie berücksichtigen. Governance-Regeln im Familienunternehmen unterscheiden sich deshalb von der Corporate Governance einer Publikumsgesellschaft.

Da die meisten Familienunternehmen bekanntermaßen nicht am Kapitalmarkt agieren, geht es im Rahmen der Corporate Governance bei diesen Unternehmen weniger um den Schutz machtloser Anleger vor einem Fehlverhalten ihrer Vertreter in den Unternehmensorganen durch den Aufsichtsrat, sondern um die verantwortungsvolle Einflussnahme der Inhaber auf ihr Unternehmen (Fischhuber und von Preen 2012). Es geht auch darum, die Familie als tragende Säule des Unternehmens auf professionelle Art und Weise in die Governance einzubinden. Governance-Regeln in Familienunternehmen stellen die Verantwortung der Unternehmensinhaber in den Vordergrund und bemühen sich um ein ausgewogenes, faires und gerechtes Miteinander und den konstruktiven Umgang mit Konflikten. Im Folgenden wird zur besseren Abgrenzung zur Governance in Publikumsgesellschaften daher von Business Governance gesprochen.

Für ein erfolgreiches Familienunternehmen ist neben der Business Governance eine ebenso professionelle Organisation aufseiten der Unternehmerfamilie erforderlich. Dafür zuständig ist die Family Governance. Sie definiert auf strategischer Ebene die für das Unternehmen notwendigen Gremien, auf operativer Ebene die entsprechenden Instrumente. Eine professionelle Organisation (Gremien, Instrumente, Regeln) der Familie schafft einen geregelten Zugang zum Unternehmen und sichert damit langfristig das Familieneigentum, stärkt die Beziehungen unter den Familienmitgliedern und das Konfliktmanagement und bindet die Familie an das Unternehmen.

Das Zusammenspiel von Business und Family Governance in Familienunternehmen wird oft als Family Business Governance bezeichnet. Sie fasst die wichtigsten Gremien, Regeln und Instrumente eines Familienunternehmens zusammen. Dieses System organisiert Führung und Kontrolle eines Familienunternehmens und sichert damit auch den Zusammenhalt der Unternehmerfamilie (Kormann 2017). Durch Berücksichtigung der zwei Bereiche Family Governance und Business Governance wird eine nachhaltige

---

[2]Weitere gesetzliche Initiativen mit Bezug zur Corporate Governance sind bspw. das Gesetz zur Kontrolle und Transparenz im Unternehmensbereich (KonTraG 1998), das Gesetz zur weiteren Reform des Aktien- und Bilanzrechts, zur Transparenz und Publizität (TransPuG 2002), das Bilanzrechtsreformgesetz (BilReG 2004) und das Vorstandsvergütungs-Offenlegungsgesetz (VorstOG 2005). Für börsennotierte Unternehmen gilt seit 2002 der sog. Corporate Governance Kodex, der die in Deutschland geltenden Regeln für die Unternehmensleitung und -überwachung für nationale und internationale Investoren transparent machen soll. Er setzt eine relativ hohe Homogenität der angesprochenen Unternehmen voraus; seine primäre Zielgruppe sind kapitalmarktorientierte Aktiengesellschaften.

Steigerung des ökonomischen und emotionalen Werts erzielt. Ein erster Überblick über die einzelnen Elemente findet sich in Abb. 1.

In den folgenden drei Kapiteln werden die einzelnen Elemente der Governance getrennt nach Gremien und Instrumenten sowie nach Family Governance und Business Governance vorgestellt und näher beleuchtet:

In Kap. 10 lernen sie die spezifischen Problemstellungen zwischen den einzelnen Anspruchsgruppen in Familienunternehmen kennen und erhalten eine kurze Einführung zu den möglichen Gremien auf Unternehmensseite. Aufsichtsräte und Beiräte sind sicherlich nichts Neues für Sie - in diesem Kapitel erfahren Sie mehr über deren Besonderheiten in Familienunternehmen.

Kap. 11 beschäftigt sich dann mit den Familiengremien. Lernen Sie die Familiengesellschaft und den Familienrat kennen und erfahren Sie, was ein Familienmanager alles bewegen kann. Auch die unterschiedlichen Formen eines Family-Office werden Sie kennenlernen.

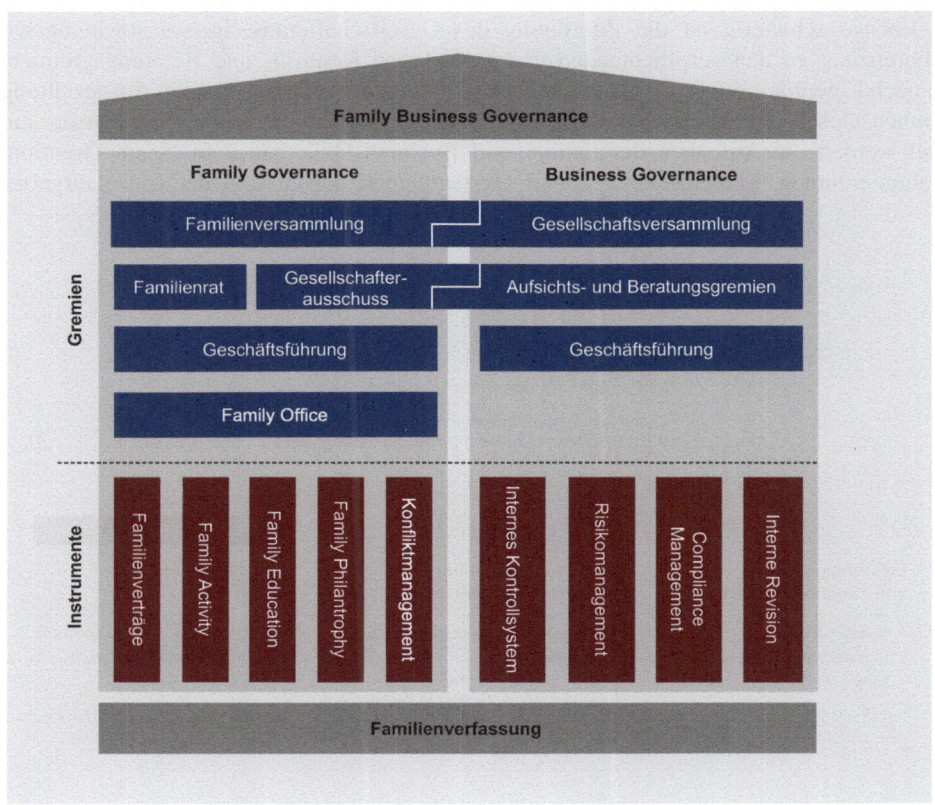

Abb. IV.1 Family Business Governance. (Quelle: In Anlehnung an Koeberle-Schmid 2012)

In Kap. 12 lernen Sie die Instrumente der Family Business Governance kennen. Dazu gehören neben vertraglichen Vereinbarungen aus verschiedenen Rechtsgebieten vielfältige Familienaktivitäten, die den Zusammenhalt der Familie fördern und die Kompetenzen der Familienmitglieder in Bezug auf das Unternehmen stärken. Das Kapitel schließt mit einem kurzen Einblick in die speziellen Unternehmensinstrumente wie z. B. Risikoabsicherungsalternativen in Familienunternehmen. Die Geschäftsführung des Familienunternehmens wurde bereits in Kap. 6 sehr ausführlich vorgestellt, sodass auf diese in den folgenden Kapiteln nicht weiter eingegangen wird.

Eine überschneidungsfreie Zuordnung der einzelnen Gremien und Instrumente ist dabei leider nicht möglich. So finden sich Mitglieder der Unternehmerfamilie, die Anteile am Familienunternehmen halten, sowohl in der Familienversammlung als auch in der Gesellschafterversammlung. Bei Familienunternehmen im ausschließlichen Eigentum der Unternehmerfamilie werden die beiden Gremien sogar deckungsgleich sein. Es kann aber auch vorkommen, dass die Überschneidung sehr gering ausfällt. Dies ist bei börsennotierten Gesellschaften der Fall, an denen die Unternehmerfamilie nur noch einen Minderheitsanteil hält. Daher wird die Familienversammlung im Folgenden der Family Governance und die Gesellschafterversammlung der Business Governance zugeordnet.

Ebenso schwierig ist die Zuordnung des Gesellschafterausschusses sowie dessen Abgrenzung zu den verpflichtenden und freiwilligen Kontroll- und Beratungsgremien. Je nach Eigentumsanteil der Unternehmerfamilie und der organisationalen Ausgestaltung können Gesellschafterausschuss und Kontrollgremium deckungsgleich sein. In diesem Fall werden die Aufgaben der Family und Business Governance in einem Gremium wahrgenommen. Für eine bessere und verständlichere Diskussion der Einzelaufgaben

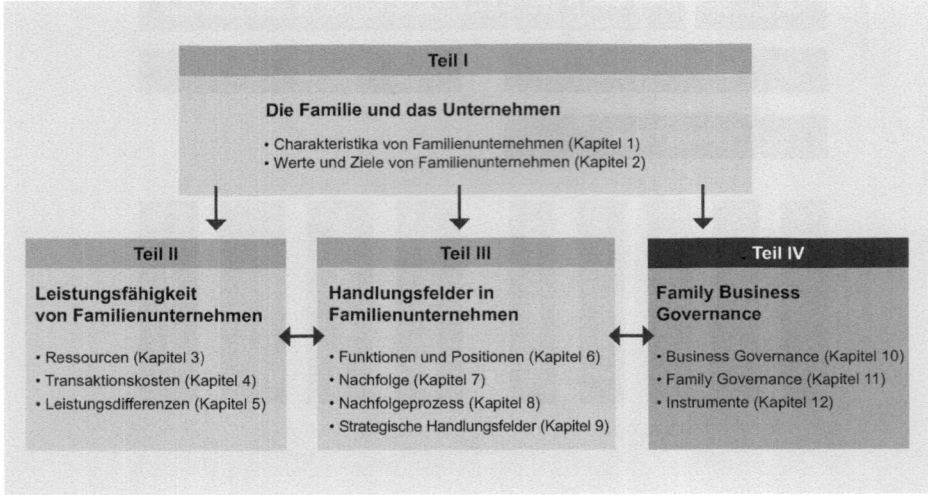

Abb. IV.2 Inhalte des Teil IV. (Quelle: eigene Darstellung)

werden die Gremien im Folgenden aber getrennt voneinander vorgestellt. Der Gesellschafterausschuss wird unter Familiengremien diskutiert, während die Kontroll- und Beratungsgremien den Unternehmensgremien zugeordnet werden.

Das gilt gleichermaßen für die Familienverfassung. Sie bildet das Fundament der Governance in einem Familienunternehmen. Darin werden Ziele und Werte der Familie, des Unternehmens sowie der Eigentümer festgehalten und miteinander abgestimmt. Darauf aufbauend werden in einem nächsten Schritt die Family Business Governance Gremien und Instrumente mit ihren Aufgaben, Rechten, Pflichten und Verantwortlichkeiten festgehalten. Insgesamt handelt es sich aber nicht um rechtlich verbindliche Verträge, sondern um eine Art „psychologischen Vertrag" der Familienmitglieder untereinander; damit handelt es sich im eigentlichen Sinne um Instrumente der Family Governance. Weil in der Familienverfassung auch wichtige Verhaltensrichtlinien im Zusammenhang mit dem Familienunternehmen, also der Business Governance, besprochen werden, ist auch hier keine überschneidungsfreie Zuordnung möglich. Da die Familienverfassung aber in der Regel von den Mitgliedern der Unternehmerfamilie unterzeichnet wird, wird dieses Instrument im Rahmen der Family Governance vorgestellt.

Einen Überblick über die Inhalte in Teil IV gibt Abb. 2.

Business Governance

10

Jedes Unternehmen muss sich mit den Grundsätzen der Unternehmensführung, seiner Corporate Governance, befassen. Entscheidungen bzgl. der Leitung und der Überwachung des Unternehmens stehen dabei im Zentrum. Die Gremien in einem Unternehmen werden maßgeblich durch den Gesetzgeber und die Eigentümer bestimmt. Die Rechtsform (vgl. Abschn. 6.1 und Abschn. 6.2) ist dabei ein entscheidender Faktor, denn sie bestimmt den gesetzlichen Rahmen. Innerhalb der gesetzlichen Grenzen bestimmen die Eigentümer über die Struktur der Unternehmensführung und die Institutionen zu deren Kontrolle und Begleitung.

Während in der klassischen Corporate Governance Diskussion insbesondere der Schutz machtloser Anleger vor einem Fehlverhalten ihrer Vertreter in den Unternehmensorganen im Mittelpunkt steht, ist die Business Governance stark an der verantwortungsvollen Einflussnahme der Inhaber auf ihr Unternehmen orientiert. Business Governance wird definiert als: „the means of stewarding the multigenerational family organization…. (It) establishes the processes whereby: strategic goals are set, key relationships are manifested, the health of the family is safeguarded, accountability is maintained, and achievement and performance are recognized" (Sharma und Nordqvist 2008, S. 7).

Viele (vor allem größere) deutsche Familienunternehmen haben einen dreistufigen Unternehmensaufbau realisiert und neben der Geschäftsführung und der Gesellschafterversammlung ein Kontroll- und/oder Beratungsgremium etabliert. Zweck und Ausgestaltung dieser Gremien sind sehr unterschiedlich. Teilweise liegt der Fokus auf dem persönlichen Verhältnis der Gesellschafter untereinander, dann wäre es eher den Family Governance-Gremien zuzuordnen (wie der in Kap. 11 vorgestellte Gesellschafterausschuss). Liegt der Fokus hingegen auf dem Unternehmen, seiner strategischen Begleitung oder der Kontrolle des Managements, handelt es sich um ein Gremium der Business Governance. Wie bereits erwähnt sind die Übergänge gerade in Familienunternehmen fließend.

© Springer Fachmedien Wiesbaden GmbH, ein Teil von Springer Nature 2019
B. Felden et al., *Management von Familienunternehmen*,
https://doi.org/10.1007/978-3-658-24058-5_10

Aktuelle Übersichtsstudien stellen drei zentrale Charakteristika für den Einsatz von Governance Gremien in Familienunternehmen heraus (Gersick und Feliu 2014; Goel et al. 2014):

1. Familienunternehmen setzen vergleichbare Gremien wie im klassischen Corporate Governance ein (Goel et al. 2014). Allerdings bedingt die enge Verflechtung zwischen Eigentum und Familie, dass diese Gremien spezifische Rollen und Funktionen übernehmen. Studien zeigen beispielsweise, dass Beiräte in Familienunternehmen in Nachfolgeprozesse eingebunden sind und hier eine aktive Rolle übernehmen (Corbetta und Salvato 2004; Brenes et al. 2011).
2. In Familienunternehmen ist eine hohe Anzahl freiwilliger Gremien zu finden, was den Spezifika dieser Unternehmensform geschuldet ist. Familienunternehmen setzen beispielsweise den freiwilligen Beirat ein, um nicht nur externe Mitglieder, sondern auch die Familie als tragende Säule auf professionelle Art und Weise in das Unternehmen einzubinden (Anderson und Reeb 2003). Zudem können freiwillige Governance-Regeln dazu beitragen, die Verantwortung der Unternehmensinhaber in den Vordergrund zu stellen und ein ausgewogenes, faires und gerechtes Miteinander innerhalb der Familie zu unterstützen (Gersick und Feliu 2014).
3. Schließlich werden Business Governance Gremien eingesetzt, um den aus der Dualität zwischen Familie und Unternehmen resultierenden Konfliktpotenzialen zu begegnen (Minichilli et al. 2010).

Das Aufgabenspektrum von Beratungs- und Kontrollgremien ist dabei so unterschiedlich wie die Familienunternehmen, die selbige installiert haben: Manche Gremien gleichen Parkpositionen für ehemalige Geschäftsführer, andere arbeiten hochprofessionell gemeinsam mit dem Management an der Steigerung des Unternehmenserfolgs. Mehrheitlich jedoch ist der Einsatz von Gremien wie zum Beispiel Aufsichts- oder Beiräten – gerade in Familienunternehmen – ein unterschätztes Instrument. Findet eine Vernachlässigung oder gar ein Ignorieren einer „Good Governance" statt, gehen Familienunternehmen erhebliche Risiken ein (bspw. Schwächung des Unternehmens, Gefährdung des Fortbestands).

Auf den ersten Blick eröffnen die verwandtschaftlichen Beziehungen in Familienunternehmen einzigartige Vorteile, wenn eine hohe soziale Identität herrscht und sich die Mitglieder der Familie allgemein als Stewards der Unternehmerfamilie verstehen. Familiäre Gefühle wie Liebe und Glück können zu hoher Einsatz- und Opferbereitschaft führen. Oft ersetzen sie sogar die Notwendigkeit formaler Verträge und bewirken eine effektive Koordination und Zusammenarbeit, da das herrschende Vertrauen die Transaktionskosten aufgrund ausbleibender Kontrollaufgaben reduziert (Steier 2001; Gedajlovic und Carney 2010).

Auf der anderen Seite bergen die engen und komplexen familiären Beziehungen ein hohes Konfliktpotenzial. Ungleichbehandlungen können Wut, Hass und im Extremfall Zerstörungswillen mobilisieren. In einigen Familienunternehmen sind geschwisterliche oder generationenübergreifende Auseinandersetzungen sogar historisch gewachsen, so dass die Forschung bereits zu einem frühen Zeitpunkt ihren schädlichen Einfluss erkannte (Donnelley 1964). Familienunternehmen werden daher von Autoren auch als „fertile environments for conflict" (Harvey und Evans 1994, S. 345) bezeichnet.

Ein Überblick über die Vielfalt unterschiedlicher Konfliktarten und -typen ist somit hilfreich, um den Einsatz und die Wirkung einzelner Governance Gremien genauer zu fassen. Daher wird im folgenden Kapitel zunächst ein grundlegendes Verständnis der Wirkweise von Konflikten vermittelt, um im Anschluss eine Unterscheidung in unterschiedliche Konflikttypen und das mit ihnen verbundene konstruktive oder destruktives Konfliktpotenzial vorzunehmen. Danach werden Sie die wichtigen Gremien der Business Governance genauer kennenlernen. Dazu zählen vor allem die Gesellschafterversammlung als oberstes Gremium jedes Unternehmens, die verpflichtenden Aufsichtsgremien und schließlich die freiwilligen Aufsichtsgremien.

Lernziele
1. Sie entwickeln ein Verständnis für die besonderen Konfliktpotenziale zwischen den Akteuren in Familienunternehmen.
2. Sie lernen die Besonderheiten der Corporate Governance in einem Familienunternehmen kennen (Business Governance).
3. Sie erfahren, was die Gesellschafterversammlung charakterisiert.
4. Sie erkennen die verschiedenen Gremien der Business Governance in ihrer Hierarchie, deren Bedeutung und Verteilung.
5. Sie können zwischen verpflichtenden und freiwilligen Beratungs- und Aufsichtsgremien unterscheiden.
6. Sie kennen die Möglichkeiten und Grenzen zur Zusammensetzung, Qualifikation der Akteure sowie der Kernaufgaben von Aufsichts- und Kontrollgremien.

Praxisbeispiel Familienunternehmen

Das Familienunternehmen Franz **Haniel** wurde bereits im 18. Jahrhundert gegründet und gehört heute zu den größten Unternehmen Deutschlands. Insgesamt besitzt die Erbengemeinschaft Anteile an 800 bis 900 Unternehmen. Zum Konzern gehören beispielsweise die Metro Group (Media-Saturn) oder ELG, ein weltweit führendes Unternehmen für Rohstoffen für die Edelstahlindustrie sowie von Hochleistungswerkstoffen wie Superlegierungen, Titan und Karbonfasern.

Seit Beginn des 20. Jahrhunderts hat Haniel die Geschäftsführung in die Hände von familienfremden Managern gelegt. Dadurch sind Familie und Unternehmen klar getrennt. Kein Familienmitglied ist innerhalb der Haniel Gruppe tätig. Für Franz M. Haniel, Vorsitzender des Haniel-Aufsichtsrats, ist der Zusammenhalt der Familie die Grundvoraussetzung für die erfolgreiche Zukunft seines Familienunternehmens: *„Es muss uns bewusst sein, dass die Sicherstellung der Einheit der Familie eine genauso wichtige Aufgabe darstellt, wie die werteorientierte Führung eines Unternehmens."*

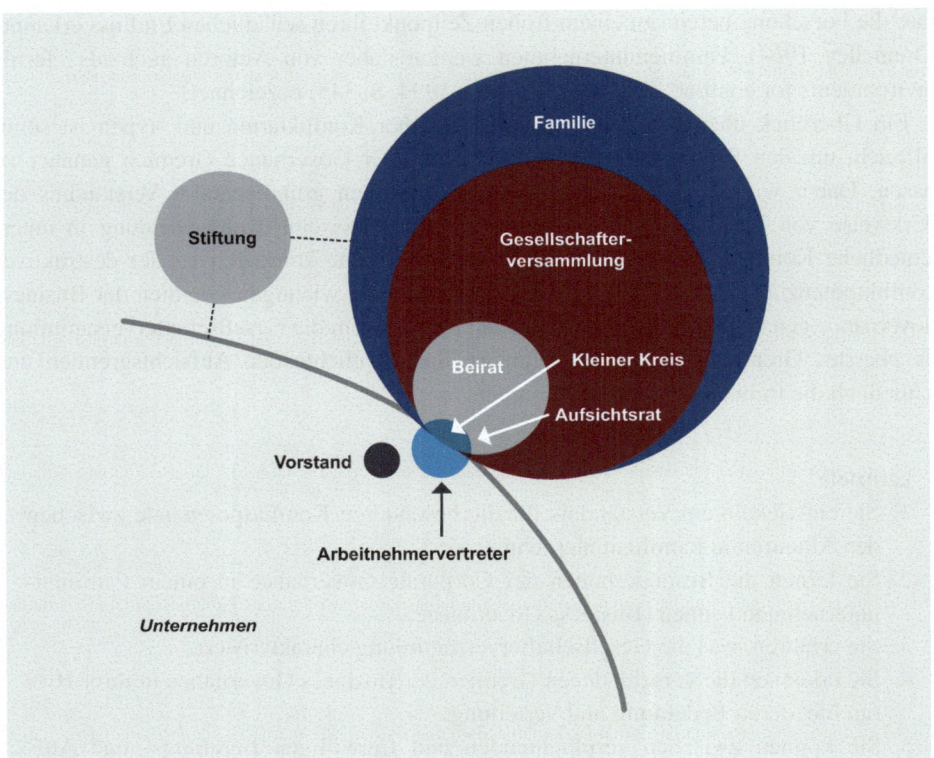

Abb. 10.1   Struktur der Family Business Governance bei Haniel. (Quelle: Jahresbericht Haniel 2018)

Die fast 700 Gesellschafter organisieren sich in der jährlichen Gesellschafterversammlung (vgl. Abb. 10.1). Diese wählt aus ihrer Mitte den Familienbeirat für fünf Jahre. Der Beirat schlägt der Gesellschafterversammlung wiederum die acht Mitglieder des so genannten „Kleinen Kreises" zur Wahl vor, die die Familie im Aufsichtsrat vertreten. Der Aufsichtsrat besteht zur Hälfte aus Familienmitgliedern und zur Hälfte aus Arbeitnehmervertretern. Dem Aufsichtsrat obliegt die Kontrolle des strategischen Rahmens. Der Vorstand verantwortet die strategische und operative Ausrichtung des Unternehmens. Diese klaren Zuständigkeiten herrschen nicht nur zwischen Familie und Unternehmen, sondern auch innerhalb des Unternehmens: Die einzelnen Unternehmensbereiche agieren dezentral und unabhängig am Markt.

Haniel stellt die Unternehmensinteressen über Einzelinteressen. Unternehmerische Entscheidungen werden vom Vorstand getroffen und sind frei von verwandtschaftlichen Verpflichtungen. Der Vorstand hat somit alle Freiheiten des Managements und weiß dennoch, dass die Anteilseigner über die Organe verlässlich eingebunden sind. Die Familienmitglieder beanspruchen maximal 25 % des Konzern-Jahresüberschusses für sich und verkaufen Anteile an Haniel nur untereinander. Der Vorstand verfügt somit über einen soliden finanziellen Spielraum und gleichzeitig ist die strategische Perspektive langfristig orientiert. Dass dieser Spielraum auch notwendig ist, zeigte sich im Jahr 2012, als Haniel aufgrund einer Milliarden-Abschreibung schwer angeschlagen war und keine Dividende ausbezahlt hat (Handelsblatt 2013). Die Eigentümerfamilie hat sich in diesem Fall mit circa 50 Mio. EUR am Verlust beteiligt. Im Geschäftsjahr 2017 erzielte der Haniel-Konzern einen deutlichen Umsatzanstieg um 14 % auf 4,1 Mrd. EUR und beschäftigt weltweit 18.000 Mitarbeiter. Zur Struktur der Family Business Governance vgl. Abb. 10.1.

10.1 Konflikte in Familienunternehmen

Die Mitglieder der Unternehmerfamilie sind als Gruppe für die Kontrolle und Lenkung des Unternehmens verantwortlich. Diese gemeinsam getragene Verantwortung ist allerdings mit dem Risiko verbunden, dass sich aus Uneinigkeiten über Art und Umfang der Aufgabenerfüllung, der Ausgestaltung von Prozessabläufen oder emotionalen Befindlichkeiten zwischen einzelnen Familienmitgliedern Konfliktdynamiken entwickeln.

Aus Perspektive der Konflikttheorie lassen sich genau diese drei Arten von Konflikten unterscheiden (De Dreu und Gelfand 2008; Jehn und Bendersky 2003). Aufgabenkonflikte beziehen sich auf Differenzen über Sachinhalte, zu erreichende Ziele oder zu erledigende Aufgaben, während Beziehungskonflikte aus Konflikten in der interpersonalen Zusammenarbeit resultieren (Amason 1996; Jehn 1997). Prozesskonflikte wiederum entstehen aus Uneinigkeit über die Art und Weise, wie Ziele oder Aufgabenstellungen erreicht werden sollen (De Wit et al. 2012; Jehn und Bendersky 2003). Insgesamt werden Intragruppenkonflikte definiert als: „process emerging from perceived incompatibilities or differences among group members" (De Dreu und Gelfand 2008, S. 4). Aus der Perspektive der Konflikttheorie heraus lässt sich herleiten, dass Unternehmerfamilien ein erhöhtes Konfliktpotenzial besitzen.

In der Forschung lassen sich zahlreiche Studien zu den Konsequenzen von Konflikten auf die Leistungsfähigkeit von Gruppen finden. Jehn (1997) konnte beispielsweise aufzeigen, dass die drei Konflikttypen (Aufgabe, Beziehung, Prozess) distinkt voneinander sind. In diesem Zusammenhang weisen empirische Studien nach, dass sich alle drei Konflikttypen negativ auf die Gruppenleistung niederschlagen, wobei sich Aufgaben-, Beziehungs- und Prozesskonflikte insbesondere negativ auf das Vertrauen und das Commitment der Gruppenmitglieder auswirken (De Dreu und Gelfand 2008). In einer Meta-Analyse konnten De Wit et al. (2012) zudem belegen, dass nicht Beziehungskonflikte, sondern Prozesskonflikte die negativste Form von Konflikten für Gruppenleistungen darstellen.

Die empirischen Studien verdeutlichen, dass Gruppen dann die höchste Leistungsfähigkeit entwickeln, wenn die Gruppenmitglieder ein geringes Maß an Aufgabenkonflikten aufweisen und wenig bis gar keine Konflikte über Prozesse wie Ressourcenallokation oder die Verteilung von Verantwortlichkeiten im Team entwickeln.

Allerdings lassen sich die negativen Effekte von Aufgabenkonflikten unter bestimmten Bedingungen reduzieren oder sogar umkehren. So haben Aufgabenkonflikte dann positive Effekte auf die Gruppenleistung, wenn keine Beziehungskonflikte auftreten (Eisenhardt et al. 1997; Gamero et al. 2008; Mooney et al. 2007).

Dass sich Konflikte zwischen Gruppenmitgliedern nicht immer negativ auf die Gruppenleistung auswirken, konnte in weiteren Studien empirisch belegt werden (Amason 1996; Jehn 1997). Aufgabenorientierte Konflikte beispielsweise erleichtern Innovation und Entscheidungsverhalten, weil Konflikte einen vorschnellen Konsens verhindern und kritisches Denken innerhalb der Gruppenmitglieder fördern.

Die Ergebnisse der Meta-Analyse verdeutlichen zudem den Einfluss von Aufgaben-, Beziehungs- und Prozesskonflikten auf zwei unterschiedlichen Ebenen (De Wit et al. 2012). Zum einen werden solche Ergebnisse wie Innovation, Produktivität oder Effektivität betrachtet. Zum anderen werden kognitive, motivationale oder affektive Auswirkungen wie Vertrauen, Kohäsion, Zufriedenheit und Commitment mit der Gruppe untersucht. Im Ergebnis werden aufgabenorientierten Konflikten sowohl positive als auch negative Effekte attestiert. Während Aufgabenkonflikte aufgrund einer kritischeren Evaluation unterschiedlicher Sichtweisen und besserem Entscheidungsverhalten eine positive Wirkung auf Leistungsmerkmale haben, verletzten sie Merkmale wie Vertrauen innerhalb der Gruppe oder die Zufriedenheit der Mitglieder mit der Gruppe. Um den Einfluss von Konflikten auf Gruppenleistungen besser einschätzen zu können, sind zudem die Bedingungen genauer untersucht worden, unter denen Aufgabenkonflikte entweder die Gruppenleistung erhöhen oder die Leistung der Gruppenmitglieder reduzieren und es konnten unterschiedliche Konfliktdynamiken identifiziert werden.

Für Mitglieder der Unternehmerfamilie im Top Management sind diese Konfliktdynamiken von zentraler Bedeutung. In einer Studie konnten Eisenhardt et al. (1997) beispielsweise aufzeigen, dass TMT (Top Management Teams), die ein hohes Maß an Aufgabenkonflikten aufweisen, ohne dass Beziehungskonflikte vorliegen, eine deutlich bessere Teamleistung zeigen als Teams mit einem hohen Ausmaß an Beziehungskonflikten. Für die Leistung von Familien-TMT bedeutet dies, dass für die Mitglieder der Unternehmerfamilie eine funktionierende Beziehungsebene von zentraler Bedeutung ist, da starke Beziehungskonflikte die negativen Effekte weiterer Konflikttypen verstärken würden (De Wit et al. 2012). Weist eine Familie kaum Beziehungskonflikte zwischen ihren Familienmitgliedern auf, so können aus der Aufgabe resultierende Konflikte die Leistung des Familien-TMT erhöhen. Ist die Familie allerdings auf der Beziehungsebene zerstritten, so resultieren keine positiven Effekte aus Aufgabenkonflikten. Vielmehr reduzieren diese auftretenden Aufgabenkonflikte die Teamleistung und verstärken gleichzeitig die negativen Effekte aus Beziehungs- oder Prozesskonflikten. Somit wird deutlich, dass das erhöhte Konfliktpotenzial von Familien-TMT nicht nur die Teamleistung mindern, sondern gleichzeitig indirekt auch weitere Konflikttypen verstärken kann.

Die Bedeutung von Beziehungskonflikten ist in einer Studie von Kellermanns und Eddleston (2004) bestätigt worden, in der die kognitiven, prozessualen und relationalen Konflikte auf Ebene der Unternehmerfamilie untersucht wurden. Die Autoren zeigen, dass Prozess- und Sachkonflikte, sofern diese nicht unkontrolliert ausufern, mitunter eine konstruktive Wirkung haben, indem Probleme erkannt und angegangen werden (Kellermanns und Eddleston 2004). Beziehungskonflikte sind allerdings mit einer negativen Wirkung verbunden. In Unternehmerfamilien besitzen Beziehungskonflikte meist eine hohe emotionale und affektive Komponente, die eine Eskalation des Konflikts begünstigt. Empfinden die beteiligten Mitglieder der Unternehmerfamilie beispielsweise ihr eigenes Selbstwertgefühl und ihre Position innerhalb der Familie als bedroht, verwenden sie viel Zeit und Ressourcen darauf, diese Bedrohung zu eliminieren. Die Folgen sind Misstrauen, Angst und Frustration sowie der Aufbau von Koalitionen. Die ursprünglichen Aufgaben und Ziele rücken zunehmend in den Hintergrund. Beziehungskonflikte können somit die Performance von Familienunternehmen merklich reduzieren.

Konflikte können sich dabei auf den drei unterschiedlichen „Schauplätzen" Unternehmen, Familie und auf der Kapitalseite ausbreiten (s. Kap. 1), wobei die parallele Existenz dieser sozialen Bereiche die Qualität und Intensität von Konflikten beeinflusst (Gersick et al. 1997; Tagiuri und Davis 1982; Harvey und Evans 1994). So belasten die Auswirkungen von Konflikten in Familienunternehmen häufig sowohl die sozialen Verhältnisse innerhalb der Familie als auch die wirtschaftlichen Aspekte des Unternehmens, da sich die destruktiven Verhaltensweisen angesichts der engen Kopplung der Bereiche unmittelbar auf den jeweils anderen Kreis übertragen (Harvey und Evans 1994; Von Schlippe und Kellermanns 2008).

Aktuelle Studien zu „family blockholder structures" identifizieren zusätzliches Konfliktpotential aus der Beteiligung von Familienmitgliedern unterschiedlicher Generationen, die jeweils ihre eigenen, spezifischen Verständnisse, Ziele und Visionen in das Unternehmen einbringen (Fattoum-Guedri 2018).

Konflikte resultieren oftmals aus unterschiedlichen Wahrnehmungen und Überzeugungen, Defiziten in der Kommunikation oder mangelnder Empathie. Gerade in Unternehmerfamilien und Familienunternehmen finden sich oft emotionale Konflikte aufgrund der Rollenpluralität der handelnden Personen. Wenn dann die handelnden Personen unbewusst einer dem jeweiligen Systembereich innewohnenden Logik folgen und damit bestimmte Erwartungen an die andere Partei stellen und folgt diese unbewusst einer anderen Systemlogik (z. B. Familie versus Unternehmen), so kann es zu ersten Irritationen und im Zeitablauf zu ernsthaften Konflikten kommen. Von Schlippe (2009) betont die Bedeutung der Gerechtigkeitslogiken der einzelnen Systeme als Auslöser von Konflikten (vgl. Tab. 10.1).

10.1.1 Konflikte zwischen Unternehmerfamilie und Unternehmen

Familienbeziehungen sind durch das Spannungsfeld aus Eigeninteresse und Identität der einzelnen Familienmitglieder und ihren moralischen und kindlichen bzw. elterlichen Verpflichtungen gegenüber anderen Familienmitgliedern gekennzeichnet (Schulze et al. 2003). Das Familienunternehmen bietet dabei eine mögliche Plattform, auf der diese emotionalen Konflikte ausgetragen werden.

Tab. 10.1 Gerechtigkeitslogiken der Familie, des Unternehmens und der Gesellschafter. (Quelle: In Anlehnung an von Schlippe 2009)

Typus Thema	System „Familie"	System „Unternehmen"	System „Gesellschafter"
Zugang	Geburt, Heirat, Adoption	Eintritt, Einstellung	Eigentum
Ausgang	Nur durch Tod möglich	Prinzipiell jederzeit, je nach Vertrag	Prinzipiell möglich, durch Verkauf, Schenkung etc.
Währung	Liebe, Bindung, Treue, Loyalität	Arbeitskraft, Karriere	Anteile, Langfristigkeit der Anteile
Ausgleich	Anerkennung, Wertschätzung langfristig (ggf. Jahrzehnte)	Geld, Gehalt, kurzfristig zum („31.")	Regelmäßige Ausschüttung, Wertsteigerung
Gerechtigkeitskriterien	Gleichheit: Alle bekommen das Gleiche	Ungleichheit: Position und Gehalt nach Leistung, Fähigkeit, Einsatz unterschiedlich	Gleichheit auf Ebene der Informationen Ungleichheit auf Ebene der Stimme: je nach Anteilen

Konflikte resultieren vor allem aus der bereits angesprochenen unterschiedlichen Logik der Teilbereiche Unternehmen und Familie. Folgt eine handelnde Person beispielsweise (unbewusst) der Familienlogik und erwartet Gleichbehandlung (z. B. die Töchter des Unternehmensgründers, die beide Anspruch auf die Geschäftsführung erheben), während die andere Person der Unternehmenslogik folgend das Leistungsprinzip in den Vordergrund stellt (z. B. der Gründer des Unternehmens, der eine Tochter aufgrund ihrer Ausbildung und bisher gezeigten Managementfähigkeiten bevorzugt), kann das zu Missverständnissen, Ungerechtigkeitsgefühlen und negativen Verhaltensweisen kommen. Aufgrund der engen Verknüpfung von Beruf- und Privatleben verlagern sich Spannungen in Familienunternehmen auf die emotionale Ebene und entwickeln sich zu eskalierenden Beziehungskonflikten (Stewart 2003; Von Schlippe und Kellermanns 2008). Nicht ohne Grund beschreiben einige Forscher Beziehungskonflikte als die größten „Wertevernichter in Familienunternehmen" (Hennerkes 2004, S. 58), sowohl in finanzieller als auch emotionaler Hinsicht (Kellermanns und Eddleston 2007).

10.1.2 Konflikte innerhalb der Unternehmerfamilie

Das Management und die Lösung eventueller Konflikte stellen spezifische Agency-Kosten dar, die nur in Familienunternehmen auftreten. Und sie sind umso höher, je komplexer die familiären Beziehungen im Familienunternehmen ausgeprägt sind, also je mehr Familienmitglieder als Gesellschafter, Manager oder Beeinflusser auf das Familienunternehmen einwirken.

Empirische Untersuchungen zeigen, dass mit der Unternehmensgröße und mit jedem Generationswechsel die Anzahl der Gesellschafter in Familienunternehmen wächst.

Für eine deutsche Stichprobe zeigen Jaskiewicz et al. (2006), dass 25 % aller befragten Familienunternehmen mit einem Umsatz von 5 bis 50 Mio. EUR mehr als sechs Gesellschafter haben. Diese sind meist nicht alle gleichberechtigt an der Unternehmensleitung beteiligt, sondern untergliedern sich in aktive und passive Gesellschafter. In diesen Fällen kann es zu besonderen moralischen Risiken kommen, da Familien nicht aus einer homogenen Gruppe von Individuen mit identischen Interessen bestehen (Jensen und Meckling 1976; Sharma et al. 1997). Neben Konflikten über die Zielsetzungen des Unternehmens können auch Konflikte über Rolle und Stellung einzelner Familienmitglieder im Unternehmen auftreten (Degadt 2003). Handelt es sich beispielsweise um ein aus zwei Familienstämmen bestehendes Vetternkonsortium und steht je Stamm ein geeigneter potenzieller Nachfolger für die Stelle des Geschäftsführers bereit, kann es zu emotionalen und wenig rational geführten Auseinandersetzungen zwischen den beiden Stämmen kommen.

Alle diese Konflikte können negative Auswirkungen auf die Leistungsfähigkeit des Familienunternehmens nehmen, werden aber durch geeignete Anreizmechanismen gelöst. Hier bieten sich spezielle langfristige relationale Verträge an (Kormann 2018; Kormann 2017). Andere Anreiz- und Kontrollmechanismen sind beispielsweise die Partizipation passiver Familienmitglieder in den Familien- und Unternehmenskontrollgremien, die spezifische Ausgestaltung der Entlohnung der Agenten, die Festlegung einer Familienstrategie oder die Einsetzung von Familienräten. Auf diese und weitere Maßnahmen zur Sicherstellung der Handlungs- und Zukunftsfähigkeit des Familienunternehmens wird in Kap. 11 näher eingegangen.

Moritz GmbH

Der Machtkampf zwischen Heiko und seinem Vater Horst über die Führung des Unternehmens wirkt sich leider auch auf das private Verhältnis aus; Heiko trifft seine Eltern zwei Jahre lang auch privat nicht mehr, sehr zum Leidwesen seiner Mutter. Auch Horst Moritz leidet sehr unter der fehlenden Beziehung zu seinem Sohn. Nicht zuletzt deshalb weigert er sich lange, über eine Nachfolgeregelung in seinem Unternehmen zu sprechen. Erst 2003, kurz vor seinem 60. Geburtstag, als der Betriebsleiter Manfred Groß ihn mehrfach auf das Thema anspricht, beteiligt er ihn und den kaufmännischen Leiter Ludwig Wonschack mit je 10 % an der Moritz GmbH. Dabei ist vor allem ausschlaggebend, dass er die beiden als Mitarbeiter nicht verlieren will. Und vielleicht geht ja mit den beiden Mitarbeitern, was mit den Kindern nicht zu klappen scheint, so sein Gedanke.

Veronica hat diese ganze Entwicklung aus der Ferne mit Sorge verfolgt. Für die Zukunft möchte sie in diesem Bereich früher Vorsorge treffen, auch wenn sie und Heiko sich sehr gut verstehen. Daher drängt sie in der letzten Zeit öfter darauf, die Zusammenarbeit auch auf der familiären Seite zu professionalisieren. „Du hast fünf Kinder, Heiko, und ich nur eine Tochter. Kevin mit seiner bunten Truppe toppt das Ganze noch. Und im Moment ist es so schön, wenn wir uns alle sehen und du weißt auch, wie wichtig Mama das nach all dem Ärger ist. Aber bei unserem Laden brauchen wir professionelle Hilfe – unsere Steuerberaterin Frau Rupolicz betreut uns zwar schon lange, aber sie kennt sich mit dem Thema nicht aus. Aber sie kann uns sicher unterstützen. Erinnerst du dich, wie schnell sie diesen einen Berater eingebunden hat, damals als Papa den ersten Schlaganfall hatte? Vielleicht kann sie uns wieder einen guten Tipp geben."

10.1.3 Konflikte zwischen der Unternehmerfamilie und externen Gesellschaftern

Gerade in Familienunternehmen mit Minderheitsgesellschaftern, die nicht aus der Eigentümerfamilie entstammen, ist mit zusätzlichem Konfliktpotenzial zu rechnen, weil externe Minderheitsgesellschafter mit ihrer Beteiligung am Unternehmen häufig nicht die Sicherung des SEW der Unternehmerfamilie im Blick haben, sondern mit ihrem Engagement in erster Linie finanzielle Interessen verbinden (Berrone et al. 2012). Bereits aus dieser Interessensdivergenz können vielfältige Konfliktsituationen entstehen. Und speziell dann, wenn die instrumentellen Motive des SEW bei den familieninternen Gesellschaftern im Vordergrund stehen. Folgende Konfliktsituationen sind denkbar:

- Konflikte aus der Sicherung der Familienkontrolle: Die Beteiligung von Familienmitgliedern im Management ist ein übliches Instrument zur Sicherung der Familienkontrolle über das Unternehmen. Ein Problem entsteht dann, wenn das Familienmitglied weniger kompetent und geeignet für eine Führungsaufgabe ist als ein Externer (Kellermanns und Eddleston 2004). Dies kann vor allem dann auftreten, wenn das Management nur unter dem Gesichtspunkt der Familienzugehörigkeit ausgewählt wird.
- Konflikte aus der Identifikation mit der Firma: Vielfältige unternehmerische Entscheidungen bedingen eine Abwägung zwischen kurzfristigem, finanziellem Erfolg und langfristig stabiler Geschäftsentwicklung. Investitionen in das Unternehmensimage, zum Beispiel über höhere Ausgaben in Corporate Social Reponsibility Aktivitäten, gehören zu den sich eher langfristig auswirkenden Investitionsentscheidungen. Familienexterne Minderheitsgesellschafter werden sich in der Regel eher an der kurzfristigen Wertentwicklung des Unternehmens orientieren und daher Investitionen in das Image des Unternehmens kritischer gegenüberstehen, als familieninterne Gesellschafter, die eine starke Identifikation mit dem Unternehmen verbindet.
- Konflikte aus den bindenden sozialen Beziehungen: Ähnliche Argumente wie zur Identifikation mit der Firma lassen sich auch finden, weil vielfältige unternehmerische Entscheidungen eines Familienunternehmens aus Gründen der bindenden sozialen Beziehungen und weniger aus finanziellen Überlegungen gefällt werden. Dieses gilt insbesondere für die Kontrolle und Sanktionierung von familieninternen Managern, deren Performance hinter den Erwartungen zurückbleibt. Einmal ernannte familieninterne Manager können aufgrund der oft persönlichen Beziehungen zu den Gesellschaftern und Aufsichtsgremien nur schwer von ihrem Amt entbunden werden (Von Schlippe und Kellermanns 2008).

Aber auch wenn sowohl die familieninternen Mehrheitsgesellschafter als auch die externen Minderheitsgesellschafter ausschließlich finanzielle Interessen verfolgen, können Interessenkonflikte auftauchen. So bieten sich den familieninternen Mehrheitsgesellschaftern vielfältige Möglichkeiten der Verschiebung finanzieller Werte zu ihren Gunsten. Beispielsweise besteht die Gefahr der exzessiven Entlohnung familieninterner Manager über unüblich hohe Fixgehälter, teure Dienstwagen oder andere geldwerte Vorteile (Minichilli et al. 2010). Zudem können strategische Diversifikationsentscheidungen getroffen werden, die das finanzielle Risiko der Geschäftstätigkeit verringern. Externe Minderheitsgesellschafter, deren Vermögen breiter gestreut ist und die Risikominimierung bereits über ein optimiertes Anlageportfolio erreichen, sind aber vielleicht an einer riskanteren Geschäftsstrategie und an einer Fokussierung auf das Kerngeschäft interessiert (Miller et al. 2010).

Die Wahrscheinlichkeit, dass die genannten Konfliktsituationen zu Lasten der Minderheitsgesellschafter ausfallen, ist in Familienunternehmen sehr hoch. Dies ist auf zwei wesentliche Gründe zurückzuführen. Erstens verfügen die familieninternen Mehrheitsgesellschafter über einen deutlichen Informationsvorsprung vor den familienexternen Minderheitsgesellschaftern. Dieser kann dadurch entstehen, dass Familienmitglieder entweder das Unternehmen gegründet haben oder dadurch, dass wesentliche operative und administrative Positionen im Unternehmen durch Familienmitglieder besetzt sind. Informationen aus erster Hand und durch praktische Erfahrungen im Unternehmen sind damit gesichert. Zweitens verfügen die familieninternen Mehrheitsgesellschafter über ein höheres Maß an Entscheidungsfreiräumen. Entweder, weil Familienmitglieder die entscheidenden Management- und Kontrollpositionen besetzen oder weil die Familie über die Stimmenmehrheit und damit über die faktische Macht in der Gesellschafterversammlung verfügt (Le Breton-Miller und Miller 2009). Der Ausgleich dieser Informations- und Machtasymmetrie kann nur durch geeignete Strukturen der Geschäftsleitung und der Kontrollgremien gelingen, was wiederum mit hohen Agentenkosten verbunden ist.

10.1.4 Professioneller Umgang mit Konflikten

Insgesamt wurde deutlich, dass Familienbeziehungen den Ort mit dem höchsten Konfliktpotenzial für emotionale Konflikte determinieren. Wie bereits aufgezeigt wurde, stellen Konflikte per se keine große Gefährdung für den Unternehmenserfolg dar (Jehn 1997; Kellermanns und Eddleston 2004). Im Gegenteil, Konflikte werden auch als „funktionale Konflikte" (Amason 1996) bezeichnet, wenn sie die Kreativität und Entscheidungsqualität aufgrund der Integration zahlreicher Sichtweisen fördern können (Jehn 1997).

Negative Effekte stellen sich allerdings ein, wenn Familienbeziehungen vor allem durch emotionale Konflikte gekennzeichnet sind, in denen es nicht mehr sachbezogen um die Aufgaben oder den Prozess, sondern lediglich um das subjektiv empfundene Unrecht oder die Bedrohung der eigenen Interessen geht. Die mit dem Konflikt verbundene

Emotionalität muss sich nicht nur auf der Mikroebene abspielen, d. h. als Konflikt zwischen Mitgliedern einer Familie, sondern kann auch zwischen Vertretern einzelner Subgruppen oder Familienstämme erlebt werden und zu einem Stellvertreterkrieg führen. Diese auf der Makroebene institutionalisierten emotionalen Konflikte können sogar über Generationen vererbt werden und manifestieren sich über die Zeit in den Verhaltensweisen der beteiligten Personen. Aber auch diese emotionalen Konflikte müssen nicht generell negativ bewertet werden, sondern können bei professionellem Umgang Probleme in der Familie und im Unternehmen aufdecken und somit durchaus positiv auf die Familienbeziehungen und Unternehmensentwicklung wirken (Von Schlippe und Kellermanns 2008).

Moritz GmbH

Heiko und Veronica sind sich ihrer Verantwortung gegenüber den Mitarbeitern sehr bewusst. Während in der Vergangenheit Konflikte im Betrieb eher kleingehalten, nie offen ausgesprochen oder grundlegend geklärt wurden, hat sich das nach der Übernahme des Betriebs deutlich geändert. Hierfür wurde eine spezielle Stelle im Unternehmen eingerichtet, für die Anne als diplomierte Psychologin zusammen mit einem Team von Mitarbeitern geeignete Modelle entwickelt und mit der gesamten Belegschaft und der Familie diskutiert hat.

Damit es nicht zu einer Eskalation von Konflikten kommt bzw. bereits eskalierte Konflikte unter Kontrolle gebracht werden können, stehen Familienunternehmen adäquate Kontrollmechanismen zur Verfügung. Neben den formulierten Spielregeln für die Kommunikation und dem Umgang der Familienmitglieder miteinander in der Familienverfassung bildet ein professionelles Konfliktmanagement einen wichtigen Eckpfeiler für den Erhalt der Harmonie und Fairness innerhalb der Organisation sowie einen Wegbereiter des Unternehmenserfolgs (Kidwell et al. 2012).

Der unprofessionelle Umgang mit Konflikten kann nicht nur die sozialen und emotionalen Beziehungen oder das Vermögen einzelner Familienmitglieder gefährden, sondern die Existenz des gesamten Familienunternehmens zerstören. Angesichts dieses Risikos und der Tatsache, dass selbst latente Konflikte fortwährend „Kosten" für das Unternehmen verursachen, ist es umso erstaunlicher, dass einem professionellen Konfliktmanagement innerhalb der Eigentümerfamilien häufig nicht die nötige Aufmerksamkeit geschenkt wird. Dieses Instrument ist in Familienunternehmen häufig ein „blinder Fleck", wohl deshalb, da Konflikte als Tabu-Thema angesehen werden (Kellermanns und Von Schlippe 2010; Miller et al. 2013).

Der Bedarf nach derartigen Verfahrensregeln steigt grundsätzlich mit zunehmender Entfremdung der Familie, dem Fehlen von vertrauensbasierten, persönlichen Beziehungen sowie der Zersplitterung der Gesellschafteranteile. Aus diesem Grund sollte der Regelungsrahmen des Konfliktmanagements möglichst weit gefasst werden, um auch auf bislang unbekannte Problemfälle reagieren zu können.

Weltweit sorgen nur knapp 30 % der Familienunternehmen für den Streitfall vor und haben ein institutionalisiertes Konfliktmanagement implementiert (PWC 2010).

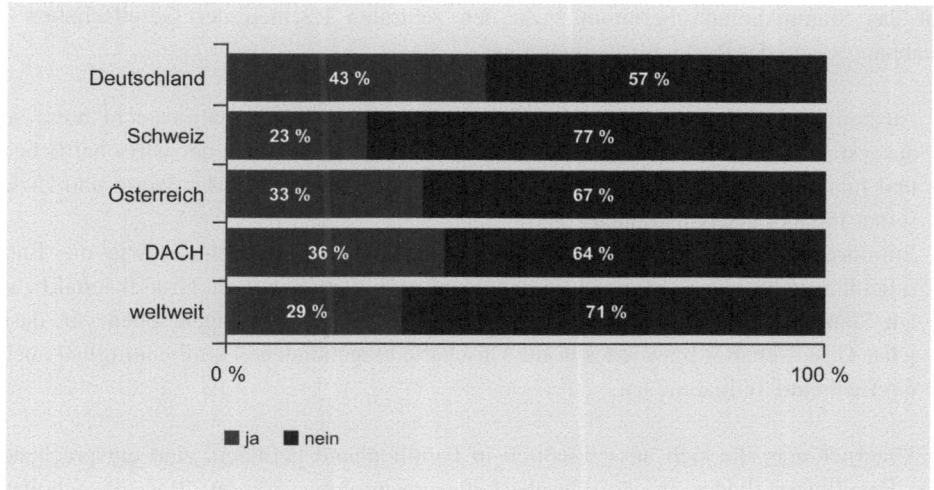

Abb. 10.2 Vorhandensein eines institutionalisierten Konfliktmanagements in Familienunternehmen. (Quelle: PWC 2010)

Besonders gravierend sind die Zahlen für die Schweiz. Dort kann nur jedes fünfte Familienunternehmen auf ein systematisches Konfliktmanagement zurückgreifen (vgl. Abb. 10.2).

Klare Regelungen zur Verhaltensweise in Konfliktfällen stellen ein effektives und effizientes Mittel zur Konfliktprävention dar (Kellermanns und Eddleston 2006). Im Folgenden werden verschiedene Gremien dargestellt, deren Einrichtung und Nutzung ein erster Schritt sein kann, um die in Familienunternehmen inhärenten Konfliktrisiken zu managen.

10.2 Gesellschafterversammlung

Die Gesellschaftsversammlung ist aus rechtlicher Sicht das höchste Gremium des Unternehmens.[1] Sie bestimmt über den Gesellschaftsvertrag alle wesentlichen Themen des Unternehmens. Darunter fallen wichtige Punkte wie die Firma und der Sitz des Unternehmens, der Gegenstand des Unternehmens, der Betrag des Stammkapitals und die Zahl und Nennbeträge der Geschäftsanteile, die jeder Gesellschafter gegen Einlage

---

[1]Vgl. hier und im Folgenden Koeberle-Schmid et al. (2010).

auf das Stammkapital übernimmt.[2] Zu den zentralen Rechten der Gesellschafter –
unabhängig von der Rechtsform – gehören:[3]

- Auskunfts- und Informationsrecht: Das Auskunfts- und Informationsrecht muss so
  ausgestaltet sein, dass die Eigentümer sich ein zutreffendes Bild der wirtschaftlichen
  und finanziellen Lage des Unternehmens sowie der Einhaltung der Werte und Ziele
  seiner Inhaber machen können.
- Stimmrecht in der Gesellschafterversammlung: Die Stimmrechte sowie die Entscheidungsgewalten richten sich in der Regel nach dem Anteil am Grundkapital bzw.
  am Stammkapital des Unternehmens. Die gesetzlichen Regelungen sehen vor, dass
  jeder Gesellschafter bzw. jedes in die Geschäfte eingebundene Familienmitglied auch
  ein Recht auf Teilnahme hat.

In Unternehmen, die sich ausschließlich in Familienhand befinden, sind entsprechend
nur Familienmitglieder in der Gesellschaftsversammlung präsent. Bei einer hohen
Anzahl von Gesellschaftern ist es üblich, einen Gesellschafterausschuss aus erfahrenen
Gesellschaftern zu bilden. Diese können Informationen und Beschlüsse vorbereiten.

Zu allen Gesellschafterversammlungen ist mit einer Frist von mindestens einer Woche
(GmbH) bzw. 21 Tagen (AG) schriftlich einzuladen. Wenn die Ladung formal nicht
stimmt, kann ein Gesellschafterbeschluss schon deshalb unwirksam sein. In Familienunternehmen werden diese Fristen oftmals nicht korrekt eingehalten. Dann können (formell korrekte) Beschlüsse nur gefasst werden, wenn alle Gesellschafter anwesend sind
und alle auf die ordnungsgemäße Ladung der Versammlung verzichten.

Die wesentlichen Aufgaben der Gesellschafterversammlung lassen sich wie folgt
zusammenfassen:

- Erarbeitung der grundsätzlichen strategischen Ausrichtung.
- Erarbeitung von klaren Vorgaben für das Management.
- Bereitstellung des Aufsichts- oder Beirats und dessen Entlastung.
- Treffen von Grundsatzentscheidungen.
- Prüfung der zustimmungspflichtigen Geschäfte.
- Prüfung der Ergebnisse der Geschäftsführung.

Die Gesellschafterversammlung dient neben dem Austausch von Informationen auch der
persönlichen Kontaktpflege. Auch wenn das Management eines Familienunternehmens
im Regelfall alle Eigentümer kennt, so schafft die mindestens jährlich stattfindende
Gesellschafterversammlung eine zusätzliche Basis für ein gutes Verhältnis und somit
Vertrauen.

---

[2]Vgl. § 705 BGB; § 3 GmbHG.
[3]Vgl. für die GmbH §§ 46 bis 51 GmbHG.

10.3 Aufsichtsräte und Beiräte

Aufsichtsräte und Beiräte sind ein wichtiger Teil einer funktionierenden Business Governance. Werte, Ziele und strategische Entscheidungen der Familie werden verankert, die Geschäftsführung beraten, kontrolliert, bestellt, angestellt sowie abberufen. Damit wird die Grundlage für eine langfristige und strukturierte Entwicklung des Familienunternehmens geschaffen.

Unternehmen können diese Gremien unabhängig von der Rechtsform installieren.[4] Die Rechtsform und die Größe des Familienunternehmens bestimmen jedoch darüber, ob zwingend ein Aufsichtsrat benötigt wird oder ob ein freiwilliges Gremium eingesetzt werden kann. Bei einer deutschen GmbH, die nicht unter das Betriebsverfassungs-, das Mitbestimmungs- oder das Montan-Mitbestimmungsgesetz fällt (wenn weniger als 500 Mitarbeitende beschäftigt werden), ist ein Aufsichtsrat nicht zwingend vorgeschrieben, jedoch kann ein solcher eingerichtet werden.

Aktiengesellschaften dagegen müssen nach dem Aktiengesetz zwingend einen Aufsichtsrat installieren. Die Unternehmensführung einer Aktiengesellschaft wird in Deutschland und Österreich durch zwei gesonderte Gremien, dem Vorstand und dem Aufsichtsrat gemäß dem Zweisäulensystem (dualistisches System), wahrgenommen. In der Schweiz, mit dem Verwaltungsrat, oder in den USA, mit dem Board of Directors, wird gemäß dem Einsäulensystem (monistisches System) die Aufsicht und Leitung des Unternehmens in einem Gremium zusammengefasst. Die Einsetzung einer Geschäftsleitung (Management Board oder Executive Board) ist bspw. gemäß schweizerischem Aktienrecht nicht zwingend notwendig, wird jedoch bei größeren Unternehmen in der Regel installiert.

Nachfolgend werden die explizit für verpflichtende Aufsichtsgremien geltenden Regeln vorgestellt, um im Anschluss die für alle freiwilligen Gremien geltenden Gestaltungsmöglichkeiten zu thematisieren.

Nach § 95 AktG besteht der Aufsichtsrat aus mindestens drei Mitgliedern. In der Satzung kann eine höhere Personenzahl festgesetzt werden (Scherer et al. 2012). Der Aufsichtsrat setzt sich in Familienunternehmen meistens aus Vertretern der Anteilseigner zusammen, in den größeren Unternehmen zusätzlich auch aus Vertretern der Arbeitnehmer (§ 96 AktG, mitbestimmter Aufsichtsrat). So muss bei einer AG, GmbH, KGaA oder Genossenschaft mit mehr als 2000 Mitarbeitenden der 12-köpfige Aufsichtsrat gleich viele Vertreter der Anteilseigner und der Arbeitnehmer haben.

Nach § 100 AktG müssen Mitglieder des Aufsichtsrats natürliche, unbeschränkt geschäftsfähige Personen sein, die in den letzten beiden Jahren keine gesetzlichen Vertreter eines von der Gesellschaft abhängigen Unternehmens waren, es sei denn, mehr als 25 % des Kapitals wünscht dies. Zur Sicherstellung einer unabhängigen Kontrolle des Vorstands dürfen Aufsichtsratsmitglieder nicht auch geschäftsführend tätig sein.

---

[4]Vgl. hier und im Folgenden Scherer et al. (2012).

Bei kapitalmarktorientierten Gesellschaften (im Sinn des § 264d des Handelsgesetz-buchs) muss mindestens ein unabhängiges Mitglied des Aufsichtsrats über Sachverstand auf den Gebieten Rechnungslegung oder Abschlussprüfung verfügen.

Die Vertreter der Anteilseigner im Aufsichtsrat werden in einer Aktiengesellschaft und einer KGaA durch die Hauptversammlung und in der GmbH durch die Gesellschafter-versammlung gewählt. Damit die objektive Kontrolle sichergestellt werden kann, ist davon abzuraten, Freunde/Vertraute der Geschäftsführung oder der Eignerfamilie bzw. den Rechtsanwalt oder Steuerberater des Unternehmens in den Aufsichtsrat zu wählen. Um Interessenkonflikten vorzubeugen, sollten auch weder Angestellte der Hausbank noch Geschäftspartner berufen werden. Arbeitnehmervertreter werden von den Mit-arbeitern der Gesellschaft gewählt. Kirchdörfer und Kögel (2000) weisen darauf hin, dass es sich in Familienunternehmen bewährt hat, Gremienmitglieder einstimmig von den Gesellschaftern wählen zu lassen.

Diese Regelungen sind für viele Familienunternehmen auch eine gute Richtschnur, um das eigene (freiwillige) Aufsichtsgremium zu besetzen. Selbstverständlich kann durch eine geschickte Auswahl von Personen für den Aufsichtsrat auch das unter-nehmerische Netzwerk ausgebaut werden. Viele Unternehmen berufen vermehrt Frauen in den Aufsichtsrat[5]. Neben einer angemessenen „Geschlechtermischung" sollte man sich auch mit der Frage nach der optimalen „Altersmischung" im Aufsichtsrat befassen. Eine Studie von Wälchli und Zeller (2013), bei der fast 10.000 Schweizer Verwaltungs-ratspräsidenten befragt wurden, hat nachgewiesen, dass der finanzielle Erfolg eines Unternehmens mit steigendem Alter des Vorsitzenden abnimmt (Wälchli und Zeller 2013). Diese Resultate zeigen die Wichtigkeit einer frühzeitig eingeleiteten Nachfolge-regelung für Management und Ratsgremien.

Der Aufsichtsrat berät und kontrolliert den Vorstand (Geschäftsführung/Management) und trifft die Personalauswahl.[6] Zu seinen Aufgaben gehört u. a.:

- die Beaufsichtigung und Überwachung der Geschäftsführung und des Vorstands[7],
- die Prüfung des Jahres- und Konzernabschlusses und des Lageberichts (Erteilung des Prüfungsauftrags für den Abschlussprüfer),
- die Einberufung der Hauptversammlung,

---

[5]Lindstädt et al. (2011) haben in ihrer Studie „Frauen in Führungspositionen – Auswirkungen auf den Unternehmenserfolg" für das Bundesministerium für Familie, Senioren, Frauen und Jugend 2011 einen robusten positiv signifikanten Performance-Effekt von Frauen in Aufsichtsräten nach-gewiesen. Vgl. auch Otten-Pappas und Jäckel-Wurzer (2017).

[6]Vgl. hier und im Folgenden Koeberle-Schmid et al. (2010); Scherer et al. (2012).

[7]Siehe auch § 111 AktG.

- die Berichterstattung zum Jahresabschluss und zum Lagebericht anlässlich der Hauptversammlung,
- die Vertretung der Aktiengesellschaft gegenüber den Vorstandsmitgliedern[8] und
- die Bestellung und Abberufung von Mitgliedern des Vorstands[9].

Der Aufsichtsrat kann weitergehende Rechte beanspruchen. So kann er zum Beispiel den Vorstand dazu verpflichten, bei wichtigen Geschäften (z. B. Grundstückgeschäften, Darlehensaufnahmen von hohem Volumen) die Zustimmung des Aufsichtsrats einzuholen (Zustimmungspflicht, § 111 AktG).

Spätestens seit der Finanz- und Wirtschaftskrise hat sich die Arbeit des Aufsichtsrats von einem eher retrospektiv orientierten Gremium hin zum aktiven Überwacher und Ratgeber des Vorstands verändert (Ruhwedel 2012). So sollte sich der Aufsichtsrat weniger an den Berichtspflichten des Unternehmens orientieren, sondern eigene Überwachungsschwerpunkte und -felder setzen und diese strukturiert bearbeiten.

Für konkrete Aufgaben kann der Aufsichtsrat Ausschüsse bilden, zum Beispiel einen Asienausschuss, wenn das Unternehmen stark vom asiatischen Markt abhängig ist, oder einen Transformationsausschuss, wenn das Führungs- und Organisationsmodell Defizite aufweist.

Der Aufsichtsrat muss sich gemäß § 110 Abs. 3 AktG mindestens zwei Mal pro Halbjahr zu einer Sitzung treffen. Vafaes hat die Frequenz der Sitzungen mit dem Marktwert des Unternehmens verglichen und herausgefunden, dass der Marktwert der Unternehmung mit der Anzahl der Sitzungen sinkt (Vafaes 1999). Das kann ggf. daran liegen, dass Aufsichtsräte infolge eines sich verschlechternden Geschäftsgangs häufiger tagen (Jensen 1993; Bettinelli 2011).

Eine aktuelle empirische Untersuchung der Aufsichtsratsvergütung von Engel et al. (2014) zeigt, dass die durchschnittliche Höhe der Aufsichtsratvergütung in börsennotierten Familienunternehmen unter der börsennotierter Nicht-Familienunternehmen liegt (Hönsch und Kaspar 2012). Dies kann mit den geringeren Agency-Kosten und der tendenziell höheren Stewardship-Orientierung in Familienunternehmen begründet werden (Engel et al. 2014). Zwar müssen aufgrund des Aktiengesetzes Aufsichtsräte implementiert werden, deren Bedeutung zur Sicherung der Family Business Governance ist aber aufgrund der Einheit zwischen Gesellschaftern und Unternehmensleitung weniger hoch. Interessant ist, und dies unterstützt die genannte These, dass der Unterschied in der Vergütungshöhe mit zunehmender Größe und vor allem abnehmendem Familieneinfluss verschwindet.

Mitglieder von Gremien sollten nicht gleichzeitig Beratungsverträge mit der Unternehmung abschließen, da sie verpflichtet sind, ihre Kenntnisse, Fähigkeiten und Erfahrungen dem beaufsichtigten Unternehmen zur Verfügung zu stellen. Geht jedoch

---

[8]Siehe auch § 112 AktG.
[9]Siehe auch § 84 AktG.

die Tätigkeit weiter als die Aufsichtsratsaufgaben, kann – unter dem Vorbehalt der Zustimmung des Aufsichtsrats – ein solcher Vertrag geschlossen werden.

Verletzen Aufsichtsräte schuldhaft organschaftliche Pflichten, welche sich direkt von den Pflichten des überwachten Vorstands ableiten, haften sie gegenüber der Aktiengesellschaft mit Schadenersatz (Zaumseil 2012). Die Qualität des Vorstands und die eigenen Fähigkeiten und Kenntnisse wirken sich somit auf die Haftung des Aufsichtsrats aus. Im Haftungsfall muss der Aufsichtsrat sein sorgfältiges Handeln beweisen, um eine schuldhafte Pflichtverletzung auszuschließen. Hinsichtlich seiner Sorgfaltspflicht geht § 116 AktG von jener eines ordentlichen Kaufmanns aus. Deshalb ist es unerlässlich, dass sämtliche Grundlagen, Schritte und Gründe für die getroffenen Entscheidungen genau dokumentiert werden. Eine entsprechende fachliche Qualifikation für die Ausübung des Amts wirkt ebenfalls präventiv. Damit das erhebliche Haftungsrisiko ausgeschlossen bzw. abgemindert werden kann, ist es heute weit verbreitet, dass Aufsichtsräte sogenannte D&O Versicherungen (Directors and Officers Liability Insurance) abschließen (Fissenewert 2012). D&O Versicherungen werden in der Regel vom Unternehmen für alle Organe abgeschlossen; damit sollen das Privatvermögen der Geschäftsleitung sowie die Aufsichtsräte geschützt werden.

10.4 Freiwillige Gremien (Beirat)

Mit zunehmender Unternehmensgröße und Anzahl von Eigentümern errichten viele Familienunternehmen ein freiwilliges Beratungs- und Kontrollgremium, selbst wenn sie nicht gesetzlich dazu verpflichtet sind. Dieses oft als Beirat oder Unternehmensrat bezeichnete Gremium ist das Bindeglied zwischen den Gesellschaftern und der Geschäftsführung und kann – anders als der gesetzlich stark reglementierte Aufsichtsrat – konkret auf die individuellen Bedürfnisse eines Familienunternehmens zugeschnitten werden. Außerhalb der Regelungen des Aktiengesetzes gibt es keinerlei Einschränkungen bei der Gestaltung des Gremiums. Struktur, Größe und Zusammensetzung von Beratungs- und Aufsichtsgremien sowie die Eignung seiner Mitglieder sollten der Größe des Unternehmens, der Anzahl der Eigentümer und der übernommenen Verantwortung entsprechen. Dabei ist anzustreben, dass familienunabhängiger Sachverstand die Qualität und Objektivität der Arbeit verbessert. Aufgaben des Beirats werden dann im Gesellschaftsvertrag oder in einer eigenen Beiratssatzung beschrieben.

Die Mitglieder eines jeden Beratungs- und Aufsichtsgremiums handeln grundsätzlich im Interesse des Familienunternehmens und seiner Eigentümer. Das Verhältnis zu den Gesellschaftern hat also eine grundlegende Bedeutung und muss von beiderseitigem Vertrauen und Respekt geprägt sein. Folglich sollten bei der Auswahl geeigneter Personen für dieses Gremium nicht alleine fachliche Kompetenzen berücksichtigt werden, sondern es sollte vor allem darauf geachtet werden, dass sie vom Unternehmen und von der Unternehmensführung unabhängig sind, um Interessenkonflikte zu vermeiden (Hennerkes 2004).

Zentraler Erfolgsfaktor eines derartigen Gremiums ist neben der Auswahl der richtigen Personen die Informationsvermittlung an dieses Gremium. Die Informationen müssen so gestaltet sein, dass sie das Gremium und seine Mitglieder in die Lage versetzen, ihre Aufgaben bestmöglich wahrzunehmen. Inhalt, Umfang, Art und Weise sowie Turnus der Berichterstattung müssen zum Unternehmen passen und sollten möglichst knapp, aber ausreichend sein (Felden und Wirtz 2013).

10.4.1 Definition und Abgrenzung

Es existiert sowohl in der Theorie als auch in der Praxis keine einheitliche Terminologie, was ein Beirat genau ist. Häufig werden Beirat und Aufsichtsrat sogar synonym verwendet. Gerade diese Abgrenzung ist aber sehr wichtig, da – wie in Abschn. 10.3 bereits dargelegt – unter dem Begriff Aufsichtsrat ein verpflichtendes Aufsichtsgremium verstanden wird, dessen Befugnisse und Ausgestaltung einem engen rechtlich vorgeschriebenen Korsett folgen. Unter einem Beirat versteht man hingegen „ein freiwilliges, von den Gesellschaftern des Familienunternehmens zu bildendes und satzungsgemäß in die Gesellschaftsstruktur integriertes Organ" (Achenbach 2010, S. 22).

Grundsätzlich kann jedes Familienunternehmen einen Beirat einrichten. Beiräte finden sich jedoch bei Familienunternehmen mit der Rechtsform Aktiengesellschaft eher seltener, da diese zwingend einen Aufsichtsrat einrichten müssen. Am häufigsten wird ein Beirat bei Unternehmen mit der Rechtsform GmbH, GmbH & Co. KG und KG installiert (Achenbach 2010). In Abb. 10.3 ist die Verbreitung von Beiräten gemessen am

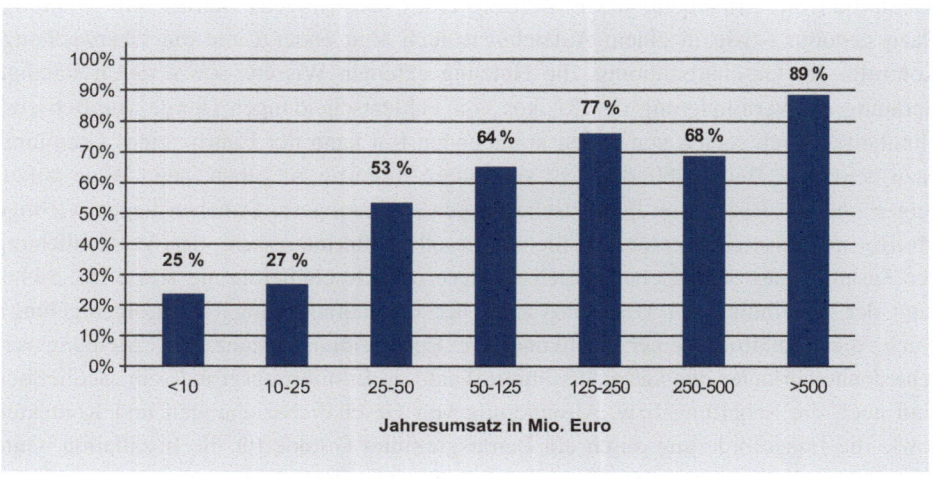

Abb. 10.3 Verbreitung von Beiräten nach Jahresumsatz. (Quelle: Achenbach et al. 2009)

Jahresumsatz abgebildet. Es fällt auf, dass ab 25 Mio. EUR Jahresumsatz über die Hälfte der Unternehmen einen Beirat eingerichtet haben. Diese Quote steigt mit zunehmendem Jahresumsatz, bei Betrieben mit über 500 Mio. EUR Jahresumsatz verfügen knapp neun von zehn Unternehmen über einen Beirat.

Gesetzliche Regelungen zu freiwilligen Gremien finden sich lediglich in § 52 GmbHG. Demnach sind, wenn nach dem Gesellschaftsvertrag ein Aufsichtsrat zu bestellen ist und soweit der Gesellschaftsvertrag nichts Abweichendes bestimmt, die Regelungen des Aktiengesetzes anzuwenden. Um keine gesellschaftsvertraglichen Missverständnisse aufkommen zu lassen und die Freiwilligkeit zu dokumentieren, wird in Familienunternehmen dann regelmäßig der § 52 GmbHG aus den Gesellschaftsverträgen ausgeschlossen.

Im Falle eines organschaftlichen Beirats werden Grundregelungen in die Satzung des Beirats aufgenommen, damit die Rechte und Pflichten klar geregelt sind. In einem gesonderten Beiratsstatut, auch Beiratssatzung oder Beiratsordnung genannt, werden Aufgaben, Kompetenzen, Anzahl der Beiratsmitglieder, persönliche Voraussetzungen zur Wahl, Vergütung und Amtszeit geregelt. Wichtige Punkte der Beiratsordnung sind auch die Beschreibung der Rolle des Beiratsvorsitzenden, Regelungen bzgl. Einberufung und Durchführung von Sitzungen, Beschlussfähigkeit, Stimmrechte, Beschlussverfahren und Protokolle (Kormann 2008).

Für die Vergütung von Beiräten gelten im Grundsatz die gleichen Aussagen wie zu der Vergütung von Aufsichtsräten. Meist liegt das Vergütungsniveau aber niedriger.

10.4.2 Gründungsmotive

Während bei Aufsichtsräten die gesetzliche Verpflichtung zur Konstituierung ausreicht, sind die Gründe für die Einsetzung eines (freiwilligen) Beirats sehr vielfältig. Dazu gehören – wie in einem Aufsichtsrat auch – in erster Linie die Überwachung/ Kontrolle der Geschäftsführung, die Nutzung externen Wissens sowie durch ständige Beratung die Verminderung des Risikos von Fehlentscheidungen (Sorge vor Betriebsblindheit). Durch seinen von außen kommenden Rat kann der Einsatz eines Gremiums dazu beitragen, Betriebsblindheit zu verhindern, Impulse zu geben, neue Wege aufzuzeigen und das Risiko von Fehlentscheidungen zu verringern. Daneben liegen wichtige Motive im Ausgleich unterschiedlicher Gesellschafterinteressen, der Versachlichung der Zusammenarbeit zwischen Gesellschaftern und Geschäftsführung sowie der Sicherung der Kontinuität bei Wechsel/Ausfall der Geschäftsführung (Nachfolgeregelung). Auch die Schaffung einer sachkundigen Entscheidungsinstanz bei Meinungsverschiedenheiten unter den Geschäftsführern kann ein Einführungsgrund sein. Schließlich sind auch die Schaffung bzw. Absicherung von Geschäftsbeziehungen und Kontakten sowie die Imageförderung durch ein Beiratsgremium Gründe für die Installation. Gute Gremienmitglieder bedeuten oft auch eine sinnvolle Erweiterung des eigenen Netzwerkes des Unternehmens und sind Vermittler – nicht nur zwischen Gremien, sondern auch Türöffner zu neuen Kunden und Lieferanten (Gauglern und Heimburger 1984; Achenbach 2010).

   Viele Familienunternehmen haben Vorbehalte gegen die Errichtung eines Beirats. Beispiele hierfür sind die Angst vor zusätzlichen Kosten und zusätzlichem Zeitaufwand oder vor abnehmender Flexibilität aufgrund aufwändigerer und langsamerer Entscheidungsfindung. Auch der Verlust von unternehmerischem Einfluss bzw. Machtverlust oder das Bedürfnis nach hoher Vertraulichkeit bzw. die Angst vor mangelnder Geheimhaltung sind Gründe gegen einen Beirat (Achenbach 2010; Reay et al. 2013).

   Einer empirischen Studie von Deloitte (2010) zufolge sehen 85 % der befragten Unternehmen einen positiven Zusammenhang zwischen guter Beiratsarbeit und gesteigertem Unternehmenserfolg. Sie konstatieren direkte Effekte wie:

- externe Beratung und Empfehlung,
- Steigerung durch Nachhaltigkeit und Klarheit,
- Vorgabe von Zielsetzungen und Strategie,
- Integration in Informationsfluss und Orientierungsprozess.

Aber auch indirekte Effekte, dass beispielsweise Kapitalgeber im Rahmen der Kreditvergabe Unternehmen mit einem funktionierenden Beirat bessere Konditionen gewähren, spielen eine wichtige Rolle (Deloitte 2010).

10.4.3 Beirats-Typologie

Während die Aufgaben des Aufsichtsrates einer AG im Aktiengesetz kodifiziert sind, gibt es keine entsprechende Regelung für freiwillige Gremien. Dennoch können die Regelungen des Aktiengesetzes herangezogen werden und um unternehmensspezifische individuelle Aufgaben ergänzt werden. Bei der Konstituierung eines freiwilligen Aufsichtsgremiums müssen die Eigentümer entscheiden, welche Aufgaben dieses Gremium haben soll. Dazu gehört vor allem die Entscheidung, in welchem Umfang es in die originär den Inhabern vorbehaltenen Entscheidungen einbezogen werden soll. Je nach Gründungsmotiv unterscheiden sich auch die Funktionen eines Beirats. Hierbei sind vier Grundtypen auszumachen (Achenbach 2010):

- Der beratende Beirat: Strategische Entscheidungen werden mit den Vertrauenspersonen im Beirat diskutiert. Das Management des Familienunternehmens kann sich so rückversichern und diskret zuverlässige Ratschläge (Zweitmeinungen) erhalten.
- Der kontrollierende Beirat: Dieser ist insbesondere sinnvoll, wenn ein Fremdgeschäftsführer eingesetzt ist, wenn aus verschiedenen Familienstämmen Gesellschafter mit divergenten Prioritäten und Zielrichtungen im Unternehmen sind oder wenn die Kontrolle nicht durch die Eigentümer wahrgenommen werden will oder kann. Eine Übertragung der Kontroll- und Entscheidungsbefugnisse kann gerade

bei Familienunternehmen vorteilhaft sein. Ist der Gesellschafterkreis stark gewachsen und möglicherweise untereinander entzweit, leidet die Entscheidungsfähigkeit. Durch die Übertragung eingeschränkter Kontrollrechte an den Beirat wird die Eigenständigkeit der Geschäftsleitung/des Vorstands gestärkt und die Anteilseigner werden von der operativen Geschäftsführung separiert. Der Beirat soll diese wichtige Kontroll- und Überwachungsfunktion nicht ausschließlich vergangenheitsorientiert auffassen, sondern sich auch aktiv bei Budgetplanungen oder Fragen zur strategischen Ausrichtung etc. einbringen.

- Der impulsgebende Beirat: Ein breit aufgestelltes Beiratsgremium kann dem Familienunternehmen wertvolle Branchennews, Entwicklungen und Trends oder Technologien oder sogar Insiderwissen aus der Politik bieten. Die Impulse müssen nicht ausschließlich die Unternehmensumwelt betreffen, sondern auch das Unternehmen selber (z. B. Anpassungen der Organisation, des Vergütungssystems). Zudem können Beiratsmitglieder ebenfalls ihr Netzwerk einbringen und damit Impulse für das Unternehmen vermitteln.
- Der moderierende Beirat: Um die Rolle des Beirats als Moderator wahrnehmen zu können, benötigt das Unternehmen einen starken Beirat mit einem kompetenten Vorsitzenden, der Erfahrung im Umgang mit kritischen Situationen hat. Er hilft Meinungsverschiedenheiten, Streit oder Feindschaft zwischen Gesellschaftern konstruktiv zu lösen und das Unternehmen nicht zu einem Spielball dieser unterschiedlicher Interessen werden zu lassen.

Beiräte werden auch für spezielle Situationen eingesetzt. Hierzu gehören zum Beispiel (Achenbach 2010):

- Nachfolge: Die Regelung der Nachfolge ist für jedes Unternehmen von höchster Bedeutung. Oftmals kann diese durch operativ tätige Eigentümer oder Familiengesellschafter nicht frei von emotionaler Bindung zum Unternehmen vorbereitet werden. Der Beirat führt sachliche und fachliche Gespräche mit möglichen Nachfolgern und steht nach der Wahl als Berater „on the job" zur Verfügung. Eine unabhängige Hilfestellung können familieninterne, aber unerfahrene Nachfolger oftmals leichter annehmen als den Rat der älteren Generation. Der Beirat nimmt beim Ausfall des geschäftsführenden Gesellschafters Notfallaufgaben wahr und kann somit möglichst problem- und reibungslos einen unvorhergesehenen Ausfall überbrücken.
- Restrukturierung: Ein Beirat kann einen wertvollen Beitrag leisten, wenn das Familienunternehmen nach einer Krise restrukturiert werden muss. Mitglieder des Beirats verfügen dann idealerweise über Erfahrungen im Krisenmanagement und können zwischen verhärteten Fronten (z. B. zwischen Unternehmensleitung und Banken, Belegschaft, Gläubigern) Gespräche führen und Kompromisse zum Wohle des Unternehmens aushandeln.

- Alleingesellschafter-Geschäftsführer: Dem Beirat kommt bei einem Alleingesellschafter-Geschäftsführer eine beratende Rolle als Sparringspartner zu. Der Eigentümer sucht beim vertrauten Gremium Rat im persönlichen Gespräch. Eine Kontrollfunktion steht in der Regel nicht im Fokus.
- Wachstums- und Internationalisierungsstrategien: Gerade Familienunternehmen mit ihrem oftmals regionalen Fokus profitieren von erfahrenen Beiräten, die sich in den Bereichen, in die das Familienunternehmen hineinwachsen will, bereits auskennen.

Der dem Beirat übertragene Einfluss und seine Kompetenz definieren, ob es sich um einen starken oder schwachen Beirat handelt (Kormann 2008; Scherer et al. 2012). Die Befugnisse des Beirats zur Geschäftsführung bewegen sich vom beratenden Beirat über den zustimmenden Beirat bis hin zum (mit-)entscheidenden Beirat und bezüglich der Gesellschafter vom vermittelnden Beirat, streitentscheidenden Beirat ebenfalls hin zum (mit-)entscheidenden Beirat. Zudem besteht die Möglichkeit einen situativen Beirat einzurichten und dessen Befugnisse der zu lösenden Herausforderung anzupassen.

Welche Befugnisse Beratungsgremien in der Praxis ausfüllen, ist in der Abb. 10.4 dargestellt.

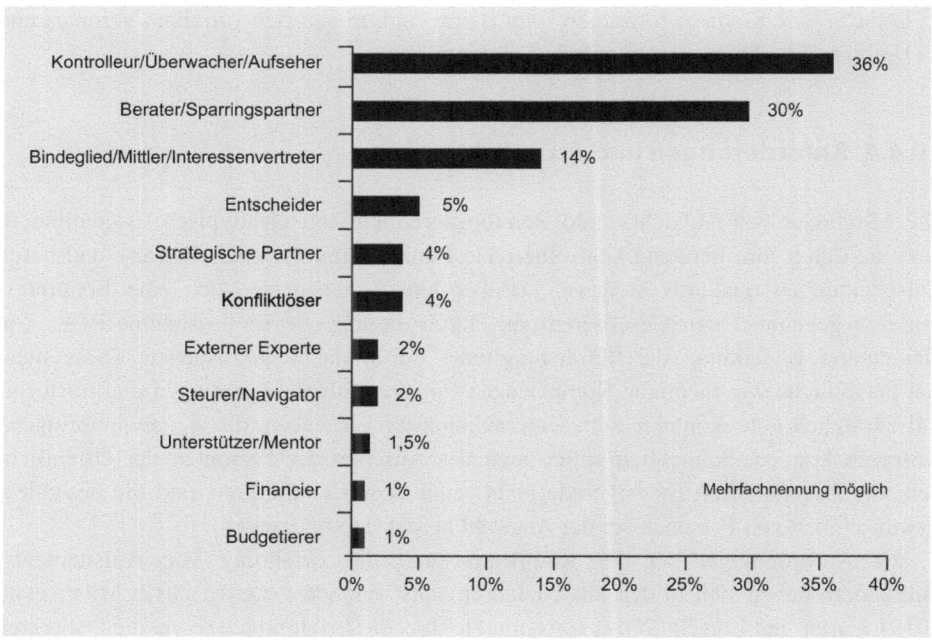

Abb. 10.4 Aufgaben von Beiräten in der Praxis. (Quelle: Deloitte 2010)

Moritz GmbH

Immer öfter wird der absehbare Ausstieg von Manfred Groß und Ludwig Wonschack thematisiert. Während Wonschack sich auf mehr Freiraum freut, mit seiner Freundin um die Welt reisen und endlich einmal mehr Tennis spielen will, kann sich Manfred Groß noch gar nicht vorstellen, nicht mehr jeden Tag in das Unternehmen zu kommen. Schon jetzt schlägt er den Geschwistern vor, einen Beratervertrag mit ihm abzuschließen, der ihm ermöglicht, „immer noch mal nach dem Rechten" zu sehen.

Die Geschwister sind sehr unschlüssig. Einerseits schätzen sie die Unterstützung von Groß, der den Laden wie kein anderer kennt und mit vielen Mitarbeitern schon seit Jahrzehnten zusammenarbeitet. Auch kennt er alle Lieferanten und die meisten Kunden und hat ein gutes Gespür für neue Markttrends. Andererseits hat er nicht selten Veränderungen im Unternehmen gehemmt, eine gewisse „Das haben wir schon immer so gemacht"-Mentalität ist ihm nicht abzusprechen.

In der Gesellschafterversammlung wird entschieden, dass das Unternehmen neben dem Familienrat im kommenden Jahr auch einen (kleinen) Beirat etablieren und dort Manfred Groß eines der Mitglieder werden soll. Der Beirat soll zunächst eine rein beratende Funktion haben und ausschließlich mit familienexternen Mitgliedern besetzt werden. Neben Manfred Groß sollen die Landrätin des Kreises, die beste Kontakte zu öffentlichen und sozialen Einrichtungen hat, sowie der ehemalige Vorstand eines Kunden der Moritz GmbH Mitglied werden. Auch wenn damit primär „alte Leute" – wie Kevin es formuliert – im Beirat sind, freuen sich vor allem Veronica und Heiko auf die Diskussionen mit diesem Gremium.

10.4.4 Anforderungen und Auswahl

Die Mitglieder von Aufsichts- und Beratungsgremien sind idealtypisch so qualifiziert, dass sie durch ihre beratend-kontrollierende Funktion die Geschäftsführung und deren Entscheidungen qualitativ steigern. Darüber hinaus haben sie auch eine Beratungsfunktion gegenüber den Gesellschaftern. Durch diese große Einflussnahme ist es von elementarer Bedeutung, die Beiratsmitglieder mit Bedacht auszusuchen. Diese müssen persönliche wie fachliche Kompetenzen für ihre Aufgabe mitbringen und im Idealfall zusätzlich gute Kontakte zum Unternehmensumfeld haben, die sie gewinnbringend einsetzen können. Schließlich sollte auch das Ansehen der Person in der Öffentlichkeit, die Zugehörigkeit (oder gerade nicht) zum Gesellschafterkreis und die besondere Erwünschtheit von Personen bei der Auswahl berücksichtigt werden.

Die Anforderungen an die Kompetenz und die Erfahrung von Aufsichtsratsmitgliedern haben sich in den letzten Jahren stark verändert (Leube 2012; Miller et al. 2013). Carter und Lorsch (2004) konstatieren, dass die Erfahrungen sowie die bisherigen Positionen eines künftigen Aufsichtsrats nur von sekundärer Bedeutung bei der Auswahl sein sollten.

Der Vorsitzende des Gremiums spielt eine entscheidende Rolle für dessen Erfolg im Unternehmen. Er ist das Bindeglied des Gremiums zu den Gesellschaftern und sollte dementsprechend vertrauensvoll auftreten und in der Gesamtheit der Gesellschafter auf Zustimmung treffen. Da Vertrauen sich nur im Laufe einer guten Zusammenarbeit entwickeln kann, ist es für die Gesellschafter nur von Vorteil, den zu wählenden Vorsitzenden bereits zu kennen. Dafür kommt ein bereits bestehendes Mitglied des Gremiums bevorzugt in Frage.

Ein intensiver Kontakt und enger Austausch stellen die Basis für eine gewinnbringende Zusammenarbeit dar. Der Vorsitzende sollte für die Gesellschafter eine vertraute Person sein, mit der sie sich nicht nur einmal im Jahr treffen. Je intensiver der Kontakt – bei offiziellen Gremientreffen aber auch inoffiziellen Zusammenkünften – desto besser der Austausch und das Wissen um das Unternehmen (Achenbach 2010; Kormann 2008).

10.4.5 Einführungsprozess

Soll ein Beirat oder Aufsichtsrat eingesetzt werden, muss in einem systematischen Prozess dessen Implementierung vorangetrieben werden. Dieser kann wie folgt aussehen:

- Ziele und Erwartungen von Gesellschaftern und Geschäftsleitung: In einem ersten Schritt müssen die jetzigen und künftigen Beteiligten klären, was sie von einem Beirat erwarten und welche Befugnisse sie ihm geben wollen. Nur wenn ein Beirat eine konkrete Zielsetzung der Gesellschafter für seine Arbeit erhält, wird er seine Funktion sinnvoll aufnehmen können. Besteht bereits ein Beirat, sollte mit ihm gemeinsam erarbeitet werden, ob die bisherigen Erfahrungen den ursprünglichen Erwartungen entsprechen. Bei einem Aufsichtsrat stellt sich die grundsätzliche Frage nicht, allerdings helfen dieselben Fragen dabei, ein möglichst zielgenaues Gremium zu installieren.
- Transparenz der Gremienfunktionen: Neben der Klärung der Ziele muss die Unternehmerfamilie weitere Vorleistungen erbringen. Ein Unternehmen kann nur effizient arbeiten, wenn die Zusammenarbeit von Management, Beratungs- oder Kontrollgremium und Gesellschaftern geplant und durch eine klare Gremienstruktur abgebildet wird und die Aufgaben und Schnittstellen transparent sind. Dazu gehört auch, ob, von wem und wie lange die Mitglieder gewählt werden und welche Altersgrenze nach oben oder unten gilt.
- Erarbeitung Gremienprofil und Gremienstruktur: Gremien in Familienunternehmen stehen vor ganz unterschiedlichen Herausforderungen. Diese können sich auch im Laufe der Zeit ändern. Auch wenn bereits ein Beirat oder Aufsichtsrat besteht, ist daher von Zeit zu Zeit ein aktuelles Profil zu erarbeiten, anstatt die Aufgaben auf vorhandene Kandidaten auszurichten. Auch ist zu klären, ob Familienmitglieder oder Personen, die einem Beteiligten oder dem Unternehmen „besonders nahe stehen" hilfreich sind oder eher zu Ungleichgewichten und Positionskämpfen beitragen.

- Suche bzw. Optimierung: Ist das Anforderungsprofil mit der Geschäftsleitung diskutiert und von den Gesellschaftern verabschiedet, müssen passende Personen gesucht werden. Wie groß der Anteil familienfremder Dritter ist oder ob das Gremium mehrheitlich aus Gesellschaftern bestehen muss, ist in der Beiratsordnung bzw. in der Satzung zu regeln. Dabei stellt sich die Frage, wie geeignete Mitglieder gefunden und gewonnen werden können. Eigene Kontakte bisheriger Gremienmitglieder bzw. des Familienunternehmens stellen die weitaus wichtigste Quelle für potentielle Kandidaten dar (z. B. Kontakte zu Gesellschaftern und Mitgliedern der Inhaberfamilie oder Unternehmern/geschäftsführenden Gesellschaftern aus anderen Unternehmen). Beiratsnetzwerke, Personal- und Unternehmensberater sowie Banken, IHK oder Verbände stellen weitere Möglichkeiten dar, um an geeignete Mitglieder zu gelangen.

- Auswahl der Bewerber: Zentrales Instrument für die Auswahl des Beirats oder Aufsichtsrates sind persönliche Interviews, die entweder durch einen Externen, der regelmäßig solche Gespräche führt, oder einen Gesellschafter geführt werden. Kandidaten, die am ehesten in Frage kommen, sollten dann in einer zweiten Interviewrunde allen Gesellschaftern vorgestellt werden, so dass eine gemeinsame Entscheidung kurzfristig gefällt werden kann.

- Rechtsfragen bei der Gremieneinführung: Anders als bei der Aktiengesellschaft, bei der ein Aufsichtsrat gesetzlich vorgeschrieben ist, sind Beiräte in anderen Rechtsformen freiwilliger Natur. Der rechtliche Aufwand zur Errichtung eines Beirats hängt von dessen Aufgaben ab. In jedem Fall sollte ein Rechtsanwalt hinzugezogen werden, der die juristischen Konsequenzen der Gremiengestaltung prüft. Ein Beirat, der nur beratend tätig werden soll, wird durch einen Vertrag zwischen der Gesellschaft mit den einzelnen Beiratsmitgliedern errichtet. Ein kontrollierender Beirat hingegen muss im Gesellschaftsvertrag verankert sein. Hierbei muss klarwerden, wer welche Aufgaben hat.

- Information und Einführung neuer Gremienmitglieder: Ein erstes Informationspaket sollte den neuen Gremienmitgliedern das Unternehmen vorstellen. Dazu gehören Informationen über die Branchenentwicklungen und Details über die Erträge einzelner Geschäftsbereiche ebenso wie die grundlegende Unternehmensstrategie. Dabei gilt „weniger ist mehr": Nur mit aussagefähigen Unterlagen in Form eines Gremiencockpits können Beiräte und Aufsichtsräte unternehmerische Sparringspartner sein. Auch die Implementierung eines Beratungs- und Kontrollgremiums scheint zunächst mit viel Arbeit im Unternehmen verbunden zu sein, wenn die Informationen bislang nicht für Externe aufbereitet wurden – sofern sie überhaupt vorliegen. Daher sollte das erste Jahr idealerweise ein Pilotjahr sein, in dem Unternehmen und Gremium zusammenfinden, bevor im zweiten Jahr alles in professionellen Bahnen laufen kann.

Insgesamt wird deutlich, dass es nicht nur darum gehen kann, Gremien zu bilden, um sie zu haben. Vielmehr sind eine systematische Auswahl von Gremienmitgliedern, eine klare Gremienstruktur und ein professioneller Einsatz dieses Gremiums von Bedeutung. Ein solch professionell eingerichtetes Gremium ist etwas völlig Anderes als die bislang aus den Medien bekannten „Altherren-Aufsichtsräte", in denen wenig Dynamik stattfindet. Beiräte und Aufsichtsräte moderner Prägung sind aktiver Teil des Unternehmens. Sie unterstützen das Management bei der Zukunftssicherung des Unternehmens und geben den Gesellschaftern Sicherheit und die Ruhe, loslassen zu können.

Lernfragen

- Was ist die Besonderheit der Business Governance gegenüber der Corporate Governance in einem Nicht-Familienunternehmen?
- Welche rechtliche Bedeutung hat eine Gesellschafterversammlung?
- Wer entscheidet über die Freiwilligkeit oder die Verpflichtung, ein Aufsichtsgremium einzurichten?
- Was muss bei der Besetzung des Aufsichtsrats beachtet werden?
- Warum lohnt es sich für ein Familienunternehmen, einen freiwilligen Beirat zu installieren?
- Welche Funktionen können von einem Beirat wahrgenommen werden?
- Welche Anforderungen werden an Beiratsmitglieder gestellt?

Literatur

Achenbach, C. (2010). *Der Beirat für Familienunternehmen. Sparringspartner, Rat- und Ideengeber für Gesellschafter und Geschäftsführung*. Bonn: INTES-Akademie für Familienunternehmen.

Achenbach, C., May, P., Rieder, G., & Eiben, J. (2009). *Beiräte in Familienunternehmen – Ergebnisse einer Studie der WHU*. Bad Godesberg: Bonn.

Amason, A. C. (1996). Distinguishing the effects of functional and dysfunctional conflict on strategic decision making: Resolving a paradox for top management teams. *Academy of Management Journal, 39*(1), 123–148.

Anderson, R. C., & Reeb, D. M. (2003). Founding-family ownership and firm performance: Evidence from S&P 500. *Journal of Finance, 58*(3), 1301–1328.

Berrone, P., Cruz, C., & Gomez-Mejia, L. R. (2012). Socioemotional wealth in family firms: Theoretical dimensions, assessment approaches, and agenda for future research. *Family Business Review, 25*(3), 258–279.

Bettinelli, C. (2011). Boards of directors in family firms: An exploratory study of structure and group process. *Family Business Review, 24*(2), 151–169.

Brenes, E. R., Madrigal, K., & Requenta, B. (2011). Corporate governance and family business performance. *Journal of Business Research, 64*(3), 280–285.

Carter, C. B., & Lorsch, J. W. (2004). *Back to the drawing board*. Boston: Harvard Business School Press.

Corbetta, G., & Salvato, C. (2004). Self-serving of self-actualizing? Models of man and agency costs in different types of family firms: Commentary on „Comparing the agency costs of family and non-family firms: Conceptual issues and exploratory evidence". *Entrepreneurship Theory & Practice, 28*(4), 355–362.

De Dreu, C. K. W., & Gelfand, M. J. (2008). Conflict in the workplace: Sources, functions, and dynamics across multiple levels of analysis. In C. K. W. De Dreu & M. J. Gelfand (Hrsg.), *The psychology of conflict and conflict management in organizations* (S. 3–54). New York: Erlbaum.

De Wit, F., Greer, L. L., & Jehn, K. (2012). The paradox of intragroup conflict: A meta-analysis. *Journal of Applied Psychology, 97*(2), 360–390.

Degadt, J. (2003). Business family and family business: Complementary and conflicting values. *Journal of Enterprising Culture, 11*(4), 379–397.

Deloitte (2010). Beiräte im Mittelstand. https://www.uni-bamberg.de/fileadmin/uni/fakultaeten/sowi_lehrstuehle/unternehmensfuehrung/Deloitte.Mittelstandsinstitut/Deloitte_Studie_Beiraete.pdf. Zugegriffen: 28. Aug. 2018.

Donnelley, R. (1964). The family business. *Harvard Business Review, 42*(2), 93–105.

Eisenhardt, K. M., Kahwajy, J. L., & Bourgeois, L. J. (1997). How management teams can have a good fight. *Harvard Business Review, 75*, 77–85.

Engel, P., Hack, A., & Kellermanns, F. W., (2014). *Appreciating monitoring activities: An analysis of outside director compensation in public family firms.* Working Paper, University of Bern.

Fattoum-Guedri, A., Guedri, Z., & Delmar, F. (2018). Multiple blockholder structures and family firm performance. *Entrepreneurship Theory & Practice, 42*(2), 231–251.

Felden, B., & Wirtz, M. (2013). Beiratsfunktionen im Mittelstand. *Zeitschrift für Corporate Governance, 01*, 10–14.

Fischhuber, S., & Preen, A. von. (2012). Effizienzprüfung: Evaluierung der Aufsichtsratstätigkeit. In J. Grundei & P. Zaumseil (Hrsg.), *Der Aufsichtsrat im System der Corporate Governance – Betriebswirtschaftliche und juristische Perspektiven* (S. 398–417). Wiesbaden: Gabler.

Fissenewert, P. (2012). D&O-Versicherungen für Aufsichtsratsmitglieder. In J. Grundei & P. Zaumseil (Hrsg.), *Der Aufsichtsrat im System der Corporate Governance – Betriebswirtschaftliche und juristische Perspektiven* (S. 446–456). Wiesbaden: Gabler.

Gamero, N., Gonzalez-Roma, V., & Peiro, J. M. (2008). The influence of intra-team conflict on work teams' affective climate: A longitudinal study. *Journal of Occupational and Organizational Psychology, 81*, 47–69.

Gaugler, E., & Heimburger, W. (1984). Firmenbeiräte mittelständischer Unternehmen. Institut für Mittelstandsforschung der Universität Mannheim. http://www.gbv.de/dms/zbw/364964367.pdf. Zugegriffen: 28. Nov. 2013.

Gedajlovic, E., & Carney, M. (2010). Markets, hierarchies, and families: Toward a transaction cost theory of the family firm. *Entrepreneurship Theory & Practice, 34*(6), 1145–1172.

Gersick, K. E., & Feliu, N. (2014). Governing the family enterprise: Practices, performance, and research. In L. Melin, M. Nordqvist, & P. Sharma (Hrsg.), *SAGE Handbook of Family Business* (S. 196–225). Thousand Oaks: Sage.

Gersick, K., Davis, J., McCollom Hampton, M., & Lansberg, I. (1997). *Generation to generation.* Boston: Harvard Business School Press.

Goel, S., Jussila, I., & Ikäheimonen, T. (2014). Governance in family firms: A review and research agenda. In L. Melin, M. Nordqvist, & P. Sharma (Hrsg.), *SAGE Handbook of Family Business* (S. 226–248). Thousand Oaks: Sage.

Handelsblatt. (2013). Haniel macht Milliardenverluste. http://www.handelsblatt.com/unternehmen/handel-dienstleister/mischkonzern-haniel-macht-milliardenverluste/8032212.html. Zugegriffen: 2. Dez. 2013.

Haniel (2018). Corporate governance. https://www.haniel.de/unternehmen/corporate-governance/. Zugegriffen: 28. Aug. 2018.

Harvey, M., & Evans, R. E. (1994). Family business and multiple levels of conflict. *Family Business Review, 7*(4), 331–348.

Hennerkes, B.-H. (2004). *Die Familie und ihr Unternehmen: Strategie, Liquidität, Kontrolle.* Frankfurt a. M.: Campus.

Hönsch, H., & Kaspar, M. (2012). Vergütung der Aufsichtsratsmitglieder. In J. Grundei & P. Zaumseil (Hrsg.), *Der Aufsichtsrat im System der Corporate Governance – Betriebswirtschaftliche und juristische Perspektiven* (S. 256–277). Wiesbaden: Gabler.

Jaskiewicz, P., Schiereck, D., & May, P. (2006). Nicht aktive Gesellschafter in Familienunternehmen – im Spannungsfeld zwischen Familienzugehörigkeit und Unternehmenskontrolle. *Zeitschrift für KMU und Entrepreneurship, 54*(3), 175–196.

Jehn, K. A. (1997). Qualitative analysis of conflict types and dimensions in organizational groups. *Administrative Science Quarterly, 42*(3), 530–557.

Jehn, K. A., & Bendersky, C. (2003). Intragroup conflict in organizations: A contingency perspective. *Research in Organizational Behavior, 25,* 189–244.

Jensen, M. C. (1993). The modern industrial revolution, exit, and the failure of internal control systems. *Journal of Finance, 48*(3), 831–880.

Jensen, M. C., & Meckling, W. H. (1976). Theory of the firm: Managerial behavior, agency costs, and ownership structure. *Journal of Financial Ecomomics, 3*(4), 305–360.

Kellermanns, F. W., & Eddleston, K. A. (2004). Feuding families: When conflict does a family firm good. *Entrepreneurship theory and practice, 28*(3), 209–228.

Kellermanns, F. W., & Eddleston, K. A. (2006). Corporate entrepreneurship in family firms: A family perspective. *Entrepreneurship Theory and Practice, 30*(6), 809–830.

Kellermanns, F. W., & Eddleston, K. A. (2007). A family perspective on when conflict benefits family firm performance. *Journal of Business Research, 60*(10), 1048–1057.

Kellermanns, F. W., & Schlippe, A. von. (2010). Konflikte in Familie und Unternehmen erkennen, managen und vermeiden. In A. Koeberle-Schmid, H.-J. Fahrion, & P. Witt (Hrsg.), *Family Business Governance-Erfolgreiche Führung von Familienunternehmen* (S. 209–320). Berlin: Erich Schmidt.

Kidwell, R. E., Kellermanns, F. W., & Eddleston, K. A. (2012). Harmony, justice, confusion, and conflict in family firms: Implications for ethical climate and the "Fredo Effect". *Journal of Business Ethics, 106*(4), 503–517.

Kirchdörfer, R., & Kögel, R. (2000). Beratung und Kontrolle im Familienunternehmen: Corporate Governance und Familienunternehmen – Die Kontrolle des Managements durch Eigner und Aufsichtsorgane in deutschen Familienunternehmen. In H. Brun-Hagen, D. Jeschke, R. Kirchdörfer, & R. Lorz (Hrsg.), *Planung, Finanzierung und Kontrolle im Familienunternehmen: Festschrift für Prof. Dr. Brun-Hagen Hennerkes* (S. 221–244). München: C.H. Beck.

Koeberle-Schmid, A. (2012). Professionelle Aufsichtsgremien: Aufgaben, Typen und Ausgestaltung. In A. Koeberle-Schmid, H.-J. Fahrion, & P. Witt (Hrsg.), *Family Business Governance: Erfolgreiche Führung von Familienunternehmen* (S. 120–154). Berlin: Erich Schmidt.

Koeberle-Schmid, A., Witt, P., & Fahrion, H.-J. (2010). Family Business Governance als Erfolgsfaktor von Familienunternehmen. In A. Koeberle-Schmid, H.-J. Fahrion, & P. Witt (Hrsg.), *Family Business Governance: Erfolgreiche Führung von Familienunternehmen* (S. 24–41). Berlin: Erich Schmidt.

Kormann, H. (2008). *Beiräte in der Verantwortung. Aufsicht und Rat in Familienunternehmen.* Berlin: Springer.

Kormann, H. (2017). *Governance des Familienunternehmens.* Wiesbaden: Springer Gabler.

Kormann, H. (2018). *Zusammenhalt der Unternehmerfamilie, Verträge, Vermögensmanagement, Kommunikation* (2. Aufl.). Berlin: Springer Gabler.

Le Breton-Miller, I., & Miller, D. (2009). Agency vs. stewardship in public family firms: A social embeddedness reconciliation. *Entrepreneurship Theory & Practice 33*(6), 1169–1191.

Leube, B. (2012). Personelle Besetzung des Aufsichtsrates: Qualifikationsanforderungen und Auswahl der Aufsichtsratsmitglieder. In J. Grundei & P. Zaumseil (Hrsg.), *Der Aufsichtsrat im System der Corporate Governance – Betriebswirtschaftliche und juristische Perspektiven* (S. 202–219). Wiesbaden: Gabler.

Lindstädt, H., Wolff, M., & Fehre, K. (2011). *Frauen in Führungspositionen – Auswirkungen auf den Unternehmenserfolg.* Berlin: Bundesministerium für Familie, Senioren, Frauen und Jugend. https://www.bmfsfj.de/blob/93882/c676a251ed4c36d34d640a50905cb11e/frauen-in-fuehrunspositionen-langfassung-data.pdf. Zugegriffen: 28. Aug. 2018.

Miller, D., Le Breton-Miller, I., & Lester, R. H. (2010). Family and lone founder ownership and strategic behavior: Social context, identity, and institutional logics. *Journal of Management Studies, 48*(1), 1–25.

Miller, D., Minichilli, A., & Corbetta, G. (2013). Is family leadership always beneficial? *Strategic Management Journal, 34*(5), 553–571.

Minichilli, A., Corbetta, G., & MacMillan, I. C. (2010). Top Management team in family-controlled companies: "Familiness", "faultline", and their impact on financial performance. *Journal of Management Studies, 47*(2), 205–222.

Mooney, A. C., Holahan, P. J., & Amason, A. C. (2007). Don't take it personally: Exploring cognitive conflict as a mediator of affective conflict. *Journal of Management Studies, 44*, 733–758.

Otten-Pappas, D., & Jäckel-Wurzer, D. (2017). *Weibliche Nachfolge – Ausnahme oder Regelfall? Eine Studie zur aktuellen Situation im Generationswechsel deutscher Familienunternehmen.* Witten: WIFU Studie, Eigenverlag.

PWC (2010). Fels in der Brandung? Studie über Familienunternehmen 2010/2011. https://www.pwc-wissen.de/pwc/de/shop/publikationen/Studie+ueber+Familienunternehmen+201011/?card=13534. Zugegriffen: 28. Aug. 2018.

Reay, T., Pearson, A. W., & Gibb Dyer, W. (2013). Advising family enterprise: Examining the role of family firm advisors. *Family Business Review, 26*(3), 209–214.

Ruhwedel, P. (2012). Eine Roadmap für den Aufsichtsrat. In J. Grundei & P. Zaumseil (Hrsg.), *Der Aufsichtsrat im System der Corporate Governance – Betriebswirtschaftliche und juristische Perspektiven* (S. 186–199). Wiesbaden: Gabler.

Scherer, S., Blanc, M., Kormann, H., Groth, T., & Wimmer, R. (2012). *Familienunternehmen. Erfolgsstrategien zur Unternehmenssicherung.* Frankfurt a. M.: Recht und Wirtschaft.

Schulze, W. S., Lubatkin, M. H. & Dino, R. N. (2003). Toward a theory of agency and altruism in family firms. *Journal of Business Venturing, 18*(4), 473–490.

Sharma, P., & Nordqvist, M. (2008). A classification scheme for family firms: From family values to effective governance to firm performance. In J. Tapies & J. L. Ward (Hrsg.), *Family values and value creation: How do family-owned businesses foster enduring values* (S. 71–101). New York: Palgrave Macmillan.

Sharma, P., Chrisman, J. J., & Chua, J. H. (1997). Strategic management of the family business: Past research and future challenges. *Family Business Review, 10*(1), 1–35.

Steier, L. (2001). Family firms, plural forms of governance, and the evolving role of trust. *Family Business Review, 14*(4), 353–367.

Stewart, A. (2003). Help one another, use one another: Toward an anthropology of family business. *Entrepreneurship Theory and Practice, 27*(4), 383–396.

Tagiuri, R., & Davis, J. A. (1982). *Bivalent attributes of the family firm.* Working Paper. Harvard Business School, Cambridge.

Vafaes, N. (1999). Board meeting frequency and firm performance. *Journal of Financial Economics, 53*(1), 113–142.

Von Schlippe (2009). Zwischen Ökonomie und Psychologie: Konflikte in Familienunternehmen. *ZKM-Zeitschrift für Konfliktmanagement, 1*, 17–21.

Von Schlippe, A., & Kellermanns, F. W. (2008). Emotionale Konflikte in Familienunternehmen. *Zeitschrift für KMU und Entrepreneurship (ZfKE), 56*(1), 40–58.

Wälchli, U., & Zeller, J. (2013). Old captains at the helm: Chairman age and firm performance. *Journal of Banking & Finance, 37*(5), 1612–1628.

Zaumseil, P. (2012). Die Haftung des Aufsichtsrats auf Schadensersatz. In J. Grundei & P. Zaumseil (Hrsg.), *Der Aufsichtsrat im System der Corporate Governance – Betriebswirtschaftliche und juristische Perspektiven* (S. 420–443). Wiesbaden: Gabler.

Family Governance

11

Einführend zu Teil IV dieses Lehrbuchs haben Sie erfahren, dass erfolgreiche Familienunternehmen nicht nur ihr Unternehmen organisieren, sondern gleichermaßen auch die Eigentümerfamilie professionell aufstellen. Ziel der sogenannten Family Governance ist es, „faire, transparente sowie überprüfbare Regeln für die Familie und deren Zugang zum Unternehmen zu schaffen" (Koeberle-Schmid et al. 2010). Wie man Familien erfolgreich organisieren kann, welche Gremien eingesetzt werden und wie diese funktionieren, erfahren Sie in diesem Kapitel.

Empirische Untersuchungen zeigen, dass in Familienunternehmen in der Regel mit jedem Generationenwechsel die Zahl der aktiven, aber insbesondere auch der passiven Gesellschafter zunimmt (Hack 2009). Damit steigt auch die Heterogenität in der Gruppe der Unternehmensinhaber. Eigentümer unterschiedlichen Alters und Geschlechts, in unterschiedlichen Lebenssituationen, mit unterschiedlichen Interessen, Erwartungen an das Unternehmen, Wertvorstellungen und Persönlichkeitsstrukturen sind in das Familienunternehmen involviert. Mit zunehmendem Alter des Unternehmens steigt die Wahrscheinlichkeit, dass familienfremde externe Manager das Familienunternehmen leiten und sich externe Gesellschafter am Unternehmen beteiligen. Dies führt zu einer höheren Komplexität und Schwerfälligkeit der Abläufe, insbesondere bei der Entscheidungsfindung.

Je größer und diversifizierter ein Unternehmen ist und je mehr Eigentümer – und Generationen – es hat, desto komplexer werden Prozesse, Kommunikation und letztendlich auch die Entscheidungsfindung. Im Familienkreis steigt das Potenzial für Interessenskonflikte, zum Beispiel Konflikte über die Zielsetzungen des Unternehmens, aber auch über die Rolle und Stellung einzelner Familienmitglieder im Unternehmen (vgl. Kap. 10; Degadt 2003). Zudem sinkt mit zunehmender Größe und Komplexität die Identifikation der Familienmitglieder mit dem Unternehmen. Folglich gewinnt das systematische Management der Unternehmerfamilie an Bedeutung (Felden 2013).

Wie in den ersten Kapiteln gezeigt, kann „Familiness" einen bedeutenden Erfolgs-faktor für Familienunternehmen darstellen. Soll dieser Erfolgsfaktor weiter genutzt und das Unternehmen langfristig als Familienunternehmen weitergeführt und gleichzeitig auch das Vermögen erhalten werden, so müssen die Beziehungen der Gesellschafter untereinander und deren Identifikation mit dem Unternehmen gezielt gestärkt wer-den (Zellweger und Kammerlander 2015). Nur dann kann der mit einem Familien-unternehmen ursprünglich verbundene emotionale Wert zumindest erhalten bleiben (Brockhoff und Koeberle-Schmid 2012).

Diese Aufgabe, also die Sicherung der emotionalen Bindung und Steuerung von Konflikten, eignet sich allerdings nur bedingt für Aufsichts- und Managementgremien. Beschäftigen sich diese zu ausführlich mit der Pflege von Familienbeziehungen, konzen-trieren sie sich möglicherweise zu wenig auf die kritischen strategischen Unternehmens-aktivitäten und deren Umsetzung. Darunter kann der finanzielle Unternehmenserfolg leiden (Koeberle-Schmid et al. 2009). Andere Gremien haben sich bei der Pflege der Familienbeziehungen als geeigneter erwiesen und zwar solche, die familiennah sind und nicht die (gesetzlich definierten) Aufgaben eines Aufsichtsgremiums oder die operative Führungsverantwortung im Unternehmen wahrnehmen müssen (Witt 2009; Koeberle-Schmid et al. 2009).

Diese Familiengremien sind ebenso vielfältig wie Familienunternehmen selber und die Anforderungen an sie und die Eigentümer können sich im Zeitablauf ändern (Daspit et al. 2018; Aronoff und Ward 2001). Die Struktur ist u. a. abhängig vom Lebens-zyklus des Unternehmens, dem Diversifizierungsgrad, der Anzahl der Eigentümer, den beteiligten Generationen und der Art des Managements. Wichtige Unterscheidungs-merkmale sind ihre Aufgabenbereiche und Kompetenzen. Entsprechend ist zwischen unterschiedlichen Typen von Gremien zu differenzieren und das für das eigene Unter-nehmen am besten geeignete auszuwählen (Nordqvist et al. 2014). Die Gremiumswahl ist von Zeit zu Zeit zu überprüfen und bei Bedarf entsprechend anzupassen.

Die Familienversammlung und der Familienrat sind die am häufigsten anzutreffenden Familiengremien. Während in der Familienversammlung sämtliche Familienmitglieder (auch Nicht-Gesellschafter) zusammentreffen, werden die anderen Gremien lediglich aus Teilen der Familie gebildet. Neben diesen eher „klassischen" Organisationseinheiten können auch Einzelpersonen eine wichtige Rolle übernehmen. Der Familienmanager ist offizieller Vertreter der Unternehmensfamilie gegenüber den Aufsichtsgremien bzw. der Geschäftsführung. Mitunter übernehmen Familienmitglieder – auch ohne offizielle Funktion – wichtige Rollen im Familienunternehmen. Sie werden interne Beeinflusser genannt, weil sie das Unternehmen aufgrund ihrer Erfahrung, Persönlichkeit und/oder (ehemaligen) Machtstellung beeinflussen.

Ebenfalls Bestandteil der Family Governance sind Family Offices. Diese, in der Regel mit externen Experten besetzten Gremien, verwalten und sichern das materielle wie auch das immaterielle Vermögen der Unternehmerfamilie. Das Aufgabenspektrum umfasst neben der klassischen Vermögensverwaltung auch die Beratung in den Bereichen Steu-ern, Investment, Recht, Philanthropie, Nachfolgeplanung oder Lifestylemanagement, wobei sie der Familie individuelle und maßgeschneiderte Leistungen anbieten.

Lernziele

1. Sie erkennen die Bedeutung von Familiengremien für den Erhalt des Familienunternehmens.
2. Sie können Gremien der Family Governance von denen der Business Governance abgrenzen.
3. Sie kennen die Unterschiede zwischen Familienversammlung, Familienrat und Gesellschafterausschuss.
4. Sie wissen, worauf man bei der Ausgestaltung von Familiengremien achten muss.
5. Sie verstehen die Aufgaben von Familienmanagern und können unterschiedliche Typen voneinander unterscheiden.
6. Sie sind in der Lage, Aufgabenstellung und Tätigkeiten von Family Offices zu beschreiben.

Praxisbeispiel Familienunternehmen

Der Textil- und Modehändler C&A wurde 1841 gegründet und ist seit Generationen als Anbieter von moderner, modischer und gleichzeitig günstiger Bekleidung bekannt. Hinter dem Unternehmen stehen die Nachfolger der Gründer Clemens und August Brenninkmeijer, die mit ihren Anfangsbuchstaben dem Unternehmen einen Namen gegeben haben.

Mit einem geschätzten Vermögen von rund 26 Mrd. EUR zählen die Brenninkmeijers zu den vermögendsten Familien der Niederlande. Verwaltet wird das Vermögen der Brenninkmeijers von Anthos, einem mit Vollbanklizenz ausgestattetem Family Office. Anthos ist eines der größten Family Offices der Welt mit Büros überall dort, wo die Brenninkmeijers ihre Geschäfte machen. Die Anthos-Bediensteten übernehmen für die Mitglieder des Clans Aufgaben, die vom Kauf des neuen Eigenheims über das Leasing des Familienwagens bis hin zur Zahlung der Hundesteuer reichen. Das Family Office gibt auch eigene Kreditkarten aus, kümmert sich um die Versicherungen, organisiert Umzüge oder hilft bei der Steuererklärung. Das Family Office erwartet, dass die Brenninkmeijers ihren persönlichen Reichtum auf den Konten der Anthos belassen und von den Zinsen leben. Töchter des Clans, die nicht im Konzern arbeiten, erhalten eine Art Apanage, die von einem Pensionsfonds der Anthos verwaltet wird und zu dem der Ehemann keinen Zugang hat. Bis zum Alter von 36 Jahren bekommt jedes Mitglied der Familie einen Anthos-Betreuer zur Seite gestellt, ohne dessen Zustimmung kein Zugriff auf das Privatvermögen möglich ist.

Die Kernaufgabe des Family Offices liegt in der Verwaltung des milliardenschweren Vermögens der Großfamilie. Zudem wird über das Family Office die Förderung gemeinnütziger Projekte ermöglicht, da sich viele Mitglieder der Familie dem sozialen Bereich widmen. Das Family Office soll jedoch auch kommende Investitionen begleiten, die C&A dringend braucht, um das Imperium umzubauen und Ersatz für nicht mehr tragfähige Geschäftsmodelle zu finden. Der Umsatz von C&A in Deutschland lag im Geschäftsjahr 2016/2017 bei rund 2,6 Mrd. EUR. Aktuell zeichnet es sich ab, dass die lange Tradition des Textil- und Modehändlers bald zu Ende gehen könnte, denn C&A sieht sich derzeit in China nach Investoren um: C&A, auf chinesisch Xi Ya Yi Jia, (frei übesetzt „Mode der westlichen Eleganz"), wird in China als gehobene Modemarke angesehen.

11.1   Definition und Abgrenzung

Ein Familiengremium ist ein für (große) Unternehmerfamilien wichtiges, wenn auch nicht gesetzlich vorgeschriebenes Gremium (Lank und Ward 2002; Witt 2008). Das heißt, es handelt sich um ein fakultatives Gremium, das keinen Gesetzesvorgaben unterliegt. In der Theorie wie auch in der Praxis existiert eine Vielzahl an Begriffen, die teilweise synonym verwendet werden, teilweise aber auch unterschiedlichste Typen beschreiben: Familienrat, Familienrepräsentanz, Familienversammlung, Familienkomitee, Gesellschafterausschuss oder innerer Zirkel sind die gängigsten Bezeichnungen. Auch ein Familienmanager ist Bestandteil der Family Governance und wird deshalb in diesem Kapitel behandelt.

Familiengremien sind Bestandteil der Family Governance, die dazu dienen, das Management der Familie sowohl auf strategischer (Gremien) als auch auf operativer Ebene (Instrumente) zu professionalisieren. Unter Berücksichtigung der ökonomischen Grundprinzipien von Kosten und Ertrag sind stets so viele Governance Regeln wie nötig (um der Transparenz, Nachvollziehbarkeit und Steuerbarkeit willen), zugleich aber so wenige formale Governance Regeln wie möglich (wegen der Kosten) festzulegen (Klein 2009).

In den vorangegangenen Kapiteln wurde aufgezeigt, dass Familienunternehmen sehr unterschiedlich sein können. Entsprechend differenziert sind die Herausforderungen an Familie und Unternehmen (Gersick et al. 1997). So erhöht sich bei steigender Komplexität in Familie, Eigentum, Unternehmen und Unternehmensführung gleichzeitig auch die Komplexität der Governance. Die Governance Gremien einer bestimmten Ausgestaltung passen deshalb nicht zu allen Unternehmen und sind deshalb stets in Abhängigkeit des jeweiligen Unternehmens und der jeweiligen Unternehmerfamilie auszugestalten (Sharma und Nordqvist 2008).

In der Praxis werden Family Governance Gremien und Instrumente noch in geringem Umfang eingesetzt, wie die wenigen empirischen Untersuchungen zum Thema zeigen (Bartholomeusz und Tanewski 2006; PriceWaterhouseCoopers 2006). Dies lässt vermuten, dass die Eigentümer von Familienunternehmen der Thematik heute noch zurückhaltend gegenüberstehen (Jaskiewicz und Klein 2007; Pieper et al. 2008). Die Einführung von Familiengremien ist umso wahrscheinlicher, je komplexer das Familienunternehmen sowie die Unternehmerfamilie ausgestaltet sind (Suess 2014). Familiengremien gewinnen somit erst ab einer bestimmten Unternehmensgröße an Bedeutung. Die von Koeberle-Schmid (2008) zum Thema durchgeführte Untersuchung ermittelt, dass in der Praxis Familiengremien meist zwischen der dritten und vierten Generation eingeführt werden. Offenbar haben Familienunternehmen erst dann das Bewusstsein für die Notwendigkeit erreicht.

Moritz GmbH

Die Moritz GmbH ist zwar auf einem umkämpften Markt tätig, schafft es jedoch immer wieder aufs Neue, ihre Position zu stärken und den Betrieb kontinuierlich auszubauen. Das liegt nicht zuletzt an der Organisation des Betriebs. Den patriarchalen Führungsstil von Horst Moritz haben seine Kinder und auch die Mitarbeiter noch allzu gut in Erinnerung. Heiko und Veronika wollen nicht an diesen Führungsstil anknüpfen. Was es zu Zeiten des Vaters nicht gab, ist sogleich eingeführt worden: Die Tür zum Büro der beiden ist immer offen.

Es knirscht jedoch ein bisschen in der Kommunikation der nun größeren Familie; schleichend entstehen erste Konflikte. Das betrifft vor allem das Thema Nachfolgeregelung. Insbesondere Kevins ältester Sohn Peter und Veronikas Tochter Marie haben mittlerweile ein gespanntes Verhältnis zueinander. Peter wirft Veronika vor, ihre Tochter Marie zu bevorzugen und sie systematisch für eine Unternehmensnachfolge zu positionieren. Auch Kevin hat Bedenken, dass seine Kinder bei einer Nachfolgeregelung das Nachsehen haben.

Marie initiiert schließlich ein Treffen der kompletten Familie. Sie schlägt vor, die unternehmerischen Themen der Familie professioneller zu diskutieren. Hierfür möchte sie einen Familienrat gründen. Nach einigen Terminfindungsschwierigkeiten findet eine erste gemeinsame Sitzung mit allen Familienmitgliedern direkt in der Zentrale der Moritz GmbH statt. Schnell entsteht eine hitzige Diskussion, die erkennen lässt, dass es schwierig sein wird, immer mit allen alles zu diskutieren. Zu unterschiedlich sind die Wünsche und Charaktere. Selbst die Familie von Heiko, die sonst sehr ausgeglichen und überlegt reagiert, stimmt in die Streitigkeiten ein.

Doch die Familie kann sich nach einigen heftigen Diskussionen auf die Mitglieder eines Familienbeirats einigen und vereinbart, dass dieses Gremium nun zunächst selbst seine Aufgaben und Befugnisse erarbeiten und der Familienversammlung in einer zweiten Sitzung vorstellen soll. Dann wollen alle Familienmitglieder darüber abstimmen.

Grundsätzlich ist zwischen zwei Ausprägungen von Familiengremien zu unterscheiden (Koeberle-Schmid 2008). Als reines Informations- und Kommunikationsgremium übernehmen sie primär die Aufgabe der Sicherung des Zusammenhalts der Familie. Werden sie hingegen als Organ eingesetzt, kommen die Beeinflussung des Familienunternehmens und die Sicherung des Familieneigentums – übertragen durch die Gesellschafterversammlung – hinzu. In dieser Ausprägungsform stellt das Familiengremium eine Ergänzung zum Aufsichtsgremium dar (Mustakallio 2002; Nordqvist 2005; Cohen und Bailey 1997) bzw. kann dieses sogar ersetzen (Koeberle-Schmid 2008). (Vgl. hierzu auch die Aufgaben der Kontrollgremien in Abschn. 10.3).

Im Gegensatz zum informellen Familienleben ist für Familiengremien eine formale Organisation wichtig. Kormann (2017) definiert drei Mindestmerkmale, die aus einer Abfolge gelegentlicher Treffen von Familienmitgliedern erst ein wirkliches Gremium im Rahmen der Family Governance machen:

- „Definition eines festen Teilnehmerkreises, meist von ausgewählten Repräsentanten, die auch die Interessen anderer Familienmitglieder wahrnehmen, sowie deren Verpflichtung zur regelmäßigen Teilnahme an Sitzungen dieses Gremiums,
- regelmäßige, im Voraus terminierte Zusammenkünfte und
- eine Mindestorganisation des Sitzungsablaufs in Form von vorab erstellter Tagesordnung und systematischer Protokollführung." (Kormann 2018, S. 278).

Daraus kann folgende Definition abgeleitet werden: Ein Familiengremium ist eine Person oder „ein Team mit den Aufgaben der Beeinflussung des Familienunternehmens, der Sicherung des Zusammenhaltes der Familie und der Sicherung des Familieneigentums" (Koeberle-Schmid 2008, S. 16).

Daher sollten sich Familiengremien ausschließlich aus Familienmitgliedern zusammensetzen. Im Gegensatz dazu empfiehlt sich bei Kontrollgremien auch die Wahl von Personen, die in keiner Abhängigkeit oder Beziehung zur Unternehmerfamilie stehen (vgl. dazu auch Kap. 9). Besteht ein Aufsichtsgremium ausschließlich oder überwiegend aus familienunabhängigen Mitgliedern, ist die Organisation der Familienmitglieder in einem zusätzlichen Familiengremium besonders sinnvoll (Kormann 2018).

11.2   Aufgaben von Familiengremien

Familiengremien sind immer Bindeglied zwischen Familie und Unternehmen und repräsentieren die Familie gegenüber den Gremien des Unternehmens, stellen die Kommunikation und den Informationsfluss sicher und beeinflussen das Unternehmen im Sinne der Familie. Sie haben also die Aufgabe, den Zusammenhalt zwischen den Familienmitgliedern zu stärken, ihr Bekenntnis zu einem professionellen Familienunternehmertum sicherzustellen und dadurch die Bindung an das Unternehmen zu steigern (Heyden et al. 2005). Auch die Förderung der transgenerationalen Orientierung stellt eine wichtige Aufgabe von Familiengremien dar. Im Fokus stehen daher stets die Organisation der Familie und damit die Förderung des Zusammenhalts und die Bindung der Familienmitglieder (Berent-Braun und Uhlaner 2012).

Auf dieser Ebene ist eine andere Kommunikation als auf Ebene des Unternehmens oder der Gesellschafterversammlung möglich und notwendig, um emotionale Äußerungen zu erlauben, brisante Themen anzusprechen und persönliche Konflikte leichter zu thematisieren. Erste empirische Studien zeigen, dass Familiengremien tatsächlich einen positiven Beitrag für die Unternehmerfamilie leisten können. So belegt Suess-Reyes (2017) auf Basis einer Befragung von über 500 deutschen Familienunternehmen, dass sich mit zunehmender Nutzung von Familiengremien eine deutlich stärkere Identität der Unternehmerfamilie herausbildet und die transgenerationale Orientierung zunimmt. Weitere mögliche positive Auswirkungen, die Familiengremien haben können, fasst Suess (2014) folgendermaßen zusammen:

- Offene Kommunikation, hohes Vertrauen, vielfältige soziale Interaktionen und große Zielübereinstimmung,
- starker Familienzusammenhalt und gute Konfliktbewältigung,
- frühzeitige und professionelle Nachfolgeplanung.

Neben diesen familieninternen Nutzenkomponenten wird aber auch postuliert, dass sich Familiengremien positiv auf die ökonomische Leistungsfähigkeit des Familienunternehmens auswirken können (Suess 2014).

Einen Klassifizierungsansatz, der auf diesen Einführungsmotiven basiert, liefern Brockhoff und Koeberle-Schmid (2012). Sie unterscheiden die Aufgaben auf Basis ihres Fokus, d. h. der Ausrichtung der Aufgabe auf die Familie oder das Unternehmen, sowie auf Basis ihrer Perspektive, d. h. Handeln aus Sicht des Unternehmens oder der Familie. Daraus können fünf unterschiedliche Hauptaufgaben abgeleitet werden, wie in Abb. 11.1 deutlich wird.

Vier der fünf Aufgaben – Sicherung des Zusammenhalts der Familie (Aufgabe A), Sicherung des Familieneigentums (Aufgabe B) und Beeinflussung des Familienunternehmens (Aufgaben C und D) – sind nach einer empirischen Untersuchung von Koeberle-Schmid (2008) die wichtigsten Family Governance Aufgaben und werden diesen entsprechend intensiv wahrgenommen. Weiterhin konnte gezeigt werden, dass ein Familiengremium erst dann als ein richtiges Organ wahrgenommen wird, wenn es die Aufgaben der Sicherung des Zusammenhalts der Familie (Aufgabe A), der Sicherung des Familieneigentums (Aufgabe B) und der Beeinflussung des Familienunternehmens (Aufgabe C) ausübt.

Während die Aufgaben A bis D selbsterklärend sind, bedarf es bei der Aufgabe E weiterer Ausführungen. Beim Pooling werden die Stimmrechte einzelner Familieninhaber gebündelt und durch einen Poolrepräsentanten gegenüber dem Unternehmen vertreten. Ziele sind die Bündelung der Interessen einzelner Familiengruppen und die Bildung von Stämmen, aber auch die Verteidigung gegenüber familienfremden Eigentümern. Auch sind erbschaftsteuerliche Optimierungen oft Ziel von Poolbildungen.

Ausgeübt werden kann ein Pooling sowohl direkt durch vertragliche Vereinbarung des jeweiligen Familienstammes als auch durch ein eigens gegründetes Pooling-Service-Unternehmen. Mit dem Einsatz eines Pooling-Service-Unternehmens verliert der primäre Zweck der Stärkung der Familienbindung zugunsten von Kontroll- und Beratungsaufgaben an Bedeutung und der Familienverbund wird immer mehr zu einer ökonomisch orientierten Zweckgemeinschaft (Brockhoff und Koeberle-Schmid 2012). In der Praxis ist eine Tendenz weg vom Pooling in Gesellschafterstämmen hin zur eigenständigen individuellen Übernahme von Gesellschafterverantwortung zu erkennen.

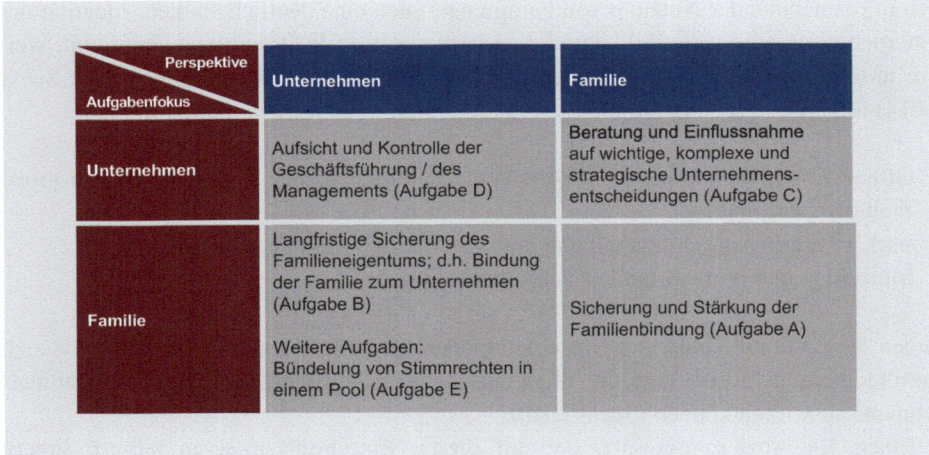

Abb. 11.1 Die Aufgaben von Familiengremien. (Quelle: In Anlehnung an Brockhoff und Koeberle-Schmid 2012)

Neben diesen Hauptaufgaben nimmt ein Familiengremium unterschiedlichste weitere Aufgaben wahr, dazu gehören auch diverse wiederkehrende Aufgaben wie zum Beispiel:

- „Entwicklung von Plänen für die Familie,
- Überarbeitung der Unternehmensstrategie,
- Diskussion der Werte und der Vision der Familie,
- Bereitstellung einer Plattform für den Austausch von Ideen,
- Plattform zur Teilnahme und zur Einbringung der Familienmitglieder,
- Unterstützung der Ausbildungsprogramme für die Familiengesellschafter,
- Entwicklung von Führungspersonen aus dem Kreis der nächsten Generation,
- Professionalisierung der Interaktionen zwischen Familie und Unternehmen,
- Umsetzung der Pläne und der Programme der Familie."[1]

Im Gegensatz zu informellen Begegnungen wie zum Beispiel Familienfeiern, ist bei Familiengremien ein formeller Rahmen elementar. Gestaltungsvorschriften hierzu gibt es keine, da die Konstitution des Gremiums fakultativ ist und insbesondere von der Art und Größe des Familienunternehmens abhängt. Im Vordergrund stehen deshalb aufgaben- und kontextspezifische Anforderungen.

Die jeweilige Unternehmerfamilie muss die Anforderungen unternehmensspezifisch definieren, um eine systematische Family Governance zu installieren. Zu klären

---

[1] Lank und Ward (2002, S. 181), übersetzt durch Kormann 2018.

sind unter anderem Fragen zur Größe des Gremiums, der Mitgliederauswahl und den Anforderungskriterien und Arbeitsweisen (z. B. Sitzungsintervalle). Festgehalten werden sollten diese „Gestaltungsanweisungen" in der Familienverfassung (vgl. hierzu Abschn. 11.3.1), wodurch ihre Verbindlichkeit erhöht wird.

Familiengremien sollten primär mit Familienmitgliedern besetzt werden. Sind die notwendigen Kompetenzen (vgl. Abschn. 8.2.2.1) aber nicht in der Familie vorhanden, sollte ausnahmsweise über eine Ergänzung durch Familienfremde nachgedacht werden. Der Anspruch eines guten Abbilds der Familienmitglieder erfordert eine ebenso heterogene Zusammensetzung wie in der Unternehmerfamilie selbst. Als Auswahlkriterium ist demnach nicht nur die Höhe des Anteilsbesitzes ausschlaggebend, sondern es muss ein breites Spektrum an Kriterien in Betracht gezogen werden. Lansberg (1999) weist zudem darauf hin, dass die Mitglieder genügend Kontakte zu anderen Familienangehörigen und Gesellschaftern haben müssen. Zu berücksichtigen sind außerdem die unterschiedlichen Erwartungen, Ziele und Werte der Familienmitglieder in Bezug auf das Unternehmen.

Die (optimale) Anzahl Mitglieder eines Familiengremiums hängt grundsätzlich von der Größe des Familienunternehmens und vor allem der Unternehmerfamilie ab und hat einen wesentlichen Einfluss auf den Erfüllungsgrad der Aufgabe „Sicherung und Förderung des Familienzusammenhalts" (Koeberle-Schmid 2012, S. 165). Mehr Familienmitglieder im Gremium bedeuten stärkere Beziehungen, Interaktionen und Gegenseitigkeiten (Bubolz 2001). Die Aufgaben werden intensiver erfüllt, die Beziehungen sind stabiler und es können mehr Familienmitglieder erreicht werden (Koeberle-Schmid 2008). Jedes Mitglied eines Familienrates sollte zu etwa zehn bis fünfzehn Familienmitgliedern Kontakt halten (Lansberg 1999). Dadurch wird eine eher informelle Kommunikationskultur gefördert und der Aufbau von vertrauensvollen Beziehungen wird verbessert. Je größer und heterogener ein Unternehmen ist, desto größer sollte folglich das entsprechende Gremium sein (Brockhoff und Koeberle-Schmid 2012).

Zu beachten ist aber, dass die Effizienz und Leistung von Teams nicht linear mit der Größe ansteigen, sondern ein umgekehrt U-förmiger Zusammenhang besteht. Eine Obergrenze bei der Mitgliederzahl der Familiengremien ist daher durchaus sinnvoll. Ausnahme ist natürlich die Familienversammlung, die immer möglichst alle Mitglieder der Unternehmensfamilien umfassen muss.

Die Familiengremien der von Koeberle-Schmid (2008) untersuchten deutschen Unternehmen bestehen aus drei bis 30 Personen. Die empirische Untersuchung von Obermaier (2004) kommt zu ähnlichen Ergebnissen. Demnach bewegt sich der Mitgliederumfang zwischen sieben bis 30 Personen. Damit wird die optimale Größe klar eingegrenzt. Zu betonen ist dabei nochmals, dass die Größe des Familiengremiums nicht fix und unveränderlich ist. Sie kann bei Bedarf weiter erhöht bzw. an die Größe der Familie, das notwendige Know-how und die aktuellen Herausforderungen angepasst werden.

Wollen Familiengremien gut funktionieren, müssen sie wie die Gremien der Business Governance regelmäßig in formellen Sitzungen zusammenkommen. Sitzungshäufigkeit und -dauer sind unter anderem von den Aufgaben, deren Komplexität sowie dem Engagement der Gremiumsmitglieder abhängig. In der Praxis üblich sind zwei bis vier Sitzungen pro Jahr mit einer Dauer von zwei bis fünf Stunden (Koeberle-Schmid 2008). Damit ist die Sitzungsfrequenz grundsätzlich jener der Aufsichts- und Beratungsgremien ähnlich, wo zwei bis sechs Sitzungen im Geschäftsjahr Standard sind (Lane et al. 2006).

11.3   Familiengremien im engeren Sinne

Unter Familiengremien im engeren Sinne werden die Familienversammlung, der Familienrat (auch oft als Familienrepräsentanz bezeichnet), der Gesellschafterausschuss und im weiteren Sinne auch der Stiftungsrat verstanden. Die Form des Gesellschafter-ausschusses wird in der Literatur oft noch weiter differenziert, wobei klar voneinander abgrenzbare Ausprägungen schwierig sind.

11.3.1 Familienversammlung

Während an der Gesellschafterversammlung alle Anteilsinhaber des Familienunter-nehmens, seien sie Mitglieder der Unternehmerfamilie oder nicht, teilnehmen und die Beschlüsse fassen (vgl. Abschn. 10.2), umfasst das Gremium „Familienversammlung" sämtliche Mitglieder der Unternehmerfamilie. Das heißt, dass auch Ehepartner von Gesellschaftern, jüngere Generationen ohne Anteilsbesitz oder ältere Familienmitglieder, die ihre Anteile bereits an ihre Kinder übertragen haben, zu diesen Treffen eingeladen sind (Berent-Braun und Uhlaner 2012).

Bei den Treffen der Familienversammlung stehen nicht das generelle Zusammen-sein der Familie oder gemeinsame Feierlichkeiten im Vordergrund, sondern das Ziel, eine Vernetzung innerhalb der Unternehmerfamilie als Ganzes zu entwickeln und trag-fähige Vertrauensbeziehungen zwischen den Familienmitgliedern zu generieren und zu pflegen (Kenyon-Rouvinez und Ward 2005). Die Versammlung bietet eine optimale Möglichkeit, Familienwerte zu vermitteln sowie die Identifikation mit dem Familien-unternehmen und damit die emotionale Bindung zu stärken, insbesondere auch bei jun-gen Familienmitgliedern. Weitere wichtige Aufgaben sind die adäquate Information der gesamten Unternehmerfamilie über die wirtschaftliche Situation des Unternehmens sowie die Vorbereitung der Interessenvertretung der Familienmitglieder im Unternehmen (Carlock und Ward 2010; Neubauer und Lank 1998). Zusammenfassend lässt sich eine Familienversammlung somit definieren als „a formal meeting in which family busi-ness information is shared and family members have the opportunity for closer contact" (Kenyon-Rouvinez und Ward 2005, S. 54 ff.).

Familienversammlungen stiften aber erst dann einen konkreten Nutzen bzw. kön-nen die genannten Ziele erreichen, wenn sie regelmäßig stattfinden. Da die Familien-mitglieder oftmals nicht in unmittelbarer Nähe zueinander leben, bieten sich ein bis zwei Treffen pro Jahr an – idealerweise über das Wochenende. Ein attraktiver Ort und ein für alle Beteiligten attraktives Programm fördern die Motivation zur Teilnahme.

Zweckmäßig ist die Etablierung von Familienversammlungen vor allem bei größeren Familienunternehmen, d. h. bei steigender Anzahl an Familienmitgliedern und Generationen, hoher Heterogenität und starker geografischer Zersplitterung. Steigt die Komplexität der Unternehmerfamilie weiter, sollte die Familienversammlung zu gegebener Zeit in mindestens zwei Instanzen aufgeteilt werden, in eine Familienversammlung und einen Familienrat. Die kritische Größe liegt nach Gimeno et al. (2010) bei zwanzig und mehr Anteilseignern.

11.3.2 Familienrat

Während sich die Familienversammlung aus allen Mitgliedern der gesamten Unternehmerfamilie zusammensetzt, wird oftmals eine Person pro Familienstamm in den Familienrat entsandt. Der Familienrat ist somit der Ausschuss der Familienversammlung und damit eine zusätzliche meinungsbündelnde und beratende Institution im System der Family Governance. Es gibt Familienunternehmen, welche nur einen Familienrat führen, in anderen existiert er neben einem Aufsichtsgremium und der Familienversammlung.

Der Familienrat übernimmt im Namen der Familie ausgewählte Funktionen, u. a. vertritt er die Interessen und Anliegen der Familie gegenüber der Gesellschafterversammlung und bei kleineren Unternehmen mitunter auch direkt gegenüber der Geschäftsführung (Brockhoff und Koeberle-Schmid 2012; Carlock und Ward 2010; Koeberle-Schmid et al. 2010; Neubauer und Lank 1998). Als Organ der Unternehmerfamilie sollte der Familienrat außerdem den Zusammenhalt der Familie fördern (Aufgabe A) und das Familieneigentum sichern (Aufgabe B). Wird zudem die Aufgabe der Beeinflussung wichtiger strategischer Unternehmensentscheidungen übernommen (Aufgabe C), so muss der Familienrat zusätzliche Entscheidungskompetenzen erhalten, die ihm einen Einfluss auf das Topmanagement und ggf. die Aufsichtsgremien ermöglicht.

Der Familienrat ist von informellen Treffen einzelner Familienmitglieder respektive Gesellschafter klar abzugrenzen. Treffen sollten in regelmäßigen Abständen zum Beispiel viermal pro Jahr und in einem formellen Rahmen stattfinden. Die Mitglieder des Familienrats werden offiziell von der Familienversammlung gewählt und das Gremium hat formale Mindestanforderungen zu erfüllen. In der Praxis finden sich, in Abhängigkeit von den Aufgaben und den Entscheidungskompetenzen der Mitglieder, die unterschiedlichsten Ausprägungen dieses Gremiums. Übernimmt der Familienrat in erster Linie Kommunikations- und Organisationsaufgaben und hat keine Entscheidungsrechte gegenüber den Organen des Unternehmens, handelt es sich um einen Familienrat im engeren Sinn.[2] Im Vordergrund steht hier die langfristige Stärkung und Sicherung der

---

[2]In Anlehnung an Brockhoff und Koeberle-Schmid 2012); Koeberle-Schmid 2008.

Beziehungen der Familienmitglieder untereinander und damit implizit auch die Bindung ans Familienunternehmen.

Übergeordnetes Ziel ist der Aufbau emotionalen Sozialkapitals. Diese Ziele werden erreicht mit den Instrumenten Family Activities, Family Education und Family Philanthropy, aber auch „informelle" Treffen und Rituale zur Förderung des Zusammenhalts gehören dazu. Bewährt hat sich auch hier ein Mix aus privaten und unternehmensbezogenen Aktivitäten wie zum Beispiel die Bilanzbesprechung in verständlicher Form, die Präsentation einer neuen Produktidee oder eines neuen Standortes (an dem die Sitzung ggf. auch stattfinden kann).

Moritz GmbH

Das neu gegründete Gremium besteht aus Marie, sowie Heikos Ehefrau Laura, Kevin (der sich nicht überzeugen ließ, lediglich eines seiner Kinder in das Gremium zu senden) sowie Peter. Im besonderen Fokus stehen Ideen zur Vermeidung von Konflikten. Es werden auch Regelungen und Verfahren festgehalten, die im Falle eines bereits eskalierten Konflikts greifen sollen. Allen Familienratsmitgliedern werden bestimmte Informationsrechte sowie Mitwirkungsbefugnisse zugesprochen.

Auf der nächsten Sitzung wird wieder wild diskutiert, aber schon deutlich zielführender und auf Basis des Vorschlags des Familienrats. Die Bildung des Familiengremiums hat die Familie wieder näher zusammengebracht und verdeutlicht, wie wichtig jeder Einzelne für die Familie ist. Das Gemeinschaftsgefühl konnte sehr gestärkt werden. Auch Marie und Peter haben wieder zueinander gefunden.

Die Mitglieder einigen sich darauf, sich regelmäßig zweimal im Jahr zu treffen und eventuelle Probleme zu besprechen. Innerhalb der Familie wird nach anfänglichen Startschwierigkeiten nun auch über eine Nachfolge offen diskutiert. So will sich die jüngste Generation regelmäßig darüber austauschen, inwiefern sie sich am Unternehmen beteiligen wollen oder nicht und welche Voraussetzungen für eine Managementnachfolge gelten sollen.

Die Moritz GmbH hat mit der Bildung eines Familienrats den ersten Schritt in eine Zukunft getätigt, in der der Zusammenhalt der Familie und die Professionalität im Umgang mit Unternehmensthemen in der Familie explizit im Vordergrund stehen.

11.3.3 Familienrepräsentanz

Bei fehlender Vertretung der Unternehmerfamilie in der Geschäftsführung und bei der Aufnahme von Fremdgesellschaftern gewinnt die Sicherung des Eigentums zunehmend an Bedeutung. Kommt zur Stärkung der Familienbindung die langfristige Sicherung des Familieneigentums hinzu, wird der Familienrat zu einer sogenannten Familienrepräsentanz (Brockhoff und Koeberle-Schmid 2012). Die Unterscheidung dieser zwei Typen ist in der Praxis nicht immer einfach.

Die Familieninteressen müssen viel gezielter koordiniert werden. Der Schutz bzw. die Verhinderung des Verkaufs von Familieneigentum und die Überwachung des Ausstiegsprozesses werden zur zentralen Aufgabe der Familienrepräsentanz. Als Hilfsmittel werden in der Praxis durch die Gesellschafter Regeln für die Eigentumsübertragung definiert. Diese beinhalten zum Beispiel Vorgaben über die Erbschaftsregelungen, Bedingungen für einen Ausstieg als Gesellschafter aus dem Unternehmen oder Bewertungsregeln für zurückzugebende Geschäftsanteile (Brockhoff und Koeberle-Schmid 2012). Weitere denkbare Aufgabe des Organs ist die Bündelung der Stimmrechte in einem Pool (Pooling).

11.3.4 Gesellschafterausschuss der Familie

Umfasst das Aufgabengebiet des Familiengremiums zusätzlich die Beratung und Unterstützung bei strategischen Unternehmensentscheidungen (z. B. Strategieformulierung, Zielsetzungen, Aufgabe C) – und bei familienfremden Inhabern auch in Kombination mit einer Pooling-Funktion (Aufgabe E) – spricht man vom Gesellschafterausschuss Typ 1. Dieser ist in der Praxis vor allem dann zu finden, wenn die Geschäftsführung nur von familienexternen Managern wahrgenommen wird. Hier besteht häufig eine „Ausschließlichkeitsregel" in dem Sinne, dass wenn die Unternehmensführung aus Nicht-Familienmitgliedern besteht, das Aufsichtsgremium aus Familienmitgliedern zusammengesetzt sein sollte, oder „umgekehrt" (Brockhoff und Koeberle-Schmid 2012, S. 336).

Fehlt in einem Unternehmen ein Aufsichtsgremium – dies ist vor allem in kleinen und nicht börsennotierten Unternehmen häufig der Fall – kann ein Gesellschafterausschuss Typ 2 eingesetzt werden, der zusätzlich die Kontrollfunktion eines Aufsichtsgremiums wahrnimmt (Aufgabe D). Dies umfasst sowohl die „Aufgaben der quantitativen und strategischen Kontrolle der Geschäftsgebarung und des Risikomanagements" als auch die „Aufgabe der Bestellung, Einstellung und Abberufung der Geschäftsführung", wobei die entsprechenden Entscheidungen stets auf den Werten, Zielen und der Unternehmensstrategie der Unternehmerfamilie beruhen sollten (Brockhoff und Koeberle-Schmid 2012). Existieren (auch) familienexterne Inhaber, empfiehlt sich zudem auch die Bündelung von familiären Stimmrechten in einem Pool. Besteht die Geschäftsführung ausschließlich aus Familienmitgliedern, ist eine zumindest partielle Besetzung durch Nicht-Familienmitglieder empfehlenswert. Genau genommen hat dieses Familiengremium den Charakter eines Aufsichtsrates (vgl. Abschn. 10.3).

Damit wird – wie eingangs schon betont – deutlich, dass die Abgrenzung zu den Unternehmensgremien an der Stelle nicht eindeutig ist, weil die Gesellschafterversammlung Entscheidungs- und Beratungsaufgaben an ein Familiengremium überträgt. Dadurch enthält dieses immer mehr den Charakter eines „klassischen" Organs und gewinnt im Unternehmen an Macht und Einfluss. Der Lernsystematik geschuldet ist dieses Gremium der Family Governance zugeordnet.

Der Gesellschafterausschuss kann Unternehmensentscheidungen wie die Vorbereitung der Wahl der Aufsichtsgremiumsmitglieder (Lank und Ward 2002; Ward 2004) im Sinne der Ziele, Werte und Strategie der Familie beeinflussen (Brockhoff und Koeberle Schmid 2012). Erfolgsvoraussetzung ist eine enge Kommunikation zwischen dem Gesellschafterausschuss, der Geschäftsführung und dem Aufsichtsgremium (Gallo und Kenyon-Rouvinez 2005). Der Gesellschafterausschuss gilt dabei als zusätzliche Ressource eines Familienunternehmens (Sirmon und Hitt 2003; Sirmon et al. 2007; Arregle et al. 2007). Aufgrund der Einbindung der Mitglieder in unternehmensstrategische Entscheidungen empfehlen Brockhoff und Koeberle-Schmid (2012) die Gewährung von Haftungsausschlüssen – analog wie bei Vorständen von Aktiengesellschaften.

Das breite Aufgabengebiet bringt deutlich höhere Anforderungen an die Fach- und Sozialkompetenz der Gremiumsmitglieder mit sich. Eine reine Aus- oder Weiterbildung durch Family Education reicht für die Ausübung dieser Aufgabe häufig nicht mehr aus (Brockhoff und Koeberle-Schmid 2012).

11.3.5 Stiftungsrat

Wie in Abschn. 6.1.5 erläutert, nutzen Familienunternehmen zunehmend die Rechtsform der Stiftung.

Neben dem obligatorischen Stiftungsvorstand – dem Management der Stiftung – ist der Stiftungsrat (oft auch als Beirat oder Kuratorium bezeichnet) ein typisches, allerdings gesetzlich nicht vorgeschriebenes Kontrollorgan einer Stiftung. Dies kann durchaus sinnvoll sein, wenn die Stiftung umfangreiche Aufgaben wahrnimmt.

Die Funktionen des Stiftungsrates orientieren sich oftmals an denen eines Kontrollorgans in einer Kapitalgesellschaft. Häufig zählt zu seinen Aufgaben z. B. die Billigung der Jahresabrechnung, die Kontrolle der Verwendung der Stiftungsmittel sowie die Ernennung und Abberufung von Vorstandsmitgliedern. Durch Satzung können ihm aber auch andere Aufgaben übertragen werden. Die Vertretung der Stiftung kann ihm aber nicht übertragen werden, da diese stets durch den Vorstand wahrgenommen wird (Kester-Haeusler-Forschungsinstitut für Stiftungsgründung und Stiftungsrecht 2018).

Insbesondere für Familienunternehmen, die in eine Stiftung überführt werden, ist es wichtig zu wissen, dass der Stiftungsrat mit Familienangehörigen besetzt werden kann. So kann neben der finanziellen Absicherung von Familienangehörigen vor allem auch der Familieneinfluss in der Stiftung sichergestellt werden. Prinzipiell ist es sogar möglich, alle Organe, also auch den Stiftungsvorstand, ausschließlich mit Familienangehörigen zu besetzen (Kester-Haeusler-Forschungsinstitut für Stiftungsgründung und Stiftungsrecht 2018).

11.4   Familienmanager und informelle Beeinflusser

Neben Familiengremien die aus mehreren Mitgliedern bestehen, können auch Einzelpersonen Schlüsselfunktionen in der Family Governance übernehmen. Werden diese
durch die Unternehmerfamilie gewählt und erhalten einen offiziellen Auftrag, spricht man
vom Familienmanager. Sind sie eher im Hintergrund tätig und gehören der „informellen"
Organisation des Unternehmens an, spricht man von internen Beeinflussern.

11.4.1 Familienmanager

Der Familienmanager, auch Family-CEO genannt, ist nicht mit einem Geschäfts-
führungsmitglied aus der Unternehmerfamilie zu verwechseln (Brockhoff und Koeberle-
Schmid 2012; Nelton 2006). Er ist im System Familie der Hauptrepräsentant der
Eigentümerfamilie gegenüber den Unternehmensorganen, und hier vor allem gegen-
über der Geschäftsleitung (Nelton 2006), und ist für sämtliche unternehmensbezogene
Belange der Familie zuständig.

Ein Familienmanager ist insbesondere dann zweckmäßig, wenn eine Familie noch
zu klein für ein Familiengremium im engeren Sinne ist, aber bereits so groß, dass die
Gefahr der Vernachlässigung des Familienzusammenhalts besteht (Brockhoff und
Koeberle-Schmid 2012). Brockhoff und Koeberle-Schmid (2012) legen die kritische
Größe bei etwa 10 bis 20 Familienmitgliedern (inklusive Kinder und Partner) fest. Ebenfalls Sinn macht ein Familienmanager, wenn die Mehrheit der Familieneigentümer nicht
mehr aktiv im Unternehmen tätig ist oder regional weit verzweigt lebt (Koeberle-Schmid
et al. 2010). Nelton (2008) ist außerdem der Ansicht, dass ein solcher Manager insbesondere in Geschwister- und Vetterngesellschaften ein erfolgreiches Management der
Unternehmensfamilien garantiert.

In der hier beschriebenen Form ersetzt der Familienmanager den Familienrat oder die
Familienversammlung, dies muss aber nicht so sein. Analog zum Familienrat kann dieser
auch zusätzlich existieren. Wird in einem großen Familienrat ein Vorsitzender bestimmt,
kann dieser ebenfalls als Familienmanager bezeichnet werden. Dieser Aspekt wird aber
bisher weder in der Theorie noch in der Praxis untersucht. Gleiches gilt für das Thema
Familienmanager an sich: Das Konzept ist nur selten Gegenstand wissenschaftlicher Forschung und die Umsetzung in die Praxis ist noch nicht weit fortgeschritten.

Die Aufgabenstellung eines Familienmanagers ist in Abhängigkeit der Anzahl der
Familienmitglieder, der Vertretung der Familie in der Geschäftsführung und der Existenz
anderer Familiengremien zu definieren (Brockhoff und Koeberle-Schmid 2012). Weiterer
Einflussfaktor ist jeweils die Kultur eines Unternehmens (Nelton 2006).

Da der Familienmanager -analog wie der Familienrat -einerseits Bindeglied zwischen Familie und Unternehmen ist, andererseits den familiären Zusammenhalt stärken
soll, sind seine Aufgaben mit jenen des Familienrates vergleichbar. Er muss im besten
Interesse der Gesamtgruppe der Familienmitglieder agieren (Nelton 2006), auch über

Persönliches sprechen und Interessen und Erwartungen der Familienmitglieder bündeln und kommunizieren. Dadurch wächst das Vertrauen in und die Nähe zum Unternehmen.

Je nach Aufgabenumfang und Art der Aufgaben übernimmt er eine eher formale bzw. informelle Rolle. Als typische Aufgaben des Familienmanagers gelten (Brockhoff und Koeberle-Schmid 2012):

- Stärkung des familiären Zusammenhalts und der emotionalen Bindung ans Unternehmen,
- Aufbau von Beziehungen zwischen Familienmitgliedern,
- Kommunikation zwischen den Familienmitgliedern, d. h. Kommunikationskanäle zur Verfügung stellen (z. B. Familien-Intranet) und Informationsfluss von der Familie zur Geschäftsführung, den Aufsichtsgremien und den Gesellschaftern und umgekehrt sicherstellen sowie (persönliche) Gespräche mit Familienmitgliedern führen,
- Integration und Ausbildung junger Familienmitglieder,
- Sicherstellung der Gleichbehandlung der Familienmitglieder,
- Einsatz als Moderator oder Mediator bei Familienkonflikten,
- Verantwortung für Family Activity und Family Education Veranstaltungen, ggf. auch Family Philanthropy.

Damit sich der Familienmanager mit der Familie und dem Unternehmen austauschen kann, sind regelmäßige Treffen mit der Familie bzw. den Familienmitgliedern sowie der Geschäftsführung oder den Aufsichtsgremien notwendig. Bei der Ausübung seiner Tätigkeiten sollte der Familienmanager Unterstützung erhalten: Einerseits helfen Familienmitglieder bei der Organisation gemeinsamer Aktivitäten. In anderen Fällen kann der Familienmanager auf ein Family Office zurückgreifen, das sich um die Umsetzung der Aufgaben kümmert, während der Familienmanager das Management übernimmt (Koeberle-Schmid et al. 2010).

Zur Realisierung der ihm übertragenen Aufgaben erhält der Familienmanager meist ein Budget, das in Abhängigkeit seines Aufgabenumfangs definiert wird. Sein Aufwand wird – ebenfalls auf Basis der zeitlichen Beanspruchung und der Aufgaben – vergütet. Dies spiegelt die Wertigkeit dieser Position wider.

Geeignet für die Rolle des Familienmanagers sind kommunikationsstarke Personen mit ausgeprägter Sozialkompetenz, kombiniert mit entsprechendem Fachwissen und Kenntnissen über die Unternehmerfamilie. Besonders wichtig ist, dass diese Person von möglichst allen Familienmitgliedern akzeptiert wird und bei diesen ein hohes Vertrauen genießt. Familienmanager sind meist Menschen, die aufgrund ihres Wissens, ihrer Erfahrung und Persönlichkeit gewählt werden. In der Praxis finden sich sehr unterschiedliche Typen von Amtsinhabern: „Effective family leaders range from high school graduates to people with doctoral degrees, from young people in their 20s to senior citizens, and from individuals with vast business experience to those whose experience is entirely outside of business" (Nelton 2006, S. 3). Davon abgesehen, sind die Anforderungen an einen Familienmanager die gleichen wie an alle anderen Mitglieder eines Familiengremiums.

11.4.2 Informeller Beeinflusser

Unabhängig davon, ob die Unternehmerfamilie ein Familiengremium oder einen Familienmanager einsetzt, gibt es oft Familienmitglieder mit – positivem und/oder negativem – Einfluss auf die Unternehmensentscheidungen und den Familienzusammenhalt. Die Rolle dieser Personen ist informeller Natur und sie gehören zu einer Art „Schattenorganisation" eines Unternehmens. Gemeint sind die Patriarchen oder Patrons, „Kümmerer", grauen Eminenzen, um nur einige Bezeichnungen zu nennen. In der wissenschaftlichen Theorie findet dieses Thema bisher kaum Beachtung, in der Praxis ist die Rolle dieser Schlüsselpersonen aber nicht zu unterschätzen.

Ein ehemaliger Geschäftsführer, der weiterhin in beratender Stellung im Unternehmen tätig ist oder über Büroräumlichkeiten verfügt, ist im Unternehmen weiterhin stark präsent und übt indirekt Einfluss auf Entscheidungen aus. Handelt es sich um eine starke, autoritäre Führungspersönlichkeit, wird er als Patriarch wahrgenommen, der seinen Führungsanspruch resp. sein Mitspracherecht auf Basis der eigenen formalen Autorität seiner „vergangenen" Stellung im Unternehmen (Amtsautorität) und/oder (un)geschriebenen Regeln der Organisation legitimiert (Bickle 2004). Der Patriarch versucht, seine Anliegen weiterhin durchzusetzen – wenn nötig auch gegen Widerstreben –, was ihm aufgrund seiner Macht, Autorität und Persönlichkeit sowie dem Gehorsamkeitsdenken der Adressaten oft gelingt.

Der sog. Kümmerer hingegen hält sich „hinter den Kulissen" auf. Aufgrund seiner Persönlichkeit ist er wichtiger Ansprechpartner bei Problemen und sonstigen Diskussionen. Dieser Einflussadressat wird um seine Meinung gebeten (Bickle 2004), da er sämtliche Schlüsselpersonen im Unternehmen kennt, über umfassende (jahrelange) Erfahrung mit der Familie und Familienwissen verfügt und großes Vertrauen genießt. Dadurch nimmt der Kümmerer indirekten Einfluss auf das Unternehmen und die anderen Familienmitglieder sowie auf Handlungen, Überzeugungen, Erwartungen, Einstellungen, Werthaltungen, Stimmungen, Emotionen und Befindlichkeiten von Adressaten (Bickle 2004). Diese Rolle kann von unterschiedlichen Personen wahrgenommen werden. Mögliche Beispiele sind: Ehefrauen in klassischen Unternehmerpaaren, Lebenspartner von Familienmitgliedern, Mütter der Vorgeneration, nicht oder nicht mehr im Unternehmen tätige Familienmitglieder, in Einzelfällen vielleicht sogar langjährige Freunde der Familie.

Daneben scheint es noch eine dritte Gruppe von Einflussakteuren zu geben, deren Autorität sowohl auf fachlicher als auch auf persönlicher Legitimation beruht. Diese grauen Eminenzen genannten Personen – meist fortgeschrittenen Alters – verfügen über ein umfangreiches fachliches Know-how und genießen ein hohes Vertrauen der Stakeholder. Im Gegensatz zu den Kümmerern stehen graue Eminenzen im Vordergrund. Im Gegensatz zu den Patriarchen werden sie deutlich stärker aufgrund ihrer Erfahrung und ihres Wissens respektiert und geschätzt. Sie werden einerseits um Rat gefragt, andererseits haben sie „das Recht" der kritischen Meinungsäußerung. Sie sind quasi das „Gewissen" des Unternehmens oder eben die „Weisen". Diese Rollen können zum Beispiel ehemalige Inhaber, ausgewählte Anteilseigner oder Mitglieder der Family Governance Gremien übernehmen.

Die Grenzen zwischen diesen drei Typen sind nicht scharf und die Zuordnung dürfte nicht immer einfach sein. So ist es durchaus denkbar, dass der Gründer eines Unternehmens nach der Staffelübergabe nicht als Patriarch, sondern als Kümmerer oder graue Eminenz wahrgenommen wird. Die Informationsbasis zu diesem Thema ist generell schwach.

In der Praxis findet sich noch eine weitere Gruppe von informellen Beeinflussern, die man als „schwarze Schafe" bezeichnen kann. Es sind diejenigen Familienmitglieder, die sich nicht an die vereinbarten Spielregeln halten und aus dem typischen Verhaltenskodex der Unternehmerfamilie herausfallen. Oftmals sind es die intelligenten Ausbrecher, die andere Werte und Motive für ihr Leben entwickelt haben und einen anderen Lebensweg eingeschlagen haben. Sind sie jedoch in das Familienunternehmen involviert (z. B. über Anteile), so sind sie nicht selten Störfaktoren des Systems, die einen Konsens verhindern und mitunter keine Lösung erreichen wollen. Weil sie in vielen Fällen auf der familiären Seite noch eine „Rechnung offen haben", nutzen sie das Familienunternehmen als ihre Bühne und erfordern eine besondere Betreuung in Gesellschafts- und Familiengremien.

11.5 Family Offices

Die Verteilung des Vermögens und damit die Vermögensstruktur von Familienunternehmen werden im Zeitablauf immer komplexer. Mögliche Gründe dafür sind die Übertragung von Vermögen auf nachfolgende Generationen, der (Teil-)Verkauf von Familienunternehmensanteilen oder die Trennung des Familienunternehmens vom Familienvermögen (Anliker et al. 2009). Dadurch erhöhen sich die Anforderungen an die Vermögensbetreuung. Viele Familienunternehmen wünschen sich eine qualitativ hochwertige, gesamtheitliche Beratung und bedürfnisgerechte, möglichst individuelle Lösungen. Diese Beratung wurde in der Vergangenheit meist durch Banken, Treuhänder oder Vermögensberater wahrgenommen. Heute kommen immer häufiger sogenannte Family Offices zum Einsatz.

Family Offices sind ein wichtiger Bestandteil einer professionellen Family Governance. Es handelt sich um Organe mit der primären Aufgabe der professionellen und maßgeschneiderten Verwaltung und Sicherung des Vermögens einer oder mehrerer Unternehmerfamilien (Daniell und Hamilton 2010; Gilding 2005; Gray 2005; Grubman und Jaffe 2010; Gray 2004). Sie bieten im Allgemeinen ein umfassendes Angebot im Bereich des materiellen und heute zunehmend auch des immateriellen Vermögens. Neben der klassischen Vermögensverwaltung umfasst dies zum Beispiel Finanz-, Investment-, Steuer- und Rechtsberatung, Nachfolgeplanung, Fragen des Human- und Sozialkapitals und in Einzelfällen auch Lifestylemanagement (z. B. Kunstberatung, Fuhrparkmanagement, Concierge Service, etc.) (Eiben 2012). Auch die Durchführung von Family Activities, Family Education und Family Philanthropy gehört zu ihren Aufgaben. Family Offices erbringen in all diesen Bereichen gebündelte, strategische und operative Konfigurations- und Koordinationsleistungen und schaffen dadurch generationenübergreifend Wertschöpfungsvorteile (Schaubach 2004).

Die historischen Wurzeln von Family Offices gehen zurück bis ins Mittelalter. Als eigentliche Urform können die Hausmeier betrachtet werden, welche sich um die Vermögen der Fürstenhäuser gekümmert haben. Diverse Quellen (Gray 2005; Decker und Lange 2013) sehen ihren Ursprung aber erst zu einem späteren Zeitpunkt, im 17. Jahrhundert, als vermögende Handelsfamilien in Europa Privatbanken – z. B. die Medici Bank in der Toskana – zwecks Abwicklung finanzieller Transaktionen gegründet haben.

Der Begriff Family Office wurde vor allem in den Vereinigten Staaten geprägt. 1838 gründete die Unternehmerdynastie Morgan (JP Morgan) mit dem „House of Morgan" eine Privatbank zur Bündelung der Aktivitäten zur Verwaltung ihres Familienvermögens (Eiben 2012; Graven 2012); das erste eigentlich Single Family Office. Später betreute dieses auch das Vermögen der Vanderbilts, Guggenheims und DuPonts und wurde dadurch zum ersten Multi Family Office (Graven 2012). In Folge der großen industriellen Besitztümer entstanden Ende des 19. Jahrhunderts, Anfang des 20. Jahrhunderts immer mehr Family Offices dieser Art (Gimeno et al. 2010).

Einen weiteren Aufschwung erlebten Family Offices in den 1980er Jahren, „als weltweit immer mehr Familien über ein stark wachsendes Privatvermögen verfügten" (Gimeno et al. 2010, S. 138) und die Anforderungen an die Vermögensverwaltung (z. B. Koordinationsbedarf, Berücksichtigung nicht-monetärer Aspekte) stiegen. Ihren dritten Aufschwung verdanken Family Offices der Finanzkrise, d. h. dem Versagen der Banken, dem abhandengekommenen Vertrauen zu diesen institutionellen Anlegern und dem wachsenden Bedarf an hochwertiger, maßgeschneiderter, aber gleichzeitig unabhängiger Beratung.

Die Zielsetzungen von Family Offices können wie folgt umschrieben werden:

- Verbesserung der Family Governance durch die Trennung der privaten von den geschäftlichen Vermögenswerten und die Ausbildung nachfolgender Generationen in finanziellen Belangen (Benson 2007; Daniell und Hamilton 2010; Gray 2005),
- Vermögensausbau und Vermögenssicherung durch aktives Portfoliomanagement,
- Umsetzung von Philanthropie Aktivitäten der Familie und Unterstützung bei der Wahrnehmung ihrer gesellschaftlichen Verantwortung als soziale Entrepreneure,
- Türöffner für (erste) berufliche Erfahrungen von Junioren in anderen Unternehmen.

Family Offices unterscheiden sich von Anbietern aus dem Bankensektor hinsichtlich ihres Vermögensbegriffs, des betrachteten Horizonts, ihres Komplexitätsgrads und ihrer Unabhängigkeit. Sie weisen einen deutlich höheren persönlichen Charakter auf, d. h. sie gehen stärker auf individuelle – finanzielle und persönliche – Bedürfnisse ein (Eiben 2012). Entsprechend bedingen sie andere Organisationsstrukturen und Arbeitsweisen. Anders als Banken und Pensionskassen unterlegen Family Offices (solange sie familienintern agieren) nur marginalen gesetzlichen Bestimmungen und können ohne vorgegebene Anlagegrenzen agieren (Anliker et al. 2009). Ihr Spielraum bezüglich Ausgestaltung von Haftungsansprüchen und Investitionsentscheidungen ist dadurch deutlich größer.

Unbestritten ist, dass Family Offices heute von hoher volkswirtschaftlicher Bedeutung sind. Ihr Vermögenswertanteil am BIP eines Landes ist generell hoch, entsprechend wichtig ist ihre Rolle in den Finanzmärkten und für die Stabilität des globalen Finanzsystems (Decker und Lange 2013; Wessel et al. 2013). Die Verschwiegenheit der Branche ist jedoch hoch – v. a. Single Family Office meiden die Öffentlichkeit, daher gibt es kein offizielles Register oder eine Liste. Schätzungen gehen von einer dichteren Verbreitung in den USA aus und sprechen von 3000 bis 5000 Family Offices. In Bezug auf Europa gehen die Meinungen auseinander, die Zahlen variieren zwischen 200 bis 4000 Familiy Offices. Heruntergebrochen auf Deutschland werden 400 bis 600 Family Offices, davon rund 50 Multi Family Offices, vermutet. Als Land mit der höchsten Dichte von Family Offices in Europa gilt die Schweiz mit rund 300 bis 400, die vor allem ausländische Kunden betreuen (zwölf davon zählen zur „Spitzen-Liga"). Die Schweiz gilt generell als der reifste und am besten entwickeltste Markt mit hohem Wachstumspotenzial für diese Dienstleistung (Bauer 2009; pbm 2012; Investoren und Berater 2009; Decker und Lange 2013).

Die Anforderungen der Family Office Kunden sind hoch. Sie verlangen absolute Diskretion, hohe Flexibilität und Erreichbarkeit. Die Beratung muss professionell und die Dienstleistungen und Produkte bedürfnisgerecht und individuell sein. Eine Analyse der Außendarstellung von 50 deutschen, britischen und Schweizer Family Offices durch Geveke (2018) zeigt, dass genau diese Anforderungen adressiert werden. So wird insbesondere auf die Diskretion aber auch auf die Unabhängigkeit und Verlässlichkeit hingewiesen. Zudem wird betont, dass Dienstleistungen flexibel und individuell auf den Kunden abgestimmt angeboten werden.

Generell sind die Vermögensinhaber in ihrer Risikoneigung eher konservativ. Die Risikobereitschaft hängt jedoch davon ab, ob das Vermögen selber erwirtschaftet oder geerbt wurde. Inhaber „eigener" Vermögen sind tendenziell risikofreudiger und gegenüber prestigeträchtigen Investitionen offener. Ist die Familie noch im Unternehmen aktiv, sind die Inhaber grundsätzlich nicht bereit, größere finanzielle Risiken einzugehen, vielmehr steht der Kapitalerhalt im Vordergrund. Ist das Unternehmen verkauft, ist die Risikobereitschaft bei Finanzanlagen höher. Außerdem zeigt sich, dass mit zunehmendem Kontrollbedürfnis eines Vermögensinhabers eher ein eigenes Family Office bevorzugt wird (Anliker et al. 2009). Dieses Bild könnte sich allerdings ändern. Jüngere Unternehmerfamilien-Generationen sind in finanziellen Fragen (v. a. in Bezug auf das Investment Banking) meist besser ausgebildet und die Wertvermehrung gewinnt an Bedeutung.

In der Praxis finden sich aufgrund der Heterogenität der Unternehmensfamilien und der Vielzahl möglicher Leistungsbereiche sehr unterschiedliche Arten von Family Offices. Die Vielfalt reicht vom „einfachen" Verwalter des Vermögens bis hin zu einem professionell organisierten Family Office (Gimeno et al. 2010). Ein Familienunternehmen muss nicht zwingend ein eigenes Family Office führen, die gewünschten Dienstleistungen können auch über Investmentbanken, Treuhänder oder Family Offices anderer Unternehmerfamilien bezogen werden.

Die Vielfalt und das in der Praxis festzustellende Kontinuum verschiedener Modelle erschwert eine Typologisierung (Eiben 2012). Die gängigste, aber sehr grobe Einteilung basiert auf der Kundenzahl und unterscheidet zwischen Familiy Offices, die Dienstleistungen für eine Unternehmensfamilie erbringen (Single Family Offices) und Family Offices mit mehreren vermögenden Unternehmensfamilien als Kunden (Multi Family Offices) (Rosplock und Welsh 2012).

Der in der Praxis am häufigsten zu beobachtende Typus von Family Offices ist solche, die nur eine Familie oder eine kleine Gruppe von Familien betreuen, also private Single Family Offices und private Multi Family Offices. Hierzu zählen beispielsweise das Henkel Family Office oder das Sandoz Family Office. Diese werden meist durch die Familienunternehmen selber gegründet. Sie sind dann exklusiv für diese Unternehmerfamilie zuständig und übernehmen die finanzielle Kontrolle. Sie fokussieren sich voll und ganz auf die finanziellen und persönlichen Bedürfnisse der Familie. Private Family Offices lohnen sich aber nur für sehr große Vermögen, d. h. mit deutlich dreistelligen Millionenbeträgen.

Private Family Offices tendieren dazu, im Zeitverlauf ihr Know-how, insbesondere jenes der Vermögensverwaltung (Haupt und Hilfiger 2006), auch anderen Familien zugänglich zu machen. Sie geben den privaten Charakter auf und entwickeln sich in Richtung eines offenen Family Offices (Eiben 2012). Diese Entwicklung hängt vielfach mit der stetig wachsenden Größe einer Familie und deren Angehörigen zusammen und lässt sich oft in der dritten bis vierten Familiengeneration beobachten. Begünstigt wird sie durch den Wunsch, die Fixkosten auf mehrere Kunden zu verteilen (Anliker et al. 2009) und Skaleneffekte zu erreichen.

Steht die Gewinnmaximierung zusammen mit dem Ziel der intensiveren Nutzung der Dienstleistungen und der Akquisition neuer Klienten im Vordergrund, können sich Family Offices zu professionellen Family Offices weiterentwickeln. Der größte Unterschied zu privaten Family Offices liegt in eben dieser Profitorientierung. Dies beinhaltet Konfliktpotenzial, wenn diese Zielsetzung gegenüber den Kundenbedürfnissen (unabhängiger Rat, Engagement für Klienten und Servicequalität) im Vordergrund steht. Das Family Office ist dann eher ein eigenständiges Unternehmen mit eigenen Erwerbsabsichten und ist nicht mehr primär als Gremium eines operativ tätigen Ursprungsunternehmens tätig.

Bei von Banken betriebenen professionellen Family Offices können sich weitere Problemfelder ergeben. Diese Typen können zwar auf das Netzwerk des Mutterhauses resp. Konzerns zurückgreifen, ihre Neutralität und Unabhängigkeit ist durch die Konzernzugehörigkeit aber eingeschränkt (Affentranger et al. 2004) und sie sind von der Unternehmensstrategie der Mutter abhängig. Es kommt deshalb vor, dass sich der Leistungsumfang dieser Family Offices im Zeitablauf verändert.

Hinsichtlich der Anlagestrategie der verschiedenen Family Office Typen zeigen sich also sowohl Gemeinsamkeiten als auch Unterschiede. Die Maximierung des Gesamtertrages steht stets an erster Stelle (Anliker et al. 2009). Die Minimierung des Gesamtrisikos ist fast nur bei offenen Family Offices ein Thema. Der Vermögensaufbau ist bei privaten Family Offices hingegen wichtiger.

Family Offices bieten meist ein breites Dienstleistungsspektrum an. Dieses kann von der Bestandsaufnahme der Vermögenswerte über die Definition der strategischen Asset Allocation und der Anlageorganisation, der Auswahl von Investmentprodukten, dem Controlling und der Überwachung der Anlagen sowie der Steueroptimierung der Investments bis hin zur Erbringung von persönlichen Serviceleistungen reichen, die nicht direkt mit der Vermögensverwaltung in Zusammenhang stehen.

Lernfragen

- Was ist unter einem Familiengremium zu verstehen?
- Nennen Sie die verschiedenen Familiengremien im engeren Sinne und beschreiben Sie deren Funktionen.
- Beschreiben Sie die fünf Hauptaufgaben eines Familiengremiums gemäß Brockhoff und Koeberle-Schmid (2012) und ordnen Sie diese dem jeweiligen Fokus und der entsprechenden Perspektive zu.
- Welche Faktoren sind bei der Ausgestaltung von Familiengremien wichtig?
- Welche Personen sind für die Rolle des formellen Familienmanagers geeignet und welche Hauptaufgaben nehmen diese wahr?
- In welche drei Typen lassen sich informelle Beeinflusser unterscheiden und welche Rolle haben diese?
- Beschreiben Sie die wesentlichen Funktionen eines Family Office.

Literatur

Affentranger, B., Amacher, C., Gasser, C., Lüscher, S., Pellinghausen, W., & Spogat, I. (August 2004). Family Offices – Die Geldmaschinen der Superreichen. *Bilanz, 38*–46.

Anliker, M., Breuer, F., Gerke, W., & Peter, S. (2009). *Mythos family office*. München: Bayerisches Finanz Zentrum.

Aronoff, C., & Ward, J. (2001). *Family business ownership: How to be an effective shareholder*. New York: Family Enterprise Publishers.

Arregle, J.-L., Hit, M., Sirmon, D., & Very, P. (2007). The development of organizational social capital: Attributes of family firms. *Journal of Management Studies, 44*(1), 73–79.

Bartholomeusz, S., & Tanewski, G. (2006). The relationship between family firms and corporate governance. *Journal of Small Business Management, 44*(2), 245–267.

Bauer, R. (9. Januar 2009). Das Family-Office als Butler der Reichen. *Neue Zürcher Zeitung*, 23.

Benson, L. K. (2007). All in the family. *Journal of Accountancy, 204*(1), 62–66.

Berent-Braun, M. M., & Uhlaner, L. M. (2012). Family governance practices and teambuilding: Paradox of the enterprising family. *Small Business Economics, 38*(1), 103–119.

Bickle, G. (2004). Einflusskompetenz in Organisationen. *Psychologische Rundschau, 55*(2), 82–93.

Brockhoff, K., & Koeberle-Schmid, A. (2012). Mit Familienrat, Gesellschafterausschuss oder Familienmanager die Familie organisieren. In A. Koeberle-Schmid, H.-J. Fahrion, & P. Witt (Hrsg.), *Family Business Governance: Erfolgreiche Führung von Familienunternehmen* (S. 325–349). Berlin: Schmidt.

Bubolz, M. M. (2001). Family as source, user, and builder of social capital. *Journal of Socio-Economics, 30*(2), 129–131.

Carlock, R. S., & Ward, J. L. (2010). *When family businesses are best. The parallel planning process for family harmony and business success.* Basingstoke: Palgrave Macmillan.

Cohen, S., & Bailey, D. (1997). What makes teams work: Group effectiveness research from the shop floor to the executive suite. *Journal of Management, 23*(3), 239–290.

Daniell, M. H., & Hamilton, S. S. (2010). *Family legacy and leadership.* Singapore: Wiley.

Daspit, J. J., Chrisman, J. J., Sharma, P., Allison, W., Pearson, R., & Mahto, V. (2018). Governance as a source of family firm heterogeneity. *Journal of Business Research, 84,* 293–300.

Decker, C., & Lange, K. S. G. (2013). Exploring a secretive organization: What can we learn about family offices from the public sphere? *Organizational Dynamics, 42,* 298–306.

Degadt, J. (2003). Business family and family business: Complementary and conflicting values. *Journal of Enterprising Culture, 11*(4), 379–397.

Eiben, J. (2012). Struktur und Aufgaben von Single Family Offices. In A. Koeberle-Schmid, H.-J. Fahrion, & P. Witt (Hrsg.), *Family Business Governance: Erfolgreiche Führung von Familienunternehmen* (S. 405–422). Berlin: Schmidt.

Felden, B. (2013). Unternehmerfamilien managen – Erfolgsfaktor oder notwendiges Übel? *Bilanzen im Mittelstand, 1*(2013), 16–20.

Gallo, M., & Kenyon-Rouvinez, D. (2005). The importance of family and business governance. In D. Kenyon-Rouvinez & J. Ward (Hrsg.), *Family business: Key issues* (S. 45–47). Basingstoke: Palgrave Macmillan.

Gersick, K. E., Davis, J. A., McCollom, H. M., & Lansberg, I. (1997). *Generation to generation: Life cycles of the family business.* Boston: Harvard Business School Press.

Geveke, K. (2018). Family Offices as advisory bodies in Germany, Great Britain, and Switzerland. An empirical survey of their structures, frameworks, and aims. *International Journal of Research in Business Studies and Management, 5*(1), 11–18.

Gilding, M. (2005). Families and fortunes: Accumulation, management succession and inheritance in wealthy families. *Journal of Sociology, 41*(1), 29–45.

Gimeno, A., Baulenas, G., & Coma-Cros, J. (2010). *Familienunternehmen führen - Komplexität managen. Mentale Modelle und praktische Lösungen.* Berlin: Vandenhoeck & Ruprecht.

Graven, J. (2012). So gut sind Family Offices wirklich. http://www.impulse.de/wissen/impulsewissen/:Studie-zu-den-Dienstleistern–So-gut-sind-Family-Offices-wirklich/1029283.html. Zugegriffen: 28. Aug. 2018.

Gray, S. (2004). Changing face of the family office. *International Money Marketing April,* 23–32.

Gray, L. (2005). How family dynamics influence the structure of the family office. *Journal of Wealth Management, 8*(2), 9–17.

Grubman, J., & Jaffe, D. (2010). Client relationship and family dynamics: Competencies and services for truly integrated wealth management. *Journal of Wealth Management, 13*(1), 16–31.

Hack, A. (2009). Sind Familienunternehmen anders? Eine kritische Bestandsaufnahme des aktuellen Forschungsstands. *Journal of Business Economics, ZfB-Special Issue, 2,* 1–29.

Haupt, F., & Hilfiger, T. (2006). *Das Family Office: Integrierter Dienstleister oder strategischer Berater?* Forschungspapier Nr. 113. WHU – Otto Beisheim School of Management.

Heyden, L. van der, Bondel, C., & Carlock, R. S. (2005). Fair process: Striving for justice in family business. *Family Business Review, 18*(1), 1–21.

Investoren & Berater: Family Offices. (2009). Schweigen war Gold. https://www.institutional-money.com/magazin/investoren-berater/artikel/familiy-offices-schweigen-war-gold-11604/. Zugegriffen: 28. Aug. 2018.

Jaskiewicz, P., & Klein, S. B. (2007). The impact of goal alignment and board composition on board size in family businesses. *Journal of Business Research, 60*(10), 1080–1089.

Kenyon-Rouvinez, D., & Ward, J. (2005). *Family business: Key issues.* Houndmills: Palgrave Mac-Millan.

Kester-Haeusler-Forschungsinstitut für Stiftungsgründung und Stiftungsrecht. (2018). Organisation. http://www.stiftungswissenschaften.de/category/organisation. Zugegriffen: 10. Juli 2018.

Klein, S. B. (2009). Komplexitätstheorem der Corporate Governance in Familienunternehmen. *Journal of Business Economics Special Issue, 2,* 63–82.

Koeberle-Schmid, A. (2008). *Family Business Governance, Aufsichtsgremium und Familienrepräsentanz.* Wiesbaden: Gabler.

Koeberle-Schmid, A. (2012). Professionelle Aufsichtsgremien: Aufgaben, Typen und Ausgestaltung. In A. Koeberle-Schmid, H.-J. Fahrion, & P. Witt (Hrsg.), *Family Business Governance: Erfolgreiche Führung von Familienunternehmen* (S. 120–154). Berlin: Schmidt.

Koeberle-Schmid, A., Brockhoff, K., & Witt, P. (2009). Performanceimplikationen von Aufsichtsgremien in deutschen Familienunternehmen. *Journal of Business Economics Special Issue, 2,* 83–112.

Koeberle-Schmid, A., Witt, P., & Fahrion, H.-J. (2010). Gestaltung der Governance im Familienunternehmen, Gremien und Instrumente der Business und Family Governance. *Zeitschrift für Corporate Governance (ZCG), 4,* 161–169.

Kormann, H. (2017). *Governance des Familienunternehmens.* Wiesbaden: Springer Gabler.

Kormann, H. (2018). *Zusammenhalt der Unternehmerfamilie, Verträge, Vermögensmanagement, Kommunikation* (2. Aufl.). Berlin: Springer Gabler.

Lane, S., Astrachan, J., Keyt, A., & McMillan, K. (2006). Guidelines for family business boards of directors. *Family Business Review, 19*(2), 147–167.

Lank, A., & Ward, J. (2002). Governing the business owning family. In C. Aronoff, J. Astrachan, & J. Ward (Hrsg.), *Family business sourcebook: A guide for families who own businesses and the professionals who serve them* (S. 462–469). Marietta: Family Enterprise Publishers.

Lansberg, I. (1999). *Succeeding generations: Realizing the dream of families in business.* Boston: Harvard Business School Press.

Mustakallio, M. (2002). *Contractual and relational governance in family firms: Effects on strategic decision-making quality and firm performance.* Helsinki: Helsinki University of Technology.

Nelton, S. (2006). *Leading the family.* Philadelphia: Family Business.

Nelton, S. (2008). The role of a family leader. In B. Spector (Hrsg.), *The family business shareholder's handbook* (S. 80–82). Boston: Harvard Business School Press.

Neubauer, F., & Lank, A. G. (1998). *The family business. Its governance for sustainability.* London: Macmillan Press Ltd.

Nordqvist, M. (2005). *Understanding the role of ownership in strategizing.* Jönköping: Jönköping International Business School.

Nordqvist, M., Sharma, P., & Chirico, F. (2014). Family firm heterogeneity and governance: A configuration approach. *Journal of Small Business Management, 52*(2), 192–209.

Obermaier, O. (2004). *Kontrollierte Macht und wertorientierte Unternehmensführung – Corporate Governance in erfolgreichen Familienunternehmen.* Frankfurt: Spencer Stuart.

pbm. (Januar 2012). Family Office: Im Dienst der Familie. *Private Banking Magazin,* 13–20.

Pieper, T. M., Klein, S., & Jaskiewicz, P. (2008). The impact of goal alignment on board existence and top management team composition – Evidence from family-influenced businesses. *Journal of Small Businesses Management, 46*(3), 372–394.

PriceWaterhouseCoopers. (2006). *Familienunternehmen Deutschland 2006.* Frankfurt: PriceWaterhouseCoopers.

Rosplock, K., & Welsh, D. H. B. (2012). Sustaining family wealth: The impact of the family office on the family enterprise. In A. L. Carsrud & M. Brännback (Hrsg.), *Understanding family businesses* (S. 289–312). New York: Springer.

Schaubach, P. (2004). *Family Office im Private Wealth Management. Konzeption und empirische Untersuchung aus Sicht der Vermögensinhaber*. Bad Soden: Uhlenbruch.

Sharma, P., & Nordqvist, M. (2008). A classification scheme for family firms: From family values to effective governance to firm performance. In J. Taples & J. Ward (Hrsg.), *Family values and value creation: The fostering of enduring values within family-owned businesses* (S. 71–101). Basingstoke: Palgrave Macmillan.

Sirmon, D., & Hitt, M. (2003). Managing resources: Linking unique resources, management, and wealth creation in family firms. *Entrepreneurship Theory & Practice, 27*(4), 339–358.

Sirmon, D., Hitt, M., & Ireland, R. (2007). Managing firm resources in dynamic environments to create value: Looking inside the black box. *Academy of Management Review, 32*(1), 273–292.

Suess, J. (2014). Family governance – Literature review and the development of a conceptual model. *Journal of Family Business Strategy, 5,* 138–155.

Suess-Reyes, J. (2017). Understanding the transgenerational orientation of family businesses: The role of family governance and business family identity. *Journal of Business Economics, 87,* 749–777.

Ward, J. (2004). How governing family businesses is different. In U. Steger (Hrsg.), *Mastering global corporate governance* (S. 135–167). New York: Wiley.

Wessel, S., Decker, C., Lange, K. S. G., & Hack, A. (2013). One size does not fit all: Entrepreneurial families' reliance on family offices. *European Management Journal, 32,* 37–45.

Witt, P. (2008). Corporate Governance in Familienunternehmen. *Zeitschrift für Betriebswirtschaft, 78*(2), 1–19.

Witt, P. (2009). Management von Familienunternehmen. *Journal of Business Economics, ZfB-Special Issue, 2,* Editorial VII–IX.

Zellweger, T., & Kammerlander, N. (2015). Family, wealth, and governance: An agency account. *Entrepreneurship Theory & Practice, 39*(6), 1281–1303.

Instrumente der Family Business Governance

12

Die Führung der Unternehmerfamilie und des Familienunternehmens mit der Zielsetzung, den Familienzusammenhalt und die Sicherung des Unternehmens zu gewährleisten, sind zentraler Inhalt der Family Business Governance. Nachdem Ihnen in Kap. 9 und 10 die wichtigsten Gremien vorgestellt wurden, die im Rahmen der Family Business Governance genutzt werden können, führt Sie dieses Kapitel in die Instrumente der Family Business Governance ein. Vorgestellt wird der „Werkzeugkasten" für Familienunternehmen zur Erfüllung ihrer Aufgaben.

Die Familienverfassung und die rechtlich bindenden Verträge gelten zusammen mit Familienaktivitäten, Family Education, Family Philanthropie und Konfliktmanagement als wichtigste Werkzeuge der Family Governance.

Die Familienverfassung dokumentiert als schriftlicher Kodex alle Regeln, an denen sich das Handeln der Inhaberfamilie orientieren soll. Die in der Familienverfassung definierten Regelungen müssen dann in die einzelnen rechtlich bindenden Verträgen (wie z. B. Eheverträge, Erbverträge oder Schenkungsverträge) Eingang finden.

Familienaktivitäten sind der „Leim" zwischen den Mitgliedern der Unternehmerfamilie, d. h. sie verbessern die Beziehungen der Familienmitglieder untereinander und stiften Identität. Family Education bildet die (inaktiven) Gesellschafter und neuen Generationen zu verantwortungsvollen, professionellen Inhabern aus und unterstützt deren Weiterbildung. Das soziale bzw. gesellschaftliche Engagement wird durch Family Philanthropy umgesetzt und mittels Konfliktmanagement werden Regeln zur Prävention und zum Umgang mit Konflikten festgelegt.

Ziel dieser Instrumente ist es, die positiven Wirkungen von „Familiness" auf das Unternehmen zu fördern und die negativen Auswirkungen von familiären Konflikten auf das Unternehmen zu begrenzen. Allerdings besteht in diesem Bereich Nachholbedarf, denn bisher haben nur wenige, primär größere und ältere Familienunternehmen

© Springer Fachmedien Wiesbaden GmbH, ein Teil von Springer Nature 2019
B. Felden et al., *Management von Familienunternehmen*,
https://doi.org/10.1007/978-3-658-24058-5_12

mit einer verzweigten Inhaberschaft (Schween et al. 2011) zu ihrer Situation passende Governance-Regelungen getroffen.

Neben den spezifischen Familieninstrumenten gehören auch Unternehmens-instrumente zu einer erfolgreichen Family Business Governance. Abschließend werden wir Ihnen daher einen knappen Überblick über diese Instrumente geben. Auch wenn diese für alle Unternehmensformen von Bedeutung sind, so dürfen sie gerade im Wechselspiel zwischen Familien- und Unternehmensführung nicht vergessen werden.

Lernziele
1. Sie erkennen die Bedeutung einer Familienverfassung, können deren Regelungsbereiche erklären und vom Gesellschaftervertrag abgrenzen.
2. Sie lernen den Entstehungsprozess einer Familienverfassung kennen und sind in der Lage dessen Bedeutung im unternehmerischen Umfeld zu bewerten.
3. Sie entwickeln eine Vorstellung von rechtlich bindenden Verträgen und können die juristischen Konsequenzen einschätzen.
4. Sie wissen, welche familiären Instrumente einer Unternehmerfamilie zur Verfügung stehen, um den Zusammenhalt zu stärken.
5. Sie können die Notwendigkeit einens Compliance-Managements auch für Familienunternehmen begründen.

Praxisbeispiel Familienunternehmen

Das Familienunternehmen **Hoyer** wurde im Jahr 1946 von Walter Hoyer gegründet. Die Speditionsfirma aus Hamburg hat sich auf den Transport sensibler Flüssigkeiten spezialisiert und seit der Gründung zu einem international erfolgreichen Unternehmen entwickelt. Im Jahr 2017 hat die HOYER Group mit 6400 Mitarbeitern in über 114 Ländern mit 1,2 Mrd. EUR den höchsten Umsatz in ihrer Geschichte erwirtschaftet. Dabei ist die Gesellschafterstruktur überschaubar: die vier Kinder des Gründers: Thomas, Elisabeth, Annette und Martina – kurz TEAM – halten die Anteile am Unternehmen. Sie sehen sich als eine Einheit, die den Erhalt und die Weiterführung des Familienunternehmens sichert. Dies zeigt sich auch in der Familienverfassung, die jedem Familienmitglied zu seinem 16. Geburtstag überreicht wird. Das Dokument trägt den passenden Namen „TEAM-Spirit" und ist von allen Gesellschaftern unterzeichnet. Es enthält neben der Präambel Werte und Ziele sowie die Rollen und Institutionen im Familienunternehmen.

Anpassungen der Familienverfassung aus wirtschaftlichen oder familiären Gründen werden unter den Gesellschaftern gemeinsam thematisiert und festgehalten. Auch hier zeigt sich deutlich der gute Zusammenhalt in der Hoyer Gruppe. Mittlerweile bereitet sich die dritte Familiengeneration im Unternehmen darauf vor, dieses zu gegebener Zeit verantwortungsvoll und erfolgreich in die Zukunft zu führen. Dabei folgt sie dem firmeneigenen Credo: „Firma vor Familie" (Plate et al. 2011).

Das 50-jährige Firmenjubiläum im Jahr 1996 war Anlass, die Walter und Friedel Hoyer Stiftung zur Förderung von Kunst, Kultur sowie der Unterstützung karitativer und sozialer Einrichtungen zu gründen. Die Stiftungsgründung war die Erfüllung eines lang gehegten Traums des Unternehmerpaars, um dem Gemeinwesen etwas zurück zu geben und einen Beitrag für die Gesellschaft zu leisten. Im Fokus liegt die Förderung gemeinnütziger Unternehmen, die im Sinne der Stiftung dem Gemeinwohl dienen. Der Stiftungszweck wird daher durch die finanzielle Unterstützung verschiedenster Sozialdienste, Krankenhäuser sowie sozialer, kultureller und weiterer Einrichtungen umgesetzt. Mitglieder der Unternehmerfamilie halten nicht nur Anteile am Unternehmen, sondern sind auch im Vorstand der Stiftung aktiv beteiligt.

12.1   Die Familienverfassung als zentrales Instrument der Family Governance

Die Familieninstrumente helfen, die Familie zu einer Einheit mit gemeinsam geteilten Visionen, Zielen und Werten zu formen (Habbershon und Astrachan 1997). Da sie den Zusammenhalt und das Engagement der Familie im Unternehmen positiv beeinflussen, können Familieninstrumente folglich auch als „teambuilding tools" betrachtet werden (Berent-Braun und Uhlaner 2012). Die Weitergabe der unternehmerischen Denkweisen und Werte der unternehmensführenden Familienmitglieder auf eher passive Familienmitglieder sowie die Heranführung des Nachwuchses an das Unternehmen und die unternehmerischen Herausforderungen sind zwei wichtige Aufgaben zur langfristigen Erhaltung des Familienunternehmens. Die Existenz des Unternehmens kann nur gesichert werden, wenn die unternehmerische Kraft und das spezielle Wissen über die Charakteristika des eigenen Unternehmens in der Familie erhalten bleiben. Die Bedeutung und Komplexität dieser Aufgaben machen es notwendig, dass sie nicht sporadisch und ungeplant, sondern kontinuierlich, im besten Fall in der Familienverfassung verankert, angegangen werden.

Die Familienverfassung – auch Familiencharta, Familienstrategie oder Familienkodex genannt – ist ein Regelungswerk, in welchem die Mitglieder der Eigentümerfamilie eines Familienunternehmens schriftlich die Einhaltung gemeinsamer Werte, Wünsche, Vorstellungen und Ziele vereinbaren (Le Breton-Miller und Miller 2009; Kormann 2018). Als Instrument der Family Governance verfolgt die Familienverfassung eine ganzheitliche Betrachtungsweise und versucht alle drei Ebenen des Familienunternehmens (vgl. hierzu das Drei-Kreis-Model aus Kap. 1) in Einklang zu bringen, um so die Bindung der Familienmitglieder untereinander und an das Unternehmen zu erhöhen.

Über die Familienverfassung können Verhaltensregeln für jede denkbare und sogar die Familie belastende Situationen verhandelt werden, wodurch klare Rahmenbedingungen für alle Bereiche des Familienunternehmens sowie für zukünftige Handlungen und notwendige Veränderungen in der Organisation und Struktur geschaffen werden. Die Familienverfassung sollte die individuellen Charakteristika der jeweiligen Familie und des jeweiligen Familienunternehmens abbilden (Ward 2005).

	Familienverfassung	Gesellschaftsvertrag
Beteiligte	Familienmitglieder	Gesellschafter
Regelungsbereich	Familie und Unternehmen	Gesellschafter und Unternehmen
Sprache	allgemeinverständlich und untechnisch	abstrakt juristisch
Bindungswirkung	emotional bindend	rechtlich verpflichtend

Abb. 12.1 Familienverfassung und Gesellschaftsvertrag im Vergleich. (Quelle: In Anlehnung an Baus 2011)

Aus agententheoretischer Sicht wird nicht nur die Bindung untereinander und an das Unternehmen betont, sondern der Familienverfassung eine positive Wirkung auf die drei wesentlichen Problembereiche der Prinzipal-Agenten-Konflikte (Agency Kosten I), der Prinzipal-Prinzipal-Konflikte (Agency Kosten II) und der Konflikte innerhalb der familieninternen Gesellschafter (Prinzipal-„Super Prinzipal" – Konflikte) bescheinigt (Artega und Menéndez-Requejo 2017).

Der Regelungsbereich der Familienverfassung umfasst sämtliche relevanten Aspekte des Unternehmens, der Gesellschafter, sowie der gesamten Unternehmerfamilie und unterscheidet sich somit in seiner Zielrichtung vom Gesellschaftsvertrag, welcher lediglich die Rechte und Pflichten der Unternehmensgesellschafter dokumentiert. Die Unterschiede zwischen Familienverfassung und Gesellschaftsvertrag sind in Abb. 12.1 dargestellt.

Die Praxis zeigt (Schween et al. 2011), dass Familienunternehmen mit Familienverfassungen im Allgemeinen bessere Regelwerke besitzen, häufiger Familienaktivitäten organisieren, mehr in Family Education investieren und philanthropisch aktiver sind. Sie sind im Schnitt auch zufriedener in Bezug auf Familienzusammenhalt, Identifikation mit dem Unternehmen, Führung, Kontrolle und Stabilität im Gesellschafterkreis (emotionaler Mehrwert) und haben den Fortbestand über Generationen besser abgesichert. Eine aktuelle Untersuchung von 530 spanischen Familienunternehmen durch Artega und Menéndez-Requejo (2017) belegt außerdem, dass Familienunternehmen mit einer Familienverfassung auch ökonomisch erfolgreicher sind, als solche, die über keine Familienverfassung verfügen. So liegt sowohl die Gesamtkapitalrendite als auch die Eigenkapitalrendite in den ersten Jahren nach Einführung einer Familienverfassung statistisch signifikant über Renditen von Unternehmen ohne Verfassung. Besonders auffällig ist dieser Anstieg der Renditen insbesondere für solche Familienunternehmen, die sich durch eine hohe Komplexität und vor allem ein hohes Potenzial an Agentenkonflikten auszeichnen. So ist der positive Effekt der Einführung einer Familienverfassung besonders für solche Familienunternehmen ausgeprägt, die einen familienfremden

CEO haben und über eine diverse und verstreute Eigentümerschaft verfügen. Auch die Generation scheint eine Rolle zu spielen, denn für Familienunternehmen mit jüngeren Generationen im Eigentum ist der positive Einfluss der Verfassung weniger deutlich zu erkennen.

Offenbar zeichnen sich erfolgreiche Familienunternehmen dadurch aus, dass sie die Familie mit gleicher Professionalität führen wie ihr Unternehmen. Zudem ist damit belegt, dass sich die mühsame und teilweise auch kostspielige Erstellung einer Familienverfassung auch wirtschaftlich auszahlen kann.

12.1.1 Zielsetzungen

Die Familienverfassung soll die Familienmitglieder in einer möglichst allgemein verständlichen Sprache durch das gemeinsame Unterzeichnen zur Erhaltung des familiären Friedens, der Kontinuität sowie der Stabilität motivieren (Baus 2011). Somit ist das Dokument ein wichtiges Instrumentarium sowohl zur Etablierung fester Ordnungen und Strukturen in Familienunternehmen als auch zur Orientierung. Es ist aber kein juristisches Vertragswerk und somit nicht rechtlich bindend, sondern lediglich emotional verpflichtend. Die Regelungen werden erst dann rechtlich bindend, wenn sie im Gesellschaftsvertrag oder in einer Satzung verankert sind. Die Familienverfassung kann daher als moralischer Vertrag bezeichnet werden, der im Streitfall jedoch durchaus von Gerichten zur Auslegung von Sachverhalten herangezogen wird.

Da es sich bei der Familienverfassung um einen psychologischen Vertrag handelt, der auf die besondere Situation und Struktur der Unternehmerfamilie und des Familienunternehmens angepasst sein muss, gibt es keine festen Regeln über Form und Inhalte. Es empfiehlt sich jedoch, die eigene Verfassung auf Basis der Empfehlungen des Governance Kodex für Familienunternehmen aufzubauen und situationsgerecht anzupassen (Governance Kodex für Familienunternehmen 2015).

Primäres und übergreifendes Regelungselement ist die Sicherstellung und Förderung des familiären Zusammenhalts, da dieser in Familienunternehmen als Grundvoraussetzung für nachhaltigen Erfolg gilt (Ward 2005). Daneben müssen weitere grundlegende Fragen erörtert und beantwortet werden, damit die Familie und das Unternehmen von den Wirkungen der Familienverfassung profitieren können. So ist zu beachten, dass die Familienverfassung als Sicherungsinstrument der Multidimensionalität von Familienunternehmen Rechnung trägt und die Bestimmungen sowohl die Business Governance als auch die Family Governance betreffen. Isolierte Regelungen zur Steuerung des Unternehmens werden den charakteristischen Merkmalen von Familienunternehmen nicht gerecht.

Aufseiten der Family Governance soll daher vor allem (Montemerlo und Ward 2005):

- der zunehmenden Entfremdung und Erosion des familiären Zusammenhalts durch Fixierung gemeinsamer Werte, Ziele und Rollen,
- der Etablierung regelmäßiger Aktivitäten,

- der Konfliktvermeidung und -lösung durch Aufstellen von Verhaltensregeln und Einführung eines professionellen Konfliktmanagements sowie
- der Frage der Nachfolgeplanung, z. B. durch Regelungen zur Family Education

begegnet werden.

Damit dient die Familienverfassung auch als Grundlage für Familiengremien, wie z. B. dem Family Office. In der Familienverfassung werden die einzurichtenden Familiengremien definiert sowie Aufgaben und Verantwortlichkeiten festgelegt.

Parallel dazu sind die weiteren Familieninstrumente zu bestimmen und deren Gestaltungsgrundsätze zu definieren. Ein entsprechendes Instrumentarium ist notwendig, um mit diesem auf systematisch geplantem, professionellem Weg eine erhöhte emotionale Bindung zu erreichen. Dieser Aspekt wird umso wichtiger, je weiter sich die Familienmitglieder räumlich oder faktisch voneinander entfernen (Frasl und Rieger 2007).

Moritz GmbH

Der Familienrat der Familie Moritz ist in seiner ersten Sitzung noch recht ratlos, wie eine fundierte Family Governance aussehen könnte und zieht eine Unternehmensberatung für Familienunternehmen und Mittelstand zurate. In strukturierten Workshops mit der Beraterfirma verständigen sich die vier Mitglieder relativ zügig auf die Festlegung von gemeinsamen Aktivitäten der Familie im Rahmen von Feierlichkeiten und besonderen Anlässen. Ein weiterer wichtiger Punkt ist ein geregeltes Konfliktmanagement sowie die schriftliche Fixierung der wichtigsten Aktivitäten. Die Inhalte der Familienverfassung werden gemeinsam erarbeitet und durch die Unternehmensberatung formuliert. Dieses „Erstwerk" wird von den Beteiligten nach allen Regeln der Kunst sprachlich auseinandergenommen. Erst dann merken die vier, dass man um jedes Wort ringen muss – wie gut, dass keiner von ihnen die erste Version geschrieben hat….

In der nächsten Familienversammlung wird die Familiencharta erneut diskutiert. Dank der guten Vorarbeit und Kommunikation im Vorfeld gibt es kaum noch Widerspruch und Änderungswünsche. Alle sollen unterschreiben und jedes Mitglied erhält eine Einladung zu einem Wochenende an der Ostsee, um auf diesen familiären und unternehmerischen Fortschritt anzustoßen. Kevin weigert sich zunächst den Kodex zu unterschreiben, da er das Mittelmeer bevorzugt und das raue Klima der Ostsee nicht mag. Interessanterweise ist es Laura – Heikos Ehefrau – die es schließlich mit warmen Worten und ihrer berühmten Schokoladentorte schafft, die Wogen zu glätten und so unterschreibt auch Kevin als Letzter. Jeder erhält ein Exemplar der Familiencharta in Form einer Urkunde.

Mit der Unterzeichnung der Charta und dem gemeinsamen Ausflug zur Ostsee wird eine harmonische Ausgangsbasis für die Unternehmerfamilie geschaffen. Die Mitglieder fühlen sich nun wieder mehr als „Teil des Ganzen", auch die Beziehung der Familienmitglieder untereinander konnten verbessert werden. Viele Mitglieder können sich nun auch deutlich mehr mit dem Unternehmen identifizieren und alle haben das Gefühl, eine ganz besondere Einheit zu bilden.

12.1.2 Der Entstehungsprozess

Die Ausarbeitung und Ausgestaltung einer Familienverfassung ist ein langwieriger und iterativer Prozess, wobei der gemeinsame Erkenntnisgewinn und das gewonnene Zusammengehörigkeitsgefühl im Erarbeitungsprozess genauso wichtig sind wie die Regelungen selbst. Damit die Ausarbeitung erfolgreich verläuft und die identitäts-stiftenden und zukunftssichernden Effekte der Familienverfassung zum Tragen kommen können, müssen zahlreiche Faktoren berücksichtigt, Voraussetzungen geschaffen und alle Familienmitglieder sowie ausgewählte Externe beteiligt werden (Ward 2005). Besonders wichtig ist dabei ein strukturierter Erstellungsprozess wie er in Abb. 12.2 illustrativ dar-gestellt ist.

Es empfiehlt sich, den Prozess der Erarbeitung einer Familienverfassung möglichst frühzeitig anzustoßen und nicht erst dann, wenn erste Konflikte in der Unternehmer-familie auftreten oder erste Anzeichen für eine Abschwächung des Zusammengehörig-keitsgefühls bemerkt werden. Die Erstellung der Familienverfassung wird üblicherweise von den Gesellschaftern initiiert und im Normalfall gleichzeitig von diesen federführend übernommen. Jedoch wird die Begleitung und Moderation der Erstellung durch einen fachkundigen externen Berater dringend empfohlen, um die Neutralität des Prozesses zu

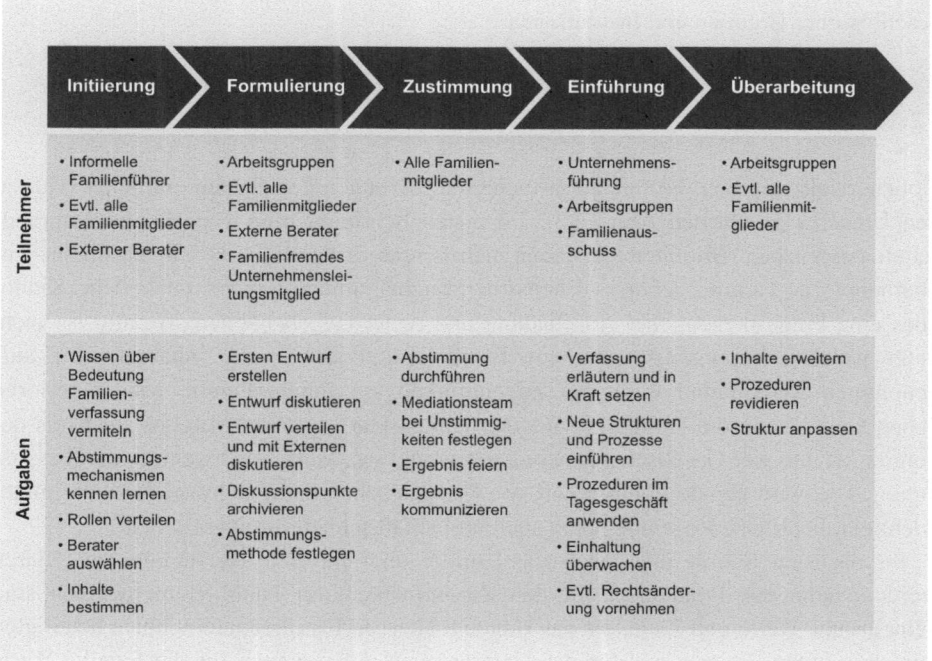

Abb. 12.2 Strukturierter Erstellungsprozess der Familienverfassung. (Quelle: In Anlehnung an Ward 2005)

wahren und Interessenskonflikten vorzubeugen (May 2008; Kormann 2018). Den Entwurf der Familiencharta sollte die Familie dann selbst finalisieren, damit die Sprache der Familie entspricht und die Ergebnisse als stärker bindend wahrgenommen werden (Le Breton-Miller und Miller 2009).

Noch während der Initiierungsphase müssen der grundsätzliche Zweck und die Idee der Familienverfassung vermittelt sowie die Durchführungsrichtlinien und Abstimmungsregeln mit den beteiligten Parteien festgelegt werden (Kormann 2018). Derartige Abstimmungen zur Familienverfassung erfolgen meist nach dem Mehrheitsprinzip, wobei eine Zweidrittelmehrheit üblich ist (Ward 2005). Bei kleineren Familienunternehmen ist in der Praxis durchaus eine Einstimmigkeit als Abstimmungsmodus üblich. Dadurch müssen sich im Allgemeinen alle Familienmitglieder mit dem Thema beschäftigen und abweichende Vorstellungen von Minderheiten können in den Entscheidungsprozess mit einfließen (Kormann 2018). Die Bestimmung der eigentlichen Inhalte der Familienverfassung sollte eingangs nur sehr grob erfolgen. Lediglich ein ergebnisoffener und zeitlich unbeschränkter Prozess, in dem keine Themen „Tabu" sind (May 2008) und sämtliche zu klärende Fragestellungen in der Familie besprochen werden, kann im Anschluss an die Formulierungsphase zu einer Familienverfassung führen, welche die Akzeptanz aller Familienmitglieder und damit ihre notwendige Legitimation erhält (Ward 2005). Abgeschlossen ist der Erstellungsprozess der Familienverfassung erst mit dem Zeitpunkt der Umsetzung der enthaltenen Vorgaben, wie die Etablierung beschlossener Gremien und Institutionen.

12.1.3 Die Inhalte

Üblicherweise werden die Inhalte in mehreren Sitzungen gemeinsam erarbeitet (vgl. zu den Umsetzungsschritten Abb. 12.3). Im ersten Schritt werden Themen der Mitgliedschaft besprochen. Mitunter entzünden sich bereits kritische Diskussionen daran, wer überhaupt zur Familie gehört – Ehepartner, angenommene Kinder, uneheliche Kinder alles eine Frage persönlicher Anschauung und realer Gegebenheiten. Wichtig ist auch, unter welchen Voraussetzungen neue Familienmitglieder in die Inhaberfamilie aufgenommen werden und wann die Zugehörigkeit zur Inhaberfamilie wieder verloren gehen kann. Wenn die Familienverfassung einmal klar sagt, wer Mitglied im Kreis der Familie ist und wer Gesellschafter werden darf und wer nicht, wird weniger darüber diskutiert. Das wird gerade in einer Zeit von Mehrfachehen und Patchworkfamilien immer wichtiger. Fehlt eine Regelung, kann auch im Erbfall schnell Streit entstehen.

Im nächsten Schritt muss sich die Familie über ihr Selbstverständnis im Klaren werden, denn das Fundament für den Zusammenhalt im Familienunternehmen sind gemeinsame Werte und Ziele, die das Handeln aller am Familienunternehmen beteiligten Personen leiten. Ebenso wie für das Unternehmen müssen auch für die Familie Werte und Ziele erarbeitet und zu einem in sich schlüssigen Leitbild zusammengefügt werden. Ein gemeinsames Ziel- und Wertegerüst hilft, Streit zu vermeiden und langfristigen

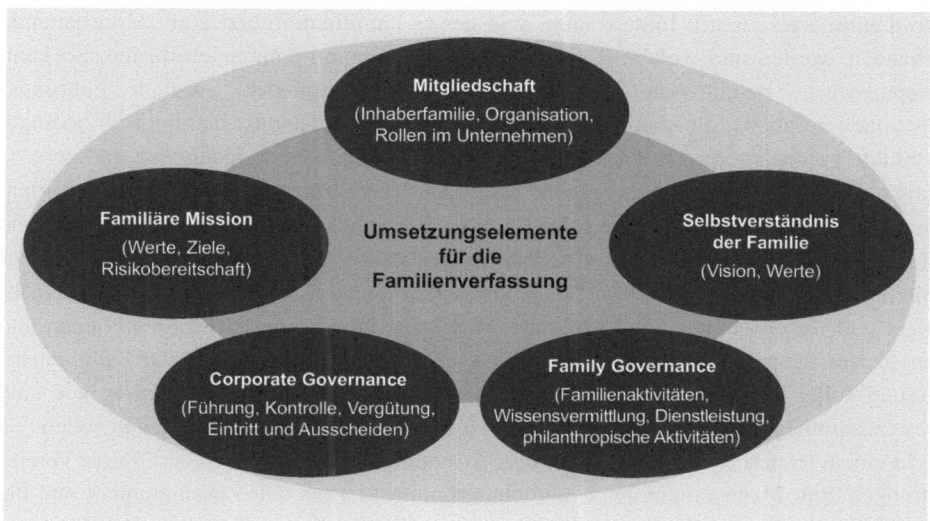

Abb. 12.3 Umsetzungselemente einer Familienverfassung. (Quelle: Eigene Darstellung)

Erfolg zu sichern. Wofür steht die Familie, welche Umgangsregeln pflegt sie und welche ungeschriebenen Gesetze gibt es. Auch die Familieninteressen in Bezug auf die Gesellschaft, wie zum Beispiel finanzielle Unabhängigkeit, soziale und gesellschaftliche Verantwortung, müssen klar und transparent für alle sein. Bei der Festschreibung der eigenen Identität und des Selbstverständnisses ist zu beachten, dass Schnittstellen mit dem Gesellschaftsvertrag vermieden und Formulierungen nicht zu allgemein sind, durch Unternehmensentwicklungen aber auch nicht zu schnell obsolet werden.

Der dritte Prozessschritt sollte die familiäre Mission betreffen: Die Werte und Ziele der Familie in Bezug auf das Unternehmen konkretisieren sich in einer unternehmerischen Mission, die klare strategische Leitplanken für das Management geben. Dazu zählen etwa Vorgaben zur Ausschüttung und Eigenkapitalquote, die helfen, ein mögliches Dilemma zwischen einer wachsenden Zahl von Gesellschaftern, dem Unternehmenswachstum und der Höhe der Ausschüttung einvernehmlich zu regeln. Erwartungen der Unternehmerfamilie an die Unternehmensentwicklung wie Wachstumszahlen und über soziale und ökologische Verantwortung sollen an dieser Stelle konkretisiert und schriftlich fixiert werden (Villanueva und Sapienza 2009).

In einem vierten Teil sollten konkrete Business Governance Regeln Rechte und Pflichten bezüglich Führung, Kontrolle, Information, Mitarbeit, Beteiligung und Gewinnverwendung konkretisieren. Dazu gehört zunächst die Prägung des Unternehmens durch die Familie in Form von Beteiligungsverhältnissen, Familienmanagement und weitere Rollenverteilungen. Mit Blick auf die Sicherung der Unternehmenskontinuität müssen ebenso die Aspekte der Mitarbeit von Familienmitgliedern im Unternehmen und der Nachfolgeplanung innerhalb der Familienverfassung Berücksichtigung finden. Bei der

Familienmitarbeit ist zu hinterfragen, wie genau Familienmitglieder als Mitarbeitende behandelt werden und welche Rollen sie im Unternehmen einnehmen dürfen. So kann beispielsweise beschlossen werden, dass Familienmitglieder lediglich Führungspositionen möglichst gleichen Ranges einnehmen dürfen, da sonst hierarchisch bedingte Konflikte gefördert werden. Des Weiteren ist zu erörtern, welche fachlichen und persönlichen Anforderungen an potenzielle familieninterne Mitarbeitende gestellt werden, damit sie die Last der Führungsverantwortung tragen können und ihre Führung von allen Seiten akzeptiert wird. Diese Überlegungen knüpfen nahtlos an die Planungen zur Unternehmensnachfolge an, zum Beispiel welche Fähigkeiten und Kenntnisse als Nachfolger und Gesellschafter nötig sind, aber auch, wie diese vermittelt werden können und wer hierfür hauptverantwortlich ist (Abschn. 8.2.2). Bei der Erstellung der Familienverfassung sollte auch festgelegt werden, welche Gremien eingerichtet werden, wie sich diese zusammensetzen, wer verantwortlich ist und wie oft diese Gremien tagen sollen.

In einem letzten Schritt werden Family Governance Regeln konkretisiert. Diese Vereinbarungen zum Management der Unternehmerfamilie stärken den Zusammenhalt und die Identifikation mit dem Unternehmen. Bausteine wie Familientreffen, Family-Education-Veranstaltungen oder der Aufbau eines Family Office sowie Family Philanthropie sollten professionell und zielorientiert gestaltet werden. Von fundamentaler Bedeutung ist die klare Regelung des Umgangs der Familienmitglieder miteinander sowie die Aufstellung von Spielregeln bei der Kommunikation mit Familienexternen und dem Auftreten jedes einzelnen Familienmitglieds in der Öffentlichkeit. Diese Abstimmung ist insbesondere mit Blick auf Social Media Aktivitäten der jüngeren Generation von besonderer Wichtigkeit. Der Nutzen der Formulierung von grundlegenden Verhaltensregeln in einer Art Verhaltens- oder Fairnesskodex liegt in der potenziell proaktiven Unterbindung von Konflikten und ihren zerstörerischen Wirkungen für Familie und Unternehmen. Die Familienmitglieder geben sich selbst ein Regelwerk, um Konflikte offen und in einer produktiven Weise auszutragen. Bereits eskalierte Konflikte können durch adäquate Kontrollmechanismen ebenfalls besser unter Kontrolle gebracht werden. Der Bedarf nach derartigen Verfahrensregeln für Konflikte steigt ebenfalls mit zunehmender Entfremdung der Familie sowie der Zersplitterung der Gesellschafteranteile.

Eine derartig aufgebaute Familienverfassung ist ein Instrument, das die Interessen der Familienmitglieder bündelt sowie Verbindlichkeit und Transparenz schafft (vgl. Abb. 12.4). Die aufgeführten Themenbereiche und der vorgeschlagene Erstellungsprozess verdeutlichen aber auch die damit verbundene Komplexität. Damit die Familienverfassung zu einem echten Erfolgsfaktor wird und sowohl den ökonomischen als auch den emotionalen Wert des Familienunternehmens nachhaltig sichern bzw. steigern kann, muss dafür gesorgt werden, dass die Einhaltung der Familienverfassung regelmäßig mittels wirksamer Kontrollinstrumente überprüft und kontinuierlich der aktuellen Unternehmens- und Familiensituation angepasst wird.[1]

---

[1]Hier ist z. B. die Family-BSC zu empfehlen (vgl. Abschn. 9.4.2).

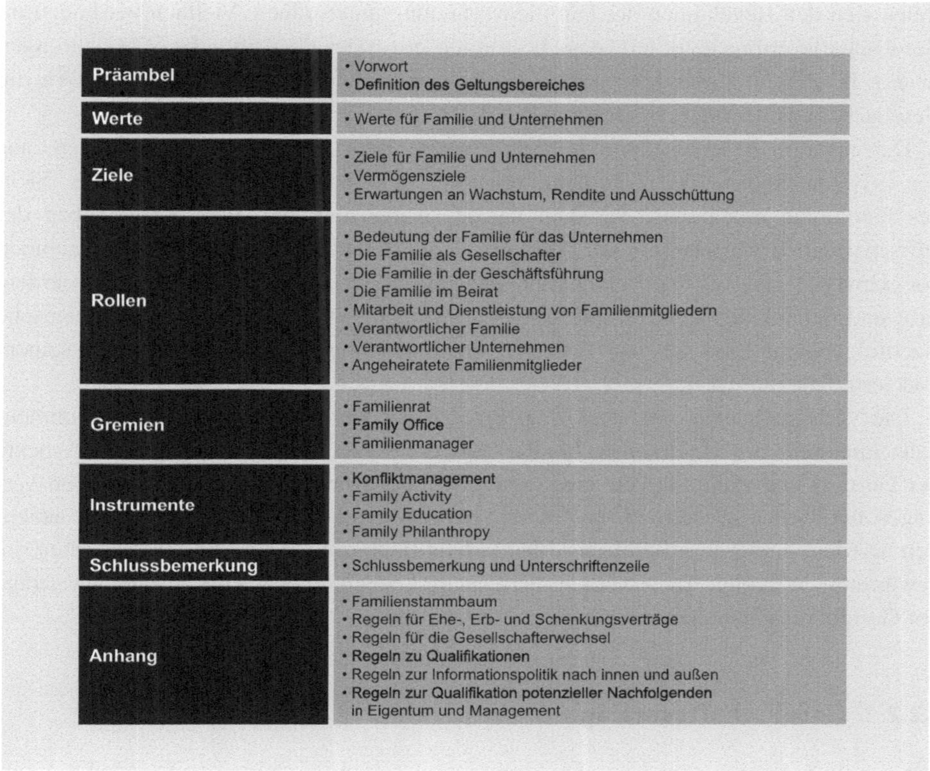

Abb. 12.4 Typischer Aufbau einer Familienverfassung. (Quelle: In Anlehnung an Baus 2011)

Die Erstellung dauert im Allgemeinen zwischen sechs und zwölf Monate und benötigt mehrere, in der Regel, extern moderierte Workshops. Empfohlen wird eine Überarbeitung im Fünf-Jahres-Rhythmus. Dies umfasst die Überprüfung der Auswirkungen auf die Unternehmens- und Familienebene. Voraussetzung für diesen Ablauf ist, dass ein Gremium oder ein Individuum aus der Unternehmerfamilie explizit die Verantwortung für diese Controlling-Funktion und die Dokumentation der Ergebnisse trägt.

12.2 Rechtlich bindende Verträge

Neben der rechtlich nicht bindenden Familienverfassung, die von allen Mitgliedern der Unternehmerfamilie erarbeitet und unterzeichnet wird, regeln einzelne Mitglieder ihre individuellen und familiären Angelegenheiten durch privatrechtliche Verträge. Hierzu zählen u. a. Ehe-, Erb- oder Schenkungsverträge. Im Rahmen einer konsistenten und umfassenden Family Governance sollten diese individuellen Vertragswerke den grundlegenden Vorgaben der Familienverfassung entsprechen, d. h. die individuellen Verträge sollen sich den Regelungen der Familienverfassung unterordnen. Vielfach wird auch im Gesellschaftsvertrag gefordert, dass bestimmte erb- oder eherechtliche Vereinbarungen (wie z. B. Pflichtteilsverzichte oder Zugewinnausgleichsverzichte) vor Eintritt in die Gesellschafterrolle fixiert werden.

Der nachfolgende Abschnitt verdeutlicht die Bedeutung dieser ergänzenden, aus der privaten Sphäre der Familienmitglieder stammenden Vertragswerke aus Sicht des Familienunternehmens. So kann beispielsweise über den Ehevertrag, neben der wirtschaftlichen Absicherung der Ehepartner, ein Schutz für das Familienunternehmen vor schwerwiegenden finanziellen Einbußen im Falle einer Scheidung erreicht werden. Erb- und Schenkungsverträge sind dagegen hilfreiche Instrumente für eine strategische Nachfolgeplanung, da sie dem Erblasser die Aufteilung seines Eigentums vor seinem Tode ermöglichen.

Die Verträge dienen aber auch dem Frieden und der Verbesserung des Zusammenhalts innerhalb der Unternehmerfamilie. Bei der Ausgestaltung müssen stets Aspekte der Fairness und Zumutbarkeit sowie ein mögliches Konfliktpotenzial mit anderen Verträgen berücksichtigt werden. Nur faire Verträge werden von allen Beteiligten akzeptiert werden, sind keine Belastung für die Familienbeziehungen und gewährleisten die gewünschte Wirkung. Auch werden nicht selten knebelnde oder (zu) einseitige Verträge vor Gericht für unwirksam erklärt.

12.2.1 Gesellschaftsvertrag

Ein Gesellschaftsvertrag regelt die Rechte und Pflichten der Gesellschafter. Dazu gehören u. a.:

- die Vertretung der Gesellschaft nach außen und die Befugnisse der Gesellschafter,
- die Haftung,
- die Fortsetzung im Todesfall eines Gesellschafters und
- die Verteilung des Gewinnes.

Bei der Aktiengesellschaft und bei der GmbH wird der Gesellschaftsvertrag auch als Satzung bezeichnet. Die Satzung einer Kapitalgesellschaft regelt z. B. Themen wie das haftende Kapital sowie ggf. die Anzahl von Aktien bzw. Anteile, Bezugsrechtsregelungen und Möglichkeiten zur Kapitalerhöhung. Die Geschäftsführung, Aufsichts- und beratende Gremien sowie Rechte und Pflichten der Gesellschafter. Gesellschafterwechsel und Erbfolgeregelungen sind für Familienunternehmen besonders wichtig, da sie die Nachfolge regeln. Oftmals ist im Gesellschaftsvertrag eine Übertragung lediglich an Familienmitglieder zulässig – mitunter nur an Blutsverwandte des Gründers. Damit wird die jeweilige Schwiegerfamilie außen vorgehalten.

Auch beim Ausstieg eines Gesellschafters sind die Vorgaben im Gesellschaftsvertrag zu erfüllen. In der Regel werden beim Ausscheiden eines Gesellschafters die Geschäftsanteile bewertet und verkauft. Hierfür enthalten viele Gesellschaftsverträge konkrete Bewertungsregeln für adäquate Verkaufspreise oder Abfindungssummen. So findet man zum Beispiel in vielen Gesellschaftsverträgen mitunter noch die sog. Buchwertabfindungsklausel oder das Stuttgarter-Verfahren, eine inzwischen überholte Bewertungsmethode, die früher die Bemessungsgrundlage für die Erbschaftsteuer darstellte. Solche Bewertungsregelungen, die nicht gerichtsfest sind, führen immer wieder zu Auseinandersetzungen.

Bestimmungen des Gesellschaftsvertrags können erb- und eherechtlichen Verträgen widersprechen und gehen dann diesen vor. Daher ist es unabdingbar, alle Verträge aufeinander abzustimmen.

12.2.2 Ehevertrag

Jede dritte Ehe (Statistisches Bundesamt 2012) wird geschieden und löst damit vermögensrechtliche Auseinandersetzungen aus. Damit Ehekrisen unter den Familienmitgliedern nicht das gesamte Unternehmen bedrohen, kommt dem Instrument des Ehevertrags in der Praxis von Familienunternehmen schon immer eine hohe Bedeutung zu. So werden die Anteilseigner häufig über sogenannte Güterstandsklauseln im Gesellschaftsvertrag dazu verpflichtet, einen Ehevertrag abweichend von den gesetzlichen Normen zu schließen. Auch eingetragene Partnerschaften sind bei Familienunternehmen entsprechend zu behandeln.

Der Abschluss des Ehevertrags zielt vorrangig auf eine Veränderung der nach deutschem Recht geltenden Regelungen zum Güterstand und nachehelichen Vermögensausgleich (Wicke 2012). Bei der gesetzlichen Zugewinngemeinschaft wird der gesamte, während der Ehe entstandene Mehrwert des Unternehmens, zu gleichen Teilen unter den Ehepartnern aufgeteilt, sodass im Falle einer Scheidung belastende güterrechtliche Ausgleichsansprüche entstehen können. Außerdem erschweren Zustimmungsrechte des Ehepartners zu Vermögensentscheidungen bereits während der Ehe unter Umständen unternehmerische Entscheidungen. Daher sollte bei der Eheschließung die sog. „modifizierte Zugewinngemeinschaft" vereinbart werden, bei der diese gesetzlichen Regelungen individuell abgeändert werden können. Das reicht vom kompletten Ausschluss des Zugewinns über die anteilige Berücksichtigung des Wertzuwachses des Unternehmens bis hin zur rentierlichen Zahlung des Zugewinns über einen längeren Zeitraum gestreckt. Die früher empfohlene strikte Gütertrennung, und somit ein Verzicht der Eheleute auf sämtlichen ehelichen Ansprüchen, ist u. a. aus steuerlichen Gründen nicht zu empfehlen.

Das Instrument des Ehevertrags ist in Familienunternehmen von großem Vorteil, da eine gescheiterte Ehe in vorher vereinbarten geordneten Bahnen aufgelöst wird und somit die Existenz des Unternehmens langfristig gesichert werden kann. Zu beachten ist jedoch auch hier, dass unangemessene Benachteiligungen einer Partei durch den Ehevertrag häufig nicht vor Gericht standhalten und der Benachteiligte einen Ausgleich erhält (Wicke 2012). Dies ist insbesondere dann der Fall, wenn beide Parteien gleichermaßen viel Zeit und Arbeit in das Unternehmen investiert haben, da die Rechtsprechung hierbei regelmäßig unterstellt, dass die Partner durch konkludentes Handeln eine Innengesellschaft mit dem Ziel der Vermögensvermehrung gegründet haben (Hannes et al. 2008). An dieser Stelle hilft nur noch die Aufnahme einer zusätzlichen Klausel zur Ausschließung von Ansprüchen aus der Ehegattengesellschaft in den Ehevertrag.

12.2.3 Schenkungsvertrag

Vor dem Hintergrund der strategischen Nachfolgeplanung ist es von enormer Bedeutung, dass die Anteilseigner unter den Familienmitgliedern notwendige Kenntnisse über Vertragswerke besitzen, welche mit dem Ehe- und Erbvertrag kollidieren können. Neben dem Gesellschaftsvertrag ist der Schenkungsvertrag ein solches Vertragswerk, da Anteilseigner bereits zu Lebzeiten ihre Unternehmensanteile durch Rechtsgeschäft wirksam übertragen und möglicherweise entgegen bestehender Ehe- und Erbverträge handeln können (Klein 2010).

Eine Schenkung ist grundsätzlich unentgeltlich. Wenn im Rahmen der Nachfolgeplanungen eine Übertragung von Anteilen am Familienunternehmen zu einem weit unter dem Marktwert liegenden Preis vereinbart wird, geht die Rechtsprechung von einer sog. gemischten Schenkung aus, sofern die Leistungen in einem objektiven Missverhältnis zueinanderstehen und der Kaufpreis dadurch lediglich symbolischen Wert besitzt.

Schenkungen werden steuerlich genauso behandelt wie Erbschaften. Je nach Stellung des Beschenkten zum Schenkenden ist ein bestimmter Prozentsatz von der Schenkung (bzw. des Erbes) als Steuer zu zahlen. Häufiger Zankapfel ist dabei die Bewertung. Während Barvermögen noch recht leicht bewertet werden kann und auch Aktien börsennotierter Unternehmen mit dem Kurswert belegt werden können, gestaltet sich das mit (typischerweise nicht am Kapitalmarkt notierten) Familienunternehmen ungleich schwieriger. Auch hier geht der Gesetzgeber grundsätzlich von einem realen Verkaufswert aus.

Ist dieser aus Veräußerungsakten der jüngeren Vergangenheit nicht ableitbar (weil lange Zeit keine Anteile verkauft wurden) und ist auch kein Bewertungsgutachten nach betriebswirtschaftlichen Standards erstellt worden, kann hilfsweise das sog. vereinfachte Ertragswertverfahren herangezogen werden. Er wird aus dem nachhaltig erzielbaren Jahresertrag ermittelt. Basis hierfür sind die letzten drei Wirtschaftsjahre. Diese werden mit einem Kapitalisierungsfaktor multipliziert, der bei Bedarf durch Rechtsverordnung an die Zinsentwicklung angepasst werden kann.

12.2.4 Erbvertrag

Bei der gesetzlichen Erbfolge werden das Vermögen und damit die Unternehmensanteile entsprechend der gesetzlichen Quoten an die vorhandenen Erben übertragen. Die dabei entstehende Erbengemeinschaft erfordert erhöhten Regelungsaufwand und birgt das Risiko einer möglichen Zersplitterung des Unternehmens.

Erbverträgen und Testamenten kommt daher eine entscheidende Funktion bei der Wahrung der Unternehmenskontinuität sowie Vorbeugung von Konfliktsituationen zu, da sie Instrumente sind, mit denen der Erblasser von der gesetzlichen Erbfolge abweichen kann: Um somit bereits zu Lebzeiten die Übertragung des Vermögens für den Todesfall eindeutig zu regeln, kann der Erblasser ein Testament verfassen oder mit den Erben einen Erbvertrag schließen. Während testamentarische Verfügungen vom Erblasser jederzeit geändert werden können und demnach keine Sicherheit für die Erben darstellen, begründen Erbverträge eine zweiseitige Vereinbarung, die nach Abschluss nicht einseitig vom Erblasser widerrufen werden kann. Damit erhält ein Erbe ein Anwartschaftsrecht, also die gesicherte Aussicht auf die Erlangung eines Rechts (Jordis 2007).

Schließlich ist zu erwähnen, dass sowohl die Nachkommen als auch die Ehegatten des Erblassers bzw. eingetragenen Lebenspartner (und bei Nichtexistenz von Kindern auch die Eltern) einen Pflichtteilsanspruch besitzen. Als Pflichtteilsberechtigte haben sie selbst bei Abweichung von der gesetzlichen Erbfolge einen finanziellen Ausgleichsanspruch auf die Hälfte des gesetzlichen Erbteils. Familienunternehmer sollten daher bedenken, dass dieser Pflichtteil grundsätzlich nicht durch spezielle Befristungen oder Bedingungen geschmälert, sondern lediglich in Form eines notariellen Pflichtteilsverzichtes (mit entsprechender Gegenleistung) des Berechtigten verhindert werden kann.

12.3   Weitere Instrumente der Family Governance

12.3.1 Familienaktivitäten

Eine Familienaktivität ist definiert als gemeinsame, familieninterne Maßnahme, an der in der Regel sämtliche, manchmal auch ausgewählte, Familienmitglieder, Lebenspartner und Nachkommen teilnehmen (Neubauer und Lank 1998), und welche die Kenntnisse voneinander, den Zusammenhalt untereinander und die Identifikation mit der Unternehmerfamilie und dem Familienunternehmen stärkt (Koeberle-Schmid et al. 2012). Typische Aktivitäten sind Familienfeiern, Familientreffen, Familienwochenenden oder -reisen, Familienausflüge wie zum Beispiel Theaterbesuche, Paddeltouren, Segeltrips, Skifahren, Hochseilgarten, Go-Cart-Rennen, Fahrradtouren, gemeinsames Kochen, Sportveranstaltungen, Konzerte, Bergwanderungen, aber auch Rahmenprogramme zur Gesellschafterversammlung (Koeberle-Schmid et al. 2012). Der Kreativität sind kaum Grenzen gesetzt, vielmehr geht es darum, die passende Aktivität – mit Fokus auf den informellen Austausch – auszuwählen.

Gerade in älteren und größeren Familienunternehmen gewinnt das Instrument aufgrund der zunehmenden Anzahl an Familienmitgliedern, deren Distanz und Heterogenität und der dadurch nachlassenden emotionalen Bindung besondere Bedeutung. Es ist systematisch (institutionalisiert) einzusetzen und in der Familienverfassung zu verankern, auch weil dadurch Konfliktpotenziale zwischen den Familienmitgliedern durch diese Verbindlichkeit, aber auch durch Spaß und gemeinsame gute Erfahrungen verringert werden können (Koeberle-Schmid et al. 2010). Eine Studie von Berent-Braun und Uhlaner (2012) belegt zudem, dass Familienaktivitäten wie Familientreffen nachweislich die Generierung einer starken kollektiven Wahrnehmung fördern und letztlich positive Aus- wirkungen auf das Engagement der Familie im Unternehmen sowie die finanzielle Per- formance des Familienunternehmens haben (Klein 2008; Habbershon und Astrachan 1997). Durch die Vermittlung von Erfahrungen, Erzählungen und Informationen wer- den notwendige Kompetenzen für das Management eines Familienunternehmens zudem „nebenbei" erlangt (Wiechers 2004).

Für eine effektive Gestaltung derartiger Familienaktivitäten ist es von großer Bedeutung, dass die Interessen der gesamten Familie und nicht lediglich die Wünsche einer Teilgruppe in die Planung einbezogen werden. So benötigen Familienaktivi- täten wie alljährliche Familientreffen eine Mischung aus informativen und kulturellen Angeboten. Dabei können auch gemeinsame sportliche Aktivitäten oder Spiele beispiel- hafte Programmpunkte neben Diskussionen über die strategische Ausrichtung und finan- zielle Entwicklung des Unternehmens sein. Des Weiteren sind auch familienzentrierte, die Zusammengehörigkeit stärkende Aktivitäten in das Rahmenprogramm aufzunehmen, wie z. B. Geschichten über die historischen Wurzeln der Familie sowie aktuelle Neuig- keiten aus der Familie.

Die Organisation der Familienaktivitäten sowie die Aufstellung der jeweiligen Agenda werden in der Regel von einem festgelegten Kreis von Familienmitgliedern, beispielsweise dem Familienrat, dem Familienmanager oder auch dem Family Office übernommen. Grundsätzlich sind als Organisatoren auch nicht im Unternehmen tätige Familienmitglieder denkbar. Auch eine Übertragung der Organisationsaufgaben an Mit- arbeiter des Unternehmens ist nicht unüblich.

12.3.2 Family Education

Eine professionelle Family Governance bedingt, dass Familienmitglieder über das not- wendige Grundwissen verfügen, unternehmerische Zusammenhänge im Allgemeinen, aber insbesondere auch über das eigene Familienunternehmen zu verstehen. Family Education ist dasjenige Family Governance-Instrument, das die Wissensbildung in Form der gezielten Aus- und Weiterbildung von Mitgliedern der Unternehmerfamilie zu verantwortungsvollen Gesellschaftern zum Ziel hat. Weiterbildung ist grundsätzlich unabdingbar und endet nie, somit sollte der Grundsatz einer erfolgreichen Family Education „lebenslanges Lernen" lauten. Bei professionellem Einsatz kann die Unternehmerfamilie mit dem Instrument Einfluss auf die zukünftige Entwicklung des Unternehmens nehmen und direkt zur Mini- mierung eigener inhärenter Schwächen – zum Beispiel Nepotismus, also „der Besetzung von Leitungspositionen durch Familienmitglieder, unabhängig der Befähigung"– bei- tragen (Bergfeld et al. 2009, S. 1; Schulze et al. 2001; Lee et al. 2003). Weiter kann sie damit die langfristige Innovationskraft und den nachhaltigen Unternehmenserfolg über mehrere Generationen hinweg fördern (Le Breton-Miller et al. 2004). Family Education ist aber auch ein unverzichtbares Instrument zur Stärkung des wechselseitigen Vertrauens innerhalb der Familie. Gemeinsames Lernen ist zur Erreichung des übergeordneten Ziels, den Zusammenhalt der Familie zu stärken sowie die emotionale Verbundenheit der Familienmitglieder zum Unternehmen zu erhöhen, besonders förderlich (Le Breton-Miller et al. 2004). Zudem leistet der Austausch von Informationen eine Verständigung über die verschiedenen Vorstellungen und Interessen der Familienmitglieder, was letztlich das Konfliktpotenzial reduziert (Shepherd und Haynie 2009).

Die Abgrenzung zwischen Family Education und Familienaktivitäten ist nicht immer einfach. Die beiden Familieninstrumente sprechen grundsätzlich den gleichen Adressatenkreis an, haben teilweise ähnliche Ziele und werden darüber hinaus häufig zusammen kombiniert (z. B. in Rahmenprogrammen von Gesellschafterversammlungen). Tab. 12.1 hilft bei der Orientierung.

Die Verantwortung für die Family Education können unterschiedliche Gremien oder Personen übernehmen, zum Beispiel der Familienrat, das Family Office, der Familienmanager, aber auch nicht aktive Gesellschafter.

In der Praxis hat sich das Instrument noch nicht breit etabliert. So wird dieses Thema in der Nachfolge- und Personalplanung offenbar häufig vernachlässigt. Bislang kümmern sich nur 7 % deutscher Familienunternehmen um die Aus- und Weiterbildung ihrer Mitgesellschafter und Angehörigen (May und Rieder 2008).

Die Wissensvermittlung und Qualifizierung können auf unterschiedlichen Wegen stattfinden, wobei sich die Maßnahmen und Inhalte stets an den jeweiligen Adressaten orientieren sollten. Zielgruppen von Family Education sind sowohl die im Unternehmen tätigen als auch die nicht tätigen Familienmitglieder, die Partner aller Gesellschafter, aber insbesondere auch deren Kinder (Von Peter et al. 2012). Eine aktuelle Studie zeigt, dass insbesondere die letzterwähnte Gruppe entsprechende Angebote heute sogar oft einfordert (Prügl 2010). Bereits im Unternehmen tätige Familienmitglieder können zum Beispiel über punktuelle Weiterbildungen in Einzelseminaren, Lehrgängen und Workshops einerseits ihre betriebswirtschaftlichen Grundkenntnisse (z. B. in Vertrieb und Rechnungswesen) vertiefen (Family Education im weiteren Sinn). Andererseits erhalten sie durch spezielle Vorträge Informationen jenseits der regulären Informationspflichten, wodurch sie ein besseres Verständnis für die Besonderheiten des Familienunternehmens erlangen (Jaskiewicz et al. 2006). Passiven Familienmitgliedern sollen Family Education-Veranstaltungen – beispielsweise Praktika im eigenen Unternehmen –, einen Blick in das „Innere" des Unternehmens verschaffen, sodass sie die Unternehmensstrategien, Managemententscheidungen und Zusammenhänge besser nachvollziehen können (Jaskiewicz et al. 2006). Bildungsmaßnahmen für nicht aktive Gesellschafter werden dabei als Family Education im weiteren Sinn bezeichnet, denn hier geht es neben dem Know-how-Transfer auch um die Förderung des Zusammenhalts in der Unternehmerfamilie (May und Rieder 2008). Weiterbildungsveranstaltungen werden deshalb generell oft mit gesellschaftlichen Anlässen kombiniert.

Die primäre Zielgruppe von Family Education ist jedoch die (junge) Nachfolger-Generation. Sie soll gezielt an die Traditionen, Werte und Ziele der Unternehmerfamilie

Tab. 12.1 Die Abgrenzung zwischen Family Education und Familienaktivitäten

	Familien-Geschäftsführer/Aufsichtsgremien	Nicht tätige Gesellschafter und ggf. Partner	Junioren zwischen 15 und 30 Jahren	Kinder bis 15 Jahre
Family Education Aus- und Weiterbildung zwecks Wissensvermittlung und Befähigung	Spezifische, individuelle Qualifizierungsmaßnahmen: ausgewählte Aus-und Weiterbildungsseminare, Workshops, etc. Zielsetzung: Professionalität in Bezug auf Fähigkeiten und Know-how Mögliche Inhalte: Unternehmen, Fachgebiete (Management, Branche, Recht, Finanzen, etc.)	Ausgewählte Workshops, Seminare, Schulungen, Education Days, Fachreferate, etc. Zielsetzung: Professionalität, Basiswissen Mögliche Inhalte: Unternehmen, Persönlichkeit, Vermögen, Familie	Gezielte Seminare, Kurzschulungen, Education Days, Fachreferate, Praktika, Philanthropie Projekte etc. Zielsetzung: Professionalität, Wissen Mögliche Inhalte: Grundlagen der BWL, Familienunternehmen, Persönlichkeitsentwicklung, Potenzialanalyse, Karriereplanung	
Family Activity Spaß-Aktivitäten zwecks informellem Austausch	Z. B. gesellige Rahmenprogramm zur Gesellschafterversammlung, Familienurlaube, gesellige Abendveranstaltungen, Sportveranstaltungen, Betreuungsprogramm für Kinder, etc. Zielsetzung: Familien-Zusammenhalt durch gemeinsame Erlebnisse			

(Fortsetzung)

Tab. 12.1 (Fortsetzung)

	Familien-Geschäftsführer/Aufsichtsgremien	Nicht tätige Gesellschafter und ggf. Partner	Junioren zwischen 15 und 30 Jahren	Kinder bis 15 Jahre
„Kombinierte" Maßnahmen Family Activity, teilweise auch Family Education	Family Meeting, Firmenbesichtigungen (eigene oder der Zulieferer und Kunden), Spezialreferate (Fachvorträge), Besuch der philanthropischen Familienprojekte. Zielsetzung: Familien-Leim durch gemeinsame Erlebnisse, Professionalität, Information/Basiswissen über das Familienunternehmen.			Gezielte Kinderanlässe, inkl. Gespräche über das Familienunternehmen, Besuche der eigenen Produktion oder der von befreundeten Unternehmen, aktiver Einbezug bei karitativen Projekten. Zielsetzung: Kinder spielerisch mit dem Unternehmen und den anderen Nachkommen in Kontakt bringen, Werte/Denkweisen vermitteln, Identifikation stiften, Basiswissen vermitteln

herangeführt und auf eine Karriere im Familienunternehmen vorbereitet werden. Idealerweise beginnt dies bereits parallel zur Schulausbildung. Da der gesamte Qualifizierungsprozess überaus komplex ist, nicht lediglich innerhalb des Unternehmens abläuft und sich über zahlreiche Jahre erstreckt, ist eine langfristige Planung, Gestaltung und Fixierung des Entwicklungspfads innerhalb der Familienverfassung erforderlich. Die konsequente Auswahl der bestmöglichen Schulen und Hochschulen für die Nachkommen und die umfangreiche, strategische Qualifikation der jungen Generation durch Abitur/Matura, zielgerichtete Ausbildung oder fachspezifisches Studium, Praktika und ggf. Executive-MBA-Programme dient somit als Vorbereitung zum Erhalt der Unternehmenskontinuität. Zudem wird dem Nachwuchs die gesellschaftliche Stellung der Unternehmerfamilie und des Unternehmens sowie des darauf begründeten Familienvermögens nahe gebracht (Von Schlippe und Kellermanns 2008).

Obgleich durch einen strategischen Ausbildungsprozess in einigen Familienunternehmen erfolgreiche Resultate realisiert werden können, existiert kein Patentrezept zur Ausbildung von Nachfolgern. Bereits in Kap. 6 wurde die große Bandbreite notwendiger Kenntnisse und Qualitäten der sehr heterogenen Familienunternehmen aufgezeigt und die Komplexität des Vorbereitungsprozesses verdeutlicht. Mit steigender Unternehmensgröße und größerer Hierarchie rückt der fachliche Sachverstand in den Hintergrund, da operative Aufgaben zugunsten strategischer Fragen zurücktreten (Von Schlippe und Kellermanns 2008). Auch die Fähigkeit zur Führung von Mitarbeitern sowie weitere „soft skills" wie Verhandlungsführung müssen frühzeitig in entsprechenden Seminaren während der Ausbildung erlernt werden. Zudem darf dem späteren Gesellschafter bei der Verfolgung dieses idealtypischen Weges der Unternehmerausbildung letztlich nicht die Kreativität abhandenkommen, da die Entwicklung und Verfolgung eigener Ideen gegen Widerstände der Ursprung allen unternehmerischen Erfolges ist. Wichtiges Thema im Zusammenhang mit der Ausbildung ist dabei die bewusste Einbindung der Nachkommen in das eigene Familienunternehmen: Die Family Education darf den praktischen Teil der Ausbildung nicht vernachlässigen, dieser ist von hoher Bedeutung und erfordert besondere Aufmerksamkeit.

Handlungsweisen und Wertvorstellungen der Unternehmerfamilie prägen die Identität der Nachkommen bereits in jungen Jahren, wobei sich Teile des persönlichen Lernprozesses meist unbewusst vollziehen (Fletcher 2002). Aufgrund dieser engen Wechselbeziehung zwischen Unternehmen und Familie ist es sinnvoll, bereits früh – aber auf spielerische Art und Weise – mit der „Ausbildung" der Abkömmlinge anzufangen. Denkbar sind zum Beispiel der Einsatz von Kinderbüchern (z. B. Fred und die Firma (Equa Stiftung 2013)) oder Mitsprache/Mitarbeit bei philanthropischen Projekten. Auch Besuche anderer Unternehmen und spezielle Fernsehsendungen (Sendung mit der Maus) helfen beim Einstieg in die Wirtschaftswelt. In einer Hoteliersfamilie aus Norddeutschland haben die Kinder die Aufgabe, das Essen und das Aktivitätenprogramm für die Gästekinder mitzuentwickeln und zu testen. Anders als für die jungen Erwachsenen, für die mittlerweile Vorträge, Workshops, Literatur und (Nachfolge-) Beratung organisiert werden, gibt es für diese Altersgruppe allerdings nur wenige Angebote.

Abschließend ist darauf hinzuweisen, dass trotz optimaler Planung der Family Education bestens ausgebildete Nachfolger in schwierigen Zeiten an der Führung des Unternehmens scheitern können, wenn sie erkennen, dass sie diese verantwortungsvolle Position im Unternehmen niemals hätten einnehmen sollen. Auch können sich die Abkömmlinge durch die Family Education in ihrer Selbstbestimmung eingeschränkt und durch den hierdurch generierten familiären Erwartungsdruck belastet fühlen. Eine gute Family Governance ist keine Einbahnstraße, sondern bietet ein vielfältiges Netz von Wegen, in dem jedes Familienmitglied die für sie oder ihn passende Position finden kann. Auch Ausstiegswege gehören dazu.

12.3.3 Family Philanthropy

Hat eine Unternehmerfamilie eine gewisse gesellschaftliche und finanzielle Stellung erreicht, möchte sie diese Rolle oft bewusst wahrnehmen, indem sie etwas an die Gesellschaft „zurückgibt". Family Philanthropy[2] steht somit für das auf den Werten der Familie basierende freiwillige, gemeinnützige Engagement und damit auch für das sozial verantwortliche Handeln der Eigentümerfamilie (Koeberle-Schmid et al. 2010; Gibb Dyer und Whetten 2006; Stiftung-FU 2007). Es ist damit einer der normativen Werte des Sozio-emotionalen Wertekonzepts (vgl. Kap. 2).

In der betriebswirtschaftlichen Literatur werden diese freiwilligen Maßnahmen und Investitionen zum Wohle der Öffentlichkeit auch dem Begriff Corporate Social Responsibility (CSR) zugeordnet. Hier steht allerdings nicht das familiäre Handeln, sondern vielmehr die strategische Übernahme sozialer und ökologischer Verantwortung von Unternehmen im Vordergrund (Bassen et al. 2005; Godfrey 2005). Bei Familienunternehmen ist es aufgrund der maßgeblichen Beeinflussung der Unternehmensstrategie durch die Unternehmerfamilie angebracht, den Ausgangspunkt innerhalb der Familie zu suchen (Chua et al. 2003; Westhead und Cowling 1998); Philanthropie spielt sich deshalb häufig im Privaten ab. Die Grenzen zwischen CSR und Family Philanthropy sind in Familienunternehmen aber fließend (vgl. Abb. 12.5).

Philanthropische Aktivitäten haben naturgemäß Einfluss sowohl auf das Familienunternehmen als auch auf den Ruf der Familie, denn neben der Wahrnehmung der sozialen Verantwortung und der Imagebildung (spezifische öffentliche Wahrnehmung) werden weitere, primär familieninterne Ziele verfolgt. Die Öffentlichkeit kann diese beiden Aspekte kaum voneinander trennen. Entsprechend ist Family Philanthropy auch ein Instrument zur Erzeugung eines gewünschten Selbst- beziehungsweise Fremdbildes sowohl der Familie als auch des Unternehmens und hat, wenn sinnvoll eingesetzt, auch eine ökonomische Bedeutung.

---

[2]Philanthropie entstammt dem griechischen Begriff philánthrōpos – phílos steht für freundlich; Freund und ánthrōpos für Mensch – und wird übersetzt mit menschenfreundlich/Menschenfreund.

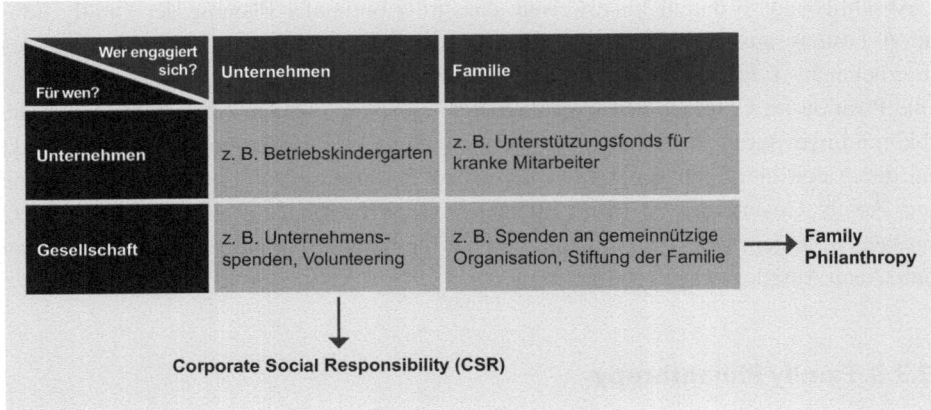

Abb. 12.5 Klassifizierung von gesellschaftlichem Engagement von Familienunternehmen. (Quelle: In Anlehnung an Brockhoff und Koeberle-Schmid 2012)

Wie die anderen Familieninstrumente ist Family Philanthropy auch ein Mittel, um dem mit zunehmender Anzahl an Familienmitgliedern steigenden Verlust an emotionaler Bindung entgegenzuwirken. Die gemeinsamen Aktivitäten im Rahmen gemeinnütziger Projekte sollen zur Förderung von Beziehungen zwischen den Familienmitgliedern beitragen. Durch die Zugehörigkeit zu einem gemeinsam handelnden Kollektiv verspüren die Beteiligten einen emotionalen Mehrwert (Schulze et al. 2003). Philanthropisches Handeln kann nach der Social Identity-Theorie somit das Bild der eigenen Gruppe verbessern. Außerdem können Kinder und Jugendliche durch die aktive Einbindung in die gemeinnützige Arbeit schon früh die Grundlagen des Projektmanagements und die Übernahme sozialer und finanzieller Verantwortung lernen (Von Peter et al. 2012) und auf ihre zukünftige Rolle vorbereitet werden. Auch die Kommunikation zwischen Generationen wird verbessert. Aus der gestärkten Identifikation mit den Werten und Zielen der Unternehmerfamilie folgt zudem eine glaubwürdigere Kommunikation des Wertesystems des Familienunternehmens nach außen.

Family Philanthropy beinhaltet unterschiedlichste Aktivitäten. Die Förderung des Gemeinwohls kann in Form von Familien- bzw. Unternehmensspenden, -stipendien, -stiftungen oder -investitionen in soziale Projekte, Bildung oder Sport und Kooperationen vollzogen werden (Gibb Dyer und Whetten 2006; Von Peter et al. 2012; Kormann 2018). Themen und Projekte unterscheiden sich dabei je nach Region bzw. Land.

Moritz GmbH

Die Nachwuchsförderung ist der Moritz GmbH sehr wichtig und so werden Schulen und Universitäten im Umkreis unterstützt. Wann immer Veronika die Zeit findet, reist sie zu Vorträgen oder gibt Gründungsseminare. Diese Nebenaktivitäten machen ihr außerordentlichen Spaß und geben ihr die notwendige Abwechslung zu ihrem stressigen Alltag.

Heiko ist sehr dankbar für diese Aktivitäten der Schwester, da er Auftritte vor Publikum nicht mag, die Idee dahinter aber voll unterstützt. Ein großer Verlag hat bereits Interesse signalisiert, die Moritz GmbH in einen Informationsband über erfolgreiche Familienunternehmen in der Region aufzunehmen. In diesem sollen die Mitarbeiter und Kunden zu Wort kommen und über ihre Erfahrung mit dem Unternehmen berichten. Die Mitarbeiter sollen jedoch erst abstimmen, ob sie so eine Publikation möchten.

Spenden sind der wohl gängigste und unkomplizierteste Weg des sozialen Engagements von Unternehmen und können entweder sporadisch oder regelmäßig mittels eines festgelegten Spendenplans durchgeführt werden.

Etwas umfangreicher gestaltet sich die Gründung einer Stiftung (Kirchdörfer 2012). Solche Institutionen verfolgen größtenteils öffentliche Zwecke, wie zum Beispiel die Jugend- und Bildungsförderung, und agieren meist losgelöst von den reinen Familieninteressen. Dennoch werden im Rahmen der Family Philanthropy auch Stiftungen gegründet, welche einen deutlich erkennbaren Unternehmens- und Branchenbezug aufweisen (hierzu Felden und Wirtz 2013).

Weniger öffentlichkeitswirksam, jedoch für die Zielgruppe höchst wirksam, ist das soziale Engagement von Unternehmerfamilien in Form der Gewährung von Darlehen, der Eigenkapitalbeteiligung an Sozialprojekten oder der beruflichen Ausbildung junger Menschen (Keese et al. 2010). Des Weiteren können auch Investitionen in den Aufbau von Einrichtungen wie Betriebskindergärten einen Teil der philanthropischen Strategie von Unternehmerfamilien darstellen, werden jedoch üblicherweise im Namen des Unternehmens getätigt.

Als prominentes Beispiel eines sozialpolitisch engagierten Unternehmers gilt der verstorbene Franz Haniel, Namensgeber der sich noch heute in Familienbesitz befindenden Unternehmensgruppe Franz Haniel & Cie. GmbH. Dieser gründete für seine Mitarbeiter im Jahr 1837 die erste Betriebskrankenkasse Deutschlands.

Häufig beginnt ein Philanthropie-Projekt mit einer Person und entwickelt sich dann zu einem Familienthema. Viele Unternehmerfamilien starten ihr Engagement am eigenen Unternehmensstandort oder in der Region. Diese räumliche Nähe erleichtert die aktive Mitarbeit, das heißt die Einbindung der Familienmitglieder in das Projekt und die Wirkungskontrolle (Von Peter et al. 2012). Im Laufe der Zeit wird das Engagement oft auf nationale oder sogar internationale Ebene ausgeweitet. Wahl und Ausgestaltung des Engagements hängen grundsätzlich von den gegebenen Strukturen sowie von persönlichen Zielen und Überzeugungen der Unternehmerfamilie ab (Von Peter et al. 2012). Die Verantwortung für dieses Governance Instrument sind in manchen Fällen auch bei Family Offices angedockt. Dadurch kann sichergestellt werden, dass das Philanthropy Management auf professionellem Niveau realisiert wird und die gemeinnützigen und ökonomischen Interessen der Familien optimal aufeinander abgestimmt werden.

Um die Effektivität und Effizienz eines sozialen Engagements zu gewährleisten, sind strategische Planung und zielgerichtete Durchführung Voraussetzung. Die Aktivitäten, Förderschwerpunkte und die Entwicklung eines Förderleitbildes sind in der Familienverfassung

niederzuschreiben. Anschließend sind die Förderinstrumente und Investitionsformen auszuwählen, mit denen die formulierten Ziele der philanthropischen Vision in der Praxis erreicht
werden können. Die getroffenen Regelungen zur Family Philanthropy, also der entstandene
Family-Philanthropy-Plan, sollte regelmäßig hinterfragt, auf seine Einhaltung überprüft und
bei Bedarf überarbeitet werden. Diese sogenannte „strategische" Philanthropie mit klaren
Förderzielen und Erfolgskontrollen bezweckt die Minimierung der Streuverluste der Förder-
aktivitäten (Von Peter et al. 2012). Hierbei hilft der direkte Austausch mit den Geförderten
im Rahmen von (öffentlichkeitswirksamen) Besuchen, sodass der Blick für den konkreten
Förderbedarf geschärft und der langfristige Erfolg der Unterstützungsleistungen und der
Family Philanthropy gesichert wird.

„Giving back" ist heute für europäische Familien ebenso wichtig wie Vermögenssicherung oder Wertvermehrung. Wurden in der Vergangenheit Entscheidungen allerdings oft intuitiv und von Fall zu Fall getroffen, ist nunmehr ein Trend zu der bereits
beschriebenen strategischen (mittel- bis langfristigen) Ausrichtung festzustellen. Das
persönliche Engagement orientiert sich immer mehr an einer sehr unternehmerischen
Vorgehensweise, indem spezifische, unternehmerische Stärken und Praktiken auf den
gemeinnützigen Sektor übertragen werden. In diesem Zusammenhang spricht man auch
von „Venture Philanthropy", „engagierter Philanthropy" oder „aktiver Philanthropy"
(vgl. Tab. 12.2).

Demografische und gesellschaftliche Trends lassen darauf schließen, dass Philanthropie weiter an Bedeutung gewinnt. So nimmt die Zahl der „high-net-worth individuals" (HNWI), der wichtigsten Gruppe potenzieller Spender laufend zu, die Menschen

Tab. 12.2   Paradigmen der Philantrophie. (In Anlehnung an Eichenberger und Johnsson 2011)

Bisheriges Paradigma	Neues Paradigma
Auf eigene Faust, alleine	Von anderen lernen, beraten lassen,
Einzelne Personen	Familie (auch schon Kinder und Jugendliche)
Reaktiv bei Anfragen	involvieren
Intuitiv	Pro-aktiv gemäß eigenen Interessen
Non-Profit-Organisation als Empfänger	Gezielt und fokussiert mit Einsatz von
„Giving to general cause": Unter-	Entscheidungskriterien (z. B. Businesspläne)
stützung vieler und z. T. sehr ver-	Strategische Ausrichtung und zielgerichtete Planung:
schiedener Projekte	klare Zielsetzungen und Erfolgskontrollen (z. B.
Fokus finanzielles Kapital	Zielvorgaben, Performance-Messungen)
Regionale Projekte	Spender/Stifter & Organisationen als Partner, d. h.
	geteiltes Risiko und enge Zusammenarbeit
	Auch soziales und intellektuelles Kapital, Entwicklung
	von Organisationen, aber: Ressourcen werden auf
	Schwerpunktthemen gebündelt
	Entwicklung von Ausstiegsszenarien gleich zu Beginn
	Internationale Projekte
	„über Philanthropy sprechen": Family Philanthropy als
	PR-Instrument

werden immer älter und die Technologie revolutioniert die Philanthropie. Auch fördern soziale Netzwerke z. B. das Bewusstsein für gesellschaftliche Themen und sind die neuen Spendenkanäle. Die Nachfrage nach professionellen Dienstleistungen und Beratung dürfte dadurch weiter zunehmen.

12.4 Instrumente der Business Governance

In einem dynamischen Umfeld erfordert eine gute Governance neben bisher vorgestellten Family Governance-Instrumenten auch den gezielten Einsatz von Business Governance-Instrumenten, die als unternehmensinterne Instrumente vornehmlich der Verbesserung der Unternehmensführung und Unternehmenssteuerung dienen.

Diese Instrumente dienen der Überwachung, Steuerung und Kontrolle eines Unternehmens. Sie sind eng miteinander verknüpft und müssen zusammen ein integriertes und übersichtliches Gesamtsystem bilden. Compliance Management, Internes Kontrollsystem (IKS) und Risikomanagement zählen dabei zu den prozessintegrierten Überwachungsmaßnahmen, die interne Revision zu den prozessunabhängigen (Lühn 2010).

Die rechtliche Ausgangslage zur Einrichtung und Ausgestaltung solcher Kontrollsysteme ist komplex. Zwar gibt es Regelungen, die die Einrichtung eines solchen Systems verlangen. Implizit lässt sich seine Notwendigkeit auch aus Vorgaben wie beispielsweise der Sorgfaltspflicht der Unternehmensleitung oder der Einhaltung der „Grundsätze ordnungsgemäßer Buchführung" ableiten. Ihre Ausgestaltung ist aber nicht im Detail gesetzlich geregelt.

Ereignisse im Zusammenhang mit der vergangenen Finanzkrise sowie die bekannten Unternehmensskandale sind Auslöser für verstärkte regulatorische Maßnahmen auf nationaler und internationaler Ebene. In den letzten Jahren sind diverse Normen und Empfehlungen für Kontrollsysteme, Compliance und Risikomanagement entstanden. Zu den bedeutendsten zählen jene aus Großbritannien und anderen angelsächsischen Ländern. Zahlreiche Länder haben zudem Governance-Kodizes entwickelt, die Regeln und Anregungen für eine gute Unternehmenssteuerung und -überwachung bieten (Eibelshäuser 2011).

Wichtigste Gründe für die Implementierung von Business Governance Instrumenten sind also gesetzliche Verpflichtungen, Druck des Kapitalmarkts, Vermeidung von Haftungsrisiken, Schutz des Unternehmensvermögens und Verbesserung von Unternehmensentscheidungen (Fahrion et al. 2012). Ihr Hauptnutzen ist das Management von Unsicherheiten, die Verbesserung der Transparenz sowie gesteigerte Leistungs- und Wettbewerbsfähigkeit durch eine höhere Informations- und Prozesssicherheit.

Familienunternehmen haben die Notwendigkeit dieser Instrumente zwar grundsätzlich erkannt, doch gerade in mittelständischen Unternehmen ist das Verständnis für Steuerungs-, Risiko- und Überwachungsaufgaben oft ungenügend ausgebildet. Eine Einrichtung empfiehlt sich grundsätzlich ab der zweiten Generation, bei steigender Zahl an Standorten im In- und Ausland, beim Rückzug des Gründers (Geis 2012) oder wenn Unternehmer diese Aufgaben nicht mehr selber wahrnehmen können/wollen (Röhrbein 2012).

12.4.1 Besonderheiten für Familienunternehmen

Vor dem Hintergrund der speziellen Anforderungen von Familienunternehmen muss der Entwicklungs- und Implementierungsansatz daher besonders praxisnah sein. Die Systeme sollten möglichst übersichtlich, einfach und stringent sein, da sie dann auch genutzt werden. Das Motto lautet hier: Weniger ist Mehr und Qualität vor Quantität. Sinnvoll ist daher die Konzentration auf wesentliche Maßnahmen und die Vorgabe von Mindestanforderungen an die Kontrolle und Transparenz, deren konsequente Umsetzung dann aber dafür einzufordern ist.

Umfassende (empirische) Untersuchungen zum Einsatz unternehmensinterner Instrumente in Familienunternehmen sind noch rar. Erwiesen ist aber, dass sich die Motive von Familienunternehmen von jenen der Publikumsgesellschaften unterscheiden (Fahrion et al. 2012). Stehen bei Großkonzernen rechtliche Beweggründe und Anforderungen der Aktionäre im Vordergrund, will die Unternehmerfamilie damit primär die Kontrolle über ein Fremdmanagement behalten (Mahlert 2012) sowie die Umsetzung der strategischen Vorgaben und damit ihr Vermögen und den Fortbestand des Unternehmens sichern.

Organisatorisch bieten sich unterschiedliche Eingliederungsmöglichkeiten. Empfehlenswert ist die Bündelung der Gesamtverantwortung an einer Stelle – zum Beispiel im Controlling oder in kleineren Familienunternehmen bei der Geschäftsführung selber. In größeren Familienunternehmen kann auch eine eigene Organisationseinheit (z. B. Stabsstelle) zweckmäßig sein. Unabhängig von ihrer Einordnung ist die Unterstützung durch die Schlüsselpersonen für die Akzeptanz der Instrumente im Unternehmen essenziell. Die Gesamtverantwortung für ein solches Kontrollsystem muss daher stets bei der Geschäftsführung, dem Aufsichtsgremium oder den Eigentümern des Unternehmens bleiben.

Von wesentlicher Bedeutung für den Erfolg der Instrumente ist die Unterstützung durch die Geschäftsleitung. Sie muss die Notwendigkeit im Unternehmen erläutern und kommunizieren und den damit verbundenen Aufwand tragen und rechtfertigen. Üblicherweise stellen dann Mitarbeiter aus dem Controlling- oder Rechnungswesen die erforderlichen Istwerte zur Verfügung. Die Überzeugungskraft „von oben" unterstützt dabei, auch der Belegschaft den Nutzen dieser Instrumente näherzubringen; die Gespräche mit dem Betriebsrat wird das Management ebenfalls führen.

Obwohl sich die Business Governance Instrumente in ihren Zielsetzungen und Inhalten unterscheiden, sind die allgemeinen Anforderungen an ihre Ausgestaltung ähnlich. Für einen adäquaten Einsatz der Steuerungs- und Führungsinstrumente gelten unter anderem folgende Richtlinien[3]:

- Entwicklung maßgeschneiderter und unternehmensspezifischer Lösungen,
- Unternehmensweite Umsetzung,
- Einbettung möglichst vieler Aktivitäten in den Tagesablauf,

---

[3]Vgl. Compliance Management: KPMG (2013); Risikomanagement: Fahrion et al. (2012); IKS: in Anlehnung an COSO (2006); Pfaff und Ruud (2011); Bungartz (2012); Bungartz und Szackamer (2007).

- Einstufung als Führungsaufgabe mit strategischer Bedeutung und Übernahme einer Vorbildfunktion durch die Geschäftsführung/Unternehmerfamilie,
- Entwicklung einer adäquaten Überwachungskultur,
- Involvierung der Mitarbeitenden,
- Definierte Organisation mit klarer Zuordnung von Rollen, Verantwortlichkeiten, Aufgaben und definierten Schnittstellen zu anderen Bereichen,
- Gezielte und klare Information und Kommunikation (die richtige Information zur richtigen Zeit für die richtigen Leute),
- Regelmäßige Überprüfung der Systeme und ihrer Inhalte.

Einer aktiven und gezielten Kommunikationsstrategie kommt dabei eine besondere Bedeutung zu. Nur wenn Eigentümer, Aufsichtsgremien, Gesellschafter, Management und Mitarbeitende zur richtigen Zeit über die richtigen Informationen verfügen, kann das Steuerungs- und Überwachungssystem funktionieren. Dies setzt eine entsprechende Unternehmenskultur voraus.

12.4.2 Compliance Management

Das Compliance Management ist ein zentrales Business Governance-Instrument für Familienunternehmen. Es stammt aus dem anglo-amerikanischen Rechtskreis und umschreibt ursprünglich die Pflicht zur Einhaltung der gesetzlichen Regelungen. Die Finanzkrise der letzten Jahre, die steigende Zahl an rechtlichen und gesellschaftlichen Vorschriften sowie die damit verbundene wachsende Gefahr von Regelverstößen haben die Diskussion um Compliance intensiviert (Wendt 2012; Fahrion et al. 2012).

Dass mittlere und kleinere Familienunternehmen keineswegs immun gegen strafbare Handlungen sind, zeigen Beispiele wie die kartellrechtlichen Verstöße des Reißverschlussherstellers Prym, die Verurteilung wegen Bestechung bei der Spedition Willi Betz (Behringer 2012) oder die Untersuchung illegaler Preisabsprachen bei den Brauereien Eptinger und Bitburger (Focus online 2013).

Folgen von „Non-Compliance" können gerade für diese Unternehmensgruppe schwerwiegend sein; sie reichen von hohen Geldstrafen und Kosten für eine Rechtsberatung über Reputationsverlust bis hin zur persönlichen Haftung (Fahrion et al. 2012) und im schlimmsten Fall zum finanziellen Ruin.

Mit zunehmender Brisanz haben sich das Compliance-Verständnis und die Herangehensweise an die Aufgabe stark verändert. Bedeutete Compliance früher ausschließlich die Erfüllung gesetzlicher Regelungen („Legal Compliance"), umfasst es heute auch das Zusammenspiel von Wert- und Kontrollorientierung in der Unternehmensführung (Behringer 2012). So definiert wird Compliance Management (oder „Corporate Compliance") als zielgerichtete Planung, Steuerung und Kontrolle zur Einhaltung aller Gesetze, Verordnungen und Richtlinien sowie von vertraglichen und freiwillig eingegangenen, unternehmenseigenen Selbstverpflichtungen verstanden (Fahrion et al. 2012).

Wichtigstes Ziel des Compliance-Managements ist die Entwicklung von Prinzipien und Wertvorstellungen der Organisation sowie deren Implementierung und Umsetzung in allen strategischen und operativen Bereichen (Engels und Schröder 2009). Seine kontinuierlichen Aufgaben sind die laufende Verbesserung der Richtlinienlandschaft sowie der strukturierte und standardisierte Umgang mit Compliance-Verstößen (Fahrion et al. 2012).

Der Nutzen des Compliance-Managements wird von Familienunternehmen in der erhöhten Transparenz, Rechtssicherheit, Effizienzsteigerung, Reputationsverbesserung, Erhöhung der Handlungssicherheit, aber auch im Schutz vor finanziellen Schäden und vor Reputationsschäden gesehen. Als Negativargumente werden Kosten, Schaffen einer Misstrauenskultur und organisatorische Komplexität genannt (Ulrich 2012). Die Praxis hat gezeigt, dass Non-Compliance-Handlungen mit dieser systematischen Herangehensweise zwar eingeschränkt und minimiert werden können, aber auch das beste Compliance-System Fehlverhalten im Unternehmen nicht vollständig verhindern kann (Ulrich 2012).

Moritz GmbH

Die Unternehmenshistorie der Moritz GmbH stellt von Anfang an das solide und ordentliche Handwerk in den Vordergrund. Seit dem Beginn der Unternehmens-geschichte im Jahre 1947 wird in der Familie viel Wert darauf gelegt, dass alle Arbeiten gewissenhaft und sorgfältig ausgeführt werden. Der Großvater Hugo Moritz ist schon davon überzeugt, dass das beste Marketing ein „Resultat aus Fleiß, Wissen und einem intensiven Austausch miteinander" ist. Da Marketingmaßnahmen einen großen Kostenfaktor für das noch junge Unternehmen darstellen, beginnt die Familie Moritz zunächst damit, persönlich bei den Kunden vorzusprechen. So ruft Horst Moritz die Unternehmen direkt an, statt Werbebriefe zu versenden. Die geschäftlichen Kontakte werden auch spät nach Feierabend geknüpft und halten sich schon bald an keine Arbeitszeiten mehr. Dies führt mit der Zeit zu einem freundschaftlichen Verhältnis mit den Zulieferern und stärken nicht nur die rein geschäftlichen Beziehungen. Für Else steht das berufliche Engagement ihres Mannes nie zur Diskussion. „Dann hat er wenigstens keine Zeit für eine Freundin," so sagt sie mitunter augenzwinkernd zu Freundinnen, die nicht verstehen, warum sie immer alleine ist. Else stört das nicht. Sie war im Chor, hat viele Freundinnen und natürlich die Kinder.

Die kommunikative Veronica hat dieses Verhalten ihres Vaters übernommen und führt heute auch persönliche Aktionen durch, die die Kundenbindung erhöhen sollen. Frei nach dem Motto „kleine Geschenke erhalten die Freundschaft" realisiert Veronica für den einen oder anderen Stammkunden auch mal besondere Rabatte oder Nachlässe. Heiko hat damit kein Problem, aber manchmal fragen sich die Geschwister, ob das unter Compliance-Gesichtspunkten so in Ordnung ist.

Die größten Compliance-Bedrohungen im deutschen Mittelstand sind die klassischen Vermögensdelikte (Betrug, Korruption, Untreue), mit großem Abstand vor der Verletzung von Geschäfts- und Betriebsgeheimnissen oder Schutz- und Urheberrechten.

Außerdem werden Vertragspartner bei der Auftragsvergabe immer öfter zum Nachweis der Einhaltung bestimmter Compliance-Richtlinien angehalten (v. a. Unternehmen mit US-amerikanischem Bezug; hierzu IHK 2013; Fahrion et al. 2012). Parallel dazu ist eine Tendenz zu höheren persönlichen Haftungsrisiken von Führungs- und Verwaltungsorganen auszumachen.[4] Betroffene von Wirtschaftskriminalität können etwaige Schadenersatzansprüche gegen Manager, Unternehmen und Mitglieder von Aufsichtsgremien dadurch immer einfacher durchsetzen (Ulrich 2012).

Grundsätzlich ist daher davon auszugehen, dass der Druck auf Familienunternehmen zur Einführung sachgerechter Kontrollmechanismen weiter steigt (IHK 2013; Ulrich 2012) und die bisherige, teils sehr intuitive Praxis nicht mehr genügt. Allerdings sind die in Großkonzernen etablierten Compliance-Strukturen nicht so einfach auf kleinere Unternehmen übertragbar. Dies scheitert bereits an den Kosten und am Aufwand. Familienunternehmen müssen deshalb maßgeschneiderte Systeme mit bedarfsbezogenen Schwerpunkten entwickeln (u. a. Deloitte Mittelstand 2011).

Grundlage eines guten Compliance-Management-Systems ist der sogenannte Pflichtenkanon. Dieser definiert die unternehmensspezifischen Pflichten und die Risiken bei deren Nichteinhaltung (Compliance-Risiken) (Fahrion et al. 2012). Die Kernpunkte des Pflichtenkanons werden im „Code of Conduct" niedergeschrieben. Dieser dient einerseits als interne Leitlinie für die Mitarbeitenden, andererseits als externes Kommunikationsinstrument. Typische Compliance-Themen sind Pflichten im Zusammenhang mit dem Wettbewerb oder Umweltschutz, unternehmensinterne Verpflichtungen, aber auch Korruption und Gesetzesverstöße (Schweinsberg und Laschet 2010). In Familienunternehmen besonders wichtig sind Vorschriften zum verantwortungsvollen Umgang mit Mitarbeitenden und deren Integrität sowie Schutz vor dem Verlust von Betriebsgeheimnissen und der Weitergabe von Patenten.

Dem Compliance-Erfolgsfaktor Kommunikation kommt v. a. ein präventiver Charakter zu. Die Mitarbeitenden sind für das Thema zu sensibilisieren, über alle Pflichten zu informieren und zu schulen. Nur wer die Compliance-Vorgaben kennt, kann diese auch erfüllen. Typische Compliance-Kommunikationsthemen sind Anreizmechanismen für pflichtkonformes Verhalten, Kommunikationswege und Informationspflicht bei Verstößen (Fahrion et al. 2012).

Ein weiterer Erfolgsfaktor ist die Unternehmenskultur, da die unternehmensweite Akzeptanz von Compliance stark von ihr abhängt. Gleichzeitig beeinflusst die Unternehmenskultur das Wirtschaftskriminalitätsrisiko (Wendt 2012). Das Verhalten in Unternehmen – insbesondere in Familienunternehmen – wird maßgeblich durch das Verhalten der Unternehmensführung bestimmt. Das heißt, die Geschäftsführung muss sich selber an die Richtlinien halten und Vorbildfunktion übernehmen.

---

[4]Vgl. auch den überarbeiteten Deutschen Kodex für Familienunternehmen, Ziffer 3.3 und 4.3.

Moritz GmbH

Die Moritz GmbH hat sich um Compliance noch wenig Gedanken gemacht. Als die Steuerberaterin Frau Rupolicz im Jahresgespräch das Thema anschneidet, antwortet Heiko bestimmt: „Also Frau Rupolicz, glauben Sie wirklich, dass bei uns sich jemand was zuschulden kommen lässt? Sie kennen doch unsere Unternehmenskultur. Wir haben ein intensives Vertrauensverhältnis zwischen der Geschäftsführung und den Mitarbeitern und wir sind so transparent, da kann nichts passieren. Wir sind ja kein Großkonzern. Bei uns wissen die Mitarbeiter schon, was sie dürfen und was sie besser lassen sollten. Wie sollen wir so etwas denn überhaupt neben dem Tagesgeschäft aufbauen? Und was das kostet! Glauben Sie mir, das Thema habe ich schon im Griff!" Er lacht: „Wissen Sie, eigentlich bin ich die Compliance-Stelle."

Veronica widerspricht ihm. „Was willst du denn noch alles machen. Ich finde Frau Rupolicz Vorschlag sollten wir durchaus bedenken. Wir könnten doch einen Compliance-Beauftragten als Stabsstelle ernennen."

Heiko antwortet zögerlich:

Vielleicht… Aber denke auch einfach mal daran, was wir in den letzten Jahren schon alles verändert haben: angefangen von der neuen Produktionshalle und unserem Aus-lands-engagement. Und dann die ganzen internen Veränderungen: wir sind viel moderner geworden. Und wir haben es auch geschafft, das in unserem Webauftritt und der Broschüre rüberzubringen. Und was mich besonders freut: wir haben auch in der Familie die Weichen gestellt, dass die Moritz GmbH ohne Sorge in die Zukunft blicken kann. Ach, ich glaube du hast Recht: lass uns das mit dem Compliance-Beauftragten mal versuchen. Das kann vielleicht der Manfred Groß nebenbei machen, der sucht doch eine neue Aufgabe.

Lernfragen
- Ist eine Familienverfassung eine rechtlich vorgeschriebene Verpflichtung für Familienunternehmen?
- Was sind rechtlich bindende Verträge?
- Was ist bei einem Gesellschaftsvertrag zu beachten, wer bindet sich an was und warum hat er eine so herausragende Bedeutung im Unternehmen?
- Erläutern Sie die Abgrenzung zwischen Family Education und Familienaktivitäten?
- Welche Family Governance-Instrumente kennen Sie und welches sind deren Aufgaben?
- Welchen Nutzen generiert Family Philanthropy?
- Warum ist Compliance-Management für Familienunternehmen wichtig?

Literatur

Arteaga, R., & Menéndez-Requejo, S. (2017). Family constitution and business performance: Moderating factors. *Family Business Review, 30,* 1–19.

Bassen, A., Jastram, S., & Meyer, K. (2005). Corporate Social Responsibility – Eine Begriffserläuterung. *Zeitschrift für Wirtschafts- und Unternehmensethik, 6*(2), 231–236.

Baus, K. (2011). *Die Familienstrategie: Wie Familien ihr Unternehmen über Generationen sichern.* Wiesbaden: Gabler.

Behringer, S. (2012). Compliance und KMU. In S. Behringer (Hrsg.), *Compliance für KMU. Praxisleitfaden für den Mittelstand* (S. 19–28). Berlin: Schmidt.

Berent-Braun, M. M., & Uhlaner, L. M. (2012). Family governance practices and teambuilding: Paradox of the enterprising family. *Small Business Economics, 38*(1), 103–119.

Bergfeld, M.-M. H., Weber, F.-M., & Kraus, S. (2009). Innovationsverhalten und Performance in Familienunternehmen: Durch generationenübergreifende Innovation zum Großunternehmen. *Zeitschrift für KMU und Entrepreneurship (ZfKE), 57*(1), 1–26.

Brockhoff, K., & Koeberle-Schmid, A. (2012). Mit Familienrat, Gesellschafterausschuss oder Familienmanager die Familie organisieren. In A. Koeberle-Schmid, H.-J. Fahrion, & P. Witt (Hrsg.), *Family business governance* (S. 325–349). Berlin: Schmidt.

Bungartz, O. (2012). *Handbuch Interne Kontrollsysteme (IKS). Steuerung und Überwachung von Unternehmen* (3. Aufl.). Berlin: Schmidt.

Bungartz, O., & Szackamer, M. (2007). Interne Kontrollsysteme in kleinen und mittelständischen Unternehmen. Erfahrungsbericht über Erfolgsfaktoren einer erfolgreichen Projektrealisiation. *Zeitschrift für Corporate Governance, 2*(3), 123–130.

Chua, J. H., Chrisman, J. J., & Steiler, L. P. (2003). Extending the theoretical horizons of family business research. *Entrepreneurship Theory and Practice, 27*(4), 331–338.

COSO. (2006). *Interne Überwachung der Finanzberichterstattung – Leitfaden für kleinere Aktiengesellschaften: Bd. 1: Zusammenfassung.* United States: COSO.

Deloitte Mittelstand. (2011). Compliance im Mittelstand. https://www2.deloitte.com/content/dam/Deloitte/de/Documents/Mittelstand/Studie-Compliance-im-Mittelstand.pdf. Zugegriffen: 28. Aug. 2018.

Dyer, W. G., & Whetten, D. A. (2006). Family firms and social responsibility: Preliminary evidence from the S&P 500. *Entrepreneurship Theory & Practice, 30*(6), 785–802.

Eibelshäuser, B. (2011). *Unternehmensüberwachung als Element der Corporate Governance.* Wiesbaden: Gabler.

Eichenberger, E., & Johnsson, J. (2011). Philanthropy – What it provides to families in business. *Tharawat Magazine, 10,* 32–37.

Engels, O., & Schröder, A. (2009). Compliance management. In W. Lück (Hrsg.), *Anforderungen an die interne Revision* (S. 315–337). Berlin: Schmidt.

Equa Stiftung. (2013). Fred und die Firma. http://equa-stiftung.de/publikationen/standardwerke/fred-und-die-firma-kinderbuch-von-rena-haftlmeier-seiffert-illustriert-von-anastasia-meid-herausgegeben-von-der-equa-stiftung-verlag-unternehmer-medien-gmbh-bonn-2012-isbn-978-3-937960-15-9-52/. Zugegriffen: 28. Aug. 2018.

Fahrion, H.-J., Käufl, A., & Hein, S. (2012). Risikomanagement, internes Kontrollsystem und Compliance Management als zentrale Instrumente der Business Governance. In A. Koeberle-Schmid, H.-J. Fahrion, & P. Witt (Hrsg.), *Family Business Governance – Erfolgreiche Führung von Familienunternehmen* (S. 197–219). Berlin: Schmidt.

Felden, B., & Wirtz, M. (2013). *Reibungslose Staffelübergabe. Betriebswirtschaftliche Blätter.* Online-Ausgabe vom 17. Apr. 2013.

Focus online. (2013). Mögliche illegale Bier-Preisabsprachen. Brauereien stehen im Visier des Kartellamtes. http://www.focus.de/finanzen/news/moegliche-illegale-bier-preisabsprachen-brauereien-stehen-im-visier-des-kartellamtes_aid_946515.html?drucken=1. Zugegriffen: 28. Oct. 2013.

Fletcher, D. (2002). *Understanding the small family business.* London: Routledge.

Frasl, E. J., & Rieger, H. (2007). Die Wiederentdeckung der Familienunternehmen. In E. J. Frasl & H. Rieger (Hrsg.), *Family Business Handbuch. Zukunftssicherung von Familienunternehmen über Generationen* (S. 13–19). Wien: Linde.

Geis, A. (2012). Interne Revision als unabhängiges Instrument der Business Governance. In A. Koeberle-Schmid, H.-J. Fahrion, & P. Witt (Hrsg.), *Family business governance* (S. 228–245). Berlin: Schmidt.

Godfrey, P. C. (2005). The relationship between corporate philanthropy and shareholder wealth: A risk management perspective. *Academy of Management Review, 30*(4), 777–798.

Governance Kodex für Familienunternehmen. (2015). Governance Kodex für Familienunternehmen: Leitlinien für die verantwortungsvolle Führung von Familienunternehmen. http://www.kodex-fuer-familienunternehmen.de/kodex.html. Zugegriffen: 15. Sept. 2018.

Habbershon, T. G., & Astrachan, J. H. (1997). Research note perceptions are reality: How family meetings lead to collective action. *Family Business Review, 10*(1), 37–44.

Hannes, F., Kuhn, T., & Brückmann, M. (2008). *Familienunternehmen: Recht, Steuern, Beratung.* Wiesbaden: Gabler.

IHK – Industrie- und Handelskammer Frankfurt am Main. (2013). Corporate Governance und Mittelstand. http://www.frankfurt-main.ihk.de/recht/themen/unternehmensrecht/compliance/corporate_compliance_im_mittelstand/. Zugegriffen: 25. Sept. 2013.

Jaskiewicz, P., Schiereck, D., & May, P. (2006). Nicht aktive Gesellschafter in Familienunternehmen – im Spannungsfeld zwischen Familienzugehörigkeit und Unternehmenskontrolle. *Zeitschrift für KMU und Entrepreneurship (ZfKE), 54*(3), 175–196.

Jordis, T. (2007). Strategien zur rechtlichen Ordnung von Familienunternehmen in Österreich. In E. Frasl & H. Rieger (Hrsg.), *Family Business Handbuch – Zukunftssicherung von Familienunternehmen über Generationen* (S. 102–156). Wien: Linde.

Keese, D., Tänzler, J.-K., & Hauer, A. (2010). Die Wahrnehmung gesellschaftlicher Verantwortung in Familien- und Nicht-Familienunternehmen. *Zeitschrift für KMU und Entrepreneurship, 54*(3), 197–225.

Kirchdörfer, R. (2012). Rechtliche Grundlagen und Einsatzmöglichkeiten von Stiftungen. *Familienunternehmen und Stiftungen, 2,* 62–73.

Klein, S. B. (2008). Corporate Governance in Familienunternehmen. *Zeitschrift für KMU und Entrepreneurship (ZfKE), 56*(1), 18–35.

Klein, S. B. (2010). *Familienunternehmen – Theoretische und empirische Grundlagen.* Köln: Eul.

Koeberle-Schmid, A., Witt, P., & Fahrion, H.-J. (2010). Family Business Governance als Erfolgsfaktor von Familienunternehmen. In A. Koeberle-Schmid, H.-J. Fahrion, & P. Witt (Hrsg.), *Family Business Governance – Erfolgreiche Führung von Familienunternehmen* (S. 24–40). Berlin: Schmidt.

Koeberle-Schmid, A., Fahrion, H. J., & Witt, P. (2018). *Family Business Governance-Erfolgreiche Führung von Familienunternehmen.* (2. Aufl.). Berlin: Schmidt.

Kormann, H. (2018). *Zusammenhalt der Unternehmerfamilie: Verträge, Vermögensmanagement, Kommunikation* (2. Aufl.). Berlin: Springer.

KPMG. (2013). Analyse des aktuellen Standes der Ausgestaltung von Compliance Management Systemen in deutschen Unternehmen. https://www.3grc.de/thema/cms-compliance-management-system/analysen-studien/analyse-des-aktuellen-stands-der-ausgestaltung-von-compliance-management-systemen-in-deutschen-unternehmen/. Zugegriffen: 18. Aug. 2018.

Le Breton-Miller, I., & Miller, D. (2009). Agency vs. stewardship in public family firms: A social embeddedness reconciliation. *Entrepreneurship Theory & Practice, 33*(6), 1169–1191.

Le Breton-Miller, I., Miller, D., & Steier, L. P. (2004). Toward an integrative model of effective FOB succession. *Entrepreneurship Theory & Practice, 28*(4), 305–328.

Lee, K. S., Lim, G. H., & Lim, W. S. (2003). Family business succession: Appropriation risk and choice of successor. *Academy of Management Review, 28*(4), 657–666.

Lühn, M. (2010). Wirksame Corporate Governance durch das Zusammenspiel Interner Revision und Controlling. In A. Wagenhofer (Hrsg.), *Controlling und Corporate Governance-Anforderungen. Konzepte, Massnahmen, Umsetzungen* (S. 231–249). Berlin: Schmidt.

Mahlert, A. (2012). Governance Instrumente sind nicht nur Pflichtübung, sondern Teil fortschrittlicher Unternehmensführung. In A. Koeberle-Schmid, H.-J. Fahrion, & P. Witt (Hrsg.), *Family Business Governance – Erfolgreiche Führung von Familienunternehmen* (S. 193–196). Berlin: Schmidt.

May, P. (2008). How to create successful family constitution. *Families in Business, 39,* 58–60.

May, P., & Rieder, G. (2008). Family Education – Ein Eckpfeiler vom Good Governance im Familienunternehmen. In P. May (Hrsg.), *Das INTES-Handbuch Familienunternehmen* (S. 394–402). Bonn: INTES Akademie für Familienunternehmen.

Montemerlo, D., & Ward, J. L. (2005). *The family constitution: Agreements to secure and perpetuate your family business.* New York: Palgrave Macmillan.

Neubauer, F., & Lank, A. G. (1998). *The family business. Its governance for sustainability.* New York: Routledge.

Pfaff, D., & Ruud, F. (2011). *Schweizer Leitfaden zum Internen Kontrollsystem (IKS).* Zürich: Orell Füssli.

Plate, M., Groth, T., Ackermann, V., & Schlippe, A. von. (2011). *Große deutsche Familienunternehmen: Generationenfolge, Familienstrategie und Unternehmensentwicklung.* Göttingen: Vandenhoeck & Ruprecht.

Prügl, R. (2010). Deutschlands nächste Unternehmergeneration. Stiftung Familienunternehmen. https://www.familienunternehmen.de/media/public/pdf/publikationen-studien/studien/Studie_Stiftung_Familienunternehmen_Deutschlands-naechste-Unternehmergeneration-2015.pdf. Zugegriffen: 28. Aug. 2018.

Röhrbein, S. (2012). Besonderheiten der „kleinen" Internen Revisionen im Mittelstand – Eine Bestandsaufnahme mit Thesen und Lösungsansätzen. In T. Amling & U. Bantleon (Hrsg.), *Praxis der Internen Revision. Management. Methoden. Prüffelder* (S. 201–222). Berlin: Schmidt.

Schulze, W. S., Lubatkin, M. H., Dino, R. N., & Buchholtz, A. K. (2001). Agency relationship in family firms. Theory and evidence. *Organization Science, 12*(2), 99–116.

Schulze, W. S., Lubatkin, M. H., & Dino, R. N. (2003). Exploring the agency consequences of ownership dispersion among inside directors at family firms. *Academy of Management Journal, 46*(2), 179–194.

Schween, K., Koeberle-Schmid, A., Bartels, P., & Hack, A. (2011). *Die Familienverfassung: Zukunftssicherung für Familienunternehmen.* Bonn: INTES Akademie für Familienunternehmen.

Schweinsberg, K., & Laschet, C. (2010). *Haftung und Compliance in Familienunternehmen.* Bonn: INTES Akademie für Familienunternehmen GmbH.

Shepherd, D. A., & Haynie, J. M. (2009). Family business, identity conflict, and an expedited entrepreneurial process: A process of resolving identity conflict. *Entrepreneurship Theory & Practice, 33*(6), 1245–1264.

Statistisches Bundesamt. (2012). *Bevölkerung und Erwerbstätigkeit: Statistik der rechtskräftigen Beschlüsse in Eheauflösungssachen (Scheidungsstatistik).* Wiesbaden: Destatis.

STIFTUNG-FU. (2007). Das gesellschaftliche Engagement von Familienunternehmen, Stiftung Familienunternehmen. https://www.familienunternehmen.de/media/public/pdf/publikationen-studien/studien/Studie_Stiftung_Familienunternehmen_Das-Gesellschaftliche-Engagement-von-Familienunternehmen.pdf. Zugegriffen: 28. Aug. 2018.

Ulrich, P. (2012). Compliance bei KMU – Status Quo. In S. Behringer (Hrsg.), *Compliance für KMU. Praxisleitfaden für den Mittelstand* (S. 215–236). Berlin: Schmidt.

Villanueva, J., & Sapienza, H. J. (2009). Goal tolerance, outside investors, and family firm governance. *Entrepreneurship Theory & Practice, 33*(6), 1193–1199.

Von Peter, F., Rieder, G., Störmann, G., & Koeberle-Schmid, A. (2012). Zusammenhalt in der Unternehmerfamilie stiften. In A. Koeberle-Schmid, H.-J. Fahrion, & P. Witt (Hrsg.), *Family Business Governance – Erfolgreiche Führung von Familienunternehmen* (S. 363–394). Berlin: Schmidt.

Von Schlippe, A., & Kellermanns, F. W. (2008). Emotionale Konflikte in Familienunternehmen. *Zeitschrift für KMU und Entrepreneurship (ZfKE), 56*(1), 40–58.

Ward, J. (2005). The family constitution: It's the process that counts, not the content. In J. Ward (Hrsg.), *Unconventional wisdom: Counterintuitive insights for family business success* (S. 161–182). Hoboken: Wiley.

Wendt, M. (2012). Compliance Management und Unternehmenskultur in mittelständischen Unternehmen. In S. Behringer (Hrsg.), *Compliance für KMU. Praxisleitfaden für den Mittelstand* (S. 203–214). Berlin: Schmidt.

Westhead, P., & Cowling, M. (1998). Family firm research: The need for a methodological rethink. *Entrepreneurship Theory & Practice, 23*(2), 31–56.

Wicke, H. (2012). Corporate Governance-Fragen in der Kautelarjurisprudenz kleiner und mittelgroßer Unternehmen. *Zeitschrift für Unternehmens- und Gesellschaftsrecht, 41,* 450–488.

Wiechers, R. (2004). *Die Unternehmerfamilie – Ein Risiko des Familienunternehmens? Zum Umgang mit familieninduzierten Risiken im Familienunternehmen.* Norderstedt: Books on Demand.

The manufacturer's authorised representative in the EU is Springer
Nature Customer Service Centre GmbH, Europaplatz 3, 69115 Heidelberg,
Germany. If you have any concerns regarding our products, please
contact ProductSafety@springernature.com

Printed and bound by CPI Group (UK) Ltd, Croydon, CR0 4YY
27/04/2026
02097560-0017